böhlau

Reihe Jüdische Moderne

Herausgegeben von
Alfred Bodenheimer, Jacques Picard,
Monica Rüthers und Daniel Wildmann

Band 20

Sabina Bossert

David Frankfurter (1909–1982)

Das Selbstbild des Gustloff-Attentäters

Mit 57 Abbildungen

BÖHLAU VERLAG WIEN KÖLN WEIMAR

Gedruckt mit freundlicher Unterstützung der Stiftung Irène Bollag-Herzheimer und der Freiwilligen Akademischen Gesellschaft Basel.

Bibliografische Information der Deutschen Nationalbibliothek:
Die Deutsche Nationalbibliothek verzeichnet diese Publikation in der Deutschen Nationalbibliografie; detaillierte bibliografische Daten sind im Internet über http://portal.dnb.de abrufbar.

Umschlagabbildung: Fotografie der Legitimationskarte von David Frankfurter der Universität Bern. Quelle: StAGR III23d2 Frankfurter.

Korrektorat: Adina Stern, Berlin
Satz: Kniesche Mediendesign, Weeze
Druck und Bindung: Hubert & Co., Göttingen
Gedruckt auf chlor- und säurefreiem Papier
Printed in the EU

Vandenhoeck & Ruprecht Verlage | www.vandenhoeck-ruprecht-verlage.com

ISBN 978-3-412-51260-6

Inhalt

Danksagung

An erster Stelle danke ich herzlich meinem Doktorvater Professor Erik Petry vom Zentrum für Jüdische Studien der Universität Basel (ZJS), der mich beim Forschungs- und Schreibprozess begleitet und motiviert hat, jederzeit ein offenes Ohr für meine Anliegen und Zeit für gemeinsame Fußballabende hatte. Professor Alfred Bodenheimer war als Zweitbetreuer eine wertvolle Hilfe, nicht nur bei konkreten Fragen und Problemen, sondern auch bei der Vermittlung von Kontakten sowie Vortragsmöglichkeiten. Beiden danke ich zudem für die Möglichkeiten, die sie mir am ZJS geboten haben, indem sie mich in Projektarbeiten miteinbezogen, bei der Suche nach Finanzierung unterstützt und mir ermöglicht haben, am ZJS Lehrveranstaltungen zu halten, nicht zuletzt als Assistenzvertretung in der Jüdischen Geschichte.

Zwei emeritierte Professoren sind dafür verantwortlich, dass die Arbeit in der Anfangsphase grundlegende Impulse erhalten hat: ein herzlicher Dank an Professor Meier Schwarz und Professor Thomas Willi für ihre Vermittlung von Kontakten und Forschungsmaterial.

Die beiden Kinder von David Frankfurter, Miriam Gepner und Moshe (Moshko) Frankfurter, haben wesentlich zum Gelingen dieser Darstellung beigetragen. Nicht nur haben sie mich äußerst freundlich empfangen und mir Informationen und Materialien aus ihren Privatarchiven zur Verfügung gestellt, mit ihnen hat sich im Verlaufe der Forschung und bei den verschiedenen Treffen in Israel und in der Schweiz eine Freundschaft entwickelt, die über das Forschungsinteresse hinausgeht. Ihnen möchte ich danken für ihre Gastfreundschaft, Offenheit und Hilfe bei vielen Fragen sowie den weiterhin bestehenden freundschaftlichen Kontakt.

Ein großes Dankeschön auch allen Freundinnen und Freunden, Mitarbeiterinnen und Mitarbeitern, die ich hier nicht alle namentlich nennen kann, für anregende Diskussionen und wertvolle Hinweise oder das konkrete Zusenden von Forschungsmaterial, für Hilfeleistungen bei inhaltlichen und grammatikalischen Fragen, für Korrekturlesen von Artikeln, Vorträgen und endlich der Dissertation. Besonders möchte ich hier die gemeinsamen Mittagessen und Fußballabende des ZJS hervorheben, die nicht nur wissenschaftlich weitergeholfen haben, sondern auch der Psychohygiene dienten. Danke den Archivarinnen und Archivaren in den unterschiedlichen Archiven in der Schweiz, in Israel und in Deutschland, die ich während meiner Forschungszeit besucht habe, für ihre wertvolle Hilfe und ihr Entgegenkommen bei komplizierteren Anfragen oder ausgefalleneren Wünschen.

Ohne die finanzielle Unterstützung verschiedener Personen, Stiftungen und Institutionen wäre diese Arbeit nicht zustande gekommen. An erster Stelle steht hier Frau Dr. Celia Zwillenberg, die im Namen ihres verstorbenen Mannes dem Zentrum für Jüdische Studien der Universität Basel zwei Lutz-Zwillenberg-Promotionsstipendien gestiftet hatte, von denen ich eins während drei Jahren besetzen durfte. Für das Abschlussjahr meiner Dissertation wurde ich unterstützt von der Sulger Stiftung Basel, der Freiwilligen Akademischen Gesellschaft Basel, der Jakob und Werner Wyler Stiftung Zürich, dem Pierre-André und Marly Haas Fonds Basel, der Max und Erika Gideon Stiftung Zürich sowie der Ilse Stammer-Mayer Stiftung Zürich. Allen gebührt mein herzlicher Dank.

Und zuletzt ein Dankeschön an Shahaf Cohen, der für seine insbesondere (aber nicht nur) moralische Unterstützung mindestens einen Doktortitel verdient hätte, an meine Familie und meinen Freundeskreis, die mich in dieser nicht immer einfachen Zeit unterstützt und ausgehalten haben – gerade während der Abschlussphase der Dissertation, die auch bezüglich Sozialleben ihren Tribut gefordert hat.

1 Vorwort und Vorbemerkungen

Die Geschichte von David Frankfurter ist die Geschichte eines Mordfalls, bei der der Täter von Anfang an feststeht. Die vorliegende Dissertation fragt entsprechend nicht danach, wer Wilhelm Gustloff ermordet hat, sondern danach, wie der Täter, David Frankfurter, seine Motive für die Tat und sein Leben darstellte.

David Frankfurter wurde am 9. Juli 1909 in Daruvar, damals Österreich-Ungarn, heute Kroatien, geboren. Er ist, wenn überhaupt, bekannt für seine Tat, die oft als Startschuss für den jüdischen Widerstand bezeichnet wird. Auch wenn es bereits vor David Frankfurter Akte des Widerstandes gegen den Nationalsozialismus gegeben hat, ist Frankfurter ein frühes Beispiel für einen Juden, der angesichts der Ausgrenzung und Diskriminierung der Jüdinnen und Juden Deutschlands erfolgreich zur Waffe gegriffen – und seine Tat überlebt hat, um davon zu erzählen. Nichtsdestotrotz ist David Frankfurter heute sowohl in der Schweiz und in Deutschland als auch in Israel mehrheitlich in Vergessenheit geraten; in der Schweiz ist er am ehesten Fach- oder jüdischen Kreisen ein Begriff. Thomas Willi kommentierte dies mit den Worten: „Was den deutschsprachigen Bereich betrifft, so erwecken Rezeption und Umgang mit David Frankfurter und *seinem* Zeugnis von der Tat den Eindruck eines fast völligen Verschweigens und Vergessens. [...] Vor allem hat es Frankfurter – wie schon im Prozess, wo er um sein Schlusswort gebracht wurde – bis heute schwer, selber zu Worte zu kommen."[1]

Auch wenn zu David Frankfurter und dem Mord an Wilhelm Gustloff bereits eine Reihe an wissenschaftlichen und nichtwissenschaftlichen Publikationen besteht, war seine eigene Sicht auf sein Leben bisher nie Teil einer Darstellung, obwohl seine Memoiren, ursprünglich auf Deutsch verfasst, zweimal auf Hebräisch veröffentlicht, die ideale Grundlage dazu bieten.[2] Aus diesem Grund stellen die Memoiren die wichtigste Quelle für diese Forschung dar, anhand derer Frankfurters Selbstbild erforscht wird. Bereits 1936 veröffentlichte Emil Ludwig eine Verteidigungsschrift für David Frankfurter. Ihm gegenüber äußerte sich Frankfurter neun Jahre nach dem Attentat: „Ich wollte das Gewissen der Welt aufrüt-

1 Willi, Thomas: „Widerstand: David Frankfurter (1909–1982). Die deutsche Urfassung seines Selbstzeugnisses zum Attentat auf Wilhelm Gustloff." In: Garbe, Irmfried [Hrsg]: Kirche im Profanen. Studien zum Verhältnis von Profanität und Kirche im 20. Jahrhundert. Festschrift für Martin Onnasch zum 65. Geburtstag. Greifswalder theologische Forschungen, Bd. 18. Frankfurt a.M. 2009, S. 135–154, hier S. 139. (Kursivsetzung aus dem Original übernommen.)

2 Vgl.: Kapitel 2.1.1 Forschungsstand, S. 15.

teln, aber sie schlief weiter!“[3] Diese Aussage ist symptomatisch für Frankfurters Selbstbild, denn sie beschreibt sowohl seine Intention und Motive als auch seine Einschätzung, mit der Tat nichts erreicht zu haben.

„[E]r will bloß sagen, wie es eigentlich gewesen.“[4] Für Leopold von Ranke war dies gemäß seiner Vorrede zu *Geschichten der romanischen und germanischen Völker* aus dem Jahr 1824 die Aufgabe des Historikers.[5] Das Zitat wird oft verwendet, um einen vermeintlichen Anspruch der Objektivität in den Geschichtswissenschaften zu verdeutlichen. In der vorliegenden Dissertation wird eine konträre Herangehensweise angestrebt. Grundlegend ist nicht, wie es wirklich war, sondern wie Frankfurter sich selbst, sein Leben, den Mord an Wilhelm Gustloff rückblickend sah, interpretierte und einordnete. Entsprechend entscheidend sind für die Arbeit „subjektive“ Quellen wie Briefe, Interviews – in erster Linie aber die Memoiren Frankfurters.

Aus der Thematik des Selbstbildes von David Frankfurter ergeben sich die Forschungsfragen, die in der vorliegenden Darstellung verfolgt werden. Aufgrund des vertretenen und in Kapitel 2 beschriebenen methodischen Ansatzes kann weniger das Ergebnis sein, wer der Mensch David Frankfurter tatsächlich war, sondern welchen Menschen, welches Selbstbild er in seinen Memoiren konstruierte. Wie beschreibt David Frankfurter seine Lebenslage und die Motive, die zum Mord an Wilhelm Gustloff geführt haben? Wie kontrastieren sich seine Aussagen mit den Darstellungen von außen, beispielsweise von Freundinnen und Freunden, Unterstützern, aber auch vom Kantonsgericht des Kantons Graubünden? Wie trägt David Frankfurter dieses Selbstbild weiter; wo sind Brüche oder Veränderungen feststellbar? Inwiefern lässt sich die Tat Frankfurters in den jüdischen Widerstand gegen den Nationalsozialismus einordnen? Was geschah mit David Frankfurter nach seiner Freilassung aus dem Gefängnis?

Ziel der vorliegenden Dissertation ist es, über die bestehende Forschungsliteratur hinaus, die vor allem auf den Mord an Gustloff und den darauffolgenden

---

3 Ludwig, Emil: David und Goliath, in: Kreuzer, Helmut [Hrsg.]: Der Mord in Davos. Texte zum Attentatsfall David Frankfurter, Wilhelm Gustloff, Herbstein 1986, S. 116.

4 Von Ranke, Leopold: Geschichten der romanischen und germanischen Völker von 1494 bis 1535, Leipzig und Berlin 1824, Einleitung S. VI. Dass sich von Ranke einer gewissen Subjektivität der Geschichtswissenschaften bewusst war, zeigt allerdings auch seine Aussage „Die Absicht eines Historikers hängt von seiner Ansicht ab[.]“ Er wandte sich mit seiner Aussage denn auch weniger gegen eine gewisse Subjektivität als viel mehr gegen eine zielgerichtete Geschichtsschreibung, die sich durch einen Fortschrittsglauben auszeichnete, die Geschichte als eine Entwicklung zum Besseren verstand und entsprechend über Vergangenes als „Schlechteres“ urteilte.

5 Die männliche Form wird hier bewusst verwendet in dem Wissen, dass von Ranke so in der hier zitierten Vorrede schrieb und dass es zur damaligen Zeit wenig Historikerinnen gegeben haben dürfte. Ansonsten soll in dieser Arbeit darauf geachtet werden, jeweils sowohl die weibliche als auch die männliche Form zu verwenden.

Prozess fokussiert, eine Gesamtdarstellung der Person und Lebenswelt David Frankfurter zu bieten, die insbesondere sein Selbstbild in den Mittelpunkt stellt.

Aufbau

Die Darstellung beginnt mit dem einleitenden Kapitel 2, das die Grundlagen für die Arbeit skizziert. Nach einem Überblick über den gegenwärtigen Stand der Forschung folgt eine eingehende Behandlung der Quellenlage mit Einblick in die besuchten Archive und gefundenen Archivdokumente sowie die verwendeten Interviews, die zum Teil von der Verfasserin selbst geführt, zum Teil aus anderen Projekten übernommen wurden. Dem schließt sich ein Unterkapitel zu den theoretischen und methodischen Erwägungen an, welche die Zugänge zum Thema definieren, gefolgt von begrifflich-theoretischen Überlegungen, insbesondere zum Begriff des jüdischen Widerstands, zu dem eine eigene Definition erarbeitet wird.

Das Kapitel 3 bietet einen tieferen Einblick in die zentrale Quelle zum Selbstbild David Frankfurters: die Memoiren. In diesem Kapitel wird die Entstehungsgeschichte der Memoiren erörtert und vertieft auf die verschiedenen unpublizierten und publizierten Versionen der Memoiren eingegangen. Die Struktur und Besonderheiten der Memoiren werden ausführlich beschrieben, um abschließend methodische Überlegungen zum Umgang damit aufzuzeigen.

Der eigentliche Hauptteil der Arbeit (Kapitel 4–7) ist in vier Abschnitte unterteilt: Kapitel 4 beschäftigt sich mit David Frankfurters Familiengeschichte, seiner Kindheit und Jugendzeit sowie der Zeit vor dem Mord. Das Kapitel dient dazu, die Person Frankfurter mit allen relevanten Hintergründen einzuführen. Kapitel 5 ist eine Darstellung von einem knappen Jahr in Frankfurters Leben, nämlich von der Reise nach Davos am 31. Januar 1936, über den Mord an Wilhelm Gustloff am 4. Februar 1936 bis zu den letzten Vorbereitungen auf den Mordprozess im Dezember 1936. Im Zentrum von Kapitel 6 stehen der Prozess in Chur, das darauffolgende Urteil des Kantonsgerichts, die Zeit Frankfurters in der Strafanstalt Sennhof in Chur und die Begnadigung im Jahr 1945. Der letzte Teil, Kapitel 7, beschäftigt sich mit Frankfurters Leben nach der Freilassung, angefangen mit dem Abschied von der Schweiz und seiner *Alija* nach Palästina über sein Leben in Palästina/Israel sowie die Aufhebung des Landesverweises im Jahr 1969 bis hin zu seinem Tod im Jahr 1982. Der Hauptteil ist chronologisch aufgebaut und orientiert sich an Frankfurters Memoiren als rotem Faden. Der Fokus liegt dabei auf der Person David Frankfurter und seiner Lebenswelt. Die Chronologie wird nur gebrochen, wenn Frankfurter in seinen Memoiren ein Ereignis, das erst später passierte, zeitlich vorzieht beziehungsweise wenn zeitlich länger dauernde Vorgänge thematisch zusammengefasst werden. Die Chronologie wird – wo sinnvoll oder nötig – mit ergänzenden Informationen angereichert, die für das Verständnis oder den Ablauf der Geschichte wichtig sind, jedoch nicht Frankfurters Memoiren entstammen.

Die Namen werden bei den wichtigsten Personen (beispielsweise bei Familienangehörigen Frankfurters, die meistens mehrere Vornamen mit unterschiedlichen Schreibweisen in verschiedenen Sprachen haben) an die Quellensprache angepasst – die jeweils am meisten genannte und plausibelste Version wird verwendet. Bei Nebenpersonen, die in den Quellen nicht oft oder in unterschiedlichen Schreibweisen genannt werden, ist jeweils die Schreibweise der *Encyclopaedia Judaica* ausschlaggebend. Der Lesefreundlichkeit halber wird bei jiddischen oder hebräischen Ausdrücken auf eine Umschrift nach DIN-Normen verzichtet, stattdessen wird eine Form gewählt, die sich an der deutschen Aussprache orientiert.

2 Forschungsgrundlagen

2.1 Forschungsstand und Quellenlage

2.1.1 Forschungsstand

Zur Lebensgeschichte von David Frankfurter, zum Mord an Wilhelm Gustloff, dem darauffolgenden Prozess sowie zur Rezeptionsgeschichte besteht zum gegenwärtigen Zeitpunkt eine Reihe an wissenschaftlichen und nichtwissenschaftlichen Publikationen, die mehrheitlich lückenhaft sind. Einen Gesamtüberblick versuchen die Bücher *Naqam. L'autobiografia di David Frankfurter (1909–1982)* von Sigrid Sohn,[1] *La Propagande Nazie en Suisse. L'affaire Gustloff, 1936* von Matthieu Gillabert,[2] *Tod in Davos* von Armin Fuhrer[3] sowie *Die NSDAP unter dem Alpenfirn* von Peter Bollier.[4] Sigrid Sohn hat als Sprachwissenschaftlerin zwar mit einer hebräischen Buchversion von Frankfurters Memoiren gearbeitet, ihre Forschung wurde aber im deutschsprachigen Bereich bisher nicht rezipiert.[5] Gillabert geht auf die Historiographie, die Motive, den Mord, den Prozess sowie die darauffolgende Propaganda in der Schweiz und in Deutschland ein. Das Buch von Fuhrer ist in die Themenbereiche Mord, Reaktionen, Prozessvorbereitungen, Verteidigung, Prozess in Chur und von Chur nach Tel Aviv gegliedert, wobei er ausführlich die am Prozess beteiligten Personen

---

1 Sohn, Sigrid: Naqam. L'autobiografia di David Frankfurter (1909–1982), Venedig 1991.

2 Gillabert, Matthieu: La propagande Nazie en Suisse. L'affaire Gustloff, 1936, Lausanne 2008.

3 Fuhrer, Armin: Tod in Davos. David Frankfurter und das Attentat auf Wilhelm Gustloff, Berlin 2012. Schwierig bei der Publikation von Fuhrer ist, dass er teilweise mit umstrittenen Quellen arbeitet, so beispielsweise mit den Propagandaschriften von Wolfgang Diewerge, ohne diese zu problematisieren.

4 Bollier, Peter: Die NSDAP unter dem Alpenfirn. Geschichte einer existenziellen Herausforderung für Davos, Graubünden und die Schweiz, Chur 2016.

5 Das Buch ist in einem italienischen Hochschulverlag erschienen und scheint keine große Verbreitung gefunden zu haben. Ein Exemplar davon findet sich im Archiv für Zeitgeschichte in Zürich, eine Zusammenfassung in: Sohn, Sigrid: David Frankfurter, 1936. Gli albori del nazismo in Svizzera. Naqam, in: Rassenga Mensile di Israel 58,3 (1992), S. 67–88. Sigrid Sohn geht auf die Memoiren Frankfurters als lediglich eine von mehreren Perspektiven ein, die ihres Erachtens zum Verständnis für den politischen Mord wichtig sind. Sie nennt als relevante Umstände die politische Lage in der Schweiz, die Analyse der aufstrebenden NSDAP und des Opfers, die Presse, Frankfurter und sein Umfeld sowie die Fakten, wie Frankfurter sie in seiner Autobiographie darlegt. Da es sich bei ihrer Forschung um eine sprach- bzw. literaturwissenschaftliche Untersuchung auf Italienisch handelt, die zudem auf der ersten hebräischen Übersetzung der Memoiren basiert, soll sie hier nicht rezipiert werden.

beschreibt. Bollier fokussiert auf die Umtriebe der Nationalsozialisten in der Schweiz von den Anfängen der Landesgruppe über den Mord an Gustloff bis zur Nachgeschichte des Prozesses. Den Büchern ist gemeinsam, dass kaum auf die Person David Frankfurter eingegangen wird; eine tiefgehende Auseinandersetzung mit den Memoiren Frankfurters fehlt.[6]

Mit Vorsicht zu behandeln sind die Schriften von Wolfgang Diewerge aus den 1930er Jahren.[7] Diewerge war Propagandist für die nationalsozialistische Regierung Deutschlands, seine Bücher können allenfalls als Quelle für zeitgenössische Propaganda oder eine Außensicht auf David Frankfurter verwendet werden, nicht aber als neutrale Quelle zum Mord und zum Prozess. Andere zeitgenössische Publikationen wiederum waren als Verteidigungsschriften Frankfurters ausgelegt, so beispielsweise das Buch *David und Goliath* von Emil Ludwig[8] oder die jiddische Schrift *Chesed L'Umim* von Shloime Likhtenberg.[9]

Verschiedene kürzere Publikationen und Kapitel gehen zwar auf das Attentat auf Gustloff, nicht aber auf die Memoiren ein, beispielsweise der Artikel von Peter Bollier,[10] das Buch *Gastfreundschaft* von Urs Gredig[11] zum Kurort Davos während des Zeitraums 1933–1948 sowie *Violent Justice* von Felix und Miyoko Imonti,[12] die sich mit drei jüdischen Attentätern befassen. Auch Überblickswerke[13] zur

6 Wobei Fuhrer immerhin mit einem Ausschnitt der Memoiren – eine unvollständige und unzulängliche Übersetzung ins Englische – gearbeitet hat.

7 Diewerge, Wolfgang: Der Fall Gustloff. Vorgeschichte und Hintergründe der Bluttat von Davos, München 1936. Diewerge, Wolfgang: Ein Jude hat geschossen ... Augenzeugenbericht vom Mordprozess David Frankfurter, München 1937.

8 Ludwig, Emil: David und Goliath, Zürich 1945. Interessant bei Emil Ludwig ist die Tatsache, dass dieser Frankfurter nach dessen Freilassung aus dem Gefängnis getroffen und dazu ein Nachwort verfasst hatte, das in einer Neuauflage des Buches veröffentlicht wurde. Ludwigs Buch war in der Schweiz (im Gegensatz zu Diewerges Propagandaschriften) zeitweise verboten.

9 Likhtenberg, Shloime: Chesed L'Umim. Der shos in Davos un zayn opklang in Zsheneve, Lodz 1937. Via: YIVO Institute for Jewish Research, New York. Danke an Tamar Lewinsky für den Hinweis in dieser Sache.

10 Bollier, Peter: 4. August 1936: Das Attentat auf Wilhelm Gustloff, in: Aegerter, Roland [Hrsg.]: Politische Attentate des 20. Jahrhunderts, Zürich 1999, S. 42–75.

11 Gredig, Urs: Gastfeindschaft, Zürich 2008.

12 Imonti, Felix; Imonti, Miyoko: Violent Justice. How three Assassins Fought to Free Europe's Jews, New York 1994. Bei den drei Attentätern handelt es sich um Sholem Schwarzbard, David Frankfurter und Herschel Grynszpan.

13 So beispielsweise (alphabetisch, nicht abschließend): Angst, Doris; Weingarten, Ralph [Hrsg.]: Juden in der Schweiz. Glauben – Geschichte – Gegenwart, Zürich 1982. Bloch, René; Picard, Jacques [Hrsg.]: Wie über Wolken. Jüdische Lebens- und Denkwelten in Stadt und Region Bern, 1200–2000, Zürich 2014. Bonjour, Edgar: Die Geschichte der schweizerischen Neutralität. Vier Jahrhunderte eidgenössischer Aussenpolitik, Band III, 1930–1939, Basel/Stuttgart 1970. Bourgeois, Daniel: Le Troisième Reich et la Suisse 1933–1941,

Schweizer und schweizerisch-jüdischen Geschichte oder zur Schoah und zum Zweiten Weltkrieg erwähnen den Mord in Davos zumeist nur oberflächlich. Hilfreicher sind diese Forschungen in Zusammenhang mit Informationen zu Persönlichkeiten, die David Frankfurter kannten oder die sich für seine Verteidigung einsetzten.[14] Ein weiterer Text, der nicht publiziert wurde und sich lediglich online finden lässt, ist die Schrift *Der Fall Gustloff* von Arnold Juker.[15] Es handelt sich dabei um ein Konglomerat zusammenkopierter Texte mit dokumentarischem Charakter und eine kommentierte Aneinanderreihung von Zitaten aus Wolfgang Diewerges Propagandaschriften ohne wissenschaftliche Analyse. Die Hintergrundinformationen wurden mehrheitlich Wikipedia entnommen.

In den Veröffentlichungen zu Herschel Grynszpan, der 1938 in Paris den nationalsozialistischen Diplomaten Ernst vom Rath ermordet hatte, wird auf Frankfurters Geschichte zumeist kurz eingegangen, wobei die Parallelen beispielsweise bei der Reaktion der Nationalsozialisten beleuchtet werden.[16] Armin Fuhrer verfasste zudem eine Gegenüberstellung der beiden frühen Widerstandskämpfer in seinem Artikel *Herschel Grynszpan und David Frankfurter. Zwei jüdi-*

Neuchâtel 1974. Friedländer, Saul: Das Dritte Reich und die Juden. Die Jahre der Verfolgung 1933–1939, München 1998. Gilbert, Martin: The Holocaust. The Jewish Tragedy, London 1986. Halbrook, Stephen P.: The Swiss and the Nazis, Casemate 2006. Kupfer, Claude; Weingarten, Ralph: Zwischen Ausgrenzung und Integration. Geschichte und Gegenwart der Jüdinnen und Juden in der Schweiz, Zürich 1999. Mächler, Stefan: Hilfe und Ohnmacht. Der Schweizerische Israelitische Gemeindebund und die nationalsozialistische Verfolgung 1933–1945, Zürich 2005. Meyer, Alice: Anpassung oder Widerstand, Frauenfeld 1965. Picard, Jacques: Die Schweiz und die Juden. 1933–1945. Schweizerischer Antisemitismus, jüdische Abwehr und internationale Migrations- und Flüchtlingspolitik, Zürich 1997. Rings, Werner: Schweiz im Krieg, 1933–1945, ein Bericht mit 400 Bilddokumenten, Zürich 1990. Steckel, Charles W.: Destruction and Survival, Los Angeles 1973. Unabhängige Expertenkommission Schweiz – Zweiter Weltkrieg: Die Schweiz, der Nationalsozialismus und das Recht, Band I: Öffentliches Recht, Veröffentlichungen der Unabhängigen Expertenkommission Schweiz – Zweiter Weltkrieg, Bd. 18, Zürich 2002. Weldler-Steinberg, Augusta: Geschichte der Juden in der Schweiz, Goldach 1970.

14 So zum Beispiel Saly Mayer, Veit Wyler, Eugen Curti, Georges Brunschvig etc.

15 Juker, Arnold: Der Fall Gustloff. Eine Dokumentation zum Attentat von Davos vom 4. Februar 1936. Herausgegeben von Walter Dürig, Dezember 2010, online unter: https://www.yumpu.com/de/document/view/21629778/der-fall-gustloff-gliquech [zuletzt eingesehen: 08.10.2018].

16 Vgl.: Bareiß, Andreas Friedrich: Herschel Feibel Grynszpan. Der Attentäter und die „Reichskristallnacht“, Gießen 2005. Fuhrer, Armin: Herschel. Das Attentat des Herschel Grynszpan am 7. November 1938 und der Beginn des Holocaust, Berlin 2013. Gross, Raphael: November 1938. Die Katastrophe vor der Katastrophe, München 2013. Schwab, Gerald: The Day the Holocaust Began. The Odyssey of Herschel Grynszpan, New York 1990. Steinweis, Alan E.: The Trials of Herschel Grynszpan. Anti-Jewish Policy and German Propaganda, 1938–1942, in: German Studies Review 31,3 (2008), S. 471–488.

sche Attentäter im Kampf gegen Hitler.[17] Von juristischer Seite – in Zusammenhang mit der Frage nach politischem Mord – wird auf die Motive Frankfurters sowie den Mordprozess eingegangen, so zeitgenössisch bei Hans Kilian[18] und in den 1970er Jahren bei Wolf Middendorff.[19] Ebenso wird David Frankfurter in verschiedenen Publikationen zum Schiff *Wilhelm Gustloff* erwähnt, meist nur als Hintergrund zur Benennung des Schiffes, das im Januar 1945 versenkt wurde und mit über 9000 Toten als schlimmste Schiffskatastrophe in der Geschichte der Seefahrt gilt.[20]

Drei Untersuchungen (Pierre-Th. Braunschweig[21], Andrea Zogg[22], Andrea Martin Christen und Debora Leuenberger[23]) bestehen zur Rezeptionsgeschichte von Mord und Prozess in den Schweizer Medien. Die Rezeptionsgeschichte ist nicht Teil dieses Dissertationsprojektes. Ein Forschungsdesiderat ist eine größer angelegte Vergleichsstudie (beispielsweise mit jüdischen Periodika, wo sich interessante Unterschiede zwischen zionistisch oder religiös ausgerichteten Zeitungen finden) oder die spätere Rezeptionsgeschichte, die über die zeitgenössische der 1930er Jahre hinausgeht.

Erwähnenswert ist zudem die ausführliche nichtwissenschaftliche Auseinandersetzung mit dem Thema: Der Regisseur Rolf Lyssy widmete sich in seinem

---

17 Fuhrer, Armin: Herschel Grynszpan und David Frankfurter. Zwei jüdische Attentäter im Kampf gegen Hitler, in: Zehnpfennig, Barbara [Hrsg.]: Politischer Widerstand. Allgemeine theoretische Grundlagen und praktische Erscheinungsformen in Nationalsozialismus und Kommunismus, Baden-Baden 2017, S. 243–264.

18 Killian, Hans: Der politische Mord. Zu seiner Soziologie, Zürich 1936.

19 Middendorff, Wolf: Der Fall David Frankfurter, eine historisch-kriminologische Untersuchung zum politischen Mord, in: Zeitschrift für die gesamte Strafrechtswissenschaft 89 (1977), S. 570–638.

20 Beispielsweise: Dobson, Christopher; Miller, John, Payne, Ronald: Die Versenkung der „Wilhelm Gustloff". Ein Tatsachenbericht, Berlin 1995. Fuhrer, Armin: Die Todesfahrt der „Gustloff". Porträts von Überlebenden der größten Schiffskatastrophe aller Zeiten, München 2007. Knopp, Guido: Der Untergang der „Gustloff". Wie es wirklich war, München 2002. Niven, Bill [Hrsg.]: Die „Wilhelm Gustloff". Geschichte und Erinnerung eines Untergangs, Halle 2011. Schön, Heinz: Untergang der Wilhelm Gustloff. Das „Schiff der Freude" wird zum „Schiff des Todes", Rastatt 1960. Der Untergang der Gustloff war Thema verschiedener Fernsehproduktionen, so zuletzt beim ZDF-Zweiteiler „Die Gustloff" (Regie: Joseph Vilsmaier, Deutschland 2008).

21 Braunschweig, Pierre-Th.: Ein politischer Mord. Das Attentat von Davos und seine Beurteilung durch schweizerische Zeitungen, Bern 1980.

22 Zogg, Andrea: Der Fall Frankfurter und die Berichterstattung der Neuen Bündner Zeitung. Unveröffentlichte Semesterarbeit, 1978. [Via: StAGR III23d2 Frankfurter.]

23 Christen, Andrea Martin und Leuenberger, Debora: Der „Fall Gustloff" – Themenkarriere eines politischen Mordes. Eine Untersuchung von sechs Schweizer Tageszeitungen vor dem theoretischen Hintergrund des Framing-Ansatzes, Bern 2008. [Facharbeit am Institut für Kommunikations- und Medienwissenschaft der Universität Bern.]

Film *Konfrontation* aus dem Jahr 1975 in erster Linie der Suche nach den Motiven für den Mordfall. Er hatte sich zu diesem Zweck mit David Frankfurter und weiteren Persönlichkeiten wie Paul Schmid-Ammann, Frankfurters Vormund, persönlich getroffen. Frankfurter erwähnte, er sei mit dem Film und der Schwerpunktsetzung nicht zufrieden gewesen.[24] Eine literarische Annäherung findet sich bei Emil Ludwig[25] und Peter O. Chotjewitz[26] (beide enthalten in Helmut Kreuzer[27]) sowie bei Günter Grass.[28] Ludwig publizierte sein Buch *David und Goliath* unmittelbar nach dem Mord als Plädoyer für David Frankfurter – im Gegensatz zu den Schriften Diewerges war das Buch in der Schweiz verboten.[29] Erst nach 1945 erschien es in einer durch einen Epilog ergänzten Version. Günter Grass' Buch *Im Krebsgang* basiert auf den realen Ereignissen des Mordes an Wilhelm Gustloff sowie des späteren Untergangs des nach ihm benannten Schiffes und verbindet sie mit einer fiktiven Familie der Gegenwart.[30]

Darüber hinaus wird das Thema in einer Reihe an journalistischen Artikeln aufgegriffen, die beispielsweise zu Jahrestagen des Mordes erschienen sind, in Texten zu Davos oder in der Berichterstattung zum jüdischen Widerstand gegen den Nationalsozialismus.[31]

---

24 Informationen aus Gespräch mit Prof. Thomas Willi vom 20. Dezember 2012. Vgl. auch: Fußnote 295, Kapitel 7.6 Interesse an Frankfurter in der Schweiz: Zeitungsartikel, Podiumsgespräche und ein Film, S. 492 ff.

25 Ludwig 1945. Und: Ludwig 1986.

26 Chotjewitz, Peter O.: Mord als Katharsis, in: Kreuzer 1986. Auch Chotjewitz arbeitet (wie Fuhrer) lediglich mit der ausschnittweisen Rückübersetzung der Memoiren.

27 Kreuzer, Helmut [Hrsg.]: Der Mord in Davos. Texte zum Attentatsfall David Frankfurter, Wilhelm Gustloff, Herbstein 1986. Enthält: Ludwig, Emil: David und Goliath. Und: Chotjewitz 1986.

28 Grass, Günter: Im Krebsgang, Göttingen 2002.

29 Erst nach dem Krieg wurde eine zweite Auflage veröffentlicht, die mit einem persönlichen Gespräch des Verfassers mit David Frankfurter ergänzt war.

30 Die Kinder von David Frankfurter haben in verschiedenen Gesprächen erwähnt, dass sie die Darstellung ihres Vaters bei Grass für fehlerhaft und unzulänglich halten. Die Gespräche mit Miriam Gepner und Moshe Frankfurter haben in Salit, Israel, am 17. Januar 2012 und am 3. Juli 2013 stattgefunden.

31 Beispielsweise: Berger, Hans Peter: Argumente gegen den Antisemitismus. Die Ausstellung „Schweizer Juden" in Chur versucht Vorurteile abzubauen, in: Bünder Zeitung, 01.10.1998, S. 2. Bollag, Peter: Davos – die jüdische Sommerhauptstadt Europas, in: Audiatur-Online, online unter: http://www.audiatur-online.ch/2012/07/30/davos-die-juedische-sommerhauptstadt-europas/ [zuletzt eingesehen: 12.08.2014]. Cavelty, Gieri: David Frankfurter gibt den Davosern wieder zu denken, in: Bündner Tagblatt, 31.12.1999, S. 7. Der Bund: Wie Grete Adler mit 85 Jahren zum Film kam, Nr. 95, 25.04.1997, S. 29. Der Spiegel: „Mission in Danzig", 16/1960, online unter: http://www.spiegel.de/spiegel/print/d-43065386.html [zuletzt eingesehen: 18.03.2014]. Dermont, Gieri: Politischer Mord hat Bünden 1936 in Atem gehalten, in: Bündner Tagblatt, 04.02.2002, S. 13. Engelsing, Tobias: Das Hitlerbad, in: DIE

2.1.2 Quellenlage

2.1.2.1 Archive

Für mein Forschungsvorhaben waren in erster Linie Schweizer Archive, aber auch deutsche und israelische von Bedeutung. Zwar beruht der Hauptteil der vorliegenden Untersuchung zum Leben von David Frankfurter hauptsächlich auf dessen Memoiren; zur Ergänzung wurde aber mit weiterem Quellenmaterial gearbeitet, das, wo nötig, mit der Forschungsliteratur abgeglichen wurde, etwa wenn die Quellen nicht eindeutig oder widersprüchlich waren. Die Quellenbestände zu David Frankfurter sind auf verschiedene schweizerische und ausländische Archive verteilt, deren Archivalien sich teilweise überschneiden, teilweise ergänzen.

Am wesentlichsten für die vorliegende Arbeit waren die Bestände des Archivs für Zeitgeschichte (AfZ) der Eidgenössischen Technischen Hochschule (ETH) Zürich zur schweizerisch-jüdischen Zeitgeschichte. Diese beinhalten einen ausführlichen institutionellen Bestand zum Frankfurter-Prozess,[32] der Gerichtsprotokolle,[33] Gutachten, Urteil, zudem Korrespondenz von Privatpersonen und Organisationen in Sachen Frankfurter sowie weitere Briefe oder Immatrikulationsunterlagen der Universität Bern umfasst.[34] Darüber hinaus waren

ZEIT, 18.01.2007, S. 84. Auch online unter: http://www.zeit.de/2007/04/Das_Hitlerbad [zuletzt eingesehen: 05.06.2014]. Fuhrer, Armin: Propaganda-Spiele nach dem Gustloff-Mord, in: FOCUS Magazin, 04.02.2011, online unter: http://www.focus.de/wissen/bildung/Geschichte/nationalsozialismus/tid–21219/nationalsozialismus-propaganda-spiele-nach-dem-gustloff-mord_aid_596597.html [zuletzt eingesehen: 08.02.2011]. Gstöhl, Theo: David Frankfurter tötete den Nazi Gustloff mit vier Schüssen, in: Die Südostschweiz am Sonntag, 27.08.2006, S. 4. Peterhans, Thomas James: Das Attentat am Zauberberg, in: Die Südostschweiz, 04.02.2006, S. 7. Schlegel, Johann Ulrich: Ein Mord in Davos liess die Welt erzittern, in: Davoser Zeitung, 04.02.2011, S. 11. Schmid, Hansmartin: Attentat von Davos 70 Jahre danach neu aufgerollt, in: Bündner Tagblat, 09.02.2006, S. 4. Schmid, Hansmartin: Ein Denkmal für David Frankfurter in Davos?, in: Bündner Tagblatt, 25.11.1999, S. 5. Thönen, Simon: Vor 75 Jahren: Student aus Bern erschiesst Nazi, in: Der Bund. 04.02.2011. Online unter: http://www.derbund.ch/bern/Vor–75-Jahren-Student-aus-Bern-erschiesst-Nazi/story/20437857 [zuletzt eingesehen: 08.02.2011].

32 Vgl.: Archiv für Zeitgeschichte: IB Frankfurter-Prozess. Dieser Bestand war ursprünglich Teil des Archivs des Schweizerischen Israelitischen Gemeindebundes (SIG) und wurde als selbstständiger Bestand erschlossen.

33 Hier ist zu bemerken, dass die Prozessprotokolle im Bestand IB Frankfurter-Prozess unvollständig sind. Eine vollständige Version findet sich bei AfZ: NL Veit Wyler.

34 Der Bestand war ursprünglich Teil des Archivs des Schweizerischen Israelitischen Gemeindebunds (SIG), das vom AfZ 1994 übernommen und später als eigenständiger Bestand erschlossen und mehrheitlich digitalisiert worden ist. Vgl.: Archiv für Zeitgeschichte, Bestandesgeschichte zu IB Frankfurter-Prozess. Online unter:

Nachlässe und Unterlagen verschiedener, in den Prozess und die Unterstützung Frankfurters involvierter Personen relevant.[35] Es handelt sich dabei unter anderem um die Anwälte Frankfurters (Eugen Curti, Veit Wyler und Georges Brunschvig), um Frankfurters Vormund Paul Schmid-Ammann sowie den Prediger Josef Messinger oder die Vertreter des SIG, Saly Mayer und Saly Braunschweig. Neben den Memoiren von David Frankfurter, die unterdessen ebenfalls im AfZ zu finden sind, stellen diese Unterlagen das hauptsächliche Quellenkorpus dieser Arbeit dar. Kurz vor der Publikation der vorliegenden Forschungsarbeit erhielt das AfZ von der Schwiegertochter Eugen Curtis einen Teilnachlass von Frankfurters Verteidiger. Dieser umfasst neben den Arbeitsunterlagen Curtis und der Korrespondenz zur Verteidigung auch einen spannenden Fotobestand mit Presseagenturaufnahmen zum Prozess im Dezember 1936.[36]

Das Staatsarchiv des Kantons Graubünden in Chur bewahrt die Akten des Kantonsgerichts Graubünden auf. Dort sind für das Verständnis des Prozesses wichtige Hintergrundinformationen zu finden, wie beispielsweise die Ermittlungsakten zum Mordfall Gustloff, darunter Informationen zum Tatort und Befragungen von Zeugen, Schreiben von der und an die Ermittlungsbehörde, zudem Briefe, die Frankfurter im Gefängnis erhalten hatte, sowie die Akten zu Frankfurters Jahren in Gefangenschaft.[37] Sowohl das Staatsarchiv Graubünden als auch das Archiv für Zeitgeschichte haben Originale und Kopien der zeitgenössischen und späteren Presseberichterstattung gesammelt sowie teilweise Forschungsliteratur zum Thema.

Im Deutschen Literaturarchiv Marbach und im Archiv des Jabotinsky Institute in Tel Aviv[38] sind verschiedene Versionen der Memoiren zu finden.[39] Die Unterlagen des Schweizerischen Bundesarchivs Bern (BAR) geben Auskunft über nationale und politische Zusammenhänge zum Fall Frankfurter, so beispielsweise über die Interpellation Canova oder über eine Audienz Gustloffs beim Schweizer Bun-

http://onlinearchives.ethz.ch/ReportViewer.aspx?obj=fa1cc0f01c654cbdaa7b15ee127f4afc&format=PDF [zuletzt eingesehen: 31.03.2016].

35 Vgl.: Archiv für Zeitgeschichte: NL Paul Schmid-Ammann; NL Veit Wyler; NL Georges Brunschvig u.a.

36 Vgl.: AfZ NL Eugen Curti. Da der Bestand zum Zeitpunkt der Publikation noch nicht erschlossen war, musste beim Zitieren auf eine Nennung der genauen Signatur verzichtet werden.

37 Vgl.: StAGR III23d2 Frankfurter.

38 Vgl.: Archiv des Jabotinsky Institute Israel, Tel Aviv: Frankfurter, David (erzählt und bearbeitet von Schalom Ben-Chorin): „Ich tötete einen Nazi ...", unveröffentlichtes Manuskript, niedergeschrieben Jerusalem März–Juni 1946. Archiv des Jabotinsky Institute in Israel, Tel Aviv, Referenzcode: A 4–14/11.

39 Vgl. dazu: Kapitel 3 Die Memoiren, S. 44 ff.

desrat. Viele der in den Yad Vashem Archives in Jerusalem[40] gelagerten Unterlagen überschneiden sich inhaltlich mit den Archivdokumenten des AfZ und umfassen unter anderem einen Bestand zum Journalisten Benjamin Sagalowitz, der eigene und fremde Presseerzeugnisse über Frankfurter gesammelt hatte, Forschungsmaterial, das Sigrid Sohn für ihre Dissertation[41] zu David Frankfurter zusammengestellt hatte, sowie Korrespondenzen von, an und über David Frankfurter.

Eine Kopie der Protokolle zum Mordprozess von Dezember 1936 findet sich im Wiener-Archiv, das auf dem Campus der Universität Tel Aviv situiert ist, zudem eine Reihe an Publikationen zu David Frankfurter, zum Beispiel das Buch *L'Affaire Frankfurter* von Pierre Bloch und Didier Meran.[42]

Von erheblicher Wichtigkeit und von großem Wert für die vorliegende Arbeit sind zwei Privatarchive, die nicht öffentlich zugänglich sind, nämlich die Sammlungen von Miriam Gepner und Moshe Frankfurter, den beiden Kindern von David Frankfurter, auf die später noch ausführlich eingegangen wird. Beide haben zu ihrer Familiengeschichte, insbesondere aber über ihren Vater, eine beträchtliche Anzahl an Bildern, Briefen und Dokumenten gesammelt, die sie mir freundlicherweise zur Verfügung stellten. Darunter befinden sich beispielsweise Fotografien von ihrem Vater in allen Lebensabschnitten, sein Pass, mit dem sich seine Reisen in Europa als junger Mann bis hin zu seiner Auswanderung nach Palästina nachverfolgen lassen, oder Anträge der Familie auf Zulassung zur Erbschaft oder Wiedergutmachungszahlungen, die wertvolle Informationen über die Biographien und den Verbleib von Familienangehörigen geben.

In Bezug auf die Familienforschung zur Frankfurter-Familie waren zudem verschiedene Websites von Bedeutung. Es gibt gegenwärtig eine Reihe von Organisationen, Gedenkorten und Archiven, die ihre Datenbanken online zugänglich machen; am bekanntesten ist die Central Database of Shoah Victims' Names der israelischen Gedenkstätte Yad Vashem.[43] Dort sind die Bezeugungen über das Schicksal von Ruth Löwys (David Frankfurters Schwester) Familie zu finden. Ähnlich, wenn auch weniger ausführlich und weniger umfangreich, ist die Datenbank der Jasenovac Memorial Site,[44] der Gedenkstätte für das Konzentrationsla-

40 Vgl.: Yad Vashem Archives, Jerusalem: Benjamin Sagalowitz (Artikel zu David Frankfurter), P.13.29; Collection on Switzerland (Briefe von und betreffend David Frankfurter), O.86.9; Collection on Switzerland (Briefe betreffend David Frankfurter), O.86.15.

41 Vgl.: Sohn 1991 und Sohn 1992.

42 Vgl.: Wiener-Archiv, Tel Aviv: Bloch, Pierre und Meran, Didier: L'Affaire Frankfurter, Paris 1937. WIE K27.36FRA_L (PIE) 001198340 C. 1.

43 Vgl.: Yad Vashem: Central Database of Shoah Victims' Names der israelischen Gedenkstätte Yad Vashem, online unter: http://yvng.yadvashem.org/ [zuletzt eingesehen: 31.03.2016].

44 Vgl.: Jasenovac Memorial Site: Survey and Search of the List of Individual Victims of Jasenovac Concentration Camp, online unter: http://www.jusp-jasenovac.hr/Default.aspx?sid=7620 [zuletzt eingesehen: 31.03.2016].

ger Jasenovac in Kroatien, wo Informationen zu Frankfurters Vater und Onkel zu finden sind, oder die tschechische Seite holocaust.cz,[45] die ebenfalls über eine Opferdatenbank verfügt und Samuel Frankfurter als Opfer der nationalsozialistischen Judenvernichtung aufführt. Weitere Informationen zu Frankfurters Familie und seiner Biographie sind auf der Seite der Chevra Kadisha[46] zu finden, die den Friedhof Holon/Bat Yam betreut, aber auch in einer vergangenen Sonderausstellung im Jüdischen Museum Wien zum Thema *Weltuntergang. Jüdisches Leben und Sterben im Ersten Weltkrieg*[47], die im Jahr 2014 gezeigt wurde. Dort gab es einen Ausstellungsteil zu Feldrabbinern in der K.-u.-k-Armee, in der Objekte und Bilder zu Arnold Frankfurter, einem Onkel von David Frankfurter, ausgestellt wurden. Zudem bietet das Jüdische Museum Wien einen Zugang zur Datenbank der österreichischen Schoah-Opfer, die ebenfalls Informationen zu Arnold Frankfurter enthält. Da einige von David Frankfurters Familienangehörigen wie er selbst in Leipzig studiert haben, war das Archiv der Universität Leipzig, das unter anderem die Studentenkartei der Quästurbehörde umfasst, hilfreich.[48]

Für Medienrecherchen, sowohl zur Rezeption des Mordes in den 1930er Jahren als auch zur Person David Frankfurter ab seiner Auswanderung nach Israel, zeigten sich insbesondere zwei Onlineplattformen als nützlich: zum einen Compact Memory,[49] die digitale Bibliothek von über 170 deutschsprachigen jüdischen Zeitungen und Zeitschriften aus den Jahren 1806 bis 1938, die Teil des Judaica-Portals der Bibliothek der Universität Frankfurt am Main ist, zum anderen die Sammlung von insbesondere palästinensischen und israelischen Periodika Historical Jewish Press,[50] die an der National Library of Israel angesiedelt ist.

2.1.2.2 Interviews

Das genannte Quellenmaterial wurde durch Interviews und Gespräche ergänzt, die ich in der Mehrheit selbst geführt habe.

45 Vgl.: Holocaust.cz: Databáze *obětí, online unter:* http://www.holocaust.cz/databaze-obeti/ [zuletzt eingesehen: 31.03.2016].

46 Vgl.: Chevra Kadisha Tel Aviv, online unter: http://www.kadisha.biz/ [zuletzt eingesehen: 31.03.2016].

47 Vgl.: Jüdisches Museum Wien: Ausstellung: Weltuntergang. Jüdisches Leben und Sterben im Ersten Weltkrieg, Wien 2014.

48 Vgl.: Archiv der Universität Leipzig, Studentenkartei der Quästurbehörde, online unter: https://www.archiv.uni-leipzig.de/digitale-archivalien-studentenkartei-der-quaesturbehoerde/ [zuletzt eingesehen: 31.03.2016]. Für den Zugang zum Archiv ist eine Anmeldung nötig.

49 Vgl.: Compact Memory der Universitätsbibliothek Frankfurt am Main, online unter: http://sammlungen.ub.uni-frankfurt.de/cm/nav/index/title/ [zuletzt eingesehen: 31.03.2016].

50 Vgl.: Historical Jewish Press, National Library of Israel, online unter: http://web.nli.org.il/sites/JPress/English/Pages/default.aspx [zuletzt eingesehen: 31.03.2016].

Für die Anfangsphase der Dissertation waren insbesondere zwei Personen von Bedeutung. Einerseits waren dies zwei Besuche bei Prof. Meier Schwarz am 13. September 2010 und am 4. Januar 2011. Prof. Meier Schwarz, ursprünglich Hydrobiologe, heute unter anderem Direktor des Bet Ashkenaz in Jerusalem, das sich dem deutsch-jüdischen Kulturerbe widmet, hatte sich an das Zentrum für Jüdische Studien der Universität Basel gewandt; er hätte Informationen zu David Frankfurter, ob sich jemand dafür interessiere, mit diesen Unterlagen zu arbeiten. Zwar haben sich die konkreten Informationen und Unterlagen, die Schwarz zur Verfügung stellen konnte, als spärlich herausgestellt, trotzdem gab diese Begegnung initiale Anknüpfungspunkte für den Fortgang der Forschung. So wies Schwarz darauf hin, dass Frankfurter seine Memoiren auf Deutsch verfasst hatte, diese aber nur auf Hebräisch veröffentlicht worden seien. Er konnte leider nicht sagen, wo die deutschsprachigen Originale abgeblieben waren. Spannend waren zudem insbesondere die Aussagen von Schwarz über Frankfurters Bedeutung. Nach seiner Auffassung hatte David Frankfurter durch den Mord an Wilhelm Gustloff die Schweiz vor einem Anschluss an das nationalsozialistische Deutschland gerettet.[51]

Ebenfalls von großer Wichtigkeit war Theologieprofessor Thomas Willi, der ursprünglich aus der Schweiz stammt und später an der Universität Greifswald lehrte. Er hat in einer Festschrift zum 65. Geburtstag von Martin Onnasch einen Artikel über David Frankfurter mit dem Titel *Widerstand: David Frankfurter (1909–1982). Die deutsche Urfassung seines Selbstzeugnisses zum Attentat auf Wilhelm Gustloff* veröffentlicht.[52] Als Grundlage für seinen Text diente ihm eine Version der Memoiren, die er von der Witwe von Schalom Ben-Chorin erhalten hatte. Willi hat die Memoiren durch Übergabe an verschiedene Archive der Wissenschaft und interessierten Öffentlichkeit zugänglich gemacht. In einem Telefonat am 21. Februar 2011 hat Willi mir wertvolle Informationen, wie etwa Hinweise auf Quellenbestände, geben und den Kontakt zu Frankfurters Kindern in Israel herstellen können.

Mit den Kindern, Miriam Gepner und Moshe Frankfurter, habe ich mich im Verlauf meiner Forschungsarbeit mehrere Male getroffen, so zu zwei umfangreichen Oral-History-Interviews am 17. Januar 2012 und am 3. Juli 2013 in Israel, die ich beide transkribiert und ausgewertet habe. Diese Hauptgespräche haben jeweils im Haus von Miriam Gepner in Salit stattgefunden und wurden in Form eines offenen Zeitzeugengesprächs mit Hilfe von teilstrukturierten Fragebögen gehalten, die eine Führung des Gesprächs den beiden Interviewten überließ, aber, wenn nötig, intensives Nachfragen erlaubte. Bei zusätzlichen informelleren Treffen in Israel und der Schweiz (Gepner und Frankfurter haben

---

51 Vgl.: Kapitel 9. Schlusswort, S. 516 ff.

52 Willi 2009, S. 135–154.

mich an meinem damaligen Arbeitsplatz am Zentrum für Jüdische Studien der Universität Basel besucht) haben sie mir unter anderem Quellenmaterial aus ihren Privatarchiven und weitere wichtige Informationen zur Verfügung gestellt. Diese Begegnungen boten die Möglichkeit, offene Fragen zu klären, die sich bei der Arbeit an dem Forschungsprojekt ergeben hatten. Bei den Gesprächen sind interessante Unterschiede zwischen den Geschwistern und ihrer Erzählweise bzw. ihren Erzählschwerpunkten zutage getreten. Während Moshe sich in erster Linie auf Fakten berief, die wahrscheinlich zumindest teilweise auf der Lektüre des Buches seines Vaters oder auf Zeitungsartikeln beruhen, war Miriam diejenige, die emotional und episodisch erzählte. Dadurch gab es jeweils zwei sich ergänzende Perspektiven auf Ereignisse, was den bereits wertvollen Austausch zusätzlich bereicherte.[53]

Für zusätzliche Hintergrundinformationen waren zudem Interviews hilfreich, die von Dritten geführt und bereits transkribiert online gestellt wurden. Es handelt sich dabei um drei Interviews aus verschiedenen Quellen. Über die Seite centropa.org, die es sich zur Aufgabe gemacht hat, europäisch-jüdischer Geschichte einen Namen, ein Gesicht und eine Geschichte zu geben, habe ich ein Gespräch mit Elvira Kohn, einer kroatischen Jüdin gefunden, die in ihren Erinnerungen unter anderem Rabbiner Moritz Frankfurter, David Frankfurters Vater, erwähnt hatte und wertvolle Beschreibungen der jüdischen Lebenswelt in Kroatien geben konnte.[54] Rudolph Haas, dessen Zeugnis in der Sammlung des United States Holocaust Memorial Museum zu finden ist, war während seiner Studienzeit mit Frankfurter befreundet und konnte so durch seine Erinnerungen ergänzende Informationen zu dessen Geschichte liefern.[55] Ebenfalls zu nennen ist ein Interview mit Grete Adler, die in Bern lebte und Frankfurter über den jüngsten Bruder ihres Mannes kennengelernt hatte, der zusammen mit ihm Medizin studierte.[56]

---

53 Interessanterweise haben die beiden ihre unterschiedlichen Erinnerungsformen in einem Gespräch thematisiert, als Miriam ihrem Bruder vorwarf, er sei wie die UNO. „You are like objective thinking [sic]. I'm not objective." Ihr Bruder wehrte sich zwar gegen diese Zuschreibung, sie ist aber durchaus treffend.

54 Interview mit Elvira Kohn durch Lea Iljak im Mai 2003, centropa, Where Jewish history has a name, a face, a story, online unter: http://www.centropa.org/biography/elvira-kohn [zuletzt eingesehen: 30.01.2014].

55 Rudolph Haas hat für das United States Holocaust Memorial Museum ein Testimony abgegeben: Interview mit Rudolph Haas, 13. Juni 1995, in: United States Holocaust Memorial Museum, online unter:
https://collections.ushmm.org/search/catalog/irn512627 [zuletzt eingesehen: 26.10.2018].

56 Interview mit Grete Adler: „Zu irgend etwas muss ich gehören", Interview durchgeführt von Ueli Basliger im April 2002, online unter: http://www.jgb.ch/index.php/de/publikationen [zuletzt eingesehen: 18.07.2014].

2.2 Theoretische und methodische Grundlagen

Für das vorliegende Forschungsprojekt sind mehrere methodische Zugänge relevant, die weitgehend stark miteinander verknüpft sind. Da das Selbstbild und die Lebensgeschichte von David Frankfurter im Zentrum stehen, handelt es sich dabei um Zugänge, die eine Abkehr von der Geschichte des Kollektiven, des Ganzen oder des Abstrakten hin zur Beschäftigung mit dem konkreten Menschen als aktives Individuum im Austausch mit seiner Umwelt propagieren.[57] Um dies zu erreichen, wird in dieser Forschung ein lebensweltlicher Ansatz unter Einbezug der Oral History vertreten; die dazu verwendeten Quellen stellen Fragen nach dem Umgang mit Ego-Dokumenten, verbunden mit der Biographie- und Autobiographieforschung als Spezialfall eines Ego-Dokuments.

Obwohl in der geschichtswissenschaftlichen Forschung der Begriff Selbstbild in verschiedenen Forschungen verwendet wird, fehlt zumeist eine abschließende Definition. Zusätzlich zu dieser Problematik ist die inhaltliche Überschneidung verschiedener, teilweise synonym verwendeter Begriffe wie Selbstbild, Selbstwahrnehmung, Selbstkonzeption und Selbstbewusstsein usw. offensichtlich. Für die vorliegende Untersuchung ist eine kurze und simple Definition von Selbstbild von Bedeutung, entnommen einer sozialwissenschaftlichen Arbeit von Wolfgang Manz.[58] Manz macht dabei die Unterscheidung zwischen verschiedenen Perspektiven, die er aufteilt in Fremdbild und Selbstbild. Er definiert das Fremdbild als die Subjekt-Objekt-Beziehung und das Selbstbild entsprechend als Subjekt-Subjekt-Beziehung – oder vereinfacht ausgesagt: die Vorstellung, die sich die Person, in diesem Fall David Frankfurter, von sich selbst macht.[59]

---

57 Vgl. hierzu beispielsweise: Spuhler, Gregor: Oral History in der Schweiz, in: Ders. [Hrsg.]: Vielstimmiges Gedächtnis. Beiträge zur Oral History, Zürich 1994, S. 7–20, hier S. 8–9. In diesem Zusammenhang wird meist (so auch von Spuhler) auf die Frauengeschichte verwiesen, da die Frauen unter „abstrakten Kollektiven" meist mitgedacht, aber nicht speziell untersucht worden sind. In dieser Forschung spielen Frauen keine relevante Rolle, was nicht nur damit begründet wird, dass das Hauptobjekt ein Mann ist: Auch praktisch alle weiteren involvierten Personen (Anwälte, Richter, Rabbiner, Ärzte, Gefängnisaufseher) waren Männer. Zu den wenigen Frauen, die am Rande erwähnt werden, gibt es leider kaum Quellen.

58 Manz, Wolfgang: Das Stereotyp. Zur Operationalisierung eines sozialwissenschaftlichen Begriffs, Meisenheim am Glan 1968.

59 Ebd., S. 89.

2.2.1 Lebensweltlicher Ansatz

Der lebensweltliche Ansatz entstammt ursprünglich der Philosophie, wurde dann in Edmund Husserls Phänomenologie[60] verwendet und schließlich in die Soziologie[61] und Pädagogik übernommen. Er wird durch einen Perspektivenwechsel auf den Aktor[62] vermehrt in den Geschichtswissenschaften angewendet und hat dort, vor allem durch die Arbeiten von Rudolf Vierhaus und Heiko Haumann,[63] zunehmend an Bedeutung gewonnen.

Für die vorliegende Dissertation ist das Lebensweltkonzept von Bedeutung, weil nicht die Ereignisse (beispielsweise der Mord an Wilhelm Gustloff oder der darauffolgende Prozess) im Mittelpunkt stehen, sondern in erster Linie der Mensch[64] (David Frankfurter) und seine Beziehung zur Umwelt, sein Denken und Handeln. Das Individuum und das System sind im lebensweltlichen Konzept „untrennbar miteinander verknüpft".[65] Die Lebenswelt wird dabei als „wahrgenommene Wirklichkeit" definiert, „in der soziale Gruppen und Individuen sich verhalten und durch ihr Denken und Handeln wiederum Wirklichkeit produzieren".[66] Innerhalb seiner Lebenswelt trifft das Individuum auf Situationen, so beispielsweise „auf materielle Bedingungen, politisch-gesellschaftliche Verhältnisse, vorherrschende Ideologien".[67] Im Rahmen dieser Strukturen und Systeme lebt der Mensch nicht isoliert, er ist vielmehr im Austausch mit anderen Individuen und deren jeweiligen Lebenswelten.[68] Dabei werden die Gegensätze

60 Vgl.: Husserl, Edmund: Phänomenologie der Lebenswelt. Ausgewählte Texte, Stuttgart 1986.

61 Vgl.: Schütz, Alfred und Luckmann, Thomas: Strukturen der Lebenswelt, Frankfurt am Main 1988. Und: Habermas, Jürgen: Theorie des kommunikativen Handelns. Zur Kritik der funktionalistischen Vernunft, 2 Bände, Frankfurt am Main 1981.

62 Vgl.: Haumann, Heiko: Lebensweltlich orientierte Geschichtsschreibung in den Jüdischen Studien: Das Basler Beispiel, in: Hödl, Klaus [Hrsg.]: Jüdische Studien, Reflexionen und Praxis eines wissenschaftlichen Feldes, Innsbruck 2003, S. 105–122, hier S. 112–113.

63 Vgl.: Vierhaus, Rudolf: Die Rekonstruktion historischer Lebenswelten, in: Vierhaus, Rudolf und Chartier, Roger [Hrgs.]: Wege zu einer neuen Kulturgeschichte, Göttingen 1995, S. 7–28. Und: Haumann, Heiko: Geschichte, Lebenswelt, Sinn. Über die Interpretation von Selbstzeugnissen, in: Studer, Brigitte et al. [Hrsg.]: Anfang und Grenzen des Sinns, Weilerswist 2006, S. 42–54.

64 In Abgrenzung zum Begriff des Milieus, das sich mit dem Umfeld des Individuums oder der Gruppe befasst. Vgl.: Haumann, Heiko: Geschichte, Lebenswelt, Sinn. Über die Interpretation von Selbstzeugnissen, in: Ders. [Hrsg]: Lebenswelten und Geschichte. Zur Theorie und Praxis der Forschung, Wien Köln Weimar 2012, S. 85–95, hier S. 90.

65 Ebd., S. 91.

66 Rudolf Vierhaus, zitiert nach: Haumann 2003, S. 113 f.

67 Ebd., S. 115.

68 Ebd., S. 114.

„zwischen individueller Lebenswelt und gesellschaftlicher Struktur, zwischen Mikro- und Makro-Geschichte“[69] aufgelöst; der lebensweltliche Zugang erlaubt einen gleichzeitigen Blick auf Individuum und System, auf den Handelnden und seinen historischen Kontext.[70] Ähnlich wie in der Oral History tritt die Historikerin oder der Historiker in einen Dialog mit dem Aktor, der so vom Forschungsobjekt zum Gesprächspartner wird.[71]

Neben den Memoiren von David Frankfurter, in diesem Fall (in ihren verschiedenen Versionen) die ausführlichste Quelle, können die in Archiven in der Schweiz, in Israel und in Deutschland gefundenen Quellen im lebensweltlichen Sinne Auskunft über Frankfurters Alltag, seine Geisteshaltung und seinen Austausch mit seiner Umwelt geben, so beispielsweise Briefe, Informationen zur finanziellen Lage, Fotografien, gerichtliche und polizeiliche Akten, ärztliche Zeugnisse und Gutachten. Dies ermöglicht es, Frankfurters Prägungen und Einflüsse auf ihn zu verstehen und zudem herauszufinden, wie Frankfurter seine Umwelt geprägt und verändert hat.

2.2.2 Umgang mit Selbstzeugnissen und Ego-Dokumenten

Bei diesen letztgenannten Quellen ist eine jeweils unterschiedliche Herangehensweise und Quellenkritik erforderlich. Es besteht in der heutigen Forschung ein wesentlicher Unterschied zwischen Ego-Dokumenten und Selbstzeugnissen.[72]

> Die Annäherung an den Menschen in der Geschichte geschieht oftmals durch die Auswertung von Ego-Dokumenten und Selbstzeugnissen. Ersterer Begriff ist weiter gefasst. Er subsumiert alle Texte, „die über freiwillige oder erzwungene Selbstwahrnehmung eines Menschen in seiner Familie, seiner Gemeinde, seinem Land oder seiner sozialen Schicht Auskunft geben“. Um ein Ego-Dokument zu produzieren, muss der

69 Ebd., S. 115.

70 Vgl.: Ebd.

71 Vgl.: Ebd., S. 116.

72 Die Kategorien Selbstzeugnisse und Ego-Dokumente umfassen eine relativ breite Auswahl an Quellen, die jeweils näher umschrieben werden müssen. Die Begriffe werden in der Forschung teilweise kritisch gesehen, insbesondere aufgrund ungenauer oder fehlender Definitionen. Gabriele Jancke schlägt als Alternative „autobiografische Schriften“ vor, auf dessen Verwendung hier aber – aufgrund der zu starken inhaltlichen Einschränkung – verzichtet wird. Vgl.: Jancke, Gabriele: Jüdische Selbstzeugnisse und Ego-Dokumente der Frühen Neuzeit in Aschkenas, eine Einleitung, in: Klein, Birgit E. und Ries, Rotraud [Hrsg.]: Selbstzeugnisse und Ego-Dokumente frühneuzeitlicher Juden in Aschkenas, Beispiele, Methoden und Konzepte, Berlin 2011, S. 9–26, hier S. 14.

Mensch, um den es geht, nicht zwangsläufig Autor der Quelle sein. Auch Personalakten, Nachrufe, Verhörprotokolle, Gerichtsakten, Photographien, Urkunden oder privater Besitz enthalten Informationen über das betroffene Individuum.[73]

Der Begriff Ego-Dokument ist ein Überbegriff, das Selbstzeugnis eine Unterkategorie davon. Während ein Selbstzeugnis im Sinne einer autobiographischen Quelle vom Subjekt selbst verfasst wurde, können bei Ego-Dokumenten auch andere Autorinnen und Autoren auftreten. Die Hintergründe und Intentionen dieser Quellen unterscheiden sich jeweils erheblich. Während auf Frankfurters Memoiren als eigentliches Selbstzeugnis im folgenden Kapitel zu Autobiographie- und Biographieforschung eingegangen wird, sollen hier speziellere Ego-Dokumente, die in der vorliegenden Forschung zentral verwendet wurden, im Vordergrund stehen. Es wird dabei grundsätzlich unterschieden, ob die Quelle freiwillig oder unter anderen Umständen entstanden ist.[74]

Ein Vernehmungs- oder Gerichtsprotokoll beispielsweise ist eine spezielle Quellenart; der Mensch, der dabei im Zentrum steht – im vorliegenden Fall David Frankfurter, der vor dem Attentat kaum mit der Polizei und ähnlichen Behörden zu tun gehabt hatte –, befindet sich unter Beobachtung, er geht davon aus, dass seine Zukunft von seinen Aussagen abhängen wird. Es handelt sich insofern um eine erzwungene Selbstwahrnehmung, oder, wie Schulze es ausdrückt: Quellen wie Prozess- oder Vernehmungsprotokolle „transzendieren die Ohnmacht der Befragten".[75] Entsprechend muss dabei beachtet werden, dass die vor Gericht oder dem Verhörrichter geäußerten Aussagen strategische Überlegungen bein-

73 Stephan, Anke: Erinnertes Leben: Autobiographien, Memoiren und Oral-History-Interviews als historische Quellen, in: Digitales Handbuch zur Geschichte und Kultur Russlands und Osteuropas, 2004, online unter: http://epub.ub.uni-muenchen.de/627/1/Stephan-Selbstzeugnisse.pdf [zuletzt eingesehen: 03.04.2016].
Auch Winfried Schulze umfasst mit dem Begriff Ego-Dokument, sich beziehend auf Presser, nicht nur autobiographische Dokumente, sondern alle Quellen, „in denen ‚ein ego sich absichtlich oder unabsichtlich enthüllt oder verbirgt'". Vgl.: Schulze, Winfried: Ego-Dokumente: Annäherung an den Menschen in der Geschichte? Vorüberlegungen für die Tagung „Ego-Dokumente", in: Ders. [Hrsg.]: Ego-Dokumente. Annäherung an den Menschen in der Geschichte, Berlin 1996, S. 11–30, hier S. 20.

74 Vgl.: Schulze 1996, S. 21. Manfred Seifert unterscheidet zwischen Dokumenten, die mit Publikationsabsicht erstellt wurden, und solchen, die ohne diese Absicht entstanden sind. Vgl.: Seifert, Manfred: Ego-Dokumente im Spannungsfeld von Forschungsperspektiven und Sammlungspraxis. Zum Stellenwert lebensgeschichtlicher Forschung im aktuellen Wissenschaftsdiskurs und ihre Konzeption am Institut für Sächsische Geschichte und Volkskunde, in: Ders. und Friedreich, Sönke [Hrsg.]: Alltagsleben biografisch erfassen. Zur Konzeption lebensgeschichtlich orientierter Forschung, Dresden 2009, S. 11–36, hier S. 17.

75 Schulze 1996, S. 27. Im gleichen Band sind vier Beispiele zu Verhörprotokollen als Ego-Dokumente zu finden, siehe ebd. ab S. 275. Nicht nur David Frankfurter befand sich bei den Verhören in einer besonderen Situation, sondern auch seine Bekannten, die zu ihm befragt

halten können,[76] und dass zudem durch die juristische Verschriftlichung der Aussagen bereits eine Veränderung oder Interpretation vorgenommen worden ist.[77] Trotzdem können sie, im Sinne des lebensweltlichen Zugangs, Aussagen „zur Person, ihrer Erfahrung und zu ihrer Sicht der Welt, in der sie lebt, nicht zuletzt auch zu den Spielregeln des sozialen Systems, in dem eine solche Befragung durchgeführt wird, und zu den Überlebensstrategien der Betroffenen"[78] beinhalten. Ähnlich verhalten sich Gnadengesuche oder Plädoyers vor Gericht, die als „Konstrukt[e] eines anderen"[79] über die erforschte Person gelten können. Zu beachten ist dabei, dass „das ‚Ich' oder ‚Ego' der hier sprechenden Personen […] um einige Stufen indirekter präsent [ist] als in anderen Selbstzeugnissen".[80]

Ähnliches gilt für Medizinalakten, nicht nur für die ärztlichen Berichte zu Frankfurter, sondern vor allem für das psychiatrische Gutachten, in dem Frankfurters Aussagen unter den gleichen Prämissen untersucht werden müssen wie die gerichtlichen Unterlagen. Dabei stellt sich die Frage, wer die Gutachten und Berichte erstellt hat – und mit welcher Absicht. Beispielsweise können jeweils wesentliche Unterschiede bestehen, wenn sie im Auftrag der Verteidigung, der Anklage oder des Zivilklägers erstellt wurden. Bei beiden Quellenarten, den medizinischen und juristischen Unterlagen, ist zudem wichtig zu unterstreichen, dass ich als Verfasserin der vorliegenden Arbeit weder Ärztin, Psychologin noch Juristin bin und die Quellen entsprechend als Historikerin untersucht und interpretiert habe.[81]

---

wurden. Da kann beispielsweise die Überlegung eine Rolle spielen, dass diese zwar wahrheitsgemäß aussagen, trotzdem aber Frankfurter oder sich selbst nicht schaden wollten.

76 Weitere Elemente, die in Erwägung gezogen werden müssen, sind Folter oder Misshandlungen bei Befragungen. Da Frankfurter nichts Entsprechendes erwähnt, sondern die Ermittlungsbehörden als im Allgemeinen korrekt beschrieben hat, kann dies hier ausgeschlossen werden. Vergleiche dazu: Rusinek, Bernd-A.: Vernehmungsprotokolle, in: Rusinek, Bernd-A. und Ackermann, Volker [Hrgs.]: Einführung in die Interpretation historischer Quellen. Schwerpunkt Neuzeit, Paderborn u.a. 1992, S. 111–132.

77 Vgl.: Schulze 1996, S. 23.

78 Ebd.

79 Ulbrich, Claudia: Zeuginnen und Bittstellerinnen. Überlegungen zur Bedeutung von Ego-Dokumenten für die Erforschung weiblicher Selbstwahrnehmung in der ländlichen Gesellschaft des 18. Jahrhunderts, in: Schulze, Winfried [Hrsg.]: Ego-Dokumente. Annäherung an den Menschen in der Geschichte, Berlin 1996, S. 207–226, hier S. 212.

80 Jancke, Gabriele: Jüdische Selbstzeugnisse und Ego-Dokumente der Frühen Neuzeit in Aschkenas, eine Einleitung, in: Klein, Birgit E. und Ries, Rotraud [Hrsg.]: Selbstzeugnisse und Ego-Dokumente frühneuzeitlicher Juden in Aschkenas, Beispiele, Methoden und Konzepte, Berlin 2011, S. 9–26, hier S. 14.

81 Beim psychiatrischen Gutachten zu David Frankfurter habe ich eine forensische Psychiaterin um ihre Meinung gefragt.

Briefe hingegen werden üblicherweise freiwillig geschrieben und haben einen dialogischen Charakter. Das Verhältnis zwischen Absender oder Absenderin und Empfänger oder Empfängerin sowie die Intention der Schreibenden wirken sich dabei sowohl auf den Inhalt des Briefes als auch auf seine Glaubwürdigkeit aus. Dazu kommen Rahmenbedingungen wie beispielsweise Zensur,[82] die den Inhalt eines Briefes beeinflussen. Anhand von Briefen lassen sich Rückschlüsse auf das Verhältnis zwischen den an der Korrespondenz beteiligten Personen ziehen, aber auch auf das Befinden oder die Lebensumstände der Schreibenden.[83] Briefe können besonders für eine lebensweltlich orientierte Forschung wertvolle Aufschlüsse geben über den Alltag einer Person. Wichtig ist hier, dass die Glaubwürdigkeit dieser Briefe abgeklärt wird und dass sie in den Gesamtzusammenhang der Situation gesetzt werden.[84] Bei einem Teil der in dieser Forschungsarbeit verwendeten Briefe, die in einer konkreten Gefahrenlage während des Zweiten Weltkriegs geschrieben wurden, muss bei der Interpretation die Möglichkeit der Zensur oder Selbstzensur in Betracht gezogen werden. Dies wird bei Briefen Frankfurters aus dem Gefängnis oder an ihn während seiner Haftzeit deutlich, denn deren Inhalt wurde üblicherweise von der Gefängnisverwaltung geprüft, aber auch bei der Korrespondenz zwischen weiteren involvierten Personen, die zum Schutz von Frankfurter wichtige Details nur verschlüsselt kommunizierten.

2.2.3 Oral History

Innerhalb des lebensweltlichen Ansatzes ist die Oral History von großer Bedeutung. Oral History ist eine sozialhistorische Methode der Geschichtswissenschaft, bei der Erinnerungsinterviews mit Zeitzeuginnen und Zeitzeugen als historische Quelle im Sinne einer „Geschichte von unten"[85] und einer Demokratisierung der Geschichtswissenschaften[86] dienen, in der der Mensch – vorzugsweise die „kleinen Leute"[87] – in den Mittelpunkt rückte. Sie startete Ende der

---

82 Vgl. hierzu: Kapitel 5 des folgenden Artikels: Weiß, Stefan: Briefe, in: Rusinek, Bernd-A. und Ackermann, Volker [Hrgs.]: Einführung in die Interpretation historischer Quellen. Schwerpunkt Neuzeit, Paderborn u.a. 1992, S. 45–60, hier S. 52–53.

83 Vgl.: Ebd., S. 48.

84 Vgl.: Ebd.

85 Lutz Niethammer, zitiert nach Spuhler 1994, S. 7.

86 Vgl.: Niethammer, Lutz: Einführung, in: Ders. [Hrsg.]: Lebenserfahrung und kollektives Gedächtnis. Die Praxis der „Oral History", Frankfurt am Main 1980, S. 7–26, hier S. 7 f.

87 Petry, Erik: Gedächtnis und Erinnerung. Das „Pack" in Zürich, Köln, Weimar, Wien 2014, S. 90.

ersten Hälfte des 20. Jahrhunderts als journalistischer Zugang in den USA[88] und verbreitete sich ab den 1970er Jahren zuerst in England und dann in Frankreich im Bereich der Sozialgeschichte.[89] In den deutschsprachigen Raum gelangte sie Ende der 1970er Jahre und wurde insbesondere für die Aufarbeitung der Zeit des Nationalsozialismus verwendet,[90] aber auch im Zusammenhang mit der Geschlechtergeschichte oder der Geschichte der Arbeiterbewegung.[91]

Es handelt sich bei der Oral History gleichzeitig um eine Methode und um einen bestimmten Quellentypus, die mündliche Quelle, üblicherweise in Form von Interviews, die aufbereitet, transkribiert und zur Beantwortung historischer Fragestellungen ausgewertet wird.[92] Auch wenn die Geschichtswissenschaften nicht die einzige Disziplin sind, die mit mündlichen Quellen arbeiten – gerade etwa in der Ethnologie oder Kulturanthropologie sind Interviews für Forschungen weit verbreitet –, verwenden Historikerinnen und Historiker Oral History mit spezifischen Ansprüchen, um „etwas über die Vergangenheit herauszubekommen".[93] Im Vergleich zu Soziologinnen und Soziologen, die oft weniger an den Einzelfällen als an quantitativen Ergebnissen interessiert sind, geht es in den Geschichtswissenschaften um die „Individualität von Fällen und Besonderheit von Ereignissen oder historischen Konstellationen".[94] Seitdem die Oral History sich in den 1980er Jahren im deutschsprachigen Raum etabliert hatte, wurde sie oft kontrovers diskutiert, da unter anderem ihre Objektivität angezweifelt wurde.[95] Es geht dabei um Fragen nach der „Verlässlichkeit des menschlichen Erinnerungsvermögens sowie [der] Konstruktion von Lebensgeschichten und Geschichtsbilder[n]".[96] Während das „soziale Konstrukt Biographie",[97] also dass ein Mensch seine Biographie in einer sinnstiftenden Art und Weise entwirft und interpretiert, beim Umgang mit Oral History miteinbezogen werden muss, ist der Vorwurf der fehlenden Objektivität von mündlichen Quellen zumindest

88 Vgl.: Nevins, Allan: Oral History: How and Why it was born, in: Dunaway, David K. und Baum, Willa K. [Hrsg.]: Oral History: An Interdisciplinary Anthology, Walnut Creek 1996, S. 29–38. Und: Starr, Louis: Oral History, in: Ebd., S. 39–61.

89 Vgl.: Obertreis, Julia: Oral History – Geschichte und Konzeptionen, in: Dies. [Hrsg.]: Oral History, Stuttgart 2012, S. 7–28, hier S. 7–8.

90 Ebd., S. 9 f.

91 Petry 2014, S. 91.

92 Wierling, Dorothee: Oral History. In: Maurer, Michael [Hrsg.]: Neue Themen und Methoden der Geschichtswissenschaft, Reihe: Aufriß der Historischen Wissenschaften 7 (2003), S. 81.

93 Ebd., S. 87.

94 Ebd.

95 Vgl. beispielsweise: Ebd., S. 82.

96 Obertreis 2012, S. 7.

97 Spuhler 1994, S. 9.

teilweise problematisch. Zum einen impliziert er eine nicht vorhandene Objektivität von schriftlichen Quellen.[98] Nicht umsonst besteht in den Geschichtswissenschaften die Hilfswissenschaft der Quellenkritik, um eine Quelle einschätzen und einordnen zu können. Zum anderen wird übersehen, dass „der Wert der mündlichen Quelle gerade in ihrer Subjektivität liegen" kann.[99]

Die Methode der Oral History ist eng mit dem lebensweltlichen Ansatz verknüpft, da Geschichte als explizit erfahrene Geschichte erlebt und tradiert wird. Dabei wird die historische Überlieferung erst im Nachhinein durch Gespräche über Erinnerung als historische Quelle genutzt. Für die vorliegende Dissertation ist die Oral History für die Befragung von Zeitzeuginnen und Zeitzeugen eine naheliegende Methode. Da David Frankfurter 1982 verstorben ist, konnte hier nicht mehr das eigentliche Objekt der Forschung befragt werden, allerdings liegen zur Erforschung seines Selbstbildes andere Quellen vor. Ins Zentrum rücken vielmehr Personen, die ihn gekannt haben und die einen tieferen Einblick in sein Leben – auch für diejenigen Lebensabschnitte, die nicht mehr Teil der Memoiren sind – geben können, insbesondere Frankfurters Kinder. Auch am vorliegenden Beispiel der Interviews mit David Frankfurters Nachkommen soll es nicht in erster Linie um objektive Fakten, sondern vielmehr um individuelle und äußerst subjektive Eindrücke gehen, die gemäß oben beschriebener Herangehensweisen einer Kontextualisierung und einer Quellenkritik bedürfen.

2.2.4 Autobiographie- und Biographieforschung

Zusätzlich ist für dieses Projekt die Biographie- bzw. Autobiographieforschung von Bedeutung. Wie der lebensweltliche Ansatz ist die Biographieforschung ursprünglich eine soziologische Methode, die aus der qualitativen Sozialforschung stammt. Sie befasst sich mit der Rekonstruktion von Lebensverläufen auf der Basis biographischer Erzählungen und/oder persönlicher Dokumente wie beispielsweise Tagebüchern oder Nachlässen. Innerhalb der Biographieforschung wird oft ein lebensweltlicher Ansatz vertreten, die beiden Ansätze sind zumeist eng miteinander verknüpft. Nicht ein autonomes Subjekt bildet das Grundverständnis moderner Biographieforschung, sondern das Konzept einer kontextualisierten Biographie. Das Subjekt ist nicht ohne seinen gesellschaftlichen Kontext zu verstehen, es steht in Bezug zur Ereignisgeschichte.[100] Die

98 Vgl.: Wierling 2003, S. 88.

99 Ebd.

100 Vgl.: von Lüpke, Ute: Identität und Lebenswelt. Praxis der historischen Biographieforschung. Für: H-Soz-u-Kult, Kommunikation und Fachinformation für die Geschichtswissenschaften, 29.06.2009.

Biographieforschung beschäftigt sich mit der Analyse von autobiographischem Material, sie erschließt das Selbst und die (Lebens-)Welt eines Menschen und beschreibt eine lebensgeschichtliche Wirklichkeit.[101] Bei der Interpretation ist miteinzubeziehen, dass gemäß Definition der Biographieforschung das Subjekt seine Biographie in gewissem Sinne „konstruiert".[102] Wie bei der Oral History, bei der die Biographie eines Individuums erfragt wird, ist bei der Biographieforschung zu beachten, dass Selbstzeugnisse grundsätzlich Sinnkonstruktionen darstellen, was eine kritische Prüfung von Selbstzeugnissen als historische Quellen verlangt.[103] In der geschichtswissenschaftlichen Biographieforschung ist bezüglich der Untersuchungsobjekte eine Abkehr von der „Geschichte der großen Männer" zu beobachten. Stattdessen wird eine Beschäftigung mit dem Individuum im Zusammenhang mit seinem Umfeld propagiert, was in dieser Forschung umgesetzt wird.

Da die in dieser Arbeit untersuchten Erinnerungen von David Frankfurter einen Grenzfall zwischen Biographie und Autobiographie darstellen, wird auch die Autobiographieforschung angewendet, die sowohl in der Soziologie und den Literaturwissenschaften als auch in den Geschichtswissenschaften eine wichtige Rolle spielt. Dieser Ansatz beschäftigt sich mit dem komplexen Verhältnis von Identität und Erinnerung. Volker Depkat beschreibt Autobiographien als „klassische Form des schriftlichen Selbstzeugnisses, das, aus eigener Initiative und mit dem Ziel der Veröffentlichung verfaßt, in einheitlicher Schreibperspektive komponiert ist und eine zusammenhängende Darstellung des eigenen Lebens oder einzelner Abschnitte daraus präsentiert".[104] Alle diese Kriterien treffen (vielleicht mit Ausnahme der eigenen Motivation) auf die Memoiren Frankfurters zu. Trotzdem soll hier der Begriff der Memoiren für die Niederschrift Frankfurters Erinnerungen beibehalten werden. Die Gründe hierfür sind folgende: So wie die Memoiren als Grenzfall zwischen Biographie und Autobiographie bezeichnet werden können, sind sie ein Grenzfall zwischen Autobiographie und Memoiren. Zu den beiden Begriffen und ihrer Abgrenzung besteht in der Forschung keine

---

101 Vgl.: Straub, Jürgen: Zeit, Erzählung, Interpretation. Zur Konstruktion und Analyse von Erzähltexten in der narrativen Biographieforschung. In: Röckelein, Hedwig [Hrsg.]: Biographie als Geschichte, Tübingen 1993, S. 143–183, hier S. 151.

102 Eine Konstruktion der eigenen Lebensgeschichte kann heißen, gewisse unangenehme Aspekte wegzulassen oder zu beschönigen.

103 Vgl.: Haumann, Heiko: Geschichte, Lebenswelt, Sinn. Über die Interpretation von Selbstzeugnissen. In: Hilmer, Brigitte und Angehrt, Emil [Hrsg.]: Anfang und Grenzen des Sinns, Weilerswist 2006, S. 42–54, hier S. 44–45.

104 Depkat, Volker: Nicht die Materialien sind das Problem, sondern die Fragen, die man stellt. Zum Quellenwert von Autobiographien für die historische Forschung. In: Rathman, Thomas und Wegmann, Nikolaus [Hrsg.]: Quelle. Zwischen Ursprung und Konstrukt. Ein Leitbegriff in der Diskussion, Berlin 2004, S. 102–117, hier S. 105.

eindeutige und übereinstimmende Definition, sie werden teilweise synonym verwendet. Üblicherweise werden als Memoiren diejenigen Schriften bezeichnet, die nur einen bestimmten Lebensabschnitt zum Thema haben, während Autobiographien das gesamte Leben bis zum Zeitpunkt der Niederschrift beschreiben.[105] Frankfurters Erinnerungen weisen Elemente beider Kategorien auf; sie umfassen das gesamte Leben bis zur Niederschrift, gleichzeitig fokussieren sie aber stark auf den Mord an Wilhelm Gustloff, die Vorgeschichte, die zu diesem geführt hat, sowie die Auswirkungen des Attentats auf Frankfurters Leben. Die Memoiren sind zielgerichtet, schon der Titel der Originalmemoiren („Ich tötete einen Nazi ...") weist auf diese Schwerpunktsetzung hin. Auch die Abgrenzung, die Schulze unter Bezugnahme auf Lejeune vornimmt, dass in Memoiren „das Individuum in seinen sozialen Kontext" gestellt, während in der Autobiographie das Individuum erst „zum Gegenstand des Diskurses" wird,[106] hilft im Fall von Frankfurters Lebenserinnerungen nicht weiter. Die Duden-Definitionen hingegen sehen eine Autobiographie als „literarische Darstellung des eigenen Lebens"[107] und die Memoiren als Lebenserinnerungen, bei denen ein „besonderes Gewicht auf die Darstellung der zeitgeschichtlichen Ereignisse gelegt" wird.[108] Wiederum können beide Begriffe auf Frankfurters Erinnerungen angewendet werden. Frankfurter selbst hat in Briefen jeweils von seinen Memoiren geschrieben.[109] Ihm folgend und um zu verdeutlichen, wie zentral die Ausrichtung auf das Attentat auf Wilhelm Gustloff in der Niederschrift ist, wird in der vorliegenden Untersuchung im Wissen um die Unschärfe bei der Einordnung in die Kategorien von Autobiographie und Memoiren das Wort Memoiren verwendet.

Durch das Schreiben einer Autobiographie wird die Gesamtheit oder ein Teil eines Lebens zu einem bestimmten Zeitpunkt rückblickend beschrieben und interpretiert, so dass es „dem Aktualzustand des sich erinnernden Ichs paßgenau

---

105 Vgl.: Engelbrecht, Jörg: Autobiographien, Memoiren, in: Rusinek, Bernd-A. und Ackermann, Volker [Hrsg.]: Einführung in die Interpretation historischer Quellen. Schwerpunkt Neuzeit, Paderborn u.a. 1992, S. 61–79, hier S. 63–64.

106 Beide Zitate: Schulze 1996, S. 17.

107 Bedeutungsübersicht Memoiren, in: Duden – Die deutsche Rechtschreibung, online unter: http://www.duden.de/rechtschreibung/Memoiren [zuletzt eingesehen: 15.07.2016].

108 Bedeutungsübersicht Autobiografie/Autobiographie, in: Duden – Die deutsche Rechtschreibung, online unter: http://www.duden.de/rechtschreibung/Autobiografie [zuletzt eingesehen: 15.07.2016].

109 So beispielsweise in einem Brief an Veit Wyler: „Ausserdem erhielt ich von Dr. Silberschein eine nochmalige Aufforderung für den New Yorker ‚Tog' meine Memoiren zu schreiben." Brief von David Frankfurter an Veit Wyler vom 22. Februar 1946, in: AfZ, NL Veit Wyler / 47. Ebenso sein Bruder: „Seine Memoiren, die er gemeinsam mit einem hiesigen Journalisten beendet hat[,] ist [sic] im Stadium der Kopien des Originals." Brief von Alfons Frankfurter an Veit Wyler vom 11. April 1946, in: AfZ, NL Veit Wyler / 47.

[entspricht]".[110] Diese zwei Stichworte, die Nachträglichkeit und die Sinnstiftung, sind für Autobiographien charakteristisch;[111] dies bedeutet, dass es nicht nur eine Interpretation der eigenen Vergangenheit gibt, sondern verschiedene zu unterschiedlichen Lebensabschnitten; Erinnerungen sind dynamisch und fragmentarisch.[112] Entsprechend dienen Autobiographien nicht in erster Linie der Suche nach der historischen Wahrheit, sondern „sind Texte der Selbstidentifikation. Aufgabe und Ziel jeder Selbstidentifikation ist die Vergewisserung des Verhältnisses von Ich und Welt."[113] Bei Frankfurters Memoiren ist dieser Punkt verstärkt hervorzuheben, liegen doch zwischen dem Attentat auf Wilhelm Gustloff und dem Verfassen der Memoiren nicht einfach nur zehn Jahre, sondern vor allem auch der Zweite Weltkrieg und die Schoah, die Frankfurters nachträgliche Einschätzung seiner Tat maßgeblich beeinflusst haben dürften.

Trotz dieser relativen Subjektivität – ähnlich wie bei der Oral History – können Autobiographien als historische Quelle dienen, erforderlich ist jedoch, „die Textualität von Autobiographien in ihre konzeptionellen Überlegungen einzubeziehen, um eine altbekannte Quelle auf neue Art anzapfen zu können".[114] Wie jede Quelle bedarf eine Autobiographie einer kritischen Kontextualisierung, dann lassen sich daraus im Zusammenhang und Abgleich mit anderen Quellen „Erkenntnisse über die Geschichte individueller und kollektiver Sinnproduktion gewinnen".[115] Autobiographien werden, insbesondere wenn eine Veröffentlichungsabsicht besteht, üblicherweise zu einem bestimmten Zeitpunkt und für ein bestimmtes Publikum verfasst; im Gegensatz beispielsweise zu privaten Tagebüchern. Dies trifft in diesem Fall umso mehr zu, da Frankfurters Memoiren nicht von ihm allein, sondern in Zusammenarbeit mit dem Publizisten und Religionsforscher Schalom Ben-Chorin verfasst worden sind – im Auftrag eines Buchverlages. Dies ging so vor sich, dass Frankfurter Ben-Chorin seine Lebensgeschichte erzählte, Ben-Chorin schrieb sie in seinen eigenen Worten nieder.[116] Der Übergang zwischen den Kategorien Autobiographie und Biographie ist in

110 Welzer, Harald: Das kommunikative Gedächtnis, eine Theorie der Erinnerung, München 2002, S. 222.

111 Vgl.: Heinritz, Charlotte: Autobiographien als Medien lebensgeschichtlicher Erinnerungen. Zentrale Lebensthemen und autobiographische Schreibformen in Frauenautobiographien um 1900, in: Bios 21/1 (2008), S. 114–123, hier S. 114.

112 Vgl. auch: Dörr, Margret et al.: Einleitung, in: Dies. [Hrsg.]: Erinnerung – Reflexion – Geschichte, Erinnerung aus psychoanalytischer und biographietheoretischer Perspektive, Wiesbaden 2008, S. 7–17.

113 Heinritz 2008, S. 115.

114 Depkat, Volker: Autobiographie und die soziale Konstruktion von Wirklichkeit. In: Geschichte und Gesellschaft 29 (2003), S. 441–476, hier S. 445.

115 Depkat 2004, S. 115.

116 Vgl.: Kapitel 3 Die Memoiren, S. 44 ff.

diesem Fall fließend, die Memoiren lassen sich nicht eindeutig der einen oder der anderen Kategorie zuweisen. Eine gewisse Subjektivität dieser Quelle ist in der vorliegenden Forschung gewollt: Es geht in erster Linie um Frankfurters Selbstbild,[117] seinen eigenen Blick auf sein Leben und insbesondere auf den Mord an Wilhelm Gustloff und nicht um eine bloße Rekonstruktion von historischen Abläufen.

2.3 Begrifflich-theoretische Überlegungen zum (jüdischen) Widerstand gegen den Nationalsozialismus

2.3.1 Widerstand gegen den Nationalsozialismus

Widerstand wird gemäß Duden als ein „Sichwidersetzen, Sichentgegenstellen" erklärt; das Wort wird zudem oft als Kurzform für eine Widerstandsbewegung verwendet.[118] Die Bundeszentrale für politische Bildung definiert Widerstand allgemein als die Abwehr einer Gefahr und gibt zudem, sich auf das *Politiklexikon* beziehend, eine Definition für politischen Widerstand.

> W. bezeichnet ein politisches Verhalten, das sich gegen eine als bedrohlich und nicht legitim empfundene Herrschaft richtet. Es gibt W. gegen Personen (den Herrscher, die Herrschenden), gegen die Form der Herrschaft (z.B. Diktaturen) bzw. gegen einzelne politische Maßnahmen. Passiver W., d.h. die gewaltlose Weigerung (z.B. Streik), ist von militantem W., d.h. den aktiven, mit Gewalt gegen Sachen oder Personen verbundenen Handlungen, zu unterscheiden.[119]

In den vielfältigen Publikationen, die bisher zum Thema (jüdischer) Widerstand gegen den Nationalsozialismus veröffentlicht worden sind, besteht eine Vielzahl an Definitionen, die entweder problematisch oder im vorliegenden Falle von David Frankfurters Attentat auf Wilhelm Gustloff unpassend sind. Ausgehend von der Definition von Widerstand gegen den Nationalsozialismus wird in die-

---

117 In diesem Zusammenhang bieten sich die Memoiren als geradezu perfekte Quelle zur Erforschung des Selbstbildes an, da Lebenserinnerung zur „Klärung des Selbstbildes" dienen. Vgl.: Heinritz 2008, S. 115.

118 Vgl.: Bedeutungsübersicht Widerstand, in: Duden – Die deutsche Rechtschreibung, online unter:
http://www.duden.de/rechtschreibung/Widerstand [zuletzt eingesehen: 31.03.2016].

119 Schubert, Klaus und Klein, Martina: Das Politiklexikon, Bonn 2016, zitiert nach: Bundeszentrale für politische Bildung: Widerstand, online unter:
http://www.bpb.de/nachschlagen/lexika/politiklexikon/18481/widerstand [zuletzt eingesehen: 29.04.2016].

sem Kapitel die Sonderform des jüdischen Widerstands betrachtet und darauf abstützend eine eigene Definition von jüdischem Widerstand gegen den Nationalsozialismus erarbeitet.

Wie Ian Kershaw ausführt, besteht in der wissenschaftlichen Literatur keinerlei Einigung in Bezug auf eine Definition von Widerstand gegen den Nationalsozialismus.[120] In seinem Buch *Der NS-Staat* geht er vorerst von einem weiten Begriff aus, um zu analysieren, ob eine engere oder eine weitere Definition nützlicher ist.[121] Er plädiert für eine engere Definition, die nur die „aktive Beteiligung an *organisierten* Bemühungen [umfasst], die erklärtermaßen auf die Unterminierung des Regimes oder auf Vorkehrungen für den Zeitpunkt seines Zusammenbruchs zielen".[122] Alles andere führe zu einer Verwässerung des Begriffs. Es bleibt dennoch das Problem, dass diese enge Definition – wie später noch aufgezeigt wird – einen erheblichen Teil des jüdischen Widerstandes ausschließt.

Da eine Definition von Widerstand gegen den Nationalsozialismus (u.a. aus dem oben genannten Grund) problematisch sein kann, wird teilweise darauf verzichtet, eine solche abzugeben, so zum Beispiel in dem von Gerd R. Ueberschär herausgegebenen Sammelband *Handbuch zum Widerstand gegen Nationalsozialismus und Faschismus in Europa, 1933/39 bis 1945* aus dem Jahr 2011. Ueberschär schreibt im Vorwort des Herausgebers: „Es war und ist jedoch nicht möglich, eine feste Definition von Widerstand in den besetzten Ländern als Regelform vorzugeben".[123] Hingegen bringt Ueberschär eine Reihe von Beispielen an, die in der Publikation vorkommen: „Der Widerstand in den einzelnen Ländern reichte dabei von symbolischen Verweigerungs- und Protestformen sowie direkten Streikformen bis zu organisierten Untergrundtätigkeiten und bewaffneten Kämpfen von Partisanenorganisationen mit Attentaten und Sabotageanschlägen gegen Personen und Einrichtungen der Besetzungsmächte."[124] Interessant an dieser Aufzählung ist, dass nicht nur bewaffnete Akte zum Widerstand gerechnet werden, sondern auch passive oder symbolische Aktionen. In ihrer Dissertation zu Milena Jasenská stellt Lucyna Darowska ihre eigene Definition von Widerstand auf und schließt dabei „Handlungen, die das eigene Überleben zum Ziel hatten", aus.[125] Unter dem von ihr gewählten Begriff der „widerständigen Praxis" fasst sie Handlungen zusammen, „die über Verweigerung hinausgingen – Rettung von

120 Kershaw, Ian: Der NS-Staat. Geschichtsinterpretationen und Kontroversen im Überblick, Reinbek bei Hamburg 2002, S. 279.

121 Ebd., S. 299.

122 Ebd., S. 313. [Kursivsetzung aus dem Original übernommen.]

123 Ueberschär, Gerd R. [Hrsg.]: Handbuch zum Widerstand gegen Nationalsozialismus und Faschismus in Europa 1933/39 bis 1945, Berlin 2011, S. vii.

124 Ebd., S. vi f.

125 Darowska, Lucyna: Widerstand und Biografie, die widerständige Praxis der Prager Journalistin Milena Jasenská gegen den Nationalsozialismus, Bielefeld 2012, S. 80.

Menschen, Aufruf zur Verweigerung, Protest und weitere Verhaltensformen, die darauf abzielten, dem Regime Schaden zuzufügen".[126] Problematisch bei ihrer Definition ist der explizite Ausschluss von Handlungen, die das eigene Überleben sichern sollten. Jüdinnen und Juden hatten oft den von Darowska beschriebenen Spielraum nicht, sondern mussten sich um ihr eigenes Überleben sorgen.

Der deutsche Historiker Klaus Schönhoven wiederum definiert Widerstand folgendermaßen: „Widerstand [gegen die NS-Diktatur] ist eine Provokation, welche die Toleranzschwelle des nationalsozialistischen Regimes unter den jeweils gegebenen Umständen bewusst überschreitet mit einer Handlungsperspektive, die auf eine Schädigung oder Liquidation des Herrschaftssystems abzielt."[127] Obwohl diese Definition weit gefasst ist und nicht darauf eingegangen wird, was unter den genannten Provokationen zu verstehen ist, passt sie nicht auf den jüdischen Widerstand, da dessen Ziel nicht die Schädigung oder Liquidation des Systems sein musste oder sein konnte, sondern in gewissen Fällen auf das bloße Überleben abzielte. Der jüdische Widerstand ist insofern ein Sonderfall. Zwar bestand im Falle einer allgemeinen Widerstandstat gegen den Nationalsozialismus auch für Nichtjüdinnen und Nichtjuden Lebensgefahr (in dem Sinne, dass Landesverräter hingerichtet wurden), für Jüdinnen und Juden bestand die Lebensgefahr grundsätzlich aufgrund der nationalsozialistischen Vernichtungspolitik. Insofern wird für den Spezialfall des jüdischen Widerstands eine konkretere Definition benötigt.

2.3.2 Jüdischer Widerstand gegen den Nationalsozialismus

Die Definitionen des jüdischen Widerstands gegen den Nationalsozialismus sind grob in zwei Kategorien einzuteilen; einerseits die konservative Definition, die enger gefasst ist und vor allem bewaffnete Akte als Widerstand bezeichnet, andererseits eine weiter gefasste Definition, die nicht nur aktives, sondern auch passives Verhalten miteinbezieht. Das Problem bei enger gefassten Definitionen liegt darin, dass verschiedene Verhaltensweisen, die als widerständig bezeichnet werden können und den Betroffenen viel Mut abverlangten, ausgeschlossen werden. Weiter gefasste Definitionen wiederum wirken schnell sehr allgemein und wenig konkret.

---

126 Ebd.

127 Rieber, Christof: Politischer Widerstand in der NS-Diktatur, in: Politik und Unterricht, 2/1994, S. 3 f. Online unter: http://www.politikundunterricht.de/2_94/widerstand.pdf [zuletzt eingesehen: 01.07.2015].

„Wie Schafe zur Schlachtbank."[128] Diese Aussage des jüdischen Partisanenführers und Schriftstellers Abba Kovner prägt bis heute das Bild der Öffentlichkeit von der jüdischen Reaktion auf die Schoah. Während in den Nachkriegsjahren in der Forschung zu Holocaust und Widerstand die Auffassung vorherrschte, dass es kaum jüdischen Widerstand gegen den Nationalsozialismus gegeben habe,[129] wurde diese Meinung später revidiert und gerade in den letzten Jahren vertieft behandelt. Wolfgang Benz führt dazu aus, dass jüdischer Widerstand tatsächlich die Ausnahme gewesen sei: „Die Mehrheit der Juden hatte keine Chance, sich gegen den Holocaust aufzulehnen."[130] In diesem Zusammenhang wies er auf das Problem der fehlenden Solidarität der nichtjüdischen Umwelt hin: „Trotz aller Hilfe blieben die Juden beim Überlebenskampf aber vor allem auf sich allein gestellt, selbst wenn sie sich auf die Solidarität nichtjüdischer Ehepartner […] verlassen konnten oder dank stabiler Beziehungen zur früheren Lebenswelt über ein Netz von Verbindungen verfügten."[131] In die gleiche Richtung geht die Aussage von Arno Lustiger, der feststellte: „Die Juden hatten mehr Gründe zum Widerstand als die nichtjüdischen Menschen im besetzten Europa, aber gleichzeitig die wenigsten Voraussetzungen zum bewaffneten Kampf."[132] Gleichzeitig betonte Lustiger, Bezug nehmend auf die Aussage von Abba Kovner, dass jüdischer Widerstand nicht so selten war, wie oft angenommen: „Denn nicht ‚wie die Lämmer zur Schlachtbank' haben sich die Juden Europas führen lassen – im Gegenteil, wo immer sie die Möglichkeit dazu fanden, haben sich jüdische Männer und Frauen gegen die Mörder zur Wehr gesetzt."[133]

Oft wird der jüdische Widerstand auf aktives Verhalten eingeschränkt, wie beispielsweise bei Ernst Ludwig Ehrlich, der schreibt: „Wenn wir von Widerstand sprechen, so meinen wir bewaffnete und unbewaffnete Aktivitäten und nicht ein passives Verhalten, denn passiv kann man keinen Widerstand leisten. Dazu gehört

---

128 Beispielsweise auf Englisch zitiert in: Segev, Tom: The Seventh Million. The Israelis and the Holocaust, New York 1993, S. 353.

129 So beispielsweise Raul Hilberg: Hilberg, Raul: The Destruction of the European Jews, Chicago 1961.

130 Benz, Wolfgang: Jüdischer Widerstand gegen den Nationalsozialismus, in: Lernen aus der Geschichte, 20.01.2010, S. 5, online unter: http://lernen-aus-der-geschichte.de/sites/default/files/attach/juedischer_widerstand_0.pdf [zuletzt eingesehen: 08.10.2018].

131 Benz, Wolfgang [Hrsg.]: Überleben im Dritten Reich. Juden im Untergrund und ihre Helfer, München 2003, S. 12.

132 Lustiger, Arno: Einige Aspekte des jüdischen Widerstandes in Europa: Die Juden hatten mehr Gründe zum Widerstand als die nichtjüdischen Menschen. In: Erler, Hans et al. [Hrsg.]: „Gegen alle Vergeblichkeit". Jüdischer Widerstand gegen den Nationalsozialismus, Frankfurt am Main 2003, S. 253–260, hier S. 253.

133 Arno Lustiger, zitiert in: Schuld, Bernhard: Sie kämpften ums Überleben. In: Der Tagesspiegel, 11.04.2013, online unter: http://www.tagesspiegel.de/wissen/juedischer-widerstand-im-ns-sie-kaempften-ums-ueberleben/8047022.html [zuletzt eingesehen: 06.07.2015].

mindestens irgendeine Form der Resistenz."[134] Was er dabei übersieht, ist die Definition von passivem Widerstand, die sehr wohl eine gewisse Resistenz umfasst, denn passiver Widerstand ist „Widerstand durch Verweigerung von Befehlen ohne Anwendung von Gewalt".[135]

Eine weitere Einschränkung, die wahrscheinlich unabsichtlich vorgenommen wird, ist die Beschränkung auf den Widerstand gegen die Vernichtung der Jüdinnen und Juden Europas. So findet sich in der *Encyclopedia of the Holocaust* die folgende Definition: „[Jewish Resistance is] planned or spontaneous opposition to the Nazis and their collaborators by individual Jews or groups of Jews. In the Nazi system, within which Jews were faced with a process of dehumanization that ultimately culminated in death, any act that opposed that process can be regarded as resistance."[136] Obwohl diese Definition bewusst umfassend formuliert ist, würde sie die Tat von David Frankfurter ausschließen, da sie sich nicht gegen das Vernichtungsprogramm der Nationalsozialisten wenden konnte, das zum Zeitpunkt der Tat noch nicht bestand.

Ebenfalls weiter gefasst ist die Beschreibung von Martin Gilbert:

> In every ghetto, in every deportation train, in every labor camp, even in the death camps, the will to resist was strong, and took many forms. Fighting with the few weapons that would be found, individual acts of defiance and protest, the courage of obtaining food and water under the threat of death, the superiority of refusing to allow the Germans their final wish to gloat over panic and despair.
> Even passivity was a form of resistance. To die with dignity was a form of resistance. To resist the demoralizing, brutalizing force of evil, to refuse to be reduced to the level of animals, to live through the torment, to outlive the tormentors, these too were acts of resistance. Merely to give a witness of these events in testimony was, in the end, a contribution to victory. Simply to survive was a victory of the human spirit.[137]

Gilbert geht in seiner Definition ausdrücklich auf passives Verhalten ein, er bezeichnet sogar das bloße Überleben als einen Akt des Widerstands, da das

---

134 Ehrlich, Ernst Ludwig: Einleitung: Die Idee des Widerstands im Judentum. In: Erler, Hans et al. [Hrsg.]: „Gegen alle Vergeblichkeit". Jüdischer Widerstand gegen den Nationalsozialismus, Frankfurt am Main 2003, S. 30–37, hier S. 30.

135 Bedeutungsübersicht passiver Widerstand, in: Duden – Die deutsche Rechtschreibung, online unter:
http://www.duden.de/suchen/dudenonline/passiver%20Widerstand [zuletzt eingesehen: 31.03.2016].
Das wohl geläufigste Beispiel für passiven Widerstand ist die politische Strategie Mahatma Gandhis.

136 Gutman, Israel [Hrsg.]: Encyclopedia of the Holocaust. Volume 3, New York 1990, S. 1265.

137 Gilbert, Martin: The Holocaust. The Jewish Tragedy, London 1986, S. 828.

Überleben im Plan der Nationalsozialisten nicht vorgesehen war. Nichtsdestotrotz sind alle seine Beispiele wiederum auf den Widerstand gegen die Vernichtungspolitik bezogen.

Zusammengefasst beschreiben die hier zitierten Definitionen Widerstand als passiv und aktiv, durchgeführt von Einzelpersonen oder Gruppen, an verschiedenen Orten und zu verschiedenen Zeiten. Frankfurters Tat könnte darin eingeordnet werden als aktive Form des Widerstandes mit Waffengewalt und als eine relativ frühe Form des Widerstands – 1936, noch vor den Deportationen, der Errichtung der nationalsozialistischen Vernichtungslager und jüdischen Ghettos. Insofern ist die Tat Frankfurters einerseits offensichtlich als jüdischer Widerstand zu bezeichnen (auch nach einer konservativeren Definition von Widerstand), andererseits kann sie als Grenzfall bezeichnet werden, weil die zitierten Definitionen nicht grundsätzlich präzise sind. Denn was diese Definitionen, wie bereits erwähnt, gemein haben, ist, dass sie nicht konkretisieren, wogegen sich Widerstand richtet oder richten kann. Zwar wird oft allgemein von jüdischem Widerstand gegen den Nationalsozialismus geschrieben (ein weitgefasster oder schwammiger Begriff), bei den Beispielen werden jedoch meist, wie bei Gilbert, Beispiele des Widerstands gegen die Schoah, gegen lebensbedrohliche Situationen genannt. Der jüdische Widerstand gegen den Nationalsozialismus hingegen ist so variabel, dass viele Definitionen wichtige Aspekte übersehen. Der Widerstand muss immer unter den jeweiligen Prämissen und Kontexten analysiert und definiert werden.

Bei Frankfurter, der ab 1933 in der Schweiz studierte und lebte und dessen Familie sich mehrheitlich im damals sicheren Jugoslawien aufhielt, lag keine unmittelbare Bedrohung vor, und auch die allgemein gehaltenen Definitionen treffen auf das Attentat auf Wilhelm Gustloff nicht zu. Trotzdem kann Frankfurter der Widerstand – insbesondere aufgrund der von ihm genannten Motive für seine Tat – nur schwer abgesprochen werden. In der vorliegenden Arbeit soll deshalb explizit von einer Definition ausgegangen werden, die den Widerstand gegen den Nationalsozialismus im Sinne einer ab 1933 bestehenden Gewaltherrschaft umfasst, gewalttätig im Umgang mit politischen Gegnern, was spätestens seit der Veröffentlichung der *Moorsoldaten* offensichtlich war, aber auch verfassungsrechtlich.

Hierbei wird zumindest teilweise der Argumentation Fritz Bauers gefolgt, der bei seinen rechtlichen Überlegungen zum Widerstandsbegriff grundlegend von einem Unrechtsstaat ausging. In seinem Text *Das Widerstandsrecht des kleinen Mannes* erörterte er, dass Widerstand das „Eintreten für eigene oder fremde Menschenrechte [bedeutet], die vorenthalten, verletzt oder gefährdet werden. Widerstand ist Notwehr gegenüber staatlichem Unrecht, oder, wenn die Rechte Dritter verteidigt werden, Nothilfe. Der Widerstand kann passiv oder aktiv sein."[138]

138 Bauer, Fritz: Das Widerstandsrecht des kleinen Mannes, in: Perels, Joachim [Hrsg.]: Die Humanität der Rechtsordnung: Ausgewählte Schriften, Frankfurt am Main 1998, S. 208.

Bauer bezog sich hier nicht ausschließlich auf jüdischen Widerstand, doch erscheint seine Definition weitaus passender auf den Fall von David Frankfurter.

Basierend auf diesen Überlegungen und ausgehend von den genannten Definitionen möchte ich hier eine eigene Definition versuchen:

> Jüdischer Widerstand gegen den Nationalsozialismus bezeichnet aktive oder passive Verhaltensweisen, Aktionen oder Taten von jüdischen Einzelpersonen oder Gruppierungen, die sich gegen das nationalsozialistische Unrechtsregime im Allgemeinen oder die Vernichtung der europäischen Jüdinnen und Juden im Speziellen richteten. Ziele solcher Aktionen können eine Schädigung des Systems, Rettung fremden Lebens, Aufmerksammachen auf die Situation der Jüdinnen und Juden oder das eigene Überleben sein.[139]

139 Vgl. hierzu: Kapitel 8. Abschließende Betrachtungen zum jüdischen Widerstand, S. 513 ff.

3 Die Memoiren

Da die Memoiren David Frankfurters die zentrale Quelle in der vorliegenden Darstellung sind, soll im Folgenden auf einige Grundlagen dazu eingegangen werden. Neben der Entstehungsgeschichte der Memoiren sind dies die verschiedenen Versionen, die im Rahmen der Forschungsarbeit in den Archiven gefunden oder in selbstständigen oder unselbstständigen Publikationen gedruckt wurden, die Struktur, Sprache und Besonderheiten der Memoiren sowie, abschließend, einige methodische Überlegungen zum Umgang mit Frankfurters Selbstzeugnis.

3.1 Entstehungsgeschichte der Memoiren

Schon kurz nach seiner Auswanderung nach Palästina im September 1945 setzten sich palästinensische, amerikanische und europäische Verlage mit David Frankfurter in Verbindung, da seine Lebensgeschichte ihr Interesse geweckt hatte. Zuerst trat über den Anwalt Veit Wyler ein Dr. Silberschein[1] an Frankfurter heran, der im Auftrag des Zürcher *Carl Posen Verlag* handelte. Dieses Angebot stellte sich aber schnell als problematisch heraus. Insbesondere die unzuverlässige Postzustellung in Palästina verhinderte es, zu einem Vertragsabschluss zu kommen – Silberschein habe nicht nur verschiedene Briefe an David Frankfurter geschickt, die nicht angekommen seien, auch ein Telegramm hatte den Empfänger nicht erreicht. Dazu kam, dass Silberschein vorerst für die Niederschrift von Frankfurters Memoiren 8000 Dollar „und mehr" geboten habe, dann aber auf Zusage von David Frankfurter hin wieder davon abgerückt sei und gesagt habe, dass die Zusage (zu) spät käme und diese Summe nun „kaum […] zu erreichen sein wird".[2] Dies führte dazu, dass David Frankfurter – unterstützt durch seinen Bruder Alfons – sich dazu entschloss, direkt mit den Verlagen oder Zeitungen zu verhandeln und nicht mit Silberschein als Vermittler zu arbeiten.[3]

Auch die amerikanisch-jiddische Zeitung *Der Tog* und der palästinensische Buchverlag *Am Oved*[4] zeigten Interesse an Frankfurters Erinnerungen; er entschied

1 Wahrscheinlich Abraham Silberschein (1882–1951), polnischer Anwalt und Zionist.

2 Alle Zitate: Brief von Alfons Frankfurter an Veit Wyler vom 22. Februar 1946, in: AfZ, Nachlass Veit Wyler / 47, S. 1.

3 Vgl.: Ebd.

4 Am Oved, hebräisch für „arbeitendes Volk", wurde 1942 von Berl Katzenelson als Organ der Histadrut, dem Dachverband der Gewerkschaften, gegründet. Vgl.: Website Am Oved, About Us, online unter: http://www.am-oved.co.il/page_23079 [zuletzt eingesehen: 20.10.2014].

sich schließlich für den sozialistisch-zionistisch ausgerichteten Verlag *Am Oved*. Da Frankfurter unter dem Eindruck der vergangenen Erlebnisse und des Verlustes von Familienangehörigen sich nicht in der Lage fühlte, seine Lebensgeschichte niederzuschreiben, wandte er sich auf Empfehlung des Verlags an den deutschsprachigen Schriftsteller Max Brod, der wie Frankfurter in Tel Aviv lebte. Max Brod war zu diesem Zeitpunkt zu beschäftigt und verwies Frankfurter daher weiter an Schalom Ben-Chorin, den ebenfalls deutschsprachigen Journalisten und Religionswissenschaftler, der zustimmte, Frankfurter bei der Verschriftlichung seiner Memoiren zu helfen. Alfons Frankfurter äußerte sich in einem Brief an Veit Wyler dazu, ihn ließe diese Entwicklung hoffen, dass sein Bruder es mit Hilfe Ben-Chorins schaffen würde, seine Memoiren zu verfassen. Er konkretisierte, dass die Erinnerungen „in Form einer Autobiographie geschrieben sein und [...] in längstens 6–8 Wochen fertiggestellt"[5] würden. In diesem Zusammenhang bat Alfons Veit Wyler, ihm die Prozessunterlagen zuzuschicken.[6]

Aus dem Nachlass von Schalom Ben-Chorin lassen sich die konkreten Details der Zusammenarbeit zwischen ihm und David Frankfurter rekonstruieren. In einem Brief an Ben-Chorin in Jerusalem vom 21. Februar 1946 ließ Frankfurter ihn wissen, dass er erst ab Montag, den 25. Februar, in Jerusalem sein könne. Er würde sich dann umgehend telefonisch melden, „damit wir eine erste Zusammenkunft verabreden können".[7] Zum Abfassen der Memoiren wurde ein ausführlicher Vertrag zwischen Frankfurter und Ben-Chorin aufgesetzt, der Bestimmungen zu Ben-Chorins Honorar umfasste und ihn beauftragte, „die Lebensgeschichte David Frankfurters [...] nach dessen Angaben in Form einer Autobiographie zu verfassen".[8] Frankfurter verpflichtete sich im Gegenzug, diese Arbeit keinem anderen zu übertragen. Es wurde spezifisch festgehalten, dass die Verpflichtung Frankfurters erlöschen würde, „falls die Arbeit ohne Verschulden D.F.s innerhalb von drei Monaten nicht beendet wird".[9] Die Erträge aus dem Verkauf des Buches sollten zu 25 Prozent an Schalom Ben-Chorin und zu 75 Prozent an David Frankfurter gehen – ebenso wurden die zu erwartenden Kosten aufgeteilt, wobei die 25 Prozent von Ben-Chorin von dessen Honorar abgezogen wurden. Vertraglich festgelegt wurde zudem, dass Rechte an Filmen, Radiosen-

5 Brief von Alfons Frankfurter an Veit Wyler vom 22. Februar 1946, in: AfZ, Nachlass Veit Wyler / 17, S. 1.

6 Vgl.: Ebd.

7 Brief von David Frankfurter an Schalom Ben-Chorin vom 21. Februar 1946, Tel Aviv, in: Deutsches Literaturarchiv Marbach, A: Ben-Chorin, Ben-Chorin, Schalom, Prosa/Herausgegebenes.

8 Vertrag zwischen David Frankfurter und Schalom Ben-Chorin vom 1. März 1946, Jerusalem, in: Deutsches Literaturarchiv Marbach, A: Ben-Chorin, Ben-Chorin, Schalom, Prosa/Herausgegebenes.

9 Ebd.

dungen oder weiteren Buchausgaben bei beiden Vertragsparteien gemeinsam liegen würden, wobei darauf hingewiesen wurde, dass Ben-Chorin bereits Verträge mit der Zeitung *Jedioth Chadaschot* und dem Verlag *Rubin Mass* hatte, diese deswegen prioritär zu behandeln wären. Bei allen Veröffentlichungen müsse Schalom Ben-Chorin entweder im Titel, im Vor- oder im Nachwort genannt werden.

Dem Vertrag folgten nach Abschluss der Arbeiten zwei Nachträge: Artikel eins und zwei des Vertrages (die Paragraphen, die Ben-Chorin zum Verfassen der Lebensgeschichte Frankfurters und Frankfurter zur exklusiven Zusammenarbeit mit Ben-Chorin verpflichteten) galten durch die Fertigstellung des Manuskript als erfüllt, zudem wurde Artikel drei (die Angaben zur Verteilung der Einnahmen durch die Veröffentlichung des Buches) durch eine einmalige Honorarzahlung von 150 Palestine Pound[10] an Ben-Chorin als abgegolten betrachtet. Der Vertrag wurde am 1. März 1946 in Jerusalem gezeichnet von Schalom Ben-Chorin, damals in Romema, Jerusalem, und von David Frankfurter, wohnhaft in Tel Aviv, an der Sderot Nordau 40.[11]

Schalom Ben-Chorin schildert das erste Zusammentreffen mit Frankfurter in der Publikation *Begegnungen, Porträts bekannter und verkannter Zeitgenossen*: „Da erschien nun eines Tages im Frühling 1946 in meiner Wohnung in Jerusalem-Romema, ein überaus liebenswürdiger, etwas gehemmter Mann, dem man die mutige Gewalttat kaum zuzutrauen vermochte."[12] Zusätzlich äußert er sich dazu, wie die geradezu symbiotische Zusammenarbeit an den Memoiren – die Gespräche fanden jeweils auf Deutsch statt[13] – abgelaufen ist.

> Unsere Methode war folgende Prozedur: Morgens gegen neun Uhr erschien Frankfurter bei mir, las, was ich am Nachmittag geschrieben hatte, und erzählte mir dann etwa zwei Stunden weiter aus seinem Leben.

---

10 Das Palästinensische Pfund wurde 1927 von der Britischen Mandatsregierung eingeführt und entsprach wertmäßig dem Pfund Sterling. Im August 1948 wurde es durch die Israelische Lira abgelöst.

11 Gemäß Frankfurters Familie war dies die Adresse von Alfons Frankfurter, David scheint zeitweise bei ihm gewohnt zu haben. Vgl.: Gespräch mit Miriam Gepner und Moshe Frankfurter, 6. Januar 2016, Ein Kerem, Jerusalem.

12 Ben-Chorin, Schalom: David Frankfurter, in: Begegnungen, Porträts bekannter und verkannter Zeitgenossen, herausgegeben von Verena Lenzen, Gerlingen 1991, S. 140–143, hier S. 140.

13 So äußerte sich Avital Ben-Chorin, die Witwe von Schalom Ben-Chorin, in einem Interview mit Martin Nelskamp: „Frankfurter, ist dieses ‚Nakam', also die sind letztlich alle auf Deutsch geschrieben worden zumindest. … Ja, auch der David Frankfurter hat ihm alles deutsch erzählt." Nelskamp, Martin: Sprache als Heimat. Unveröffentlichte Magisterarbeit, Leipzig 2005, Anhang, S. 77/162.

> Bei der Durchsicht meines Manuskriptes verfiel Frankfurter oft ins Staunen, denn ich hatte Dinge geschrieben, die er nicht gesagt, aber gedacht hatte. Gleichsam telepathisch übertrugen sich auf mich seine Gedanken und Gefühle, die er nicht zu artikulieren vermochte.[14]

Darüber hinaus beschrieb Ben-Chorin Frankfurter als „immer wieder von den Gefühlen überwältigt, die ihn zehn Jahre vorher zu seiner Tat getrieben hatten“,[15] deswegen hätte er oft stockend erzählt oder den Faden verloren.[16] Trotzdem fiel es ihm nicht schwer, Frankfurters Lebensgeschichte niederzuschreiben: Es gab kaum Stellen, die Frankfurter im Nachhinein gestrichen habe. Ben-Chorin führte dies auf den ihnen gemeinsamen Hintergrund zurück, den „ähnlichen Kulturkreis“, dem beide entstammten, „sowohl in jüdischer wie in allgemeiner Hinsicht“.[17] Über die Gespräche hinaus stand Ben-Chorin weiteres Material zur Verfügung, „das Studium der Anklageschrift und des Urteils [...] und die Lektüre einiger [...] Bücher und Zeitungsartikel“.[18] Vergeblich hatten Ben-Chorin und Frankfurter hingegen versucht, zusätzliche Akten aus der Schweiz zu erhalten: „Aus nicht recht erfindlichen Gründen waren die dortigen Stellen nicht bereit, das Material herauszugeben.“[19] Darauf führte Ben-Chorin eine mögliche „Ungenauigkeit und Subjektivität“ bei der Darstellung zurück, hielt aber zugleich fest, dass er die Geschichte „getreu [Frankfurters] Bericht aufgezeichnet“[20] habe, und er unterstrich: „Die in diesem Buch vertretenen Ansichten sind daher die Frankfurters; nur Formulierung und Stilisie-

14 Ben-Chorin: Frankfurter 1991, S. 142.

15 Ebd.

16 Ebd.

17 Beide Zitate: Ebd., S. 142.

18 Ebd., S. 141. Es ist nicht mehr nachvollziehbar, woher Ben-Chorin und Frankfurter diese Unterlagen erhalten hatten. Möglich ist, dass sie von Veit Wyler zugeschickt worden waren. Ein Telegramm von David Frankfurter im Februar 1946 weist darauf hin, dass über Jakob Erlanger, Luzern, verschiedene Institutionen und Personen angefragt wurden, ob sie Material zum Prozess zur Verfügung stellen können, so Brunschvig, Messinger, Wyler und der SIG. (Telegramm von David Frankfurter an Jakob Erlanger, undatiert, in: AfZ, IB Frankfurter-Prozess / 57.) Der SIG antwortete darauf, dass in den Akten zu Frankfurter lediglich einige Zeitungsausschnitte zu finden seien. (Brief von L. Littmann, Sekretariat SIG, an Jakob Erlanger vom 21. Februar 1946, in: AfZ, IB Frankfurter-Prozess / 57.)

19 Ebd. Vgl. auch: „Eigentliches Aktenmaterial stand uns hingegen leider nicht zur Verfügung. Wir hatten es aus der Schweiz angefordert, ohne es zu bekommen. Aus nicht recht erfindlichen Gründen sind die dortigen Stellen auch heute noch nicht bereit, das Material herauszugeben.“ Ben-Chorin, Schalom: Nachwort, in: Frankfurter, David (erzählt und bearbeitet von Schalom Ben-Chorin): „Ich tötete einen Nazi ...“, unveröffentlichtes Manuskript, niedergeschrieben Jerusalem März–Juni 1946. Archiv des Jabotinsky Institute in Israel, Tel Aviv, Referenzcode: A 4–14/11, S. 95.

20 Beide Zitate: Ben-Chorin: Frankfurter, 1991, S. 141.

rung waren mein Werk."[21] Ben-Chorin spricht damit ein Problem an, das bei der Analyse von Frankfurters Lebenserinnerungen tatsächlich besteht, nämlich die Frage danach, ob die Literarizität, die von Ben-Chorin stammt, die Faktizität der Memoiren beeinflusst.[22] In der vorliegenden Forschung wird davon ausgegangen, dass das Selbstbild Frankfurters durch die verwendeten literarischen Bilder und die Stilisierung nicht getrübt wird – dies zeigt nicht nur obige Aussage Ben-Chorins, sondern überdies ein Abgleich mit zusätzlichen Quellen. Daraus folgt, dass das Buch „seinem Wesen und seiner Form nach eine Autobiographie" ist,[23] auch wenn es von Ben-Chorin und nicht von Frankfurter niedergeschrieben wurde.

Die Zusammenarbeit verlief in Phasen, zu denen Frankfurter sich jeweils, wie beschrieben, bei Ben-Chorin in Jerusalem einfand. Die erste Session fand vom 3. bis zum 6. März 1946 statt, danach folgte eine Unterbrechung von fast einem Monat. Die nächste Phase folgte vom 1. bis zum 13. April, dann, nach einer Pause von nur zwei Tagen, die dritte Phase vom 15. April bis zum 26. Juni.[24] Alfons Frankfurter schrieb bereits am 11. April an Veit Wyler, dass die Memoiren abgeschlossen seien und sich im „Stadium der Kopien des Originals"[25] befänden. Vom 28. Juni bis zum 28. Juli war Frankfurter mit den Korrekturfahnen beschäftigt. Die Korrekturen gingen so vor sich, dass Frankfurter von Ben-Chorin ein getipptes Manuskript erhielt, das zwar noch einige Lücken enthielt, im Großen und Ganzen jedoch abgeschlossen war.[26]

Das Resultat aus diesen Sitzungen waren die Memoiren Frankfurters, erschienen unter dem Titel *Nakam*, hebräisch für Vergeltung, im Februar 1948 im Verlag *Am Oved*. Das Buch wurde in der *Palestine Post* vom 16. April 1948 unter dem Titel *David and Goliath* besprochen. Dov Vardi schrieb in seiner Rezension, dass die Perspektive Frankfurters „extremely sincere" und Frankfurter mehr ein „Dostoievskian hero, suffering and tormented" sei, als ein „unhesitating arm of

---

21 Ebd. Ähnlich auch: „Es ist sein Buch. Er hat mir die Geschichte seines Lebens erzählt und ich habe sie getreu diesem Bericht aufgezeichnet. Die hier vertretenen Ansichten sind daher die seinen: nur Formulierung und Stilisierung waren mein Werk." Ben-Chorin, Nachwort, in: Memoiren (Version Jabotinsky), S. 95.

22 Vgl. beispielsweise: Wagner-Egelhaaf, Martina: Autobiographie, Stuttgart 2005, S. 41-45.

23 Ben-Chorin: Frankfurter 1991, S. 141.

24 Frankfurter David: „Ich toetete einen Nazi ...", Manuskript der Memoiren mit handschriftlichen Korrekturen und Anmerkungen Frankfurters, in: Deutsches Literaturarchiv Marbach, A: Ben-Chorin, Ben-Chorin, Schalom, Prosa/Herausgegebenes.

25 Brief von Alfons Frankfurter an Veit Wyler vom 11. April 1946, in: AfZ, Nachlass Veit Wyler / 47, S. 1.

26 Vgl.: Frankfurter David: „Ich toetete einen Nazi ...", Manuskript der Memoiren mit handschriftlichen Korrekturen und Anmerkungen Frankfurters, in: Deutsches Literaturarchiv Marbach, A: Ben-Chorin, Ben-Chorin, Schalom, Prosa/Herausgegebenes. Vgl. auch: Kapitel 3.2.1 Unpublizierte Versionen der Memoiren, S. 50 ff.

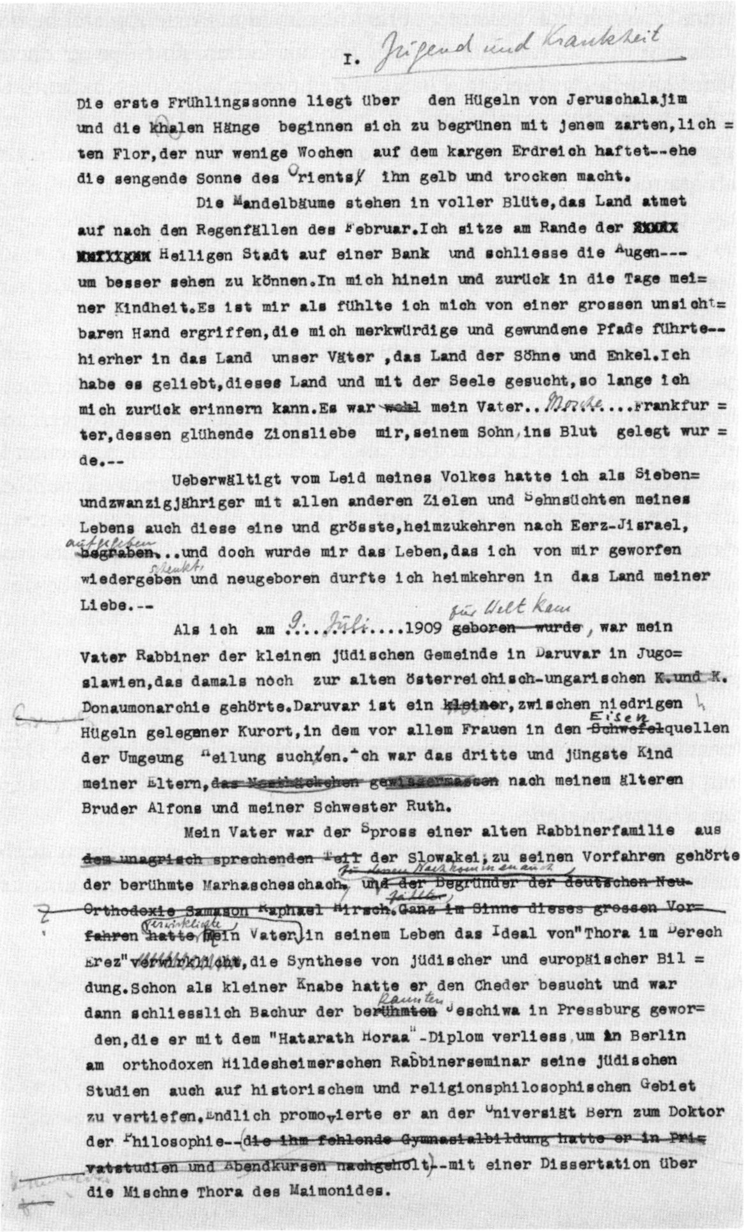

I. Jugend und Krankheit

Die erste Frühlingssonne liegt über den Hügeln von Jeruschalajim und die kahlen Hänge beginnen sich zu begrünen mit jenem zarten, lichten Flor, der nur wenige Wochen auf dem kargen Erdreich haftet--ehe die sengende Sonne des Orients ihn gelb und trocken macht.

Die Mandelbäume stehen in voller Blüte, das Land atmet auf nach den Regenfällen des Februar. Ich sitze am Rande der Heiligen Stadt auf einer Bank und schliesse die Augen--- um besser sehen zu können. In mich hinein und zurück in die Tage meiner Kindheit. Es ist mir als fühlte ich mich von einer grossen unsichtbaren Hand ergriffen, die mich merkwürdige und gewundene Pfade führte-- hierher in das Land unser Väter, das Land der Söhne und Enkel. Ich habe es geliebt, dieses Land und mit der Seele gesucht, so lange ich mich zurück erinnern kann. Es war ~~wohl~~ mein Vater.. Mosche....Frankfurter, dessen glühende Zionsliebe mir, seinem Sohn, ins Blut gelegt wurde.--

Ueberwältigt vom Leid meines Volkes hatte ich als Siebenundzwanzigjähriger mit allen anderen Zielen und Sehnsüchten meines Lebens auch diese eine und grösste, heimzukehren nach Eerz-Jisrael, ~~begraben~~ aufgegeben...und doch wurde mir das Leben, das ich von mir geworfen wiedergeben schenkt, und neugeboren durfte ich heimkehren in das Land meiner Liebe.--

Als ich am 9. Juli....1909 ~~geboren wurde~~ zur Welt kam, war mein Vater Rabbiner der kleinen jüdischen Gemeinde in Daruvar in Jugoslawien, das damals noch zur alten österreichisch-ungarischen ~~K. und K.~~ Donaumonarchie gehörte. Daruvar ist ein ~~kleiner~~, zwischen niedrigen Hügeln gelegener Kurort, in dem vor allem Frauen in den ~~Schwefel~~ Eisenquellen der Umgebung Heilung suchten. Ich war das dritte und jüngste Kind meiner Eltern, ~~das Nesthäkchen gewissermassen~~ nach meinem älteren Bruder Alfons und meiner Schwester Ruth.

Mein Vater war der Spross einer alten Rabbinerfamilie aus ~~dem ungarisch sprechenden Teil~~ der Slowakei; zu seinen Vorfahren gehörte der berühmte Marhascheschach, ~~und der Begründer der deutschen Neu-Orthodoxie Samson Raphael Hirsch. Ganz im Sinne dieses grossen Vorfahren hatte~~ Mein Vater verwirklichte in seinem Leben das Ideal von "Thora im Derech Erez" ~~verwirklicht~~, die Synthese von jüdischer und europäischer Bildung. Schon als kleiner Knabe hatte er den Cheder besucht und war dann schliesslich Bachur der ~~berühmten~~ bekannten Jeschiwa in Pressburg geworden, die er mit dem "Hatarath Horaa"-Diplom verliess, um in Berlin am orthodoxen Hildesheimerschen Rabbinerseminar seine jüdischen Studien auch auf historischem und religionsphilosophischen Gebiet zu vertiefen. Endlich promovierte er an der Universität Bern zum Doktor der Philosophie--~~die ihm fehlende Gymnasialbildung hatte er in Privatstudien und Abendkursen nachgeholt~~--mit einer Dissertation über die Mischne Thora des Maimonides.

Abb. 1: Seite des von David Frankfurter korrigierten Manuskripts. Quelle: Frankfurter, David: „Ich toetete einen Nazi …", bearbeitet von Schalom Ben-Chorin, Jerusalem 1946, in: Deutsches Literaturarchiv Marbach: A: Ben-Chorin, Ben-Chorin, Schalom, Prosa/Herausgegebenes.

vengeance".[27] Vardi hob besonders Frankfurters moralische Zweifel hervor, die ihn bezüglich des begangenen Mordes gequält hätten, und dass er durch seinen Mord anstelle des Gebots „Du sollst nicht töten" ein neues, höheres Gebot geschaffen habe: „Thou Shalt Live".[28]

Abgesehen davon scheinen die Memoiren auf kein breites Echo in der Öffentlichkeit gestoßen zu sein.

3.2 Versionen und Original(e) der Memoiren

Zum gegenwärtigen Zeitpunkt bestehen verschiedene Versionen der Memoiren in unpublizierter und publizierter Form, wobei die unpublizierten Versionen auf verschiedene Archive verteilt zu finden sind. Die Lebenserinnerungen wurden nur auf Hebräisch in ihrer Ganzheit veröffentlicht, in anderen Sprachen lediglich in Ausschnitten. Im Folgenden soll ausführlich auf sowohl die publizierten als auch – im Besonderen – auf die unpublizierten Ausgaben eingegangen werden, da die Überlegungen zu den Versionen grundlegend für die Entscheidung waren, mit welcher Ausgabe in dieser Forschung gearbeitet wurde.

3.2.1 Unpublizierte Versionen der Memoiren

Im Verlauf meiner Archivrecherchen in der Schweiz, in Israel und in Deutschland bin ich auf insgesamt fünf Ausgaben der Memoiren gestoßen, wobei zwei Ausgaben identisch sind.

Zum besseren Verständnis hier eine kurze Auflistung der Versionen mit Stichworten zu Fundort und Herkunft, bevor auf die verschiedenen Versionen im Detail eingegangen wird.

1. Version dla1: Ursprünglichste Version, handschriftliche Anmerkungen von David Frankfurter. Nachlass Schalom Ben-Chorin.
2. Version Jabotinsky: Zwischenversion. Unbekannte Herkunft.
3. Version dla2: Handexemplar Schalom Ben-Chorin. Nachlass Schalom Ben-Chorin.
4. Version AfZ und Version dla3: Abschrift durch Thomas Willi (in zwei Archiven vorhanden).

27 Alle Zitate: Vardi, Dov: David and Goliath, in: The Palestine Post vom 16. April 1948, S. 6. [via: Historical Jewish Press].

28 Ebd.

Die offensichtlich ursprünglichste Version (dla1) befindet sich im Deutschen Literaturarchiv Marbach (dla).[29] Es handelt sich dabei um eine Vorversion, ein getipptes Manuskript, das David Frankfurter übergeben worden war und das dieser mit handschriftlichen Korrekturen, Anmerkungen und Streichungen ergänzt hatte. Schalom Ben-Chorin hatte beim Schreibprozess Lücken offengelassen – kleinere Details, die er entweder nicht nachgefragt hatte oder die ihm entfallen waren; Frankfurter fügte so beispielsweise den Namen seines Vaters oder sein Geburtsdatum ein.[30] Zudem gliederte er den Text und fügte die Zwischentitel ein, strich nicht relevante Details oder ergänzte wichtige Einzelheiten. Diese ursprüngliche Version ist mit dem Nachlass von Schalom Ben-Chorin ans dla gekommen.

Eine Version (Version Jabotinsky) unbekannter Herkunft befindet sich im Jabotinsky-Archiv in Tel Aviv.[31] Diese Version enthält im Gegensatz zu der Abschrift, die im dla und im AfZ zu finden ist, einige Rechtschreib- und Tippfehler, die in den späteren Versionen – wahrscheinlich bei der Abschrift durch Thomas Willi – korrigiert worden sind. Inhaltlich unterscheidet sie sich nicht von den früheren Ausführungen. Es ist zu vermuten, dass die Jabotinsky-Version eine frühe Version ist, womöglich die abschließende Version der Zusammenarbeit zwischen Ben-Chorin und Frankfurter, die schließlich als Vorlage für die Übersetzung ins Hebräische verwendet worden ist. Diese Version enthält ein Nachwort von Schalom Ben-Chorin.

Die dritte Version (dla2) ist wie das Manuskript mit den handschriftlichen Anmerkungen Frankfurters im Deutschen Literaturarchiv Marbach zu finden und ebenfalls Teil des Nachlasses von Schalom Ben-Chorin. Dies scheint eine zusätzliche Version zu sein, die zeitlich zwischen der ursprünglichen und der von Thomas Willi anzusiedeln ist. Eine Notiz auf dem Titelblatt deutet darauf hin, dass es sich um das Handexemplar von Schalom Ben-Chorin handelt.[32] Es ist

29 Frankfurter, David: „Ich toetete einen Nazi …", Bearbeitet von Schalom Ben-Chorin, Jerusalem 1946, in: Deutsches Literaturarchiv Marbach: A: Ben-Chorin, Ben-Chorin, Schalom, Prosa/Herausgegebenes.

30 Ebd., S. 1.

31 Frankfurter, David (erzählt und bearbeitet von Schalom Ben-Chorin): „Ich tötete einen Nazi …", unveröffentlichtes Manuskript, niedergeschrieben Jerusalem März-Juni 1946. Archiv des Jabotinsky Institute in Israel, Tel Aviv, Referenzcode: A 4–14/11. Herzlichen Dank an meine Kollegin Tamar Lewinsky und ihren Hinweis, dass sich im Archiv des Jabotinsky Institute in Tel Aviv Materialien zu David Frankfurter befinden. Diese Version wird in der vorliegenden Arbeit hauptsächlich verwendet. Kurztitel: Memoiren (Version Jabotinsky). Anmerkung: Die Jabotinsky-Version der Memoiren wurde bis und mit Seite 28 mit der deutschen Eszett-Schreibung verfasst. Ab Seite 29 sind alle ß jeweils als ss geschrieben. Diese Inkonsistenz wurde beim Zitieren übernommen.

32 Frankfurter, David: „Ich tötete einen Nazi", Handexemplar Schalom Ben-Chorin, Jerusalem 1946, in: Deutsches Literaturarchiv Marbach, A: Ben-Chorin, Ben-Chorin, Schalom, Prosa/

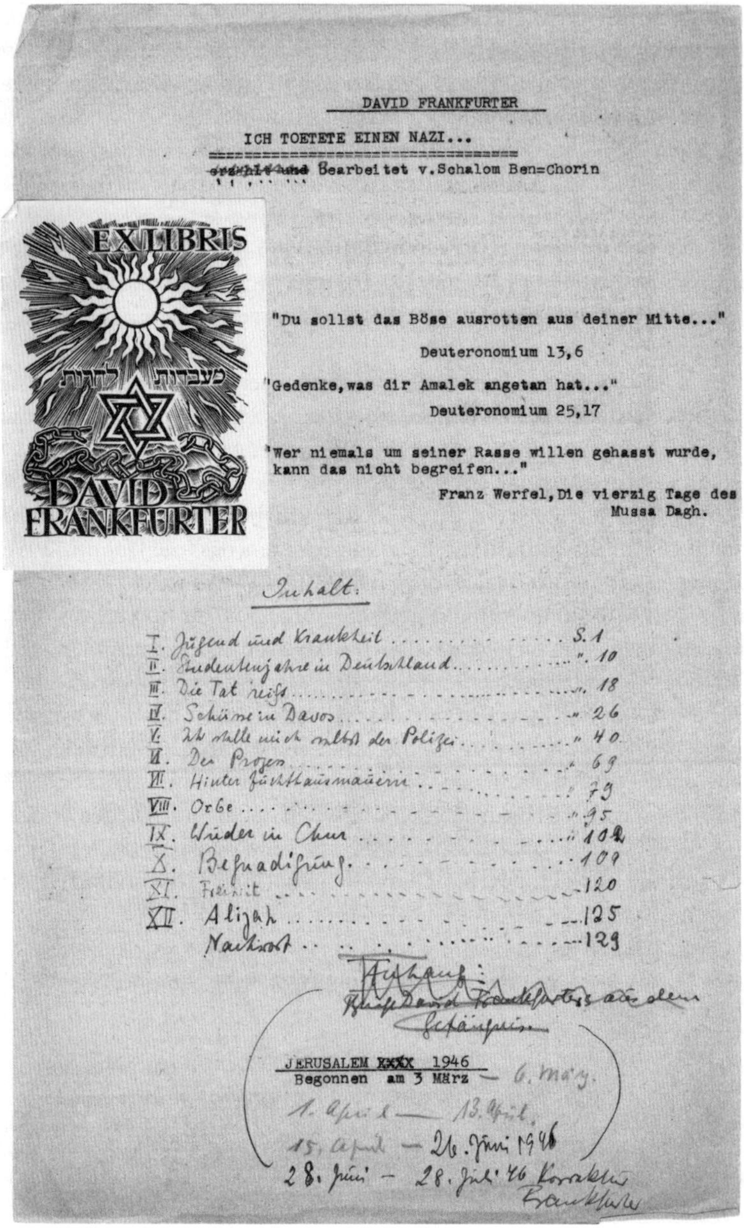
DAVID FRANKFURTER

ICH TOETETE EINEN NAZI...

~~erzählt und~~ Bearbeitet v.Schalom Ben=Chorin

"Du sollst das Böse ausrotten aus deiner Mitte..."
Deuteronomium 13,6

"Gedenke,was dir Amalek angetan hat..."
Deuteronomium 25,17

"Wer niemals um seiner Rasse willen gehasst wurde, kann das nicht begreifen..."
Franz Werfel,Die vierzig Tage des Mussa Dagh.

Inhalt:

~~Anhang: Briefe David Frankfurters aus dem Gefängnis~~

JERUSALEM ~~XXXX~~ 1946
Begonnen am 3 März — 6. März.
1. April — 13. April.
15. April — 26. Juni 1946
28. Juni — 28. Juli '46 Korrektur Frankfurter

Abb. 2: Erste Seite des von David Frankfurter korrigierten Manuskripts. Quelle: Frankfurter, David: „Ich toetete einen Nazi …“, bearbeitet von Schalom Ben-Chorin, Jerusalem 1946, in: Deutsches Literaturarchiv Marbach: A: Ben-Chorin, Ben-Chorin, Schalom, Prosa/Herausgegebenes.

wahrscheinlich, dass dies die Version ist, die Thomas Willi zur Abschrift von Avital Ben-Chorin erhalten hatte. Avital Ben-Chorin hatte die Manuskripte beim Umzug ins Altersheim auf dem Dachboden gefunden und sich brieflich an Prof. Willi gewandt mit der Anfrage, ob er daran interessiert sei.[33] Thomas Willi hatte in der Folge eine Abschrift davon erstellt, die er zwei Archiven weitergegeben hatte, dem Archiv für Zeitgeschichte der ETH Zürich und dem Deutschen Literaturarchiv Marbach. Da diese Version (in der obigen Auflistung unter Punkt 4) eine korrigierte Abschrift des Handexemplars von Ben-Chorin ist, muss sie als die späteste Ausgabe der Memoiren bezeichnet werden. Auch sie ist ergänzt mit einem Nachwort Ben-Chorins.[34]

3.2.2 Publizierte Versionen der Memoiren

Die Memoiren Frankfurters wurden vollständig oder in Auszügen in verschiedenen Sprachen publiziert. Die erste Veröffentlichung war, wie im vorherigen Unterkapitel erwähnt, die hebräische Publikation aus dem Jahr 1948 im Verlag *Am Oved* mit dem Titel *Nakam* (Dt.: Vergeltung) sowie dem Untertitel *Paraschat haHitnakschut beSochen-haNazim Gustloff* (Dt.: Die Affäre um das Attentat auf den Naziagenten Gustloff).[35] Das Buch umfasst 217 Seiten, aufgeteilt in 12 Kapitel, versehen mit insgesamt drei Bildern (David Frankfurter, sein Vater Moritz Frankfurter und ein Bild von Frankfurter während des Prozesses) sowie einem Vorwort[36] von Schalom Ben-Chorin, und erschien in der Reihe *Schacharut*, die sich primär an Jugendliche richtete und eine sozialistisch-zionistisch erzieherische Absicht hatte.

Eine Neuveröffentlichung des hebräischen Manuskripts erfolgte nach Frankfurters Tod im Jahr 1984 unter dem Titel *Rischon haLochamim baNazim* (Dt.: Der erste Kämpfer gegen die Nazis) im Verlag *Reschafim*.[37] Ergänzt wurde diese Aus-

33 Telefonisches Gespräch mit Prof. Thomas Willi, 20. Dezember 2012. Vgl. zudem: Willi 2009, S. 144. Willi schreibt dort: „Frau Ben-Chorin war so freundlich, Frau Judith Thomanek, M.A., am 7. Aug. 2007 in Jerusalem zu empfangen und ihr das kostbare Manuskript, das von ~~Anat Peri~~ [handschriftliche Korrektur T.W.: Hildegard Mohr] abgeschrieben worden war, zu meiner Verwendung zu übergeben." Hildegard Mohr war zu diesem Zeitpunkt Mitarbeiterin der Konrad-Adenauer-Stiftung.

34 Vgl.: Memoiren (Version Jabotinsky), S. 95. Das Nachwort entspricht dem Vorwort in den zwei hebräischen Druckversionen.

35 Frankfurter, David: Nakam. Paraschat haHitnakschut beSochen-haNazim Gustloff, Tel Aviv 1948.

36 Hierbei handelt es sich um den von Schalom Ben-Chorin ursprünglich als Nachwort ausgelegten Text, vgl.: Kapitel 3.3 Struktur, Sprache und Besonderheiten der Memoiren, S. 59 ff.

37 Frankfurter, David: Rischon haLochamim baNazim, Tel Aviv 1984.

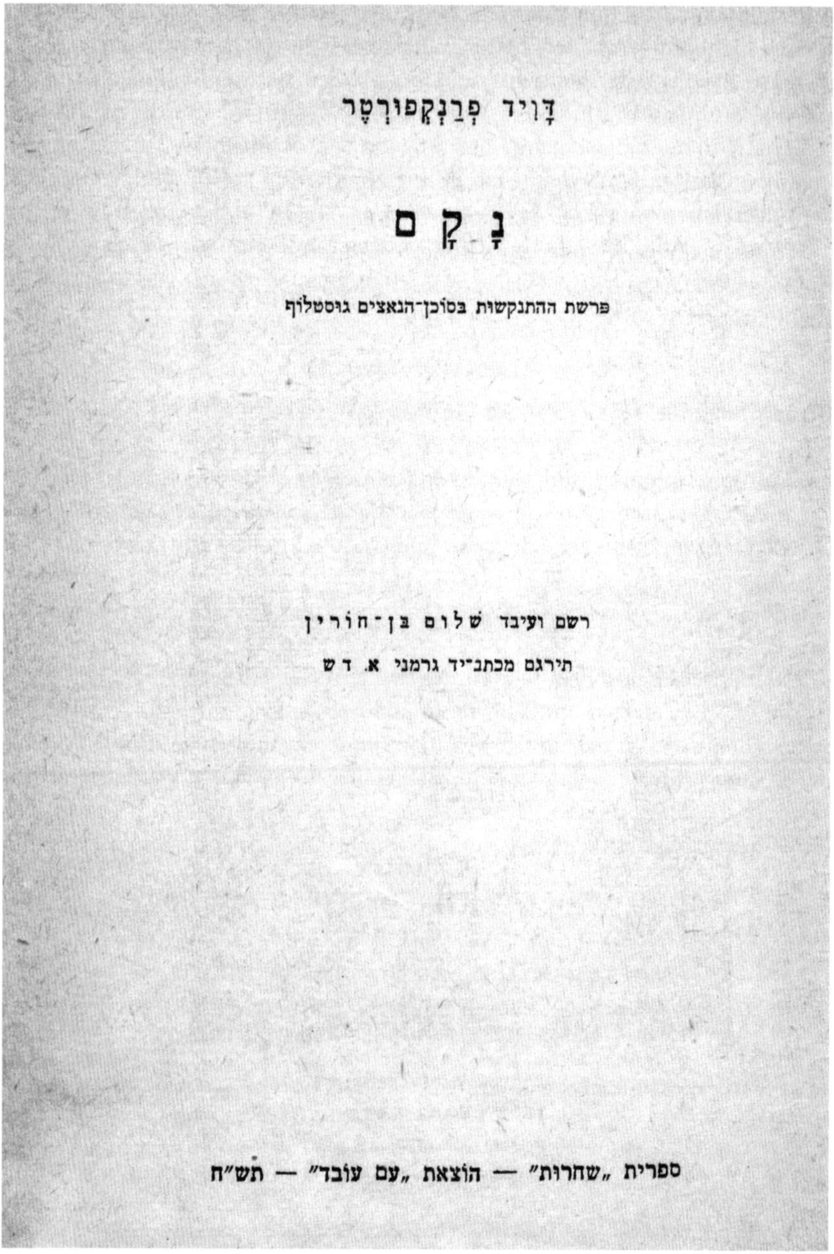
דויד פרנקפורטר

נקם

פרשת ההתנקשות בסוכן־הנאצים גוסטלוף

רשם ועיבד שלום בן־חורין

תירגם מכתב־יד גרמני א. דש

ספרית „שחרות" — הוצאת „עם עובד" — תש"ח

Abb. 3: Titelseite der ersten hebräischen Veröffentlichung der Memoiren mit dem Titel Nakam. Paraschat haHitnakschut beSochen-haNazim Gustloff. Quelle: Privatarchiv der Verfasserin.

gabe mit einem ausführlichen Vorwort des Geschichtsprofessors Joseph Nedava von der Universität Tel Aviv,[38] dem Vorwort von Schalom Ben-Chorin, das bereits in der Ausgabe von 1948 erschienen war, sowie weiteren Dokumenten: Im Anhang folgen ein Text von Emil Ludwig *David und Goliath* (der Epilog, der auch in der erweiterten Ausgabe von 1945 abgedruckt ist), zwei Briefe von Freunden aus der Schweiz (Thomas Willi und Rachel Anliker) an Frankfurters Witwe Bruria und ein Nachruf von Jonathan Arnon über David Frankfurter, „An meinen Freund, der von uns gegangen ist".[39] Das Buch umfasst 188 Seiten und mehrere Bilder (David Frankfurter, sein Vater Moritz Frankfurter, David Frankfurter beim Prozess in Chur, Emil Ludwig beim Prozess in Chur, Dr. Eugen Curti).

Abb. 4: Umschlag der zweiten hebräischen Veröffentlichung der Memoiren mit dem Titel Rischon HaLochamim baNazim. Quelle: Privatarchiv der Verfasserin.

38 Willi schreibt dazu: „Nedaba [sic] konnte bei seiner kenntnis- und materialreichen Darstellung und Deutung auf eine bis in die 50er Jahre zurückgehende persönliche Freundschaft mit David Frankfurter und seiner Familie zurückgreifen, ebenso auf die einschlägigen Akten mit Gerichtsprotokollen und Zeitungsausschnitten in der ‚Wiener Library' der Universität Tel Aviv." Willi 2009, S. 141.

39 Diese Texte sollen hier nicht weiter behandelt werden, da sie keinen Aufschluss über das Selbstbild Frankfurters geben.

Interessant ist dic Betitelung der beiden Bücher. Die erste Ausgabe, die noch viel direkter unter dem Eindruck der Schoah stand, wurde *Nakam*, Vergeltung, genannt. Dies unterstreicht die Einordnung des Mords an Wilhelm Gustloff als Reaktion Frankfurters auf die Anfänge der nationalsozialistischen antijüdischen Politik in Deutschland. Möglicherweise besteht bei der Titelgebung der Erstausgabe ein Zusammenhang mit der Gruppe „Nakam" um Abba Kovner, die nach Ende des Zweiten Weltkriegs Vergeltungsmaßnahmen gegen die deutsche Bevölkerung plante und Jagd auf Naziverbrecher machte.[40] Der Titel der Neuauflage nach Frankfurters Tod hingegen, *Der erste Kämpfer gegen die Nazis*, verortete Frankfurters Tat viel mehr in der Geschichte des jüdischen Widerstands gegen den Nationalsozialismus, indem sie als Anfangspunkt einer Reihe von Widerstandsaktionen propagiert wurde.

Als Übersetzung der Memoiren, wenn auch nur in Ausschnitten, besteht der englischsprachige Artikel in der monatlich erscheinenden amerikanischen Zeitschrift *Commentary* aus dem Jahr 1950 unter dem Titel *I kill a Nazi Gauleiter. Memoir of a Jewish Assassin.*[41] *Commentary* ist eine 1945 vom American Jewish Committee gegründete Zeitschrift, die sich mit „significant thought and opinion, Jewish affairs and contemporary issues"[42] beschäftigt. Für *Commentary* wurde der deutsche Originaltext in Ausschnitten (der gesamte Artikel ist knapp 8 Seiten lang) von Ralph Manheim[43] übersetzt. Frankfurter bezeichnete die Übersetzung als „unzulänglich"[44]. Der Text beginnt mit dem Kauf des Revolvers in Bern und endet mit der Festnahme Frankfurters bzw. seiner ersten Nacht in Untersuchungshaft. Diese Version diente den wenigen Publikationen als Grundlage, die zumindest am Rande die Sicht Frankfurters miteinbezogen, so beispielsweise Chotjewitz[45] und Fuhrer[46].

---

40 Vgl.: Tobias, Jim G. und Zinke, Peter: Nakam. Jüdische Rache an NS-Tätern, Hamburg 2000. Oder: Sack, John: Auge um Auge. Die Geschichte von Juden, die Rache für den Holocaust suchten, Hamburg 1995.

41 Frankfurter, David: „I kill a Nazi Gauleiter. Memoir of a Jewish Assassin." In: Commentary 9 (1950), S. 133–141. Auch online unter: https://www.commentarymagazine.com/articles/i-kill-a-nazi-gauleitermemoir-of-a-jewish-assassin/ [zuletzt eingesehen: 08.10.2018].

42 Friedman, Murray: Commentary, in: Berenbaum, Michael und Skolnik, Fred [Hrsg.]: Encyclopaedia Judaica, 2nd ed. Vol. 5, Detroit 2007, S. 90.

43 Wahrscheinlich der Übersetzer Ralph Manheim, der von 1907 bis 1992 gelebt hat und verschiedene Bücher aus dem Deutschen und Französischen ins Englische übersetzt hat, u.a. Adolf Hitlers *Mein Kampf*.

44 Vollmacht von David Frankfurter und Schalom Ben-Chorin an Jeanne Bachmann, Buenos Aires, vom 15. August 1950, in: Deutsches Literaturarchiv Marbach, A: Ben-Chorin, Ben-Chorin, Schalom, Prosa/Herausgegebenes.

45 Chotjewitz 1986.

46 Fuhrer 2012.

Noch während der Zeit, zu der Frankfurter mit den Korrekturen seiner Memoiren beschäftigt war, schrieb er an verschiedene Verlage, um seine Lebensgeschichte in anderen Sprachen zu veröffentlichen. Am 28. Juni 1946 verschickte er zwei Briefe, den ersten an den *Carl Posen Verlag* in Zürich und fragte an, ob der Verlag interessiert sei, seine Lebensgeschichte zu veröffentlichen.[47] Er könne ihm zu diesem Zwecke die deutschsprachigen Originalmemoiren zukommen lassen.[48] Der zweite, ähnlich lautende Brief ging an die Redaktion des *Tog*, einer jiddischen Tageszeitung in New York, die Frankfurter schon ein Jahr davor aufgefordert hatte, seine Memoiren zu schreiben. Frankfurter wollte im Brief wissen, ob der *Tog* weiterhin daran interessiert sei, diese auf Jiddisch in der Zeitung oder in Buchform zu publizieren.[49] Was die beiden Verlage auf seine Kontaktaufnahme antworteten, kann nicht eruiert werden.

Zwei Jahre später folgten neue Bemühungen, die Erinnerungen Frankfurters in Europa zu veröffentlichen. Im August 1948 schickte Ben-Chorin einen Brief an David Frankfurter, aus dem deutlich wird, dass er ihn vergeblich zu kontaktieren versucht hatte, so dass er den Brief nun an den Bruder, Alfons Frankfurter, wohnhaft in Kiriat Schmuel bei Haifa, adressierte. Seine Verärgerung ist im Brief deutlich zu spüren:

> Lieber Frankfurter [...]
> Im Februar erschien unser Buch, aber ich habe leider nie von Ihnen, trotz meines Briefes, auch nur eine Zeile von Ihnen gehabt. Soll das heissen: „Der Mohr hat seine Schuldigkeit getan – der Mohr kann gehn ...“[50]

Der Anlass dieses Briefes war ein Besuch von Max Brod in Zürich, der dort Kontakte zum *Carl Posen Verlag* hatte. Der *Carl Posen Verlag* habe erneut Interesse gezeigt, die Memoiren auf Deutsch zu veröffentlichen, und Ben-Chorin fragte im Brief – ohne materielle Ansprüche seinerseits – nach dem prinzipiellen Einverständnis Frankfurters.[51] Die Antwort Frankfurters darauf ist nicht überliefert. Obwohl hier deutlich wird, dass sich zumindest der *Carl Posen Verlag* eine

47 Im *Carl Posen Verlag* Zürich ist 1945 die erweiterte Ausgabe des Buches *David und Goliath* von Emil Ludwig erschienen.

48 Brief von David Frankfurter an den Carl Posen Verlag vom 28. Juni 1946, in: Deutsches Literaturarchiv Marbach, A: Ben-Chorin, Ben-Chorin, Schalom, Prosa/Herausgegebenes.

49 Brief von David Frankfurter an den *Tog* vom 28. Juni 1946, in: Deutsches Literaturarchiv Marbach, A: Ben-Chorin, Ben-Chorin, Schalom, Prosa/Herausgegebenes.

50 Brief von Schalom Ben-Chorin an David Frankfurter vom 22. August 1948, Jerusalem, in: Deutsches Literaturarchiv Marbach, A: Ben-Chorin, Ben-Chorin, Schalom, Prosa/Herausgegebenes.

51 Vgl.: Ebd.

Veröffentlichung vorstellen konnte, wurden die Memoiren weder auf Jiddisch noch auf Deutsch je publiziert.

Eine Veröffentlichung von Ausschnitten aus den Memoiren in der *Semana Israelita*, Buenos Aires, stellte sich beim Aktenstudium als nicht autorisiert heraus. Eine Vollmacht vom 15. August 1950 an eine gewisse Jeanne Bachmann in Buenos Aires ermächtigte diese, die Rechte an dem Buch *Ich tötete einen Nazi* in Argentinien wahrzunehmen und gegen die *Semana Israelita* vorzugehen wegen des unautorisierten Abdrucks und der „unzulängliche[n] Rückübersetzung aus der amerikanischen Zeitschrift ‚Commentary'".[52] Frankfurter und Ben-Chorin verlangten über Bachmann von dem Magazin eine Entschädigung, boten aber gleichzeitig an, dass sie auf eine Entschädigung verzichten würden, wenn der Verlag bereit wäre, das Buch in seiner Gesamtheit zu drucken. In diesem Falle würden sie die Entschädigung in das Buchhonorar miteinbeziehen. Bachmann sollte entweder vom Buchhonorar oder von der Entschädigung 25 Prozent erhalten.[53] Auch hier ist nicht abzuklären, wie sich die Angelegenheit weiter entwickelt hat.

Es bestehen gegenwärtig zwei Publikationen, in denen Auszüge aus dem deutschsprachigen Originalmanuskript auf Deutsch veröffentlicht worden sind. In der Zeitung *Jediot Chadaschot*[54], die sich an Einwandererinnen und Einwanderer aus dem deutschen Sprachraum richtete, wurde am 25. September 1946 unter dem Titel *Landung am Rosch Haschanah* jener kurze Teil von Frankfurters Memoiren vorabgedruckt, der sich mit der Ankunft Frankfurters in Palästina beschäftigte.[55] Ausführlicher und zudem kommentiert ist der Artikel *Widerstand: David Frankfurter (1909–1982). Die deutsche Urfassung seines Selbstzeugnisses zum Attentat auf Wilhelm Gustloff* von Thomas Willi.[56] Er widmet den gesamten zweiten Teil seines Textes den Memoiren und zitiert aus verschiedenen Kapiteln von „Jugend in Jugoslawien" bis „Begnadigung, Freiheit und Alija". Willi geht ausführlich auf die bisherige Forschung zu Frankfurter und insbesondere deren Versäumnisse ein.

52 Vollmacht von David Frankfurter und Schalom Ben-Chorin an Jeanne Bachmann, Buenos Aires, vom 15. August 1950, in: Deutsches Literaturarchiv Marbach, A: Ben-Chorin, Ben-Chorin, Schalom, Prosa/Herausgegebenes.

53 Vgl.: Ebd.

54 Die Zeitung hieß früher *Blumenthals Neuste Nachrichten*, später *Israel-Nachrichten*, und wurde von dem nach Palästina emigrierten Berliner Buchhändler Siegfried Blumenthal 1935 gegründet. Sie richtete sich in erster Linie an die deutschsprachigen Jüdinnen und Juden und war in den 1950er Jahren eine der meistverkauften Zeitungen Israels. 2011 wurde sie nach 76 Jahren eingestellt. Vgl.: HaGalil: Chadaschoth Israel: Aus für die deutschsprachige Zeitung Israels?, haGalil.com, Jüdisches Leben online, 19. Januar 2011, online unter: http://www.hagalil.com/2011/01/israelnachrichten/ [zuletzt eingesehen: 02.05.2016].

55 Frankfurter, David: Landung am Rosch Haschanah, in: Jediot Chadaschot, 25.09.1946, S. 9., in: Deutsches Literaturarchiv Marbach, A: Ben-Chorin, Ben-Chorin, Schalom, Prosa/Herausgegebenes.

56 Willi 2009.

Bezeichnend ist diesbezüglich die folgende Aussage: „Was den deutschsprachigen Bereich betrifft, so erwecken Rezeption und Umgang mit David Frankfurter und *seinem* Zeugnis von der Tat den Eindruck eines fast völligen Verschweigens und Vergessens. [...] Vor allem hat es Frankfurter – wie schon beim Prozess, wo er um sein Schlusswort gebracht wurde – bis heute schwer, selber zu Worte zu kommen.“[57]

3.3 Struktur, Sprache und Besonderheiten der Memoiren

Das deutschsprachige Original der Memoiren ist übertitelt mit *Ich toetete einen Nazi ....* Es folgen die Anmerkung, dass der Text von Schalom Ben-Chorin erzählt und bearbeitet worden ist, sowie drei Zitate,[58] die bereits den Inhalt der Memoiren andeuten und den beabsichtigten Interpretationsrahmen vorgeben. Einerseits sind dies zwei biblische Zitate: „Du sollst das Böse ausrotten aus deiner Mitte ...“ aus Deuteronomium 13,6 und „Gedenke, was dir Amalek angetan hat ...“ aus Deuteronomium 25,17. Andererseits wurde ein literarisches Zitat verwendet, das zwar einem anderen historischen Zusammenhang entnommen ist, thematisch aber passend wirkt: „Wer niemals um seiner Rasse willen gehaßt wurde, kann das nicht begreifen ...“ aus *Die vierzig Tage des Musa Dagh* des österreichischen Schriftstellers Franz Werfel aus dem Jahr 1933, das sich mit dem Genozid an den Armeniern beschäftigt.[59] Die Zitate sind stimmig zur Lebensgeschichte Frankfurters gewählt und wirken sowohl verständniserweckend als auch rechtfertigend. Indem Gustloff mit Amalek, dem sinnbildlichen archetypischen Feind des Judentums, gleichgestellt wird, wird seine Ermordung als Selbstverteidigung des jüdischen Volkes interpretiert.

Frankfurters Buch richtete sich in erster Linie an eine jüdische Leserschaft, die diese Hinweise sicherlich einordnen und verstehen konnte und zudem mit Frankfurter das Schicksal einer „gehassten Rasse“ teilte. In beiden Druckausgaben der hebräischen Version sind zwei der genannten Zitate auf der ersten Seite vor Beginn des Hauptteils aufgeführt, das Amalek- und das Werfel-Zitat.[60] Darüber hinaus enthalten die hebräischen Druckausgaben eine Widmung. „Dem Gedenken an meinen Vater MORI Rabbiner Doktor Mosche Frankfurter, seligen Andenkens, der mit sechs Millionen meines Volkes ERMORDET wurde.“[61]

57 Vgl.: Ebd., S. 139. [Kursivsetzung aus dem Original übernommen.]

58 Memoiren (Version Jabotinsky), Titelseite.

59 Werfel Franz: Die vierzig Tage des Musa Dagh. Erstausgabe in zwei Bänden, Berlin 1933.

60 Frankfurter 1948, S. 8. Und: Frankfurter 1984, S. 42.

61 Frankfurter 1948, S. 7. Und: Frankfurter 1984, S. 41. [Wörter in Großbuchstaben aus dem Original übernommen.] Mori: Hebräisch, wörtlich „mein Lehrer“, ehrenvolle Anrede für einen Rabbiner.

Es lässt sich feststellen, dass die Memoiren in einem literarischen Stil verfasst sind. Darüber hinaus enthalten sie sowohl religiöse Verweise als auch Zitate aus der Literatur. Während der Schreibstil für die vorliegende Forschung zu David Frankfurters Selbstbild irrelevant ist, weil er deutlich von dem Germanisten und Religionswissenschaftler Schalom Ben-Chorin stammt, sind die inhaltlichen literarischen Verweise schwieriger einzuordnen. Auf den ersten Blick ließe sich vermuten, dass auch diese auf Ben-Chorin zurückzuführen sind, jedoch hat Frankfurter ebenfalls eine weltliche Ausbildung genossen und außerdem nachweislich, wie er in seinen Memoiren schreibt, viele Klassiker gelesen. So sind bestimmte Verweise aus dem inhaltlichen Zusammenhang definitiv auf Frankfurter zurückzuführen, wie am Beispiel von Kleists *Michael Kohlhaas* zu sehen ist. Frankfurter hat das Buch in der Schule gelesen und daraus rückblickend Rückschlüsse auf sein eigenes Leben gezogen.[62] Bei anderen Elementen – insbesondere bei den Kurzzitaten zu Beginn der verschiedenen Kapitel – ist die Einordnung weniger deutlich. Klar ist, dass sie nicht vom Verlag nachträglich eingefügt worden sind. Es ist wahrscheinlich, dass sie im Rahmen der Zusammenarbeit zwischen Frankfurter und Ben-Chorin gesetzt wurden.

Das erste Kapitel ist übertitelt mit „Jugend und Krankheit"[63] und behandelt die Familiengeschichte von Frankfurter sowie die ersten Jahre seiner Biographie über den Ausbruch seiner Krankheit(en) bis zum Abitur in Vinkovci. Unter dem Titel „Studentenjahre in Deutschland"[64] geht Frankfurter auf seine Studienzeit in Leipzig und Frankfurt sowie die ersten Erfahrungen mit dem Nationalsozialismus in Deutschland ein. Das Kapitel endet mit der Rückreise nach Vinkovci. Es folgt das dritte Kapitel „Die Tat reift".[65] Dies ist der erste Abschnitt, der mit einem programmatischen Zitat ergänzt ist, einem Auszug aus Schillers *Wilhelm Tell* (1804): „Meine Gedanken waren rein von Mord – Du hast aus meinem Frieden mich heraus – Geschreckt, in gärend Drachengift hast du – Die Milch der frommen Denkart mir verwandelt."[66] Das Kapitel deckt die Zeit von Beginn des Studiums in Bern ab, behandelt Frankfurters Gedanken über die Vorgänge in Deutschland sowie den Tod seiner Mutter.

Gleich zwei Zitate sind dem vierten Kapitel „Schüsse in Davos",[67] in dem Frankfurter seine Reise nach Davos und die Durchführung des Mordes mit allen vorangehenden Zweifeln und Selbstversicherungen beschreibt, vorangestellt, ein

62 Vgl.: Kapitel 4.1.3 Gebrochene Idylle, S. 83 ff.

63 Memoiren (Version Jabotinsky), S. 1. Hebräische Versionen: Jugend- und Krankheitstage.

64 Memoiren (Version Jabotinsky), S. 7. Gleicher Titel in den hebräischen Versionen.

65 Ebd., S. 12. Gleicher Titel in den hebräischen Versionen.

66 Ebd. Das Zitat ist auch in den hebräischen Ausgaben abgedruckt – in einer Übersetzung von Chaim Nachman Bialik.

67 Memoiren (Version Jabotinsky), S. 18. Gleicher Titel in den hebräischen Versionen.

Zitat von Conrad Ferdinand Meyer aus dessen Gedicht *Huttens letzte Tage* (1872) und wiederum ein Zitat von Franz Werfel.[68] Letzteres ist wieder eine offensichtliche Entlastung Frankfurters in Bezug auf das Attentat. „Nicht der Mörder, der Ermordete ist schuldig."[69] Komplexer ist das Zitat Meyers. „Ich bin kein ausgeklügelt Buch. Ich bin ein Mensch mit seinem Widerspruch …"[70] Es ist möglich, dass Frankfurter damit auf unstimmige Verhaltensweisen in der Zeit vor dem Mord anspielt, auf Zweifel, die er in Bezug auf die geplante Tat hatte, dass er diese Momente zwar als widersprüchlich anerkennt, aber zugleich als dem Menschen immanent deklariert.

Kapitel fünf, „Ich stelle mich selbst der Polizei", wird durch ein Zitat aus dem Buch Jona 1,9 ergänzt, „Iwri anochi" – „Ich bin ein Jude",[71] das in einem direkten Bezug zum betreffenden Abschnitt der Memoiren steht. David Frankfurter, der sich der Polizei gestellt hat, sagte dieser gegenüber sowie zur Witwe Gustloffs als Antwort auf die Frage, wieso er die Tat begangen habe: „Weil ich ein Jude bin!"[72] Durch das Zitat aus dem Buch Jona stellt er sich in eine biblische Tradition und akzentuiert damit, dass er, wie der Prophet Jona, nach langem Zögern im Auftrag Gottes gehandelt habe. Im Rahmen des fünften Kapitels fasst Frankfurter die Zeit zwischen seiner Verhaftung und dem Prozessbeginn zusammen. Dabei geht er ausführlich auf zeitgenössische Publikationen zum Mord ein, so Diewerges propagandistische Schriften und die Verteidigungsschrift Ludwigs.

Das sechste Kapitel „Der Prozess" behandelt auf knapp sechs Seiten die Verhandlungen vor dem Kantonsgericht Graubünden in Chur. Auch dieses Kapitel wird durch ein Zitat eingeführt – ein Zitat aus den Tagebüchern des dänischen Philosophen und Schriftstellers Søren Kierkegaard: „Dass ich recht habe[,] das wissen im Grunde alle, … dass ich nicht recht bekomme, wissen wir alle – auch ich."[73] Dadurch wird der Ausgang des Prozesses vorweggenommen und gedeutet. Frankfurter ist im Recht, es wird aber Unrecht gesprochen.

---

68 In den hebräischen Publikationen fehlt das Zitat von Franz Werfel.

69 Memoiren (Version Jabotinsky), S. 18. Das Zitat ist der Titel einer Novelle von Franz Werfel aus dem Jahr 1920.

70 Ebd. Das Gedicht ist ein Lobgesang des Humanisten Ulrich von Huttens auf die Reformation (und Zwingli) und eine Rechtfertigung seines Kampfes gegen das Papsttum.

71 Memoiren (Version Jabotinsky), S. 29. Auch in beiden hebräischen Veröffentlichungen wird dieses Zitat genannt. Der hier übersetzte Originaltext ist zweideutig. „Iwri anochi" müsste streng genommen mit „Ich bin ein Hebräer" übersetzt werden, das hebräische Wort für Jude ist jehudi. Exegetisch (auch in der jüdischen Tradition) wird das Wort „iwri" oft mit „jehudi" gleichgesetzt.

72 Memoiren (Version Jabotinsky), S. 30.

73 Ebd., S. 51. Die drei Punkte stehen in den Memoiren als Auslassungszeichen, im Original steht da noch „auch Bischof Mynster", dies im Zusammenhang mit Kierkegaards Auseinandersetzungen mit der dänischen Staatskirche.

Das darauffolgende siebte Kapitel „Hinter Zuchthausmauern“[74] ist – wie die weiteren beiden Kapitel, die Frankfurters Zeit im Gefängnis behandeln – ohne einleitendes Zitat gestaltet. Frankfurter berichtet von der Urteilsverkündigung, der anschließenden Überweisung ins Zuchthaus und der Zeit, die er in der Strafanstalt Sennhof in Chur verbrachte. Er beschreibt dabei ausführlich die Probleme und Konflikte, die sich ihm dort eröffneten, aber auch die wenigen Kontakte mit der Außenwelt und die Lektüre von berühmten hebräischen Schriftstellern wie Bialik oder Tschernikowsky. Interessanterweise geht Frankfurter auf den in den Überschriften seiner Memoiren zitierten Franz Werfel und seine Schrift *Die vierzig Tage des Musa Dagh* ein. Er zeigt sich davon beeindruckt, da sich dieser „zum Anwalt eines kleinen, unterdrückten Volkes gemacht“ habe,[75] kritisiert aber zugleich, dass diese „grossen Schriftsteller und Dichter“[76] allesamt zum Unglück der Juden schwiegen: „Ich hatte das Empfinden, dass unsere Dichter uns verraten hatten.“[77] Darüber hinaus beschäftigt Frankfurter sich mit der aktuellen politischen Lage (z.B. mit der Tat Herschel Grynszpans und der „Reichskristallnacht“).

Die Haftzeit in Chur wurde unterbrochen von der sicherheitspolitisch begründeten Verlegung Frankfurters nach Orbe im Kanton Waadt (Kapitel acht, „Orbe“[78]), wo Frankfurter unter anderem auf eine Gruppe inhaftierter Nazis traf. Frankfurter beschreibt den Aufenthalt im Orber Gefängnis als erheblich angenehmer als im Churer Sennhof. Als nach der Besetzung Frankreichs die Westschweiz keine höhere Sicherheit mehr bot, wurde Frankfurter wieder zurück nach Chur gebracht (Kapitel neun, „Wieder in Chur“[79]). In diesem Kapitel berichtet er nicht nur über die Sorgen um seine Angehörigen, sondern auch über die Missionsversuche eines neuen Gefängniswärters, dessen anfänglich proklamierte Liebe zum Judentum beim Misserfolg seiner Absichten in Antisemitismus umschlug.

Dass bei diesen drei Kapiteln, die das Gefängnisleben behandeln, die einleitenden Zitate fehlen, ist auffällig und kann nicht daran liegen, dass keine passenden Zitate gefunden werden konnten. Sowohl die Bibel als auch die Literatur, die in den Memoiren zitiert wurden und dadurch einen gewissen Interpretationsrahmen vorgeben, würden diesbezüglich viele Möglichkeiten bieten, beispielsweise die Geschichte von Joseph und seinen Brüdern oder das jüdische Exil in Babylon. Dass hier Zitate, welche die Leserin oder den Leser leiten sollten, fehlen, muss entsprechend anders begründet werden. Möglich ist, dass Frankfur-

74 Memoiren (Version Jabotinsky), S. 58. Gleicher Titel in den hebräischen Versionen.

75 Memoiren (Version Jabotinsky), S. 65.

76 Ebd.

77 Ebd. S. 66.

78 Memoiren (Version Jabotinsky), S. 70. Gleicher Titel in den hebräischen Versionen.

79 Memoiren (Version Jabotinsky), S. 75. Gleicher Titel in den hebräischen Versionen.

ter und Ben-Chorin einen Interpretationsrahmen als unnötig erachteten, oder aber, dass hier eine bewusste Leerstelle geschaffen wurde, um die Leere und Sinnlosigkeit des Zuchthausaufenthalts zu verdeutlichen.

Das zehnte Kapitel, „Begnadigung“[80], ist wiederum mit einem vorangestellten Zitat versehen: „Erbarmen – weig're ich | Fordere Du – Dein Recht!“ aus dem ersten Teil *Jaakobs Traum* der unvollendeten Trilogie *Die Historie von König David* von Richard Beer-Hofmann. Das Zitat nimmt vorweg, was Frankfurter von der Begnadigung, um die sich das Kapitel dreht, hält. Als angemessen empfunden hätte er nicht eine Begnadigung, sondern eine Prozessrevision mit nachträglichem Freispruch. Trotzdem erklärte er sich mit einem Begnadigungsgesuch einverstanden, da seine Anwälte diesem gute Erfolgschancen einräumten. Am Freitag, dem 1. Juni 1945, wurde Frankfurter mit der Auflage begnadigt, das Land umgehend zu verlassen. Noch am gleichen Tag wurde er aus dem Gefängnis entlassen.

Entsprechend übertitelte Frankfurter das elfte Kapitel mit „Freiheit“[81]; das dazu passende Zitat stammt aus Schillers *Maria Stuart* (1800): „Laß mich der neuen Freiheit genießen.“ In beiden hebräischen Publikationen fehlt das Schiller'sche Zitat. Das Kapitel behandelt die relativ kurze Zeit zwischen Frankfurters Freilassung und seiner Abreise nach Palästina und beinhaltet das Wiedersehen mit seinem Bruder sowie das Treffen mit Emil Ludwig, dessen Buch neu herausgegeben werden sollte – ergänzt mit einem auf dieser Begegnung basierenden Epilog.

Im zwölften und letzten Kapitel, „Alijah“[82], schildert Frankfurter seine Abreise nach Palästina über Genf, Marseille und Toulon nach Haifa und schließlich Tel Aviv. In beiden hebräischen Versionen[83] lautet der Titel geringfügig anders: „Alijati laAretz“, mein Aufstieg ins Land [Israel]. Die Memoiren enden mit einem Zitat: „Rav Schalom Banajich: Al tikra Banajih – ella BONAJIH!“, bzw. „Friede Deinen Söhnen! Lies nicht: Deinen Söhnen – sondern Deinen Erbauern!“ Frankfurter zitiert hier die rabbinische Auslegung einer Bibelstelle, die an jedem Schabbat und an Feiertagen zu Ende der *Tefila* gesprochen wird und die ihm als praktizierendem Juden durch wiederholtes Rezitieren wohl bekannt gewesen sein durfte: „Und alle deine Kinder [Söhne] werden von dem Herrn gelehrt, und der Friede deiner Kinder [Söhne] wird groß sein.“[84] Die Auslegung stammt von Rabbi Chanina, der sagte: „Die Schüler der Weisen mehren den Frieden in der

80 Memoiren (Version Jabotinsky), S. 80. Gleicher Titel in den hebräischen Versionen.

81 Memoiren (Version Jabotinsky), S. 88. Gleicher Titel in den hebräischen Versionen.

82 Memoiren (Version Jabotinsky), S. 92. Alija/Alijah: hebräisch wörtlich Aufstieg. Emigration nach Palästina/Israel.

83 Frankfurter 1948, S. 211. Und: Frankfurter 1984, S. 167.

84 Jesaja 54,13, nach: Elberfelder Bibel, online unter: http://www.bibleserver.com/text/ELB/Jesaja54 [zuletzt eingesehen: 04.11.2014].

Welt, denn es heisst (Jesaja 54, 13): und alle deine Söhne Schüler Gottes, dann wird reich der Friede deiner Söhne. Lies nicht: *Banajich* (deine Söhne), sondern *Bonajich*: deine Erbauer."[85] Auch wenn das Zitat im ursprünglichen Zusammenhang weniger eine zionistische als vielmehr eine religiöse Bedeutung hat, wird deutlich, dass Frankfurter damit auf den Aufbau des jüdischen Staates hinzielt, wenn er es in den Kontext der nach Palästina geflüchteten Jüdinnen und Juden stellt, die dort nun in ein „normales, produktives Leben"[86] zurückfinden sollen.

Dem Haupttext folgt das Nachwort von Schalom Ben-Chorin. Dort hielt er fest, dass das Buch zwar in Zusammenarbeit mit David Frankfurter geschrieben worden ist, es tatsächlich aber Frankfurters Buch und somit dessen Geschichte sei. Ben-Chorins Anteil daran beschränke sich auf das Niederschreiben, „Formulierung und Stilisierung waren mein Werk".[87] So seien die im Text vertretenen Ansichten nicht seine, sondern Frankfurters. Aufgrund der Tatsache, dass während des Schreibprozesses wesentliches Aktenmaterial nicht zur Verfügung stand, wies Ben-Chorin darauf hin, dass die Darstellung gewisse unvermeidliche „Ungenauigkeit und Subjektivität"[88] enthalten könne. „Dafür aber trägt dieses Buch das Gepräge der Unmittelbarkeit, es ist seinem Wesen und seiner Forma [sic] nach eine Autobiographie, wiewohl es nicht von Frankfurter selbst geschrieben wurde."[89] Dies ist für diese Arbeit von erheblicher Bedeutung, da bei der Verwendung der Memoiren zur Erforschung von Frankfurters Selbstbild davon ausgegangen wird, dass es sich dabei tatsächlich um seine Geschichte und damit um seinen eigenen Blick darauf handelt, und nicht um eine Interpretation einer Drittperson, wie in diesem Falle Ben-Chorin.

Im Nachwort beantwortete Ben-Chorin zudem die Frage, wieso er sich „freudig und voll Begeisterung [...] in den Dienst gerade dieser Aufgabe gestellt" habe.[90] Frankfurters Leben sei es wert, „der Vergessenheit entrissen zu werden".[91] Nach der Schoah stehe es als erstes Beispiel in der Reihe weiterer, die sich gegen die Nationalsozialisten erhoben haben. Seinem Vorbild seien „Grünspan [sic] in Paris, die Helden des Warschauer Ghettos, die jüdischen Partisanen in allen Ländern der Naziokkupation, die jüdischen Soldaten in den Armeen der Alliierten und unsere Kämpfer von der Jüdischen Brigade und den anderen jüdischen Truppen aus Erez-Israel" gefolgt.[92] Ben-Chorin hob hervor, dass Frankfurter der

85 Hirsch, Samson Raphael: Hirsch Siddur, Basel 1992/1998, S. 285.
86 Memoiren (Version Jabotinsky), S. 94.
87 Ben-Chorin: Nachwort, in: Memoiren (Version Jabotinsky), S. 95.
88 Ebd.
89 Ebd.
90 Ebd.
91 Ebd.
92 Ebd.

Erste war. „Er hat gehandelt und gelitten und damit ist er – ohne es zu wissen und es zu wollen – ein Vorbild für uns geworden.“[93] Dem Nachwort lässt sich entnehmen, dass zur ersten Veröffentlichung der Memoiren ein Anhang geplant war. So schrieb Ben-Chorin: „Die Briefe im Anhang hingegen sind unmittelbare Äußerungen Frankfurters, die nicht durch das Medium einer fremden Hand vermittelt wurden.“[94] Aus welchen Gründen darauf verzichtet wurde, lässt sich nicht mehr eruieren, ebenso bestehen keinerlei Hinweise zu Inhalt und Empfänger dieser Briefe.

In den Unterlagen des Deutschen Literaturarchivs Marbach findet sich aber ein Zusatz zum Nachwort des deutschen Manuskripts. Ben-Chorin hatte beabsichtigt, diesem einen weiteren Absatz hinzuzufügen, den er mit offensichtlicher Empörung und Aufgewühltheit verfasst hatte und der hier in seiner ganzen Länge wiedergegeben werden soll.

> Ich möchte dieses von mir bearbeitete Buch heute und hier nicht heraus gehen lassen, ohne vor der Möglichkeit einer Missdeutung zu warnen. Gerade der Fall David Frankfurter zeigt uns, wie sehr ein zutiefst jüdischer Mensch mit sich ringen musste, ehe er sich dazu entschloss, dem Feind mit der Waffe in der Hand entgegen zu treten. Und welchem Feind! Dem blutigsten und gemeinsten, den das jüdische Volk in seiner an Feinden und Leiden so überreichen Geschichte je hatte. Dieser Feind, der Nazi, verstand keine andere Sprache als die der Gewalt. Es wäre töricht und durchaus verfehlt, die Entscheidung, die sich Frankfurter so schwer angesichts des Nazi-Feindes abgerungen hat, auf iregendwelche [sic] ganz anders gelagerte politische Verhältnisse übertragen zu wollen. Das würde unseren Absichten vollkommen zuwider laufen. Die Geschichte wiederholt sich nicht. Jede Geschichtsstunde erfordert die ihr angemessene Entscheidung. Was gestern unter bestimmten Bedingungen richtig war, muss es heute unter anderen durchaus nicht sein. Dieses Buch gibt ein Stück Galuth-Geschichte von Gestern [sic]. Jede andere Deutung wäre Missbrauch.[95]

Der Anhang, der weder in der Fassung von 1948 noch in derjenigen von 1984 tatsächlich abgedruckt wurde, richtete sich anscheinend gegen Versuche, die Geschichte Frankfurters für zeitgenössische Politik zu instrumentalisieren. Da die Notiz nicht datiert ist, kann nur ein ungefährer Zeitraum dafür angenommen werden: Schalom Ben-Chorin muss ihn nach Beendigung der Arbeit an den Memoiren im Sommer 1946 verfasst haben, aber vor Erscheinen des Buches

93 Ebd.

94 Ebd.

95 Ben-Chorin, Schalom: Anhang zum Nachwort, in: Deutsches Literaturarchiv Marbach, A: Ben-Chorin, Ben-Chorin, Schalom, Prosa/Herausgegebenes.

im Februar 1948. Wieso der Anhang letztlich nicht abgedruckt wurde, kann ebenfalls nicht abschließend ermittelt werden.[96]

Es ist wahrscheinlich, dass Ben-Chorin sich im geplanten Anhang zu seinem Nachwort gegen Angriffe zionistisch-paramilitärischer Organisationen gegen britische oder arabische Einrichtungen und Personen gestellt hatte. Insbesondere ab Mai 1946 nahm die „Aufstandsbewegung“ ihre Aktionen gegen die britische Mandatsregierung wieder auf. Dies äußerte sich in Anschlägen von verschiedenen Untergrundorganisationen, insbesondere Etzel[97] und Lechi,[98] auf das Eisenbahnnetz (10.–11. Juni), auf Brücken (16.–17. Juni) auf die Eisenbahnwerkstatt von Haifa (18. Juni) und gipfelte im Anschlag auf das King-David-Hotel in Jerusalem, das der Sitz der Mandatsregierung und die Befehlszentrale des britischen Heeres war. Bei letzterem Anschlag wurden 91 Menschen getötet, mehrere hundert verletzt.[99] In der Folge beschloss die Jewish Agency als offizielle Vertreterin des *Jischuw* die Einstellung des bewaffneten Kampfs und die Konzentration auf die illegale Einwanderung sowie politische Tätigkeiten. Nicht alle Untergrundorganisationen hielten sich an diesen Beschluss.[100]

Obwohl Ben-Chorin im ursprünglichen Nachwort noch die „Jüdische[...] Brigade und [...] anderen jüdische Truppen aus Erez-Israel“[101] in eine Reihe mit der Tat Frankfurters gestellt hatte, muss davon ausgegangen werden, dass er damit nicht den bewaffneten Kampf gegen die Mandatsmacht oder gegen die Araber befürwortet hatte (denn dagegen stellte er sich mit seinem Anhang zum Nachwort), sondern er sich explizit auf diejenigen jüdischen Truppen bezog, die aktiv

96 Möglich sind zwei Gründe: Entweder wurde er zu knapp vor Veröffentlichung eingereicht, so dass es zeitlich nicht mehr machbar war, das Nachwort zu ergänzen oder aber der Verlag oder Frankfurter stimmten dem Abdruck des Anhangs (womöglich aus politischen Gründen bzw. Nichtübereinstimmung mit Ben-Chorins Ansichten) nicht zu.

97 Etzel (oder Irgun): Akronym für Irgun Tzwai Leumi (Nationale Militärorganisation). Die Etzel bestand ab 1931 als Abspaltung von der (in den Augen der Etzel-Kämpfer) zu defensiv ausgerichteten Hagana als bewaffnete zionistische Untergrundorganisation, die Anschläge gegen die britische Mandatsmacht sowie arabische Ziele durchführte. 1948 wurde die Etzel zwangsweise aufgelöst und der israelischen Armee untergeordnet. Vgl. Niv, David: Irgun Zeva'i Le'ummi, in: Berenbaum, Michael und Skolnik, Fred [Hrsg.]: Encyclopaedia Judaica, 2nd ed. Vol. 10, Detroit 2007, S. 27/28.

98 Lechi: Akronym für Lochamei Cherut Israel (Kämpfer für die Freiheit Israels). Lechi wurde im Jahr 1940 als Abspaltung des Irgun als Reaktion auf deren Abkommen mit der britischen Polizei gegründet und war eine zionistische paramilitärische Untergrundorganisation, die sich gegen die britische Mandatsmacht sowie arabische Ziele richtete. Lechi wurde im Zuge des israelischen Unabhängigkeitskrieges aufgelöst und an die israelische Armee angeschlossen. Vgl.: Niv, David: Lohamei Herut Israel, in: Berenbaum, Michael und Skolnik, Fred [Hrsg.]: Encyclopaedia Judaica, 2nd ed. Vol. 13, Detroit 2007, S. 175/176.

99 Vgl.: Naor, Mordecai: Eretz Israel. Das 20. Jahrhundert, Tel Aviv 1996, S. 246–247.

100 Vgl.: Ebd. S. 251.

101 Ben-Chorin, Nachwort, in: Memoiren (Version Jabotinsky), S. 95.

(in Europa) gegen den Nationalsozialismus oder die Wehrmacht kämpften. Ben-Chorin verortete Frankfurters Tat zwar deutlich im jüdischen Widerstand gegen den Nationalsozialismus, wandte sich aber gegen eine Instrumentalisierung im zeitgenössischen Kampf gegen die britische Mandatsmacht oder die arabische Bevölkerung Palästinas.

Bei den religiösen Verweisen ist festzuhalten, dass es sich bei den gewählten Beispielen (mit wenigen Ausnahmen, beispielsweise dem Abschlusssatz der Memoiren, der ein Zitat aus dem Talmud ist, das aber zionistisch umgedeutet wurde) um biblische Figuren und Geschichten der hebräischen Bibel handelt. Für diese biblischen Elemente besteht, über die religiösen oder wissenschaftlichen Hintergründe Ben-Chorins und Frankfurters hinaus, eine weitere Erklärungsmöglichkeit: Es ist möglich, dass diese auf Wunsch des Verlags *Am Oved* mit seiner zionistischen Ausrichtung eingefügt worden oder aber auf Frankfurters zionistische Einstellung zurückzuführen sind. Das Verwenden biblischer Helden als Vorbild für den „neuen Hebräer", oft im Gegensatz zum verachteten „Schtetljuden", den es zu überwinden galt, war ein übliches Element des zeitgenössischen Zionismus.[102]

3.4 Methodisches zu den Memoiren

Noch einmal muss an dieser Stelle darauf hingewiesen werden, dass die Memoiren, obwohl sie nicht von David Frankfurter selbst niedergeschrieben wurden, sein Selbstbild spiegeln. Um dies zu belegen, sind zwei Aussagen Ben-Chorins zentral, die bereits wiederholt in Ausschnitten zitiert wurden. Zum einen sind dies die ersten Sätze des Nachwortes zu den Memoiren, in denen Ben-Chorin schreibt:

> In den Monaten März bis Juni 1946 ist dieses Buch in ständiger Zusammenarbeit mit David Frankfurter entstanden. **Es ist sein Buch.** Er hat mir die Geschichte seines Lebens erzählt und ich habe sie getreu diesem Bericht aufgezeichnet. **Die hier vertretenen Ansichten sind daher die seinen:** nur Formulierung und Stilisierung waren mein Werk.[103]

---

102 Vgl. hierzu auch: Bossert, Sabina: Religion und Widerstand bei David Frankfurter. „Ein geringes Werkzeug in der Hand Gottes", in: Jaworski, Sylvia und Bodenheimer, Alfred: Religion im Widerstand, prospektiv, Beilage zum Magazin bref 30 (2016), S. 3–4. Der Artikel basiert auf einem Vortrag der Autorin an der Tagung der theologischen Fakultät der Universität Basel auf dem Leuenberg, 28. April 2015.

103 Ben-Chorin, Nachwort, in: Memoiren (Version Jabotinsky), S. 95. [Hervorhebungen von der Verfasserin.]

Einige Sätze später unterstreicht Ben-Chorin: „Dafür aber trägt dieses Buch das Gepräge der Unmittelbarkeit, es ist in seinem Wesen und seiner Forma [sic] nach eine Autobiographie, wiewohl es nicht von Frankfurter selbst geschrieben wurde."[104] Jahre später schrieb Ben-Chorin zwar, dass er Dinge geschrieben habe, die Frankfurter „nicht gesagt, aber gedacht hatte[.]"[105] David Frankfurter hatte die Möglichkeit, die Memoiren nach Ben-Chorins Niederschrift zu bearbeiten und abzuändern, sie wurden von ihm in ihrer abschließenden Fassung gebilligt. Entsprechend handelt es sich bei den Memoiren um die Autobiographie David Frankfurters, die seine Geschichte in den Worten von Ben-Chorin nacherzählt. Auf dieser Annahme, unterstützt durch die zitierten Aussagen Ben-Chorins, gründet die vorliegende Untersuchung. Dabei muss grundsätzlich beachtet werden, dass – wie in den Kapiteln zu den theoretischen und methodischen Grundlagen ausgeführt – eine Autobiographie eine nachträgliche Sinnkonstruktion ist. Hinzu kommt, dass Frankfurter seine Memoiren im Abstand von ungefähr zehn Jahren zum Attentat auf Gustloff verfasst hat. Während dieser zehn Jahre veränderten sich Europa und die Welt grundlegend; Frankfurter schreibt über Ereignisse vor dem Ausbruch des Zweiten Weltkriegs mit dem Wissen, was danach geschehen wird.

Maßgebend für die Analyse von David Frankfurters Memoiren in der vorliegenden Dissertation hinsichtlich seines Selbstbildes ist die Version des Jabotinsky-Archivs in Tel Aviv, da ich davon ausgehe, dass diese Version zeitlich früher einzuordnen ist als diejenige des Archivs für Zeitgeschichte. So bestehen in der Jabotinsky-Version einige Rechtschreibfehler, die in der AfZ-Version korrigiert wurden, was vermuten lässt, dass Letztere eine Abschrift der Ersten ist. Wie im Kapitel zu den unpublizierten Versionen der Memoiren[106] ausgeführt wurde, ist die Jabotinsky-Version wahrscheinlich jene Ausgabe der Memoiren, die ins Hebräische übersetzt und veröffentlicht worden ist. Dieser Argumentation zufolge wäre es naheliegend, mit der noch ursprünglicheren Version der Memoiren zu arbeiten – nämlich mit der Vorversion, die Frankfurters handschriftliche Anmerkungen beinhaltet. Ich gehe jedoch davon aus, dass die Jabotinsky-Version die früheste Fassung ist, auf die David Frankfurter und Schalom Ben-Chorin sich geeinigt hatten. Die Vorversion ist zwar aus verschiedenen Gründen historisch spannend und aufschlussreich,[107] kann aber, weil sie nicht zur Veröffentlichung

104 Ebd.

105 Ben-Chorin 1991, S. 142.

106 Vgl.: Kapitel 3.2.1 Unpublizierte Versionen der Memoiren, S. 50 ff.

107 Vgl.: Ebd.

genehmigt wurde, nicht als abschließendes Selbstbild, wie David Frankfurter es vermitteln wollte, angesehen werden.[108]

Die hebräischen Veröffentlichungen wiederum stellen bereits nicht mehr eine unverfälschte Version von Frankfurters Selbstzeugnis dar. Dies liegt daran, dass das ursprünglich deutschsprachige Manuskript ins Hebräische übersetzt wurde. Eine Übersetzung ist immer auch eine Interpretation des ursprünglichen Textes im Sinne einer Übersetzung aus einem kulturellen Kontext in einen anderen hinein; „[g]leichzeitig verändern sich mit der Übersetzung der Bedeutungshorizont und Sinngehalt des Übersetzten".[109] Zudem hat der Verlag für den Druck, wie oben aufgezeigt, geringfügige Änderungen am Ursprungstext vorgenommen. Entsprechend können die übersetzten Texte, so vernachlässigbar die Unterschiede erscheinen mögen, nicht mehr als deckungsgleich mit Frankfurters Selbstbild verstanden werden.[110]

Die Memoiren werden als Leitfaden für die Gliederung des Hauptteils verwendet. Da diese chronologisch aufgebaut sind, orientiert sich der Hauptteil daran und weicht nur von der zeitlichen Chronologie ab, wenn Frankfurter dies in den Memoiren tut, wenn er beispielsweise auf ein früher oder später geschehenes Ereignis Bezug nimmt, oder wenn für das Verständnis von Vorgängen zusätzliche Informationen in Form von Exkursen nötig sind. Da die Memoiren nur den Zeitraum von Frankfurters Leben bis kurz nach seiner Einwanderung nach Palästina abdecken, basieren die letzten Kapitel des Hauptteils nicht auf Frankfurters Autobiographie. Entsprechend werden dort andere Quellen herbeigezogen, die Auskunft über Frankfurters Selbstbild geben.

---

108 Hier wird bewusst geschrieben, dass es sich um jenes Selbstbild handelt, das David Frankfurter vermitteln wollte, da von der Annahme ausgegangen wird, dass der Verfasser in der Niederschrift einer Autobiographie eine Sinnkonstruktion vornimmt. Vgl.: Kapitel 2.2 Theoretische und methodische Grundlagen, S. 26 f.

109 Ernst, Petra: (Kulturelle) Übersetzung – Anmerkungen zum Thema, in: transversal. Zeitschrift des Centrums für Jüdische Studien 10 (2009), S. 3.

110 Im Übrigen ein Forschungsdesiderat: Durch die Übersetzungsforschung könnten gerade in diesem Zusammenhang wertvolle Aufschlüsse beispielsweise zu unterschiedlichen Bedeutungshorizonten zwischen Verfassern und Übersetzer erfasst werden.

4 Frankfurters Kindheit, Jugendzeit und die Zeit vor dem Mord

4.1 Familiengeschichte, Kindheit, Jugendzeit

4.1.1 Familiengeschichte der Frankfurters

David Detlef Frankfurter[1] kam am 9. Juli 1909 in Daruvar im damaligen Österreich-Ungarn (später zeitweise Jugoslawien,[2] heute Kroatien) als jüngstes von drei Kindern des Doktor-Rabbiners Moritz (Mosche) Frankfurter[3] und dessen Frau Rebekka (Rivka), geborene Pagel,[4] zur Welt.

Die Familiengeschichte, die nicht Teil des eigentlichen Selbstbildes von David Frankfurter ist, spielt nichtsdestotrotz eine wichtige Rolle. Einerseits geht es um die Sozialisation, die Umgebung, in der David Frankfurter aufgewachsen ist und die ihn in seiner Persönlichkeitsbildung beeinflusst und geprägt hatte. Andererseits hat Frankfurter selbst in seinen Memoiren seine Herkunft beschrieben und ihr damit eine gewisse Bedeutung für seine Biographie zugewiesen.

---

1 Im Judentum ist es auch heute teilweise noch üblich, einem Kind einen jüdischen und einen säkularen Namen zu geben; eine Tradition, die auch bei Frankfurters Familienangehörigen festzustellen ist. Gemäß seinem Reisepass war Detlef Frankfurters zweiter Vorname, er war aber üblicherweise nur unter dem Namen David Frankfurter registriert und bekannt. Vgl.: Jugoslawischer Reisepass von David Frankfurter, Privatarchiv Miriam Gepner, Salit.

2 David Frankfurter war zum Zeitpunkt, als er in der Schweiz studierte, im Besitz eines Reisepasses des Königreichs Jugoslawien, ausgestellt am 8. Oktober 1933. Der Originalpass ist im Privatarchiv Miriam Gepners, Salit, zu finden.

3 Je nach Quelle wird Moritz Frankfurter bei seinem hebräischen Namen Mos(c)he, Mavro oder aber Moritz genannt. Mavro ist die kroatische Form von Moritz (Mauritz, Mauro, Mavro). Ich werde bei Personen mit verschiedenen Namen jeweils den am meisten genannten Namen, in diesem Falle Moritz, verwenden.

4 Verschiedene Schreibweisen ihres Mädchennamens sind gebräuchlich. Das Testimony in Yad Vashem zu Moritz Frankfurter nennt, wahrscheinlich aufgrund einer ungenauen Transliteration, den Namen Figel. Vgl.: Central Database of Shoah Victims' Names der israelischen Gedenkstätte Yad Vashem: Moshe Frankfurter, Testimony von David Frankfurter, online unter: http://yvng.yadvashem.org/nameDetails.html?language=en&s_lastName=frankfurter&s_firstName=moshe&s_place=&itemId=395720&ind=9&winId=-5867931608789026118 [Zuletzt eingesehen: 20.05.2016]. An den meisten Stellen wird ihr Familienname mit Pagel angegeben, so beispielsweise in der Hochzeitseinladung des Ehepaars Frankfurter. Ihr Vorname wird ebendort mit Ricca abgekürzt. Vgl.: Einladung „Zur Vermählungs-Feier", aus dem Privatarchiv von Miriam Gepner, Salit. Der kurze Lebenslauf, den David Frankfurter für die Gerichtsakten verfasst hat, nennt ebenfalls Pagel. Vgl.: Lebenslauf, StAGR III 23 d 2 Frankfurter.

Der Name Frankfurter deutet auf die ursprüngliche Herkunft der Familie in Frankfurt am Main hin. Angeblich gehörte Rabbiner Samuel Schotten, der von 1644 bis 1719 gelebt hatte und führender Talmudgelehrter in Frankfurt sowie dort zeitweise Vorsitzender des Rabbinats gewesen war, zu den Vorfahren der Familie Frankfurter – dies schrieb zumindest David Frankfurter in seinen Memoiren: „Mein Vater war der Sproß einer alten Rabbinerfamilie aus der Slovakei [sic]; zu seinen Vorfahren gehörte der berühmte Marhascheschach.“[5] In diesem Zusammenhang sind die zwei Hauptentstehungsgründe für toponymische Familiennamen erkennbar. Bei Rabbiner Samuel Schotten bezieht sich der Familienname auf die namensgebende Ortschaft Schotten in Oberhessen. Diese Praxis war sowohl in jüdischen als auch christlichen Familien verbreitet.[6] Die spätere Änderung des Familiennamens in Frankfurter hatte vorerst weniger mit dem Herkunftsort, sondern vielmehr mit dem Ort des Wirkens von Rabbiner Schotten, Frankfurt am Main, zu tun, denn „[n]icht selten wurde ein bedeutender Rabbiner nach dem Ort seines Wirkens benannt und seine Nachkommen haben dann den Namen, unter dem ihr Vorfahre bekannt wurde, gelegentlich beibehalten“.[7]

Die Großeltern von David Frankfurter, David und Katerina, geb. Flesch, lebten vorerst im heute tschechischen Holešov (dt.: Holleschau), das damals in Österreich-Ungarn lag und wo 1875 der älteste Sohn, Moritz, geboren wurde.[8] In Holešov zeugt der Grabstein der Großmutter heute noch von der Anwesenheit der Familie Frankfurter.[9] 1876 folgte der zweite Sohn, Salomon, nach dem Umzug

5 Memoiren, Version Jabotinsky, S. 1. Marhascheschach, von den hebräischen Buchstaben מרהששך, ist das Akronym für Moreinu Harav Schmuel Schotten HaCohen. Auch Sigrid Sohn erwähnt (sich ebenfalls auf die Memoiren beziehend), dass Frankfurter aus einer Familie stammt, die sich eines illustren Stammbaums rühmt, „quali il famoso rabbino di Francoforte sul Meno, Morenu haRav R. Samuel Schotten haKohen.“ Sohn 1992, S. 67. Zu Samuel Schotten: Infobank Judengasse Frankfurt am Main: Schotten, Samuel. Jüdisches Museum Frankfurt 1992–2002, online unter: http://www.judengasse.de/dhtml/P131.htm [zuletzt eingesehen: 27.01.2014].

6 Vgl.: Brand, Gregor: Moselländische Ortsnamen als jüdische Familiennamen, online unter: http://www.angelfire.com/art/gregorbrand/Namen.html [zuletzt eingesehen: 21.09.2014].

7 Ebd.

8 Die Angaben zum Geburtsort von Moritz Frankfurter sind unterschiedlich, teilweise wird auch Sobotište genannt. Vgl. beispielsweise: Magyar Elektronikus Könyvtar: Frankfurter Moritz, Budapest 1929/2013, online unter: http://mek.oszk.hu/04000/04093/html/szocikk/11568.htm [zuletzt eingesehen: 29.01.2014]. Ein herzliches Dankeschön an Till Wallrabenstein für die Übersetzung aus dem Ungarischen ins Deutsche.

9 Der Grabstein ist über einen flickr-Account zu finden. Er ist beschriftet mit „Frau Rabb. Kathi Frankfurter“ und ihrem hebräischen Todesdatum, 25. Tischrei 5675, also dem 15. Oktober 1914. Flickr-Account von alexandria42: Album Holesov (Holleschau), Moravia – Jewish cemetery and a partial reconstruction of this ancient Jewish community, 25. November 2009, online unter: http://www.flickr.com/photos/cam37/sets/72157602214476547/ [zuletzt eingesehen: 27.01.2014] Direkter Link zum Bild: http://www.flickr.com/photos/

nach Sobotište (damals Österreich-Ungarn, heute Slowakei) noch fünf weitere, Arnold (1882), Samuel (1884), Jakob (1885), Ignatz (1888) und Josef (1890). Der Rabbinerberuf war in der Familie verbreitet. Nicht nur war David Frankfurter Rabbiner-Assessor in Holešov,[10] auch drei der Söhne (bis auf Jakob waren zudem alle im Besitz eines Doktortitels) wählten diesen Beruf.[11] Dieser hohe Grad an Mobilität, den die Familie Frankfurter aufwies, war nicht unüblich für eine jüdische Familie des langen 19. und des angehenden 20. Jahrhunderts, wurde aber durch den Rabbinerberuf noch verstärkt: Wenn der Vater eine neue Anstellung als Rabbiner in einem anderen Ort erhielt, zog die Familie jeweils mit ihm dorthin.[12]

Der älteste Sohn, Moritz Frankfurter, geboren am 15. Mai 1875, „verwirklichte in seinem Leben das Ideal von ‚Thora im Derech Erez', die Synthese von jüdischer und europäischer Bildung".[13] Er besuchte eine Jeschiwa in Bratislava, das orthodoxe Hildesheimer'sche Rabbinerseminar in Berlin und promovierte in Bern zum Thema *Mose ben Maimuni's Mischnah-Kommentar zum Traktat Kethuboth (Abschnitt III, IV und V)* und hat in diesem Rahmen den Ursprungstext aus dem Hebräischen ins Deutsche

cam37/1839729685/in/set–72157602214476547 (aufgenommen am 21.09.2007). Dieses Album stellt eine spannende Informationsquelle zu den Spuren jüdischen Lebens in Holešov dar. Interessant ist auch der Kommentar auf das Bild von Kathi Frankfurters Grabstein einer offensichtlich nicht mit der Familie Frankfurter oder der jüdischen Geschichte Holešovs in Verbindung stehenden Person: „Hi, I'm an admin for a group called People With Food Names, and we'd love to have this [picture] added to the group!"

10 Vgl.: Lengyel, Gabor: Moderne Rabbinerausbildung in Deutschland und Ungarn. Ungarische Hörer an Bildungsinstitutionen des deutschen Judentums (1854–1938), Münster 2012, S. 225.

11 Das Ehepaar David und Katerina Frankfurter hatte insgesamt sieben Söhne. Zu Beginn meiner Forschung bin ich davon ausgegangen, dass es neben Moritz Frankfurter lediglich die Brüder Salomon und Arnold gab. Die Kostenaufstellung aller Zuwendungen zum Unterhalt während seiner Studienzeit, die Frankfurter für das Gericht erstellte, gab dann einen ersten Hinweis auf einen weiteren namentlich genannten Bruder, Samuel. Vgl.: Kostenaufstellung David Frankfurter, Kantonsgericht / Erstinstanzliche Straffälle 1903–1941. III23d2 Frankfurter. David Frankfurter erwähnte zudem bei einer ärztlichen Untersuchung, dass „väterlicherseits […] 5 Geschwister ebenfalls Diabetiker" seien. Vgl.: Bericht zur ärztlichen Untersuchung Frankfurters durch Dr. Jeger, in: StAGR III23d2 Frankfurter, S. 1. Ein weiterer Hinweis findet sich im psychiatrischen Gutachten: „Schon der Großvater Frankfurter war Rabbiner. Fünf von seinen Söhnen haben akademische Grade erworben". Psychiatrisches Gutachten zu David Frankfurter von Dr. Jörger, in: StAGR III23d2 Frankfurter, S. 1. Miriam Gepner bestätigte schließlich in einem Gespräch, dass das Ehepaar Frankfurter in der Tat sieben Söhne hatte. Vgl.: Gespräch mit Miriam Gepner und Moshe Frankfurter, 16.09.2014, Basel. Eine Aufstellung, die ich von Moshe Frankfurter erhalten habe, zeigt schließlich die Namen und ungefähren Lebensdaten dieser Personen auf. Vgl.: Certification of Declaration, Privatbesitz von Moshe Frankfurter, Jerusalem.

12 Vgl. beispielsweise: Schostak, Désirée und Ries, Rotraud: Jüdische Migration und Mobilität in der Frühen Neuzeit, Bericht vom Interdisziplinären Forum „Jüdische Geschichte und Kultur in der Frühen Neuzeit", Düsseldorf 2008, online unter: www.forum-juedische-geschichte.de/ForumBericht08.pdf [zuletzt eingesehen: 29.01.2014].

13 Memoiren (Version Jabotinsky), S. 1.

übersetzt sowie kritisch kommentiert und erläutert.[14] Am 14. März 1906 heiratete er Rebekka, geborene Pagel, eine jüdische Kaufmannstochter,[15] die aus Kempen in der damaligen Provinz Posen stammte.[16] Auf der Einladung zur Vermählungsfeier ist das beeindruckende Menü aufgedruckt, welches die Gäste erwartete. Nach einer Bouillon wurde Hecht, gefüllt und ungefüllt, mit Mandelsauce serviert, gefolgt von Zunge mit Schnittbohnen, Brustbraten mit Beilage sowie Puten mit Croquet. Danach gab es diverse Kompotte, Fladen, ein kaltes Buffet und, abschließend, Kaffee.[17]

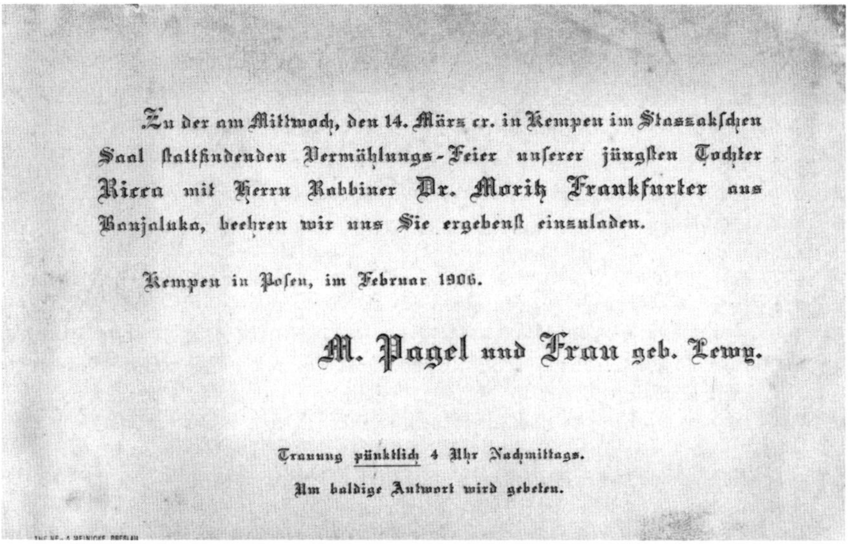

Zu der am Mittwoch, den 14. März cr. in Kempen im Staszakschen Saal stattfindenden Vermählungs-Feier unserer jüngsten Tochter Ricca mit Herrn Rabbiner Dr. Moritz Frankfurter aus Banjaluka, beehren wir uns Sie ergebenst einzuladen.

Kempen in Posen, im Februar 1906.

M. Pagel und Frau geb. Lewy.

Trauung pünktlich 4 Uhr Nachmittags.

Um baldige Antwort wird gebeten.

Abb. 5: Einladung zur Hochzeit von Rebekka Pagel und Rabbiner Dr. Moritz Frankfurter. Quelle: Privatarchiv von Miriam Gepner, Salit.

Später wurde Moritz Rabbiner in Banja Luka (heute in Bosnien-Herzegowina), danach in Daruvar und Vinkovci, die beide im heutigen Kroatien liegen.[18] Sein

14 Frankfurter, Moritz: Mose ben Maimuni's Mischna-Kommentar zum Traktat Kethuboth (Abschnitt III, IV und V), arabischer Urtext auf Grund von zwei Handschriften zum ersten Male herausgegeben mit verbesserter hebräischer Übersetzung des Jacob ibn Abbasi, Einleitung, deutscher Übersetzung, nebst kritischen und erläuternden Anmerkungen, Bern 1903.

15 Protokoll des ersten Verhandlungstages, Chur, 9.12.1936, in: AfZ, IB Frankfurter-Prozess / 1, S. I/7.

16 „[...] meine Mutter, die aus Kempen in der Provinz Posen stammte [...]" Memoiren, Version Jabotinsky, S. 1.

17 Einladung zur Vermählungs-Feier, aus dem Privatarchiv von Miriam Gepner, Salit.

18 Nach: Magyar Elektronikus Könyvtar: Frankfurter Moritz, Budapest 1929/2013, online unter: http://mek.oszk.hu/04000/04093/html/szocikk/11568.htm [zuletzt eingesehen:

Einfluss auf die jüdische Gemeinde in Vinkovci, die in den 1920er Jahren um die 200 Mitglieder zählte, war bedeutend; er wird als Hauptinitiator des Baus der neuen Synagoge (auch die Zweite Synagoge genannt), einer der größten und prestigeträchtigsten Synagogen Kroatiens, gesehen.[19] Moritz Frankfurter wurde am 10. April 1941, kurz nach der nationalsozialistischen Invasion Jugoslawiens und Griechenlands und zur Zeit der Gründung des unabhängigen Staates Kroatien, in Vinkovci von deutschen Soldaten gefangen genommen. „Mavro Frankfurter was ordered by German soldiers to stand on a table for days, while the soldiers would spit in his face, pull out the hair from his long beard or hit him with a rifle."[20] Danach wurde er in das von der Ustascha,[21] einer kroatisch-faschistischen Bewegung, geführte Konzentrationslager Jasenovac deportiert und 1941 oder 1942[22] ermordet.[23]

29.01.2014]. Ein herzliches Dankeschön an Till Wallrabenstein für die Übersetzung aus dem Ungarischen ins Deutsche.

19 Vgl.: Damjanovic, Dragan: Druga vinkovacka sinagoga, in: Ha-kol, Glasilo zidovske zajednice u Hrvatskoj 97 (2006), S. 34–39, hier S. 35, online unter: www.zoz.hr/files/HAKOL%2097.pdf [zuletzt eingesehen: 26.10.2018].

20 Steckel 1973, S. 14. Den gleichen Vorfall beschreibt Gilbert 1986, S. 147–148. Gilbert verweist dabei auf Steckels Buch. Steckel schreibt nicht, woher er seine Informationen bezüglich Moritz Frankfurter bezieht.

21 Ustascha: Ustaša – hrvatska revolucionama organizacija, Deutsch: Der Aufständische. Kroatische revolutionäre Organisation. Ursprünglich ein kroatischer nationalistisch-terroristischer Geheimbund, der sich zu einer faschistischen Bewegung entwickelte. Nach Proklamation des Unabhängigen Staates Kroatien war der Ustascha-Staat Verbündeter des Deutschen Reiches und erließ Rassengesetze nach Vorbild des Dritten Reiches, die sich gegen Juden, Roma und Serben richteten. Während dieser Zeit wurden Konzentrationslager errichtet und der Großteil der 30–40.000 Jüdinnen und Juden Kroatiens ermordet.

22 Zum Zeitpunkt seiner Ermordung bestehen in den konsultierten Quellen widersprüchliche Angaben. Die Testimonies von Alfons und David Frankfurter für Yad Vashem nennen als Todesjahr das Jahr 1941. Vgl.: The Central Database of Shoah Victims' Names: Mavro Frankfurter, Yad Vashem, Jerusalem, online unter: http://db.yadvashem.org/names/nameDetails.html?itemId=1625449&language=en [zuletzt eingesehen: 27.01.2014] und: The Central Database of Shoah Victims' Names: Moshe Frankfurter, Yad Vashem, Jerusalem, online unter: http://db.yadvashem.org/names/nameDetails.html?itemId=395720&language=en [zuletzt eingesehen: 27.01.2014]. Die Jasenovac Memorial Site, die die Möglichkeit gibt, nach den Opfern zu suchen, nennt bei Moritz Frankfurter 1942 als Todesdatum, er sei als Jude im Lager durch die Ustascha ermordet worden. Vgl.: Jasenovac Memorial Site: Mavro Frankfurter, online unter: http://www.jusp-jasenovac.hr/Default.aspx?sid=7620 [zuletzt eingesehen: 28.01.2014]. Die englische Wikipedia erwähnt ebenfalls 1942 als Todesjahr und erwähnt zudem, dass seine Frau zusammen mit ihm ermordet worden sei. Vgl.: Wikipedia, the Free Encyclopedia: Mavro Frankfurter, online unter: http://en.wikipedia.org/wiki/Mavro_Frankfurter [zuletzt eingesehen: 28.01.2014].

23 David Frankfurter hat diesen Bericht angeblich vom Vatikan erhalten. „[I]ch bekam Nachricht durch den Vatikan, dass mein Vater im Jahre 41 in ein Lager verschleppt wurde und im

Abb. 6: Rabbiner Dr. Moritz Frankfurter als Feldrabbiner, 1917.
Quelle: Privatarchiv von Moshe Frankfurter, Jerusalem.

Sein jüngerer Bruder, SALOMON FRANKFURTER, geboren am 17. Mai 1876, studierte an den Universitäten Wien, Berlin und Bern[24] und wurde 1905 in Berlin zum Rabbiner ordiniert. Im selben Jahr nahm er in Köln einen Lehrauftrag für ostsemitische Geschichte wahr und war ab 1913 vorerst Rabbiner und Schulleiter der Königsberger Gemeinde Adass Jisroel,[25] später Rabbiner in Lobositz und in Berlin sowie Lehrer an der Berliner Grund- und Mittelschule der Talmud-

Wald erschossen wurde." Vgl.: Gespräch von Werner Rings mit David Frankfurter, in: AfZ, NL Werner Rings / 329, S. 2.

24 Er war dort zur selben Zeit wie sein Bruder Moritz Frankfurter und arbeitete zu einem ähnlichen Thema: Während Moritz sich mit den Abschnitten 3–5 desselben Traktats beschäftigte, widmete sich Salomon den Abschnitten 1 und 2. Frankfurter, Salomon: Mose ben Maimuni's Mischna-Kommentar zum Traktat Kethuboth (Abschnitt I und II), arabischer Urtext auf Grund von zwei Handschriften zum ersten Male herausgegeben mit verbesserter hebräischer Übersetzung des Jacob ibn Abbasi, Einleitung, deutscher Übersetzung, nebst kritischen und erläuternden Anmerkungen, Bern 1903. Zwei weitere Studenten, Leopold Nebenzahl und Gottfried Freudmann, widmeten sich den restlichen Abschnitten 9 bis 11 bzw. 6 bis 8. Vielen Dank an Tamar Lewinsky für diesen Hinweis.

25 Vgl.: Magyar Elektronikus Könyvtar: Frankfurter Moritz, Budapest 1929/2013, online unter: http://mek.oszk.hu/04000/04093/html/szocikk/11568.htm [zuletzt eingesehen: 29.01.2014].

Tora Knesseth Jisroel. Bekannt ist Salomon Frankfurter u.a. für die Erfindung eines elektrisch-automatischen Schabbat-Ofens, der es möglich machte, Speisen für den Schabbat gemäß den Geboten der Kaschrut warm zu halten.[26] Er war verheiratet mit Amanda, geborene Isaacs – die Ehe blieb kinderlos.[27]

Als Sterbedatum und -ort sind bei Salomon Frankfurter 1938 und Berlin angegeben;[28] die Familie vermutet, er sei in ein Konzentrationslager gebracht und dort verstorben oder ermordet worden.[29] Er ist derjenige Onkel von David Frankfurter, der später noch eine Rolle spielen wird, als der junge Student seinen Onkel in Berlin besuchte und Zeuge eines Angriffs von jungen Nazis auf diesen wurde, was er als mitauslösend für den Mord an Wilhelm Gustloff bezeichnete.[30]

Arnold Frankfurter, geboren am 18. Dezember 1881, verheiratet mit Stella Schick, mit der er zwei Töchter,[31] Katharina, genannt Kitty, und Edith, hatte, studierte an der Jeschiwa Pressburg (Bratislava) und war später Feldrabbiner in Wien,[32] zudem für die Gemeinde Stockerau verantwortlich und Rabbinatsverweser in St. Pölten. Eine seiner Publikationen, veröffentlicht in Wien im Jahr 1915, trägt den Titel *Andachtsbüchlein für jüdische Krieger im Felde*.[33] Seine Liebe zum österreichisch-ungarischen Vaterland und seine gleichzeitige Verbundenheit mit der jüdischen Religion wurden in einer Ansprache deutlich, die er 1917 in Wien vor jüdischen Soldaten hielt:

> Kameraden, wir sind so glücklich, ein Vaterland unser nennen zu dürfen, das bestrebt ist, allen Bekenntnissen gleiche Rechte angedeihen zu lassen, das auch für unsere religiösen Bedürfnisse verständnisvoll sorgt. Bekundet nicht auch die jüngst erflossene Verfügung, daß den jüdischen Soldaten, wo es möglich ist, rituelle Kost verabreicht werde,

---

26 Vgl.: Brocke, Michael et al.: Biographisches Handbuch der Rabbiner, Band 2, Berlin 2004, S. 195.

27 Vgl.: Certification of Declaration, Privatbesitz von Moshe Frankfurter, Jerusalem.

28 Vgl.: Lengyel 2012, S. 227.

29 Vgl.: Certification of Declaration, Privatbesitz von Moshe Frankfurter, Jerusalem.

30 Memoiren (Version Jabotinsky), S. 14. Vgl.: Kapitel 4.2.5 Zwei Reisen nach Deutschland, S. 103 ff.

31 Vgl.: Certification of Declaration, Privatbesitz von Moshe Frankfurter, Jerusalem. Katharina wurde 1918 geboren, Edith 1914, beide in Wien.

32 Die österreichisch-ungarische Armee galt neben der französischen als die „judenfreundlichste" Europas. „Zum Ende der Monarchie 1918 standen 76 jüdische Religionsdiener in den Soldlisten." Vgl.: Klieber, Rupert: Jüdische, christliche, muslimische Lebenswelten der Donaumonarchie 1848–1918, Wien Köln Weimar 2010, S. 27.

33 Vgl.: Frankfurter, Arnold: Andachtsbüchlein für jüdische Krieger im Felde, Wien 1915. Das Büchlein wurde von Ernst Deutsch zudem ins Ungarische übersetzt. Vgl.: Katalog der Deutschen Nationalbibliothek, online unter: https://portal.dnb.de/opac.htm;jsessionid=FE44989B21A59B4172EE2F951AA10865.prod-worker0?method=showFullRecord&currentResultId=betRef%3D105279315%26any&currentPosition=2 [zuletzt eingesehen: 20.05.2016].

> Rücksichtnahme auf unser Bekenntnis? Wahrlich, dieses Entgegenkommen verpflichtet jeden jüdischen Soldaten zu innigem, aufrichtigem Danke gegen unseren Obersten Kriegsherrn und gegen die von seinem erhabenen Geiste beseelte Heeresverwaltung! Sicherlich, die Durchführung dieser Verordnung wird da und dort auf unüberwindliche Hindernisse stoßen; es wird nicht immer möglich sein, die uns heiligen Speisegesetze zu beachten. Was dann? Sollt Ihr euch kasteien, Euch durch Hunger entkräften? Nein, Soldaten, das wäre sündhaft! Denn uns Juden gilt als höchstes Gebot im Sinne des Schriftwortes zu leben: „[...] Achtet auf Euere Gesundheit!“ (Deut. IV, 15.)[34]

Im Rahmen seiner Tätigkeit als Feldrabbiner setzte Arnold Frankfurter sich für die koschere Verpflegung von jüdischen Kriegsgefangenen und Zivilinternierten zu Pessach ein. Zusammen mit weiteren jüdischen Persönlichkeiten richtete er sich am 4. März 1915 in einem Brief an seine Glaubensgenossen: „Dem herannahenden Pessachfeste sehen viele Tausende unserer Glaubensgenossen in den Kriegsgefangenen- und Zivilinterniertenlagern unserer Monarchie mit schwerem Kummer entgegen. Sie, die sich zum Teil ausschliesslich von Wasser und Brot ernähren, [...] wenden sich darum in wiederholten Bittgesuchen an die jüdischen Öffentlichkeit um Beistellung von Pessachkost.“[35] Im Brief wurde weiter ausgeführt, dass die K.-u.-k.-Militärbehörden nicht nur die koschere Verpflegung ihrer eigenen Soldaten unterstützten (wie der obige Ausschnitt aus Arnold Frankfurters Rede beweist), sondern auch den hier beschriebenen Bemühungen „wohlwollend“[36] gegenüberstanden. Im gleichen Jahr wandte sich Frankfurter in einer Ansprache anlässlich des Sederabends an jüdische Soldaten: „Himmlischer Vater! Segne unseren obersten Kriegsherrn! Gib, daß es ihm vergönnt sei, zu schauen die Demütigung seiner Feinde, den Untergang der Unkultur und der

34 Frankfurter, Arnold: Ansprache des Feldrabbiners Dr. Arnold Frankfurter an jüdische Soldaten aus Wien, 1917. In: Schmidl, Erwin A.: Juden in der k. (u.) k. Armee 1788–1918, Eisenstadt 1989, S. 179–180.

35 „Ausschuss zur rituellen Beköstigung der jüdischen Kriegsgefangenen und Zivilinternierten an den Pessachfeiertagen“, Brief vom 4. März 1915, Wien. In: Jüdisches Museum Wien, Ausstellung: Weltuntergang. Jüdisches Leben und Sterben im Ersten Weltkrieg, Wien 2014. Leihgabe des Central Archive for the History of the Jewish People, Jerusalem. Der Brief wurde unterzeichnet von: Leopold Lourié (Vorsitzender), Sigmund Bondy (Mitchef der Firma Jacob Neurath), Dr. Max Grunwald (Rabbiner der isr. Kultusgemeinde, Wien), Dr. Benjamin Rappaport (k. k. Hofrat), Dr. Arnold Frankfurter (k. u. k. Feldrabbiner), Jacques Karpeles (Vorstandsmitglied der Chewra Kadischa), Adolf Schramels (kaiserl. Rat), Samuel Glückselig (Antiquitätenhändler), M. A. Pollak (Vize-Präsident der Armen-Anstalt), Eduard Schwarz (Vorstandsmitglied der Kultusgemeinde), Samuel Goldmann (Vorstandsmitglied der Chewra Kadischa).

36 Ebd.

Barbarei! – Dann feiern wir am nächsten Sederabende als ‚freie Leute' den Sieg unserer braven, glorreichen, auch von unseren Feinden bewunderten Armee."[37]

Sein Einsatz für sein Vaterland schützte ihn gut 20 Jahre später nicht. Arnold Frankfurter wurde am 5. September 1938 in Schutzhaft genommen, im selben Jahr von Wien zuerst nach Dachau und später nach Buchenwald deportiert, wo er am 10. März 1942 ermordet wurde.[38] Seiner Ehefrau gelang gemeinsam mit den beiden Töchtern die Flucht in die USA.[39]

Samuel Frankfurter wurde am 22. Oktober 1883 geboren. Anders als seine Brüder wurde er nicht Rabbiner, sondern war Mitbesitzer der Edelmetall-Raffinerie Aurora Nasch & Co in Brno (dt.: Brünn, heute Tschechien). Diese Raffinerie war angeblich heruntergekommen und praktisch wertlos, verfügte jedoch über „Edelmetallbestände, die im Mai 1939 auf etwa 100.000 Reichsmark geschätzt wurden, und hatte Anspruch auf jährliche Zuteilungen an Gold, Platin und andere Metalle von der Nationalbank in Prag".[40] Das Unternehmen wurde nach längerem Widerstand der Besitzer arisiert, einer der Inhaber, Bruno Elsner, floh nach England.[41] Über Samuel Frankfurters Leben sind ansonsten nur wenige Informationen zu finden. Er wurde im Dezember 1942 von Brno nach Theresienstadt deportiert, von dort im Oktober 1944 nach Auschwitz, wo er wenig später ermordet wurde.[42]

Auch zu Yaakov Frankfurter, oder Yasha, wie er von seiner Familie genannt wurde, geboren am 1. April 1886,[43] gibt es kaum Informationen. Er war verheiratet mit Hani, geborene Fränkel; das Ehepaar hatte einen gemeinsamen Sohn, David, geboren am 29. Juni 1922.[44] Offensichtlich hat er den Krieg überlebt und ist gemeinsam mit seiner Frau nach Palästina immigriert, dies impliziert ein

---

37 Ansprache Arnold Frankfurters beim Sederabend, 1915, in: Jüdisches Museum Wien, Ausstellung: Weltuntergang. Jüdisches Leben und Sterben im Ersten Weltkrieg, Wien 2014. Leihgabe des Central Archive for the History of the Jewish People, Jerusalem.

38 Vgl.: The Central Database of Shoah Victims' Names: Arnold Frankfurter, Yad Vashem, Jerusalem, online unter: http://db.yadvashem.org/names/nameDetails.html?itemId=1633462&language=en [zuletzt eingesehen: 31.01.2014]. Und: Datenbank der österreichischen Schoah-Opfer: Arnold Frankfurter, Jüdisches Museum Wien, Mai 2014. Und: Lengyel 2012, S. 224–225.

39 Vgl.: Certification of Declaration, Privatbesitz von Moshe Frankfurter, Jerusalem.

40 Hayes, Peter: Die Degussa im Dritten Reich. Von der Zusammenarbeit zur Mittäterschaft, München 2004, S. 118.

41 Vgl.: Ebd., S. 120.

42 Vgl.: Opferdatenbank der Seite holocaust.cz: Samuel Frankfurter, online unter: http://www2.holocaust.cz/de/victims/PERSON.ITI.1347750 [zuletzt eingesehen: 11.08.2014].

43 Vgl.: Seite der Chewra Kadischa Tel Aviv: Yaakov Frankfurter, online unter: http://www.kadisha.biz/ShowItem.aspx?levelId=59689&template=18&ID=18039 [zuletzt eingesehen: 13.10.2014].

44 Vgl.: Certification of Declaration, Privatbesitz von Moshe Frankfurter, Jerusalem.

Artikel der hebräischen Zeitung *Ha-Tzofeh* vom 4. November 1947. Gemeinsam mit seinem Neffen Alfons ließ er sich in Tel Aviv als Erbe des Vermögens von Samuel Frankfurter registrieren. Der Artikel ruft andere potentielle Erben dazu auf, sich vor Gericht zu melden, andernfalls würde das Erbe Alfons und Yaakov zugesprochen. Der Artikel gibt keine Auskunft über den Ausgang der Sache.[45] Yaakov Frankfurter verstarb am 22. April 1948 im Alter von 62 Jahren in Palästina. Er wurde auf dem Friedhof Nachalat Itzchak in Givatai'im/Tel Aviv beerdigt.[46]

Ignatz (Ignac) Frankfurter wurde am 16. November 1887 in Vinkovci geboren. Er studierte Zahnmedizin in Wien, Berlin und Leipzig.[47] An letzterer Universität wurde er aktenkundig, als Vorwürfe gegen ihn erhoben wurden, eine „Dissertationsfabrik" zu betreiben. Die Anschuldigungen wurden später fallen gelassen, es ist unklar, ob die Vorwürfe gegenstandslos waren oder keinerlei Beweise dafür gefunden werden konnten.[48] Ignatz Frankfurter war verheiratet mit Paula, geborene Fleischmann, sie hatten einen gemeinsamen Sohn, Erwin.[49] Wie Moritz Frankfurter wurde Ignatz Frankfurter mit seiner Familie im Konzentrationslager Jasenovac ermordet.[50]

Noch spärlicher sind die Informationen bezüglich Josef Frankfurter, dem jüngsten Sohn des Ehepaars Katerina und David Frankfurter. Über ihn kann lediglich gesichert gesagt werden, dass er im Jahr 1890 geboren wurde und seinen letzten bekannten Wohnsitz in Leipzig hatte. Er scheint weder verheiratet gewesen zu sein noch Kinder gehabt zu haben. Vermutlich ist er während des Zweiten Weltkriegs ermordet worden.[51]

45 Vgl.: HaBait haMischpat haMachuzi beTel Aviv, Ha-Tzofeh, 4. November 1947, S. 3. [via: Historical Jewish Press].

46 Vgl.: Seite der Chewra Kadischa Tel Aviv: Yaakov Frankfurter, online unter: http://www.kadisha.biz/ShowItem.aspx?levelId=59689&template=18&ID=18039 [zuletzt eingesehen: 13.10.2014].

47 Vgl.: Studentenkartei der Quästurbehörde: Ignaz Frankfurter, Universitätsarchiv Leipzig, online unter: https://www.archiv.uni-leipzig.de/recherche/Dokument/anzeigen/574090 [zuletzt eingesehen: 13.10.2014]. Für den Zugang ist teilweise eine Anmeldung nötig.

48 Vgl.: Fußnote 1095 in: Blecher, Jens: Vom Promotionsprivileg zum Promotionsrecht: Das Leipziger Promotionsrecht zwischen 1409 und 1945 als konstitutives und prägendes Element der akademischen Selbstverwaltung, Dissertation, Halle 2006. Online unter: https://www.archiv.uni-leipzig.de/wp-content/uploads/2011/03/t6.pdf [zuletzt eingesehen: 13.10.2014].

49 Vgl.: Certification of Declaration, Privatbesitz von Moshe Frankfurter, Jerusalem.

50 Jasenovac Memorial Site: Ignaz Frankfurter, online unter: http://www.jusp-jasenovac.hr/Default.aspx?sid=7620 [zuletzt eingesehen: 11.08.2014].

51 Vgl.: Certification of Declaration, Privatbesitz von Moshe Frankfurter, Jerusalem.

4.1.2 Kindheit in Daruvar und Vinkovci: „ungetrübtes Glück“[52]

Dies sind die familiären Hintergründe David Frankfurters. Er war der Spross einer in Ost-, Südost- und Zentraleuropa, insbesondere aber in Österreich-Ungarn tätigen Rabbinerfamilie, die ihren Familienstammbaum bis ins 17. Jahrhundert auf einen berühmten jüdischen Gelehrten zurückführen konnte. Emil Ludwig beschrieb die Bedeutung der Familie Frankfurter und das Umfeld, in dem David Frankfurter aufwuchs, folgendermaßen:

> Wir sind im Hause eines gelehrten und frommen Rabbi, Moritz Frankfurter, der in einer kleinen Stadt in Serbien sein Leben verbrachte, aber weithin geehrt war als Philosoph und Priester, eines Mannes, der in der Zucht des Herrn lebte und wirkte, in einem verschlossenen und hingegebenen Leben, ganz Geist und Demut. Diese Familie, die auch in Wien und in Amerika Gelehrte hervorbrachte, scheint den deutschen Namen vor anderthalb Jahrhunderten angenommen zu haben: deutsche Juden, darunter Priester und Schriftgelehrte; noch ein zweiter Bruder ist Rabbiner.[53]

David Frankfurter war das jüngste dreier Kinder, nach seinem älteren Bruder Alfons (geboren 1906, später auch Avraham genannt) und seiner Schwester Ruth (1908), des Ehepaars Moritz und Rebekka Frankfurter und wuchs in einem deutschsprachigen, orthodox-jüdischen Elternhaus auf.

Bis zu Davids fünftem Lebensjahr lebte die Familie im heute kroatischen Daruvar, einem Kurort, in dem die Juden schon seit dem 18. Jahrhundert ansässig waren. In den 1920er Jahren zählte die dortige jüdische Gemeinde 120 Personen, was einen Anteil an der Gesamtbevölkerung von 15 Prozent ausmachte.[54] Die Kindheit in Daruvar wurde von Frankfurter als idyllisch, als „ungetrübtes Glück“[55] beschrieben: „In Daruvar war ich noch ein kleiner stämmiger Bub, pausbackig und dick, der mit unbändiger Lust sich über die mütterlichen Kochtöpfe hermachte, ohne von der Krankheit gezeichnet zu sein, die meine spätere Jugend überschattete und mich zur Einsamkeit des Kranken verdammte.“[56]

1914 zog die Familie nach Vinkovci, wo Moritz Frankfurter eine Stelle als Oberrabbiner antrat. Die Stadt zählte 1910 knapp 12.000 Einwohner.[57] Angaben

---

52 Memoiren (Version Jabotinsky), S. 2.

53 Ludwig, Emil: David und Goliath. In: Kreuzer, Helmut [Hrsg.]: Der Mord in Davos, Berlin 1986, S. 23.

54 Vgl.: Daruvar, in: Spector, Shmuel and Wigoder, Geoffrey [Hrsg.]: The Encyclopedia of Jewish Life before and during the Holocaust, New York 2001, S. 296.

55 Memoiren (Version Jabotinsky), S. 2.

56 Ebd., S. 1.

57 Vgl.: Naselja i stanovnistvo Republike Hrvatske 1857–2001, DZS, Zagreb, 2005, online unter: www.dzs.hr [zuletzt eingesehen: 30.01.2014].

Abb. 7: Undatiertes Bild von David Frankfurter (Mitte) mit seinen Geschwistern und Eltern. Quelle: Privatarchiv von Miriam Gepner, Salit.

zur Größe der jüdischen Gemeinde, die seit der zweiten Hälfte des 19. Jahrhunderts besteht, sind spärlich; für das Jahr 1931 ist eine Zahl von ungefähr 1000 Jüdinnen und Juden angegeben.[58] Ein interessantes Zitat zur Tätigkeit des Rabbiners in Vinkovci findet sich in der Chronik der jüdischen Gemeinde. „Dem langjährigen Hauptrabbiner Mavro Frankfurter fiel es schwer, Kroatisch zu lernen, da seine Muttersprache deutsch war. Von 1914 bis 1930 hat er etwas gelernt, aber er machte viele Fehler beim Sprechen."[59] David Frankfurter beschrieb, dass zuhause Deutsch gesprochen wurde, er aber durch die anderssprachige Umgebung bald auch des Kroatischen mächtig gewesen sei. Zudem sei er – durch seinen Vater und mithilfe der Bibel – früh in die von ihm „allergeliebteste Sprache",[60] das Hebräische, eingeführt worden. Die Religion spielte damals, kaum überraschend angesichts der Tatsache, dass sein Vater Rabbiner

58 Loker, Zvi: Vinkovci, in: Berenbaum, Michael und Skolnik, Fred [Hrsg.]: Encyclopaedia Judaica, 2nd ed. Vol. 20, Detroit 2007, S. 538.

59 Chronik der jüdischen Gemeinde Vinkovci [ohne nähere Angaben], zitiert nach: Bethke, Carl: (K)eine gemeinsame Sprache? Aspekte deutsch-jüdischer Beziehungsgeschichte in Slawonien, 1900–1945, Münster 2013, S. 215.

60 Memoiren (Version Jabotinsky), S. 2.

war, eine wichtige Rolle in seinem Leben. Seinen Vater und dessen Vorbildcharakter in Bezug auf sein religiöses Leben beschreibt Frankfurter in seinen Memoiren:

> Ich sehe sie noch vor mir, die große patriarchalische Gestalt meines Vaters, dessen gütiges kluges Antlitz ein langer dunkler Bart umrahmt. Schon in der dämmernden Morgenfrühe sitzt er über die riesigen Talmudfolianten geneigt, den kräftigen Körper im Rhythmus der Lehre über den Seiten wiegend. Und ich, ein kleiner Junge, stehe, verstohlen in die bücherschwere Studierstube blickend, im Rahmen der Tür, den Atem anhaltend, um den geliebten und verehrten Vater nicht zu stören.
> Er hat in mich die Liebe zum Judentum und zum jüdischen Volk gepflanzt – und zum Land Israel, denn der Rabbiner von Daruvar war ein bewußter Zionist, der viele Jahre an der Spitze der zionistischen Bewegung in seiner Gemeinde stand. Nicht mit Worten hat mein Vater meine Geschwister und mich zu brennenden Juden erzogen, sondern durch das gelebte Beispiel seiner Persönlichkeit, die schlicht und wahr, kompromißlos und gerade den jüdischen Weg ging.[61]

Elvira Kohn, eine Jüdin aus Kroatien, die in Vinkovci aufgewachsen ist, beschreibt in einem Interview das dortige jüdische Leben.[62] Die Synagoge mit aschkenasischem Ritus war groß, wunderschön und gut besucht, Männer und Frauen saßen getrennt, die Frauen jeweils auf der Empore. Die Männer trugen für den Synagogenbesuch Kippot, im Alltag hingegen waren ihre Köpfe unbedeckt. Auch an den Rabbiner der Gemeinde, Dr. Frankfurter, konnte sie sich erinnern – insbesondere an seinen langen Bart. Die jüdischen Kinder besuchten den Unterricht der öffentlichen Schule, zusammen mit den christlichen (mehrheitlich katholischen, aber auch christlich-orthodoxen und evangelischen) Kindern, hatten jedoch zusätzlichen obligatorischen Religionsunterricht, in dem sie Hebräisch, Talmud, Thora, Jüdische Geschichte und Traditionen lernten. Vom Schulunterricht am Schabbat waren sie, dank einer von Rabbiner Frankfurter ausgestellten Bescheinigung, dass sie am Samstagmorgen am Gottesdienst teilnehmen mussten, dispensiert.[63]

Dies steckt in etwa den Hintergrund ab, vor dem sich Frankfurters Leben in Vinkovci abspielte. Das Zusammenleben mit dem mehrheitlich christlichen Umfeld bezeichnet er als unproblematisch: „Juden und Christen lebten friedlich

---

61 Ebd., S. 1.

62 Interview mit Elivra Kohn durch Lea Iljak im Mai 2003. Unter: centropa, Where Jewish history has a name, a face, a story, online unter: http://www.centropa.org/biography/elvira-kohn [zuletzt eingesehen: 30.01.2014]. centropa ist gemäß der Website ein jüdisch-historisches Institut, das sich der Erhaltung von jüdischen Familiengeschichten des 20. Jahrhunderts in Zentral-, Osteuropa und dem Balkan widmet. Das Hauptbüro befindet sich in Wien, Ableger in Budapest, Washington und Jerusalem.

63 Vgl.: Ebd.

und einträchtig in der kleinen Stadt mitten in der weizenreichen[,] nur von Wäldern belebten jugoslawischen Tiefebene dahin."[64] Sein Vater, der Rabbiner, sei ein gerne gesehener Ehrengast auch bei christlichen Anlässen gewesen, so etwa beim Besuch des Bischofs, und er pflegte zu dem Pastor der Stadt, mit dem er sich gelegentlich zu gemeinsamen Morgenspaziergängen traf, ein freundschaftliches Verhältnis.

4.1.3 Gebrochene Idylle

Diese Idylle wurde schließlich, so Frankfurter, von zwei Ereignissen gebrochen: Durch den anbrechenden Ersten Weltkrieg und durch Frankfurters Krankheiten. Um die Tragweite des Ersten Weltkriegs zu erfassen, war David Frankfurter wohl noch zu jung.[65] Er bewunderte seinen Vater, der als Feldrabbiner „die Uniform eines österreichischen Hauptmanns, die goldenen Streifen des Feldgeistlichen" trug.[66] Moritz Frankfurter wurde zuerst an die Ostfront und später an die rumänische Front geschickt, sein Bruder Arnold Frankfurter war Leiter der k. u. k. Israelitischen Militärseelsorge. 1915 wurde David Frankfurter eingeschult und besuchte für ein Jahr eine allgemeine Volksschule, bevor er im Herbst 1916 zum ersten Mal schwer erkrankte. Die Diagnose, „eine Furunkulose, die bald in Blutvergiftung und endlich in eitrige Knochenentzündung überging",[67] verbunden mit Fieberanfällen von über 41 Grad, führte dazu, dass Frankfurter, da die medizinische Versorgung in Vinkovci nicht ausreichte, ins jüdische Kinderkrankenhaus in Budapest gebracht werden musste, wo er wiederholt am Bein operiert wurde.

Die Bedeutung, die David Frankfurter dem Aufenthalt im jüdischen Kinderkrankenhaus beimaß, ist in zweierlei Hinsicht erkennbar. Einerseits schreibt er, ihn habe seine Bewunderung für die ihn behandelnden Ärzte dazu motiviert, später selbst Medizin studieren zu wollen. Andererseits ist er überzeugt, dass sein Budapester Krankenhausaufenthalt seinem Vater das Leben rettete:

> Mein Vater kam von der Front[,] um mich zu besuchen, und ich wurde sozusagen – ohne mein Wissen und Handeln – zum Retter seines Lebens. Denn während er am Bett seines kranken Kindes saß, traf eine feindliche Bombe das Lazarett, in welchem er gemeinsam mit einem katholischen Priester und einem evangelischen Pfarrer als

64 Memoiren (Version Jabotinsky), S. 2.

65 Vgl.: Ebd., S. 3.

66 Ebd.

67 Ebd.

Seelsorger tätig war. Diese beiden Freunde meines Vaters kamen dort um, während er gerettet wurde.[68]

Abb. 8: Undatiertes Bild von David Frankfurter (v.), seinen Geschwistern Ruth (l.) und Alfons (r.) sowie seiner Großmutter (m.) und Mutter (h.). Quelle: Privatarchiv von Miriam Gepner, Salit.[68]

Zurück in Vinkovci, wo er von seiner Mutter und seinen Geschwistern unterrichtet wurde, um den verpassten offiziellen Unterricht nachzuholen, nahm die Religion einen wichtigen Platz in Frankfurters Leben ein. Er las die Bibel auf Deutsch und Hebräisch und interpretierte die Geschichten, die er dort vorfand, rückblickend beim Schreiben seiner Memoiren als Prägung für sein weiteres Leben. Die biblischen Figuren Moses, Samson und Jael sah er als Kämpfer für das jüdische Volk,[70] die das erlittene Unrecht nicht mehr hinnehmen wollten und sich an den Feinden rächten. Besonderen Eindruck aber hinterließ die Erzählung von David, dessen Namen er trug, und Goliath, und so wollte auch Frankfurter „ein David werden, würdig dieses Königsnamens"[71] und gegen die

68 Memoiren (Version Jabotinsky), S. 3.

69 Auf diesem Bild ist David Frankfurter bereits von den gesundheitlichen Problemen gezeichnet, die ihn so lange beschäftigen sollten.

70 Ebd.

71 Ebd., S. 4.

Verunglimpfung des jüdischen Volkes kämpfen. Die Vorstellung, dass David Frankfurter als Kind, gerade angesichts seines schlechten gesundheitlichen Zustands, Phantasien von Macht und Wichtigkeit, vom Kampf gegen Ungerechtigkeit hatte, erscheint nicht abwegig. Es muss aber bei der Interpretation dieser Beschreibungen beachtet werden, dass es sich um eine nachträgliche Sinngebung handeln könnte.

Die folgenden Jahre war es David Frankfurter nicht möglich, regelmäßig am Schulunterricht der Volksschule teilzunehmen. Seine Krankheiten, zusätzlich verschlimmert durch Typhus sowie Scharlach, erforderten weitere Operationen in den Jahren 1917 und 1919[72] und führten zu einer Taubheit auf dem rechten Ohr.[73] Die Verschlechterung seines Gesundheitszustands machte eine Behandlung im Ausland nötig, diesmal in Wien. Ursprünglich sollte Frankfurter ins Spital der Israelitischen Kultusgemeinde Wien, im Volksmund und von Frankfurter „Rothschild-Spital" (oder auch „Juden-Spital") genannt, eingeliefert werden, eines der modernsten Krankenhäuser der Stadt;[74] aus Platzgründen kam er stattdessen in ein katholisches Krankenhaus, das von Nonnen geführt wurde. Dort gab es kein koscheres Essen – zu Frankfurters Entsetzen, der sich in der Folge während zweier Tage „ausschließlich von Kaffee und Brot"[75] ernährte, bis sein

ב"ה

Am שבת פרשת מ"ומ', *den 22. Juli d. J., feiern wir s. G. w. die* בר־מצוה *unseres Jüngsten,*

David שי'.

Wir beehren uns hiermit Sie. s w. Angehörigen, zu diesem unserem Familienfeste herzlichst einzuladen.

Vinkovci im Tammus 5682 (Juli 1922.)

Rabb. Dr. M. Frankfurter u. Frau.

Abb. 9: Einladung zur Bar Mitzwa von David Frankfurter. Quelle: Privatarchiv von Miriam Gepner, Salit.

72 Vgl.: Lebenslauf, in: StAGR III 23 d 2 Frankfurter.

73 Memoiren (Version Jabotinsky), S. 4.

74 Vgl.: E. E.: Jüdische Wohlfahrtsanstalten in Wien, in: Ost und West 8 (1913), S. 632–644, hier S. 632, online unter: http://sammlungen.ub.uni-frankfurt.de/cm/periodical/titleinfo/2604963 [zuletzt eingesehen: 28.10.2018].

75 Memoiren (Version Jabotinsky), S. 4.

Vater ihn „kraft seiner rabbinischen Autorität dazu bewog“,[76] um seiner Gesundheit willen das unkoschere Krankenhausessen zu sich zu nehmen.

Mit zwölf Jahren schließlich, aufgrund der Verzögerung durch Krankheit und Rekonvaleszenz zwei Jahre später als üblich, trat David Frankfurter ins Humanistische Gymnasium in Vinkovci ein. Der Unterricht fand auf Kroatisch statt, zusätzlich wurden Griechisch, Lateinisch und Deutsch gelehrt. Im gleichen Jahr feierte Frankfurter seine Bar Mitzwa, zu der „Rabb. Dr. M. Frankfurter u. Frau“[77] einluden.

4.1.4 Gymnasialzeit: „innere Reife“[78]

Zu Beginn seiner Gymnasialzeit war Frankfurter der beste Schüler der Klasse, was er mit dem Altersunterschied zu seinen Mitschülern und der dadurch erlangten „inneren Reife“[79] begründete. Später war er, „wieder durch Krankheit oft zurückgeworfen, […] nicht mehr als ein Durchschnittsschüler, der sich vor allem mit der Mathematik mühselig herum schlug“.[80]

Aus seiner Schulzeit am Gymnasium in Vinkovci sind Frankfurter insbesondere zwei Vorfälle in Erinnerung geblieben, die von ihm – ähnlich wie seine Identifikation mit der biblischen Figur David – als bedeutend gewertet werden. Dass die Bedeutungszuweisung in erster Linie unter dem Aspekt des Mordes an Wilhelm Gustloff gelesen werden muss, um die Relevanz des Erfahrenen zu verstehen, scheint ihm bewusst zu sein, schreibt er doch von Ereignissen, die „unter dem Gesichtswinkel meiner späteren Entwicklung gesehen“[81] mitteilenswert seien. Der erste Vorfall ereignete sich in einem der ersten von insgesamt neun Schuljahren. Ein jüdischer Mitschüler sei während des Unterrichts unruhig gewesen und vom Lehrer mit den Worten zurechtgewiesen worden: „Ruhig! Du bist hier nicht in der Judenschule!“[82] Frankfurter sprach dem Lehrer nicht das Recht ab, einen lauten Schüler zu ermahnen, er störte sich aber an dessen Bezugnahme auf die Religionszugehörigkeit des Mitschülers und der damit verbundenen „Beleidigung des Judentums“:[83] „Zornrot im Gesicht sprang ich auf und verlangte von dem Professor, daß er sich sofort entschuldige und seinen Ausdruck

76 Ebd.

77 Einladung zur Bar Mitzwa von David Frankfurter, aus dem Privatarchiv von Miriam Gepner, Salit.

78 Memoiren (Version Jabotinsky), S. 5.

79 Ebd.

80 Ebd.

81 Ebd.

82 Ebd.

83 Ebd.

'Judenschule' zurücknähme."[84] Dieser Ausbruch trug Frankfurter einen Tadel im Klassenbuch ein, was Frankfurter allerdings nicht auf sich sitzen ließ. Er ging bis vor den Direktor der Schule und erreichte schließlich eine Verwarnung des Lehrers und eine Streichung des Tadels aus dem Klassenbuch. David Frankfurter interpretierte diesen Vorfall, der sein Gerechtigkeitsempfinden verdeutlicht, als ersten „Kampf für die jüdische Ehre",[85] den er gewonnen hatte.

Das zweite Ereignis, das David Frankfurter als prägend für sein weiteres Leben sah, war die Aufgabe in der siebten Gymnasialklasse, einen Vortrag zu einem selbstgewählten Buch der klassischen Literatur zu halten. Er wählte die Novelle *Michael Kohlhaas* von Heinrich von Kleist, die Fragen nach Selbstjustiz und Gerechtigkeit behandelt. In seinen Memoiren erklärt er, was ihn zu dieser Wahl bewegt hatte: „Es war das Problem des absoluten Rechts, das mich anzog. Michael Kohlhaas ist ja das Symbol des Mannes, dem Unrecht geschehen ist [...] und der darüber zum Gewalttäter wird. Denn wo das Recht auch nur einmal verletzt wird, da ist der moralische Bestand der Welt, die sittliche Ordnung bedroht."[86] Hier scheint wiederum eine nachträgliche Legitimierung seiner Handlungen durch; David Frankfurter, der Verständnis zeigt für den unterdrückten, ungerecht behandelten Mann. Er misst dabei Michael Kohlhaas eine ähnliche Bedeutung zu wie dem biblischen David[87] und bringt eine zusätzliche, nunmehr reale Person auf – Sholem Schwarzbard.[88] Sholem Schwarzbard (1886–1938), ein jiddischer Dichter, erschoss 1926 in Paris einen ukrainischen Politiker, der mitverantwortlich war für anti-jüdische Pogrome in der Ukraine im Winter 1919, bei denen mehrere Familienangehörige Schwarzbards ermordet wurden. Im darauffolgenden Prozess wurde Schwarzbard freigesprochen.[89] Nicht nur Schwarzbard selbst wird später im Prozess gegen (und im Leben von) David Frankfurter noch eine Rolle spielen, sondern auch die im Verlaufe der Gerichtsverhandlung gegen Schwarzbard gegründete *Ligue contre les Pogromes*, die später zur *Ligue internationale contre l'antisémitisme* (LICA) wurde.[90] Frankfurter äußerte sich dazu wie folgt: „Damals konnte ich noch nicht ahnen, dass 12 Jahre später der selbe Schalom

84 Ebd.

85 Ebd.

86 Ebd. [Hervorhebung aus dem Original übernommen.]

87 Vgl.: Ebd., S. 6.

88 Von seinem Namen gibt es mehrere Schreibweisen, in der vorliegenden Arbeit wird diejenige der Encyclopaedia Judaica übernommen. Vgl.: Schwarzbard, Sholem, in: Berenbaum, Michael und Skolnik, Fred [Hrsg.]: Encyclopaedia Judaica, 2nd ed. Vol. 18, Detroit 2007, S. 191.

89 Vgl.: Ebd.

90 Vgl.: Website der „Ligue internationale contre le racisme et l'antisémitisme", online unter: http://archives.licra.org/category/histoire [zuletzt eingesehen: 03.02.2014]. Vgl.: Kapitel 5.2.2 Der SIG, die Anwaltsfrage und Einmischung aus dem Ausland, S. 187 ff.

Schwarzbarth [sic] von mir sagen würde: ‚Noch ein Talmid'[91] (Schüler), aber ich spürte im tiefsten Herzen, daß wir Männer wie diesen brauchen, die ihr eigenes Leben mutig in die Schanze werfen, um die den Juden angetane Schmach und unser eigenes Martyrium zu rächen."[92]

Trotz seines Verständnisses für Schwarzbard und Kohlhaas, seines „Kampfes für die jüdische Ehre" und seiner Identifikation mit dem biblischen David, war es für Frankfurter wichtig festzuhalten: „Bei alledem darf man nicht denken, daß ich etwa raufflustig oder tollkühn gewesen wäre. Das Gegenteil trifft zu."[93] Er beschreibt sein jugendliches Selbst als religiöse und sensible Person, der, nachdem er mit Absicht einen Sperling getötet hatte, weinend die Bedeutung des göttlichen Gebotes „Du sollst nicht töten" erkannte,[94] der sich für Gerechtigkeit einsetzte und einen großen Freiheitsdrang hatte. Er las mit Vorliebe Gedichte von Heinrich Heine, dem „jüdischen Sänger der Freiheit",[95] und dessen Erzählung *Der Rabbi von Bacherach*,[96] in der er seine Familie wiedererkannte.[97]

4.2 Vor dem Mord: Studium in Deutschland und in der Schweiz

4.2.1 Studium in Leipzig: „gute Deutsche ohne religiösen Ernst"[98]

Schließlich, im Jahr 1929,[99] beendete David Frankfurter in Vinkovci das Gymnasium mit dem Abitur. Obwohl er, wie bereits erwähnt, bedingt durch seine Krankheitsgeschichte besondere Sympathien für den Beruf des Arztes hegte, begann er

91 Ich konnte trotz ausführlicher Recherche keinerlei wissenschaftliche Belege für diese Aussage finden. In einem Text zu David Frankfurter von Meier Schwarz, der seine Informationen möglicherweise ebenfalls den Memoiren entnommen hat, wird das Zitat ohne Angabe einer Quelle erwähnt: „Als Schwarzbart [sic] vom Mord erfuhr, den David Frankfurter verübt hatte, sagte er, dass er doch noch einen Schüler habe." Vgl.: Schwarz, Meier: David Frankfurter, online unter: http://www.ashkenazhouse.org/frankfurterger.html [zuletzt eingesehen: 03.02.2014]. Die Seite wurde in der Zwischenzeit deaktiviert.

92 Memoiren (Version Jabotinsky), S. 6. [Klammerbemerkung aus dem Original übernommen.]

93 Ebd.

94 Vgl.: Ebd.

95 Ebd.

96 *Der Rabbi von Bacherach* ist eine fragmentarisch gebliebene Erzählung von Heinrich Heine, die 1840 im vierten Teil der Zeitschrift *Der Salon* veröffentlicht wurde.

97 Vgl.: Memoiren (Version Jabotinsky), S. 6.

98 Ebd., S. 7.

99 In seinen Memoiren schrieb er, dass er 1930 das Abitur ablegte (Memoiren, S. 6), im Lebenslauf, den er für die Gerichtsakten im Kanton Graubünden verfasste, nannte er das Jahr 1929, nur um eine Seite später zu schreiben, dass er im Jahr 1929 sein Studium in Leipzig begann.

nach Intervention seines Vaters und seines Bruders, die seiner „gestörten Gesundheit wegen“[100] vom Arztberuf abrieten, im Herbst 1929 das Studium der Zahnheilkunde.[101] Dies entsprach zwar nicht den Vorstellungen David Frankfurters, aber er folgte der Anweisung seiner Familie und entschied sich für Leipzig als Studienort. Diese Wahl war unter anderem durch die Tatsache begründet, dass die Universitäten in seiner Heimat keine speziellen zahnmedizinischen Fakultäten hatten, zudem hatte schon sein Bruder Alfons an dieser „alte[n] und berühmte[n] Universität“[102] studiert und gedachte nun „als einer der jüngsten Doktoren der Medizin – er war kaum 22jährig – in Leipzig zu promovieren“.[103] Der Vater wiederum unterstützte die Entscheidung, da er hoffte, sein Sohn würde in Deutschland Anschluss an „traditionell-jüdische Studentenverbindungen“[104] finden und damit ein Milieu, das der „heimischen Atmosphäre“[105] entsprach. Wichtiger als die Wahl der Universität war für David Frankfurter die Wahl des Landes: „Deutschland war damals für uns noch der Inbegriff weltweiter und freier geistiger Forschung und eines akademischen Lehrbetriebes von wahrhaft europäischem Niveau.“[106]

Beide Hoffnungen, sowohl in Bezug auf seine Erwartungen zum jüdischen Leben als auch zur freien deutschen Wissenschaft, sollten enttäuscht werden. Bald entdeckte Frankfurter das „verhängnisvolle Führerprinzip, das die Verantwortung des Einzelnen ausschließt [und] den Deutschen schon damals in der Vor-Nazi-Zeit im Blute“ lag.[107] Gerade die Universität Leipzig war bereits zu Beginn der 1930er Jahre bekannt für den starken Einfluss des Nationalsozialistischen Deutschen Studentenbund (NSDStB); es herrschte „eine von den Nationalsozialisten geschürte nationalistische Begeisterung und allgemeine Aufbruchstimmung“[108] innerhalb der Studentenschaft. Frankfurter beschrieb die

Ich gehe also davon aus, dass er sich beim Verfassen der Memoiren irrte und tatsächlich 1929 das Gymnasium abschloss. Vgl.: Lebenslauf, in: StAGR III 23 d 2 Frankfurter.

100 Vgl.: Memoiren (Version Jabotinsky), S. 6.

101 Gemäß den Unterlagen der Universität Leipzig hat sich David Frankfurter aus Daruvar, Jugoslawien, auf den 1. November 1929 für das Studium med. dent. (also Zahnmedizin) eingeschrieben. Vgl.: Studienakte von David Frankfurter, Universitätsarchiv Leipzig, Personenakten, Studentenkartei der Quästurbehörde, online unter: https://www.archiv.uni-leipzig.de/recherche/Dokument/anzeigen/574084 [zuletzt eingesehen: 04.02.2014]. Für den Zugang ist teilweise eine Anmeldung nötig.

102 Memoiren (Version Jabotinsky), S. 7.

103 Ebd.

104 Ebd.

105 Ebd.

106 Ebd.

107 Ebd.

108 Universität Leipzig: Der wachsende Einfluss des NS-Studentenbundes, in: Zur Geschichte der Universität Leipzig, online unter: http://www.uni-leipzig.de/~agintern/uni600/ug216.htm [zuletzt eingesehen: 04.02.2014].

politische Situation in Leipzig und in Deutschland zu jener Zeit als angespannt. Er wurde Zeuge von politischen Massendemonstrationen und war überzeugt, dass es nur eine Frage der Zeit war, bis die Nationalsozialisten an die Macht kämen. Die deutschen Juden hingegen, so Frankfurter, „wollten dieser drohenden Gefahr nicht ins Auge sehen".[109] Auch die jüdischen Studierenden verhielten sich nicht Frankfurters Erwartungen entsprechend; er beschreibt – und urteilt – deutlich: „Lebendiger Glaube und religiöses Erlebnis waren diesen braven Jungens ganz fern, die im gewohnten Trott ihrer Familientradition dahingingen, pflichtgemäß auch ein wenig Talmud trieben, im übrigen aber ‚gute Deutsche' waren."[110] Den Zionisten wiederum, von denen er sich eine Zeitlang angezogen fühlte, fehle „der religiöse Ernst".[111] Die Folge davon war, dass Frankfurter in Leipzig ein Außenseiter blieb und sich nach einer für ihn geeigneteren Universität und Stadt umschaute.

4.2.2 In Frankfurt am Main – die Machtergreifung und das „Bindestrich-Judentum"[112]

Dass Frankfurter in Leipzig nicht heimisch wurde, bewegte ihn dazu, im Jahr 1931 den Studienort zu wechseln. Schon zuvor hatte er – ohne das Wissen seiner Familie[113] – die Ausrichtung seines Studiums geändert und belegte zusätzlich zu den Veranstaltungen der Zahnmedizin auch die der Humanmedizin.[114] Frankfurter kommentiert diesen Wechsel, er sei „dem Triebe des Herzens"[115] gefolgt. In Bezug auf seinen neuen Studienort entschied er sich für Frankfurt am Main, „in der Hoffnung hier im Zentrum des <u>religiösen</u> Judentums Deutschland, wirkliche Kameradschaft mit Gleichgesinnten zu finden".[116] Doch wiederum deckten sich seine Erwartungen nicht mit der Realität, die er vorfand:

---

109 Vgl.: Memoiren (Version Jabotinsky), S. 8.

110 Ebd., S. 7.

111 Ebd.

112 Memoiren (Version Jabotinsky), S. 8.

113 Vgl.: Protokoll des zweiten Verhandlungstages, Chur, 10.12.1936, in: AfZ, IB Frankfurter-Prozess / 2, S. II/31.

114 Gemäß Unterlagen der Universität Leipzig wechselte Frankfurter bereits nach einem Semester zur Humanmedizin. Vgl.: Studienakte von David Frankfurter, Universitätsarchiv Leipzig, Personenakten, Studentenkartei der Quästurbehörde, online unter: https://www.archiv.uni-leipzig.de/recherche/Dokument/anzeigen/574084 [zuletzt eingesehen: 04.02.2014]. Für den Zugang ist teilweise eine Anmeldung nötig.

115 Memoiren (Version Jabotinsky), S. 7.

116 Ebd., S. 8. [Hervorhebung aus dem Original übernommen.]

> Was ich fand, war ein „Bindestrich-Judentum", das sich in einer künstlichen Synthese heterogener Elemente wie Deutschtum und Judentum, Orthodoxie und Aufklärung gefiel – ohne jemals zu wirklicher, gelebter Einheit vorzustoßen. Der Antizionismus der Frankfurter Hochorthodoxie und ihr überhebliches Herabblicken auf das Ostjudentum stießen mich geradezu ab und entfremdeten mich schließlich innerlich ganz jenen Zirkeln, in denen ich die Ideale meiner Kindheit wieder zu finden gehofft hatte. Zusammen mit einem Bundesbruder und einem jungen Kaufmann war ich zum Freitagabend bei einer orthodox-jüdischen Familie eingeladen. Als wir das gastliche Haus verließen, lud mich der junge Kommis zu einem kleinen Bummel auf der Kaiserstraße ein, dem Dirnenviertel der Stadt. Ich war entsetzt.
> Der Freitagabend, der für mich nicht nur traulich, sondern heilig war, sollte in so obszöner Weise entweiht werden. Der „fromme" junge Mann verstand meine Einwände kaum und beteuerte im Brustton der Überzeugung: „Aber ich zahle dort doch nicht am Schabbath – man kennt mich und ich habe Kredit. Erst am Moza'é Schabbath[117] begleiche ich meine Rechnung für gehabtes Vergnügen.[118]

Auch wenn Frankfurter sich über die religiöse Praxis seiner Kommilitonen negativ äußert, hat sich auch seine eigene religiöse Ausrichtung während dieser Zeit verändert. Er stellt in seinen Memoiren die Vermutung an, er hätte sich selbst „innerlich schon zu weit vom starren Traditionalismus [...] entfernt"[119], kann aber gleichzeitig keine Gründe dafür geben. Dass diese Veränderungen auch seinem Umfeld aufgefallen waren, zeigt die Aussage seines Vaters im Rahmen des späteren Mordprozesses, er habe seine Kinder zwar streng konservativ-jüdisch erzogen, sein jüngster Sohn (also David) habe sich aber in den letzten Jahren etwas andere Anschauungen angeeignet.[120] Und über David Frankfurter steht in den Prozessprotokollen:

> Die Sturm- und Drang-Periode setzte bei David Frankfurter in Leipzig ein. Die andern hätten gewusst, was sie schaffen und erreichen wollten, er hingegen habe sich nie zu einer festen Anschauung durchringen können. Er folge den Vorschriften seiner jüdischen Religion aus Tradition und Atavismus, aber er könnte heute nicht sagen, er glaube 100%ig an einen Gott. Es kämen tausend Zweifel. Und doch könne er sich von diesen Dingen nicht trennen. Der ganze Lebensinhalt würde ihm ohne Glauben an Gott sinnlos vorkommen.[121]

---

117 Moza'é Schabbath: Hebr. für Schabbat-Ausgang, Ende des siebten Wochentages im Judentum am Samstagabend, wenn die religiösen Schabbat-Gesetze nicht mehr gelten.

118 Memoiren (Version Jabotinsky), S. 8.

119 Ebd.

120 Protokoll des ersten Verhandlungstages, Chur, 9.12.1936, in: AfZ, IB Frankfurter-Prozess / 1, S. I/43.

121 Ebd. S. I/46.

Zwischen den Maßstäben, die Frankfurter an seine Kommilitonen setzt, und denjenigen, die er bei sich selbst anlegt, besteht eine gewisse Diskrepanz. Einerseits beschwerte er sich über das künstliche Judentum, das in seinem Umfeld praktiziert wurde, andererseits entfernte er sich während seiner Zeit in Deutschland von seinen früheren Idealen. Auch wenn sich Frankfurter in seinen Memoiren kaum zu den Beweggründen äußert und über die Motivation nur spekuliert werden kann, sind Veränderungen in der religiösen Observanz beim Wechsel vom behüteten und in gewisser Weise fremdbestimmten Familienleben zum ungebundeneren Studentenleben naheliegend.

Zumindest verlief sein Studium vorerst erfolgreich. Zwei Bestätigungen aus dem Jahr 1932 zeigen, dass er während des Sommersemesters 1931 und des Wintersemesters 1931/32 verschiedene Veranstaltungen besucht hatte, so eine zweisemestrige anatomische Präparierübung, eine physiologische Vorlesung sowie ein physiologisches Praktikum. Zu den Präparierübungen bestätigte sein Professor, dass „Herr Frankfurter seiner Begabung und seinen Leistungen nach dem Durchschnitt des deutschen Medizin-Studierenden entspricht."[122] Der Direktor des Instituts für animalische Physiologie seinerseits bezeugte, Frankfurter sei „mit Verständnis meiner Vorlesung über Atmung und Kreislauf gefolgt"; er erwähnte auch eine schwere Erkrankung des Studenten, „welche eine Operation und einen längeren Aufenthalt in der Ohrenklinik notwendig machte".[123]

Frankfurter notiert in seinen Memoiren, er habe sich in Frankfurt mit dem ihm „rätselhafte[n] Phänomen des Nationalsozialismus"[124] nicht nur durch Zeitungslektüre beschäftigt, sondern auch an Versammlungen der NSDAP teilgenommen und sich mit Anhängern der Partei unterhalten.[125] Diesen „Erregungen"[126] schreibt Frankfurter eine erneute Verschlechterung seiner Gesundheit zu. Er erkrankte an einer Mittelohrentzündung, die sich zu einer lebensgefährlichen Hirnhautentzündung auswuchs und längere Krankenhausaufenthalte im Rothschildhospital und in der Universitätsklinik nötig machten. Als Folge war Frankfurters Konzentrationsfähigkeit beeinträchtigt, was sich wiederum auf den Studienerfolg negativ auswirkte.[127] Frankfurter erwähnt dies zwar nicht explizit in

122 Bestätigung über Studienleistungen von David Frankfurter der Dr. Senckenbergische Anatomie der Universität Frankfurt am Main vom 26. Februar 1932, in: AfZ, IB Frankfurter-Prozess/13.

123 Beide Zitate: Bestätigung über Studienleistungen von David Frankfurter des Instituts für animalische Phyiologie der Universität Frankfurt am Main vom 26. Februar 1932, in: AfZ, IB Frankfurter-Prozess/13.

124 Memoiren (Version Jabotinsky), S. 8.

125 Vgl.: Ebd.

126 Ebd.

127 Ebd., S. 8–9.

seinen Memoiren, doch offensichtlich bestand er im Herbst 1932 eine erste Zwischenprüfung nicht.[128]

Mehr als sein akademischer Misserfolg beschäftigte ihn die Politik. Antisemitische Vorfälle am zahnmedizinischen Institut der Universität habe er noch als „Präambula, Vorspiele des Grauens"[129] abgetan. Das nächste Jahr, 1933, begann mit der Ernennung Adolf Hitlers zum Reichskanzler und der Machtergreifung durch die NSDAP und ihre Koalitionspartner. Frankfurter beschrieb die Stimmung in Deutschland mit den Worten: „Der Massenwahnsinn schien ausgebrochen, die chauvenistische [sic] Hysterie begann ihre Orgien auf offener Straße zu feiern. Paraden und Umzüge, Fahnen und Blechmusik beherrschten das Leben der Nation. Es war ein geradezu chiliastischer Taumel, mit dem das Dritte Reich den Untergang Deutschlands einleitete."[130] Die Jüdinnen und Juden Deutschlands hingegen, schreibt Frankfurter, auf jene Zeit zurückblickend, „strichen in diesem Hexentanz der Selbstbetäubung […] an den Mauern ihrer fremd gewordenen Heimatstadt entlang. Sie hatten nur ein Bestreben – nicht aufzufallen, sich zu ducken, den Sturm irgendwie zu überstehen."[131] Frankfurter konnte diese „passive, ja feige Haltung"[132] nicht verstehen. Er stellt in seinen Memoiren diesem Verhalten den biblischen David entgegen und fragt: „Stand Goliath nicht millionenfach vor dem Häuflein Israels, das jüdische Volk und seinen Gott verhöhnend[?] […] Ich konnte, ich wollte es nicht glauben, daß unter den vielen jungen und starken Juden, den jüdischen Sportlern und Studenten nicht einer, nicht ein Einziger den Mut zu einer Antwort der Tat fand."[133]

Nach der Machtergreifung der Nazis wurde von der Regierung ein allgemeiner Boykott gegen jüdische Geschäfte öffentlich angekündigt. Am 1. April 1933 erschienen uniformierte Nationalsozialisten vor Geschäften mit jüdischen Besitzern, griffen Kundinnen und Kunden an, hielten sie aktiv vom Betreten der Geschäfte ab und schmierten antisemitische Sprüche an die Schaufenster.[134] Frankfurter wurde Zeuge von diesen Vorgängen. „Am ersten April 1933 […] sah ich die gelben Schandzettel und die frechen Boykottposten vor jüdischen Geschäften, Anwaltskanzleien und Ordinationen der Ärzte. Ich ging durch die Straßen der schönen Main-Stadt und die Scham brannte mir im Antlitz als sei ich, ich

128 Vgl.: Protokoll des zweiten Verhandlungstages, Chur, 10.12.1936, in: AfZ, IB Frankfurter Prozess / 2, S. II/31.

129 Memoiren (Version Jabotinsky), S. 9.

130 Ebd.

131 Ebd.

132 Ebd.

133 Ebd.

134 Vgl.: Korzec, Pawel: Boycott, Anti-Jewish. In: Berenbaum, Michael und Skolnik, Fred [Hrsg.]: Encyclopaedia Judaica. 2nd ed. Vol. 4. Detroit 2007, 109–110.

selbst geschlagen und bespien worden.“[135] Zu jener Zeit erwog Frankfurter bereits, Deutschland zu verlassen. Er wollte jedoch die Nachprüfungen in Zoologie und Botanik abwarten, obwohl er „wenig Hoffnung hatte, vor den Naziprofessoren, die nun ihre anti-jüdischen Gefühle offen zur Schau stellen durften, zu bestehen“.[136] Er mietete ein Zimmer bei der jüdischen Familie Emmerich, mit der er die politische Lage wiederholt diskutierte. Der Vater hatte im Ersten Weltkrieg als Kavallerieunteroffizier gedient und war noch immer in Besitz seines alten Armeerevolvers. Frankfurter gab das Gespräch mit ihm folgendermaßen wieder: „Wenn ich so einen Revolver hätte, wüßte ich ihn schon zu gebrauchen. Die Nazis bekämen mich nicht lebend und ich würde meine Haut teuer verkaufen. Ehe ich nicht mindestens einen von ihnen über den Haufen geschossen hätte, würden sie nicht Hand an mich legen.“[137] Frankfurter bekam den Revolver von diesem Mann, „der selbst zu alt und zu müde, zu krank und zu enttäuscht war, um noch an aktiven Widerstand zu denken“.[138]

4.2.3 Erste Mordgedanken

Auf den Straßen Frankfurts hatte Frankfurter erste gewalttätige Aktionen gegen Jüdinnen und Juden miterleben müssen und beschreibt die vorherrschende Atmosphäre als eine für die jüdischen Deutschen rechtlose. Auch Rudolph Haas,[139] geboren am 19. April 1912 in Frankfurt, orthodoxer Jude und ein Freund David Frankfurters (sie hatten sich in der *Vereinigung Jüdischer Akademiker* kennengelernt[140]), hat in einem Oral History Interview diese Jahre beschrieben:

> There was very little friction amongst the various groups of the population, and it wasn't until the Nazi Party started the activities when very violent demonstrations occurred […]. That was in the beginning of the violence really, in the late 30's [Rudolph Haas bezog sich hier offensichtlich auf die späten 1920er-Jahre und nicht, wie im Transkript geschrieben, die 1930er]. And, of course, it continued until 33 when Hitler took over

135 Memoiren (Version Jabotinsky), S. 9.

136 Ebd.

137 Ebd., S. 10. [Hervorhebung aus dem Original übernommen.]

138 Ebd.

139 Interview mit Rudolph Haas, 13. Juni 1995, in: United States Holocaust Memorial Museum, online unter: https://collections.ushmm.org/search/catalog/irn512627 [zuletzt eingesehen: 26.10.2018].

140 Vgl.: Abhörungs-Protokoll Rudolf Haas, Städtische Polizeidirektion Bern, in: StAGR III 23 d 2, Frankfurter.

> altogether. So those were dangerous times. And you could tell by the early 30's that the future of the Jewish people in Germany was at great risk.[141]

Wie Frankfurter interpretierte auch Haas die Zeichen der Zeit, verließ Deutschland Ende 1935 und schrieb sich an der Universität Bern ein, um dort, wie David Frankfurter, sein Studium fortzusetzen.

Frankfurters Erkenntnis aus diesen Tagen war: „Gegen Gewalt gibt es nur – Gewalt."[142] Er besuchte Rudi (wie er ihn nannte) Haas in dessen Elternhaus, zeigte ihm den Revolver, den er vor seinem Freund auseinandernahm und ölte, um schließlich im Kohlenkeller Schießübungen zu machen. Haas sagte später diesbezüglich in einem Verhör mit der Städtischen Polizeidirektion Bern, Abteilung Sicherheits- und Kriminalpolizei, aus: „Einmal war er [Frankfurter] im Besitz einer sog. Schreckschusspistole, die er angeblich für seinen persönlichen Schutz gekauft hätte. Es war dies im Frühjahr 1933, als die NSDAP die Macht in Deutschland übernahm."[143] Hierzu merkte Frankfurter an: „Mein Freund Rudi Haas sagte übrigens später fälschlicherweise aus, ich hätte in jungenhaftem Stolz ihm einen ‚Schreckschuß-Revolver' vorgeführt. Er wußte aber nur allzu gut, wie bitter ernst es mir war um die Waffe und wer ihr eigentliches Ziel war."[144] Dass Haas gute Gründe hatte, seine Freundschaft zu Frankfurter vor den deutschen Behörden zu verheimlichen, zeigt sein Brief, der dem Verhörungsprotokoll beilag. Darin ersucht er die schweizerischen Behörden dringend, die „hier gemachten Depositionen […] wenn irgend möglich diskret zu behandeln und den deutschen Behörden nicht zur Kenntnis zu bringen, da sonst zu befürchten ist, dass Beziehungen konstruiert würden, die in keiner Weise zum Mordfall Gustloff bestanden haben. Es könnte nur für meine Familie und mich schwerwiegende Folgen haben."[145] Tatsächlich erfuhren die Nazis erst bei der Verlesung des Protokolls im Rahmen des Prozesses von der Verbindung Haas' zu Frankfurter und durchsuchten in der Folge sein Elternhaus in Frankfurt, ohne etwas Belastendes zu finden. Auch wenn diese Episode nebensächlich klingen mag, führte Haas sein Überleben darauf zurück. Er erklärte, er habe durch Frankfurter die Gefährlichkeit des Nationalsozialismus erkannt und deswegen das Land verlassen. „So in a way, this friend of mine whose name happened to be Frankfurter, by killing this Gustov [sic,

141 Interview mit Rudolph Haas, 13. Juni 1995, in: United States Holocaust Memorial Museum, online unter: https://collections.ushmm.org/search/catalog/irn512627 [zuletzt eingesehen: 26.10.2018].

142 Memoiren (Version Jabotinsky), S. 10.

143 Abhörungsprotokoll von Rudolf Haas vom 5. Februar 1936, in: StAGR III23 d 2, Frankfurter, S. 1.

144 Memoiren (Version Jabotinsky), S. 10.

145 Brief Rudolph Haas an die Schweizerbehörden vom 5. Februar 1936, in: StAGR III23 d 2, Frankfurter.

gemeint ist Gustloff,], saved my life actually. I would have probably never gotten through alive otherwise. […] So that was really, for me, a great life saver."[146]

Frankfurter hatte nun also eine Waffe, die er – vorerst zur Selbstverteidigung – von nun an stets bei sich trug, denn „[n]irgends und nie war man ja als Jude im Nazireich sicher, nicht von den braunen Mordbuben aufgegriffen zu werden".[147] Als er an einem Frühlingsabend des Jahres 1933 die Wohnung von Rudolph Haas verließ, geriet er, die Waffe in der Jackentasche, unversehens in einen Fackelzug der Nazis. Im Gedränge der Menschenmasse stieß Frankfurter, so beschreibt er es in seinen Memoiren, mit einem SS-Mann zusammen, der wohl bemerkt haben musste, dass Frankfurter bewaffnet war. „Furchtbare Bilder schossen mir durch den Kopf. Gräßliche Prügelszenen hinter Stacheldrähten der KZ.-Höllen. Marterungen in den Kellern der SS.-Kasernen. Jetzt, jetzt werden sie dich greifen – jetzt, jetzt ist deine Stunde gekommen."[148] Einer spontanen Eingebung folgend, reagierte Frankfurter mit dem Hitler-Gruß; der SS-Mann ließ von ihm ab. Kurz darauf vernahm er, dass Göring, späterer Oberbefehlshaber der deutschen Luftwaffe, an der Veranstaltung teilnehmen sollte. Frankfurter schrieb, ihm sei in diesem Moment klar geworden, was er tun musste: „Göring, dieser fette Popanz, stand damals als Ministerpräsident von Preußen und Präsident des Nazireichstages auf dem Gipfel seiner Macht. Nach Hitler gehörten er und der maulgewaltige Zwerg Göbbels [sic] zu den einflußreichsten Männern des verfluchten Regimes. Für Göring waren die Kugeln in meinem Revolver bestimmt."[149] Wie auch nach dem Mord an Wilhelm Gustloff hatte Frankfurter geplant, eine Kugel für sich selbst aufzusparen. Zu den Schüssen auf Göring kam es nicht, Frankfurter hatte ihn um wenige Minuten verpasst.[150]

Weder Haas, dem Frankfurter von seinem beinahe durchgeführten Attentat erzählte, noch Alfons Frankfurter, der von Haas informiert wurde, konnten Frankfurter verstehen. Während Frankfurters Bruder ihm die Aussichtslosigkeit seines Unterfangens aufzeigen wollte und David schließlich überzeugen konnte, die Waffe dem ursprünglichen Besitzer zurückzugeben, sorgten Haas vor allem die möglichen Folgen einer solchen Tat für die deutschen Juden. „Nichts fürchteten die Juden Deutschlands ja damals mehr als eine Tat, die den offenen und allgemeinen Pogrom, den unabwendbaren, der sie später dennoch vernichten sollte, auslösen könnte."[151] Frankfurter jedoch hatte seinen Entschluss gefasst: „Ich spürte im innersten Herzen, daß alle Argumente einer abwägenden Vernunft faden-

146 Interview mit Rudolph Haas, 13. Juni 1995, in: United States Holocaust Memorial Museum, online unter: https://collections.ushmm.org/search/catalog/irn512627 [zuletzt eingesehen: 26.10.2018].

147 Memoiren (Version Jabotinsky), S. 10.

148 Ebd., S. 11.

149 Ebd.

150 Vgl.: Ebd.

151 Ebd., S. 11–12.

scheinig wurden, vor dem unabweisbaren Gebot der sittlichen Notwendigkeit, Unrecht und Schmach meines Volkes zu rächen. Noch aber war die Zeit, noch war ich selbst nicht reif zu dieser Tat."[152]

David und Alfons Frankfurter reisten in Sommer zurück nach Vinkovci. David Frankfurter schloss diesen Abschnitt seines Lebens mit den Worten: „Ich hatte den Staub Deutschlands von meinen Füßen geschüttelt, aber es war mir nicht gegeben zu vergessen, was ich dort gesehen und erlebt hatte."[153]

4.2.4 An der Universität Bern

Auch in Jugoslawien las Frankfurter Zeitungen und beschäftigte sich mit den Meldungen aus Deutschland, das in seinen Augen nicht mehr das Land der Dichter und Denker, sondern nun das der „Gelichter und Henker" war.[154] Eine Rückkehr nach Deutschland kam aus politischen Gründen nicht in Frage, und auch in Österreich verschärfte sich die politische Lage. Frankfurter aber wollte in einem deutschsprachigen Land sein Studium fortsetzen, und so entschied er sich, an eine Schweizer Hochschule zu wechseln. Für die Universität Bern sprachen gleich mehrere Gründe: Zum einen hatten dort schon sein Vater und sein Onkel promoviert, zum anderen erschien Frankfurter Bern als „eine kleinere, ruhigere Stadt als Zürich, wohlgeeignet mir die so bitter nötige Konzentration wiederzugeben, die ich in Frankfurt verloren hatte durch die Krankheit des Leibes und die Krankheit der Zeit."[155]

Frankfurters Weg von Deutschland in die Schweiz war kein unüblicher. Während um die Jahrhundertwende viele Jüdinnen und Juden aus Russland zum Studieren in die Schweiz kamen, waren es in den 1930er Jahren vor allem Flüchtlinge vor dem nationalsozialistischen Regime.[156] Zwar gab es in Zusammenhang mit den russischen Studierenden antisemitische Ressentiments, die vermischt waren mit „frauen- oder fremdenfeindlichen Gefühlen, mit Standesdünkel und Revolutionsangst".[157] Die jüdischen Studierenden aus Deutschland trafen in Bern hingegen nur auf wenige überzeugte Nationalsozialisten, die Ideologie war eher unter der nichtjüdischen deutschen Studentenschaft verbreitet. Wenn jüdische

152 Ebd., S. 12.

153 Ebd.

154 Ebd.

155 Ebd.

156 Vgl.: Rogger, Franziska: Jüdisches Universitätsleben in Bern: Zwischen Sozialismus und Zionismus, Antisemitismus und Nationalsozialismus, in: Eisner, Georg und Moser, Rupert [Hrsg.]: Reiz und Fremde jüdischer Kultur. 150 Jahre jüdische Gemeinden im Kanton Bern, Frankfurt am Main 2000, S. 143–180, hier S. 143.

157 Ebd.

Studentinnen und Studenten nach antisemitischen Vorfällen in Bern gefragt wurden, nannten sie nur wenige konkrete Erlebnisse, die sie meist sogleich wieder relativierten.[158] Allerdings sorgte gerade die medizinische Fakultät, an der Frankfurter studierte, für Aufruhr. Die Nationale Front, eine faschistische Bewegung der 1930er und 1940er Jahre im Zusammenhang mit dem schweizerischen Frontenfrühling, führte die in ihren Augen zu hohe Studierendenzahl auf ausländische Juden zurück und reagierte mit „rassistisch-antisemitische[n] Parolen".[159]

Der Wechsel von einer deutschen Universität an die Universität Bern war mit hohem administrativem Aufwand verbunden. In einem Schreiben vom 10. April 1933 bestätigte das Dekanat der medizinischen Fakultät der Universität Bern den Erhalt von Frankfurters Anfrage und wies darauf hin, dass „auswärts absolvierte Prüfungen hier zum Dr. Examen nicht angerechnet werden".[160] Über die Anrechnung von bisher erbrachten Studienleistungen wie Semesterzahl oder belegten Vorlesungen werde die Zulassungskommission der Fakultät entscheiden, sobald Frankfurter seine Unterlagen eingereicht habe.[161] Aus den Unterlagen wird nicht ersichtlich, welche Leistungen angerechnet wurden. Ein Depotschein gibt lediglich darüber Auskunft, welche Unterlagen Frankfurter bei der Universität Bern eingereicht hatte: sein Reifezeugnis des Gymnasiums in Vinkovci sowie die Exmatrikulationsbescheinigung der Universität Frankfurt am Main, datiert auf August 1933.[162]

Bern und die Schweiz werden von Frankfurter retrospektiv – insbesondere im Vergleich zu Deutschland – als geradezu idyllisch beschrieben:

> Welch ein Unterschied zwischen dem Nazireich und der freien Schweiz! Der einfache Mann auf der Straße war hier wirklich Demokrat, gewohnt in Fragen des Staates und der Gesellschaft nicht nur selbst mitzudenken, sondern auch gerade heraus mitzureden. In der Eidgenossenschaft war die Demokratie bodenständig, an ihrer Wiege stand der Mythos vom Kämpfer für die Freiheit; der Tyrannenmord war die eigentliche Stiftungsakte dieser europäischen Demokratie. Die Armbrust Tells, die Waffe, mit der er den Zwingherrn niederstreckte, der aller Menschenrecht und aller Menschen Würde mit Füßen getreten – sie war zum Wahrzeichen der Schweiz geworden. Und der Geist Tells lebte wirklich unter dem einfachen Volk im Bernerland, das sich angeekelt und empört abwandte von dem Geschehen im benachbarten Deutschen Reich.[163]

158 Vgl.: Ebd., S. 162–163.

159 Ebd.

160 Schreiben des Dekanats der medizinischen Fakultät der Universität Bern an David Frankfurter vom 10. April 1933, in: AfZ, IB Frankfurter-Prozess / 13.

161 Vgl.: Ebd.

162 Vgl.: Depotschein der Universität Bern, in: AfZ, IB Frankfurter-Prozess / 13.

163 Memoiren (Version Jabotinsky), S. 12. Allerdings konnte gerade zu der Zeit, die von Frankfurter als so idyllisch beschrieben wird, die Frontenbewegung in der Schweiz Erfolge vermelden. Frankfurter geht darauf in seinen Memoiren nicht ein.

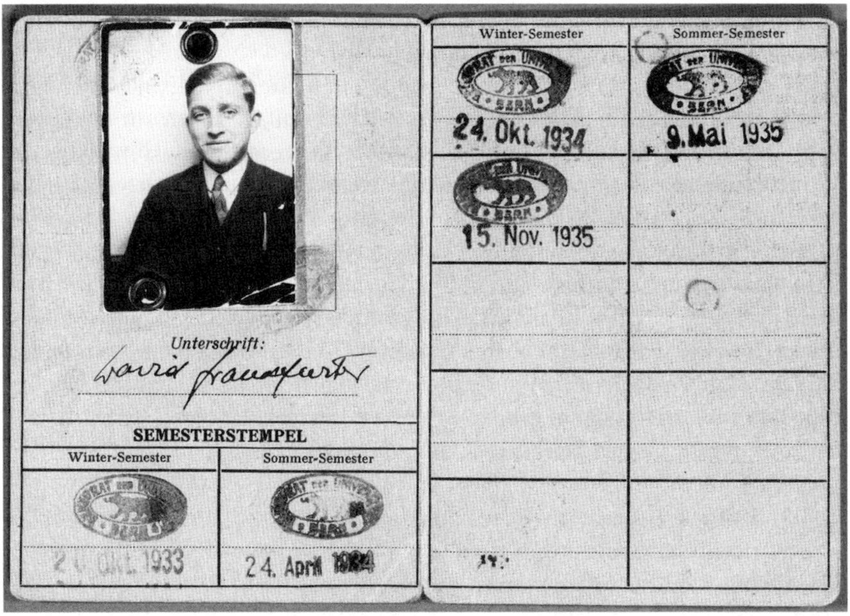

Abb. 10: Legitimationskarte von David Frankfurter der Universität Bern. Quelle: StAGR III23d2 Frankfurter.

Wilhelm Tell scheint im Selbstbild Frankfurters eine starke Identifikationsfigur darzustellen, ähnlich wie die in Zusammenhang mit seiner Kindheit beschriebenen biblischen Figuren David, Moses, Samson und Jael. Das dritte Kapitel seiner Memoiren (betitelt mit „Die Tat reift“) wird mit einem Zitat aus Schillers Schauspiel-Drama *Wilhelm Tell* eingeleitet, das wahrscheinlich Frankfurters Motive umschreiben und dafür Verständnis wecken will:

> Meine Gedanken waren rein von Mord –
> Du hast aus meinem Frieden mich heraus
> Geschreckt, in gärend Drachengift hast du
> Die Milch von der frommen Denkart mir verwandelt.[164]

Wie später aufgezeigt wird, ist dies ein Element, das nicht nur in Zusammenhang mit Frankfurters Selbstbild wiederholt auftaucht, sondern auch von außen

164 Ebd. Gesamtzusammenhang: Tell wartet an der hohlen Gasse bei Küssnacht auf Gessler, den er mit seiner Armbrust erschießen wird. Schiller, Friedrich: Wilhelm Tell, Vierter Aufzug, dritte Szene, über Projekt Gutenberg, online unter: http://gutenberg.spiegel.de/buch/3332/15 [zuletzt eingesehen: 07.02.2014].

an ihn herangetragen wurde, indem ihm bekannte und unbekannte Personen immer wieder auf diesen Vergleich zurückgriffen.

In Bern baute Frankfurter einen neuen Freundeskreis auf, der neben einigen Landsleuten und ausländischen Glaubensbrüdern hauptsächlich aus Schweizerinnen und Schweizern bestand.[165] Quellen wie die Vernehmungsprotokolle der Berner Polizei, die Personen aus dem näheren Umfeld Frankfurters nach der Tat vernommen hat, geben Auskunft über seine persönlichen Verhältnisse. Zum einen pflegte er in Bern eine Freundschaft zu dem bereits erwähnten Rudolph Haas, den er aus ihrer gemeinsamen Zeit in Frankfurt kannte.[166] Haas, in Bern im Hotel Oberland wohnhaft, beschreibt im „Abhörungs-Protokoll" mit wenigen Worten Frankfurters Besuch in Frankfurt zu Ostern 1934 und wie er ihn im November 1935 zufällig wiedergetroffen habe, als er sich in Bern an der Universität einschreiben wollte. Frankfurter war ihm bei der Immatrikulation behilflich, und in der Folge trafen sie sich gelegentlich zum Synagogenbesuch und zu Freizeitaktivitäten.[167]

Jakob Bruck, ein jugoslawischer Staatsangehöriger, der in Bern als Privatier tätig war, kannte Frankfurters Vater noch aus Jugoslawien. Er beschrieb den Oberrabbiner als „hochangesehene[n] und sehr beliebte[n] Mensch[en]". Offensichtlich war David Frankfurter sich bewusst, dass er und Jakob Bruck gemeinsame Bekannte hatten und suchte ihn in dessen Wohnung auf. Bruck sagte aus: „In Anbetracht, dass ich seinen Vater persönlich kenne und der Sohn David ein sympathischer, intelligenter Mensch zu sein schien, lud ich ihn des öftern zum Mittagessen ein."[168] Nicht nur hatte er den „besten Eindruck" von Frankfurter, er sei zudem ein „ruhiger, bescheidener und angenehmer Gesellschafter", mit dem er sich „ruhig und objektiv" über die Situation der Jüdinnen und Juden in Deutschland unterhalten konnte.[169]

Ebenfalls jugoslawischer Staatsangehöriger war Branko Pavlinovic, der Frankfurter seit Ende Oktober 1934 kannte – auch Pavlinovic scheint zuvor mit Frank-

165 Frankfurter antwortete später beim ersten Verhör durch Dr. Dedual des Kantonsverhöramts Graubünden auf die Frage, in welchen Kreisen er in Bern verkehre: „Hauptsächlich in Schweizerkreisen. Mit meinen Hausbewohnern und mit wenigen Landsleuten. Dann auch etwa in Sportkreisen, obwohl ich wenig Sport treibe und nur schwimme." Vgl.: Vor Kantonsverhöramt von Graubünden, Verhör von David Frankfurter durch Dr. E. Dedual, Davos, 4. Februar 1936, in: StAGR III 23 d 2, Frankfurter.

166 Vgl.: Abhörungs-Protokoll Rudolf Haas, Städtische Polizeidirektion Bern, in: StAGR III 23 d 2, Frankfurter. Vgl. auch: Kapitel 4.2.3 Erste Mordgedanken, S. 94 ff.

167 Vgl.: Ebd.

168 Abhörungs-Protokoll Jakob Bruck, Städtische Polizeidirektion Bern, in: StAGR III 23 d 2, Frankfurter.

169 Vernehmung Jakob Bruck, Kantonsverhöramt von Graubünden, in: StAGR III 23 d 2, Frankfurter.

furters Familie, insbesondere seinem Bruder Alfons bekannt gewesen zu sein. Gemäß seiner Aussage war Frankfurter „eher eine phlegmatische Natur“ und zudem „ein unstabiler Charakter [...], was auch seiner Lebensweise den Stempel aufdrückte“.[170] Von einem weiteren Bekannten wiederum, dem jugoslawischen „Damencoiffeur“ Anton Kögl, angestellt bei Coiffeurmeister Senn in Bern, wird Frankfurter als „solide“ bezeichnet: „[W]enn ich mich nicht irre, genoss er keine geistigen Getränke.“[171] Sonntags seien sie meist zusammen zu Fußballspielen gegangen, gelegentlich hätten sie Schach gespielt; Frankfurter nannte er des Weiteren „intelligent und [...] ein fleissiger Student“.[172] Der Feinmechaniker Wilhelm Sipos schließlich, ebenfalls Jugoslawe, kannte Frankfurter über einen gemeinsamen Freund, Franz Petrak. Frankfurter habe auf ihn einen guten Eindruck gemacht („Im allgemeinen war Frankfurter fröhlich und lustig“[173]), unterhalten hätten sie sich meist über alltägliche Dinge und „Sportsachen“.[174] So sagte auch Rudolph Haas beispielsweise aus, Frankfurter habe Spiele des Fußballclubs *BSC Young Boys* besucht.[175]

Seine erste Unterkunft in Bern befand sich an der Erlachstraße 18 bei der „kernigen, wackeren“[176] und „urschweizerischen Familie von Känel“,[177] mit der er regelmäßig Jass-spielend die Abende verbrachte. Dadurch lernte er bald akzentfreies Schweizerdeutsch zu sprechen, so dass er für einen Einheimischen gehalten wurde.[178] Trotz dieses verheißungsvollen Neubeginns, dieser „Atmosphäre des

170 Abhörungs-Protokoll Branko Pavlinovic, Städtische Polizeidirektion Bern, in: StAGR III 23 d 2, Frankfurter.

171 Abhörungs-Protokoll Anton Kögl, Städtische Polizeidirektion Bern, in: StAGR III 23 d 2, Frankfurter.

172 Vernehmung Anton Kögl, Kantonsverhöramt von Graubünden, in: StAGR III 23 d 2, Frankfurter.

173 Abhörungs-Protokoll Wilhelm Sipos, Städtische Polizeidirektion Bern, in: StAGR III 23 d 2, Frankfurter.

174 Vgl.: Ebd.

175 Vgl.: Abhörungs-Protokoll Rudolf Haas, Städtische Polizeidirektion Bern, in: StAGR III 23 d 2, Frankfurter. Der *BSC Young Boys Bern* durchlief damals eine relativ bewegte Zeit. Zuletzt hatte er in der Saison 1928/29 einen Meistertitel gewonnen. Während der Zeit, die Frankfurter in Bern verbrachte, beendete er die Saison 1933/34 auf dem 9. Rang (von 16 Teams), die Saison 1934/35 gar auf dem 12. (von 14). Die drauffolgende Saison schloß er mit dem 6. Rang ab (wiederum von 14 Teams), um dann in der Saison 1936/37 hinter dem *Grasshoppers Club Zürich* auf dem zweiten Rang mit sieben Punkten Rückstand auf den Leader zu landen. Vgl.: Guggisberg, Philippe [Hrsg.]: 75 Jahre Swiss Football League – National-Liga SFV, Bern 2009, S. 34–35.

176 Memoiren (Version Jabotinsky), S. 13.

177 Ebd. Bei der Familie von Känel handelt es sich um Marie Martha, geborene Aeschi, und Walter von Känel. Vgl.: Vernehmung Marie Martha von Känel, Kantonsverhöramt von Graubünden, in: StAGR III 23 d 2, Frankfurter.

178 Vgl.: Memoiren (Version Jabotinsky), S. 13.

Wohlwollens und der Freiheit“,[179] musste sich Frankfurter, wie er es rückblickend beschreibt, bald wieder mit zwei Problematiken beschäftigen, die sich schon durch sein Studienleben in Deutschland gezogen hatten. Nicht nur brach seine Krankheit in Form einer Knochentuberkulose im Oberarm wieder aus, was sich auf Frankfurters Gemütslage auswirkte; auch die Nachrichten aus Deutschland wurden schlimmer. Er begann, sich geradezu obsessiv mit der „Judenfrage“ zu beschäftigen, las philosophische und soziale Werke, aber vor allem „verschlang [er] alles, was [ihm] an Zeitungen unter die Hände kam, von den sozialistischen schweizer [sic] Blättern bis zum Völkischen Beobachter“.[180] Wie schon zuvor in Deutschland stieß er sich an der „Stumpfheit der Herzen“ der jüdischen Mitstudierenden: „Oft fand ich unter den Schweizern mehr Verständnis, wenn ich, vom Zorn überwältigt, sagte, daß die Urheber dieser satanischen Bosheiten – die Hitler, Göring, Himmler, Göbbels [sic], Streicher und Konsorten – kalt gemacht werden müßten.“[181] Zu jenem Zeitpunkt waren die Vorstellungen Frankfurters abstrakt und wenig konkret, seine Äußerungen hingegen umso prophetischer, wobei natürlich miteinbezogen werden muss, dass Frankfurter diese Aussagen aus einer Nachkriegsperspektive verfasste.

> Noch erkannten die Mächtigen der Welt nicht, oder <u>wollten</u> es nicht erkennen, daß die Seuche des Nationalsozialismus nicht auf Deutschland beschränkt bleiben konnte, sondern eine Weltgefahr ersten Ranges geworden war. Europa war bedroht wie noch nie – und wiegte sich noch immer im Schlummer einer faulen Kompromißpolitik der ‚Nichteinmischung‘ in die inneren Verhältnisse Deutschlands. Aber es gibt dem Unrecht gegenüber keine Neutralität. Wenn im Hause meines Nachbarn ein Mord begangen wird, darf ich dann, die Hände im Schoße, dasitzen und in die blaue Luft gucken – selbstgerecht und unbeteiligt – weil das Unrecht im … Nachbarhause geschieht?[182]

Frankfurters Depression verschlimmerte sich, er hatte kaum noch die Energie, Briefe seiner Familienangehörigen zu beantworten, weil er ihnen nichts zu sagen hatte. Das Studium lief nicht, gesundheitlich ging es ihm schlecht. Er suchte Anschluss an jüdische Kreise an seiner Universität, musste aber feststellen, dass

---

179 Ebd.

180 Ebd. Dass es sich hier nicht um eine Projektion aus der Nachkriegszeit handelte, sondern Frankfurter sich tatsächlich stark mit der Situation der Jüdinnen und Juden in Deutschland befasst hatte, zeigt die Aussage von Lina Steffen im Verhörprotokoll, das im Folgenden ausführlich zitiert wird. Vgl. Kapitel 4.2.6 Weitere Attentatsphantasien und die Freundschaft mit Lina Steffen, S. 107 ff.

181 Memoiren (Version Jabotinsky), S. 13.

182 Ebd., S. 13–14.

diese in keinster Weise organisiert waren.[183] Er fühlte sich isoliert und war der Meinung, dass gerade in jener Zeit „der schrecklichen Judenentrechtung"[184] die jüdische Studentenschaft sich zusammenschließen sollte. So erreichte er zusammen mit Prediger Messinger[185] und Anwalt Brunschvig[186] die Wiederbelebung des jüdischen Studentenheims in Bern. Dort wurde unter anderem ein Lesezimmer eingerichtet, in dem Frankfurter nun öfter saß und „mit steigender Sorge"[187] die jüdische Presse las.

4.2.5 Zwei Reisen nach Deutschland

Im Jahr 1934 führten Frankfurter zwei Reisen zurück nach Deutschland und boten ihm die Gelegenheit, sich ein Bild über die dortige Situation machen zu können, die sich seit seinem Studium in Leipzig und Frankfurt am Main weiter verschlimmert hatte. Verschiedene Gesetzeserlasse im Jahr 1933, so das Gesetz zur Wiederherstellung des Berufsbeamtentums[188] und das Reichskulturkammergesetz,[189] hatten einen Ausschluss der jüdischen Bevölkerung aus Teilen der Berufswelt zur Folge.

Die erste Reise erfolgte im Frühjahr 1934 auf Einladung seines Freundes Rudolph Haas, die Pessach-Feiertage gemeinsam mit ihm in seinem Elternhaus in Frankfurt am Main zu verbringen. Frankfurter zeigte sich in seinen Memoiren

183 Auch Rogger beschreibt in ihrem Artikel über das jüdische Universitätsleben die Situation nach der Jahrhundertwende in Bern: „Die jüdische Kolonie bildete ja keine Einheit, es gab keine jüdisch-politische Kultur, […] sondern verschiedene Kulturen." Rogger 2000, S. 150.

184 Memoiren (Version Jabotinsky), S. 14.

185 Josef Messinger, 1914–1940 Prediger, Kantor und Religionslehrer an der Israelitischen Kultusgemeinde Bern, der später, als David Frankfurter in Chur im Gefängnis war, ihn regelmäßig besuchte. Vgl.: Abelin, Peter: Messinger, Josef, in: Historisches Lexikon der Schweiz, online unter: http://www.hls-dhs-dss.ch/textes/d/D14936.php [zuletzt eingesehen: 07.02.2014].

186 Wahrscheinlich Georges Brunschvig, der u.a. als Strafverteidiger im Berner Prozess um die Protokolle der Weisen von Zion in den 1930er-Jahren tätig war und später in Frankfurters Begnadigungsverfahren (1945) sowie bei der Aufhebung des Landesverweises (1969) eine wichtige Rolle spielte. Vgl.: Picard, Jacques: Brunschvig, Georges, in: Historisches Lexikon der Schweiz, online unter: http://www.hls-dhs-dss.ch/textes/d/D21250.php [zuletzt eingesehen: 07.02.2014]. Und: Einhaus, Hannah: Für Recht und Würde. Georges Brunschvig: Jüdischer Demokrat, Berner Anwalt, Schweizer Patriot (1908–1973), Zürich 2016. Vgl. auch: Kapitel 6.3 Begnadigung, S. 387 ff.

187 Memoiren (Version Jabotinsky), S. 14.

188 Verdrängung deutscher Jüdinnen und Juden sowie politischer Gegner aus Berufen des öffentlichen Dienstes, später auch aus Vereinen und Verbänden.

189 Verdrängung deutscher Jüdinnen und Juden aus dem Kulturleben.

schockiert von dem „makellosen Scheinfrieden",[190] in dem die Juden in Deutschland lebten, während „in den Konzentrationslagern und SA-Kasernen [...] der brutalste Mord" geschah.[191] Ein Besuch bei seiner ehemaligen Wirtin zeigte ihm zudem, wie die antijüdische Propaganda Wirkung zeigte, denn sie sprach von den Juden als Deutschlands Unglück, sah sie als Verantwortliche für den verlorenen Ersten Weltkrieg und forderte eine Auswanderung aller Jüdinnen und Juden aus Deutschland. Frankfurter kommentierte diese Haltung rückblickend: „Noch war nicht von der physischen Vernichtung der Juden die Rede, wie sie später planmäßig in den Grauensorten von Maidanek, Trebljanka [sic] und Auschwitz betrieben wurde – aber von der Argumentation, wie ich sie jetzt aus dem Munde meiner früheren Wirtin zu hören bekam, bis zum organisierten Massenmord war ja nur noch ein Schritt."[192]

Der zweite Aufenthalt in Deutschland war ein Besuch in Berlin zu Chanukka, wo sein Onkel Salomon Frankfurter lebte und als Rabbiner tätig war. Frankfurter beschreibt Aushänge des *Stürmers*, Plakate mit antijüdischen Parolen und Märsche von SA- und SS-Kolonnen. Ein Ereignis sollte beim späteren Prozess gegen David Frankfurter eine Rolle spielen.

> Einmal hatte ich mich mit meinem Onkel an der U-Bahn Station [sic] im Kaufhaus Tietz verabredet. Ich traf ihn in höchster Erregung an. Ein Hitlerjunge hatte den würdigen Mann angepöbelt und an seinem dunklen, langen Bart gezerrt. Und dazu mußte er schweigen, schweigen, wie die Juden in Deutschland zu allem schweigen mußten, was ihnen unausgesetzt angetan wurde.[193]

Im Vorfeld des Prozesses wurde angezweifelt, ob dieser Vorfall tatsächlich stattgefunden hatte. David Frankfurter hatte seinen Hauswirtinnen davon erzählt, und offensichtlich muss Emil Ludwig davon erfahren haben, denn er schreibt darüber in seinem Buch *David und Goliath*. Seine Beschreibung ist wesentlich dramatischer als die Frankfurters; außerdem hat in seiner Version Frankfurter den Vorfall bei einem Besuch in Deutschland persönlich miterlebt.

> Aber nun geht er eines Tages mit ihm spazieren. Der Onkel hat einen rötlichen Bart, auch sonst den jüdisch-ehrwürdigen Typus, den Rembrandt verewigt hat. Ein halbwüchsiger Bursche kommt vorbei, er sieht den Juden, geht auf ihn zu, zieht ihn am Bart

190 Memoiren (Version Jabotinsky), S. 14.
191 Ebd.
192 Ebd.
193 Ebd.

> und lacht und schreit: ‚Jude, hepp, hepp!' ‚Da stand ich', erzählte David später seiner Wirtin, ‚und konnte gegen die Gemeinheit nichts tun!'[194]

Der nationalsozialistische Propagandist Wolfgang Diewerge wiederum nimmt den Vorfall zum Anlass, Frankfurter und Ludwig der Lüge zu bezichtigen. Besagter Onkel habe der Berliner Polizei gegenüber eine Aussage gemacht, die Diewerge zitierte:

> Es ist nicht wahr, daß ich mit meinem Neffen David Frankfurter bei seinem Besuch in Berlin einen Spaziergang unternommen habe, auf dem ich nur der geringsten Belästigung ausgesetzt war. Insbesondere ist es nicht wahr, daß ein halbwüchsiger Bursche mich am Barte (der im übrigen schwarz und nicht rötlich ist) gezogen und dabei geschrien hat: ‚Jude, hepp, hepp!' Ebensowenig hat mein Neffe David Frankfurter mir gegenüber geäußert, daß er durch eine mir zuteil werdende Behandlung gekränkt oder erregt worden ist.
>
> Weder mir noch einem Mitglied meiner Familie in Deutschland ist vor und nach der Machtergreifung, auch nicht nach der Mordtat in Davos, ein Unrecht oder eine Belästigung persönlicher Art zugefügt worden. Ich bin, falls erforderlich, auch bereit, diese Aussage vor einem ausländischen Richter zu wiederholen.[195]

Nun wäre es tatsächlich wenig überraschend, dass Salomon Frankfurter im Jahr 1936 gegenüber der Polizei den Vorfall aus Selbstschutz oder als Schutz für Familienangehörige abstreiten würde, ähnlich wie Rudolph Haas und seine Aussagen zur Waffe Frankfurters.[196] Es spricht dafür, dass der Vorfall wirklich stattgefunden und Frankfurter stark beschäftigt hat, dass Frankfurter ihn nicht nur in seinen Memoiren erwähnt, sondern sich schon unmittelbar nach seinem Besuch in Deutschland seinen Hauswirtinnen gegenüber dazu geäußert hat, so dass diese im Rahmen ihrer Zeuginnenaussagen vor dem Churer Mordprozess darauf Bezug nahmen.

Im Juli desselben Jahres erreichte David Frankfurter die Nachricht einer lebensgefährlichen Erkrankung seiner Mutter. Auch wenn seine Mutter in Frankfurters Memoiren eine nur kleine Rolle spielt, war seine Beziehung zu ihr eine innige, sie war der Gegenpol zum als autoritär beschriebenen Vater, wie später im Rahmen des Prozesses im psychiatrischen Gutachten festgestellt werden

---

194 Ludwig 1986, S. 48-49. Ludwig schrieb von weiteren Vorfällen, die Frankfurter direkt betrafen: „[I]m Kolleg wird er mit anderen jüdischen Studenten beschimpft, die Karte, die seinen Platz bezeichnet, mit Hakenkreuzen beschmiert, bei Vorstellung der Kranken, um die sich die Lernenden drängen, wird er weggeschoben, als er sich zu wehren sucht, herausgedrückt." Ebd., S. 33.

195 Diewerge 1937, S. 31.

196 Vgl.: Kapitel 4.2.3 Erste Mordgedanken, S. 94 ff.

sollte.[197] Frankfurter reiste unverzüglich nach Jugoslawien, um am Bahnhof in Vinkovci von seinem Bruder „mit verweinten Augen“[198] empfangen zu werden: Die Mutter war im Juli 1934[199] im Alter von 52 Jahren[200] verstorben.

> Ich war wenige Stunden zu spät angekommen. Meine Mutter war nicht mehr am Leben. Ich konnte ihr nicht mehr die geliebte Hand drücken, sie um Verzeihung bitten für die Herzensangst, die ich ihr durch mein Schweigen in den letzten Monaten verursacht hatte.[201]

Retrospektiv beschreibt er seine „unendlich geliebte“ Mutter als „Urbild der jüdischen Frau und Mutter“, die „still und unbemerkt [...] durchs Leben gegangen“ war.[202] Stets habe sie ein Lied auf den Lippen gehabt und immer ein gutes Wort für die Kinder, „insbesondere für mich, das Sorgenkind“.[203] Sein Trost war es, dass sie noch ihre erste Enkelin hat kennenlernen dürfen, die Tochter von Ruth und Josef Löwy, Neomi Chana, geboren im Jahr 1934.[204] Zudem sei es ihr durch ihren frühen Tod erspart geblieben, „mitzuerleben, daß dieses Kind [Neomi Chana] und seine Geschwister im Todeslager von Auschwitz weniger als zehn Jahre später umgebracht wurden, ebenso wie der Schwiegersohn.“[205]

Nach seiner Mutter Tod blieb David Frankfurter noch für einige Monate in Vinkovci bei seinem Vater, mit dem er in der Folge einige Auseinandersetzungen hatte. Sein Vater versuchte, ihn zu ermutigen, sein Studium wieder aufzunehmen,

---

197 Psychiatrisches Gutachten zu David Frankfurter von Dr. Jörger vom 10. September 1936, in: AfZ, IB Frankfurter-Prozess / 4, S. 4.

198 Memoiren (Version Jabotinsky), S. 15.

199 Das genaue Todesdatum erschließt sich aus einem Brief des Basler Rabbiners Weil an den SIG-Präsidenten Saly Mayer vom 2. Juli 1942, in dem er von seinem Besuch David Frankfurters im Churer Gefängnis berichtete: „Er [David Frankfurter] hat mich auch gebeten am 13. Juli ein Jahrzeitslicht für seine sel. Mutter zu entzünden.“ Brief von Rabbiner Weil an Saly Mayer vom 2. Juli 1942, in: AfZ, IB Frankfurter-Prozess / 16, S. 101–102. Da die „Jahrzeit“ im Judentum jeweils am Todestag gemäß des jüdischen Kalenders begangen wird, ergibt sich Folgendes: Der 13. Juli 1942 entspricht dem 13. Tag des Monats Aw, was für das Jahr 1934 wiederum den 25. Juli ergibt.

200 In seinen Memoiren schreibt er: „Es war ihr noch vergönnt gewesen, *mit ihren 52 Jahren* ihr erstes Enkelkind [...] zu sehen.“ [Hervorhebung von der Verfasserin] Memoiren (Version Jabotinsky), S. 15.

201 Memoiren (Version Jabotinsky), S. 15.

202 Alle Zitate: Ebd.

203 Vgl.: Ebd., S. 15.

204 Die Central Database of Shoah Victims' Names gibt an, dass Neomi Chana, als sie 1944 in Auschwitz ermordet wurde, zehn Jahre alt war. Vgl.: http://db.yadvashem.org/names/nameDetails.html?itemId=8879179&language=en [Zuletzt eingesehen: 04.03.2014].

205 Memoiren (Version Jabotinsky), S. 15.

während Frankfurter überzeugt war, dass er nach diesem Schicksalsschlag nicht wieder in seinen Alltag zurückfände.[206] Trotzdem kehrte er nach Bern zurück, wo er „mehr für Kino, Zigaretten und Kaffee aus[gab] als für die eigene Lebenshaltung".[207] Im Kino schaute er sich nicht den „billigen, romantischen Liebesgeschichtenkitsch aus Hollywood"[208] an, sondern die Deutsche Wochenschau, durch die er über die Vorgänge in Deutschland, namentlich die Parteitage in Nürnberg und die militärische Aufrüstung, informiert wurde. „Ich mußte es immer wieder sehen, das Furchtbare, das die Anderen nicht sehen wollten."[209]

In den knapp zwei Jahren zwischen dem Tod Rebekka Frankfurters und dem Mord an Wilhelm Gustloff im Februar 1936 veränderte sich die politische Situation in Deutschland weiter. Nach dem Tod von Reichspräsident Hindenburg im August 1934 übernahm Adolf Hitler dessen Amt und war nun „Führer" und Reichskanzler. Im März 1935 wurden die Wehrpflicht eingeführt und die Reichswehr in Wehrmacht umbenannt, die diesbezüglichen Bestimmungen des Versailler Vertrags wurden damit nicht mehr eingehalten. Gleichzeitig wurden die Boykottmaßnahmen gegen die Juden verschärft, bis schließlich im September 1935 die Nürnberger Gesetze verkündigt wurden.

4.2.6 Weitere Attentatsphantasien und die Freundschaft mit Lina Steffen

David Frankfurter zog während dieser Zeit um. Er verließ seine Unterkunft bei der Familie von Känel und bezog im gleichen Haus ein Zimmer bei Lina Steffen, die ihm bald eine so gute Freundin werden sollte, dass sie sich duzten. Lina Steffen, von Frankfurter Linny genannt, geboren am 9. November 1900, um neun Jahre älter als Frankfurter, war ledig und von Beruf „Ladentochter", schweizerdeutsch veraltet für Verkäuferin.

Das Verhältnis zwischen den beiden ist unklar. Miriam Gepner vermutet, dass Lina Steffen in David verliebt war: „I don't know where I heard that from, she was in love with my father. Which was not very hard to do, he was a lovable person. He was like a movie star. I don't know what their relationships were, but she kept a warm, very warm relationship with him."[210] Gleichzeitig erzählte Miriam

206 Ebd.

207 Ebd., S. 16.

208 Memoiren (Version Jabotinsky), S. 16.

209 Ebd. [Hervorhebung aus dem Original übernommen]

210 Interview mit Miriam Gepner und Moshe Frankfurter, 17. Januar 2012, Salit, Israel. DW_COO45, 13.17.

Abb. 11: Lina Steffen, undatiertes Bild. Quelle: Privatarchiv von Miriam Gepner, Salit.

Gepner eine Anekdote, die verdeutlicht, wie nahe Lina Steffen der Frankfurter-Familie noch Jahrzehnte später stehen sollte.

> She [Lina Steffen] was – because I didn't know my grandmother – she was for me kind of a distant grandmother. [...] [W]hen I was 12 years old, I had my Bat Mitzwa. [...] She gave me the first ring that she got from her mom. And I have it, of course, till this day. Two little diamonds and a ruby. And I'm going to give it to my granddaughter which is going to be 12 next month.[211]

In einem „Abhörungs-Protokoll" im Rahmen des Churer Mordprozesses beschrieb Lina Steffen die Reisen Frankfurters vor und nach dem Tod seiner Mutter. Über Weihnachten 1934 sei er zu seinem Onkel nach Berlin gereist, der oben erwähnte Besuch zu Chanukka mit dem antisemitischen Vorfall, und Anfang Januar 1935 nach Bern zurückgekehrt, um im Juli 1935 ans Sterbebett seiner Mutter gerufen zu werden.[212] Auch durch seinen jugoslawischen Pass werden diese Reisen bestätigt; demnach hat er sich beim städtischen Fremdenpolizeibureau der Stadt Bern am 26. Juli 1935 zur Abreise nach Jugoslawien abgemeldet und ist am 28. Juli

211 Ebd., 12.58.

212 Abhörungs-Protokoll Lina Steffen, Städtische Polizeidirektion Bern, in: StAGR III 23 d 2, Frankfurter.

desselben Jahres via Feldkirch nach Österreich ein- und von dort aus nach Jugoslawien weitergereist.[213] Zu diesem Zwecke wurde ihm eine Erlaubnis ausgestellt, „[g]ültig zur zweimaligen Reise durch Oesterreich bis zum 27. Oktober 1935".[214] Im November ließ er seinen Pass in Vinkovci um ein Jahr verlängern, beantragte gleichzeitig und erhielt die Erlaubnis, in die Schweiz und wieder zurück zu reisen.[215] In Bern kam er laut Lina Steffen am 12. November an. Drei Tage später meldete er sich wiederum bei der städtischen Fremdenpolizei und bekam seinen Aufenthalt in Bern zum Zwecke des Studiums bis zum 31. März 1936 bewilligt.[216]

— 2 —
LIČNI OPIS — SIGNALEMENT
Zanimanje / Profession: student - étudiant
Rodno mesto / Natif de: Daruvar
Srez / Arrondissement: Daruvar
Banovina / Banovina: Savska
Stalno mesto stanovanja / Domicile légal: Vinkovci
Srez / Arrondissement: Vinkovci
Banovina / Banovina: Savska
Starost / Age: 1909
Stas / Taille: srednji - moyen
Lice / Visage: okruglo - rond
Kosa / Cheveux: plava - blonde
Oči / Yeux: smedje - bruns
Nos / Nez: pravilan - normal
Usta / Bouche: pravilna - normale

— 3 —
Brkovi / Moustache: brije - rasée
Brada / Barbe: brije - rasée
Osobeni znaci / Signes particuliers: nema - nuls
Svojeručni potpis — Signature du porteur

Abb. 12: Jugoslawischer Pass von David Frankfurter.
Quelle: Privatarchiv von Miriam Gepner, Salit.

213 Abmeldung bei der städtischen Fremdenpolizei Bern, in: Reisepass von David Frankfurter, Kraljevina Jugoslavija, Putna Isprava, aus dem Privatarchiv von Miriam Gepner, Salit.

214 Durchreiseerlaubnis, in: Reisepass von David Frankfurter, Kraljevina Jugoslavija, Putna Isprava, aus dem Privatarchiv von Miriam Gepner, Salit.

215 Reiseerlaubnis und Passverlängerung, in: Reisepass von David Frankfurter, Kraljevina Jugoslavija, Putna Isprava, aus dem Privatarchiv von Miriam Gepner, Salit.

216 Ausländerausweis, in: Reisepass von David Frankfurter, Kraljevina Jugoslavija, Putna Isprava, aus dem Privatarchiv von Miriam Gepner, Salit.

Auch mit Lina Steffen unterhielt sich David Frankfurter gelegentlich über das „Judenproblem". Gegenüber der städtischen Polizeidirektion sagte sie aus: „[E]r betonte, es sei nicht recht, dass die Juden in Deutschland derart behandelt würden. Dies schien ihn sehr zu beschäftigen und brachte ihn oftmals fast zum Weinen."[217] Sie unterstrich gleichzeitig, er habe keinerlei Rachegelüste geäußert. „Einzig als Reichskanzler Hitler an einem Halsleiden erkrankt war, äusserte er einmal, dass es den [sic] schönsten Tag seines Lebens wäre, wenn dieser Mann krepieren würde. Ueber Gustloff hat er sich nie geäussert."[218] Für Frankfurter waren diese Gespräche mit Lina Steffen von großer Bedeutung. Er schenkte ihr die Schrift *Die schlimmen Juden!* von Carl Albert Loosli, die schon 1927 erschienen war und sich gegen den Antisemitismus richtete. Als Widmung schrieb er in das Buch:

> So schlimm sind wir, und daß wir nicht so niederträchtig sind, wie man uns hinstellt, scheint unser größtes Verbrechen zu sein. Das Böse und die Fehler an uns sehen, vor dem Guten aber Augen und Herz verschließen, sind die Methoden unserer Hasser! Vor ehrlichen und objektiven Beobachtern haben wir jedesmal unseren Bestand gehabt, und dann auch in Ehren. Endlich besteht doch noch Hoffnung, daß Gott den Teufel auch im menschlichen Herzen besiegen wird.
> Auch ein Schlimmer
> D.F.[219]

Sowohl die Aussage von Lina Steffen als auch das Buch, das David Frankfurter ihr geschenkt hat, belegen, dass Frankfurter sich zu dieser Zeit tatsächlich mit dem „Judenproblem" beschäftigt hatte und sich dadurch ein Bild von der Situation der Jüdinnen und Juden Deutschlands machen konnte.

Wiederum breitete Frankfurter in seinen Memoiren aus, dass tatsächlich noch Hoffnung bestünde, wenn nur jemand, möglicherweise er selbst, die Hand erheben würde.[220] Seine Pläne waren damals noch nicht zielgerichtet. Zwar war – wenig überraschend – Hitler das bevorzugte Opfer, „diese dämonische Gestalt des rasenden Spiessers, der von der Bierbank aufgebrochen war zur Vernichtung der Juden und der Welt".[221] Die Aussichtslosigkeit eines gegen Hitler gerichteten Mordplans war Frankfurter klar, „[g]eschützt von seiner Leibstandarte und dem

---

217 Abhörungs-Protokoll Lina Steffen, Städtische Polizeidirektion Bern, in: StAGR III 23 d 2, Frankfurter.

218 Abhörungs-Protokoll Lina Steffen, Städtische Polizeidirektion Bern, in: StAGR III 23 d 2, Frankfurter.

219 Memoiren (Version Jabotinsky), S. 16. Frankfurter muss die Widmung aus der Erinnerung wiedergegeben haben.

220 Vgl.: Ebd., S. 17.

221 Ebd.

ganzen Millionentross seines Anhangs, wagte sich dieser Feigling niemals ungeschützt ins Freie".[222] Ähnlich verhielt es sich mit anderen Nazifunktionären wie Hess, Göring, Streicher, Himmler und Goebbels, so dass es undenkbar war, „mit der Waffe in der Tasche nach Deutschland zu reisen[,] um einen von ihnen zu erledigen".[223] Frankfurter gibt in seinen Memoiren zwei „greifbare Möglichkeit[en]"[224] an, die belegen sollen, dass seine Pläne zu jener Zeit schon konkreter waren. Zum einen reiste der nationalsozialistische Senatspräsident der Freien Stadt Danzig, Arthur Greiser, nach Genf, um beim Völkerbund zu Fragen bezüglich der Freien Stadt vorzusprechen.[225] Zum anderen war Josef Goebbels, „der klumpfüßige Zwerg mit dem Riesenmaul",[226] in Genf, gemäß Frankfurter, „um den Austritt des Nazireiches aus der Gesellschaft der zivilisierten Völker einzuleiten".[227] Allerdings bestehen bezüglich dieser zwei Ereignisse einige Unklarheiten. Chronologisch gesehen passen sie nicht in den Zusammenhang der Memoiren, den Frankfurter gerade beschreibt (also ungefähr das Jahr 1935). Der Austritt des Deutschen Reichs aus dem Völkerbund sowie das Verlassen der Genfer Abrüstungskonferenz und der damit verbundene Besuch Goebbels in der Schweiz haben bereits im Oktober 1933 stattgefunden und damit deutlich vor dem an dieser Stelle beschriebenen Zeitraum. Arthur Greiser hingegen ist erst im Juli 1936 nach Genf gereist, zu einem Zeitpunkt, als Frankfurter sich bereits in Untersuchungshaft befand. Es besteht die Möglichkeit, dass Frankfurter in Bezug auf diese zwei Ereignisse durcheinander geraten war und er sich entweder auf andere Besuche von Nazigrößen in der Schweiz bezieht, hat er doch die Memoiren mit einem Abstand von einem guten Jahrzehnt dazu verfasst; oder aber er hat in einer nachträglichen Sinngebung zwei Vorkommnisse in der Schweiz auf diese Zeit verschoben. Nichtsdestotrotz zeigen das Erwähnen dieser Besuche und die damit verbundenen Attentatsphantasien, dass David Frankfurter zumindest zum Zeitpunkt des Verfassens seiner Memoiren der Meinung war, dass er schon vor der Wahl des schlussendlichen Opfers, Wilhelm Gustloff, nach Möglichkeiten gesucht hatte (Frankfurter nennt es das „Keimen der Tat"[228]), eine relevante Person innerhalb der NSDAP zu ermorden.

---

222 Ebd.

223 Ebd.

224 Ebd.

225 Vgl. beispielsweise: Der Spiegel: „Mission in Danzig", 16/1960, online unter: http://www.spiegel.de/spiegel/print/d–43065386.html [zuletzt eingesehen: 18.03.2014]. Gemäß *Spiegel* fand das Treffen mit dem Völkerbund am 4. Juli 1936 statt, Greiser hätte sich in erster Linie durch nationalsozialistisches Auftreten und „Heil Hitler"-Rufe hervorgetan.

226 Memoiren (Version Jabotinsky), S. 17.

227 Ebd.

228 Ebd.

Ein Attentat war nicht der einzige Ausweg, der Frankfurter damals vorschwebte. Mit Bezugnahme auf das biblische Motiv des Propheten Jeremia, dem von Gott eine destruktive und eine konstruktive Aufgabe zugewiesen wurde,[229] beschäftigte sich Frankfurter nicht nur mit einem destruktiven (Ermordung eines hohen Nationalsozialisten), sondern auch mit einem konstruktiven Plan. „Ich suchte – ein letztes Mal – den Weg des Bauens und Pflanzens ... um den furchtbaren, den Weg der Vernichtung nicht gehen zu müssen."[230] Seine zwei konkreten Ideen waren einerseits, ein Visum für Erez Israel (Palästina) zu erlangen, was aber angesichts seiner angeschlagenen Gesundheit als unklug erschien, andererseits bot er der schwedischen Botschaft seine Dienste an als angehender Arzt für eine medizinische Hilfsmission in Äthiopien, damals Kaiserreich Abessinien, das im Oktober 1935 vom faschistischen Italien angegriffen und später annektiert wurde. Anscheinend erhielt Frankfurter auf sein Angebot keine Antwort.[231]

Der konstruktive Weg blieb ihm also verwehrt, entsprechend düster schließt er dieses Kapitel mit folgenden Worten ab: „In einer dumpf hinbrütenden Untätigkeit flossen nun meine Tage dahin. Immer näher kam das unabweisbare Gebot – den Weg der Vernichtung zu gehen."[232]

4.2.7 Vorbereitungen auf das Attentat: „von den Höhen des Entschlusses herabsinkend in die Ebenen dumpfen Hinbrütens"[233]

In seinen Memoiren hält David Frankfurter fest, dass der Weg zum Attentat keineswegs ein linearer war. „Das Gegenteil trifft zu. Würde man das Reifen meiner Tat in einem Diagramm darstellen, so ergäbe sich eine Zickzack-Linie, unregelmäßig verlaufend und immer wieder von den Höhen des Entschlusses herabsinkend in die Ebenen dumpfen Hinbrütens."[234] Trotzdem wurde ihm immer klarer, dass etwas getan werden, dass „die Schmach des jüdischen Volkes" gerächt werden musste, von ihm, als „geringes Werkzeug in Gottes Hand".[235] Wiederum wandte er sich der Bibel zu, „die allerorten von jenem Zögern spricht,

229 Frankfurter bezieht sich hier auf die Bibelstelle Jeremia 1,10: „Siehe, ich bestelle dich an diesem Tage über die Nationen und über die Königreiche, um auszurotten und niederzureißen und zu zerstören und abzubrechen [destruktiv], um zu bauen und zu pflanzen [konstruktiv]." Elberfelder Bibel 1905, online unter: www.bibel-online.net [zuletzt eingesehen: 18.03.2014].

230 Memoiren (Version Jabotinsky), S. 17.

231 Ebd.

232 Ebd.

233 Ebd., S. 18.

234 Ebd.

235 Beide Zitate: Ebd. [Hervorhebung aus dem Original übernommen.]

das die Menschen befällt, welche der Gott Israels sendet".[236] Auch wenn Frankfurter seine eigene Bedeutung relativierte (die „großen und erhabenen Beispiele [...]" von Moses, Jesaja und Jeremia im Vergleich mit seinem „eigenen, kleinen Schicksal [...]"[237]), wird dennoch deutlich, dass er sich in eine Reihe stellte mit diesen biblischen Figuren und dass er seine Idee, das Judentum zu rächen, indem er einen Nazi ermordete, als genauso von Gott auferlegt betrachtete wie den Auftrag an Moses, die Israeliten aus Ägypten zu führen. Als Leitmotiv seines Handelns sah er weiterhin die Geschichte von David und Goliath, fühlte sich aber auch dem Zögern der Propheten verbunden, die – wie er – mit ihrer Bestimmung haderten.[238]

Gleichzeitig versuchte er, sich im Alltag zurechtzufinden, indem er mit der Recherche für seine Dissertation über Krebserkrankungen begann, obwohl er im Fortgang seines Studiums noch weit von einem Abschluss entfernt war. Seine Beschäftigung mit diesem Thema sieht Frankfurter rückblickend als symbolisch. „Ich wollte in der Beschäftigung mit der Heilkunde vergessen, daß die furchtbarste aller Krebs-Erkrankungen, der Nationalsozialismus, der Deutschland bereits zerfressen hatte und sich anschickte, den ganzen Erdteil, ja die Welt zu zerstören, nur mit tödlichen Mitteln ausgerottet werden konnte."[239]

Während dieser Zeit machte Frankfurter die Bekanntschaft mit einem jüdischen Philosophiestudenten, der sein Mittagessen in derselben koscheren Pension einnahm. Die Gespräche drehten sich – angesichts Frankfurters seelischer Verfassung wenig überraschend – um die Lage der jüdischen Deutschen. Der Philosophiestudent zog während eines dieser Gespräche eine Waffe aus der Tasche, die er in Bern gekauft habe. Frankfurter äußerte sich in seinen Memoiren zu den liberalen Waffengesetzen in der Schweiz.

> Ich sah die Waffe einen Augenblick vor mir auf dem Café-Haus-Tisch liegen, und die Finger zuckten mir nach diesem unerläßlichen Werkzeug meines Planes. So leicht war es also in der freien und vertrauensvollen Schweiz sich eine Waffe zu besorgen. Kein Waffenschein wurde verlangt, nicht einmal der Name des Käufers mußte registriert werden. Man konnte sich einen Revolver wie eine Schachtel Zigaretten kaufen.[240]

Obwohl der Kauf einer Waffe so problemlos war, zögerte Frankfurter. „Ich wußte: wenn du die Waffe kaufst – mußt du handeln. Der Erwerb des Revolvers war

236 Ebd.
237 Ebd.
238 Vgl.: Ebd.
239 Ebd.
240 Ebd.

ein weiterer, schwerer Schritt von der Idee zur Tat."[241] Schließlich, gegen Ende des Jahres 1935, entschied er sich zum Kauf, betrat den Laden von Büchsenmacher Schwarz an der Aarbergergasse[242] und sprach „[u]m nicht aufzufallen"[243] die Verkäuferin auf Schweizerdeutsch an, das er gemäß eigener Aussage „inzwischen so gut erlernt hatte, daß man mir unter waschechten Eidgenossen oft den Ausländer nicht mehr glaubte".[244]

Frankfurter erwarb für zehn Franken, „nicht viel mehr als man zum Ankauf eines Hemdes benötigt", einen sechsschüssigen Revolver, die Verkäuferin führte vor, wie der Mechanismus funktionierte und ihm war bewusst, „daß es nun kein Zurück [...] mehr gab".[245] Bei Abklärungen der Sicherheits- und Kriminalpolizei der Stadt Bern bestätigte der Besitzer des Waffenladens, Hans Schwarz, dass die automatische Pistole, Kaliber 6.35 mit der Seriennummer 10'104 aus seinem Geschäft stammte. Zum Zeitpunkt des Kaufs oder der Zahl der erworbenen Patronen hingegen konnte er keine Auskunft geben.[246]

Nach dem Kauf des Revolvers machte Frankfurter in einem Schießstand in Ostermundigen, einer Berner Agglomerationsgemeinde, Schießübungen[247] und trug die Waffe von nun an in seiner Rocktasche. „Und doch sollten noch Wochen vergehen, bis ich die tödliche Waffe erhob, um sie gegen einen der Repräsentanten des neuen Amalek, Hitler-Deutschland[,] abzufeuern. Noch war die Zeit nicht reif für jene Schüsse aus dieser Pistole, von denen Europa widerhallen sollte."[248] Ungefähr zur gleichen Zeit las Frankfurter zum ersten Mal von Wilhelm Gustloff, dem Landesgruppenleiter der NSDAP-Auslandsorganisation der Schweiz, der 1935 die Schweizer Politik und Presse in Zusammenhang mit der Interpellation Canova beschäftigte.[249]

241 Ebd.

242 An der Aarbergergasse 14 in Bern befindet sich heute ein Geschäft für Hörgeräte.

243 Memoiren (Version Jabotinsky), S. 18.

244 Ebd.

245 Beide Zitate: Ebd.

246 Vgl.: Rapport der Sicherheits- und Kriminalpolizei der Stadt Bern vom 5. Januar 1936, in: Kantonsgericht / Erstinstanzliche Straffälle 1903–1941. III23d2 Frankfurter.

247 Vgl.: Saurer, Andreas: David Frankfurter, in: Berner Zeitung online, 04.02.2011, online unter: http://www.bernerzeitung.ch/region/David-Frankfurter/story/29910872?g=ostermundigen [zuletzt eingesehen: 20.05.2014]. Auch: Memoiren (Version Jabotinsky), S. 21.

248 Memoiren (Version Jabotinsky), S. 19.

249 Frankfurters Memoiren sind an dieser Stelle wiederum nicht präzise. Statt vom Nationalrat Canova schreibt er vom Bundesrat Canova, der die Interpellation beim Berner Bundesparlament statt beim Bundesrat eingereicht habe; zudem verlegt er die Ereignisse in den November, obwohl die Interpellation schon im April 1935 eingereicht wurde.

Exkurs: Wilhelm Gustloff und die Interpellation Canova

Wilhelm Gustloff wurde am 30. Januar 1895 in Schwerin in Mecklenburg-Vorpommern geboren. Sein Vater war Kaufmann; die Verhältnisse, in denen er aufwuchs, werden als „kleinbürgerlich“ beschrieben.[250] Gustloff scheint ein mittelmäßiger Schüler gewesen zu sein, er schloss die Schule lediglich mit einem so genannten Einjährigen-Zeugnis ab.[251] Bei der Mecklenburgischen Lebensversicherungs- und Sparbank machte Gustloff eine Berufslehre zum Bankbeamten.[252] Später erkrankte er an Tuberkulose und kam 1917 nach Davos zur Kur; aufgrund seines Lungenleidens wurde er nicht als Soldat zum Kampf im Ersten Weltkrieg eingezogen. Zwei Jahre später beschloss er, längerfristig in Davos zu bleiben und fand eine Anstellung am physikalisch-meteorologischen Observatorium, PMOD, das 1907 als privates Institut zur Erforschung des Sonnenlichts und seiner Eigenschaften gegründet wurde und sich ab 1922 der Messung von atmosphärischer Strahlung widmete.[253] 1923 heiratete er Hedwig Gustloff, geborene Schoknecht,[254] die wie er aus Schwerin stammte; das Paar hatte keine Kinder.[255] Hedwig Gustloff war angeblich vor der Ehe Hitlers Sekretärin gewesen.[256]

---

250 Vgl.: Fuhrer 2012, S. 24.

251 Vgl.: Bollier 1999, S. 42. Das Zeugnis, das zuerst in Preußen, später auch im Norddeutschen Bund eingeführt wurde, kann auf verschiedenem Wege erreicht werden, üblicherweise, „wenn man die höhere Schule sechs Jahre besucht hat“. Die Zeugnisse galten als „wissenschaftliche Befähigung für den einjährig-freiwilligen [militärischen] Dienst, sind einem Abiturabschluss keinesfalls gleichwertig und berechtigen auch nicht zu einem Universitätsstudium“. Vgl.: Urabe, Masahi: Funktion und Geschichte des deutschen Schulzeugnisses, Bad Heilbrunn 2009, S. 53–54.

252 Vgl.: Bollier 1999, S. 42. Und: Bollier 2016, S. 29–31.

253 Vgl.: Unabhängige Expertenkommission Schweiz-Zweiter Weltkrieg 2002, S. 232. Und: PMOD – Physikalisch-meteorologisches Observatorium Davos, online unter: http://www.pmodwrc.ch/ [zuletzt eingesehen: 20.05.2014].

254 Es werden in der Literatur und in den Quellen verschiedene Schreibweisen genannt, das Abhörungsprotokoll von Hedwig Gustloff durch das Kantonsverhöramt Graubünden nennt als ihren ledigen Namen Schocknecht, Bollier schreibt von Schoknecht. Letzteres scheint die richtigere Variante zu sein.

255 Abhörungs-Protokoll Hedwig Gustloff vom 5. Februar 1936, Kantons-Verhöramt Graubünden, in: StAGR III 23 d 2, Frankfurter.

256 Diese Aussage ist allerdings zweifelhaft. Zwar wird die Information an verschiedensten Stellen genannt, jedoch ohne Angabe einer Quelle. Grass schreibt in seiner Novelle *Im Krebsgang*: „Er [Adolf Hitler] kannte Hedwig Gustloff aus frühester Kampfzeit. Bevor dreiundzwanzig der Marsch zur Feldherrnhalle in München blutig danebenging, war sie seine Sekretärin gewesen.“ (Grass 2002, S. 51.) Auch die deutsche Wikipedia geht auf dieses Detail, wiederum ohne Quellenverweis, ein: „Die Taufe [des Schiffs Wilhelm Gustloff] vollzog er [Hitler] 1937 gemeinsam mit Hedwig Gustloff, der Witwe des Ermordeten, die vor ihrer Ehe mit Gustloff bis zum 8. November 1923 Hitlers Sekretärin gewesen war.“ Wikipedia: Wilhelm Gustloff, online unter: http://de.wikipedia.org/wiki/Wilhelm_Gust-

Abb. 13: Wilhelm Gustloff, Porträtaufnahme, ca. 1934/35. Quelle: Bayerische Staatsbibliothek München/Bildarchiv, Fotoarchiv Hoffmann, Gustloff, Wilhelm [hoff-1473].

1921 trat Wilhelm Gustloff dem Deutschvölkischen Schutz- und Trutzbund bei,[257] 1929 der NSDAP.[258] Nur wenige Jahre später, am 3. Februar 1932, wurde er von Georg Strasser, dem Reichsorganisator NSDAP, zum Leiter der NSDAP-Landesgruppe Schweiz ernannt.[259] Zwar konnte Gustloff „einige Tugenden für dieses Amt"[260] vorweisen, es schienen aber auch „keine [anderen] valablen Kandidaten"[261] in den Schweizer Ortsgruppen vorhanden gewesen zu sein. Die Kompetenzen Gustloffs werden als weitgehend angegeben.

---

loff [zuletzt eingesehen: 23.05.2014]. In Ian Kershaws Hitler-Biographie (Hitler, 1889–1936, Stuttgart 1998.) wird Hedwig Gustloff nicht erwähnt.

257 Vgl.: Jung, Walter: Deutschvölkischer Schutz- und Trutzbund (DVSTB), 1919–1924/35, in: Historisches Lexikon Bayerns, online unter: http://www.historisches-lexikon-bayerns.de/artikel/artikel_44476 [zuletzt eingesehen: 02.06.2014]. Jung beschreibt den DVSTB als „größte völkisch-antisemitische Massenorganisation", die zeitweise bis zu 180.000 Mitglieder hatte. Der DVSTB wurde nach dem Mord an Walter Rathenau in den meisten Ländern Deutschlands verboten.

258 Vgl.: Fuhrer 2012, S. 25.

259 Vgl.: Unabhängige Expertenkommission Schweiz-Zweiter Weltkrieg 2002, S. 232. Und: Bollier 1999, S. 43. Sowie: Bollier 2016.

260 Bollier 1999, S. 45.

261 Ebd.

> Mit der definitiven Ernennung Wilhelm Gustloffs zum kommissarischen Leiter der NSDAP Schweiz wurde diese erstmals einheitlich organisiert. Das Führerprinzip galt nun auch hier. Sämtliche Ortsgruppen, Stützpunkte und Einzelmitglieder waren Gustloff unterstellt. Sie hatten seinen Weisungen unbedingt Folge zu leisten. [...] Zudem mussten die Parteibeiträge an ihn persönlich bezahlt werden. Diese beiden Prinzipien waren es, welche seine Macht begründeten: die Möglichkeit, Opponenten auszuschalten, und weitgehende Autonomie.
>
> Seine Aufgaben waren folgende:
> - organisatorische Zusammenfassung der in der Schweiz lebenden Parteigenossen
> - Die Durchsetzung des territorialen Prinzips für die Auslandsbewegung
> - Die Erfassung aller Deutschen in der Schweiz
> - Die Vereinheitlichung der NSDAP in der Schweiz und die Etablierung der Partei als Führungsinstrument für alle Deutschen
> - Die Propaganda für Reichsdeutsche
> - Überwachung und Bespitzelung der Landsleute
> - Sammeltätigkeit für die Bewegung.[262]

Darüber hinaus wird er als loyaler Parteigenosse beschrieben, der „kritiklos das Weltbild eines Parteifunktionärs“[263] übernahm, als kompromisslos in Bezug auf seine Ideologie, er „hätte sich auch in kürzester Zeit auf Befehl des Führers umgebracht“.[264] Noch deutlicher ist ein umstrittenens Zitat Gustloffs, das an verschiedenster Stelle wiedergegeben wird: „I would murder my wife if Hitler commanded it.“[265] Ähnlich wird Gustloff bei Grass zitiert: „Ich liebe auf der Welt am meisten meine Frau und meine Mutter. Wenn mein Führer mir befähle, sie zu töten, würde ich ihm gehorchen.“[266]

Davos, zu jener Zeit bereits ein bekannter Luftkurort, entwickelte sich unter Gustloff zu einer, wie David Frankfurter es ausdrückt, „Hochburg des Nazismus“.[267] *Die Zeit* bewertet die damalige Situation ähnlich. „Zu diesem Zeitpunkt war der Weltkurort längst der wichtigste Vorposten des nationalsozialistischen Deutschlands in der Eidgenossenschaft geworden, so dass eine Graubündner Zeitung schon ironisch fragte: ‚Liegt Davos in der Schweiz?‘“[268] und *Die Zeit* fährt fort:

262 Ebd.

263 Ebd., S. 44.

264 Ebd.

265 Halbrook, Stephen P.: The Swiss and the Nazis, Casemate 2006, S. 263–264.

266 Grass 2002, S. 10.

267 Memoiren (Version Jabotinsky), S. 21.

268 Engelsing, Tobias: Das Hitlerbad, in: DIE ZEIT, 18.01.2007, S. 84. Auch online unter: http://www.zeit.de/2007/04/Das_Hitlerbad [zuletzt eingesehen: 05.06.2014]. Mehr zu Davos während der 1930er und 1940er Jahre: Gredig 2008.

„Viele deutsche Gäste indes schätzten die Nazipräsenz in der schönen Schweiz nicht. Sie verließen ‚Hitlerbad', wie sie Davos nannten, denn dort war auf der Straße unter Deutschen der Hitlergruß üblich geworden, und suchten andernorts Erholung von Hakenkreuz, Propagandareden und dem tagtäglichen Terror in ihrer Heimat."[269]

Margareta Gohlke-Kasten aus Hamburg, Ehefrau des Landgerichtsdirektors Gohlke-Kasten, fühlte sich nach dem Mord bemüßigt, zu Gustloffs Ehrenrettung einen vierseitigen Brief an das Kantonsgericht Graubünden zu senden, in dem sie ihn in den höchsten Tönen lobte. Sie habe während eines achttägigen Aufenthalts in Davos den Landesgruppenleiter besucht, um ihm „Grüsse aus Deutschland, besonders aus meiner damaligen Ortsgruppe Verden, zu überbringen."[270] Ihres Erachtens waren ihre Ausführungen zu Gustloff von „wesentlicher Bedeutung" für „die Beurteilung der Persönlichkeit" Gustloffs, aber auch „für die Beurteilung der Tat selbst".[271] Das Treffen mit ihrem Landsmann beschrieb sie in ihrem Brief ausführlich.

> Der Landesgruppenleiter begrüsste mich freudig und kam mir mit ausgestreckten Händen entgegen. Sein ganzes Wesen strahlte unendliche Liebe zum deutschen Führer und deutschen Vaterland aus, aus allen seinen Worten hörte ich sein Einsetzen mit Leib und Seele für das hohe Ziel heraus. Er erklärte mir mit aller Bestimmtheit, dass man ihm nach dem Leben trachte, er zeigte mir Bücher mit Zeitungsausschnitten beklebt, die mit Schmähungen gegen ihn bis zum Rand gefüllt waren.[272]

Margareta Gohlke-Kasten war nicht die Einzige, die von Drohungen gegen Gustloff berichtete. In der Strafverfolgungsakte zu David Frankfurter des Kantonsgerichts Graubünden sind Briefe erhalten, in denen Wilhelm Gustloff selbst auf diese Vorkommnisse einging, so beispielsweise in einem Brief an Gauleiter Ernst Wilhelm Bohle von der Auslandsorganisation der NSDAP. Maschinengeschrieben mit offiziellem Briefkopf der NSDAP-Landesgruppe Schweiz mit Hakenkreuz und Reichsadler meldete Gustloff gegenüber seinem Vorgesetzten, dass es „Mühen und Sorgen"[273] in der Schweiz gäbe, er aber sicher sein könne, dass die Landesgruppe Schweiz „in stolzer Geschlossenheit, aufrichtiger Kameradschaft und unerschütterlichem Kampfgeist weiter schaffen wird, um ihrem

269 Engelsing 2007, S. 84.

270 Brief von Margareta Gohlke-Kasten an das Kantonsgericht Graubünden vom 30. November 1936, SaGR, III 23 d 2.II Briefe 129.

271 Alle Zitate: Ebd.

272 Ebd.

273 Brief Wilhelm Gustloffs an Gauleiter E. W. Bohle vom 31. Januar 1936, SaGR, III 23 d 2.II Briefe 114.

Ziel der Zusammenfassung aller Deutschen zu dienen".[274] Den Brief schließt er „in nationalsozialistischer Verbundenheit und treuer Kameradschaft" sowie dem Gruß „Heil Hitler!".[275]

Beim NS-Propagandisten Wolfgang Diewerge wird Gustloff mit ähnlichen Worten beschrieben.

> Er war in ihren Augen [den Augen der Parteigenossen] nicht nur ein persönlich bescheidener und zurückhaltender Mensch, sondern sein ganzes Denken war von einem so hohen Idealismus und einer so reinen Begeisterung für Führer und Bewegung getragen, daß niemand an der Ehrlichkeit, Offenheit und Selbstlosigkeit dieses Kämpfers zweifeln konnte. Gustloff verstand es, diese leidenschaftliche Liebe zu seinem Vaterland mit seiner Umgebung und den Gesetzen des Gastlandes in Einklang zu bringen.[276]

Interessanterweise sind es gerade diese Attribute, die von Diewerge und Margareta Gohlke-Kasten als positiv hervorgehoben wurden („unendliche Liebe zum deutschen Führer", „leidenschaftliche Liebe zu seinem Vaterland"), die nicht nur aus heutiger Sicht, sondern bereits im Verständnis von nicht nationalsozialistischen Zeitgenossen auf große Zurückhaltung stießen und wahrscheinlich zur Interpellation Canova führten.

Schon früh war Gustloff ins Visier der Schweizer Behörden geraten. Bollier verweist in seinem Artikel „Das Attentat auf Wilhelm Gustloff" auf verschiedene Vorkommnisse bezüglich seiner Tätigkeiten in Davos, die von der Bundesanwaltschaft und der Davoser Polizeibehörde diskutiert wurden. Das Resultat indes war jeweils identisch – Gustloff wurde als ungefährlich eingestuft.[277] Sogar der Anwalt Moses Silberroth, der als strikter Gegner Gustloffs bezeichnet wurde[278] und später mit Canova bezüglich der Interpellation zusammenarbeitete, sagte vorerst aus, Gustloff sei seines Erachtens ein „ganz harmloser Mann".[279]

Die Interpellation, eine förmliche Anfrage an den Bundesrat, betreffend Wilhelm Gustloff und die NSDAP-Organisationen in der Schweiz, wurde am 4. April 1935 vom sozialdemokratischen Nationalrat Gaudenz Canova[280] eingereicht und von weiteren Politikern unterstützt.[281] Im Schweizerischen Bundesarchiv in Bern

---

274 Ebd.

275 Vgl.: Ebd.

276 Diewerge 1936, S. 50.

277 Vgl.: Bollier 1999, S. 42–43.

278 Vgl.: Fuhrer 2013, S. 26.

279 Vgl.: Bollier 1999, S. 43.

280 Vgl.: Simonett, Jürg: Canova, Gaudenz, in: Historisches Lexikon der Schweiz, online unter: http://www.hls-dhs-dss.ch/textes/d/D6241.php [zuletzt eingesehen: 20.05.2014].

281 Aufgeführt werden folgende Persönlichkeiten, zu einem großen Teil Nationalräte der Sozialdemokratischen Partei der Schweiz: Bringolf (Walther, NR SP), Eymann, Farbstein (David,

sind sowohl die Interpellation als auch die Antwort des Bundesrats zu finden. Erstere lief unter dem Titel „Die Beschwerden gegen Gustloff und die NSDAP-Organisationen“ und stellte folgende Fragen an den Bundesrat:

> Ist es dem Bundesrate bekannt:
> 1. dass der deutsche Staatsangehörige Wilhelm Gustloff, […] jetzt Gauleiter der NSDAP „Gau Schweiz“, sich in einer Weise betätigt, dass seine Tätigkeit von demokratisch gesinnten Schweizern als freche Provokation und von fremden Kur- und Sportgästen als Belästigung und Bedrohung empfunden wird?
> 2. dass Wilhelm Gustloff in der Schweiz deutsche Stützpunkte mit militärischem Charakter gegründet und deren Leiter gezwungen hat, den Eid auf Hitler zu leisten?
> 3. dass Wilhelm Gustloff Hitlerfahnen einweiht und Veranstaltungen organisiert, an welchen die Teilnehmer in nationalsozialistischer Uniform erscheinen?
> 4. dass die kantonalen und kommunalen Polizei- und Administrativbehörden gegen dieses Treiben nichts tun, sondern es wohlwollend dulden?
>
> Ist der Bundesrat nicht auch der Meinung, dass die Tätigkeit dieses Gustloff einen Missbrauch des schweizerischen Gastrechtes bedeute, und dass es höchste Zeit sei, diesen Mann samt seinen Komplizen aus dem Gebiete der schweizerischen Eidgenossenschaft auszuweisen?[282]

In der darauffolgenden Diskussion der Situation in der Schweiz wurde nicht nur auf die „Affäre Jacob-Wesemann“ verwiesen, sondern auch auf die Interpellation Thalmann. Dem deutsch-jüdischen Publizisten und Journalisten Berthold Jacob war aufgrund seiner regimekritischen Publikationen die deutsche Staatsbürgerschaft entzogen worden, woraufhin er nach Frankreich floh. Ein Doppelagent der Gestapo, Hans Wesemann, lockte ihn am 9. März 1935 mit dem Versprechen auf gefälschte Papiere nach Basel, von wo er nach Deutschland entführt und verhaftet wurde. Wesemann konnte im Tessin gefasst werden und gestand gegenüber der Schweizer Polizei, ein Gestapo-Agent zu sein.[283] Diese Aktion der Nationalsozialisten in der Schweiz wurde vom Bundesrat als „Verletzung der

---

NR SP), Flisch, Furrer, Gasser, Graber, Ilg (Konrad, NR SP), Kägi (Jakob, NR SP), Killer, Müller (Guido, NR SP), Müri, Oprecht (Hans, NR SP), Perret, Reinhard (Ernst, NR SP), Roth, Schmid (Arthur, NR SP), Schneider, Weber, Weibel, Welti.

282 Die Schweiz. Bundesanwaltschaft an das Eidg. Justiz- & Polizeidepartement: Interpellation Canova, die Beschwerden gegen Gustloff und die NSDAP-Organisationen. In: Gustloff, Wilhelm, 18xx, Dossier: E4264#1988/2#5666*, Bestand E4262, Aktenzeichen: P032039, Dossier-Zeitraum: 1934–1935, S. 1–2.

283 Vgl.: Degen, Bernard: Jacob-Affäre, in: Historisches Lexikon der Schweiz, online unter: http://www.hls-dhs-dss.ch/textes/d/D17338.php [zuletzt eingesehen: 11.11.2016].

Schweizer Souveränität (Gebietshoheit)"[284] gesehen; in der Folge intervenierte der Bundesrat bei der Deutschen Regierung und nach längeren Verhandlungen wurde Berthold Jacob den Basler Behörden übergeben.[285]

In Zusammenhang mit dieser Affäre stand die Interpellation Thalmann. Schon am 25. März 1935 war eine ähnliche, kürzere Interpellation vom Basler Nationalrat Friedrich Schneider eingereicht worden, nur ein Tag später folgte die umfassendere des Ständerats Ernst Alfred Thalmann, welche die Situation in der Schweiz ausführlich beschrieb.[286]

> Die Tätigkeit nationalsozialistischer Organisationen in der Schweiz hat einen Umfang angenommen, den wir nicht weiter dulden dürfen. Wir haben schon zu lange gewartet und es ist höchste Zeit, Ordnung zu schaffen. Einzelne Leiter solcher Organisationen führen sich bei uns auf, wie wenn sie bei sich zu Hause wären, und massen sich bereits eigentliche Befehlsgewalt an. [...] Es muss als grenzenlose Unverfrorenheit und Herausforderung bezeichnet werden, wenn ein Mann wie Gustloff in Davos-Platz Erlasse in der sattsam befehlenden Ich-Form herausgibt, gerade, wie wenn er in der Schweiz etwas zu befehlen hätte, und wenn die Schweiz in Gaue, Bezirke und Stützpunkte eingeteilt wird, wobei man ja aus der blossen Bezeichnung sieht, wie die Sache gemeint ist.[287]

Der Bundesrat wurde im Rahmen der Interpellation Thalmann angefragt, „was er angesichts dieses, das schweizerische Volksempfinden tief verletzenden Vorfalls zu tun gedenkt, um für die Missachtung unserer schweizerischen Hoheitsrechte Genugtuung zu erhalten und die Bevölkerung unseres Landes vor ausländischen Überfällen zu schützen."[288] Bundesrat Baumann lud auf diese Interpellation hin Wilhelm Gustloff zu einer Unterredung ein; dieser zeigte sich bereit, am Freitag,

284 Müller, Reto Patrick: Innere Sicherheit Schweiz. Rechtliche und tatsächliche Entwicklungen im Bund seit 1848, Egg bei Einsiedeln 2009, S. 271.

285 Vgl.: Müller 2009, S. 271–272. Jacob wurde in der Schweiz, da er sich dort mit gefälschten Papieren aufgehalten hatte, zuerst zu drei Jahren Zuchthaus verurteilt und später nach Frankreich ausgewiesen. Dort bemühte er sich erfolglos um ein US-Visum und wurde 1941 bei seiner Flucht in Lissabon erneut von Gestapo-Agenten entführt und im Berliner Gestapo-Gefängnis inhaftiert, wo er schwer erkrankte. Er starb 1944 im jüdischen Krankenhaus in Berlin. Vgl.: Müller 2009, S. 271. Und: Wichers, Hermann: Jacob, Berthold, in: Historisches Lexikon der Schweiz, online unter: http://www.hls-dhs-dss.ch/textes/d/D27987.php [zuletzt eingesehen: 16.07.2014].

286 Vgl.: Müller 2009, S. 271–272.

287 Die Schweiz. Bundesanwaltschaft an das Eidg. Justiz- & Polizeidepartement: Interpellation Canova, die Beschwerden gegen Gustloff und die NSDAP-Organisationen vom 24. Mai 1935, in: Gustloff, Wilhelm, 18xx, Dossier: E4264#1988/2#5666*, Bestand E4262, Aktenzeichen: P032039, Dossier-Zeitraum: 1934–1935, S. 2–3.

288 Interpellation Thalmann, zitiert nach: Müller 2009, S. 272.

dem 31. Mai 1935, um halb drei, bei Baumann vorstellig zu werden.[289] Auf die genauen Inhalte dieser Unterredung wird in den Unterlagen nicht eingegangen. Hingegen sind die Briefe Gustloffs an die Schweizerische Bundesanwaltschaft überliefert, in denen er versicherte, „dass sich die deutschen Nationalsozialisten in keiner Weise in innerpolitische Belange einmischen dürfen, [und] dass ihre Beschäftigung mit der reichsdeutschen Politik nicht zu einer aktiven Betätigung mit propagandistischer Aufmachung werden darf."[290]

In den Unterlagen zur Interpellation Canova werden zahlreiche Belege aus der Schweiz, dem Ausland sowie aus der Presse angeführt, welche die Vorgehensweise der Nationalsozialisten in der Schweiz verdeutlichten und die Forderungen in Politik und Gesellschaft aufzeigten. Trotz dieser Belege fiel die Antwort des Bundesrats – wie schon bei der Interpellation Thalmann – abschlägig aus.

> Zu Frage 1: Es sind weder uns noch den bündnerischen Polizeibehörden Fälle von Belästigung und Bedrohung fremder Kur- und Sportgäste bekannt geworden. Die Erhebungen haben keine Anhaltspunkte für ein provokatorisches Verhalten Gustloffs ergeben.
> Zu Frage 2: Die Stützpunkte der NSDAP haben keinen militärischen Charakter. Die Vereidigung der Funktionäre der NSDAP ist für schweizerisches Empfinden befremdlich, kann aber angesichts der Formulierung der Vereidigung nicht beanstandet werden.
> Zu Frage 3. Die Hakenkreuzfahne ist in der Schweiz nicht verboten. Übertretungen des Uniformenverbotes sind bis jetzt nicht festgestellt worden.
> Zu Frage 4: Der Vorwurf gegenüber kantonalen und kommunalen Polizei- und Administrativbehörden ist angesichts der eingelangten Berichte nicht berechtigt.[291]

Zur konkreteren Frage, ob Gustloff aufgrund seiner Tätigkeiten „samt seinen Komplizen aus dem Gebiete der schweizerischen Eidgenossenschaft auszuweisen" sei,[292] nahm der Bundesrat mit folgender Aussage Stellung: „Für die Ausweisung Gustloffs oder anderer Nationalsozialisten liegt z.Zt. kein genügender Grund vor."[293] Ein Brief von Heinrich Rothmund, Vorsteher der Polizeiabteilung des Justiz- und Polizeidepartements, an Bundesrat Johannes Baumann

289 Vgl.: Audienz von E. [sic] Gustloff, Davos, Leiter der Landesgruppe Schweiz der NSDAP, bei Bundesrat Baumann, Dossier: E4001B#1970/187#61*, Bestand: E4001B, Aktenzeichen: 023, Dossier-Zeitraum: 1935.

290 Die Schweiz. Bundesanwaltschaft an das Eidg. Justiz- & Polizeidepartement: Interpellation Canova, die Beschwerden gegen Gustloff und die NSDAP-Organisationen vom 24. Mai 1935, in: Gustloff, Wilhelm, 18xx, Dossier: E4264#1988/2#5666*, Bestand E4262, Aktenzeichen: P032039, Dossier-Zeitraum: 1934–1935, S. 16.

291 Ebd., S. 57.

292 Ebd., S. 1–2.

293 Ebd., S. 58.

zeigt auf, dass der Bundesrat nicht nur in Zusammenhang mit Gustloff, sondern grundsätzlich keinen Handlungsbedarf sah. „Wir haben von dem […] zugestellten Bericht der Bundesanwaltschaft zur Interpellation Canova und betreffend Gustloff Kenntnis genommen. Er berührt unseren Geschäftszweig an zwei Punkten: Hinsichtlich Fremdenpolizei und Einbürgerung. Nach beiden Richtungen verlangt die Bundesanwaltschaft nicht neue Massnahmen, sie wünscht nur Beibehaltung der bisherigen Praxis".[294] Aus dem Brief geht zudem hervor, dass die bisherige Gesetzgebung Möglichkeiten bot, gegen Nationalsozialisten in der Schweiz vorzugehen, und dass diese Handlungsspielräume genutzt wurden.[295] Auch unterstrich Rothmund, dass die Gefahr, die von der nationalsozialistischen Organisation in der Schweiz ausgehe, keinesfalls unterschätzt werde, dass aber, solange sich diese im legalen Rahmen bewege, dagegen nicht „radikal vorgegangen werden"[296] könne.

***

Frankfurter schildert in seinen Memoiren, er habe – im Gegensatz zur Schweizer Landesregierung – die Information, dass Gustloff der Leiter des „Gau Schweiz" geworden war, als deutlichen Hinweis für die Expansionspläne Nazideutschlands verstanden.

> Was das zu bedeuten hatte, war mir, der ich in Hitlers „Mein Kampf" gelesen hatte[,] durchaus klar. Wenn man sich die Mühe nahm, in dieser Satans-Bibel zu blättern, so wurde einem nicht nur klar, daß Hitler die vollkommene Vernichtung und Ausrottung des jüdischen Volkes anstrebte, ebenso unverblümt enthüllte er den imperialistischen Expansionswillen seiner „Bewegung", deren erste Station die Gründung eines Großdeutschen Reiches war. Großdeutschland bedeutete die Zusammenfassung aller deutschsprechenden Stämme, also die Annektion Österreichs, des sudetendeutschen Gebietes, Elsaß-Lothringens, Siebenbürgens und – der deutschen Schweiz.[297]

---

294 Brief von Heinrich Rothmund an Bundesrat Baumann vom 5. Juni 1935. In: Die Schweiz. Bundesanwaltschaft an das Eidg. Justiz- & Polizeidepartement: Interpellation Canova, die Beschwerden gegen Gustloff und die NSDAP-Organisationen. In: Gustloff, Wilhelm, 18xx, Dossier: E4264#1988/2#5666*, Bestand E4262, Aktenzeichen: P032039, Dossier-Zeitraum: 1934–1935, S. 1.

295 Vgl.: Ebd., Fortsetzung des Zitates: „… und macht aufmerksam auf die Dienste, welche die Fremdenpolizei leisten kann, indem sie den Zuzug von Nationalsozialisten hindert, und mehr noch, indem sie gegen solche vorgeht, wo der Bundesanwaltschaft die nötigen Handhaben fehlen."

296 Ebd., S. 2.

297 Memoiren (Version Jabotinsky), S. 20. [Hervorhebungen aus dem Original übernommen.]

Aus Sicht der historischen Forschung gilt es als umstritten, ob tatsächlich konkrete Pläne zum Anschluss der Schweiz ans Deutsche Reich bestanden haben. Unzweifelhaft ist, dass die Idee eines Anschlusses der Schweiz in Deutschland Anhänger gefunden hat. So schreibt Walter Wolf in seinem Buch *Faschismus in der Schweiz*: „Die reichsdeutsche Publizistik wurde denn auch nie müde, in krassem Widerspruch zu Hitlers Neutralitätsgarantie die 2800000 heimatlosen Deutschschweizer für das Großdeutsche Reich zurückzuverlangen."[298] Diesbezüglich beriefen sie sich auf das 25-Punkte-Programm der NSDAP, das bereits unter dem ersten Punkt (der allerdings einen relativ großen Interpretationsspielraum offenlässt) proklamierte: „Wir fordern den Zusammenschluss aller Deutschen auf Grund des Selbstbestimmungsrechtes der Völker zu einem Gross-Deutschland."[299] Ähnlich zweideutig war die Rede Adolf Hitlers zum ersten Jahrestag der nationalsozialistischen Machtergreifung, in der er von „mehreren Millionen Schweizern deutscher Nationalität" sprach,[300] was vom erwähnten Walter Wolf als dahingehend interpretiert wurde, als dass nach Hitlers Verständnis „eine Nation auf der Einheit der Sprache aufgebaut sei",[301] woraus er wiederum folgerte, dass die Schweiz „sich in ihre sprachlichen Bestandteile auflösen"[302] sollte und sich die jeweiligen Landesteile an die Länder Deutschland, Frankreich und Italien anzuschließen hätten.[303] Nichtsdestotrotz versicherte Hitler Bundesrat Edmund Schulthess im Februar 1937, dass das Deutsche Reich „die Schweizer Unverletzlichkeit und Neutralität"[304] respektiere.[305]

Auch die Schweizer Regierung beschäftigte sich mit diesen Szenarien im Rahmen der bereits erwähnten Interpellation Canova. Im Unterkapitel der vorliegenden Studie „Die Entwicklung seit 1932" wird darauf hingewiesen, dass sich die NSDAP seit der Machtübernahme in Deutschland „in einer ähnlichen Lage wie die italienischen Fascisten und die Kommunisten in Russland"[306] befänden.

---

298 Wolf, Walter: Faschismus in der Schweiz. Die Geschichte der Frontenbewegung in der deutschen Schweiz, 1930–1945, Zürich 1969, S. 161.

299 25-Punkte-Programm der NSDAP, Deutsches Historisches Museum, online unter: https://www.dhm.de/lemo/bestand/objekt/PLI03302 [zuletzt eingesehen: 03.06.2014].

300 Wolf 1969, S. 161. Walter Wolf gibt nicht an, woher das Zitat stammt.

301 Ebd.

302 Ebd.

303 Auch dieses Zitat ist umstritten. Für das Historische Lexikon der Schweiz schwächt Wolf ab: „Bereits 1931 hatte er *anscheinend* deren Aufteilung nach Sprachregionen befürwortet." [Kursivsetzung von der Verfasserin] Wolf, Walter: Adolf Hitler, Historisches Lexikon der Schweiz, online unter: http://www.hls-dhs-dss.ch/textes/d/D48732.php [zuletzt eingesehen: 03.06.2014].

304 Ebd.

305 Vgl.: Wolf 1996, S. 161.

306 Die Schweiz. Bundesanwaltschaft an das Eidg. Justiz- & Polizeidepartement: Interpellation Canova, die Beschwerden gegen Gustloff und die NSDAP-Organisationen vom 24. Mai

„[I]hre Partei ist der ausschliessliche Träger des Regimes geworden, der Totalitätsanspruch der Partei wurde auch bei den Reichsangehörigen im Auslande geltend gemacht.“[307] Dass die Schweiz in den Plänen der Nationalsozialisten eine besondere Rolle einnehmen könnte, war der Regierung dabei bewusst. Das Programm der NSDAP hatte zu der Befürchtung Anlass gegeben, dass die „Einverleibung der Schweiz in das ‚Gross-Deutschland‘ zu den Zielen der Nationalsozialisten gehöre“.[308] Um diese „Gerüchte“, wie sie im Text genannt werden, zu entkräften, wurde ein Interview mit Rudolf Hess, ab 1933 Stellvertreter von Adolf Hitler, angeführt, in dem Hess auf die Befürchtungen einging.

> In der Schweiz wird gelegentlich das Gerücht verbreitet, das Ziel der nationalsozialistischen Politik sei die Einverleibung der deutschen Schweiz in das Deutsche Reich. Es wird von pangermanistischen Bestrebungen Deutschlands gesprochen. [...] Dieses Gerücht gehört zu den vielen, von antideutschen Propagandazentralen im Ausland verbreiteten Lügennachrichten, die ausgestreut werden, um dem nationalsozialistischen Deutschland aussenpolitische Unannehmlichkeiten zu bereiten. [...] In einigen Teilen des Auslandes hat sich die gegen Deutschland gerichtete Propaganda neuerdings der unwahren Behauptung bemächtigt, die NSDAP erstrebe auf weitere Sicht die Einverleibung von Teilen der Schweiz, Hollands, Belgiens, Dänemarks u.s.w. [...] Die Reichsleitung legt daher Wert auf die Feststellung, dass kein ernsthafter Mensch in Deutschland auch nur daran denkt, die Unabhängigkeit anderer Staaten auch nur anzutasten.[309]

Die Vorwürfe, das Deutsche Reich strebe eine Annexion der Schweiz an, wurden auch im Verlaufe des Mordprozesses gegen David Frankfurter geäußert, so dass der Propagandist Diewerge sich genötigt fühlte, sie zu entkräften. Er versicherte, dass die Vorwürfe, es sei Gustloffs Aufgabe, „im Falle eines Krieges die Schweiz einem deutschen Einmarschheer zu öffnen“,[310] jeglicher Grundlage entbehrten, und zitierte darüber hinaus Rudolf Hess aus demselben Interview, das auch in der Interpellation Canova erwähnt wurde.[311]

1935, in: Gustloff, Wilhelm, 18xx, Dossier: E4264#1988/2#5666*, Bestand E4262, Aktenzeichen: P032039, Dossier-Zeitraum: 1934–1935, S. 14.

307 Ebd.

308 Ebd., S. 15. Hervorhebung aus dem Original übernommen.

309 Ebd.

310 Diewerge 1936, S. 35.

311 Vgl.: Ebd., S. 19. Das Zitat bei Diewerge lautet: „In einigen Teilen des Auslandes hat sich die gegen Deutschland gerichtete Propaganda neuerdings der unwahren Behauptung bemächtigt, die NSDAP. erstrebe auf weitere Sicht die Einverleibung von Teilen der Schweiz, Hollands, Belgiens, Dänemarks usw. [...] Die Reichsleitung legt daher Wert auf die Feststellung, daß kein ernsthafter Mensch in Deutschland daran denkt, die Unabhängigkeit anderer Staaten auch nur anzutasten.“ In Bezug auf die Schweiz mochten Rudolf Hess und

Die Auswirkungen obiger Aussagen beschreibt Josef Mooser in einem Artikel zur Geistigen Landesverteidigung als „Kollektiverlebnis der Selbstbehauptung gegen das nationalsozialistische Deutschland, das seit 1933 von einer grossen Mehrheit der Bevölkerung als existentielle Bedrohung empfunden wurde".[312] Dass also David Frankfurter als Rechtfertigung seiner Tat unter anderem mit Angst um die Schweiz oder mit Liebe zur Schweiz argumentierte[313] und die Gefahr eines Anschlusses der Schweiz an Nazi-Deutschland als real einschätzte, ist in Anbetracht der damaligen Situation nachvollziehbar.

Dies alles führte dazu, dass Frankfurter einen Entschluss fasste. „Es wurde mir bald klar, daß es nur <u>ein</u> Ziel für meine Waffe geben konnte, die eigentlich auf Hitler selbst gerichtet werden sollte – und dieses <u>erreichbare</u> Ziel hieß: Wilhelm Gustloff."[314]

4.2.8 Frankfurters Motive und die Zeit vor der Tat

In seinen Memoiren legt Frankfurter im Rückblick seine Motive für den Mord dar. Zu den bereits genannten, „die geschändete jüdische Ehre wieder zu retten und der Welt ein Fanal zu geben",[315] gesellte sich nunmehr ein weiteres: „[I]ch wollte die freie Schweiz, die mir Gastrecht gewährte und in der ich wahrhaft demokratische Menschen kennen gelernt hatte, vor dem Schicksal der Nazifizierung und der endlichen Einverleibung ins Nazi-Höllen-Reich bewahren."[316]

Kurz vor der Tat kam, wie bereits erwähnt, sein Studienfreund Rudolph Haas nach Bern. Als Jude wurde für ihn die Situation an den deutschen Universitäten immer schwieriger. Auch wenn jüdischen Studierenden das Studium noch nicht

Wolfgang Diewerge Recht behalten, nicht aber in Zusammenhang mit den anderen genannten Ländern; Dänemark (9. April 1940), die Niederlande und Belgien (beide 10. Mai 1940) wurden vom Deutschen Reich besetzt, dies obgleich diese Länder sich (wie die Schweiz) offiziell als neutral erklärten.

312 Mooser, Josef: Die „Geistige Landesverteidigung" in den 1930er Jahren. Profile und Kontexte eines vielschichtigen Phänomens der schweizerischen politischen Kultur in der Zwischenkriegszeit, in: Schweizerische Zeitschrift für Geschichte, 47 (1997), S. 685–708, hier S. 686.

313 So zum Beispiel zitiert im Urteil des Strafprozesses gegen David Frankfurter: „Er schien mir auch besonders geeignet, weil ich in den Jahren, in denen ich in Bern war, die Schweiz lieben gelernt habe und ich mir bewusst war, dass Gustloff der allmächtige Nationalsocialist war, der keine andere Aufgabe hatte, als die Schweiz Deutschland allmälig [sic] untertan zu machen. In diesem Sinn glaube ich durch meine Tat der Schweiz einen Dienst erwiesen zu haben." Urteil des Kantonsgerichts von Graubünden vom 9./12. und 14. Dezember 1936, in: AfZ, IB Frankfurter-Prozess / 3, S. 33. Vgl. auch: Kapitel 6.1.6 Das Urteil, S. 317 ff.

314 Memoiren (Version Jabotinsky), S. 21. [Hervorhebungen aus dem Original übernommen.]

315 Ebd.

316 Ebd.

völlig verboten war, unterlagen sie doch starken Diskriminierungen und wurden teilweise nicht zu den Examensprüfungen oder Praktika zugelassen.[317] Im Interview für das United States Holocaust Memorial Museum erzählte Rudolph Haas:

> So it became quite clear then, by the time I finished medical school, I had to leave. And interestingly enough, in those days the Nazis were perfectly satisfied to have to get [the Jews] out of the country. [...] When I finished medical school and I got my certificate that I was entitled to practice medicine, I was told then right there that you won't be allowed to practice medicine in this country – and we won't – you can take your examine for the doctor, which required a thesis and another exam, but we won't give you your diploma until after you've left the country.[318]

Zusammen mit Haas kamen zwei weitere jüdische Studenten aus Deutschland nach Bern, die sich in einer ähnlichen Situation befanden und in der Schweiz ihr Studium abschließen wollten.[319] Frankfurter traf sich wiederholt mit den drei deutschen Medizinstudenten in der Pension, in der Haas seine Unterkunft hatte, und besprach mit ihnen „allerlei persönliche Dinge“,[320] unter anderem die Situation der Juden in Deutschland. Während eines dieser Gespräche erklärte Frankfurter, „daß nun doch bald einer der Naziführer umgelegt werden mußte“, und zeigte seinen Gesprächspartnern die kürzlich erworbene Waffe, ähnlich wie drei Jahre früher in Frankfurt. Auch Lina Steffen führte er den Revolver vor, wobei diese in erster Linie besorgt war, dass er sich etwas antun könnte.[321] Gegenüber der Berner Sicherheits- und Kriminalpolizei sagte sie aus:

> Gegen Mitte Januar zeigte mir Frankfurter eines Abends eine Pistole mit dem Beifügen, dass er an Schusswaffen Freude habe. Ich vermutete, dass er Angst habe vor dem Verlauf des Examens und bat ihn vorsichtshalber, mir die Pistole über die kritische Zeit auszuhändigen, was er zu tun versprach. Auf meine Anspielungen auf Selbstmordabsichten seinerseits, beruhigte er mich mit den Worten: ‚Wenn ich durchfalle, mache

317 David Frankfurter schreibt in seinen Memoiren: „Genau sieben Tage ehe ich wirklich vollendete, was seit Monaten in meinem Inneren fest stand, kam mein Frankfurter Studienfreund Rudi Haas nach Bern, um dort sein medizinisches Doktor-Examen zu machen, zu dem er als Jude in Deutschland nicht mehr zugelassen wurde.“ Memoiren (Version Jabotinsky), S. 21–22.

318 Interview mit Rudolph Haas, 13. Juni 1995, in: United States Holocaust Memorial Museum, online unter: https://collections.ushmm.org/search/catalog/irn512627 [zuletzt eingesehen: 26.10.2018].

319 Vgl.: Memoiren (Version Jabotinsky), S. 22. Die zwei anderen Studenten werden nicht namentlich genannt.

320 Ebd.

321 Ebd.

ich halt das Examen ein zweites Mal.‘ An Munition zeigte mir Frankfurter 2 oder 3 Patronen und 4 oder 5 sog. Knallpatronen.[322]

Ganz falsch lag sie mit ihren Sorgen um Frankfurter nicht – das Motiv des geplanten, aber nicht ausgeführten Selbstmordes wurde beim Strafprozess ausführlich erörtert. Trotz aller Hinweise von David Frankfurter hat in seiner Umgebung niemand geahnt oder sich vorstellen können, was er tatsächlich vorhatte.

Gleichzeitig bekam Frankfurter den Druck seiner Familie zu spüren. Es erreichte ihn die Voranmeldung eines Ferngesprächs aus Jugoslawien – aus Subotica, wo sein Bruder Alfons als Arzt praktizierte. Frankfurter war klar, was dieses Ferngespräch bedeutete. „Seit Wochen hatte ich keine Zeile mehr nach Hause geschrieben. […] Es widerstrebte mir[,] dem Vater, der sich mein Studiengeld vom Munde absparte, einen Scheinbericht über der [sic] Fortgang meiner Studien zu liefern – und über das, was mich unablässig bewegte, konnte und durfte ich ihm nicht schreiben, wenn ich ihn nicht zum Mitwisser meiner Tat machen wollte[.]“[323] Auch nach längerem Studium in Bern hatte Frankfurter es nicht geschafft, seine Zwischenprüfungen erfolgreich abzulegen. In den Prozessprotokollen kam dies ausführlich zur Sprache, so wurde Frankfurter über die Zeit in Bern vom Gerichtspräsidenten gefragt: „Es scheint, dass Sie im Jahre 1925[324] sich vollständig haben gehen lassen, dass Sie in dem Jahre Ihre Studien garnicht ernsthaft betrieben haben. Stimmt das? […] Es wurde gesagt, Sie seien am Morgen im Bette liegen geblieben und nicht in die Kollegien gegangen? […] Sie seien ins Kino gegangen und hätten viel geraucht?“[325] Frankfurter bestätigte all diese Vorwürfe, worauf der Gerichtspräsident nachfragte: „Die Schuld geben Sie Ihrem Gesundheitszustand und Ihrer Depression?“[326] Auch dies gab Frankfurter zu und erklärte sein Scheitern an der Universität folgendermaßen: „Zum Teil aus körperlichen Gründen, aber hauptsächlich haben mich andere Sachen viel zu sehr gequält.“[327] Verständnis erweckte das psychiatrische Gutachten von Dr. Johann Benedikt Jörger, dem Direktor der Heilanstalt Waldhaus bei Chur. Jörger führte aus, dass „dieses Versagen im Studium […] nicht leicht, sich einzugestehen, noch schwerer aber zu bekennen [war] und darum wuchs die kleine Täuschung gross, die den Vater im unklaren liess, wie es eigentlich um das

322 Abhörungs-Protokoll Lina Steffen, Städtische Polizeidirektion Bern, in: StAGR III 23 d 2, Frankfurter.

323 Memoiren (Version Jabotinsky), S. 22.

324 Dies ist ein Fehler im Protokoll, es müsste 1935 heißen.

325 Protokoll des ersten Verhandlungstages, Chur, 9.12.1936, in: AfZ, IB Frankfurter-Prozess / 1, S. I/33–34.

326 Ebd.

327 Ebd., S. I/32.

Studium stehe".[328] Und er fügte an: „Immer wieder hoffte der Sohn sich aufraffen zu können, um wahr zu machen, was er dem Vater angegeben hatte. Aber es erfüllte sich nicht."[329]

Nicht nur seinem Vater gegenüber wagte es Frankfurter nicht, seinen Misserfolg einzugestehen. Lina Steffen versprach er, er werde im Laufe des Februars 1936 das Examen ablegen, seinem Freund Branko Pavlinovic erklärte er sogar, seine Dissertation sei von der Universität bereits angenommen worden.[330] Dass die gesundheitliche Situation das Scheitern Frankfurters in seinem Studium zumindest mitverursachte, verbunden mit seinem psychischen Zustand, der alle Anzeichen einer Depression aufweist, scheint offensichtlich. So beschreibt Dr. Jörger Frankfurters Verfassung in der Zeit unmittelbar vor dem Mord:

> Zunächst die Tatsache eines körperlichen Missgeschickes, das ihn durch die vielen Krankheiten von jeher gehindert hatte, gleiches zu tun und zu erreichen wie seine Altersgenossen. Knochenmarkseiterungen, Astma [sic], Taubheit, Ohrengeräusche setzten ihn in steigendem Masse ausser stande, sich zu konzentrieren und irgend einen Erfolg in seinem Studium zu erzielen. Zum Bewusstsein der körperlichen Schwäche gesellte sich die Erkenntnis, auch geistig ein Ziel nicht erreichen zu können, aus der Reihe aller seiner Verwandter zu fallen, die sich einen akademischen Grad erworben hatten. Statt seine Ideale zu verwirklichen, als Arzt der leidenden Menschheit helfen zu können, sah er den Weg eines körperlichen und geistigen Krüppels vor sich, dem geholfen werden muss.
> Die Unmöglichkeit, sich geistig konzentrieren zu können, das Bedürfnis andererseits seine fortwährenden Ohrgeräusche zu betäuben[,] führten ihn in steigendem Masse zum Leben eines verbummelten Studenten. Nachts konnte er ohne Schlafmittel den Schlaf nicht finden, sodass er mit Schlafmitteln den Schlaf herbeizwingen musste. Dafür schlief er dann in den Tag hinein. Da er ein wissenschaftliches Buch mit der nötigen Konzentration nicht lesen konnte, suchte er Ersatz im Kaffeehaus, im Kino, auf den Sportplätzen. Es ist erstaunlich, wie wenig F. an sonstiger Literatur, Belletristik z.B. gelesen hat, die er vielleicht zur Ablenkung sich gesucht hätte.[331]

---

328 Psychiatrisches Gutachten zu David Frankfurter von Dr. Jörger vom 10. September 1936, in: AfZ, IB Frankfurter-Prozess / 4, S. 4.

329 Ebd.

330 Vgl.: Urteil des Kantonsgerichts von Graubünden vom 9./12. und 14. Dezember 1936, in: AfZ, IB Frankfurter-Prozess / 3, S. 18 und S. 21.

331 Psychiatrisches Gutachten zu David Frankfurter von Dr. Jörger vom 10. September 1936, in: AfZ, IB Frankfurter-Prozess / 4, S. 3–4.

Die Schlussfolgerungen, die Jörger aus dieser Beschreibung zog, sind deutlich.

> In Bern trieb nun die Situation einem Wendepunkt zu, weil F. nach der äusseren Lage sein Studium beenden sollte, und mit einer Dissertation und einem Examen zum Abschluss bringen musste. Auf diesen Abschluss wartete der Vater aus ideellen wie materiellen Gründen. Aber David hatte nicht nur keine Vorexamen bestanden, sondern erkannte sich auch immer mehr als körperlichen und geistigen Krüppel. Die Knochenerkrankungen konnten jeden Augenblick wieder in Erscheinung treten, die Taubheit konnte eine völlige werden. Was hatte da das Leben noch für einen Wert? Was sollte er tun, was noch erreichen, da nichts von seinen Idealen sich als greifbar erwiesen hatte? Er hatte nur noch ein Leben vor sich, das für ihn wie für seine Angehörigen eine Last bedeuten musste. Was hielt ihn noch vor dem letzten Schritt zurück, wenn auch der höhere Halt, der Glauben an den Gott seiner Väter ins Wanken geraten war und Zweifel den Inhalt seiner bisherigen Entscheidungen zernagten?[332]

Weniger Verständnis für Frankfurters Situation zeigte – erwartungsgemäß – Diewerge. „Was heißt hier Examen? Zu anstrengend für einen Mann, der das Bummelleben liebt wie er. Dreizehn Semester und noch nicht die kleinste Vorprüfung bestanden!“[333] An einer späteren Stelle führt er seine wenig schmeichelhafte Beschreibung Frankfurters aus:

> Tatsache ist, daß David Frankfurter auch die einfachsten medizinischen Examina nicht bestanden hat. Natürlich hat dieses Versagen nach Ludwig-Cohn[334] seinen Grund nur in den zahlreichen Erkrankungen, die Frankfurter durchmachte – im Gegensatz zu anderen geistigen Menschen, die bei Krankheiten oder körperlichen Behinderungen innerlicher und vergeistigter werden.[335]

Ähnlich (und vergleichbar übersteigert) lesen sich die Beschreibungen deutscher Propagandisten beim Fall Herschel Grynszpan, der 1938 in Paris den Diplomaten Ernst vom Rath ermordet hatte: „Aus den Schriften von Grimm und Diewerge wird das von der Nazipropaganda geprägte Negativbild ohne

332 Ebd., S. 4.

333 Diewerge 1937, S. 13.

334 Mit Ludwig-Cohn wird von Wolfgang Diewerge der schweizerisch-deutsche Schriftsteller Emil Ludwig (1881–1948) bezeichnet – wahrscheinlich zur Verdeutlichung dessen jüdischer Wurzeln. Ludwig kam als Jude zur Welt und legte seinen Geburtsnamen Cohn nach seiner Konversion zum Christentum ab. Zu Emil Ludwig, vgl.: Gastpar, Huldrych: Ludwig, Emil, in: Historisches Lexikon der Schweiz, online unter: http://www.hls-dhs-dss.ch/textes/d/D28238.php [zuletzt eingesehen: 17.07.2014].

335 Diewerge 1937, S. 28.

die notwendige kritische Distanz wiedergegeben",[336] so Klaus Urner in seiner Schrift *Der Schweizer Hitler-Attentäter*. Insbesondere bezieht er sich auf eine der wenigen Beschreibungen Grynszpans und seiner Tat, *Der Fall Grünspan* von Helmut Heiber.[337] Grynszpan wird als „asoziales Element", als „Bummelant" beschrieben, obwohl dies nachweislich, wie Urner aufzeigt, nicht der Wahrheit entsprach.[338] Die Übersteigerung oder boshafte Zuschreibung negativer Eigenschaften war eine übliche nationalsozialistisch-propagandistische Strategie zur Desavouierung von Gegnern.

Der bevorstehende Telefonanruf seines Bruders, den er unter keinen Umständen führen wollte, war für Frankfurter das Moment, das ihn – statt wie bis anhin „die Entscheidung von Tag zu Tag"[339] zu verschieben – zum Handeln motivierte: „Jetzt aber wollte und mußte ich – fliehen vor dem peinlichen Anruf des besorgten Bruders. Was sollte ich ihm am Telephon sagen? Welchen Grund sollte ich für mein beharrliches Schweigen angeben? So stand es nun fest für mich, diesen Anlaß zum letzten Moment in der Kette zahlreicher Motive und Ueberlegungen zu machen."[340] Frankfurters Handeln resultierte also aus einem Zusammentreffen verschiedener Motive (sein Wissen über die Judenverfolgungen in Deutschland und über Gustloffs Tätigkeiten in der Schweiz sowie seine Sorge um die Eidgenossenschaft) und Momente (der Druck seiner Familie, sein Misserfolg im Studium, seine gesundheitlichen Probleme und die Depression).

4.2.9 Zwei Briefe und eine Postkarte aus Jugoslawien

Frankfurters Schweigen beziehungsweise Ausweichen gegenüber der Familie blieb nicht folgenlos. Innerhalb weniger Tage wurden aus Jugoslawien zwei Briefe und eine Postkarte nach Bern geschickt: ein Brief von Alfons Frankfurter an Branko Pavlinovic, eine Postkarte von Moritz Frankfurter an seinen Sohn David und schließlich ein Brief von Alfons an David. Weder den Brief noch die Karte hat David Frankfurter vor seiner Tat lesen können, auch Pavlinovic hat die an ihn gerichtete Postsendung nicht erhalten,[341] aber alle bezeugen die

336 Urner, Klaus: Der Schweizer Hitler-Attentäter. Drei Studien zum Widerstand und seinen Grenzbereichen. Systemgebundener Widerstand, Einzeltäter und ihr Umfeld, Stuttgart 1980, S. 105.

337 Heiber, Helmut: Der Fall Grünspan. In: Vierteljahrshefte für Zeitgeschichte 5 (1957), S. 134–172.

338 Vgl.: Urner 1980, S. 106.

339 Memoiren (Version Jabotinsky), S. 22.

340 Ebd.

341 Beim handschriftlichen Brief von Alfons Frankfurter an Branko Pavlinovic steht in einer Aktennotiz der Berner Sicherheits- und Kriminalpolizei: „Dieser Brief wurde auf Weisung

wachsende Beunruhigung der Familie bezüglich Davids Verbleib, die sich in Verärgerung steigerte, und von den diversen Versuchen, den verlorenen Sohn zu kontaktieren.

Der erste Brief, derjenige von Alfons Frankfurter an Branko Pavlinovic, wurde am 3. Februar 1936 abgeschickt und war auf Kroatisch abgefasst. Dem Originalbrief in den Akten ist eine offizielle Übersetzung beigelegt, der zu entnehmen ist, dass Alfons Frankfurter mit Branko Pavlinovic am Freitag[342] telefoniert hatte – am Tag, als David Frankfurter nach Davos reiste. Alfons beschrieb, wie er den Sonntag zuhause bei seinem Vater verbrachte (die Ortschaft Subotica, wo Alfons als Arzt praktizierte, liegt deutlich über 100 km von Vinkovci, wo Moritz Frankfurter Rabbiner war, entfernt) und diesen in schlechter Gesundheit und verzweifelter Stimmung angetroffen habe. In seinem Brief ging er explizit auf die Möglichkeit ein, dass sein Bruder sein Examen nicht bestanden haben könnte und beruhigte: „Wenn ihm etwas passiert sein sollte in Bezug auf die Prüfung, so ist das nicht katastrophal, indem er doch 2 oder 3 Monate später es erneut versuchen kann. […] Wo soll er eigentlich Verständnis finden, wenn nicht bei seinen Angehörigen!“[343] Alfons Frankfurter appellierte an das Gewissen von Pavlinovic und bat ihn, sich umgehend mit der Familie in Verbindung zu setzen, sollte er von David hören. Er fügte an: „Ich kann nicht glauben, dass Du Dich meiner grossen Bitte entziehen kannst. Mein Vater ist derart krank, dass ihm jede Aufregung schadet und jede Verzögerung für ihn um so unheilvoller wäre.“[344]

Die Postkarte von Moritz Frankfurter wurde am 4. Februar,[345] am Tag des Mordes in Davos, abgeschickt und ist im Ton weniger beunruhigt als viel mehr aufgebracht gehalten. Rabbiner Frankfurter verwendete in der Nachricht an seinen jüngsten Sohn weder eine einleitende Anrede (lediglich eine übliche religiöse Formel, „be-Ezrat ha-Schem itbarach“[346]) noch eine abschließende Grußformel und schreibt ironisch, dass sein Sohn offensichtlich auf einen telefonischen

des Unterzeichneten durch den Erkennungsdienst der Stadtpolizei Bern geöffnet. Das Schreiben wurde fotokopiert und wird übersetzt. Der Inhalt wird später durch Spezialbericht übermittelt.“ Vgl.: Aktennotiz vom 6. Januar 1936 [sic, wahrscheinlich tatsächlich vom 6. Februar] zum Brief von Alfons Frankfurter an Branko Pavlinovic, in: StAGR III 23 d 2, Frankfurter.

342 Aus dem Zusammenhang erschließt sich, dass er sich auf den 31. Januar 1936 bezieht.

343 Übersetzung des Briefes von Alfons Frankfurter an Branko Pavlinovic vom 3. Februar 1936, in: StAGR III 23 d 2, Frankfurter.

344 Ebd.

345 Datum des Poststempels.

346 Be-Ezrat ha-Schem itbarach: Ungefähr „Mit der Hilfe Gottes, gesegnet sei er“, übliche religiöse Formel (insbesondere innerhalb orthodoxer Strömungen) zu Beginn von Briefen oder Notizen, um zu verdeutlichen, dass alles von Gott kommt und nichts ohne dessen Hilfe erreicht werden kann.

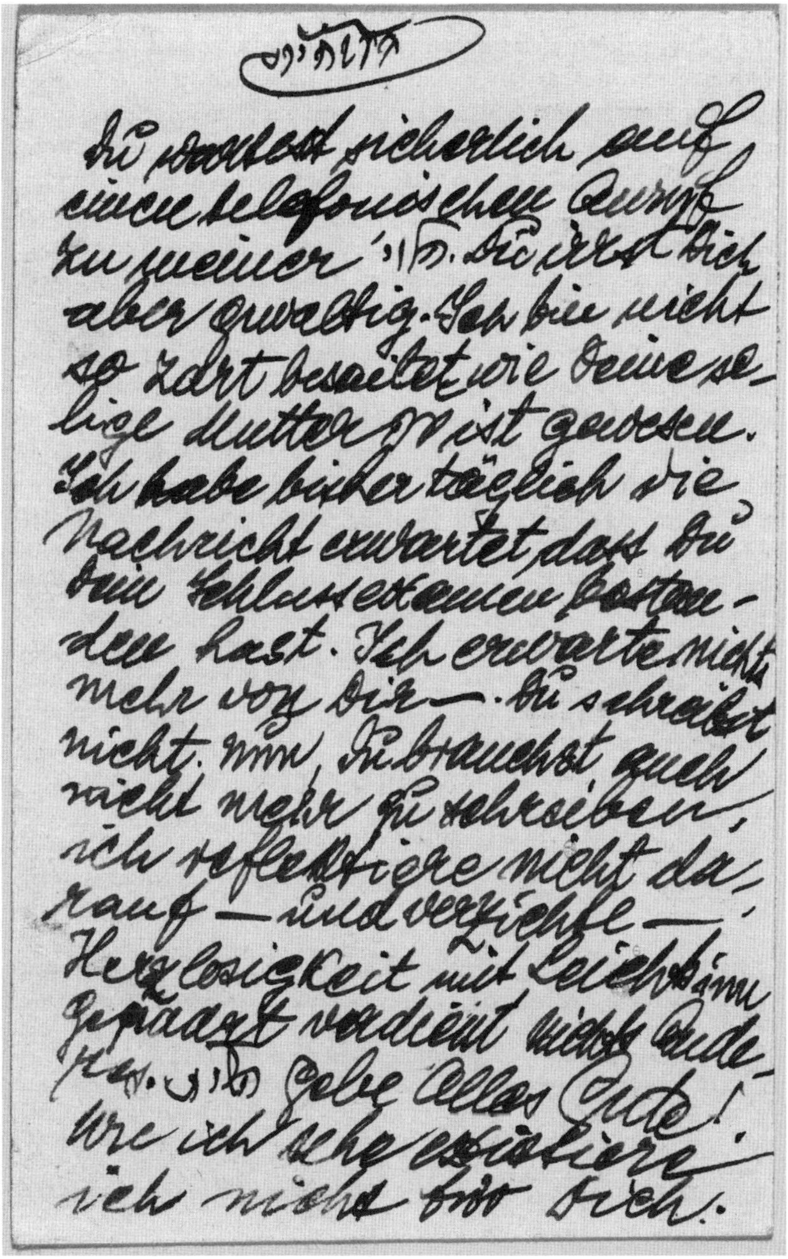

[illegible]

Du wartest sicherlich auf einen telefonischen Anruf zu meiner [illegible]. Du irrst Dich aber gewaltig. Ich bin nicht so zart besaitet wie Deine selige Mutter [illegible] ist gewesen. Ich habe bisher täglich die Nachricht erwartet, dass Du Dein Schlussexamen bestanden hast. Ich erwarte nichts mehr von Dir — Du schreibst nicht, nun, Du brauchst auch nicht mehr zu schreiben, ich reflektiere nicht darauf — und verzichte — Herzlosigkeit mit Leichtsinn gepaart verdient nicht anderes. [illegible] Gebe Alles Gute! Wie ich sehe [illegible] ich nichts für Dich.

Abb. 14: Karte von Moritz an David Frankfurter. Quelle: StAGR, III 23 d 2 Frankfurter.

Anruf zu seiner Beerdigung warte,[347] und erklärt, dass er täglich einen Anruf von seinem Sohn mit Informationen zu seinem Examen erwartet, nun aber seine Hoffnungen, von ihm zu hören, aufgegeben habe. „Ich erwarte nichts mehr von Dir. Du schreibst nicht. Nun, Du brauchst auch nicht mehr zu schreiben, ich reflektiere nicht darauf. Und verzichte.“[348] Er bezichtigte seinen Sohn der „Herzlosigkeit“,[349] gepaart mit „Leichtsinn“[350] und schloss mit den Worten: „Wie ich sehe, existiere ich nicht für Dich. Nun gut! Ich nehme es, wenn auch mit Schmerz, zur Kenntnis. Ich weiss mich in gegebene Tatsachen zu schicken“.[351] Vater Frankfurter schien davon auszugehen, dass sein Sohn ihn absichtlich nicht kontaktierte und mit der Familie gebrochen hatte. Umgekehrt machte er deutlich, dass David von seinem Vater nichts mehr zu erwarten habe.

Alfons Frankfurter, der seit seiner letzten Nachricht an Pavlinovic weder von diesem noch von David gehört hatte, schickte am 7. Februar einen ausführlichen Brief an seinen Bruder, in dem er aufzählte, welche Anstrengungen er bisher unternommen hatte, um ihn zu erreichen. „Genügen Dir die Tatsachen, daß ich Donnerstag eine Expresskarte, Freitag einen telephonischen Anruf aufgegeben, Samstag einen teleph. Anruf wartete, der nicht kam, am Abend ein Telegramm absandte, daß ich Montag Deinen Anruf wartete, Sonntag nach Hause fuhr um den l. Papa zu beruhigen, Montag abend resultatlos auf Deinen Anruf wartete u. heute noch einen Versuch mache mit Dir telephonisch zu sprechen?“[352] Aus dem Brief wird deutlich, dass sich die Familie in erster Linie Sorgen machte, dass David Frankfurter etwas zugestoßen sein könnte. Die Versicherung von Branko Pavlinovic, David sei gesund, trug zwar dazu bei, dass sich die Sorgen diesbezüglich als unbegründet herausstellten – dadurch wurde aber noch unklarer, wieso Frankfurter nicht auf die diversen Kontaktaufnahmen reagierte. Alfons Frankfurter zeigte wenig Verständnis für seines Bruders Verhalten gegenüber seinen Geschwistern und dem „von Gram geneigten und vom Schicksal getretene[n]

---

347 Da im Judentum Beerdigungen üblicherweise gleich am Tag des Todes durchgeführt werden, wird der Sohn des Verstorbenen als Erster informiert. Moritz Frankfurters Aussage ist insoweit zu verstehen, dass er seinem Sohn vorwarf, bis zu diesem Anruf zu warten mit der Kontaktaufnahme zu seiner Familie. Moritz Frankfurter fügte an: „Da irrst Du Dich aber gewaltig. Ich bin nicht so zart besaitet wie Deine selige Mutter [seligen Angedenkens] ist gewesen.“ Karte von Moritz Frankfurter an David Frankfurter [undatiert], in: StAGR III 23 d 2, Frankfurter. Ich danke Regula Tanner für ihre Hilfe beim Entziffern der hebräischen Akronyme.

348 Karte von Moritz an David Frankfurter [undatiert], in: StAGR III 23 d 2, Frankfurter.

349 Ebd.

350 Ebd.

351 Ebd.

352 Brief von Alfons an David Frankfurter vom 7. Februar 1936, in: StAGR, III 23 d 2, Frankfurter.

alten Vater",[353] er warf ihm vor, „herzlos, gefühllos und ohne Pflichtbewußtsein"[354] zu sein. Gegen Ende des Briefes wurde sein Ton sanfter, indem er seinem Bruder versicherte: „Deine Freude ist die meinige und Dein Leid ist mein Leid! Wenn irgend etwas mit Dir los ist[,] was Du Dich schämst einzugestehen, schütte Dein Herz aus, es wird Dir leichter sein. Wenn Du auch manchen Fehler gemacht hast, es gibt nichts[,] was[,] wenn Du es stark willst[,] nicht gebessert werden könnte und nicht wieder in die rechte Bahn gelenkt werden könnte."[355] Noch einmal bat er ihn darum, sich umgehend mit der Familie in Verbindung zu setzen und sich beim Vater zu entschuldigen.[356]

4.2.10 Finanzielle Probleme

Um seine Reise nach Davos finanzieren zu können, benötigte Frankfurter Geld. Seine finanzielle Lage war vor allem zu Beginn seiner Studienzeit in Bern wenig rosig gewesen, aber auch 1935/36 noch verfügte er, gemäß eigenen Angaben, über wenig Spielraum.

> Betreffend seine Geldmittel befragt, gab Frankfurter zu, dass er anfangs in Bern oft in Schwierigkeiten sich befunden habe, da er sich wegen der strengen Devisenvorschriften seines Heimatstaates auf das jeweilen aus den Ferien mitgenommene Geld im Betrag von 5000 Dinar beschränkt gesehen habe. Diesen Betrag habe er seit October 1933 fünfmal erhalten und im weiteren von seinen zwei Onkel Frankfurter in Brünn und Berlin zusammen 1500 Franken und im weiteren als Darlehen von Freunden in der Schweiz, besonders in Bern, frs. 970.-. Nach Abzug der Zimmermiete von frs. 35.- im Monat, den Gebühren an der Universität und andern kleineren Ausgaben, seien ihm für Essen und andere liebliche Bedürfnisse durchschnittlich im Monat etwa frs. 138.- zur Verfügung gestanden.[357]

In den Prozessunterlagen findet sich eine ausführliche Aufstellung von Frankfurters Einnahmen und Ausgaben, die dieselben Angaben enthält wie obiges Zitat aus dem Urteil. Interessant ist, dass er noch von zusätzlichen Personen Geld geliehen bekommen hat, so 100 Franken von Lina Steffen, seiner Hauswirtin, und 200 Franken von einem unbekannten Herrn Buser aus Zürich. Auf-

353 Ebd.
354 Ebd.
355 Ebd.
356 Vgl.: Ebd.
357 Urteil des Kantonsgerichts von Graubünden vom 9./12. und 14. Dezember 1936, in: AfZ, IB Frankfurter-Prozess / 3, S. 26.

fällig ist die Höhe der Zuwendung, die er von seinem Onkel Samuel Frankfurter aus Brno bekommen hat: Eine einmalige Zahlung von 1100 Franken.

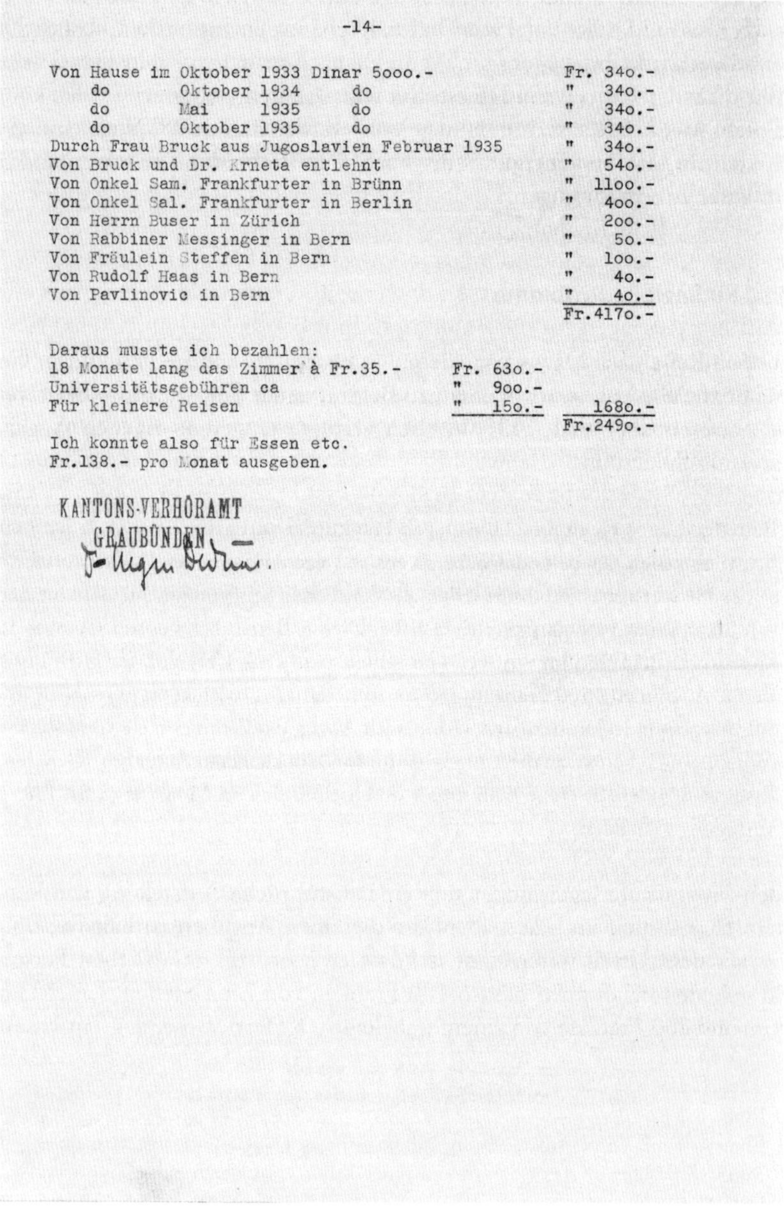

-14-

Von Hause im Oktober 1933 Dinar 5ooo.-	Fr. 34o.-
do Oktober 1934 do	" 34o.-
do Mai 1935 do	" 34o.-
do Oktober 1935 do	" 34o.-
Durch Frau Bruck aus Jugoslavien Februar 1935	" 34o.-
Von Bruck und Dr. Krneta entlehnt	" 54o.-
Von Onkel Sam. Frankfurter in Brünn	" 11oo.-
Von Onkel Sal. Frankfurter in Berlin	" 4oo.-
Von Herrn Buser in Zürich	" 2oo.-
Von Rabbiner Messinger in Bern	" 5o.-
Von Fräulein Steffen in Bern	" 1oo.-
Von Rudolf Haas in Bern	" 4o.-
Von Pavlinovic in Bern	" 4o.-
	Fr.417o.-

Daraus musste ich bezahlen:

18 Monate lang das Zimmer à Fr.35.-	Fr. 63o.-	
Universitätsgebühren ca	" 9oo.-	
Für kleinere Reisen	" 15o.-	168o.-
		Fr.249o.-

Ich konnte also für Essen etc.
Fr.138.- pro Monat ausgeben.

KANTONS-VERHÖRAMT
GRAUBÜNDEN

Abb. 15: Kostenaufstellung David Frankfurter vom 24. April 1936.
Quelle: StAGR III23d2 Frankfurter.

Zum Zeitpunkt seiner Festnahme in Davos war Frankfurter mit der Zahlung seiner Miete als Untermieter bei Lina Steffen zwei bis drei Monate im Rückstand. „Frl. Steffen hat mir diesbezüglich immer Vertrauen geschenkt, dass, wenn ich das Geld nicht bei der Hand hatte, ich es im nächsten oder übernächsten Monat […] bezahlen werde."[358] Die Schulden wurden vor dem Prozess durch Alfons Frankfurter beglichen.[359] Im Rahmen des Prozesses haben zudem einige Personen aus Frankfurters Freundes- und Bekanntenkreis ausgesagt, dass sie ihm kleinere Geldbeträge geliehen hatten. Zuerst größere, später auch kleinere Beträge bekam Frankfurter von der Familie Krneta und von Jakob Bruck (200, 250 CHF) – die Schulden wurden in Jugoslawien durch Frankfurters Vater ausgeglichen –, weitere Zuwendungen in zweistelliger Höhe erhielt er von Anton Kögl, Rudolph Haas und Branko Pavlinovic. Frankfurter begründete seinen Bedarf mit Ausgaben für das Studium (z.B. Bibliotheksgebühren) und für den Lebensunterhalt; seine Freunde vertrauten ihm diesbezüglich und gingen davon aus, entweder von Frankfurter selbst oder von seinem Vater das Geld zurückerstattet zu bekommen.[360] Interessant ist der Zeitpunkt verschiedener kleinerer Zuwendungen: Ende Januar 1936, unmittelbar vor Frankfurters Fahrt nach Davos. Grete Adler, eine weitere Bekannte Frankfurters in Bern, die ihn ab und zu „gefüttert"[361] und gepflegt hatte, erzählte, ihr Mann, Felix Adler, habe Frankfurter 50 Franken gegeben, „damit er zwei Tage nach Davos fahren konnte".[362] Frankfurter hat also gegenüber den Adlers nicht Ausgaben für sein Studium geltend gemacht, sondern ist näher an der Wahrheit geblieben. Beabsichtigter Zweck der Fahrt wäre Erholung gewesen; dass Frankfurter nach Davos fuhr, um Wilhelm Gustloff zu ermorden, hätten die Adlers nicht erwartet. „Der war ja schön zwei Tage in Davos, aber er kam nie mehr wieder. Wir hätten ihm so was nie zugetraut."[363] Grete Adler erwähnte im Interview eine Anekdote zu diesen 50 Franken.

> Er hat uns später noch einmal hier besucht, das war, als in der Schweiz ein Film über ihn gezeigt wurde. Er war bei uns mit seiner Frau zum Mittagessen. Ich war gerade in der Küche beschäftigt, da sagte Felix zu ihm: ‚Ich weiß, dass du mir noch fünfzig Franken schuldig bist.' Und weiß Gott, der Trottel zieht die fünfzig Franken aus der Tasche und

358 Protokoll des ersten Verhandlungstages, Chur, 9.12.1936, in: AfZ, IB Frankfurter-Prozess / 1, S. I/32.

359 Ebd., S. I/31–32.

360 Ebd., S. I/62–63.

361 Interview mit Grete Adler: „Zu irgend etwas muss ich gehören", Interview durchgeführt von Ueli Basliger im April 2002, online unter: http://www.jgb.ch/index.php/de/publikationen [zuletzt eingesehen: 18.07.2014], S. 12.

362 Ebd., S. 13.

363 Ebd.

> gibt sie dem Felix. Und am Abend bekomme ich ein Telefon von der Frau Brunschvig, der Frau des Rechtsanwalts, der ihn damals verteidigt hatte. Er war dort zum Nachtessen, und die Frau ruft mich an und sagt, was der Felix denn da angestellt habe-, es wäre doch eine Schande, dass er ihm die fuffzig Franken zurückverlangt habe. Ich bin vom Telefon weggelaufen und habe den Felix gefragt, was hast du denn gemacht? Ich war ja in der Küche gewesen und wußte von allem nichts. Ich hab mir das angehört, was der Felix erzählt, und da gibt er mir auf einmal einen Einzahlungsschein. Da waren fünfhundert Franken drauf. Er hat eine Null drangemacht und hat die fünfhundert Franken nach Israel für eine Organisation geschickt. Da waren die Brunschvigs auch beruhigt.[364]

Hier zeigt sich erneut Frankfurters Gerechtigkeitsempfinden, dass er Schulden begleichen wollte, sobald er die Möglichkeit dazu bekam – auch wenn dies kaum die Absicht des scherzhaften Hinweises Felix Adlers gewesen sein mag. Ähnlich wie Grete Adler berichtete Rudolph Haas: „And while I was there [in Bern], at one point he asked me for a loan of a small amount of money which I had no idea what he was going to do with. And it ended up that he took a train with that money to Davos in Switzerland where he shot a Nazi official."[365] Die Anklage fasste beim späteren Prozess die diversen Zuwendungen folgendermaßen zusammen:

> Unter der falschen Angabe, er brauche das Geld für die Bibliothek usw. lieh er bei Bruck, Haas, Pavlinovic und weiteren Kameraden Beträge von je 30–40 Franken aus. Der Angeklagte hat heute geltend gemacht, es seien (zusammen) nur 30–40 Franken gewesen. Das ist durchaus unglaubhaft. Das Billet Bern-Davos kostet meines Wissens allein 30 Franken. Er hat vier Tage dort oben in Davos gelebt, er hat Unterhaltungen besucht – da wäre er mit 40 Franken wohl nicht ausgekommen.[366]

In der Tat summierten sich die Zuwendungen auf einen wesentlich höheren Betrag: Jakob Bruck hat ihm 30–40 Franken gegeben, Rudolph Haas 40, Anton Kögl weitere 10 sowie Felix Adler 50 Franken.[367] Unbestritten hingegen ist, dass sich Frankfurter mit dem Geld unter anderem eine Fahrkarte nach Davos gekauft hatte, einfach, „ein Rückfahrtbillet war nicht nötig".[368] Seiner Hauswirtin Lina Steffen hinterließ er eine auf kariertem Papier mit Bleistift in Eile

364 Ebd.

365 Interview mit Rudolph Haas, 13. Juni 1995, in: United States Holocaust Memorial Museum, online unter:
https://collections.ushmm.org/search/catalog/irn512627 [zuletzt eingesehen: 26.10.2018].

366 Protokoll des zweiten Verhandlungstages, Chur, 10.12.1936, in: AfZ, IB Frankfurter-Prozess / 2, S. II/40.

367 Vgl.: Ebd., S. II/3–4.

368 Memoiren (Version Jabotinsky), S. 22.

hingekritzelte, kurze Notiz. „Liebe Linny! Ich bleibe Heute abend fort, näheres später! Herzliche Grüsse David."[369] Den Grund für seine knappe Verabschiedung erklärte er in seinen Memoiren:

> Mehr konnte und wollte ich nicht schreiben. Es fiel mir schwer genug, diese wenigen, kargen Worte auf das Papier zu werfen. Wenn mein Bruder, wie avisiert, nun gegen acht Uhr abends anrufen wird, so war ich – entschuldigt. Das mußte fürs erste genügen.[370]

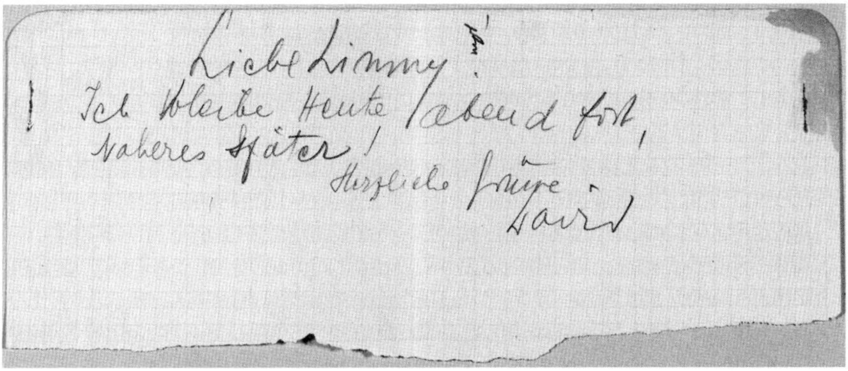

Abb. 16: Notiz von David Frankfurter an Lina Steffen vom 31. Januar 1936. Quelle: StAGR III23d2 Frankfurter.

Sein Zug verließ Bern am 31. Januar um 11.26 Uhr.[371] Er reiste mit leichtem Gepäck, lediglich eine Aktentasche führte er mit sich, und in der Aktentasche befand sich der für ihn zu diesem Zeitpunkt wichtigste Gegenstand: der Revolver.[372]

369 Notiz von David Frankfurter an Lina Steffen vom 31. Januar 1936, in: StAGR III23d2 Frankfurter.

370 Memoiren (Version Jabotinsky), S. 22.

371 Urteil des Kantonsgerichts von Graubünden vom 9./12. und 14. Dezember 1936, in: AfZ, IB Frankfurter-Prozess / 3, S. 16. Dies bestätigte Frankfurter auch im Verhör: „Präs[ident des Gerichts]: Was für ein Billet haben Sie gelöst? Angekl[agter]: Ein einfaches Billet (nach Davos). Präs: Sie sind direkt nach Davos gefahren und sind angekommen? Angekl: Ungefähr um ½ 5 Uhr, oder gegen 5 Uhr abends." Protokoll des ersten Verhandlungstages, Chur, 9.12.1936, in: AfZ, IB Frankfurter-Prozess / 1, S. I/63–64.

372 Memoiren (Version Jabotinsky), S. 22.

5 Der Mord an Wilhelm Gustloff

5.1 Der Mord in Davos

5.1.1 „Vergnügungsreise" nach Davos

Die Reise über Zürich „in die ewig-reine Bergwelt von Davos"[1] verlief ohne Zwischenfälle. Eine Begegnung war Frankfurter in Erinnerung geblieben. Während der Fahrt begann der Schaffner ein politisches Gespräch mit ihm.

> Das Thema war selbstverständlich Nazideutschland. Mit Entschiedenheit und Temperament lehnte dieser einfache Mann aus dem Volke die Gewalttaten und Entrechtung im großen Nachbarreiche ab. Hier sprach mir wirklich die ‚vox populi' – die Stimme des einfachen Mannes aus der Masse, die mir in meiner Situation zur ‚vox Dei' wurde, zur Stimme Gottes, die Rache forderte für das vergossene Blut Israels.
> Ja, diese einfachen Menschen in der Schweiz würden mich verstehen, vorbehaltloser vielleicht als die Mehrzahl meiner eigenen jüdischen Brüder, deren Empfinden durch die Jahrhunderte der Galuth verbogen worden war.[2]

Die Auffassung Frankfurters, dass die einfachen Schweizerinnen und Schweizer nicht nur den Nationalsozialismus grundsätzlich ablehnten, sondern auch Frankfurters Tat im Allgemeinen guthießen, deutet sich hier wiederum an.

Frankfurter kam gegen 16 Uhr in Davos an und stieg im heute nicht mehr existierenden Hotel Metropol-Löwen, „einem gutbürgerlichen Gasthof",[3] ab, wo er, wie es üblich war, einen Ankunftsschein ausfüllte – unter seinem richtigen Namen. „Ich hatte ja nichts zu verbergen. Was ich zu tun beabsichtigte, sollte in aller Offenheit geschehen. Nicht aus dem Hinterhalt, von einem Unbekannten sollte Gustloff fallen – sondern frei und unverhüllt wollte ich ihm entgegentreten: der Jude gegen den Nazi."[4]

Doch anders als vorerst geplant, konnte Frankfurter den Plan, Gustloff zu töten, nicht am selben Tag in die Tat umsetzen. Für die Verzögerung werden – je nach Publikation – andere Gründe angegeben. Gemäß Diewerge, dem nationalsozialistischen Propagandisten, war Wilhelm Gustloff zur Zeit der Ankunft Frankfurters in Davos dort gar nicht anwesend. „Drei Tage ist Wilhelm Gustloff

---

1 Ebd.
2 Ebd., S. 23.
3 Ebd.
4 Ebd.

unterwegs. Er spricht in Zürich, Bern, Glarus und Zug zu seinen Volksgenossen. Am 3. Februar 1936 abends kehrt er nach Davos zurück."[5] Die Abwesenheit Gustloffs während dieser Zeit wurde in den Gerichtsunterlagen bestätigt; allerdings sprach der Gerichtspräsident von den Orten Zürich und Maienfeld.[6] Frankfurter wiederum sei sich dessen nicht bewusst gewesen. „Ich hatte davon keine Kenntnis. [...] Ich habe mit niemand [sic] darüber gesprochen und (von niemand) um Auskunft ersucht."[7] Auf Nachfrage des Gerichtspräsidenten unterstrich er: „Ich habe absolut mit niemand [sic] gesprochen, von dem ich eine Auskunft über Herrn Gustloff hätte bekommen können, oder der darüber Bescheid wusste (= hätte wissen können), ob Herr Gustloff in Davos ist oder nicht."[8] Frankfurter gibt eine andere Begründung für das Aufschieben der Tat an.

> Als ich mein Zimmer betrat und langsam die Türe hinter mir schloß, um mich in völliger Zurückgezogenheit zu sammeln – da erst schoß mir der Gedanke durch den Kopf, daß jetzt, in dieser Stunde der Schabbath anbrach. [...] Und in dieser Stunde des Friedens, in der Atempause der Schöpfung, sollte ich hingehen und – morden. Die Waffe entsank meiner Hand.[9]

Diese religiöse Begründung ist konsistent mit Frankfurters bisheriger Argumentation, wenn er beispielsweise für seine Tat biblische Vorbilder suchte oder eine göttliche Sendung imaginierte. Sie lässt dennoch die Frage offen, wieso Frankfurter sich während der mehrstündigen Reise von Bern nach Davos keinerlei Gedanken über den mit der Abenddämmerung anbrechenden Schabbat gemacht hatte und wieso ihm erst bei Schabbatbeginn klar wird, dass er am heiligsten Tag des Judentums nicht morden sollte. Tatsache ist jedoch auch, dass gemäß jüdischer Tradition ansonsten erlaubtes Töten, wie beispielsweise das Schächten eines Tieres, an Schabbat verboten ist. Wenn Frankfurter seinen Plan als Auftrag Gottes sah, gibt es tatsächlich Argumente, die gegen einen Mord an

5 Diewerge 1937, S. 14.

6 Protokoll des ersten Verhandlungstages, Chur, 9.12.1936, in: AfZ, IB Frankfurter-Prozess / 1, S. I/64–65.

7 Ebd. [Klammerbemerkungen in runden Klammern aus dem Original übernommen.]

8 Ebd.

9 Memoiren (Version Jabotinsky), S. 23. Eine zusätzliche Komponente, die hier mitschwingen mochte, ist, dass zu biblischen Zeiten Gerichtsurteile wie beispielsweise Hinrichtungen nicht am Schabbat vollzogen wurden. Da Frankfurter den geplanten Mord an Gustloff als Gottes Urteil betrachtete, könnte dies als ein weiterer Grund für den Aufschub bis nach Ende des Schabbat eine Rolle gespielt haben. Das Verbot, am Schabbat Gerichtsurteile zu vollziehen, wird zurückgeführt auf das Verbot, am Schabbat Feuer zu entzünden. Da Tod durch Verbrennen eine mögliche Hinrichtungsmethode war, wurde interpretiert, dass alle Hinrichtungen – so wie das Entzünden eines Feuers – an Schabbat verboten sind.

Schabbat sprächen. Möglicherweise war ihm das Anbrechen des Schabbat ein willkommener, geradezu gottgegebener Vorwand, die Tat, vor der er sich augenscheinlich fürchtete, noch nicht begehen zu müssen und zumindest einen Tag (vorläufig) Aufschub zu bekommen.[10] Dazu passt auch die Aussage Frankfurters, ihn habe sein Vorsatz bis in den trotz Schlaftabletten unruhigen Schlaf verfolgt, und er habe trotz allem noch zu hoffen gewagt, „dem unentrinnbaren Schicksal noch auf wunderbare Weise entgehen zu können".[11]

Abb. 17: Wegweiser zur Landesgruppe Schweiz der NSDAP in Davos. Quelle: Privatarchiv von Peter Bollier, Oberstammheim.

10 Eine weitere Möglichkeit wäre, dass die religiöse Interpretation des Aufschiebens nicht von David Frankfurter, sondern von Schalom Ben-Chorin stammte. Allerdings wird die Theorie nicht nur in den Memoiren erwähnt: Bereits in den ersten Verhören und auch im späteren Prozess erklärte Frankfurter damit die Tatsache, dass er schon am 31. Januar in Davos angekommen war, die Tat aber erst am 4. Februar ausgeführt hatte. „Der Gedanke kam mir – es war die Absicht – ich wusste selber nicht, wie ich es tun soll, und was ich tun soll – mir kam wieder der Gedanke – ich habe ihn zurückgedrängt – und plötzlich habe ich mich erinnert, dass es schon Sabbath ist, und da kamen mir alle die Gedanken (= Erinnerungen an die Sabbath-Feiern) wieder an daheim – und da hatte ich nicht mehr die Kraft." Protokoll des ersten Verhandlungstages, Chur, 9.12.1936, in: AfZ, IB Frankfurter-Prozess 1, S. I/64.

11 Memoiren (Version Jabotinsky), S. 23.

Am folgenden Tag befremdete ihn der schroffe Gegensatz zwischen dem „strahlend-herrliche[n] Wintertag" vor dem Davoser Alpenpanorama, das „in unberührbarer Majestät" vor ihm lag und den „verruchten Symbole[n] der Nazis", die „sogar in den erhabenen Frieden dieser Bergwelt gedrungen" waren.[12] Allerdings erleichterte ihm die deutliche Sichtbarkeit der Nationalsozialisten in Davos, sein Opfer zu finden. „Auf der Kurpromenade zeigte ein Wegweiser den Weg zum Hause des ‚Landesleiters der NSDAP, Gruppe Schweiz' … meinen Weg."[13]

Gegen Ende des Schabbat philosophierte Frankfurter über die jüdische Zeremonie der *Hawdala*, die am Abend den Heiligen Tag von der profanen Woche teilt. Er dachte an seinen Vater, der weit entfernt „den Segen über Wein, Gewürz und Feuer"[14] sprach und übertrug die Bedeutung dieses Rituals auf sein Leben. „Auch für mich sollte mit diesem Schabbath eine letzte, die größte Unterscheidung vollzogen werden. Die Trennung zwischen Leben und – Tod."[15]

Doch noch war es nicht so weit. Frankfurter konnte sich weiterhin nicht zur Tat entschließen, die „nicht weniger bedeutet als die Vernichtung fremden und eigenen Lebens".[16] Stattdessen verbrachte er den Sonntag im Dorf und schaute sich einen Eislaufwettkampf an. Am folgenden Tag[17] spazierte er zur jüdischen Lungenheilstätte Ethania,[18] um sich eine wieder eiternde Wunde am Arm frisch verbinden zu lassen. Frankfurter unterhielt sich mit dem Direktor des Sanatoriums über die Möglichkeit einer Assistentenstelle nach dem Abschluss seines Medizinstudiums. Die Absurdität dieses Gesprächs angesichts seiner Pläne war

12 Alle Zitate: Ebd.

13 Ebd.

14 Ebd.

15 Ebd.

16 Ebd., S. 24.

17 Möglicherweise irrt sich Frankfurter hier. Aus der Aussage der Anklage wie auch aus der Frage des Gerichtspräsidenten wird deutlich, dass er am Tag des Mordes, also am 4. Februar, die Ethania besucht hat: „Und am 4. Februar waren Sie in der ‚Etania'. Sie haben sonst keine Vorbereitungen getroffen?" Protokoll des ersten Verhandlungstages, Chur, 9.12.1936, in: AfZ, IB Frankfurter-Prozess / 1, S. I/66. Und: „Am Samstag und Montag ging er ins Kino[,] und am Dienstag besuchte er die Jüdische Heilstätte ‚Etania' in Davos, die ihn als Mediziner angeblich interessiert." Protokoll des zweiten Verhandlungstages, Chur, 10.12.1936, in: AfZ, IB Frankfurter-Prozess / 2, S. II/42.

18 Es gibt hierzu verschiedene Schreibweisen. Üblich sind Ethania und Etania, Frankfurter schrieb in seinen Memoiren von der jüdischen Lungenheilstätte Ethanija. Der *Hilfsverein für jüdische Lungenkranke* wurde im Jahr 1917 in Davos gegründet, durch großzügige Unterstützung von Schweizer Jüdinnen und Juden konnte bereits zwei Jahre später das 1912 erbaute ehemalige Hotel Exzelsior gekauft und zu einem Sanatorium umgebaut werden. Vgl.: Alemannia Judaica: Davos (Kanton Graubünden, Schweiz), Jüdische Geschichte vom Ende des 19. Jahrhunderts bis um 1920, Jüdische Kureinrichtungen / Gründung einer jüdischen Gemeinde: Der „Hilfsverein für jüdische Lungenkranke in der Schweiz" und die Heilstätte „Ethania" („Etania"), online unter: http://www.alemannia-judaica.de/davos_juedgeschichte.htm [zuletzt eingesehen: 12.08.2014].

ihm klar: „Es war, als ob ein Toter noch einmal in das Land der Lebenden zurückkehren wollte."[19] Später erklärte er, dies seien „momentane Träumereien"[20] gewesen, um sich selbst eine Normalität vorzugaukeln.[21]

Zudem machte er während dieser Zeit Ausflüge (zum Beispiel mit der Zahnradbahn auf die Schatzalp), war im Kaffeehaus und beim Friseur.[22] Bei einem Spaziergang in Davos traf er zudem alte Bekannte, Sima Kaufmann und ihre Tochter Olga aus Bern, die am 4. Februar in Davos eingetroffen waren, im Palace Hotel und Curhaus Davos unterkamen und als Aufenthaltszweck sportliche Betätigung angaben.[23] Frankfurter kannte die Familie Kaufmann aus Bern über den gemeinsamen Bekannten Jakob Bruck.[24] Gemäß Frankfurter war diese Begegnung harmloser Natur, er habe die Kaufmanns zufällig getroffen und sei von ihnen zum Tee eingeladen worden; eine Einladung, die er ausschlagen musste. „Welche Ironie des Schicksals: auf dem Wege zum Blutgericht … zum Tee gebeten zu werden."[25] Nichtsdestotrotz ersuchte das Verhöramt des Kantons Graubünden das städtische Polizeikommando Bern, „über Leumund, Tätigkeit und politische Einstellung der Familie Kaufmann Erhebungen zu veranlassen, um feststellen zu können, ob sie zur Tat des Frankfurter in irgend welche Beziehungen gebracht werden können".[26] Bereits fünf Tage später erfolgte die Antwort. Jakob Kaufmann habe früher als „Uhrmacher, Hausierer und Markthändler"[27] gearbeitet und besitze jetzt ein „Mercerie- und Bonneteriewarengeschäft[28] en gros",[29] ein Geschäft, das so außerordent-

19 Memoiren (Version Jabotinsky), S. 24.

20 Protokoll des ersten Verhandlungstages, Chur, 9.12.1936, in: AfZ, IB Frankfurter-Prozess / 1, S. I/65.

21 Vgl.: Ebd., S. I/65.

22 Ebd., S. I/65–66.

23 Vgl.: Anmeldung der Familie Kaufmann bei der Amtlichen Fremdenkontrolle Davos vom 4. Februar 1936, in: StAGR III23d2 Frankfurter. (88)

24 Frankfurters Bekannter Jakob Bruck war der Vater des Schwiegersohns der Familie Kaufmann. So zumindest wird im Rapport der Sicherheits- und Kriminalpolizei der Stadt Bern angegeben: „Eine andere Tochter der Eheleute Kaufmann hat sich am 14.4.27 in Bern mit dem jugoslavischen Staatsangehörigen Bruck Zdenko […] verheiratet[.]" Und: „Die Bekanntschaft mit Frankfurter dürfte durch Vermittlung des Schwiegersohnes oder dessen Vater, Jakob Bruck, […] erfolgt sein." Rapport der Sicherheits- und Kriminalpolizei der Stadt Bern an das Verhöramt des Kantons Graubünden, Chur, in Sachen Familie Kaufmann, in: StAGR III23d2 Frankfurter.

25 Memoiren (Version Jabotinsky), S. 26.

26 Anfrage des Verhöramts des Kantonsgraubünden an das städtische Polizeikommando Bern in Sachen Familie Kaufmann, in: StAGR III23d2 Frankfurter.

27 Rapport der Sicherheits- und Kriminalpolizei der Stadt Bern an das Verhöramt des Kantons Graubünden, Chur, in Sachen Familie Kaufmann, in: StAGR III23d2 Frankfurter.

28 Mercerie: Kurz- oder Kleinwaren wie beispielsweise Nähzubehör; Bonneterie: Strumpfwaren.

29 Rapport der Sicherheits- und Kriminalpolizei der Stadt Bern an das Verhöramt des Kantons Graubünden, Chur, in Sachen Familie Kaufmann, in: StAGR III23d2 Frankfurter.

lich gut liefe, dass Kaufmann als „sehr reich"[30] gelte, „was s.Z. einen Reporter einer stadtbernischen Zeitung veranlasst hat, ihn als den König der Hausierer zu bezeichnen".[31] Es wurde angefügt, dass Kaufmann sich darauf verstehe, „die gesetzlichen Vorschriften bis zur äussersten Grenze auszunützen, um aus Personal und Kundschaft den bestmöglichsten Provit [sic] herauszuwirtschaften, ohne mit der Behörde direkt in Konflikt zu geraten".[32] Gleichwohl seien weder Kaufmann noch seine Familienangehörigen vorbestraft, und auch in Bezug auf seine politische Einstellung ließ sich nichts Gravierendes in Erfahrung bringen. Kaufmann soll überzeugter Gegner aller Diktaturen gewesen sein, „aber nicht als Politiker, sondern nur als Jude".[33] Frankfurter verneinte die Frage, ob er sich außer mit den Kaufmanns noch mit anderen Personen unterhalten oder getroffen habe.[34]

Dass diese Aktivitäten Frankfurters in Davos vor Gericht auf wenig Verständnis stießen und zu seinen Ungunsten gewertet wurden, mag auf den ersten Blick nachvollziehbar sein. So führte die Anklage aus:

> Angeblich wollte er die Tat noch am gleichen Abend ausführen; er habe sich aber besonnen, dass am gleichen Abend der Sabbath eintrat. Dann gewann der Angeklagte Geschmack an der Schönheit von Davos und an der Schönheit der winterlichen Bergwelt. Er sah sich in den folgenden Tagen den Sportbetrieb in Davos an. Am Samstag und Montag ging er ins Kino,[35] und am Dienstag besuchte er die Jüdische Heilstätte ‚Etania' in Davos, die ihn als Mediziner angeblich interessiert.[36]

Frankfurter hingegen rechtfertigte sich damit, er habe diese Zeit gebraucht, um Klarheit über seine Pläne zu erhalten. Er sinnierte über das Leiden des jüdischen Volkes, über dessen Sinn und Unsinn. Das biblische und historische Leiden Israels sei nicht grundlos gewesen, sondern sollte die Jüdinnen und Juden zur Umkehr und Buße aufrufen. Sogar in der Vertreibung von der Iberischen Halbinsel sah Frankfurter einen Sinn. „1492 hieß es in Spanien: Taufe <u>oder</u>

30 Ebd.
31 Ebd.
32 Ebd.
33 Ebd.
34 Vgl.: Protokoll des ersten Verhandlungstages, Chur, 9.12.1936, in: AfZ, IB Frankfurter-Prozess / 1, S. I/65–66.
35 Auch wenn Frankfurter die Kinobesuche in seinen Memoiren nicht erwähnt, wäre dies nicht weiter überraschend, hat er sich schon in seiner Zeit in Bern als großer Filmliebhaber gezeigt. In einer Aussage während des Verhörs durch den Gerichtspräsidenten sagte er aus: „Abends [am 1. Februar] war ich, glaube ich, in einem Kino." Protokoll des ersten Verhandlungstages, Chur, 9.12.1936, in: AfZ, IB Frankfurter-Prozess / 1, S. I/65.
36 Protokoll des zweiten Verhandlungstages, Chur, 10.12.1936, in: AfZ, IB Frankfurter-Prozess / 2, S. II/42.

Vertreibung – wähle, Jude! Und in dieser Wahl-Möglichkeit lag der Sinn. Der Jude konnte und durfte sich bewähren. […] In der Freiheit der Entscheidung lehnte er die rettende Taufe, den Verrat am Judentum ab[.]"[37] Heute hingegen, so Frankfurter, gäbe es keine Wahlmöglichkeit mehr. Auch wenn „Gottes Finger"[38] weiterhin erkennbar sei, indem er durch die antisemitische Gesetzgebung in Deutschland die Jüdinnen und Juden darauf besinnen ließ, was sie waren, „Juden und nichts als Juden",[39] spielte es nun keine Rolle mehr, ob eine Jüdin oder ein Jude sich taufen ließ. Verfolgt wurde nicht die Religion, verfolgt wurde die Rasse, „[e]s gab kein Entrinnen vor solcher Diskriminierung".[40] Sich selbst vor die Frage „Leiden oder Handeln?"[41] stellend, konnte es für Frankfurter keine andere Antwort geben als zu handeln.

Dass sich Frankfurter ausgerechnet am 4. Februar, einem Dienstag, dazu entschloss, die Tat durchzuführen, war kein Zufall. Während der ganzen Zeit in Davos konnte er sich nicht dazu aufraffen, nachdem er bereits am Freitag den Mut dazu nicht gefunden hatte, und den Aufschub mit dem Anbruch des Schabbat gerechtfertigt hatte. Den letzten Impuls fand er wiederum in einer religiösen Komponente, nämlich dem Dienstag als Glückstag in der jüdischen Tradition. „Als ich am Dienstag-Vormittag […] aufstand, fiel mir ein, daß dieser Tag, der ‚Ki Tow', im jüdischen Volksglauben als Glückstag gilt, steht doch an ihm, dem dritten Schöpfungstage, zweimal das Wort ‚es war gut' in der Genesis. An diesem Tage also, dem jüdischen Glückstage, mußte die Tat gelingen."[42]

Die einzige Vorbereitung, die er für das Attentat getroffen hatte, war das Abfassen von Abschiedskarten an seinen Vater und seine Geschwister.[43] An seinen Vater schrieb er:

37 Memoiren (Version Jabotinsky), S. 24.

38 Ebd.

39 Ebd.

40 Ebd., S. 25.

41 Ebd.

42 Ebd.

43 Protokoll des ersten Verhandlungstages, Chur, 9.12.1936, in: AfZ, IB Frankfurter-Prozess / 1, S. I/66. Offensichtlich lagen Frankfurter die Abschiedsbriefe an seine Familie beim Verfassen der Memoiren vor, so sind sie dort jedenfalls im genauen Wortlaut aufgeführt. Vgl.: Memoiren (Version Jabotinsky), S. 25. Es gibt unterschiedliche Angaben bezüglich des Zeitpunkts des Verfassens. Gemäß der Chronologie der Memoiren hat Frankfurter die Karten am Tag vor der Tat verfasst, im Verhör durch den Gerichtspräsidenten gab er an, sie am Nachmittag des 4. Februar geschrieben zu haben. Frankfurter hat die Karten mit „Jom ki tow" (Jom: Hebräisch für Tag, ki tow: dass es gut war) überschrieben, was darauf hindeutet, dass er sie tatsächlich am Dienstag verfasst hatte, da am Dienstag, dem dritten Tag der Schöpfungsgeschichte, in der Bibel die Wendung „ki tow" zweimal vorkommt. Vgl.: Protokoll des ersten Verhandlungstages, Chur, 9.12.1936, in: AfZ, IB Frankfurter-Prozess / 1, S. I/66.

Inniggeliebter teuerster Papa: Viel Sorgen und Kummer habe ich Dir schon immer bereitet, wenig Freude konnte ich Dir bieten. Ich kann nicht mehr weiter. Verzeihe mir alles, was ich Dir angetan habe, ich scheide nicht schwer von meinem Leben, im Bewusstsein, dass Du nie an meiner grenzenlosen Liebe zu Dir und der Gottseligen Mama zweifeln wirst. Bleibe stark und habe weiter Gottvertrauen wie bisher. Du hast ja Alfons, Joe und Ruth und Neomi,[44] die Dir noch viel Freude bereiten mögen. Ich habe den Glauben an mich und die Menschheit verloren! Ich kann nicht mehr weiter! Mein letzter Wunsch ist[,] Du mögest wenigstens einen Kaddisch [im Original in hebräischen Buchstaben] für mich sagen. Ich hoffe bald mit der unvergesslichen teuren Mama vor Gottes Richterstuhl vereint zu sein. Bleibe stark, Du und meine lieben Geschwister. Möge Euch Gott der Allgütige eine bessere Zukunft und ganz Israel ein schöneres Los bescheiden. Lebe wohl, Dein unglücklicher Sohn David.[45]

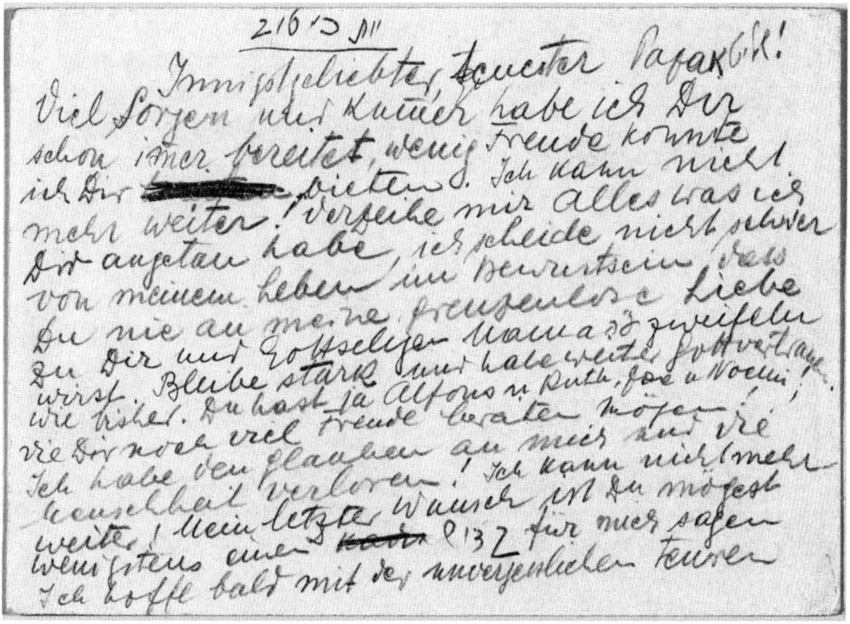
Inniggeliebter, teuerster Papa!
Viel Sorgen und Kummer habe ich Dir
schon immer bereitet, wenig Freude konnte
ich Dir bieten. Ich kann nicht
mehr weiter! Verzeihe mir alles was ich
Dir angetan habe, ich scheide nicht schwer
von meinem Leben im Bewusstsein dass
Du nie an meiner grenzenlosen Liebe
zu Dir und Gottseligen Mama so zweifeln
wirst. Bleibe stark und habe weiter Gottvertrauen
wie bisher. Du hast ja Alfons u. Ruth, Joe u Noemi,
die Dir noch viel Freude bereiten mögen!
Ich habe den Glauben an mich und die
Menschheit verloren! Ich kann nicht mehr
weiter! Mein letzter Wunsch ist Du mögest
wenigstens einen für mich sagen
Ich hoffe bald mit der unvergesslichen teuren

Abb. 18. Abschiedskarte an Moritz Frankfurter vom 4. Februar 1936, Vorderseite. Quelle: StAGR III23d2 Frankfurter.

44 Joe war der Ehemann von Davids Schwester Ruth (Josef/Josip Löwy), Neomi die gemeinsame Tochter.

45 Abschiedskarte an Moritz Frankfurter vom 4. Februar 1936, Vorderseite, in: StAGR III23d2 Frankfurter.

Auch wenn es, wie bereits ausgeführt wurde, nicht möglich ist, dass David Frankfurter die Karte seines Vaters gelesen hatte, scheint er dennoch deren Inhalt antizipiert zu haben.[46] Seine Aussage, er wünsche sich, dass sein Vater für ihn das Kaddisch, das jüdische Heiligungsgebet, das nach einem Todesfall gesprochen wird, sagen möge, lässt vermuten, dass er sich der Verärgerung des Vaters bewusst war und hoffte, dass dieser trotz aller vergangenen Ereignisse für sein Seelenheil beten würde.[47] Aus seinem Abschiedsbrief spricht nicht nur starke Verbundenheit mit seiner Familie, sondern zudem eine tiefe Religiosität, die nicht nur darauf zurückzuführen ist, dass er an seinen Vater, den Rabbiner, schreibt; auch im Brief an seine Geschwister ist diese Religiosität erkennbar.

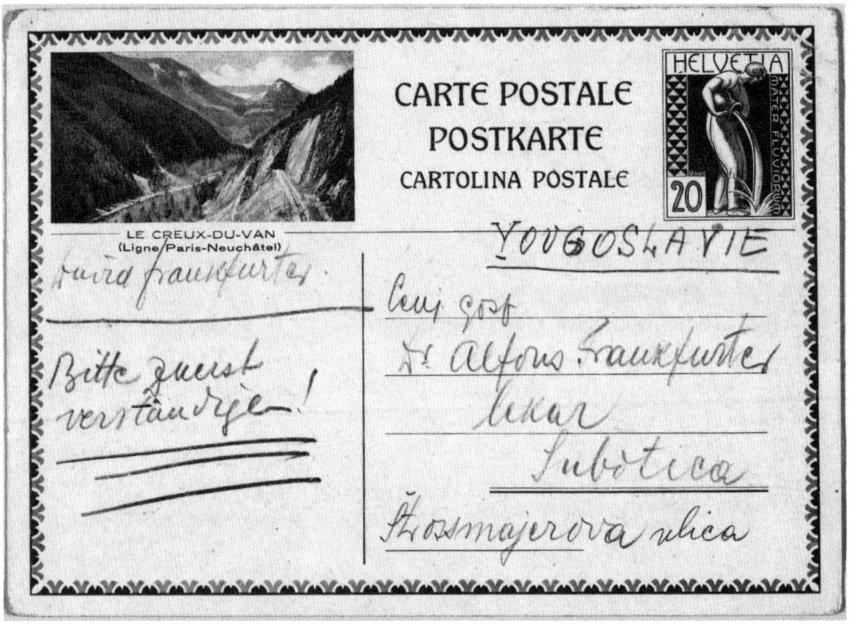

Abb. 19: Rückseite der Abschiedskarte an Alfons Frankfurter und Ruth Löwy vom 4. Februar 1936. Quelle: StAGR III23d2 Frankfurter.

Ähnlich im Ton ist der Brief an Frankfurters Geschwister gehalten, adressiert an Dr. Alfons Frankfurter in Subotica.

46 Vgl. Kapitel 4.2.9 Zwei Briefe und eine Postkarte aus Jugoslawien, S. 131 ff.

47 Streng halachisch gesehen werden für einen Selbstmörder keine Trauerbräuche (Schiwa sitzen, Kaddisch sprechen etc.) durchgeführt. Traditionellerweise gibt es aber im Judentum kaum einen Fall, wo das tatsächlich so gehandhabt würde.

> Meine innigstgeliebten Geschwister: Zum letzten Male sende ich Euch Grüsse, mit der Bitte, der Allgütige möge den lieben Papa und Euch[,] meine lieben Geschwister, gesund und stark erhalten. Nun[,] Ihr sollt wissen[,] was mich bewegt, von Euch und der Welt zu scheiden. Ich kann nicht das Unglück des jüdischen Volkes mehr ertragen, es hat mir die Lebensfreude genommen. Möge Gott Alles rächen, was uns Juden angetan worden. Ich will selber als kleines Werkzeug in seiner Hand gewesen sein. Lebt wohl und verzeiht mir, ich konnte nicht anders. Bis in den Tod[,] Euer treuer Bruder David.[48]

Hier nahm Frankfurter – im Gegensatz zum Brief an seinen Vater – konkreten Bezug auf die Beweggründe seiner Tat. Schon 1936 schrieb er vom „Unglück des jüdischen Volkes",[49] davon, dass Gott alles rächen solle, und geht auf seine eigene Rolle in dieser Sache als „kleines Werkzeug in seiner Hand" ein,[50] was belegt, dass diese Elemente seiner Motive zeitgenössisch waren und nicht erst nachträglich von Frankfurter als solche interpretiert wurden.

Interessant ist zudem die Notiz auf der Rückseite der Karte an Alfons und Ruth: „Bitte zuerst verständigen!"[51] Dies deutet darauf hin, dass Frankfurter zumindest ab einem gewissen Zeitpunkt die Postkarten *bewusst* nicht abgeschickt hat – vielleicht nicht von Anfang an, denn sonst hätte er die Abschiedsbriefe wahrscheinlich nicht auf Postkarten verfasst. Ihm musste klar sein, dass die Polizei nach dem geplanten Mord mit anschließendem Selbstmord sein Hotelzimmer durchsuchen und die Karten dort finden würde. In seiner Vorstellung hätte sie dann zuerst – seinem Wunsch entsprechend – die Geschwister über das Unglück informiert und erst dann den Vater.

Um sich selbst einen Leitfaden zu geben, hielt Frankfurter schon am Tag vor der Tat seinen detaillierten Plan auf dem Boden einer Zigarettenschachtel fest; er nannte dies seinen *Aktionsplan*. Dieser sollte im späteren Prozess eine wichtige Rolle spielen. In den Prozessunterlagen findet sich nicht nur das Original der Zigarettenschachtel der Marke Memphis mit den kroatischen Notizen, sondern auch eine amtlich beglaubigte und von Frankfurter als für richtig befundene Übersetzung.[52]

---

48 Abschiedskarte an Alfons Frankfurter und Ruth Löwy vom 4. Februar 1936, in: StAGR III23d2 Frankfurter.

49 Ebd.

50 Ebd.

51 Ebd.

52 Die Übersetzung wurde von einem Schriftsetzer bei der liberalen Zeitung *Der freie Rätier, Bündnerische Volkszeitung und demokratisches Organ für die Ostschweiz*, Ivan Cerjak, angefertigt.

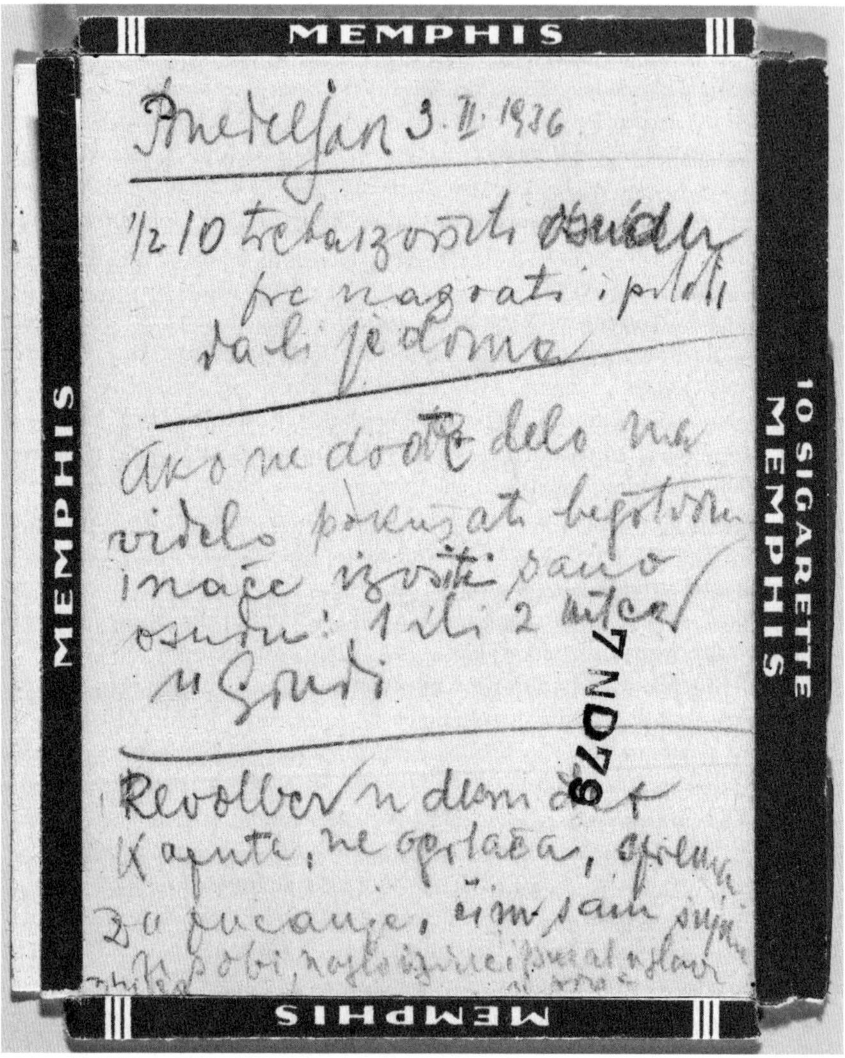

Abb. 20: Aktionsplan (auf Kroatisch) von David Frankfurter.
Quelle: StAGR III23d2 Frankfurter.

Montag, 3. II. 1936.
½ 10 muss die Verurteilung ausgeführt werden. Vorher anrufen und fragen, ob er zu Hause ist.
Wenn er nicht herauskommt und nicht zu sehen ist, versuchen zu fliehen, sonst Ausführung des Selbstmordes (Selbstverurteilung). 1–2 Schüsse in die Brust.

> Revolver in der rechten Tasche des Rockes, nicht im Überzieher, bereit zum schiessen. Sobald ich im Zimmer bin, plötzlich herausziehen und schiessen, in den Kopf oder in die Brust. 3 Schüsse.[53]

Frankfurter hielt in seinen Memoiren fest, dass dieser Aktionsplan lediglich seine ursprünglichen Absichten wiedergab, er sich jedoch dazu entschieden habe, sich nicht daran zu halten, weil ihm ein solches planmäßiges Vorgehen nicht mehr möglich gewesen sei. Der Weg zu Gustloffs Haus sei ihm durch die Wegweiser im Dorf bekannt gewesen. „Ohne jede Voranmeldung mußte ich dorthin gehen um meinen schweren Auftrag zu vollziehen, diesen Auftrag, den mir der unerbitterlichste aller Herren erteilt hatte: das eigene Gewissen."[54]

5.1.2 Der Mord an Wilhelm Gustloff – „Die Stunde der Entscheidung"[55]

Frankfurter verließ sein Hotelzimmer gegen halb acht Uhr abends nach Einbruch der Dunkelheit. Davor hatte er noch überprüft, ob sein Revolver geladen war, und hatte einige Gebete gesprochen, das *Schma Israel*, „die ewig-unwandelbare Anrufung der Einheit und Einzigkeit Gottes, diesen Schlachtruf Israels, mit dem unsere Märtyrer die Scheiterhaufen bestiegen hatten"[56], sowie das *Kaddisch*, wobei er sich im Unklaren war, ob er es für seine verstorbene Mutter oder für sich selbst sprach.[57]

Er sei geradezu unheimlich ruhig gewesen. „Jetzt aber war nichts mehr von der Weichheit dieser Abschiedstunde in mir. Hart und kalt wie der knirschende Schnee unter meinen Füßen war mein Herz in dieser Stunde. Als stünde ich, ein zweites Ich außerhalb meiner selbst, so konnte ich jeden Schritt, jede Bewegung in der nächsten halben Stunde an mir selbst beobachten."[58] Während er in seinen Memoiren sehr deutlich über seine Absicht schreibt, zuerst Gustloff und dann sich selbst zu töten, schilderte er im Verhör während des zweiten Prozesstages, wie er die ganze Zeit seit seiner Abreise aus Bern in einem Kampf mit sich selbst gestanden hatte, und wie sich dieser Kampf auf dem Weg zu Gustloffs Haus fortgesetzt habe. Es sei zu keinem Zeitpunkt klar gewesen, dass die geladene Waffe, die er mit sich trug, für Gustloff bestimmt sei, vielmehr sei sie auch und

53 Übersetzung des Textes auf der bei Frankfurter gefundenen Zigarettenschachtel, in: StAGR III23d2 Frankfurter.
54 Memoiren (Version Jabotinsky), S. 26.
55 Ebd.
56 Ebd.
57 Vgl.: Ebd.
58 Ebd.

in erster Linie für ihn selbst bereit gewesen. Er führte, wahrscheinlich als rechtlich-taktische Aussage, aus: „Ich hatte oft dagegen angekämpft, gegen diese Gedanken, und versucht, sie zurückzudrängen und Dem [sic] auszuweichen. Aber es ging einfach nicht. Es kamen Momente, wo mich die Empörung so überkam, […] dass ich nicht mehr die Gewalt über mich hatte.“[59]

Frankfurter ging die kurze Strecke vom Hotel zum Haus am Kurpark, Parkhaus Nummer 3, wo Gustloff wohnte, zu Fuß. Er traf gegen 20.45 Uhr dort ein.[60] Frankfurter klingelte an der Eingangstür, fand diese aber offen und trat in das Treppenhaus ein, wo ihn eine Frau – er ging korrekterweise davon aus, dass es sich bei ihr um Hedwig Gustloff handelte – fragte, was er wolle.[61] Anders als in den Memoiren erklärte Frankfurter während des Verhörs, er habe in diesem Augenblick umkehren wollen: „Es kamen dann wieder Gewissensbisse und wieder die Gedanken, was ich tun will – ich konnte aber nicht zurück – es war zu spät.“[62] Als Grund für seine Zweifel gab er an, dass er sich, da er sich kaum über Gustloff informiert hatte, nicht bewusst gewesen sei, dass dieser verheiratet sei und möglicherweise eine Familie hatte. Erst da habe er neben dem überzeugten Nationalsozialisten den Menschen Gustloff gesehen.[63] Frankfurters Hass galt nicht der Person Gustloff, sondern dem System, das er repräsentierte. Dennoch fragte er Hedwig Gustloff, ob Wilhelm Gustloff zuhause und zu sprechen sei, was diese bejahte, ihn eintreten und im Arbeitszimmer ihres Mannes warten ließ.[64] Frankfurter ließ sich dort auf einem Stuhl nieder, der dem Schreibtisch Gustloffs gegenüber stand, „die Hand um die tödliche Waffe gekrampft“,[65] die er in der Tasche seines Mantels mit sich trug, während er auf Gustloff wartete, der im Flur noch ein Telefongespräch führte.

Dieses Telefonat Gustloffs, das Frankfurter zumindest teilweise mithören konnte, wie auch das Arbeitszimmer bestärkten Frankfurter in seiner Absicht, den „Repräsentanten dieser größten Mörderbande der Welt“[66] zu erschießen. Zwar sagte er aus, er habe die Einzelheiten des Gesprächs nicht mitverfolgen können, er habe jedoch Bruchstücke gehört. „Darunter ist mir nur ein Satz aufgefallen: ‚Die Schweinehunde‘ oder: ‚die Schweinejuden, den [sic] werden

59 Protokoll des zweiten Verhandlungstages, Chur, 10.12.1936, in: AfZ, IB Frankfurter-Prozess / 2, S. II/2.
60 Memoiren (Version Jabotinsky), S. 26.
61 Protokoll des zweiten Verhandlungstages, Chur, 10.12.1936, in: AfZ, IB Frankfurter-Prozess / 2, S. II/3.
62 Ebd.
63 Ebd.
64 Memoiren (Version Jabotinsky), S. 26.
65 Ebd.
66 Ebd.

wir es zeigen! Wir werden es ihnen geben!‘“[67] Das Arbeitszimmer war geschmückt mit Insignien der Nazi-Ideologie. Nicht nur hing ein gerahmtes Bild des Führers an der Wand (mit persönlicher Widmung „Meinem lieben Gustloff. Adolf Hitler“[68]), sondern auch ein SS-Ehrendolch (rechts im Bild über der Tischuhr). Nicht ganz präzise führte Frankfurter dazu aus: „Und unter dem Bild des Erzfeindes – der ‚Ehrendolch‘ Gustloffs, den er als SS-Führer zu tragen berechtigt war. ‚Blut und Ehre‘ steht auf dieser Prunkwaffe, aber mit unsichtbaren Lettern steht noch ein anderer Spruch darauf, den die marschierenden Nazihorden durch die Straßen Deutschlands brüllten: ‚Wenns Judenblut vom Messer spritzt / Dann geht’s nochmal so gut.‘“[69] Tatsächlich ist der Wahlspruch der SS nicht

Blick in das Mordzimmer. Wilhelm Gustloff stand zwischen Stuhl und Tisch, als Frankfurter vom Sessel aus, der im Bilde vorne links durch eine Ecke angedeutet ist, die Schüsse abgab. Durch die Hitlerbilder und den Ehrendolch fühlte sich Frankfurter provoziert.

Abb. 21: Arbeitszimmer Gustloffs mit vorgegebener Bildbeschreibung. Quelle: Bayerische Staatsbibliothek/Bildarchiv, Fotoarchiv Hoffmann K.123 [hoff-14449].

67 Protokoll des zweiten Verhandlungstages, Chur, 10.12.1936, in: AfZ, IB Frankfurter-Prozess / 2, S. II/3. Auch in seinen Memoiren beschreibt er diesen Vorfall: „Gustloff scheint mit einem seiner Komplizen zu telephonieren. Ich höre etwas von ‚Schweinehunden‘ oder ‚Schweinejuden‘, denen man es schon noch zeigen werde.“ Memoiren (Version Jabotinsky), S. 27.

68 Memoiren (Version Jabotinsky), S. 27.

69 Ebd., S. 26.

„Blut und Ehre“ sondern „Meine Ehre heißt Treue“, zudem war Gustloff kein SS-Mitglied.[70]

Bezüglich der von Frankfurter mitgehörten Gesprächsfetzen bestehen widersprüchliche Aussagen. Während Frankfurter überzeugt wiedergab, die Worte „Schweinejuden“ oder „Schweinehunde“ (in Kombination mit dem Wort „Kommunisten“) gehört zu haben, sich aber nicht völlig sicher über den restlichen Inhalt der Unterhaltung war, sagte die Witwe Gustloffs in der Vernehmung aus, im besagten Gespräch sei es um etwas anderes gegangen. Ihr Mann habe mit Dr. Habermann aus Oberhofen, einem Parteikollegen, gesprochen, dabei sei es um „Privat- und Partei-Angelegenheiten“[71] gegangen. Gemäß ihrer Version sei „die Leitung (wie so oft!) gestört“[72] gewesen. Ihr Mann hätte dann ausgerufen: „Zum Donnerwetter, wer steckt schon wieder in der Leitung?!“[73] Die Wörter „Juden und Kommunisten“, wie Frankfurter es ausgesagt hatte, seien in der Konversation nicht vorgekommen, dies bekräftigte sie auf Nachfrage des Gerichtspräsidenten.[74] Auch Habermann bestätigte schriftlich vor Gericht, er habe an jenem Abend mit Gustloff ein Telefongespräch geführt, „dessen Inhalt dienstlicher und halb privater Natur war. Das Gespräch wurde unterbrochen. Der Landesgruppenleiter gab bei der Wiederherstellung der Verbindung lediglich seinen Unwillen darüber kund, dass das Gespräch in dieser Weise gestört wurde, und dass anscheinend ein Dritter dem Gespräch zuhörte.“[75] Das Gericht versuchte daraufhin herauszufinden, ob diese Äußerung des Unmuts Gustloffs in die Zeit gefallen sein könnte, zu der Frankfurter sich in der Wohnung befand. Dies konnte nicht abgeklärt werden.[76] Ebenso muss offenbleiben, ob Frankfurter diese Ausrufe tatsächlich gehört oder sich vielmehr verhört hatte. Tatsache ist, dass er nicht nur das mitgehörte Telefonat, sondern auch die Ausstattung des Büros von Gustloff dafür mitverantwortlich machte, dass er sich zusätzlich über den Nationalsozialisten echauffiert und sich erst recht in seinen Absichten bestätigt gesehen hatte. „Ein unbändiger Zorn stieg in mir auf. Wenn ich noch einen Atemzug hätte schwankend

---

70 Wie Gustloff zu dem SS-Ehrendolch gekommen ist, ist unklar. Die Auflösung des Bildes von Gustloffs Arbeitszimmer ist nicht gut genug, um alle Einzelheiten erkennen zu können, jedoch scheint es sich bei dem von Frankfurter beschriebenen und auf dem Bild ersichtlichen Objekt tatsächlich um einen SS-Ehrendolch zu handeln.

71 Protokoll des zweiten Verhandlungstages, Chur, 10.12.1936, in: AfZ, IB Frankfurter-Prozess / 2, S. II/18.

72 Ebd.

73 Ebd.

74 Vgl.: Ebd.

75 Ebd. Sämtliche Unterlagen zu Wilhelm Gustloff, die im Rahmen dieser Arbeit gesichtet wurden, deuten nicht darauf hin, dass dieser abgehört wurde.

76 Protokoll des zweiten Verhandlungstages, Chur, 10.12.1936, in: AfZ, IB Frankfurter-Prozess / 2, S. II/19.

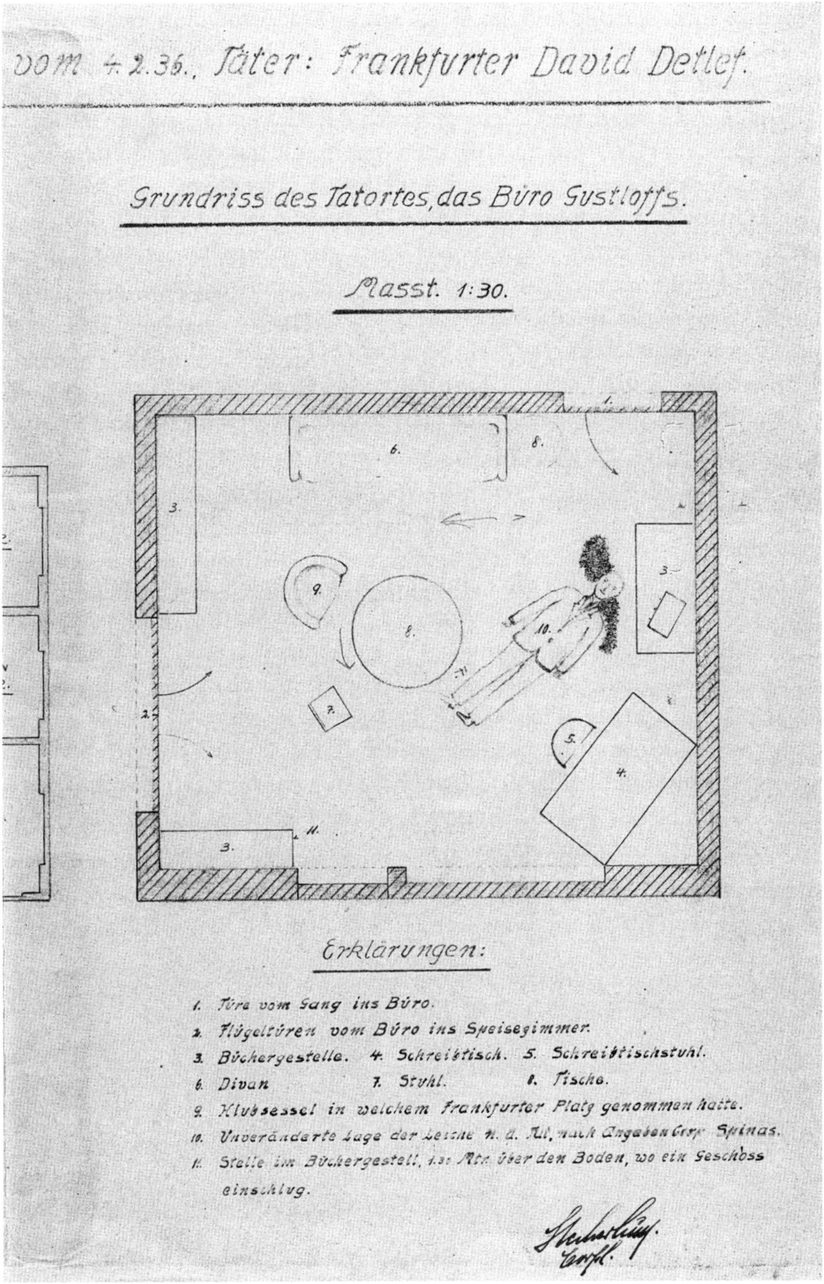
vom 4.2.36., Täter: Frankfurter David Detlef.

Grundriss des Tatortes, das Büro Gustloffs.

Masst. 1:30.

Erklärungen:

1. Türe vom Gang ins Büro.
2. Flügeltüren vom Büro ins Speisezimmer.
3. Büchergestelle. 4. Schreibtisch. 5. Schreibtischstuhl.
6. Divan 7. Stuhl. 8. Tische.
9. Klubsessel in welchem Frankfurter Platz genommen hatte.
10. Unveränderte Lage der Leiche n. d. Tat, nach Angaben Corp. Spinas.
11. Stelle im Büchergestell, 1.30 Mtr. über den Boden, wo ein Geschoss einschlug.

Abb. 22: Grundriss des Tatortes, das Büro Gustloffs im Maßstab 1:30, unveränderte Lage der Leiche nach der Tat nach Angaben Corp. Sipos. Quelle: StAGR III23d2 Frankfurter.

werden können, das Bild und der Dolch an der Wand und die gemeine Stimme am Telephon, die unflätige Beschimpfungen und Drohungen ausstößt, geben mir die restliche Entschlossenheit."[77]

Nachdem Gustloff sein Telefongespräch beendet hatte – insgesamt musste Frankfurter nicht länger als fünf Minuten warten –, betrat er das Zimmer. Frankfurter erschien er „riesengroß"[78] – „Ein Hühne [sic] steht vor mir – Goliath."[79] Bis auf Gustloffs Begrüßung („Da bin ich!"[80]) sei kein Wort zwischen den beiden gefallen. Frankfurter zog den Revolver aus seiner Manteltasche und zielte auf Gustloff. Beim ersten Versuch versagte der Mechanismus, dann aber („schon kommt Gustloff, die Situation klar erfassend, mit erhobenen Armen auf mich zu und will sich auf mich stürzen"[81]) fiel der erste Schuss, danach einige weitere, die Mehrheit davon trafen Gustloff, „[e]in fünfter Schuß geht in die Wand".[82] „Schwer polternd stürzt er zusammen und liegt in seinem Blute vor mir. Goliath, Goliath!"[83]

Exkurs: Das pathologische Gutachten: „Tod durch Kopfschuss und Halsschuss"[84]

Der Leiter der pathologisch-anatomischen Abteilung am Schweizerischen Forschungsinstitut in Davos, Dr. F. Roulet, führte im Auftrag des Bezirksarztes, Dr. G. Michel, „die Leichenöffnung"[85] von Wilhelm Gustloff durch. Er ging zuerst auf das äußere Erscheinungsbild Gustloffs ein, es handle sich um die Leiche „eines sehr gross gewachsenen[,] kräftig und ebenmässig gebauten[,] gut ernährten Mannes im mittleren Lebensalter".[86] Der Bauch sei breit und kräftig entwickelt, Gustloff sei „auf der Scheitelhöhe"[87] glatzköpfig, an den Schläfen sei das ansonsten blonde Haar leicht ergraut.[88] Das Gebiss sei gepflegt und äußerlich seien, bis auf die Schusswunden, keine Verletzungen zu finden.

77 Memoiren (Version Jabotinsky), S. 27.
78 Ebd.
79 Ebd.
80 Ebd.
81 Ebd.
82 Ebd.
83 Ebd.
84 Pathologisch-anatomische Diagnose zu Gustloff, Wilhelm, in: StAGR III23d2 Frankfurter, S. 1.
85 Gutachten vom 6. Februar 1936 im Todesfall des Gustloff, Wilhelm, geb. 1895, in: StAGR III23d2 Frankfurter, S. 1.
86 Anhang zum Gutachten vom 6. Februar 1936 im Todesfall des Gustloff, Wilhelm, geb. 1895, in: StAGR III23d2 Frankfurter, S. 1.
87 Ebd.
88 Vgl.: Ebd.

Im dreiseitigen Hauptgutachten beschreibt er drei „meist runde und mit angetrocknetem Blute zum Teil bedeckte Hautöffnungen […], von denen die eine eine doppelte Oeffnung[89] darstellte".[90] Diese drei Schusswunden von insgesamt vier Schüssen befanden sich „in der linken Backengegend", „in der linken Kinngegend" und „in der unteren rechten Halsseite",[91] wobei der „obere linksseitige Schuss allein […] den Tod herbeigeführt"[92] habe. Dieser Schuss, dessen Schusskanal „in horizontaler Richtung unterhalb der Schädelbasis verläuft", hat die linke Wirbelarterie stark verletzt.

> Aus diesem Gefäss hat es reichlich geblutet, das Blut ist infolge des Druckes sehr rasch in den Wirbelkanal eingedrungen, hat sich dort angestaut[,] um dann die weichen Häute um den Hirnstamm zu durchtränken, bis es dann in die 4. und schliesslich auch in die 3. Hirnkammer eingedrungen ist. Dieser Einbruch des Blutes in die 4. Hirnkammer ist die eigentliche Ursache des Todes, denn dort finden sich die lebenswichtigen Nervenzentren, die durch ein solches Ereignis […] sofort paralysiert werden.[93]

Des Weiteren führte Roulet aus, der Tod sei zwar relativ schnell eingetreten, jedoch könne er nicht als sofortiger bezeichnet werden. Wahrscheinlich habe Gustloff nach den Schüssen noch kurze Zeit, 1–2 Minuten, gelebt; es seien während dieser Zeit noch gewisse Lebenszeichen wie Pulsschlag nachzuweisen gewesen.[94] Zudem stellte der Gutachter fest – und dieser Befund deckt sich mit den Aussagen Frankfurters –, dass alle Schüsse von vorne und nicht von nächster Nähe abgegeben worden seien.[95]

Darüber hinaus konnten Informationen über den allgemeinen Gesundheitszustand Gustloffs gegeben werden. Gustloff hätte früher „eine recht schwere Lungentuberkulose"[96] gehabt, am Kehlkopf gab es Zeichen einer „vernarbten Tuberkulose",[97] jedoch wurden beide als geheilt bezeichnet. Tatsächlich war diese Tuberkulose der Grund, weshalb Gustloff ursprünglich nach Davos gekommen war.

89 Aus dem Zusammenhang interpretiert: Die eine Schusswunde ist aus zwei Schüssen an die praktisch gleiche Körperstelle entstanden.

90 Gutachten vom 6. Februar 1936 im Todesfall des Gustloff, Wilhelm, geb. 1895, in: StAGR III23d2 Frankfurter, S. 1.

91 Ebd. Die Bezeichnungen rechts und links beziehen sich dabei auf die Sicht der Leiche.

92 Ebd., S. 2.

93 Ebd.

94 Vgl.: Ebd.

95 Vgl.: Ebd., S. 3.

96 Ebd.

97 Ebd.

Abschließend fasste Roulet zusammen und unterstrich: „Der Tod erfolgte durch Blutung in die hintere Schädelgrube nach Schussverletzung der linken Arteria vertebralis mit Bluteinbruch in die 4. und 3. Hirnkammer.“[98] Oder, kurz zusammengefasst: „Tod durch Kopfschuss und Halsschuss.“[99]

5.1.3 Nach der Tat – „Das Allerschwerste bleibt noch zu tun.“[100]

Nach dem Mord floh Frankfurter vom Tatort, den „rauchenden Revolver in der Hand“,[101] und hörte noch, wie Hedwig Gustloff ins Zimmer stürzte. „Menschen, aufgeschreckt von den Schüssen und den Hilferufen der Frau, kommen aus den Nachbarwohnungen. ‚Platz oder ich schieße!‘ höre ich mich selbst schreien. Ich bedrohe jeden, der sich mir in den Weg stellen will[,] mit der Waffe. Es ist wie ein Amoklauf. Ich fliehe – und habe mir doch selbst schon das Urteil gesprochen.“ Hier deutet Frankfurter wiederum an, dass sein ursprünglicher Plan gewesen ist, sich nach der Ermordung Gustloffs selbst zu richten. Aufgeputscht durch die Tat irrte er durch die Nacht, durch ein Schneefeld hinter Gustloffs Wohnhaus. Er rechtfertigte den Mord vor sich selbst, indem er zwar eingestand, dass er damit gegen Gottes Gebote verstoßen habe, er aber nur getötet habe, „weil die Macht, die hinter dem Toten stand, sich erdreistet hatte, die Fundamente der

Abb. 23: Frankfurters Spuren im Schnee. Quelle: StAGR III23d2 Frankfurter.

98 Ebd.
99 Pathologisch-anatomische Diagnose zu Gustloff, Wilhelm, in: StAGR III23d2 Frankfurter, S. 1.
100 Memoiren (Version Jabotinsky), S. 27.
101 Ebd.

Schöpfung anzutasten".[102] Letzten Endes habe er also nicht die Harmonie der Schöpfung gestört, sondern vielmehr wiederhergestellt.[103]

Trotzdem, so Frankfurter, sei sein Auftrag noch nicht vollbracht, „[d]as Allerschwerste bleibt noch zu tun".[104] Er dürfe nicht fliehen, nicht feige ausweichen. „Das Urteil über Wilhelm Gustloff ist vollzogen – der Vollzug des Urteils über David Frankfurter steht noch aus."[105] Sein gesamtes Leben sei ihm durch den Kopf gegangen, „Kindheit und Jugend, die liebevolle Atmosphäre des Elternhauses und der höhnende, blanke Haß, dem ich in Deutschland begegnet war."[106] Auf die Frage, „[f]ür was hast du gelebt?",[107] gab er sich selbst die Antwort, dass sein ganzes Dasein auf die Schüsse in Davos ausgerichtet gewesen sei. Sein Leben war nicht umsonst. Es war nicht vergeblich.[108]

Trotz dieses inneren Dialogs konnte er den geplanten Selbstmord letztendlich nicht durchführen. In seinen Memoiren sucht er erfolglos nach einer Erklärung:

> Ich weiß nicht mehr, ob ich es einfach nicht fertig brachte, die Waffe gegen mich selbst abzufeuern, oder ob der Grund meines Versagens darin beschlossen lag, daß alle Patronen verschossen waren. Dieser Punkt ist heute nicht mehr restlos aufzuhellen. Hier versagt mein Gedächtnis[,] und die Gerichtsakten, die darüber allenfalls Auskunft geben könnten, stehen mir nicht zur Verfügung.[109]

Tatsächlich haben sich David Frankfurter und Schalom Ben-Chorin 1946 darum bemüht, die Akten aus Chur zu erhalten. Im Nachwort zu Frankfurters Memoiren schreibt Ben-Chorin, zwar seien die Prozessakten aus der Schweiz angefordert worden, die zuständigen Stellen aber hätten die Übergabe von Kopien aus rechtlichen Gründen verweigert.[110] Was den beiden damals verwehrt wurde, ist heute möglich. Die Schutzfrist der Akten ist längst abgelaufen, die Unterlagen zum Prozess sind im Staatsarchiv Graubünden in Chur frei zugänglich, teilweise auch im Archiv für Zeitgeschichte Zürich gelagert. So lassen sich aus

102 Ebd.
103 Vgl.: Ebd.
104 Ebd.
105 Ebd.
106 Ebd., S. 28.
107 Ebd.
108 Vgl.: Ebd.
109 Ebd.
110 Ben-Chorin, Schalom: Nachwort, in: Frankfurter, David (erzählt und bearbeitet von Schalom Ben-Chorin): „Ich tötete einen Nazi ...", unveröffentlichtes Manuskript, niedergeschrieben Jerusalem März–Juni 1946. Archiv des Jabotinsky Institute in Israel, Tel Aviv, Referenzcode: A 4–14/11, S. 95.

diesem Material die Hintergründe von Frankfurters Versagen (wie er es nannte) in Bezug auf die Ausführung des Selbstmordes beleuchten.

5.1.4 Die ärztlichen Gutachten über David Frankfurter

Nach seiner Festnahme beziehungsweise während der Zeit der Untersuchungshaft wurde Frankfurter von verschiedenen Ärzten und Psychiatern untersucht. Relevant ist bezüglich obiger Frage in erster Linie das psychiatrische Gutachten, das von Dr. Jörger, Direktor der Anstalt Waldhaus, verfasst wurde. Nicht weniger interessant sind ein ohrenärztlicher Bericht von Dr. Schmidt, Spezialarzt für Ohren-, Nasen- und Halskrankheiten, sowie eine allgemeine ärztliche Untersuchung, die von Dr. Jeger durchgeführt wurde. Diese Untersuchungen geben Auskunft über Frankfurters gesundheitlichen Zustand, der seine psychische Verfassung direkt beeinflusst hat und dadurch mit dem Mord in Zusammenhang steht. Alle Berichte wurden zu einem späteren Zeitpunkt verfasst, also nicht unmittelbar nach der Tat – das ohrenärztliche Zeugnis Ende Juli 1936, die beiden anderen im September 1936.

5.1.4.1 David Frankfurter in den ärztlichen Zeugnissen – „von gedrungenem Körperbau, guter Gesichtsfarbe und gutem Ernährungszustand"[111]

Im Juli wurde der ohrenärztliche Bericht fertiggestellt. Dr. Schmidt schrieb, er sei bereits im Mai zum ersten Mal zu David Frankfurter gerufen worden, weil dieser unter „sehr lästigem Ohrensausen"[112] litt. Im Gespräch mit Schmidt gab Frankfurter an, dass er auf dem rechten Ohr seit vielen Jahren an „zunehmender Schwerhörigkeit" leide und schon wegen akuter Mittelohrenentzündung mit Extraduralabszess habe operiert werden müssen. Der Arzt hätte damals eine Otosklerose festgestellt, eine Erkrankung, die zur Verknöcherung der Gehörknöchelchen und damit zur Schwerhörigkeit führt. Diese Diagnose wurde von Schmidt bestätigt, zusätzlich beobachtete er, dass Frankfurter tatsächlich auf dem rechten Ohr nahezu taub war. Gegen das Ohrensausen, das Frankfurter quälte, konnte er nichts unternehmen – es ließe sich durch Medikamente nicht beeinflussen.[113] Ausdrücklich hielt er fest, dass das Ohrensausen

111 Bericht zur ärztlichen Untersuchung Frankfurters durch Dr. Jeger vom 29. August 1936, in: StAGR III23d2 Frankfurter, S. 1.

112 Ohrenärztlicher Bericht von Dr. Schmidt vom 25. Juli 1936, in: StAGR III23d2 Frankfurter, S. 1.

113 Ohrenärztlicher Bericht von Dr. Schmidt vom 25. Juli 1936, in: StAGR III23d2 Frankfurter, S. 1–2.

für Frankfurter – gerade unter den besonderen Umständen, in denen er sich befand – stark störend sein musste. „Während unter gewöhnlichen Lebensbedingungen durch Ablenkung während der Arbeit das lästige Ohrensausen wenigstens zeitweise überdeckt werden kann, wird es durch die aufgezwungene Beschäftigungslosigkeit um so lästiger empfunden & drückt auf das psychische Wohlbefinden."[114]

Die allgemeinärztlichen Abklärungen wurden im August 1936 in der kantonalen Strafanstalt in Chur, wo Frankfurter in Untersuchungshaft war, durchgeführt. Zur Krankheitsgeschichte der Familie befragt, gab Frankfurter an, sein Vater sei Diabetiker; auch fünf seiner Onkel und Tanten würden an dieser Krankheit leiden. Frankfurters Mutter sei in Folge einer Gallensteinoperation gestorben und hätte zudem einen Morbus Basedow gehabt, eine Autoimmunkrankheit der Schilddrüse. Bei seinen Geschwistern seien keine Krankheiten bekannt,[115] dafür litte er unter umso mehr Gebrechen: Lungenkatarrh und Bronchitis, Asthmaanfälle (besonders beim „Aufenthalt auf dem Lande"[116]), bei Anstrengung Herzklopfen und Blutwallungen, Schwindelanfälle und Nervosität, verbunden mit Erbrechen, Schwerhörigkeit, vor allem auf dem rechten, aber auch auf dem linken Ohr.[117] Zweimal habe Frankfurter Gelenkrheumatismus gehabt, seit ungefähr 20 Jahren zudem Osteomyelitis, eine infektiöse Entzündung des Knochenmarks, die mehrere Operationen zur Folge hatte, zuletzt 1933. Als Kind habe er Scharlach und Typhus sowie häufig Angina gehabt. Im Allgemeinen neige er „leicht zu Erkältungskrankheiten".[118]

Nach dem Abklären von Frankfurters umfangreicher Krankheitsgeschichte wurde Frankfurter von Dr. Jeger untersucht. Er stellte fest, dass dieser 164 cm groß war, „von gedrungenem Körperbau, guter Gesichtsfarbe und gutem Ernährungszustand".[119] Er war Rechtshänder, hatte einen „wohlgebildet[en], symmetrisch[en], geräumig[en]"[120] Brustkorb. Bis auf „zahlreiche Narben als Folgen der durchgemachten […] operativen Eingriffen" war an seinem Körper nichts Abnormales oder Auffälliges zu entdecken.[121]

114 Ebd., S. 2.
115 Bericht zur ärztlichen Untersuchung Frankfurters durch Dr. Jeger vom 29. August 1936, in: StAGR III23d2 Frankfurter, S. 1.
116 Ebd.
117 Vgl.: Ebd.
118 Ebd.
119 Ebd.
120 Ebd., S. 2.
121 Ebd.

5.1.4.2 Das psychiatrische Gutachten

Das psychiatrische Gutachten liegt der Verfasserin in drei Versionen vor. Die ausführlichste Version ist diejenige des Staatsarchivs Graubünden. Sie ist insgesamt 19 Seiten lang und besteht aus einer Zusammenfassung der Gespräche inklusive ausführlicher Nacherzählung des Tathergangs und dessen Vorgeschichte sowie dem eigentlichen Gutachten. Die AfZ-Versionen sind sechs bzw. neun Seiten lang und scheinen ein Entwurf und eine Reinschrift desselben Textes (eine Kurzzusammenfassung der Beobachtungen Dr. Jörgers sowie eine Abschrift des Gutachtens) zu sein, die sich nur in Details unterscheiden. Hier soll in erster Linie mit der ausführlichen Version aus dem Staatsarchiv Graubünden gearbeitet werden.

Für die Expertise wurden verschiedene Materialien zur Verfügung gestellt. Jörger erhielt Einsicht in die polizeilichen Akten, insbesondere die Verhöre und die ärztlichen Untersuchungen von David Frankfurter, zudem hatte er eine Unterredung mit Moritz Frankfurter und traf sich mit David zu insgesamt sechs Sitzungen à jeweils einer Stunde, die im Sennhof, der kantonalen Strafanstalt in Chur, durchgeführt wurden.[122] Die Memoiren Frankfurters geben zusätzliche Hintergründe zu dem Gutachten, die aus den sonstigen Archivdokumenten nicht hervorgehen. So schreibt Frankfurter, dass die Gespräche (unüblicherweise) im Sennhof stattfinden mussten, weil außerhalb des Gefängnisses die Gefahr bestanden hätte, dass er „angegriffen oder befreit werden“[123] könnte. Die Gespräche, die einer entspannenden Umgebung bedurft hätten, waren dadurch für Frankfurter nicht anders als eine Verhörsituation – ein Eindruck, der zusätzlich dadurch verstärkt wurde, dass Jörger die Aussagen gleich auf der Schreibmaschine protokollierte: „Das Geräusch des tippens [sic] trug natürlich auch nicht gerade zur Konzentration und Aufgeschlossenheit bei und endlich hatte ich das unangenehme Gefühl, hier quasi einem zweiten Untersuchungsrichter gegenüber zu sitzen, statt einem Arzt und Berater, der meinen Seelenzustand zu erforschen hatte.“[124] Der Psychiater verzichtete auf den sonst üblichen Intelligenztest und unterhielt sich stattdessen mit Frankfurter über Krebsfälle (das Thema von Frankfurters geplanter Dissertation), um sich von dessen Intelligenz zu überzeugen.[125]

---

122 Psychiatrisches Gutachten zu David Frankfurter von Dr. Jörger vom 10. September 1936, in: StAGR III23d2 Frankfurter, S. 1.

123 Memoiren (Version Jabotinsky), S. 41.

124 Ebd.

125 Vgl.: Ebd.

Zu Frankfurters Vorfahren wurde festgestellt, dass keine „Geisteskrankheiten" vorlägen.[126] Lediglich von zwei Onkeln mütterlicherseits würde gesagt, „dass der eine nervös u. der andere ein Sonderling" sei.[127]

Nach längeren Hinleitungen zu Frankfurters Biographie und verschiedenen Schilderungen von Bekannten zu seiner Person kam Jörger schließlich auf Frankfurters Motive zu sprechen. Er bezog sich zuallererst auf die Aussagen Frankfurters. Sein Studium habe er vernachlässigt, weil er sich „nicht habe geistig konzentrieren können", des Weiteren habe er „durch die Judenverfolgungen in Deutschland sein seelisches Gleichgewicht verloren".[128] Seine Abneigung gegenüber der Nationalsozialisten habe er nie verborgen gehalten. Die Vorgänge in Deutschland in Verbindung mit dem angeschlagenen Gesundheitszustand hätten Frankfurter schließlich zum Entschluss kommen lassen, dass er Selbstmord begehen müsse, „weil er körperlich u. seelisch sich als Krüppel fühle, der nie etwas zu leisten im Stande sein werde. [...] Auch seine religiöse Ueberzeugung habe einen Knacks erfahren."[129] In Verbindung mit der Krankheit und dem plötzlichen Tod seiner Mutter habe dies zu dem Entschluss geführt, sein Leben zu beenden und sich zugleich am verhassten System der Nazis zu rächen, indem er einen Nationalsozialisten ermorde.

Diesen Selbstbeschreibungen Frankfurters fügte Jörger schließlich seine eigenen Untersuchungen und Beobachtungen bei. Er hielt fest, es bestünden keinerlei „Anhaltspunkte für das Bestehen einer geistigen Erkrankung im Sinne einer Geisteskrankheit, Psychose";[130] Frankfurter weise keine Anzeichen von „Wahnideen, Sinnestäuschungen, Anfällen oder anderen pathologischen Psychismen" auf.[131] Jörger erwähnte auch Frankfurters körperliche Gebrechen, die „unter Umständen nicht ohne Störungen in Bezug auf einen Strafvollzug"[132] sein würden. Auch beim Psychiater beklagte sich Frankfurter über seine Ohrenleiden, insbesondere das störende ständige Ohrgeräusch, „das, wie leicht begreiflich, sehr enervierend sein muss".[133] Darüber hinaus zählte Frankfurter einige nervöse

126 Psychiatrisches Gutachten zu David Frankfurter von Dr. Jörger vom 10. September 1936, in: StAGR III23d2 Frankfurter, S. 3.

127 Ebd., S. 1.

128 Ebd., S. 6.

129 Ebd.

130 Ebd., S. 8.

131 Ebd.

132 Ebd.

133 Ebd. Nichtsdestotrotz hatte Frankfurter aufgrund seiner Hörprobleme keine erheblichen Einschränkungen in Gesprächen: „In der psychiatrischen Untersuchung ist seine partielle Taubheit praktisch kaum in Erscheinung getreten. Man muss mit Frankfurter kaum lauter als im gewöhnlichen Konversationston sprechen, diese u. jene Frage muss man freilich repetieren, damit er verstehe." Ebd.

Symptome auf, die er an sich beobachtet habe: Schwierigkeiten, sich zu konzentrieren, eine gewisse Zerstreutheit, psychische Automatismen bei religiösen Handlungen, schlechte Träume und vermehrte Asthmaanfälle.[134] Jörger interpretierte dies als harmlos und im Rahmen liegend; das vermehrte Auftreten von Asthma sei als Anzeichen „einer geschwächten, nervösen Konstitution“ zu werten.[135]

Jörger hatte einen überaus positiven Eindruck von Frankfurter. Er sei im Umgang stets angenehm und korrekt, „[e]r ist der wohlerzogene, junge Mann aus guter Familie“,[136] der auf alle Fragen bereitwillig Auskunft gab und keine Antwort verweigerte. Jörger bezeichnete seinen Patienten als „ein mindest im Mittelmass intelligenter Mensch [...], durchaus intellectuell auf der Höhe seiner Situation“;[137] dies zeige sich bei medizinischen Diskussionen über das Thema seiner geplanten Dissertation. Frankfurter sei, angesichts der Situation, in der er sich befand, verhältnismäßig ausgeglichen, einzig der Tod seiner Mutter beschäftige ihn weiterhin. Zum Davoser Mord meinte er lediglich: „Was geschehen ist, ist nunmehr geschehen u. damit muss man sich abfinden“,[138] er sei in einer „ruhigen, fatalistischen Gemütslage“[139] und zeige weder übertriebenen Hass noch starke Empörung. Seine Sichtweise auf den Nationalsozialismus sei „objektiv“, jedoch beschäftige ihn die Situation der deutschen Jüdinnen und Juden. „Dass sein Volk ein minderwertiges sein sollte, das durch die Jahrhunderte immer wieder verfolgt, vertrieben, vernichtet werden sollte, das berührt ihn vor allem.“[140] Wenn Frankfurter von judenfeindlichen Vorfällen[141] berichte, zeige er sich empört.[142] Nachdem Frankfurter seine Prüfungen nicht bestanden habe, sei er immer mehr dem Nichtstun verfallen und habe täglich bis zu 40 Zigaretten geraucht. Zu jener Zeit habe er in der Zeitung über die Tätigkeit Gustloffs gelesen und sei zum Entschluss gekommen, nach Davos zu fahren. Nicht nur die Möglichkeit, einen Nazi zu ermorden, habe ihn motiviert – gereizt habe ihn die Aussicht auf eine „Vergnügungsreise“.[143]

---

134 Psychiatrisches Gutachten zu David Frankfurter von Dr. Jörger vom 10. September 1936, in: StAGR III23d2 Frankfurter, S. 9.

135 Ebd.

136 Ebd.

137 Ebd.

138 Ebd.

139 Ebd.

140 Ebd.

141 Konkret erwähnt wurde die Belästigung von Frankfurters Vater auf einer Reise von Polen nach Österreich, als dieser von einem jungen Nazi mit einem Messer bedroht worden sei. Vgl. Kapitel 7.1 Letzte Wochen in der Schweiz: Reflexionen und Abschied, S. 441 ff.

142 Vgl.: Psychiatrisches Gutachten zu David Frankfurter von Dr. Jörger vom 10. September 1936, in: StAGR III23d2 Frankfurter, S. 9.

143 Vgl.: Ebd., S. 10–11.

In den Gesprächen mit Jörger reflektierte Frankfurter seine Tat und die ihn erwartende Strafe.

> Auf der einen Seite empfinde er die Gerechtigkeit der Strafe, die nunmehr komme für seine Tat. Auf der anderen Seite sage er sich, es handle sich um keine Strafe, sondern um eine weitere Qual. Er sei moralisch nicht so verkommen, als dass er durch eine Strafe gebessert werden könne. Er habe sie [die Strafe] übrigens auch ohne Gericht schon erlitten, denn er werde sich immer sagen müssen, dass er sich an einem Menschenleben vergangen habe, er, dessen Ideal gewesen sei, als Arzt bedrohten Menschenleben helfen zu können.[144]

Auf Basis der Unterhaltungen mit Frankfurter, ergänzt mit seinen Beobachtungen und Untersuchungen, verfasste Jörger sein abschließendes Gutachten zu David Frankfurter, um die Frage zu klären, wie „das so schwerwiegende Drama in Davos“[145] zu erklären sei. Er betonte noch einmal, dass bei Frankfurter weder eine Geisteskrankheit noch eine Psychose vorliege, „[g]leichwohl bleibt für den aerztlich-psychologischen Beurteiler das Bedürfnis zu fragen, auf Grund welcher seelischer Vorgänge Frankfurter dazu kam, das Leben Gustloffs auszulöschen“.[146] Unter Berufung auf die Ermittlungen der Polizei konstatierte Jörger, dass der Mord kein Komplott gewesen sei und Frankfurter ohne Hintermänner gearbeitet habe. Zudem gäbe es keinerlei Hinweise darauf, „dass Frankfurter ein Politiker, ein Hasser, ein handelnder Tatmensch“ gewesen wäre.[147] Dass Frankfurter bezüglich der „Judenfrage“ informiert war, sei irrelevant, jeder, der Zeitungen lese, wisse zwangsläufig von den Vorgängen in Deutschland.

Jörger ging aber noch einen Schritt weiter. Die Schriften, die ihm in Zusammenhang mit dem Gutachten zur Lektüre empfohlen wurden (*Die Moorsoldaten* von Wolfgang Langhoff; *Das Braune Netz*; *Der Fall Gustloff* von Wolfgang Diewerge), seien gänzlich bedeutungslos. Denn, so führte Jörger aus, „[d]er Fall Frankfurter stellt sich nicht als ein Problem äusserer Einwirkungen dar, sondern er ist in erster Linie ein Problem innerer, seelischer Konflikte, die zu einer Explosion kamen, weil sie unhaltbar u. unlösbar geworden waren“.[148] Was hat nun aber zu dieser Explosion geführt? Jörger führte verschiedene Ursachen und Erlebnisse an, die zumeist von Frankfurter bereits genannt wurden.[149]

144 Ebd., S. 13.

145 Ebd.

146 Ebd.

147 Ebd.

148 Ebd., S. 14.

149 Diese Punkte wurden von Dr. Jörger ausführlich auf den Seiten 14 bis 17 seines Gutachtens behandelt. Hier werden sie nur abgekürzt wiedergegeben, da sie sich mit den Beschreibungen Frankfurters in den Memoiren überschneiden.

1. Frankfurters Krankheiten: Knochentuberkulose, Asthma, Hörprobleme, die damit verbundenen Geräusche im Ohr.
2. Als Folge seiner Krankheiten: die zunehmenden Schwierigkeiten, sich konzentrieren zu können, die zum Misserfolg im Studium führten.
3. Die Vorstellung, statt als Arzt der Menschheit helfen zu können, als „körperlich u. geistige[r] Krüppel[…]“[150] zu enden, dem selbst geholfen werden musste.
4. Die Unfähigkeit, sein Versagen gegenüber seiner Familie einzugestehen.
5. Die daraus resultierende Abwendung von seiner Familie.
6. Die Zweifel an seinem Glauben.
7. Die Erkenntnis, dass er ohne abgeschlossenes Studium von seiner Familie, von der er sich entfremdet hatte, abhängig sein würde.
8. Der Tod seiner Mutter, der die Entfremdung von seiner Familie noch förderte, „weil die Bindung ans Vaterhaus, welche die Liebe u. Güte der Mutter bisher vermittelt hatte, nunmehr wegfiel“.[151]
9. Das Vater-Sohn-Problem, das Jörger als grundlegend einschätzte, fand seinen Stellvertreter in der „Judenfrage“.

Alle diese Punkte konnte Frankfurter kaum selbst beeinflussen. Insbesondere seine Gesundheit würde sich nur zum Schlechteren verändern, was wiederum eine Verbesserung der Situation mit dem Studium und des Verhältnisses zu seiner Familie unrealistisch machte. Frankfurter sah also ein Leben auf sich zukommen, das „für ihn wie für seine Angehörigen eine Last bedeuten musste“.[152] Darüber hinaus habe er in dieser schwierigen Lebenslage nicht einmal mehr in seinem Glauben Halt finden können. Dies alles führte, so Jörger, „Ende [des] Jahres 1935 in eine Depression hinein, in der er keinen Ausweg mehr aus der Hoffnungslosigkeit seines Daseins“[153] sehen konnte. Als „verlorener Sohn“[154] zu seinem Vater zurückzukehren, würde heißen, dass Frankfurter der „leistungs[un]fähige Krüppel“ bleib.[155] Auch von seinen Geschwistern, die ihr eigenes Leben

150 Psychiatrisches Gutachten zu David Frankfurter von Dr. Jörger vom 10. September 1936, in: StAGR III23d2 Frankfurter, S. 14.

151 Ebd., S. 15.

152 Ebd., S. 16.

153 Ebd.

154 Dr. Jörger verwendete diesen Ausdruck aus der christlichen Tradition. Vgl.: Psychiatrisches Gutachten zu David Frankfurter von Dr. Jörger vom 10. September 1936, in: StAGR III23d2 Frankfurter, S. 16.

155 Ebd., S. 16. Jörger schreibt zwar der „leistungsfähige Krüppel“, aus dem Zusammenhang wird klar, dass er der „leistungsUNfähige“ meinte.

führten, konnte er keine Unterstützung erwarten. Als einzigen Ausweg, der ihm noch selbstbestimmt möglich war, sah er folglich den Selbstmord.[156]

Das Ergebnis der Untersuchung Jörgers scheint sich auf den ersten Blick nicht wesentlich von Frankfurters Selbstbeschreibung zu unterscheiden. Frankfurter hatte in seinen Memoiren den Selbstmord als einzigen Ausweg beschrieben, ausgelöst durch seinen Gesundheitszustand und die entmutigenden Zukunftsaussichten. Während aber bei Frankfurter die Situation der Jüdinnen und Juden in Deutschland eine elementare Rolle spielte, sah Jörger darin lediglich einen Stellvertreter für den Konflikt zwischen Sohn und Vater. Seine Interpretation war es, dass Frankfurter seinem Tod einen Nutzen geben wollte. Durch den Mord an Gustloff sollte sein darauffolgender Selbstmord „ein[…] Opfer, eine Sühne werden für dasjenige, was er gegen [das] Judentum sich vergangen hatte, gegen dessen Anschauungen u. Traditionen, gegen das väterliche, gegen den Vater".[157] Der fortschreitende Ausschluss der deutschen Jüdinnen und Juden aus der Gesellschaft durch die Nationalsozialisten bot da ein willkommenes „Feld […], auf dem das Sühneopfer dargebracht"[158] werden konnte.

Nun aber hatte Frankfurter diesen Mord, das „Sühneopfer"[159] begangen, und hatte es nicht geschafft, die Waffe auch gegen sich selbst zu richten. Die Erklärung für dieses Unvermögen ist gemäß Jörger simpel.

> Erschöpft, verflogen, aufgebraucht sind die Kräfte u. Energien, die zu einer solchen Tat führen. In ungeheurer Explosion hat sich entladen, was nach Befreiung vom untragbaren Druck rang. *Ein zweites Mal kann nicht explodieren, was bereits explodiert ist.* Frankfurter stellt sich selbst der Polizei.[160]

Noch einmal hielt Jörger fest, dass „die grosse Politik",[161] also die Vorgänge in Nazideutschland, „in dem ganzen Drama nur eine nebensächliche u. sekundäre Rolle gespielt haben kann".[162] Wenn diese Vorgänge nicht zufällig am naheliegendsten gewesen wären, hätte sich „dieser Drang nach seelischer Befreiung"[163] ein anderes Ventil suchen müssen. „Vielleicht hätte sich der Selbstmord in einer Brandstiftung Luft gemacht oder in einer andern Aequivalente."[164]

156 Vgl.: Psychiatrisches Gutachten zu David Frankfurter von Dr. Jörger vom 10. September 1936, in: StAGR III23d2 Frankfurter, S. 16.

157 Ebd., S. 16–17.

158 Ebd., S. 17.

159 Ebd.

160 Ebd. [Hervorhebung durch die Verfasserin]

161 Ebd.

162 Ebd.

163 Ebd., S. 18.

164 Ebd.

Jörger unterstrich, Frankfurters Depression habe nicht in Zusammenhang mit Schizophrenie gestanden und weise keine manisch-depressive Form auf. Die Stimmungsschwankungen, die Frankfurter beschrieben hatte, seien normale Launen, wie sie „in der Sturm[-] u. Drangperiode eine[s] jungen Menschen"[165] vorkämen. Die Symptome deuteten auf eine reaktive Depression[166] hin – dies würde erklären, warum Personen im weiteren sozialen Umfeld Frankfurters keine depressiven Züge an ihm wahrgenommen hätten. Lediglich engere Bekannte wie Lina Steffen hätten im Vorfeld des Mordes Veränderungen in seinem Wesen festgestellt, diese aber mit Examensangst begründet. Auch wenn gewisse Freunde in Erwägung zogen, dass Frankfurter sich etwas antun könnte, lag ein Mord außerhalb des Vorstellbaren.[167] Eine reaktive Depression, wie sie Jörger beschrieb, würde auch das Nebeneinander von Selbstmordgedanken und Ablenkung beziehungsweise Vergnügen[168] erklären. „[E]s spricht für die Natur dieser reaktiven Depression."[169]

Eine Empfehlung für das Gericht wollte Jörger im Gutachten explizit nicht abgeben,[170] er hielt jedoch fest, dass bei der Beurteilung des Mordes die Depression und die ihr zugrunde liegenden Mechanismen zu berücksichtigen seien. Zwar sei Frankfurter zum Zeitpunkt der Tat klar gewesen, dass seine Handlung moralisch falsch und rechtlich strafbar war, diese Erkenntnis aber sei durch seine Probleme und seine Depression in den Hintergrund gedrängt worden.[171]

Jörgers abschließende Diagnose lautete:

> Frankfurter kam aus innern, seelischen Gründen persönlicher Natur in eine psychologisch unhaltbare Situation, von der er sich selbst frei machen mussete [sic]. Seine Depression gebar die Selbstmordidee; der in jedem immanente Selbsterhaltungstrieb hat aber die Kugel von sich selbst auf ein anderes Opfer abgelenkt.[172]

165 Ebd., S. 17–18.

166 Im heutigen Sprachgebrauch wird eine reaktive Depression auch depressive Reaktion oder Anpassungsstörung genannt, was darauf hindeutet, dass diese Form der Depression meist als unmittelbare Reaktion auf einen Vorfall eintritt.

167 Vgl.: Psychiatrisches Gutachten zu David Frankfurter von Dr. Jörger vom 10. September 1036, in: StAGR III23d2 Frankfurter, S. 18.

168 Dr. Jörger erwähnt konkret von den Ablenkungen in Davos: „die herrliche Bergwelt, die Sportsfeste, das Kino konnten ihm die Zeit ausfüllen, die er bis zum tragischen Dienstag zu warten hatte." Vgl.: Ebd.

169 Ebd.

170 Er schrieb: „Soll sich nun der aerztliche Begutachter zu[r] Frage äussern, wie dieser Ablauf einer psychologischen Kausalitätsreihe mit den Paragraphen eines Strafgesetzbuches zu vereinbaren sei? Damit würde wohl die dem Arzte gestellte Aufgabe überschritten." Vgl.: Psychiatrisches Gutachten zu David Frankfurter von Dr. Jörger vom 10. September 1936, in: StAGR III23d2 Frankfurter, S. 18.

171 Vgl.: Ebd., S. 18–19.

172 Ebd., S. 17. [Hervorhebung aus dem Original übernommen]

Und er beendete sein Gutachten „zum Falle Fraankfurter [sic] u. dem tragischen Ende des Herrn Gustloff“[173] mit einer Zusammenfassung seiner Ausführungen in vier Punkten.

1. Unsere Untersuchungen u. Beobachtungen haben keine Anhaltspunkte zu Tage gefördert, welche das Bestehen einer Geisteskrankheit beweisen könnten, aus der das Attentat von Davos zu erklären wäre.
2. David Frankfurter ist Träger eines konstitutionell schwachen Nervensystems, das zudem durch die vielen körperlichen Krankheiten beeinflusst werden musste.
3. David Frankfurter war durch die Unmöglichkeit aus körperlichen u. seelischen Hemmungen sein Lebensziel zu erreichen, in eine reaktive Depression verfallen. Die Kräfte, die Ende 1935 zum Selbstmord trieben, wurden durch das Judenproblem abgelenkt u. *so kam es zu einem sekundären politischen statt zum Selbstmord.*
4. Der seelische Mechanismus dieser Vorgeschichte am Mord an Gustloff ist im Verein mit der konstitutionellen geschwächten Grundlage des Nervensystems Frankfurters nach aerztlicher Meinung im Sinne einer gewissen Einschränkung der Verantwortlichkeit in Rechnung zu setzen.[174]

Die Erklärung, die Frankfurter selbst nicht geben konnte,[175] kann also im psychiatrischen Gutachten gefunden werden. Frankfurter hat sich durch den Mord an Wilhelm Gustloff seiner Depression entledigen können, der ursprünglich geplante Selbstmord war danach schlicht nicht mehr nötig.

David Frankfurter äußerte in seinen Memoiren wenig Zustimmung zu den Schlussfolgerungen aus dem psychiatrischen Gutachten, das die politische Motivation als zweitrangig bezeichnete. Er gab zu, „dieser Art der Interpretation gewissermassen Vorschub geleistet“[176] zu haben, wohl um die unbequeme politische Komponente abzuschwächen, unterstrich aber zugleich, das Erreichen von mildernden Umständen,[177] die im Gutachten mitschwangen, sei nicht beab-

173 Ebd., S. 19.

174 Ebd., S. 19. [Hervorhebung durch die Verfasserin] Frankfurter gibt die Schlussfolgerungen wörtlich in seinen Memoiren wieder, also gehört das Gutachten offensichtlich zu denjenigen Materialien, die Frankfurter und Ben-Chorin bei der Arbeit an den Memoiren vorlagen, vgl.: Memoiren (Version Jabotinsky), S. 42.

175 „Ich weiß nicht mehr, ob ich es einfach nicht fertig brachte, die Waffe gegen mich selbst abzufeuern, oder ob der Grund meines Versagens darin beschlossen lag, daß alle Patronen verschlossen waren. Dieser Punkt ist heute nicht mehr restlos aufzuhellen.“ Memoiren (Version Jabotinsky), S. 27.

176 Ebd., S. 42.

177 Punkt 4 der Zusammenfassung von Jörger: „Der seelische Mechanismus dieser Vorgeschichte am Mord an Gustloff ist im Verein mit der konstitutionellen geschwächten Grundlage des Nervensystems Frankfurters nach aerztlicher Meinung im Sinne einer gewissen Einschränkung der Verantwortlichkeit in Rechnung zu setzen.“ Psychiatrisches

sichtigt gewesen. Es ist aber interessant, dass Frankfurter in seinen Memoiren so ausführlich auf Jörgers Schlussfolgerungen eingeht und diese sogar zitiert, obwohl er nicht mit ihnen einverstanden war. Dies deutet darauf hin, dass ihm nicht an einer gezielten Selbststilisierung gelegen war, sonst hätte er diese Ausführungen problemlos weglassen können. Im Zusammenhang mit der Verlesung des Gutachtens während des Strafprozesses[178] geht Frankfurter noch einmal auf dieses ein und lässt erkennen, er könne sich mit Jörgers Urteil, dass in erster Linie die Depression die Tat bewirkte, nicht einverstanden zeigen. „Wir kennen bereits seine Auffassung von einer verminderten Verantwortlichkeit durch körperliche Krankheit und seelische Depressionen. Wir wissen unter welch unzureichenden Voraussetzungen Jörger sein Gutachten zustande brachte, und wie viel Zeit zwischen der psychatrischen [sic] Untersuchung und der Tat selbst verstrichen war."[179]

Um dieses Gutachten, auf das sich die Richter beim späteren Urteil in nicht unerheblichem Maße stützten, im Rahmen der vorliegenden Forschung genauer zu untersuchen, wurde es der Oberärztin Dr. med. Irina Franke der Forensisch Psychiatrischen Klinik der Universitären Psychiatrischen Kliniken (UPK) Basel vorgelegt.[180] Gerade weil das Gutachten in Prozess und Urteil eine so wichtige Rolle spielte, ist es interessant zu erfahren, wie es unter den Gesichtspunkten der modernen Psychiatrie betrachtet wird, ob die Diagnose heute noch korrekt wäre und welche Schlussfolgerungen daraus gezogen werden können. Franke unterstreicht, dass der von Jörger beschriebene Zustand Frankfurters heute wahrscheinlich ebenfalls als reaktive Depression beschrieben würde; reaktiv im Sinne eines Ausdruckes des Einflusses von Umgebungsfaktoren oder Belastungen. Die heutige Terminologie würde allerdings von einer depressiven Episode oder einer Anpassungsstörung sprechen. Grundsätzlich erachtet sie das Gutachten als „qualitativ gut und inhaltlich nachvollziehbar".[181] In Bezug auf die Depression sieht sie sowohl distale[182] Faktoren, in diesem Fall die politischen

---

Gutachten zu David Frankfurter von Dr. Jörger vom 10. September 1936, in: StAGR III23d2 Frankfurter, S. 19.

178 Vgl.: Memoiren (Version Jabotinsky), S. 54. Frankfurter verlegt die Verlesung des psychiatrischen Gutachtens auf den Beginn des zweiten Prozesstags. Tatsächlich startete der zweite Tag mit der Fortsetzung von Frankfurters Vernehmung – das psychiatrische Gutachten wurde nach der Mittagsunterbrechung am ersten Prozesstag behandelt.

179 Ebd.

180 Vielen Dank an dieser Stelle an Dr. med. Irina Franke für ihre Expertise in dieser Sache sowie an Matthias Stutz für die Vermittlung des Kontakts.

181 E-Mail von Dr. med. Irina Franke, Oberärztin, Forensisch Psychiatrische Klinik, Basel, an die Verfasserin vom 28.05.2015. Auch Middendorff hat das psychiatrische Gutachten zwei „prominenten deutschen Psychiatern vorgelegt", die ihm bestätigten, „sie würden heute wahrscheinlich zu demselben Ergebnis kommen." Vgl.: Middendorff, S. 600.

182 Distal: von der Körpermitte entfernt.

Faktoren, aber auch proximale,[183] hier die Depression, die bereits von Jörger beschrieben wurden. Einziger Kritikpunkt: Heute würde möglicherweise noch mehr auf die Ambivalenz bezüglich des Tatentscheides eingegangen, die Tatsache, dass Frankfurter zwar Abschiedsbriefe geschrieben, diese dann aber nicht abgeschickt hat, das Hin und Her in Davos, die Absicht, sich unverrichteter Dinge wieder von der Wohnung Gustloffs zu entfernen, dann aber die impulsive Tatbegehung als Reaktion auf vermeintlich gehörte judenfeindliche Aussagen. Franke schlägt deswegen eine Alternativhypothese vor. „Möglicherweise war er eigentlich dabei, von seinem Plan zurückzutreten und die spezifische Situation führte zur Schussabgabe auf G., aber nicht zur Vollendung des Plans einschliesslich Suizid."[184]

5.1.5 Nach der Tat: „Ich stelle mich selbst der Polizei"[185]

Nach dem Mord und dem anschließenden Umherirren im Schnee in unmittelbarer Nachbarschaft von Gustloffs Wohnhaus zog Frankfurter, als es ihm nicht möglich war, den geplanten Selbstmord durchzuführen, eine Flucht in Erwägung. Er entschied jedoch, dass aufgrund der „unanfechtbaren Reinheit" seiner Tat eine Flucht nicht die folgerichtige Lösung sein konnte; stattdessen beschloss er, sich zu stellen. Das Haus am Ried befand sich wenige Meter Luftlinie[186] vom Wohnhaus Gustloffs entfernt, dorthin begab Frankfurter sich, klingelte und fragte das alte Ehepaar, das ihm die Tür öffnete, ob er bei ihnen telefonieren dürfe.[187] Das Gespräch mit der Polizei soll sich folgendermaßen abgewickelt haben: „‚Hier ist Haus am Ried' hörte ich meine eigene Stimme in die Muschel sprechen, ‚Sie wissen wohl, was im Parkhaus Nr. 3 vorgefallen ist. Hier können genauere Angaben gemacht werden, schicken Sie sofort hierher'. Dann hängte ich ab und verließ die Wohnung, um unten auf meine Häscher zu warten."[188]

183 Proximal: näher zur Körpermitte.

184 E Mail von Dr. med. Irina Franke, Oberärztin, Forensisch Psychiatrische Klinik, Basel, an die Verfasserin vom 28.05.2015.

185 Memoiren (Version Jabotinsky), S. 29.

186 Wahrscheinlich befand sich das Haus an der heutigen Kurgartenstraße, neueres Kartenmaterial deutet darauf hin, dass das Gebäude von damals abgerissen und mit einem neuen ersetzt wurde. Vgl. bspw.: Google Maps (www.google.ch/maps) mit dem Suchbegriff „Am Kurpark 3, Davos". Das Haus, in dem Gustloff gelebt hatte, steht heute noch.

187 Vgl.: Memoiren (Version Jabotinsky), S. 28.

188 Ebd.

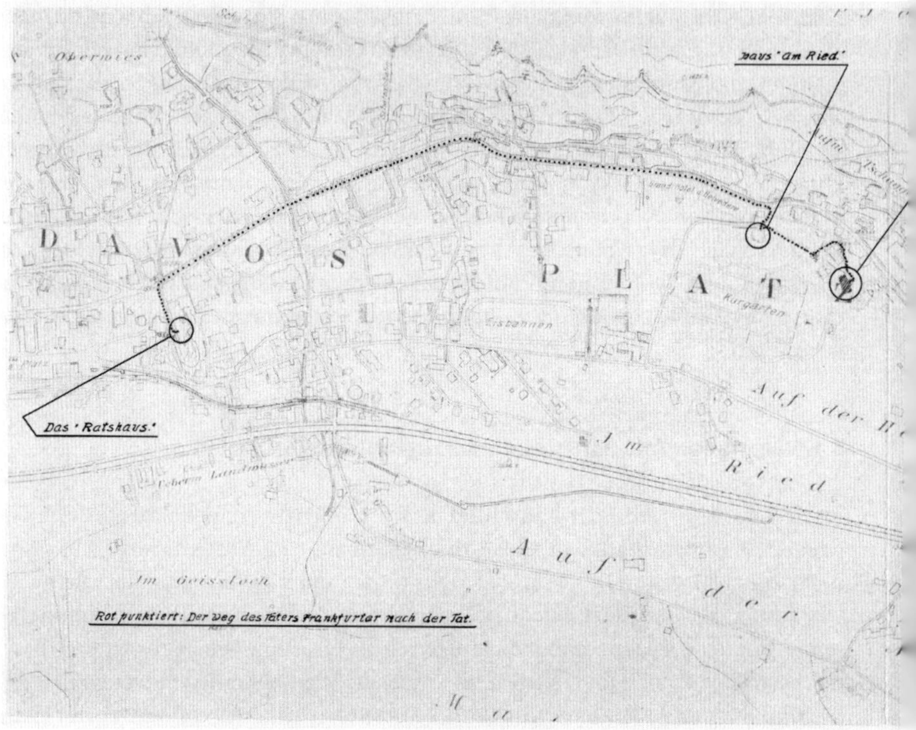

Abb. 24: „Der Weg des Täters Frankfurter nach der Tat“: Karte von Davos, auf dieser Seite ganz rechts: Haus am Kurpark Nr. 3 (Tatort) sowie Haus am Ried, auf dieser Seite links: Ratshaus (Polizeiwache), wo Frankfurter sich der Polizei stellte. Quelle: StAGR III23d2 Frankfurter.

Statt, wie angekündigt, vor dem Haus auf das Eintreffen der Polizei zu warten, verließ Frankfurter eine Zigarette rauchend das Haus am Ried, begab sich via Promenade zur Polizeiwache im Rathaus und meldete sich dort am Schalter mit den Worten: „Sie werden wohl gehört haben, was vorgefallen ist im Parkhaus Nummer 3. Ich bin selbst der Täter.“[189] Verständnis zeigend für den Polizisten, der seinem Geständnis vorerst keinen Glauben schenkte, führte Frankfurter aus:

> Kenner[n] von Kriminalprozessen ist es nun allerdings bekannt, daß sich fast nach jedem Aufsehen erregenden Verbrechen mehrere Menschen melden, die sich selbst der Tat bezichtigen. Pathologischer Geltungsdrang treibt of[t] völlig Unschuldige dazu, sich vor Gericht der wüstesten Untaten anzuklagen. Der Mann in Uniform hier hinterm Schreibtisch schien der Auffassung zu sein, daß er es mit einem jener Kriminal-

189 Ebd., S. 29.

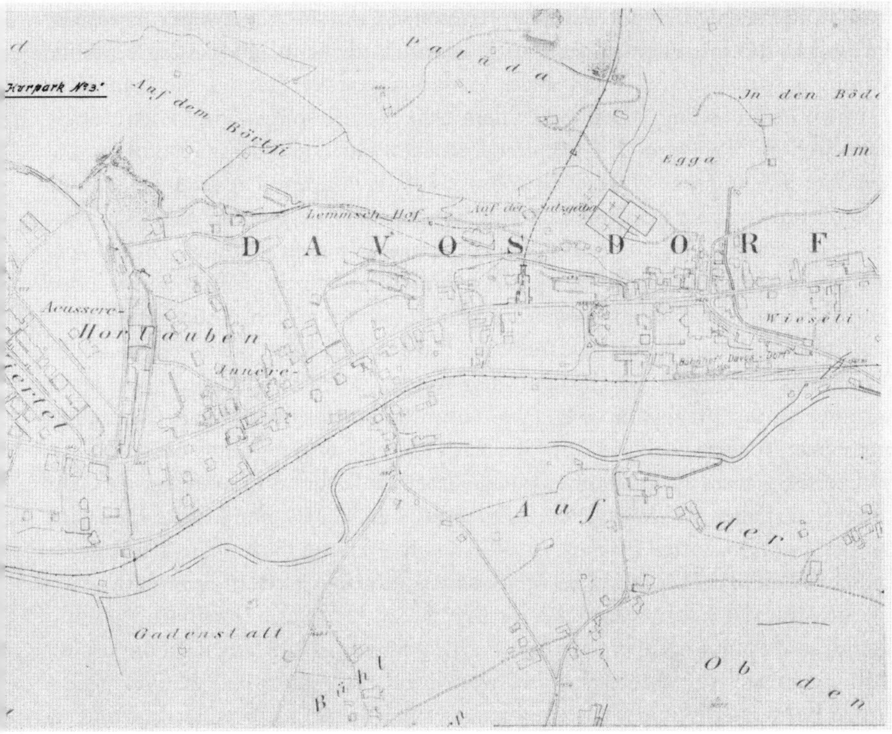

> Massochisten [sic] zu tun habe. Deshalb verlangte er von mir, ich sollte beweisen, daß ich Gustloff erschossen hätte. [...] Ich griff in die Manteltasche und legte den Revolver auf den Tisch.[190]

Die Schilderung der Vorgänge durch David Frankfurter entspricht derjenigen des Gemeindepolizisten Schmid, die dieser auf Vorladung hin am 5. Februar, also am Tag nach der Tat, deponiert hatte. Schmid beschrieb, die Wachstube im Rathaus habe zuerst, kurz vor 8 Uhr, einen Anruf erhalten, bei dem Schreie zu hören gewesen seien, gefolgt von dem Ausruf „die Polizei soll kommen, [...] mein Mann ist erschossen worden".[191] Daraufhin seien die Landjäger Spinas, Hunger

190 Ebd.

191 Aussage von Gemeindepolizist Schmid vom 5. Februar 1936, in: StAGR III23d2 Frankfurter, S. 1.

und Stoffel aufgeboten und zum Tatort geschickt worden. Ein zweiter Anruf von einem Herrn Gut, Nachbar der Gustloffs, mit ähnlichem Inhalt erfolgte wenige Minuten später. In der Folge habe Gemeindepolizist Schmid die Landjäger Camenisch und Küng informiert, zudem dem Polizeikommissär und dem Landamman Bericht erstattet. Ein weiterer Anruf von Gut ergab, dass Gustloff tot und der Täter flüchtig sei.[192] Der nächste Anruf auf die Polizeiwache sei ungefähr eine Viertelstunde später erfolgt. Ein anonymer Anrufer ließ die Polizei wissen, dass im Haus am Ried wichtige Meldungen gemacht werden könnten zu den Vorgängen im Parkhaus Nr. 3. Schmid benachrichtigte die am Tatort anwesenden Polizisten und verständigte zudem die Polizeiposten in den umliegenden Ortschaften Landquart, Filisur, Klosters und Thusis. Noch bevor die sich in Gustloffs Wohnung aufhaltenden Landjäger tätig werden konnten, klingelte Frankfurter am Fenster der Wachstube. „[E]s war ein mittelgrosser, eher kleiner Mann, mit geröteten Augen und bleich im Gesicht, er schien aufgeregt, und verlangte die Polizei zu sprechen."[193] Darüber hinaus beschrieb Schmid Frankfurter als „sehr aufgeregt[,] aber gleichzeitig eine Cigarette"[194] rauchend. Frankfurter habe sich als der Täter im Vorfall im Parkhaus Nr. 3 vorgestellt und ihm seine Waffe übergeben. Seinen Pass konnte er nicht vorzeigen, dieser sei in Bern deponiert.

Da nun der Verantwortliche für den Mord klar war, informierte Schmid Landjäger Spinas darüber, dass die Person, die vom Haus am Ried angerufen habe, wohl auch der Täter sei und sich schon auf der Wachstube befände.[195] Eine kurze Befragung Frankfurters ergab, dass er sich seiner Tat bewusst war und sie nicht bereute. Frankfurter sei zwar politisch nicht organisiert, aber ein „Hasser des deutschen Systems".[196] Weitere Auskünfte habe er nicht geben können, er sei „in den Nerven derart gestört und es hat sichtlich in seinem Innern die Aufregung gearbeitet, derart, dass er nicht mehr antworten konnte".[197] Dass Frankfurter Jude war, wurde im Bericht nicht erwähnt, obwohl er in den Memoiren ausführt, er habe dies gegenüber der Polizei explizit als Grund für die Ermordung Gustloffs angegeben. „Was ich tat, tat ich allein. Niemand steht hinter mir. Ich gehöre keiner politischen Gruppe an – aber ich hasse die Nazis inbrünstig ... weil ich ein Jude bin."[198]

---

192 Vgl.: Ebd.

193 Ebd.

194 Ebd., S. 2.

195 Vgl.: Ebd., S. 2.

196 Ebd.

197 Ebd. Auch Frankfurter gibt an, dass seine Verfassung eine offensichtlich schlechte gewesen sei: „Man liess zunächst ab von mir, da der Beamte in der Wachstube erkannte, dass mein augenblicklicher Zustand weitere Befragungen kaum möglich machten [sic]." Memoiren (Version Jabotinsky), S. 29.

198 Ebd.

Noch in der gleichen Nacht folgte die Gegenüberstellung mit Hedwig Gustloff. Frankfurter wurde in einen Sitzungssaal im Rathaus geführt, wo er etwa eine Stunde wartete, bis mehrere Personen eintraten: der Landamman und Kreispräsident von Davos, Salomon Prader, mehrere Kantonspolizisten, teils uniformiert, teils in Zivil, und Hedwig Gustloff, die sogleich ausrief, Frankfurter sei der Täter.[199] Frankfurter beschreibt Hedwig Gustloff ausführlich in seinen Memoiren:

> Jetzt, da sie nahe an mich heran gekommen war, konnte ich erst ihre Erscheining [sic] ganz in mich aufnehmen. Eine Frau von etwa 37 Jahren, ein wenig zur Fülle neigend. Sie war nicht hübsch, aber durchaus nich [sic] abstossend. Verwunderlich schien in diesem Augenblick ihre starke Selbstbeherrschung. Man sah ihren Augen an, daß sie geweint hatte, aber das Entsetztn [sic], das sie in dieser Stunde befallen haben mochte, war ihr nicht anzumerken. Sie legte mir die Hand auf den Kopf, beugte mir den selben tief in den Nacken (es lag fast etwas bekümmertes in dieser Bewegung) und sagte: ‚Sie sehen ja so gut aus. Sie haben so gute Augen! – Warum haben Sie das getan? Haben Sie denn Gustloff persönlich gekannt?‘[200]

Die Wiedergabe dieses Ereignisses variiert je nach Erzähler; eine Frankfurters Ausführungen ähnelnde Variante findet sich in der Vernehmung von Landamman Prader: „Frau Gustloff ist an denselben herangetreten [...], hat ihm tief in die Augen geschaut und hat dann zu ihm gesagt, ‚Sie sehen gut aus, warum haben Sie das getan?‘“[201] Diewerge streitet in *Ein Jude hat geschossen* vehement ab, dass diese Aussage von Hedwig Gustloff geäußert wurde: „*Die Worte sind niemals gefallen.*“[202] Es ist naheliegend, dass Diewerge nicht von Frankfurters „gute[n] Augen“ spricht, sondern lediglich dessen Jüdischsein hervorhebt.[203] Er bedient sich in seinen Schriften bei der äußerlichen und charakterlichen Beschreibung Frankfurters antisemitische Vorurteile („mittelgroßer, gedrungener Jude mit geduckter Haltung“, „Sein Gesicht ist fahl und gedunsen“, „Herumtreiben“, die Behauptung, Frankfurter habe sich als „Arier“ ausgegeben, um bei den Frauen mehr Erfolg zu haben usw.[204]), so dass eine Schilderung der Gegenüberstellung, bei der Hedwig Gustloff den – gemäß Diewerge – so offensichtlich als Jude erkennbaren Frankfurter als „gut aussehend“ oder mit „guten Augen“ beschrieben hat, nicht ins gewünschte Bild passen würde. Auch Frankfurter war diese

199 Vgl.: Ebd.

200 Ebd., S. 29–30.

201 Aussage von Landamman S. Prader vom 5. Februar 1936, in: StAGR III23d2 Frankfurter, S. 2.

202 Diewerge 1937, S. 28. [Im Original ist die Aussage gesperrt geschrieben.]

203 „Sie fragt ihn: ‚Warum haben Sie das getan?‘ Er antwortet: ‚Weil ich Jude bin.‘ Frau Gustloff wendet sich ab. Wenigstens hat kein Schweizer geschossen.“ Diewerge 1937, S. 17.

204 Alle Zitate: Ebd., S. 12.

Diskrepanz aufgefallen, schreibt er doch in seinen Memoiren: „Gute Augen – sagte sie. Es war ein Hohn. Das deutsche Rassegefühl schien diese ‚Edel-Arierin' […] vollkommen verlassen zu haben."[205]

Entsprechend heftig war die Reaktion Hedwig Gustloffs auf Frankfurters Aussage, er habe es getan, weil er Jude sei.

> Da barst der Damm ihrer Beherrschung. Das, das konnte sie nicht ertragen. Daß es der Jude war, der die Schmach Israels an ihrem Manne zu rächen gewagt hatte, daß Gustloff von jüdischer Hand gefallen war – schien ihr untragbar.
> Sie begann hysterisch zu schreien: ‚Schuft!' brüllte sie mich an, und zu den etwa zwanzig Menschen im Saale gewendet[,] begann sie aus ihrem Herzen keine Mördergrube mehr zu machen. Sie bezichtigte nicht nur mich, sondern das Judentum insgemein alles Bösen und Verbrecherischen auf der Welt. ‚Der Jud, der Jud, der Jud' gellte ihre Stimme durch den Ratssaal und überschlug sich in immer rasenderer Erregung. […] Schliesslich musste man sie hinaus führen.[206]

Im Gegensatz zu Hedwig Gustloff zeigten sich sowohl der Landamman als auch die Beamten Frankfurter gegenüber höflich, ohne „Rohheit oder Ungezogenheit"[207] spüren zu lassen. Frankfurter führte dies darauf zurück, dass die „kleinen Leute" seiner Tat gegenüber „verholene [sic], oder sogar offene Sympathie" zeigten.[208] „Sie alle wussten, dass ich meine Kugeln gegen den <u>gemeinsamen</u> Feind gerichtet hatte."[209] Noch in derselben Nacht, gegen 11 Uhr abends, wurde Frankfurter erstmalig von Verhörrichter Dr. Eugen Dedual verhört.

---

205 Memoiren (Version Jabotinsky), S. 30.

206 Ebd. Ähnlich wird der Vorfall bei Landamman Prader wiedergegeben: „Daraufhin nun konnte sich Frau Gustloff nicht weiter beherrschen, in ihrem Kummer, und dass nun der ‚Jude' [Anführungs- und Schlusszeichen wurden im Dokument nachträglich von Hand eingetragen] ihrem Manne solches angetan habe und sie hat den Täter als ‚Schuft' bezeichnet und mit ähnlichen und andern Worten in ihrer innern übergrossen Empörung. Weil nun der Zweck dieses Konfrontes der war, festzustellen, dass es sich um den wirklichen Täter handelt und dieser Zweck erreicht schien, so habe ich versucht, Frau Gustloff nun weg zu bringen und zu beruhigen." Aussage von Landamman S. Prader vom 5. Februar 1936, in: StAGR III23d2 Frankfurter, S. 2. Diewerge wiederum geht nicht auf Hedwig Gustloffs Wutausbruch ein. In seiner Version der Geschichte wandte sich die Witwe Gustloffs lediglich von Frankfurter ab und ist erleichtert, dass der Mörder kein Schweizer war. Die Empörung darüber, dass ein Jude Gustloff ermordet hat, unterstellt er in der Folge in erster Linie den Schweizern. („Alle anständigen Schweizer sind empört und atmen auf, als sie den Namen des Mörders lesen: David Frankfurter, nein, kein Schweizer, **ein Jude hat geschossen.**") Vgl.: Diewerge 1937, S. 17–18.

207 Memoiren (Version Jabotinsky), S. 30.

208 Beide Zitate: Ebd.

209 Ebd.

Abb. 25: Verhörrichter Dedual im Gespräch mit Frankfurter beim Prozess, Dezember 1936 (Fotograf: Heinz Guggenbühl – Prisma). Quelle: AfZ, NL Eugen Curti.

Nicht zu Unrecht schloss Frankfurter daraus, welche Bedeutung seinem Fall zugemessen wurde. Während des ungefähr zwei Stunden dauernden Verhörs (bis 1 Uhr morgens) hätte sich Dedual äußerst „höflich und korrekt" verhalten. Danach wurde Frankfurter in eine „eiskalte, winzige" Zelle im Rathausturm eingesperrt, in der sich lediglich eine „Pritsche mit einem Strohsack, ein halb zerbrochener Wasserkrug und eine verbeulte Emaillie-Schüssel [sic]" befanden.[210] Frankfurter beschrieb die Kritzeleien an den Wänden, insbesondere gegen die Gesetzeshüter gerichtet, die frühere Verhaftete dort hinterlassen hatten. Obwohl er sich als Mörder der Polizei gestellt hatte, wird aus seinen Worten deutlich, dass er sich nicht mit seinen „Vorgänger[n], Diebe[n] und Landstreicher[n]"[211] auf einer Ebene sah.

Exkurs: Die Reaktionen der Nationalsozialisten in der Schweiz auf den Mord

Die erste Reaktion der Nationalsozialisten in der Schweiz folgte unmittelbar am Tag nach der Tat. Wie einem Telegramm der Bundesanwaltschaft an die kantonalen Polizeiinspektorate zu entnehmen ist, wurden die Flaggen an den deutschen Konsulaten auf Halbmast gesetzt. Die Ordnungshüter wurden aufgerufen, nicht näher definierte Maßnahmen zum Schutz des deutschen Hoheitszeichens und der Flaggen einzuleiten.[212]

---

210 Beide Zitate: Ebd., S. 31.

211 Memoiren (Version Jabotinsky), S. 31.

212 Vgl.: Telegramm der Schweizerischen Bundesanwaltschaft an die kantonalen Polizeiinspektorate vom 5. Februar 1936, in: Schweizerisches Bundesarchiv: Frankfurter, David 1909, Bestand E4320B, Aktenzeichen: C.03–22, Dossierzeitraum: 1935–1954, Behältnis: Papier: 1974/47_35, Dossier: E4320B#1974/47#138*.

Einen weiteren Tag später wurden das Justiz- und Polizeidepartement Graubünden und die Bundesanwaltschaft vom Polizeikommissariat Oberlandquart über die geplante Trauerfeier für Wilhelm Gustloff in Davos, organisiert durch die deutsche Kolonie ebenda, informiert. Der Trauergottesdienst sollte in der Alexanderkirche in Davos-Platz stattfinden. Da mit erheblichem Besucherandrang gerechnet wurde, zog man als Alternative die größere Kirche St. Johann in Betracht.[213] Der Messe würde Pfarrer Jakob vorstehen – vorgesehen war eine halbstündige Abdankungsrede, gefolgt von einer Rede des Leiters der Auslandsdeutschenorganisation, Gauleiter Bohle, für den Personenschutz erwogen wurde. Die Abdankungsfeier wurde musikalisch begleitet. Neben dem Lied „Ich hatt' einen Kameraden"[214] sollte beim Verlassen der Kirche das „Horst-Wessel-Lied"[215] gespielt und gesungen werden. Für Samstagabend oder Sonntagmorgen war die Überführung der Leiche – ohne großen Trauerzug – vorgesehen. Zu diesem Anlass waren weder Uniformen noch Armbinden oder Flaggen gestattet. „Man möchte alles unterlassen und vermeiden, was den schweiz. Behörden unangenehm ist."[216] Dem Verfasser des Briefes war wichtig festzuhalten, dass insbesondere „Herr Reichsminister Hess nicht persönlich nach Davos kommen, sondern durch den bereits hier vorn erwähnten Leiter der Auslands-Organisation, Herrn Bohle[,] vertreten sein wird."[217] Das Justiz- und Polizeidepartement Graubünden antwortete nach Rücksprache mit der Bundesanwaltschaft, es bestünden keinerlei Einwände gegen die geplante Trauerfeier, und das aufgestellte Sicherheitsdispositiv werde als ausreichend betrachtet. In der *Davoser Zeitung* erschienen nach Gustloffs Tod nicht weniger als sieben Todesanzeigen, darunter eine von seiner Witwe und, aufgrund des Inhalts besonders erwähnenswert, eine der Hitlerjugend der Auslandsdeutschen in der Schweiz. Die Todesanzeige, die Hedwig Gustloff in Auftrag gab, zierte der Reichsadler und ein Hakenkreuz sowie der Text „Wer als Held sein Blut / für der Freiheit Gut / seinem Volk und Adolf Hitler gab, der schläft süß in seinem Grab!"[218] Die Hitlerjugend verlautete einen Tag später:

---

213 Die Trauerfeier konnte in der kleineren Alexanderkirche durchgeführt werden.

214 „Der gute Kamerad" basiert auf einem Gedicht von Ludwig Uhland, vertont wurde es von Friedrich Silcher. Es wurde nicht nur von der Wehrmacht, sondern wird auch heute noch von der Bundeswehr bei Trauerfreiern oder Volkstrauertagen verwendet.

215 Horst-Wessel-Lied: Offizielle Hymne der NSDAP, Kampflied der SA und inoffizielle Hymne von Nazi-Deutschland. Das Lied wurde üblicherweise nach der Nationalhymne gespielt.

216 Brief des Polizeikommissariat Bezirk Oberlandquart an das Justiz- und Polizeidepartement Graubünden und die Schweizerische Bundesanwaltschaft vom 6. Februar 1936, in: Schweizerisches Bundesarchiv: Frankfurter, David 1909, Bestand E4320B, Aktenzeichen: C.03–22, Dossierzeitraum: 1935–1954, Behältnis: Papier: 1974/47_35, Dossier: E4320B#1974/47#138*.

217 Ebd.

218 Todesanzeige Hedwig Gustloffs für Wilhelm Gustloff vom 6. Februar 1936, zitiert nach: Saurer, Andreas: Gustloff-Attentäter David Frankfurter: Mord in Davos – Prozess in Chur, in: Bündner Monatsblatt 1 (1996), S. 29. [Via: StAGR III23d2 Frankfurter.]

„Unser Kamerad und Landesjugendführer Wilhelm Gustloff fiel am 4. Februar für Deutschland und Adolf Hitler. Wir schwören ihm ewige Kameradschaft. Standort Davos der Hitlerjugend.“[219]

Abb. 26: „Staatsakt“ für Wilhelm Gustloff, 12. Februar 1936, Schwerin. Quelle: Bayerische Staatsbibliothek/Bildarchiv, Fotoarchiv-Hoffmann K.26 [hoff-12371].

Trotz aller Vorsicht, die die Nationalsozialisten in der Schweiz walten ließen, kam es beim anschließenden Trauerzug von Davos nach Schwerin, der Geburts- und Heimatstadt Gustloffs, wo schließlich am 12. Februar das Staatsbegräbnis stattfinden sollte, zu einem Zwischenfall, wie Zollamtsvorstand Ehrat vom Schweizerischen Hauptzollamt Singen meldete. Der 15-stündige Trauerzug machte neben Zürich, Stuttgart, Würzburg, Halle und Wittenberg auch in Singen Halt.[220] Dort, in Anwesenheit von Vertretern der Regierung, der Wehrmacht sowie weiterer Teilnehmer, wurden Reden gehalten, die „in eine direkte Anklage

219 Todesanzeige der Hitlerjugend Davos für Wilhelm Gustloff vom 7. Februar 1936, zitiert nach: Ebd.

220 Vgl.: Saurer 1996, S. 29.

der Schweiz als Mitschuldige“[221] an dem Mord mündeten. In der Schweiz hätte die „marxistische Presse“ eine „beispiellose Hetze gegen das Nationalsozialistische neue Deutschland“[222] geführt; dieser Hetze sei trotz Warnungen Deutschlands nicht Einhalt geboten worden. Die Empörung des Verfassers ist deutlich zu spüren, wenn er schreibt, die „Stammes- oder Staatszugehörigkeit des Mörders“ sei nicht erwähnt worden, und: „Wir haben noch nie eine solch heftige Rede gegen die Schweiz gehört“.[223] Ehrat fuhr fort, das Hauptzollamt sei „auch schon wiederholt auf das Schädliche der sinnlosen Angriffe einer verantwortungslosen Presse aufmerksam gemacht“[224] worden. Eine gewisse Sympathie für das neue Regime in Deutschland schimmert bei seinen abschließenden Worten durch.

> Das neue Deutschland ist ja so dankbar für jedes gute Wort, das man ihm gibt, es ist aber auch überempfindlich gegen jeden Angriff auf sein System oder seine Führer. Das sollten sich doch unsere Pressemänner einmal merken und nicht immer in den gleichen Fehler verfallen. Wenn da nicht einmal mit allem Ernst Remedur geschaffen wird, so müssen wir mit Repressalien rechnen[,] deren Folgen vielleicht die Schweizer in Deutschland, vielleicht aber auch unsere Fremdenindustrie zu tragen haben werden. Eine diplomatische Aktion wird nicht ausbleiben.[225]

In der Folge schrieb die Eidgenössische Oberzolldirektion einen Brief an das Eidgenössische Politische Departement, Abteilung für Auswärtiges. Der Bericht von Zollamtsvorstand Ehrat wurde weitergeleitet, ergänzt mit der Aussage: „Comme vous le verrez par ce rapport, le représentant du Gouvernement allemand, Reichsstatthalter Wagner, a prononcé, à cette occasion, des paroles très violentes à l'égard de la presse de notre pays.“[226] Das Auswärtige Amt wiederum übergab diese Dokumente der Bundesanwaltschaft, fühlte sich aber genötigt, anzufügen, „dass die Worte, welche Reichskanzler Adolf Hitler bei der Beisetzung in Schwerin sprach, keinen Angriff gegen die Schweiz enthielten, und dass

221 Brief des schweizerischen Hauptzollamts Singen an die Zollkreisdirektion II Schaffhausen, weitergeleitet an die Bundesanwaltschaft vom 9. Februar 1936, in: Schweizerisches Bundesarchiv: Frankfurter, David 1909, Bestand E4320B, Aktenzeichen: C.03–22, Dossierzeitraum: 1935–1954, Behältnis: Papier: 1974/47_35, Dossier: E4320B#1974/47#138*.

222 Beide Zitate: Ebd.

223 Ebd.

224 Ebd.

225 Ebd.

226 Brief der Eidgenössischen Oberzolldirektion an das Eidgenössische Politische Departement vom 13. Februar 1936, Abteilung für Auswärtiges, in: Schweizerisches Bundesarchiv: Frankfurter, David 1909, Bestand E4320B, Aktenzeichen: C.03–22, Dossierzeitraum: 1935–1954, Behältnis: Papier: 1974/47_35, Dossier: E4320B#1974/47#138*.

der Redner vielmehr hervorhob, es sei eine Ehre für die Schweiz, dass der Mörder nicht Schweizerbürger sei."[227] Damit schien die Affäre erledigt zu sein, vor allem, da die „Hetze der Presse [...] offenbar auf behördliche Weisung hin ein rasches Ende gefunden"[228] hatte.

Tatsächlich hielt sich Hitler in der erwähnten Grabrede für Wilhelm Gustloff in Schwerin mit Hetze gegen die Schweiz zurück. Umso deutlicher hingegen war die antijüdische Hetze – dies meist, ohne die Juden konkret zu erwähnen oder erwähnen zu müssen. Hitlers Ansprache wurde im *Völkischen Beobachter* vom 13. Februar 1936 in voller Länge abgedruckt. Hitler ging darin auf verschiedene Morde an Mitgliedern der nationalsozialistischen Bewegung ein und fuhr fort:

> Hinter jedem Mord stand aber dieselbe Macht, die verantwortlich ist für diesen Mord: hinter den harmlosen kleinen verhetzten Volksgenossen, die aufgewiegelt waren, steht die haßerfüllte Macht unseres jüdischen Feindes, eines Feindes, dem wir nichts zuleide getan hatten, der aber versuchte, unser deutsches Volk zu unterjochen und zu seinem Sklaven zu machen, der verantwortlich ist für all das Unglück, das uns im November 1918[229] getroffen hat, und verantwortlich ist für das Unglück, das in den Jahren darauf Deutschland heimsuchte![230]

Nun, da es zum ersten Mal einen „Blutzeugen"[231] im Ausland gegeben habe, sei bemerkenswert, dass sich die Täter erstmals nicht hinter anderen Volksangehörigen versteckt, sondern selbst hätten tätig werden müssen.[232] Hitler stilisierte Gustloff zum „heiligen Märtyrer"[233] der Auslandsdeutschen und versicherte, die Tat würde auf die Täter zurückfallen. „Nicht Deutschland wird dadurch geschwächt, sondern die Macht, die diese Tat verübte."[234]

227 Brief des Eidgenössischen Politischen Departements, Abteilung für Auswärtiges an die Schweizerische Bundesanwaltschaft vom 17. Februar 1936, in: Schweizerisches Bundesarchiv: Frankfurter, David 1909, Bestand E4320B, Aktenzeichen: C.03–22, Dossierzeitraum: 1935–1954, Behältnis: Papier: 1974/47_35, Dossier: E4320B#1974/47#138*.
Der tatsächliche Wortlaut Hitlers: „Es ist ein Ruhmesblatt für die Schweiz sowohl auch für unsere eigenen Deutschen in der Schweiz, daß sich keiner dingen ließ zu dieser Tat, so daß zum erstenmal der geistige Urheber selbst zum Täter werden mußte." Grabrede Adolf Hitlers für Wilhelm Gustloff, in: Völkischer Beobachter vom 13.02.1936.

228 Ebd.

229 Waffenstillstand von Compiègne zwischen dem Deutschen Reich und den Westmächten, Ende des Ersten Weltkriegs.

230 Grabrede Adolf Hitlers für Wilhelm Gustloff, in: Völkischer Beobachter vom 13.02.1936.

231 Nationalsozialistische Terminologie für ermordete, „gefallene" Nationalsozialisten im Sinne eines „Heldenkults".

232 Vgl.: Grabrede Adolf Hitlers für Wilhelm Gustloff, in: Völkischer Beobachter vom 13.02.1936.

233 Ebd.

234 Ebd.

Gustloff wurden posthum noch weitere Ehren zuteil. Die wohl bekannteste: Ein Schiff der *Kraft durch Freude*[235]-Flotte wurde nach ihm benannt. Die *Wilhelm Gustloff*, zeitweise das größte Kreuzfahrtschiff der Welt, war ab Mai 1937 in Betrieb und vor allem in der Nordsee und im Mittelmeer unterwegs.[236] Bei der Schiffstaufe war nicht nur Hitler persönlich, sondern auch Hedwig Gustloff anwesend. Zu Kriegszeiten wurde das Schiff zuerst als Lazarettschiff der Kriegsmarine benutzt, später, gegen Kriegsende, sollte es verletzte Soldaten transportieren und Flüchtlinge aus den in Ostpreußen abgeschnittenen Provinzen evakuieren. Die *Gustloff* sank am 30. Januar 1945 nach Beschuss durch sowjetische U-Boote mit schätzungsweise 10.000 Personen an Bord.[237]

5.2 Untersuchungshaft

5.2.1 Erste Tage in Gefangenschaft

Die erste Nacht und der erste Tag in Gefangenschaft waren für Frankfurter schwierig. „Nur wer jemals seiner Freiheit beraubt zwischen Kerkerwänden geschmachtet hat, wird das Entsetzen verstehen, das mich befiel als die Türe hinter mir krachend ins Schloss gezogen wurde. Ich war eingesperrt."[238] Er schlief kaum und rührte das Essen, einen „Blechnapf mit der Morgensuppe",[239] nicht an.

Am Nachmittag wurde er abgeholt und ungefesselt – wie Frankfurter betont – mit einem Auto zusammen mit dem Untersuchungsrichter, einem Polizisten und Gefängniswärter Hunger nach Chur gefahren, wo er in Untersuchungshaft überführt werden sollte.[240] Die Strafanstalt Sennhof befindet sich in Chur am Rande der Altstadt in einem ehemaligen Wohnhaus, das von einem Münzmeister des Bischofs im Jahr 1603 erbaut wurde und ab 1817 als „Zuchtanstalt" des Kantons

---

235 Kraft durch Freude: Nationalsozialistische Organisation, Unterorganisation der Deutschen Arbeitsfront, die unter anderem Nah- und Fernreisen für Deutsche anbot. Vgl. beispielsweise: Schneider, Claudia: Die NS-Gemeinschaft „Kraft durch Freude", 02.11.2004, online unter: http://www.zukunft-braucht-erinnerung.de/die-ns-gemeinschaft-kraft-durch-freude/ [zuletzt eingesehen: 07.04.2015].

236 Vgl.: Knopp, Guido: Der Untergang der „Gustloff". Wie es wirklich war, München 2002, S. 36–37.

237 Vgl.: Ebd. Die Katastrophe war Gegenstand mehrerer Filme und Bücher, vgl.: Kapitel 2.1.1 Forschungsstand, S. 15 ff.

238 Memoiren (Version Jabotinsky), S. 31.

239 Ebd.

240 Vgl.: Memoiren (Version Jabotinsky), S. 31–32. Dies bestätigt auch der Transportbefehl für Frankfurter, der dem Kantonalen Verhöramt in Chur zugeführt werden soll. Vgl.: Transport-Befehl für David Frankfurter vom 5. Februar 1936, in: StAGR III23d2 Frankfurter.

Graubünden diente.[241] Frankfurters Zelle dort war weitaus angenehmer als diejenige im Davoser Rathausturm; gut geheizt und versehen mit einem Bett „mit einer Holzwoll-Matratze, Tisch und Hocker, eine[m] irdene[n] Krug, Waschschüssel und Nachttopf".[242] Eine nackte Glühbirne brannte tagsüber bis 20 Uhr, das kleine Fenster war vergittert und bot einen Blick auf den Gefängnishof. „Hier sollte ich nun leben und nachdenken über meine Tat und mein Schicksal [...]."[243] Stattdessen hätten sich seine Gedanken, wie Frankfurter in den Memoiren ausführt, der Vergangenheit, seiner Kindheit und seiner Familie sowie den Jüdinnen und Juden zugewandt, für die er den Mord begangen hatte. „Hatten sie das Zeichen meiner Tat, meines Opfers verstanden? Würde der Funke zünden, den ich entfacht hatte um aufzulodern zu einer grossen Brandfackel der Befreiung, die wegweisend leuchtete durch die Nacht der Galuth?"[244]

Während der Zeit in Untersuchungshaft hatte Frankfurter viel Zeit zum Nachdenken. Meist waren nur die Vormittage mit Verhören ausgefüllt, die restliche Zeit verbrachte er allein in seiner Gefängniszelle. Seines Erachtens waren die Verhöre überflüssig, hatte er doch schon beim ersten Verhör nach seiner Festnahme seine Motive offengelegt und den Tatvorgang so klar und detailliert wie möglich geschildert. Verhörrichter Dedual hingegen habe sich „in den Gedanken verbissen, die Hintermänner meiner Tat aufzuspüren, die Auftraggeber und Intellektuellen [sic] Urheber zu entlarven".[245] Allerdings lässt sich diese „Verbissenheit" Deduals relativ leicht mit dem Druck erklären, den die nationalsozialistische Regierung und Presse Deutschlands auf die Schweiz ausübten. Wie die Lektüre der Schriften von Wolfgang Diewerge beweist, gingen die Nationalsozialisten von einer kommunistisch-jüdischen Verschwörung[246] aus, die es aufzudecken galt, oder wollten die Tat in der Öffentlichkeit zumindest dahingehend instrumentalisieren. So bezeichnete Diewerge den Aktionsplan Frankfurters als „Mordbefehl" eines nicht näher definierten Auftraggebers,[247] die Aussage Frankfurters, es habe kein Komplott gegeben, kommentierte er mit der Randnotiz „Die

241 Vgl.: Geschichte des JVA Sennhof, online unter: https://www.gr.ch/DE/institutionen/verwaltung/djsg/ajv/JVASennhof/geschichte/Seiten/geschichte.aspx [zuletzt eingesehen: 09.10.2018]. Kurz vor Frankfurters Aufenthalt, 1934, wurde das Gebäude um- und ausgebaut. 1949 wurde der sich in schlechtem baulichem Zustand befindende Hauptblock stillgelegt. Gleich neben dem Sennhof befindet sich heute das Staatsarchiv Graubünden.

242 Memoiren (Version Jabotinsky), S. 32.

243 Ebd.

244 Ebd.

245 Memoiren (Version Jabotinsky), S. 33. [Hervorhebungen aus dem Original übernommen.]

246 Vgl.: Kapitel 5.2.4 Verschwörung: „eine jüdisch-bolschewistische Mordzentrale", S. 205 ff.

247 Vgl.: Diewerge 1937, S. 12 und S. 16.

Vertreter der Weltliga atmen auf. Frankfurter hält dicht."[248] Dass die Schweizer Behörden im Vorfeld des Prozesses darauf erpicht waren, diese Option zu erforschen und Frankfurter zu möglichen Hintermännern zu befragen, ist naheliegend. Frankfurter sah dies ein, indem er für Deduals „Verbissenheit" die „sofort einsetzende nazistische Propaganda, die hier einen eklatanten Beweis für die ‚Jüdische Weltverschwörung' sah, für einen Racheakt, der ‚Weisen von Zion', für eine ‚Alljüdische' und ‚kommunistische' Aktion"[249] verantwortlich sah. Und er fügte hinzu: „Für die Nazis stand es natürlich fest, dass die Drahtzieher in Moskau und Jerusalem sassen."[250] Zu diesen Vorwürfen äußerte sich Frankfurter gegenüber Dedual sehr ausführlich. Er unterstrich noch einmal sein Motiv („ich wollte die Schmach meiner Brüder rächen, ich wollte die Schweiz vor solchen Hunden wie Gustloff bewahren, […] ich wollte der Welt ein unübersehbares Zeichen geben"[251]) und wies jede Verdächtigung, im Auftrag von jemandem gehandelt zu haben, weit von sich.[252]

Da es Frankfurter – wohl aufgrund von Befürchtungen, er könnte Selbstmord begehen – verboten war, ein Rasiermesser zu besitzen, wurde ihm drei Mal wöchentlich der Besuch von einem Friseur zugestanden. Dieser Friseur, nach Frankfurters Aussagen ein politisch links stehender Schweizer, war sein erster Kontakt zur Außenwelt. Über ihn hatte Frankfurter Zugang zu Zeitungsartikeln; deren Lektüre frustrierte ihn jedoch sehr. „Wenn ich unter den einfachen Menschen dieses Gebirgslandes auch viel Freundschaft und Verständnis fand – Blumen und Konfekt, die mir in die Zelle geschickt wurden von gänzlich unbekannten Eidgenossen waren beredte Zeugen –, so zollten mir die offiziellen Stimmen der Schweiz keinerlei Anerkennung."[253] Sein Friseur versorgte Frankfurter mit Zigaretten, die im Gefängnis zwar nicht erlaubt, für Frankfurter aber „als starken Raucher unentbehrlicher als Essen und Trinken waren",[254] gerade im emotionalen Ausnahmezustand, in dem er sich befand.

Zu Beginn seiner Zeit in Untersuchungshaft erreichten Frankfurter einige Briefe,[255] insbesondere von Anwälten, die ihm ihre Dienste kostenlos anboten,

---

248 Ebd., S. 41.
249 Memoiren (Version Jabotinsky), S. 33.
250 Ebd.
251 Ebd.
252 Ebd.
253 Ebd.
254 Ebd., S. 34.
255 Briefe an David Frankfurter 1–41, in: StAGR III23d2 Frankfurter. Zu den Rechtsanwälten, die sich diesbezüglich mit Frankfurter in Verbindung gesetzt haben, zählen Dr. G. Steinmarder, Rechtsanwalt aus Zürich (Brief vom 5. Februar 1936, S. 1), Dr. E. Rodehau aus Hamburg (Brief vom 6. Februar 1936, S. 6) und Dr. Otto Rohner, Rechtsanwalt in St. Gallen und Zürich (Brief vom 6. Februar 1936)

aber auch ein Brief von Rabbiner Eugen Messinger, dem Sohn von Prediger Josef Messinger. Frankfurter kannte beide, Vater und Sohn, aus seiner Zeit in Bern. Da ihm der Brief im Original nicht zur Verfügung stand und ihm zudem schon in Haft nicht überreicht, sondern nur vorgelesen wurde, kann Frankfurter ihn nicht im genauen Wortlaut, sondern nur sinngemäß wiedergeben.

> Sehr geehrter Herr Frankfurter!
> Mit tiefer Erschütterung haben wir von Ihrer Tat Kunde bekommen. Sie wissen selbst, dass Sie damit gegen die Grundprinzipien unserer heiligen jüdischen Religion verstossen haben, die Mord in jeder Gestalt ablehnt. Sie haben weder der Schweiz noch dem Judentum damit einen Dienst erwiesen. Im Gegenteil: Sie haben Ihre jüdischen Brüder grösster Gefahr ausgesetzt. Dennoch wollen wir Ihnen helfen, so gut wir können. Wir werden bemüht sein Ihnen einen tüchtigen Anwalt zu bestellen, der Ihre Sache vor Gericht vertreten wird.[256]

In der Tat hat Frankfurter den Brief sinngemäß korrekt wiedergegeben, auch wenn sich Messinger lediglich mit zwei kurzen Sätzen zum Mord geäußert hatte. „Sie können sich vielleicht vorstellen, wie unglücklich wir Juden über Ihre Tat sind. Aber meine Zeilen wollen nicht das nicht mehr ungeschehen zu machende [sic] beklagen, sondern ein neues Unheil verhüten."[257] Messinger ging wesentlich ausführlicher auf die Anwaltsfrage ein und gab Frankfurter in dieser Sache wichtige Ratschläge. „Ihr Verteidiger darf keinesfalls ein politisch belasteter Mann sein. Sie dürfen nie vergessen, dass die Deutschen hinter jedem Juden oder Marxisten einen Verschwörer gegen sich erblicken. Ihr Anwalt soll daher weder ein Linksstehender noch ein Jude sein. Es muss ein makelloser Ehrenmann sein, der in der schweizer Oeffentlichkeit grosses Ansehen geniesst."[258] Den passenden Anwalt, auf den alle diese Kriterien zutreffen sollten, hatte Messinger schon gefunden: Dr. Otto Rohner, der Frankfurter seine Dienste bereits angeboten hatte.[259]

Frankfurter vermutete, dass Eugen Messinger diesen Brief nicht auf eigenen Antrieb hin verfasst hatte, sondern im Auftrag einer Frankfurter unbekannten Urheberschaft schrieb, vielleicht „die jüdische Gemeinde in Bern, deren Rabbinat oder der gesamte Schweizer jüdische Gemeindebund".[260] Quintessenz daraus war für Frankfurter, dass sich Messinger und damit stellvertretend sein Auftraggeber

256 Memoiren (Version Jabotinsky), S. 33.

257 Briefe an David Frankfurter 1–41, in: StAGR III23d2 Frankfurter, S. 8.

258 Ebd.

259 Ebd.

260 Memoiren (Version Jabotinsky), S. 34. Mit Schweizer jüdischer Gemeindebund meinte Frankfurter vermutlich den Schweizerischen Israelitischen Gemeindebund, SIG.

von ihm distanzierten, ihm aber gleichzeitig aus „elementare[m] jüdischen Solidaritätsgefühl“[261] Hilfe bei der Suche nach einem geeigneten rechtlichen Beistand anboten. Wie später noch aufgezeigt wird, hat der Auftraggeber nicht uneigennützig gehandelt.[262]

Für Frankfurter ergaben sich aus diesem Brief aber zwei andere wichtige Erkenntnisse. Einerseits wurde ihm erstmalig klar, in welcher konkreten Gefahr die Juden in Deutschland schwebten. Zwar waren Messingers Aussagen diesbezüglich weitaus weniger konkret, als Frankfurter es in seinen Memoiren dargestellt hatte (Frankfurter zitiert aus dem Gedächtnis, Messinger habe ihm vorgeworfen, die Juden Deutschlands durch seine Tat größter Gefahr ausgesetzt zu haben, während dieser lediglich schrieb, dass jetzt neues Unheil verhütet werden müsste), trotzdem ist diese Wahrnehmung keineswegs abwegig: Zwei Jahre später, nach dem Attentat Herschel Grynszpans auf Ernst vom Rath, übten die Nationalsozialisten orchestrierte „Vergeltungsaktionen“ gegen die Juden aus. Dass nach dem Mord an Gustloff ähnliche Ausschreitungen und Pogrome ausblieben, ist wahrscheinlich vor allem der politischen Lage geschuldet: Vermutlich wollte die nationalsozialistische Regierung Deutschlands aufgrund der bevorstehenden Olympischen Spiele sowie der Rheinlandbesetzung eine negative Berichterstattung vermeiden.

Andererseits interpretierte Frankfurter Messingers Brief dahingehend, was das Schweizer Judentum von ihm erwartete. Auch wenn dies weder in Frankfurters noch in der tatsächlichen Version des Briefes angedeutet wurde, erläutert Frankfurter ausführlich, dass der Prozess ohne Bezugnahme auf sein ursprünglich politisches Motiv geführt werden sollte. Stattdessen würde der Selbstmordplan „eines verbummelten Studenten, eines Desperado[,] der im Leben gründlich gescheitert war“,[263] im Zentrum stehen. Was damit erreicht werden sollte, war Frankfurter klar, „weil dadurch das politische Schwergewicht der Tat genommen wurde und sie mehr der Ausdruck der Verzweiflung eines haltlosen jungen Menschen wurde“.[264] Frankfurter sah ein, dass, egal wie er die Tat begründen würde, die Juden Deutschlands das gleiche Schicksal erwarten würde („Die Nazibestie raste und würgte – wie immer ich auch meine Tat motivieren mochte“[265]), dass ein politischer Prozess die Juden noch zusätzlich gefährdet hätte und kapitulierte: „Ich war bereit, ein weiteres Opfer auf mich zu nehmen.“[266]

261 Ebd.

262 Vgl.: Kapitel 5.2.3 Die Suche nach dem richtigen Anwalt, S. 194 ff.

263 Memoiren (Version Jabotinsky), S. 34. Hervorhebung aus dem Original übernommen.

264 Ebd.

265 Ebd., S. 35.

266 Ebd., S. 34.

5.2.2 Der SIG, die Anwaltsfrage und Einmischung aus dem Ausland

Die Anwaltsfrage war ein Problem, das nicht nur David Frankfurter und Eugen Messinger beschäftigte. Insbesondere der Schweizerische Israelitische Gemeindebund (SIG) und SIG-Präsident Saly Mayer[267] waren stark in den Prozess der Anwaltsfindung involviert. Bereits am 6. Februar 1936 schickte die „Advokatur und Inkasso Dr. Otto Rohner und Dr. iur. M. Stampfli" einen Brief an den SIG, in dem Stampfli für seinen Kollegen, den St. Galler Rechtsanwalt Rohner, votierte und dem SIG mitteilte, dieser stelle sich „für die Aufgabe der Verteidigung zur Verfügung".[268] Neben den grundsätzlichen Anforderungen als Verteidiger spielte laut Stampfli insbesondere Rohners Einstellung zum Judentum eine wesentliche Rolle; Rohner sei ein „erprobter und aufrichtiger Freund"[269] der Juden, was der St. Galler Rabbiner Schlesinger bestätigen könne.

Gleichzeitig mischte sich eine ausländische Organisation in den Fall Frankfurter ein – sehr zum Missfallen des SIG. Saly Mayer wurde ein Brief von George Zérapha von der Ligue Internationale contre l'Antisémitisme[270] zugespielt. Weitergeleitet wurde der Brief von Pierre Bigar, einem Freund Mayers und späteren Mitglied des SIG-Centralcomités sowie Präsidenten des Verbandes Schweizerischer Jüdischer Fürsorgen (VSJF).[271] Zérapha drückte in seinem Brief seine Sympathien für David Frankfurter aus, dem dringend geholfen werden müsste.[272] Einem weiteren Brief, der dem ursprünglichen beilag, ist zu entnehmen, dass Zérapha beabsichtigte, in die Schweiz zu kommen. Mayers Unbehagen in Bezug auf diese Einmischung lag darin begründet, dass die LICA als französische, jüdische und linke Organisation „für die Nazis den Inbegriff der jüdischen Welt-

---

267 Saly Mayer, 1882–1950, war von 1936–1943 Präsident des SIG. Vgl.: Mayer, Marcel: Mayer, Saly, in: Historisches Lexikon der Schweiz, online unter: http://www.hls-dhs-dss.ch/textes/d/D18273.php [zuletzt eingesehen: 10.11.2014].

268 Brief M. Stampfli an den SIG vom 6. Februar 1936, in: AfZ, IB Frankfurter-Prozess / 14.

269 Ebd., S. 5.

270 Ligue Internationale contre l'Antisémitisme (LICA, Paris): Die LICA war 1926 in Zusammenhang mit der Verteidigung des bereits erwähnten Sholem Schwarzbards gegründet worden und hatte sich der Bekämpfung des Antisemitismus verschrieben. Vgl.: Licra: Histoire de la Licra, online unter: https://www.licra.ch/fr/la-licra/histoire-de-la-licra-12-0-13 [zuletzt eingesehen: 09.10.2018].

271 Pierre Bigar, 1889–1964, lebte in Genf und besaß dort ein Hotel und ein Warenhaus. Im Auftrag des SIG sammelte er Ende 1940 Spenden in New York; er war von 1942–44 Leiter des Amtes für Kriegswirtschaft des Kantons Genf, 1944–1945 Mitglied Centralcomités des SIG, Präsident des VSJF. Vgl.: AfZ, NL Pierre Bigar, online unter: https://www.afz.ethz.ch/bestaende/151a6296cd55422a981a720e5e55bf0b.pdf [zuletzt eingesehen: 09.10.2018].

272 Briefe Pierre Bigar an Saly Mayer und Zérapha an Bigar vom 5. und 7. Februar 1936, in: AfZ, IB Frankfurter-Prozess / 14.

verschwörung darstellte",[273] während er selbst darum bemüht war, die „Gefahr der antisemitischen Ausschlachtung einzudämmen [und] in der Öffentlichkeit den Eindruck [zu] vermeiden, dass das Schweizer Judentum auch nur das Geringste mit der Tat zu tun habe".[274] Dass sich also die LICA nur kurz später wieder mit ihm in Verbindung setzte und schriftlich erklärte, dass „la Section Française de la LICA a pris dès à présent l'initiative de la constitution en France d'un vaste Comité de Défense", und noch einmal unterstrich, dass „[l]e membre du Comité Central [...], Georges ZERAPHA, vient de partir en Suisse pour se mettre immédiatement en rapport avec FRANKFURTER et l'avocat défenseur",[275] kam Mayer deutlich ungelegen. Mayer äußerte sich in einem Brief an Bigar zur Sache:

> Wir begreifen alle Anfragen und Offerten aus den verschiedenen Kreisen des Auslandes und sind im Innersten davon überzeugt, dass dieselben auch nur das Allerbeste wollen. Es ist jedoch vollständig ausgeschlossen und würde die Situation sicher verschlechtern, wenn irgendetwas unternommen würde, was sich mit der schweizerischen Mentalität nicht verträgt. [...] Der Unglückliche ist nicht verlassen, und Zurückhaltung ist gegenwärtig der grösste Dienst, den wir ihm und der Sache erweisen können.[276]

Als das Jewish Central Information Office,[277] das ebenfalls der Meinung war, die Sache solle „mit der bekannten Vorsicht und der erforderlichen Reserve"[278] behandelt werden, einige Tage später meldete, dass die LICA „zur Bildung eines

273 Mächler, Stefan: Hilfe und Ohnmacht. Der Schweizerische Israelitische Gemeindebund und die nationalsozialistische Verfolgung 1933–1945, Zürich 2005, S. 126.

274 Ebd.

275 Brief LICA an Saly Mayer vom 11. Februar 1936, in: AfZ, IB Frankfurter-Prozess / 14. [Großschreibung aus dem Original übernommen.] Tatsächlich hat Zérapha Frankfurter, angeblich in Begleitung von Schwarzbard, im Gefängnis besucht. Dieser beschreibt den Besuch als sehr angenehm: „Vor mir stand ein hochgewachsener, schlanker Weltmann, aus dessen feurigen Augen die Begeisterung für die jüdische Sache sprühte. Ein glühender Jude und Zionist, der seine Persönlichkeit und sein Vermögen für den Kampf gegen den Antisemitismus einsetzte. Er gehörte zu den Gründern eines Pariser ‚Comités zur Verteidigung David Frankfurters'. Das gab es also. Mensschen [sic], die ich nie persönlich gekannt hatte, aufrechte Juden in Frankreich, hatten sich zusammengeschlossen – um mir zu helfen, da sie sich voll und ganz mit meiner Tat identifizierten." Memoiren (Version Jabotinsky), S. 42–43.

276 Brief von Saly Mayer an Pierre Bigard vom 11. Februar 1936, in: AfZ, IB Frankfurter-Prozess / 14.

277 Jewish Central Information Office (JCIO), gegründet von David Cohen und Alfred Wiener, um über Antisemitismus und Judenverfolgung zu informieren, insbesonders über den Berner Prozess gegen die „Protokolle der Weisen von Zion", über den Mord an Wilhelm Gustloff sowie über die „Reichskristallnacht" im November 1938. Aus dem Archiv des JCIO ist später die Wiener Library hervorgegangen. Vgl.: Wiener Library: Our History, in: http://www.wienerlibrary.co.uk/Our-History [zuletzt eingesehen: 10.11.2014].

278 Brief JCIO an Saly Mayer vom 8. Februar 1936, in: AfZ, IB Frankfurter-Prozess / 14.

internationalen Verteidigungscomités in Sachen Davos aufgerufen"[279] und Frankfurter konkret einen Anwalt, Vincent de Moro-Giafferi, vorgeschlagen hatte, war Saly Mayer entsetzt.[280] Auch wenn de Moro-Giafferi einer der berühmtesten Strafanwälte seiner Zeit war, so durfte er dem SIG nicht nur aufgrund seines Engagements für die LICA, sondern auch wegen seiner Zugehörigkeit zu sozialistischen Parteien in Frankreich[281] ungeeignet für die Verteidigung Frankfurters erscheinen.[282]

Saly Mayer wurde bald zur Ansprech- und Koordinationsstelle für Anfragen zu David Frankfurter aus dem In- und Ausland – verschiedene Korrespondenzen wurden jeweils an ihn weitergeleitet, so beispielsweise ein Brief der Bnai-Brith-Loge aus Subotica, die sich nach Frankfurter, dessen Bruder Alfons Mitglied der Suboticaer Loge war, erkundigte und einen ausführlichen Bericht zu seinem Wohlergehen anforderte.[283] Mayer antwortete darauf, verschiedene Landsleute hätten bereits Kontakt mit Frankfurter aufgenommen. Entsprechend sei der Bruder über das Vorgehen informiert. Darüber hinaus versicherte er: „Ferner wollen Sie die Familie versichern, dass nichts unter bleibt [sic] soweit es das Gesetz gestattet: Verteidiger, Gesundheit, Wäsche, Lektüre u.s.w.".[284] Mayer bat zudem um einen Besuch des Bruders bei David Frankfurter in Chur.

Verschiedene jüdische Organisationen und Personen in der Schweiz meldeten sich in der Sache Frankfurter zu Wort. Die Zürcher Gemeinde *Agudas Achim*[285] schrieb an Mayer mit der Bitte, Frankfurter eine Sitzung des C.C.[286] zu widmen

279 Memoiren (Version Jabotinsky), S. 41.

280 Brief Georges Zérapha an Pierre Bigard und Georges Zérapha an David Frankfurter vom 18. Februar 1936, in: AfZ, IB Frankfurter-Prozess / 14.

281 Vgl.: Vincent Xavier Etienne Eugène de Moro-Giafferri, 1878–1956, in: Assemblée Nationale de France, online unter: http://www.assemblee-nationale.fr/sycomore/fiche.asp?num_dept=5431 [zuletzt eingesehen: 10.11.2014].

282 Frankfurter zeigte diesbezüglich weniger Berührungsängste. So schickte er an Zérapha im April ein Schreiben, in dem er ihm für seine Anstrengungen und seine Unterstützung dankte und ihm mit Bedauern mitteilte, dass de Moro-Giafferi als Anwalt nicht in Frage käme. Er schlug eine diskrete Zusammenarbeit mit Curti vor, die gemäß der Unterlagen auch stattfand. Vgl.: Brief von David Frankfurter an Georges Zérapha vom 21. April 1936, in: AfZ, NL Veit Wyler / 40, S. 307. Ebenfalls im Nachlass Veit Wyler findet sich ein Briefaustausch zwischen Curti und Zérapha. Die Briefe zeigen, dass Zérapha Curti zur Prozessvorbereitung mögliches Beweismaterial und Zeugenvorschläge zukommen ließ.

283 Brief Bnai Brith Subotica an Bnai Brith Bern vom 5. Februar 1936 in: AfZ, IB Frankfurter-Prozess / 14. Da es keine Bnai-Brith-Loge in Bern gab, wurde der Brief an Saly Mayer weitergeleitet.

284 Brief Saly Mayer an Bnai Brith Subotica vom 12. Februar 1936, in: AfZ, IB Frankfurter-Prozess / 14.

285 Die *Agudas Achim* ist eine ultraorthodoxe jüdische Gemeinde, die 1924 von jüdischen Einwanderern aus Osteuropa als Abgrenzung zu den etablierten Gemeinden gegründet wurde.

286 Centralcomité des SIG.

und dort die Anwaltsfrage zu erörtern. Im Gegensatz zum SIG waren die Vertreter der *Agudas Achim* der Meinung, dass der Prozess die einzigartige Möglichkeit biete, „das Gericht von Chur [...] zu einem Welttribunal zu verwandeln, das über das dritte Reich ein Urteil zu fällen hat.“[287] Für die Deckung der Kosten eines solchen Tribunals sollten nicht nur die Schweizer Jüdinnen und Juden aufkommen, sondern auch „die Juden Frankreichs, Englands und Amerikas“[288] herangezogen werden. Zur Anwaltsfrage äußerte man sich konkret, indem vorgeschlagen wurde, Frankfurter einen jüdischen und einen nicht-jüdischen Anwalt zur Seite zu stellen, wenn möglich junge Anwälte, die eine Sache noch leidenschaftlich und aggressiv vertreten konnten.[289] Im Brief wurden zudem Parallelen zwischen Frankfurter und Wilhelm Tell gezogen. David Farbstein, sozialdemokratischer Politiker und Anwalt aus Zürich, schrieb an Mayer und Messinger und forderte ebenfalls, dass die Anwaltsfrage dringend bei einer Sitzung des C.C. besprochen werden müsse. Diese Forderung Farbsteins und der *Agudas Achim* fand Gehör. Am 21. Februar schrieb Mayer an Nahum Goldmann in Paris, in dessen Funktion als Präsident des Jüdischen Weltkongress, das Central-Comité würde sich in seiner nächsten Sitzung mit der Frage nach dem Verteidiger beschäftigen.

Zur Vorbereitung dieser Sitzung wurde der Zürcher Anwalt Joachim Teitler angefragt, ob er einen Anwalt, wenn möglich aus Chur, vorschlagen könnte, der die Verteidigung Frankfurters übernehmen würde. Teitler antwortete, er habe das Gerücht gehört, dass Frankfurter sich bereits für einen Anwalt entschieden habe, Dr. Eugen Curti, und er bat Saly Mayer um Diskretion in dieser Sache. Zugleich schlug er eine Reihe möglicher Anwälte vor, bei keinem war er sich jedoch sicher, ob er die passende Wahl wäre. Er schloss mit den Worten: „Am Wärmsten dürfte sich ja mein ehemaliger Chef, Dr. Canova, einsetzen. Er ist aber sehr stark linksstehend und ein Mann ohne grosses Ansehen.“[290]

Die Gerüchte um Eugen Curti sollten sich bald als wahr herausstellen. Schon Ende Februar schrieb Mayer an David Cohen vom JCIO, dass gemeinsam mit Alfons Frankfurter die notwendigen Schritte zur Anwaltsfrage eingeleitet worden seien. Die Wahl sei schließlich auf Curti gefallen. „Curti ist ein älterer Herr, langjähriger Präsident des Zürcher Kassationsgericht [sic] und geniesst einen hochangesehenen Ruf. Diese Nomination hat in allen Kreisen ein sehr gutes Echo

287 Brief Agudas Achim an Saly Mayer vom 9. Februar 1936, in: AfZ, IB Frankfurter-Prozess / 14, S. 21–22.

288 Ebd.

289 Vgl.: Ebd. Interessanterweise schlug die Agudas Achim u.a. Moro-Giafferi als Verteidiger vor.

290 Brief Joachim Teitler an Saly Mayer vom 22. Februar 1936, in: AfZ, IB Frankfurter-Prozess / 14.

gefunden."[291] Mayer betonte aber auch, der SIG sei weiterhin bemüht, „jede Einmischung und Beeinflussung nicht in Erscheinung treten"[292] zu lassen. Gemeinsam mit dem JCIO arbeitete Mayer die Einzelheiten zu Verteidigung und Prozess aus, die von Alfred Wiener in einem streng vertraulichen Dokument „Zur Durchführung des Churer Prozesses" zusammengestellt wurden.[293] Er führt darin die Gründe für die Wahl Curtis aus, unter anderem, dass er sich nie politisch aktiv gezeigt, sich aber trotzdem bei einer öffentlichen Veranstaltung gegen Faschismus und Antisemitismus ausgesprochen habe. Zwar müsste noch die Bestätigung des Churer Kantonsgerichts abgewartet werden, es wurde aber davon ausgegangen, dass diese in den nächsten Tagen erfolgen würde. Da sich Curti nun in Ruhe in die Unterlagen zum Fall Frankfurter einlesen müsse, „wird es als unerwünscht gesehen, wenn sich jüdische Organisationen des Auslandes etwa mit Denkschriften, Anregungen und sonstigen Briefen an den Anwalt unmittelbar wenden".[294] Dies dürfte sich insbesondere gegen Organisationen wie die LICA gewandt haben. Zum ersten Mal wurde hier in einer Quelle die Frage nach einem jüdischen Anwalt angesprochen, der Curti bei seinem Mandat unterstützen sollte. Dies würde insbesondere dann relevant, wenn die Witwe Gustloffs sich dazu entschließen sollte, eine Zivilklage einzureichen. „Es ist dann sicher anzunehmen, dass Frau Gustloff einen antisemitischen Anwalt, möglicherweise einen Deutschen heranzieht."[295] Auf keinen Fall würde ein ausländischer Vertreter der Verteidigung in Frage kommen (womit der von der LICA vorgeschlagene Moro-Giafferi aus dem Spiel wäre).

Zudem machte sich Wiener Gedanken zum wahrscheinlichen Prozessablauf. Das Kantonsgericht Graubünden, führte er aus, hätte sich seine „konservative, einfache, urväterliche Lebensanschauung" bis heute bewahrt; der Bündner sei „als der echteste unter den Schweizern anzusehen".[296] Deswegen müsse unter allen Umständen vermieden werden, aus dem Prozess ein „Sensationstheater"[297] zu machen. „Es sei daher nicht anzunehmen, dass im Gerichtssaale etwa eine Art geschichtliche Auseinandersetzung zwischen Judentum und Nationalsozialismus erfolgen werde."[298] Offene Fragen bestanden für Wiener im Zusammenhang mit der deutschen Seite im Prozess. Noch sei unklar, wie sich diese verhalten werde.

291 Brief Saly Mayer an die JCIO vom 26. Februar 1936, in: AfZ, IB Frankfurter-Prozess / 14.

292 Ebd.

293 Vgl.: Brief Alfred Wiener an Saly Mayer vom 4. März 1936 und vertrauliches Rundschreiben, in: AfZ, IB Frankfurter-Prozess / 14.

294 Vertrauliches Rundschreiben von Alfred Wiener an Saly Mayer vom 4. März 1936, in: AfZ, IB Frankfurter-Prozess / 14, S. 1.

295 Ebd.

296 Beide Zitate: Ebd., S. 2.

297 Ebd.

298 Beide Zitate: Ebd.

Zuletzt ging Wiener noch kurz und knapp auf die Finanzfrage ein, die noch nicht geklärt war. Eine öffentliche Sammlung kam für ihn nicht in Frage, ebenso erlaube es die finanzielle Situation der Familie Frankfurter nicht, die Prozesskosten zu übernehmen.[299]

Saly Mayer ging vehement gegen Außenstehende vor, die sich in den Prozess einzumischen versuchten. Als sich ein Monsieur G. Tedesco aus Paris (im Brief mit Erster Vizepräsident der LICA bezeichnet) mit Pierre Bigar in Verbindung setzte, um bezüglich der Auswahl des Verteidigers zu intervenieren und noch einmal eine Geldsammlung für Frankfurter vorzuschlagen,[300] erfolgte eine deutliche Antwort Mayers. Es sei allein das Recht des Angeklagten beziehungsweise seiner Familie, einen Anwalt zu wählen. Für Frankfurter sei gut gesorgt. Darüber hinaus wehrte er sich gegen jede Einmischung: „Es wäre katastrophal, wenn gegenwärtig von irgendeiner Seite irgendetwas unternommen würde, ohne dass man mit uns Fühlung nehmen würde.“[301]

Die nächste unerwünschte Einmischung erfolgte aus den Niederlanden. Das Bulletin der *Jewish Telegraphic Agency* meldete, der berühmte Anwalt François de Vries sei zum Fall Frankfurter instruiert worden und werde die Zusammenarbeit mit Eugen Curti aufnehmen.[302] Daraufhin erschien in der Zeitung *Het Volk* ein Interview mit de Vries, in der dieser deutlich machte, dass er sich „als Mitverteidiger Dr. Eugen Curti's [sic] im Falle Frankfurter fühlt“.[303] Mayer setzte sich umgehend mit der *Agency* in Verbindung, um die näheren Hintergründe zu eruieren und um zu unterstreichen: „You will certainly agree that it is very dangerous in a case like this to spread false rumours. You would therefore oblige us very much by officially denying the communication of your Amsterdam correspondent."[304] Veit Wyler meldete sich in der Sache als „persönlicher Freund von Dr. med. Alfons Frankfurter“[305] zu Wort und schrieb an Mayer, er habe sich verpflichtet gefühlt, Curti über die Angelegenheit zu informieren. Es stellte sich heraus, dass sich de Vries mit Curti mit dem Angebot in Verbindung gesetzt hatte, Material für den Prozess zu beschaffen. Curti habe dieses Angebot angenommen, de Vries aber keineswegs eine offizielle Funktion in der Verteidigung

---

299 Vgl.: Ebd.

300 Brief G. Tedesco an Pierre Bigar vom 4. März 1936 und Brief G. Tedesco an Saly Mayer vom 11. März 1936, in: AfZ, IB Frankfurter-Prozess / 14.

301 Brief von Saly Mayer an G. Tedesco vom 10. März, in: AfZ, IB Frankfurter-Prozess / 14.

302 Vgl.: J.T.A. Bulletin vom 21.03.1936, in: AfZ, IB Frankfurter-Prozess / 14.

303 Brief Veit Wyler an Saly Mayer vom 27. März 1936, in: AfZ, IB Frankfurter-Prozess / 14.

304 Brief Saly Mayer an J.T.A. Bulletin vom 26. März 1936, in: AfZ, IB Frankfurter-Prozess / 14.

305 Brief Veit Wyler an Saly Mayer vom 27. März 1936, in: AfZ, IB Frankfurter-Prozess / 14. Veit Wyler war zum damaligen Zeitpunkt noch nicht offiziell in die Verteidigung Frankfurters involviert.

Frankfurters angeboten. Entsprechend sei er von dem Artikel in *Het Volk* „unangenehm berührt und erklärte […], Herrn de Vries diesbezüglich zu schreiben, mit dem Rat, ähnliche Publikationen zu unterlassen".[306] Abschließend intervenierte das *Comité voor bijzondere joodsche Belangen* bei de Vries und erhielt von ihm das Versprechen, nichts mehr in diese Richtung zu publizieren.[307] Allerdings wurden deutliche Vorwürfe gegen den SIG geäußert. Dass Curti bei der Beschaffung wichtiger Dokumente überhaupt die Hilfe eines Herrn de Vries in Anspruch nehmen müsse, liege nur daran, dass der SIG ihm keinen Zugang zu den relevanten Unterlagen angeboten habe. „Die Unverschämtheit des Herrn de Vries wäre nicht möglich gewesen, wenn Herr Curti gewusst hätte, dass er weit besseres, ja vollständiges Material von Ihrer oder unserer Seite bekommen könnte. Wenn wir Privatversuche, die ja bei dem Ehrgeiz einiger jüdischen Anwälte [sic] im Ausland unvermeidlich sind[,] verhindern wollen, so muss Herr Curti davon ueberzeugt sein, dass die offizielle Instanzen [sic] ihm weit bessere Hilfe gewähren können und auch zu helfen bereit sind."[308] Der Verfasser ließ zudem durchblicken, das *Comité voor bijzondere joodsche Belangen* könne möglicherweise bei der Finanzierung der Verteidigung helfen.[309]

Saly Mayer berichtete David Cohen von weiteren Entwicklungen und wies die Vorwürfe, der SIG hätte sich Curti gegenüber zu wenig entgegenkommend verhalten, zurück.

> Der Verteidiger hätte dem Holländer überhaupt kein Zugeständnis machen sollen, das ist der Hauptfehler. Wir haben über den Verteidiger keine direkte Gewalt und wenn man es mit so frechen Leuten wie dem Holländer und gewissen andern Herren zu tun hat[,] so werden solche Zwischenfälle auch künftig wieder vorkommen. Der Verteidiger hat nun genaue Instruktionen und hoffentlich werden solche eingehalten.[310]

Zudem stellte Saly Mayer noch einmal klar, wie er die Zuständigkeit des SIG einschätzte: „Die Situation ist nun ganz klar: das Ausland hat nur mit dem SIG zu verkehren, welcher alle Geschäfte[,] die mit diesem Falle verbunden sind[,] an die Verteidigung weitergeben."[311] Für die Eskalation bezüglich der Einmischung aus dem Ausland machte er, zusätzlich zu Curti, die Familie Frankfurter

---

306 Ebd.

307 Vgl.: Brief Comité voor bijzondere joodsche Belangen an Saly Mayer vom 10. April 1936, in: AfZ, IB Frankfurter-Prozess / 14.

308 Ebd. In Zusammenhang mit den jüdischen Anwälten im Ausland wird der Verfasser des Briefes noch deutlicher und spricht von der „Geisteskrankheit unserer Glaubensgenossen".

309 Vgl.: Ebd.

310 Brief Saly Mayer an David Cohen vom 24. April 1936, in: AfZ, IB Frankfurter-Prozess / 14.

311 Ebd.

verantwortlich. Angesichts der Tatsache, dass die Familie Frankfurter sich wohl noch nie in diesem Ausmaß mit behördlichen und juristischen Prozessen hat auseinandersetzen oder Entscheidungen von der Tragweite hatte fällen müssen, geschweige denn Erfahrung mit dieser Art von internationaler Aufmerksamkeit hatte, zeigte Mayer sich wenig einfühlsam. „Es darf auch nicht vergessen werden, dass die Familie selbst Schuld trägt an der bisher unklaren Situation, indem man auf alles Antwort gibt [...], überhaupt sich so ein wenig etwas heroisches [sic] zugelegt hat, was eben nicht von guten Konsequenzen begleitet war.“[312] Die Familie sei entsprechend instruiert und vor die Wahl gestellt worden: „entweder SIG oder sie sollen es selbst machen“.[313]

Zu weiteren Themen äußerte er sich knapp, indem er zusammenfasste:

- [D]er SIG betreut diesen Fall
- unsere Freunde helfen bezüglich der Finanzen
- Die Verteidigung ist bestellt
- betreffs einem 2. Verteidiger entschliesst man sich später
- JCIO besorgt das politische Material
- Die jüdische Öffentlichkeit soll sich reserviert verhalten[314]

Der SIG war Ansprechstelle für alle ausländischen Organisationen oder Persönlichkeiten und instruierte, wie das obenstehende Zitat verdeutlicht, direkt den Verteidiger und maßregelte nötigenfalls die Familie Frankfurter. Trotzdem war es Saly Mayer wichtig, dass der SIG – und damit verbunden die Jüdinnen und Juden in der Schweiz – nicht offiziell als in den Fall involviert wahrgenommen wurden.

5.2.3 Die Suche nach dem richtigen Anwalt

Als David Frankfurter sich zum ersten Mal mit der Frage nach seinem Rechtsbeistand konfrontiert sah, war für ihn die gewünschte und korrekte Vorgehensweise klar. Da er den Mord alleine geplant und durchgeführt hatte, wollte er auch seine Verteidigung selbst übernehmen. „Klar und einfach lagen die Motive meiner Tat. Ich hatte das Gefühl, dass niemand besser sie vor dem Forum des Gerichtes und der Welt vertreten könnte als ich selbst.“[315] Zu seinem Leidwesen musste er von Verhörrichter Dedual erfahren, dass das Gesetz dieses Vorgehen

312 Ebd.
313 Ebd.
314 Ebd., S. 87.
315 Memoiren (Version Jabotinsky), S. 36.

nicht erlaubte. Wenn er sich keinen Anwalt suchte, würde das Gericht einen Pflichtverteidiger verpflichten. Notgedrungen musste er sich also mit der Suche nach einem passenden Anwalt beschäftigen. Es mangelte weder an Bewerbern („[ü]ber zweihundert Anwälte trugen mir schon in diesen ersten Wochen ihre Dienste an“[316]) noch an Ratgebern, wie der erwähnte Eugen Messinger, der Dr. Rohner aus St. Gallen vorschlug. Im Nachhinein war Frankfurter glücklich darüber, auf Verhörrichter Deduals Ratschlag hin Rohner abgelehnt zu haben. „Er sitzt nämlich gegenwärtig des Betruges und der Unterschlagung von Millionen-Beträgen überführt, selbst im Gefängnis. Er hatte falsche Pässe in seinem Konsulat ausgestellt und in jeder Weise seine hohe Stellung missbraucht.“[317]

Es unterstützten ihn aber auch Freunde und sein Bruder Alfons Frankfurter bei der Auswahl. Alfons war in Kontakt mit verschiedenen Personen und Organisationen, die sich in die Suche nach einem geeigneten Verteidiger eingeschaltet hatten. Er korrespondierte beispielsweise mit Josef Messinger, dem Berner Prediger, der bereits vor dem Mord von der Familie Frankfurter kontaktiert worden war, um von ihm Aufklärung bezüglich David Frankfurters plötzlicher Zurückgezogenheit zu erhalten. Messinger hatte am Tag nach dem Mord in Davos einen Brief an die Familie geschrieben. „Inzwischen werden Sie wohl durch Radio oder Presse erfahren haben, dass er eine furchtbare Dummheit oder gar Verrücktheit begangen hat.“[318] Er erklärte, er sei am Tag nach dem Mord von der Polizei zu David Frankfurter befragt worden, da er diese davor ersucht hatte, übers Radio eine Vermisstenmeldung zu verbreiten. Lina Steffen hatte Messinger gegenüber erwähnt, dass Frankfurter eine Waffe gekauft hatte, woraufhin er sich zu diesem Schritt entschied. „Wir fürchteten nämlich, er habe sich ein Leid angetan oder wolle ein solches sich antun.“[319] Der Prediger zeigte aber durchaus auch Verständnis. Frankfurter habe die Tat keineswegs aus unedlen Motiven verübt. „Ich muss mir grosse Zurückhaltung auferlegen, aber das eine kann und darf ich sagen, dass die grausame Judenverfolgung im Dritten Reiche, die in der ganzen Weltgeschichte kein Beispiel findet, diesen mitleidigen und menschlich fühlenden jungen Mann in solche Gereiztheit und Spannung gebracht hat, dass er einen führenden Hakenkreuzler aus Deutschland in Davos erschossen hat.“[320] Messinger versuchte auch, Moritz Frankfurter zu beruhigen; er versicherte ihm, dass ein guter Verteidiger,

316 Ebd.

317 Ebd. Abgesehen von Frankfurters Aussage ließ sich kein Beleg für diese Tätigkeiten Rohners finden.

318 Brief Josef Messinger an Moritz Frankfurter vom 5. Februar 1936, in: Yad Vashem Archives, O.86, Collection on Switzerland 9, S. 1.

319 Ebd.

320 Ebd.

„ähnlich wie es schon in Paris und in der Schweiz der Fall war, ihn teilweise oder ganz frei bekommen“[321] könne.

Auf diesen Brief antwortete nicht Moritz Frankfurter, sondern sein Sohn, Alfons. Dieser dankte Messinger zuallererst für seine Bemühungen um seinen Bruder und sprach ihm das Vertrauen seiner Familie aus. Zudem ging er auf die Anwaltsfrage ein – offensichtlich hatte Messinger in einem weiteren Brief die Anfrage Rohners erwähnt – und klärte Messinger über die weiteren Fortschritte im Vorgehen auf. Dr. Veit Wyler habe sich mit der Familie Frankfurter in Verbindung gesetzt und sie darüber informiert, in Zürich hätten sich „einige Persönlichkeiten spontan zusammengetan“, um Frankfurter die „beste Verteidigung zu sichern“.[322] Diese Persönlichkeiten seien „mit den Verhältnissen aufs genaueste vertraut“ und wollten „finanziell mithelfen, dass die Sache in jeder Hinsicht möglichst gut behandelt wird“.[323] Sie hätten sich auf Eugen Curti, der „weder Jude noch linksstehend, sondern politisch liberal“[324] sei, als Verteidiger geeinigt und die Familie sei geneigt, diese Entscheidung zu befürworten. Aus dem Brief geht hervor, dass Messinger bereits für seinen Anwaltsvorschlag unter Bekannten Frankfurters lobbyiert hatte. Er hatte sich mit Pavlinovic, Krneta und Bruck, alles Freunde von Alfons und David Frankfurter, in Verbindung gesetzt und sie darüber informiert, er wolle sich um einen Verteidiger kümmern und wünsche, dass ihm dabei freie Hand gewährt werde. Alfons Frankfurter hatte andere Pläne. Da er Wyler (der, wie Alfons Frankfurter gegenüber Messinger betonte, Sohn eines deutschen Rabbiners sei) für absolut verlässlich halte, traue er seinem Votum zugunsten Curti und bat nun Messinger, „als den Mann des Vertrauens unserer Familie“, „eine conforme und übereinstimmende Aktion einzuleiten und sich mit den genannten Herrn in Verbindung zu setzen[,] um die Einheit und Conformität der Aktion zu sichern“.[325]

David Frankfurter, obwohl durch Veit Wyler bereits am 10. Februar bezüglich Eugen Curti instruiert,[326] schrieb in einem Brief an Josef Messinger am 21. des

321 Ebd. Bei den Verweisen auf politische Morde in Paris und in der Schweiz bezog sich Messinger auf den Mord von Moritz Conradi an dem sowjetischen Diplomaten Wazlaw Worowski in Lausanne sowie auf den Mord an Sholem Schwarzbard an Symon Petljura, der in der Ukraine maßgeblich an einem antijüdischen Pogrom beteiligt war. Beide, Conradi und Schwarzbard, wurden bei ihren jeweiligen Prozessen freigesprochen. Vgl. auch: Kapitel 6.1.5.1 Abschluss des Plädoyers: „diese [...] jüdischen Deutschen mit Stumpf und Stiel auszuroden“, S. 294 ff.

322 Beide Zitate: Brief Alfons Frankfurter an Josef Messinger vom 14. Februar 1936, in: Yad Vashem Archives, O.86, Collection on Switzerland 9, S. 2.

323 Beide Zitate: Ebd.

324 Ebd.

325 Beide Zitate: Ebd., S. 3.

326 Vgl.: Brief Veit Wyler an David Frankfurter vom 10. Februar 1936, in: StAGR III23d2 Frankfurter.

Monats, er halte die Wahl Rohners für realistisch, da dieser sich als Erster bei ihm gemeldet habe.[327] Was ihn zu dieser Aussage motivierte, ist unklar. Es ist möglich, dass er Josef Messinger, der, wie sein Sohn Eugen, vorerst für Rohner votiert hatte, nicht vor den Kopf stoßen wollte. Die Zuständigkeiten zu dieser Zeit waren noch nicht wirklich klar. Einerseits setzte Alfons Frankfurter Messinger als Vertrauensmann der Familie ein, andererseits schrieb Wyler an David Frankfurter, er solle ihm „die Sorge in dieser Sache überlassen", bei ihm sei „alles in den besten Händen".[328]

Alfons Frankfurter besuchte seinen Bruder Ende Februar im Gefängnis; in den Akten des Verhöramts des Kantons Graubünden befindet sich ein Bericht zu diesem Besuch, der offensichtlich überwacht wurde. Gemäß dieser Quelle waren insbesondere die Begrüßung und die Verabschiedung zwischen David und Alfons Frankfurter „sehr gerührt".[329] Alfons brachte Lebensmittel mit („2 Salami, Gänseleber, Chocolade, Biskuits etc."[330]), die Unterhaltung drehte sich um Alltägliches wie Grüße von Bekannten und Nachfragen zu deren Wohlergehen, aber auch um die finanzielle Lage, Verpflegung und medizinische Versorgung sowie Beschäftigung während der Untersuchungshaft, zudem um die Anwaltsfrage. So hatte Alfons Frankfurter eine Vollmacht für einen nicht näher genannten Zürcher Anwalt (wahrscheinlich Eugen Curti) mitgebracht, die sein Bruder jedoch nicht unterzeichnen durfte. „Die gewünschte Unterzeichnung [...] wurde [...] nicht zugelassen, mit der Begründung, es sei Sache der Anklagekammer, den Verteidiger zu bezeichnen."[331] Ebenso wurde die Anfrage Alfons Frankfurters abgelehnt, seinem Bruder wenigstens einmal täglich einen Spaziergang im Freien zu gewähren, „unter Hinweis auf die räumlichen Verhältnisse, die Jahreszeit und die Gefahren einer Flucht oder einer Entführung".[332]

David Frankfurter resümiert in seinen Memoiren, durch den Besuch seines Bruders sei die Anwaltsfrage abschließend geklärt worden. Schon davor sei sein Freund Krneta zu ihm gekommen, und auch dieses Wiedersehen sei äußerst emotional gewesen („Tief erschüttert standen wir uns gegenüber und gedachten der schönen Stunden gemeinsamer geistiger Bemühung[.]"[333]), der Besuch seines Bruders aber brachte ihn vollends aus der Fassung. „Die gemeinsamen Jahre der

327 Vgl.: Brief David Frankfurter an Josef Messinger vom 21. Februar 1936, in: Yad Vashem Archives, O.86, Collection on Switzerland 9, S. 4–5.

328 Beide Zitate: Brief Veit Wyler an David Frankfurter vom 10. Februar 1936, in: StAGR III23d2 Frankfurter.

329 Rapport des Verhöramts des Kantons Graubünden vom 27. Februar 1936 über einen Besuch von Alfons bei David Frankfurter, in: StAGR III23d2 Frankfurter.

330 Ebd.

331 Ebd.

332 Ebd.

333 Memoiren (Version Jabotinsky), S. 36.

Kindheit wurden mir in seinen lieben Augen wieder lebending [sic], die sorglosen Jahre und das gemeinsame Hoffen und Streben."[334] Alfons ließ David wissen, dass er in Verbindung mit Veit Wyler sei, der es zum damaligen Zeitpunkt zwar ablehnte, die Verteidigung zu übernehmen, die Brüder jedoch in der Sache beriet. Er sei es gewesen, der sich an Curti, „einen schweizer [sic] Anwalt, aus altem Eidgenössischem Geschlecht, einem begeisterten Links-Demokraten und Vorkämpfer für die Freiheit",[335] gewendet hatte und ihn David Frankfurter über Alfons wärmstens empfahl. Frankfurter entschied sich für Curti als seinen Verteidiger, eine Entscheidung, die er offenkundig nicht bereute: „Auch dieses Mannes gedenke ich hier voll aufrichtiger Wertschätzung."[336]

Exkurs: Vom „angesehenen Nichtjuden Eugen Curti"[337]

Als Frankfurter endlich Gelegenheit hatte, seinen Verteidiger kennenzulernen, beschrieb er ihn als Mann, zu dem man sofort Vertrauen fasste und der in weiten Kreisen Anerkennung genoss. Seine politische Ausrichtung fasst er folgendermaßen zusammen: „Curti war ein Mann des demokratischen Vortschrittes [sic], der z.B. zum Protest gegen die Olympiade in Nazi-Berlin [und] zu den Initiatoren einer antifaschistischen Olympiade im republikanischen Madrid gehörte."[338] Äußerlich vergleicht er ihn mit einem Porträt Gottfried Kellers des Berner Malers Karl Stauffer-Bern, „[e]in kerniger Schweizer im halblangen Vollbart, in Typus und Habitus ein wenig an den älteren Gottfried Keller"[339] erinnernd.

Das erste Zusammentreffen mit seinem Verteidiger beschreibt Frankfurter als schwierig. Nicht nur war es ihnen kaum möglich, sich frei zu unterhalten, weil Verhörrichter Dedual anwesend war, es wurde zudem klar, dass sich die Verteidigung nicht einfach gestalten würde, weil dem Verteidiger wichtige Unterlagen vorenthalten wurden. Frankfurter schreibt, dass den Vertretern der Zivilklage (also den Anwälten von Hedwig Gustloff) alles, was diese wünschten, zur Verfügung gestellt wurde, während Curti keinen Einblick in Akten zu Gustloff bekam.[340] Überraschend war für Frankfurter der Plan Curtis, einen Schwerpunkt auf die politische Situation in Deutschland sowie auf die „Gefährlichkeit der Persönlichkeit Gustloffs"[341] zu legen.

334 Ebd.

335 Ebd.

336 Ebd.

337 Mächler 2005, S. 127.

338 Memoiren (Version Jabotinsky), S. 42.

339 Ebd.

340 Vgl.: Ebd.

341 Ebd.

Abb. 27: Dr. Eugen Curti beim Aktenstudium für den Frankfurter-Prozess, private Fotografie. Quelle: AfZ, NL Eugen Curti.

Zu Eugen Curti mehr Informationen zu finden, hat sich als schwierig herausgestellt. In allen einschlägigen Standardwerken werden dieselben spärlichen Angaben wiedergegeben. „[D]en angesehenen Nichtjuden Eugen Curti",[342] „vom nichtjüdischen Eugen Curti",[343] „den bekannten Zürcher Rechtsanwalt",[344] „einem bekannten Zürcher Anwalt"[345] oder von „tadellosem Ruf".[346] Wenigstens Fuhrer, aus dessen Buch *Tod in Davos* das letzte Zitat stammt, bietet mehr, wenn auch nicht grundlegende Informationen zu Curti. Er widmete ihm ein ganzes Kapitel mit dem Titel „Eugen Curti – Der alte Mann im Vordergrund",[347] in dem er aber in erster Linie auf die Anwaltssuche einging. Curti sei, schreibt Fuhrer, „mit 76 Jahren für den aufreibenden Anwaltsberuf schon in einem recht fortgeschrittenen Alter", dafür „noch sehr frisch und gescheit" wirkend. Darü-

342 Mächler 2005, S. 127.

343 Rogger, Franziska: Jüdische Lernende und Lehrende an der Berner Hochschule, 1848–1945, in: Bloch, René; Picard, Jacques [Hrsg.]: Wie über Wolken. Jüdische Lebens- und Denkwelten in Stadt und Region Bern, 1200–2000, Zürich 2014, S. 334, Fußnote 100. In Bezug auf David Frankfurter ist dieser Artikel ungenau bzw. fehlerhaft. So schreibt Rogger: „David Frankfurter, dessen Familie von den Deutschen deportiert worden war, erschoss am 4. Februar 1936 in Davos den NSDAP-Landesgruppenleiter Wilhelm Gustloff." (Ebd., S. 320) Offensichtlich vermischt sie hier die Geschichten von Herschel Grynszpan und David Frankfurter. Die Frankfurter-Familie konnte 1936 in Jugoslawien (wie Rogger in der Fußnote auch erwähnt) kaum von den Nationalsozialisten deportiert worden sein. Zudem verweist Rogger in der Fußnote zu David Frankfurter in erster Linie auf Wikipedia. Vgl.: Ebd., S. 334, Fußnote 100.

344 Unabhängige Expertenkommission Schweiz–Zweiter Weltkrieg 2002, S. 234.

345 Bollier 1999, S. 56.

346 Fuhrer 2012, S. 115.

347 Vgl.: Ebd., S. 113–115.

ber hinaus gelte er „allgemein als tüchtiger Anwalt und hatte, obwohl eigentlich Zivilanwalt, in einigen grossen Strafprozessen Erfolge erzielen können".[348] Im Weiteren geht Fuhrer insbesondere auf den überraschend positiven Blick Grimms, des Vertreters der Zivilpartei beim Churer Prozess, auf Curti ein.[349] Verschiedene weitere Publikationen sowie Briefe und anderes Archivmaterial in Sachen Frankfurter geben nur wenig Aufschluss über die Person Curti. Wolfgang Diewerge war den Lobpreisungen Curtis gegenüber sehr misstrauisch eingestellt, er bezeichnete ihn als Hetzer gegen Deutschland,[350] er sei schwerreich[351] und sein Blick reiche „über die Länge seines Bartes nicht wesentlich hinaus".[352] Seine Beschreibung kontrastiert die von seinem Kollegen Grimm, der ihn als „kein Feind der Deutschen"[353] bezeichnete.

Aufschlussreicher ist ein einziger Brief von Alfred Wiener an Saly Mayer beziehungsweise das angefügte vertrauliche Rundschreiben. In diesem schreibt Wiener:

> Bekanntlich ist Dr. Curti in Zürich mit Zustimmung des von der Familie bevollmächtigten Bruders des Frankfurters und mit Zustimmung des Frankfurters selbst als Verteidiger in dem bevorstehenden Churer Prozess bestellt worden. Der Ruf, den Curti, ein hoher Sechziger, als Anwalt und Mensch geniesst, ist hervorragend gut. Er ist politisch niemals hervorgetreten, hat aber seine antifaschistische und besonders dem Antisemitismus abholde Einstellung in einer öffentlichen Versammlung vor einigen Monaten dokumentiert.[354]

Tatsächlich findet sich in der im Rundschreiben erwähnten Ansprache Curtis an der öffentlichen Kundgebung, die unter dem Motto „Stellungnahme gegen Rassenverfolgung" stand, mehr zu dessen Geisteshaltung in Bezug auf die „Judenfrage". Die Kundgebung wurde von der Bezirksvereinigung Zürich für den Völkerbund veranstaltet und fand am 18. November 1935 in Zürich statt. Im Vorwort zur publizierten Sammlung der Ansprachen wurde der Anlass als sehr gut besucht beschrieben, weshalb die Veranstalter sich zur Veröffentlichung der Ausführungen der verschiedenen prominenten Redner entschieden.[355] Der Tenor

---

348 Alle Zitate: Ebd., S. 115.

349 Vgl.: Ebd.

350 Vgl.: Diewerge 1937, S. 51.

351 Vgl.: Ebd.

352 Ebd.

353 Fuhrer 2012, S. 115.

354 Brief Alfred Wiener an Saly Mayer vom 4. März 1936 und vertrauliches Rundschreiben, in: AfZ, IB Frankfurter-Prozess / 14.

355 Bezirksvereinigung Zürich für den Völkerbund: Stellungnahme gegen Rassenverfolgung. Öffentliche Kundgebung, veranstaltet von der Bezirksvereinigung Zürich für den Völkerbund, 1936, S. 1.

der Vorträge war eindeutig und einhellig: „[G]egen das zu protestieren, was im Norden unseres Landes in letzter Zeit vor sich gegangen ist, […] weil in unserm Lande die Gefahr der Rassenverfolgung ebenfalls nicht ohne weiteres von der Hand zu weisen ist.“[356] In diesem Sinne wollte die Bezirksvereinigung deutlich gegen die Rassenverfolgung Stellung nehmen. Eugen Curti äußerte sich zuerst zur Situation in der Schweiz: „In der Schweiz gibt es keine Judenfrage.“[357] Er gab einen historischen Abriss über die rechtliche Situation der Jüdinnen und Juden von 1848 bis zur Gegenwart, um dann überzugehen zur momentanen Lage in Deutschland, alle diskriminierenden Maßnahmen aufzählend, die bisher gegen die jüdischen Deutschen eingeführt wurden. „So also werden die Israeliten in Deutschland mißhandelt.“[358] Diese Verhältnisse im bis anhin so „hochaufgeklärten Nachbarland“[359] erinnerten ihn an mittelalterliche Zustände. Er beließ es aber nicht dabei, die Vorgänge in Deutschland anzuprangern, sondern gab konkrete Vorschläge, wie die neutrale Schweiz, die sich nicht in ausländische Verhältnisse einzumischen hatte, dagegen vorgehen konnte. „[W]ir dürfen uns einsetzen für die Postulate der europäischen Kultur und der Menschlichkeit. Daher dürfen, ja müssen wir unsere Stimme im Sinne eines Protestes hier in der Schweiz erheben.“[360] Seine Ansprache beschloss er zuversichtlich:

> Dürfen wir in dieser düstern Zeit hoffen, daß es doch immer wieder einen Aufstieg gibt? Kraft meines unerschütterlichen Glaubens an den schließlichen Sieg des **Sittlichen**, des **Menschlichen** und der **Brüderlichkeit** wage ich es, diese Frage mit einem Ja zu beantworten![361]

Im Archiv für Zeitgeschichte finden sich verschiedene Dokumente zu Eugen Curti, die über die hier bereits erwähnten Angaben hinaus neue Informationen zu seiner Person geben.[362] Kurz vor der Publikation der vorliegenden Forschungsarbeit wurde dem Archiv zudem ein Teilbestand zu Dr. Curti übergeben, der in

356 Ebd.,. S. 1.

357 Curti, Eugen: Ansprache, in: Bezirksvereinigung Zürich für den Völkerbund: Stellungnahme gegen Rassenverfolgung. Öffentliche Kundgebung, veranstaltet von der Bezirksvereinigung Zürich für den Völkerbund, 1936, S. 31.

358 Ebd., S. 34.

359 Ebd., S. 36.

360 Ebd.

361 Ebd. [Hervorhebungen aus dem Original übernommen.]

362 Unter anderem sind im Zusammenhang mit seiner biographischen Sammlung die genauen Lebensdaten aufgeführt: 14.02.1865-05.02.1951. Vgl.: AfZ PA Biographische Sammlung / Curti, Eugen.

erster Linie dessen Arbeit für die Verteidigung Frankfurters im Dezember 1936 beleuchtet.[363]

Im *JUNA-Bulletin* der Pressestelle des SIG vom 22. Februar 1951[364] ist ein kurzer Nachruf auf den „hervorragende[n] Zürcher Jurist[en]"[365] zu finden, der in erster Linie auf die Rede gegen die Rassenverfolgung und den Prozess in Chur eingeht. Erhellender ist diesbezüglich der Nachruf seines Kollegen Paul Gygax in den *Schweizer Monatsheften*, für die Curti juristische Besprechungen verfasst hatte. In besagtem Nachruf wird erstmalig Curtis familiärer Hintergrund dargelegt: „Eugen Curti wuchs in St. Gallen auf, in einer streng liberalen Tradition. Sein Vater, Dr. med. Ferdinand Curti, war Regierungsrat und Landamman[.]"[366] Nach seiner Promotion im Bereich des Staatsrechts hat er bei einem Winterthurer Anwaltsbüro gearbeitet. „In Ludwig Forrer fand er einen ausgezeichneten Lehrmeister, der den jungen St. Galler sehr schätzte und ihm seine Tochter zur Frau gab."[367] Später zog er nach Zürich und war dort unter anderem als Richter und Mitglied des Zürcher Kassationsgerichts tätig. Bekannt war er auch als überzeugter Kämpfer gegen den Nationalsozialismus.[368] Gygax schloss seinen Nachruf mit den Worten:

> Mit Eugen Curti ist ein grosser Jurist und ein unentwegter Kämpfer für unser nationales Patrimonium, für die schweizerische Demokratie, vom Kampfplatz verschwunden. Sein wissenschaftliches Werk wird bestehen; seine standhafte, aufrechte Gesinnung wird noch lange in bester Erinnerung bleiben.[369]

Diese Aussagen zu Eugen Curti lassen nachvollziehen, wieso ihn Alfred Wiener und der SIG als geeignete Person für die Verteidigung Frankfurters erachteten und ihm schließlich das Mandat übertragen wurde – mit Unterstützung des jungen jüdischen Anwalts Veit Wyler.

---

363 Der zum Zeitpunkt der Publikation noch nicht erschlossene Teilbestand am Archiv für Zeitgeschichte (voraussichtliche Signatur: AfZ NL Eugen Curti) umfasst insbesondere die Korrespondenz des Anwalts mit verschiedenen Persönlichkeiten, einen größeren Fotobestand mit Bildern des Prozesses in Chur sowie diverse Unterlagen, die Curti für die Verteidigung Frankfurters verwendet hatte – teilweise mit handschriftlichen Bemerkungen. Der Bestand wurde dem Archiv für Zeitgeschichte am 18. Juni 2018 von der Schwiegertochter Curtis, Nelly Curti, übergeben.

364 Vgl.: Zum Andenken an Dr. Eugen Curti, JUNA-Bulletin vom 22.2.1951, No. 51/1, AfZ, IB JUNA-Archiv / 33, S. 8–11.

365 Ebd., S. 8.

366 Ebd.

367 Ebd., S. 9.

368 Vgl.: Ebd., S. 10–11.

369 Ebd., S. 11.

Exkurs: Veit Wyler, Jude, Humanist, Zionist

Abb. 28: Veit Wyler beim Frankfurter-Prozess 1936 (Fotograf: Heinz Guggenbühl – Prisma). Quelle: AfZ, NL Eugen Curti.

Zu Veit Wyler gibt es hinsichtlich seiner Funktion im Fall Frankfurter weitaus weniger verlässliche Informationen, insbesondere dazu, wie er zur Verteidigung Frankfurters gekommen ist. Zwar scheint er derjenige gewesen zu sein, der dem SIG und David Frankfurter zur Wahl von Eugen Curti riet – sowohl in den Unterlagen des SIG als auch in den Memoiren Frankfurters wird er jedoch nur am Rande erwähnt. Offensichtlich war Wylers Aufgabe, im Hintergrund zu wirken und dem Hauptanwalt Eugen Curti zuzuarbeiten, insbesondere im Zusammenhang mit der Dokumentensammlung zu den Vorgängen in Deutschland sowie bei der Suche nach Zeuginnen und Zeugen für den Prozess. Die verschiedenen Publikationen zu Frankfurter sind diesbezüglich nicht hilfreicher.

Bei Bollier wird Wylers Rolle bei der Anwaltsfindung erwähnt, später taucht er im Zusammenhang mit den Tätigkeiten von Frankfurters Verteidigung auf, ohne dass erwähnt wird, wie er dazu gekommen ist.[370] Auch bei Gillabert wird nicht weiter darauf eingegangen, weshalb Wyler plötzlich Teil der Verteidigung war, er erwähnt lediglich: „Veit Wyler est l'assistant chargé de seconder Curti dans la récolte de sa documentation."[371] Gredig hingegen schreibt im Zusammenhang

370 Vgl.: Bollier 1999, S. 55–56 und 62–63.
371 Gillabert 2008, S. 81.

mit der Verteidigung nur von Anwalt Curti,[372] während Fuhrer wenig feinfühlig bezüglich jüdischer Stereotype von Wyler als dem Mann schrieb, der mit weiteren (bei Fuhrer ungenannten, aber „zum Teil prominenten"[373]) Personen, „im Hintergrund die Fäden" zog.[374] Ohne seine Quellen zu nennen, schreibt Fuhrer Wyler eine herausragende Rolle in der Anwaltsfrage zu. Eigentlich wollte er selbst die Verteidigung übernehmen, um „NS-Deutschland Paroli [zu] bieten", erkannte aber, „dass man ihn als viel zu jung und unerfahren abgetan hätte".[375] Die Ernennung Curtis sei insofern „ein geschickter Schachzug"[376] gewesen. Mächler geht genauer auf Wylers Rolle ein: „Veit Wyler [...] schlug deshalb als Kompromiss vor, [...] Eugen Curti mit der Verteidigung zu betrauen, während er selbst nur assistieren sollte."[377]

Nichtsdestotrotz ist das Leben Veit Wylers gut dokumentiert, was vor allem seinem Engagement für die jüdischen Flüchtlinge in der Schweiz während des Zweiten Weltkriegs sowie allgemein seinem Engagement für den Humanismus zu verdanken ist. So wird Wyler in verschiedenen Publikationen erwähnt,[378] in diversen Zeitungen sind nach seinem Tod Nachrufe erschienen,[379] zudem verfügt das Archiv für Zeitgeschichte über einen knapp sieben Laufmeter umfassenden Nachlass Wylers.[380] Die Verteidigung Frankfurters war bei Weitem nicht die herausragende Episode in Wylers Leben, der 1908 in Baden im Kanton Aargau geboren wurde und längere Zeit bei seinem Großvater Rabbiner Leo Kahn in Wiesbaden verbracht hatte. Nach seinem Abitur studierte er Jura in Zürich, Wien,

372 Gredig 2008, S. 39.

373 Fuhrer 2012, S. 116.

374 Ebd.

375 Beide Zitate: Ebd.

376 Ebd.

377 Mächler 2005, S. 127.

378 Zum Beispiel: Kury, Patrick: Veit Wyler, in: Haumann, Heiko [Hrsg.]: Der Erste Zionistenkongress von 1897. Ursachen, Bedeutung, Aktualität. „In Basel habe ich den Judenstaat gegründet", Basel 1997, S. 211–212. Zweig-Strauss, Hanna: Zum Verhältnis von Juden zu „Judenrettern" unmittelbar nach Kriegsende. Loyalität um jeden Preis oder Rückkehr zur „gewöhnlichen" Ethik? In: Schweizerische Zeitschrift für Geschichte 54/3 (2004), S. 306–313. Kapitel zu Veit Wyler, in: Weibel, Walter: In Begegnung lernen: der jüdisch-christliche Dialog in der Erziehung, Münster 2013, S. 76–77.

379 Beispielsweise: Cattani, Alfred: Zum Tod von Veit Wyler, in: Neue Zürcher Zeitung, 22.10.2002, online unter: http://www.nzz.ch/aktuell/startseite/article8H4WK–1.433473 [zuletzt eingesehen: 08.04.2015].
Siano-Wyler, Rafi: Für Juden, Israel und den Humanismus, in: tachles, 25.10.2002, online unter: http://www.tachles.ch/news/print/fuer-juden-israel-und-den-humanismus [zuletzt eingesehen: 08.04.2015].

380 Vgl.: Archiv für Zeitgeschichte der ETH Zürich: Nachlass Veit Wyler, online unter: https://www.afz.ethz.ch/archivierung/erschliessen/nachlass-veit-wyler/ [zuletzt eingesehen: 08.04.2015].

Hamburg und Leipzig, an letzterer Universität promovierte er im Jahr 1930. Nach dem Anwaltsexamen und verschiedenen Praktika eröffnete er 1935 in Zürich seine eigene Anwaltskanzlei.[381] Wyler setzte sich für jüdische Flüchtlinge ein, die sich in der Schweiz in Sicherheit bringen wollten. „Als Jurist fand er einen Paragrafen, in dem stand, dass Flüchtlinge, die Teile einer Schweizer Uniform trugen, nicht wieder ausgewiesen werden konnten. Also rüstete er immer wieder Flüchtende […] mit seiner Uniformjacke, seinem Gürtel oder seiner Mütze aus, um sie zu schützen."[382] Aber auch auf politischer Ebene setzte er sich für eine humanere Politik gegenüber den Flüchtlingen ein. Später gründete er die Zeitschrift *Das neue Israel* und war aktives Mitglied zahlreicher zionistischer, jüdischer und humanistischer Organisationen.[383]

Wyler war hauptsächlich im Hintergrund tätig, wirkte als Berater Curtis und als sein Kontaktmann zu Frankfurter. Obwohl nicht abschließend geklärt werden kann, wie er zur Verteidigung gestoßen ist, ist es wahrscheinlich, dass er über seine Freundschaft zu Alfons Frankfurter in den Fall involviert wurde und es – in Übereinstimmung mit dem SIG – als nicht opportun betrachtete, wenn ein junger, linker Jude die Verteidigung Frankfurters übernahm, sich deshalb für Curti aussprach, diesem aber bei seiner Arbeit zur Seite stand.

5.2.4 Verschwörung: „eine jüdisch-bolschewistische Mordzentrale"[384]

Gegen Ende März, als durch die vielen Verhöre und Befragungen das Wesentliche schon abgeklärt war, wurde Frankfurter wieder vor den Verhörrichter gerufen, um neue Vorwürfe bezüglich Hintermänner abzuklären. Dedual ließ Frankfurter wissen, dass nun klare Beweise für die Existenz besagter Hintermänner vorlägen und er dies nicht mehr länger leugnen solle. Es stellte sich heraus, dass bei der Post in Davos ein Brief gefunden wurde mit der Anschrift „Herrn David Frankfurter, stud. med., postlagernd, Davos-Platz" sowie dem Vermerk „Aufgeber unbekannt".[385] Der Brief, aufgegeben am 5. Februar 1936 in Chur, war

381 Vgl.: Archiv für Zeitgeschichte der ETH Zürich: Geschichte und Biografie von Wyler, Veit, online unter: https://www.afz.ethz.ch/bestaende/6006bd5e0ab847218d2e0b477c2d1fef.pdf [zuletzt eingesehen: 08.04.2015].

382 Weibel, Walter: In Begegnung lernen: der jüdisch-christliche Dialog in der Erziehung, Münster 2013, S. 77.

383 Vgl.: Cattani, Veit Wyler, 22.10.2002.

384 Fleischhauer, Ulrich: Schweizerische Mordzentrale, in: Welt-Dienst, Sonderbeilage zu Nr. III/6, 15.03.1936, S. 1, in: StAGR III23d2 Frankfurter.

385 Brief von Hans Rowarik an David Frankfurter vom 4. Februar 1936, ausgeschlossene Postsendung, in: StAGR III23d2 Frankfurter. Frankfurter gab den Brief in seinen Memoiren aus der Erinnerung wieder.

einen Monat in der Poststelle liegen geblieben, bis er nach Ablauf der obligatorischen Wartefrist als unzustellbar an den Aufgabeort zurückgeschickt wurde. Dort wurde er „bei der Kreispostdirektion Chur zur Feststellung des Aufgebers postamtlich geöffnet".[386] Der Inhalt des Briefes war tatsächlich brisant. Hans Rowarik, ein Medizinstudent, zur Zeit in Chur, ging zuerst auf Gustloff und den geplanten Mord ein. „Wie Du mir telephoniertest, konntest Du den ‚Hund' Gustloff noch nicht niederstrecken. Ich hoffe, dass dies Dir heute oder morgen Mittwoch gelingt. Verrecken soll dieser Schweinehund. Jämmerlich soll dieses Biest zugrunde gehen."[387] „Rowarik" habe von der „Partei" die versprochene Belohnung für Frankfurter in der Höhe von 50.000 Schweizer Franken bar ausbezahlt bekommen und davon 40.000 am verabredeten Ort für Frankfurter hinterlegt. Der englische und der österreichische Ableger der „Partei" hätten jeweils 200 Pfund bzw. 5000 Schilling zugesprochen, die an einem weiteren Ort auf Frankfurter warten würden. Im Falle einer Festnahme solle Frankfurter die Verbindungen leugnen, so wie auch seine Freunde, Karl und Ferry, die „Mitverschwörer", es tun würden. Nach Verbüßen der Strafe könne er dann auf die Gelder zugreifen. „Halte Dich also fest an die Regeln unseres Bundes, mein lieber David."[388] Was die restlichen 10.000 Franken aus der Belohnung der „Partei" angeht: Diese würden der Verfasser und seine Freunde benötigen, um sich nach Berlin abzusetzen und dort weitere Pläne durchzuführen, wie beispielsweise Attentate auf den „Schweinehund von Hitler"[389] sowie Göring und Goebbels, die „mit einem Schlag zum Verrecken gebracht werden"[390] sollten. Des Weiteren wünschte „Rowarik" ihm viel Erfolg und hinterließ einen kryptischen Code zur Kontaktaufnahme.[391]

Ein weiterer Bericht betraf ein Telegramm, das Frankfurter angeblich am Tag der Tat erhalten oder versendet hatte. Ein Herr Arens aus Luzern bezog sich bei seiner Aussage, Frankfurter habe ein Telegramm erhalten, auf Informationen von Landjäger Spinas, der dem jedoch energisch widersprach. „Wenn Herr Arens in Luzern angibt, ich hätte ihm damals diese Mitteilung gemacht, so muss ich diese Behauptung zurückweisen, denn das stimmt nicht."[392] Er verwies diesbezüglich auf seinen ursprünglichen Bericht vom 16. Februar, in dem er ausgesagt hatte,

---

386 Brief an die Schweizerische Bundesanwaltschaft in Angelegenheit Gustloff vom 28. März 1936, ausgeschlossene Postsendung, in: StAGR III23d2 Frankfurter.

387 Brief von Hans Rowarik an David Frankfurter vom 4. Februar 1936, ausgeschlossene Postsendung, in: StAGR III23d2 Frankfurter, S. 1.

388 Ebd.

389 Ebd., S. 2.

390 Ebd.

391 Vgl.: Ebd.

392 Spezialrapport betreffend Mordfall Gustloff von Landjäger Spinas, in: StAGR III23d2 Frankfurter.

telefonische oder schriftliche Kontaktaufnahmen hätten nicht festgestellt werden können.[393]

Obwohl von offizieller Seite an der Echtheit des Briefes und an der Existenz des Telegramms gezweifelt wurde, ging die Polizei der Sache nach, da sie noch weitere Hinweise auf eine Verschwörung erhalten hatte. So nahm Oberstleutnant Ulrich Fleischhauer aus Erfurt am 27. Februar 1936 Kontakt mit dem Schweizer Bundespräsidenten auf, um ihn darüber zu informieren, dass „Frankfurter im Dienste einer jüdisch-bolschewistischen Executive gehandelt habe".[394] Ulrich Fleischhauer war für seine antisemitischen Schriften einschlägig bekannt, in seiner halbmonatlich erscheinenden Zeitschrift *Welt-Dienst* sammelte er propagandistisch aufbereitete „Nachrichten über Juden aus aller Welt"[395] mit dem Ziel, „die gelehrte Welt in eine jüdische und eine nichtjüdische zu trennen, um im selben Zug eine vermeintliche Dominanz jüdischer Einflüsse in Gesellschaft und Wissenschaft zu konstatieren".[396] Auch in der Schweiz war Fleischhauer bereits zu einem früheren Zeitpunkt aktiv geworden, nämlich in Zusammenhang mit dem Berner Prozess gegen die *Protokolle der Weisen von Zion*, und hatte dadurch international Aufmerksamkeit erlangt. Bei dem Prozess trat Fleischhauer als Gutachter für die Angeklagten auf, der beweisen sollte, dass die Protokolle in der Tat echt seien.[397]

In einer Sonderbeilage zur Ausgabe des *Welt-Dienst* vom 15. März 1936 wurde ein Text Fleischhauers an das *Pan-arische Schutzkomité Stockholm* abgedruckt, in dem er über eine „Schweizerische Mordzentrale" schrieb. Die gleichen Vorwürfe äußerte er gegenüber dem Schweizer Bundespräsidenten. Fleischhauer habe am 20. Februar eine „Muster-Sendung" erhalten mit einer in Wellpappe gewickelten Patrone, um die ein Zettel mit mehreren Namen gewickelt gewesen sei: Hitler, Fleischhauer, Gustloff. Der Name Gustloff sei durchstrichen und mit einem Kreuz versehen gewesen.[398] Fleischhauer schloss, dass Frankfurter, der in Untersuchungshaft saß, nicht für diese Sendung verantwortlich sein konnte, es also Hin-

---

393 Vgl.: Spezialrapport betreffend Tatbestandesaufnahme von Landjäger Spinas vom 16. Februar 1936, in: StAGR III23d2 Frankfurter.

394 Protokoll des ersten Verhandlungstages, Chur, 9.12.1936, in: AfZ, IB Frankfurter-Prozess / 1, S. I/14.

395 Schörle, Eckart: Internationale der Antisemiten. Ulrich Fleischhauer und der „Welt-Dienst". In: Werkstatt Geschichte 51 (2009), S. 57–72, hier S. 57.

396 Ebd.

397 Vgl.: Ebd., S. 62–64. Mehr zum Berner Prozess: Lüthi, Urs: Der Mythos von der Weltverschwörung. Die Hetze der Schweizer Frontisten gegen Juden und Freimaurer, am Beispiel des Berner Prozesses um die „Protokolle der Weisen von Zion", Basel 1992. Und: Hofer, Sibylle: Richter zwischen den Fronten. Die Urteile des Berner Prozesses um die „Protokoll der Weisen von Zion" 1933–1937, Basel 2011.

398 Vgl.: Fleischhauer, Ulrich: Schweizerische Mordzentrale, in: Welt-Dienst, Sonderbeilage zu Nr. III/6, 15.03.1936, S. 1, in: StAGR III23d2 Frankfurter.

termänner geben musste. Es müsse eine „Schweizerische Mordzentrale" bestehen, er schreibe bewusst „schweizerische", „da ja die Schweiz keinen Unterschied zwischen Eidgenossen und Juden macht".[399] Er konkretisierte dies noch, indem er in der Schweiz eine „jüdisch-bolschewistische Mordzentrale"[400] verortete, die von der dortigen „projüdische[n] Gesetzgebung"[401] profitierte. In einem weiteren Artikel unter dem Titel „Moskau schützt den jüdischen Mörder David Frankfurter" führte Fleischhauer die angeblich engen Beziehungen der Frankfurters zum Kommunismus aus und schloss mit den Worten: „Die Verbindungen des jüdischen Mörders Frankfurter laufen direkt zur Kommunistischen Partei und zur Komintern,[402] die sich ja auch seiner jetzt in höchst geschäftiger und verdächtiger Weise annimmt."[403]

Die Bundesanwaltschaft ermittelte in der Angelegenheit und erhielt über die deutsche Gesandtschaft in Bern die Namen mehrerer Personen, die in den Mordfall involviert gewesen sein sollten. Und zwar hatte sich Otto Jülich, Schauspieler aus Frankfurt am Main, beim deutschen Konsulat gemeldet, um von einer Verschwörung zu berichten. Zusammen mit dem Russen Dr. Perlemann habe er in Bern David Frankfurter kennengelernt. Perlemann und Frankfurter hätten die Notwendigkeit, Gustloff zu ermorden, wiederholt erörtert und versucht, auch ihn, Jülich, in die Sache zu involvieren.[404] Kurz darauf habe Jülich in Zürich Perlemann und Frankfurter erneut getroffen, diesmal mit weiteren Beteiligten: Rechtsanwalt Steinschneider, der für sein Engagement für die Kommunisten bekannt gewesen sei, sowie den polnischen Kommunisten Celowski. Sie seien der Ansicht gewesen, gegen Gustloff müsste gemeinsam vorgegangen werden.[405]

Diese Anschuldigungen hatten zur Folge, dass der Bündner Verhörrichter bei verschiedenen deutschen und schweizerischen Behörden Informationen einholte – einerseits zu David Frankfurter und dessen politischen Betätigungen in Deutschland,[406] andererseits zu den oben genannten Herren[407] und dazu, ob allenfalls Verbindungen zu Frankfurter bestünden sowie zu Ulrich Fleischhauer

399 Alle Zitate: Ebd.

400 Ebd.

401 Ebd.

402 Kommunistische Internationale.

403 Fleischhauer, Ulrich: Moskau schützt den jüdischen Mörder David Frankfurter, in: Welt-Dienst, Sonderbeilage zu Nr. III/6, 15.03.1936, S. 1, in: StAGR III23d2 Frankfurter.

404 Urteil des Kantonsgerichts von Graubünden vom 9./12. und 14. Dezember 1936, in: AfZ, IB Frankfurter-Prozess / 3, S. 26–27.

405 Ebd.

406 Anfrage von Verhörrichter Dedual an das Polizeipräsidium Frankfurt a.M. und Leipzig betreffend David Frankfurter vom 5. Mai 1936, in: StAGR III23d2 Frankfurter.

407 Anfrage an die schweizerische Bundesanwaltschaft betreffend Otto Jülich vom 3. Juni 1936, in: StAGR III23d2 Frankfurter.

und seinem *Welt-Dienst*.[408] Die erste Antwort traf von der schweizerischen Bundesanwaltschaft ein. Diese teilte ihre Erkenntnisse zu Dr. Adolf Steinschneider und Dr. David Perlemann mit Verhörrichter Dedual. Steinschneider sei Kommunist und wegen Aufruhrs in Zusammenhang mit einer Hausbesetzung zu einem Jahr Gefängnis verurteilt worden; gegen Perlemann, russischer Emigrant, sei – außer einer Festnahme wegen Glücksspiels und einer Vorstrafe von vier Monaten – nichts Nachteiliges bekannt.[409] Die Abklärungen zu Otto Jülich dauerten etwas länger, da die Bundesanwaltschaft Informationen der Schweizer Vertretung in den Niederlanden abwartete. Otto Jülich, schrieben sie schließlich, sei in Rotterdam wegen Betrugs zur Fahndung ausgeschrieben. Die niederländischen Behörden wüssten nicht, wo Jülich sich befinde und ob er sich überhaupt noch in den Niederlanden aufhalte.[410] Der Kasseler Oberstaatsanwalt bestätigte, er sei „mehrfach wegen Unterschlagung, Betrugs und Urkundenfälschung in Deutschland bestraft worden"; einer weiteren Bestrafung habe er sich „durch die Flucht entzogen".[411]

Frankfurter, so die Preussische Geheime Staatspolizei, sei im Frühjahr 1931 von Vinkovci nach Frankfurt am Main gekommen und später nach unbekannt weggezogen. Gegen ihn läge „in politischer und krimineller Hinsicht"[412] nichts vor, „[ü]ber seine politische Betätigung während seines Aufenthaltes in Frankfurt a/M. konnte nichts ermittelt werden. Ebenso war nicht festzustellen, in welchen Kreisen er verkehrt hatte."[413]

Als Folge dieser Abklärungen wurden sowohl Frankfurter als auch verschiedene Zeugen – konkret Lina Steffen, Jakob Bruck, Branko Pavlinovic, Rudolph Haas, Anton Kögl und Wilhelm Sipos – erneut befragt. Sie sagten aus, dass Frankfurter sich nie politisch betätigt, keine entsprechenden Versammlungen besucht und keine politisch einseitige Literatur gelesen habe. Ein Komplott schlossen sie kategorisch aus.[414] Frankfurter antwortete während des Prozesses auf die Frage, ob er sich mit den „polizeilich nicht gut beleumundet[en]" Jülich, Perlemann und

408 Anfrage von Verhörrichter Dedual an das Polizeipräsidium Erfurt betreffend Ulrich Fleischhauer und „Welt-Dienst" vom 6. Mai 1936, in: StAGR III23d2 Frankfurter.

409 Antwort der schweizerischen Bundesanwaltschaft an Verhörrichter Dedual vom 23. April 1936, in: StAGR III23d2 Frankfurter.

410 Schreiben der Schweizer Botschaft in den Niederlanden an die schweizerische Bundesanwaltschaft vom 28. Mai 1936, in: StAGR III23d2 Frankfurter.

411 Beide Zitate: Schreiben des Kasseler Oberstaatsanwalt an den Polizeipräsidenten Amsterdam vom 13. August 1936, in: StAGR III23d2 Frankfurter.

412 Schreiben der Preussischen Geheimen Staatspolizei an das Verhöramt des Kantons Graubünden vom 27. Mai 1936, in: StAGR III23d2 Frankfurter, S. 2.

413 Ebd.

414 Vgl.: Protokoll des zweiten Verhandlungstages, Chur, 10.12.1936, in: AfZ, IB Frankfurter-Prozess / 2, S. II/51–52.

weiteren Personen getroffen hatte, dass er erst im Rahmen der Verhöre von diesen erfahren habe.[415] Die Durchsuchung von Frankfurters Zimmer in Bern ergab ebenfalls keine Auffälligkeiten: „Es sind keinerlei Anhaltspunkte für die Annahme eines Komplotts oder der Zugehörigkeit zu einer Partei oder Gruppe oder Organisation vorhanden. Es sind keinerlei diesbezügliche Broschüren oder Zeitungen vorgefunden worden.“[416]

Zu dem am Anfang dieses Kapitels erwähnten Brief, der implizierte, dass Frankfurter Teil einer Verschwörung war, waren die Ermittlungsergebnisse klar. „Die Tatsache, dass der Brief in Chur erst am 5. Februar 1936, nach vollbrachter Tat und nach der Verhaftung Frankfurters aufgegeben wurde, lässt u.E. ohne weiteres den Schluss zu, dass das Dokument fingiert ist und andere als die vorgegebenen Zwecke verfolgt, beispielsweise Vortäuschung einer jüdischen bzw. antinationalsozialistischen Terrorgruppe in der Schweiz, Irreführung der Justizbehörde usw.“[417]

Während des Churer Prozesses sowie im Urteil wurden wiederholt „das Bestehen eines Komplotts, die Einwirkung von Hintermännern oder ähnlichen Dingen“ ausgeschlossen.[418] Frankfurter habe von Anfang an bestätigt, er habe alleine gehandelt.

> Damit stimmt auch völlig überein, was die nach dieser Richtung besonders eingehend und genau geführte Untersuchung ergeben hat. Weder für die Annahme eines Complotts unter Mitbeteiligung Frankfurters, noch für eine Anstiftung des Letzteren, zu den von ihm begangenen Verbrechen, noch für Gehülfenschaft oder Begünstigung waren, trotz aller Bemühungen auch nicht-schweizerischer, besonders deutscher Polizeibehörden irgendwelche, auch nur einigermassen belegte, greifbare Anhaltspunkte zu finden.[419]

Dass die deutschen Polizeibehörden im Urteil gesondert genannt werden, lässt darauf schließen, dass diese (zusammen mit der Deutschen Botschaft in der Schweiz[420]) die Theorie der Hintermänner gestützt und Druck auf die Schweizer Behörden ausgeübt haben.

---

415 Protokoll des ersten Verhandlungstages, Chur, 9.12.1936, in: AfZ, IB Frankfurter-Prozess / 1, S. I/34.

416 Ebd.

417 Brief Rechtsbureau an die Schweizerische Bundesanwaltschaft, in: StAGR III23d2 Frankfurter.

418 Urteil des Kantonsgerichts von Graubünden vom 9./12. und 14. Dezember 1936, in: AfZ, IB Frankfurter-Prozess / 3, S. 44.

419 Ebd.

420 „Wie die Deutsche Gesandtschaft dem Politischen Departement bekannt gab, hat die deutsche Regierung gestützt auf die Denkschrift Massnahmen zur Feststellung von Hin-

In seinen Memoiren macht Frankfurter sich über die Verschwörungstheorien lustig. Wenn ihn jemand zu dem Attentat hätte ermuntern wollen, hätte er den Brief schon vor seiner Abreise nach Davos am 31. Januar abschicken müssen und nicht erst nach der Tat. Die Verschwörer seien schlechte Verschwörer gewesen, hätten sie tatsächlich ihre Geheimnisse in einem unverschlüsselten und zudem postlagernden Brief geteilt. „Die Nazis hatten hier nicht nur feige und gemein, sonder [sic] auch unsäglich dumm gehandelt. Fast wie im Märchen, wo der Teufel nicht nur der Böse, sondern auch der Blöde ist."[421] Frankfurter ging davon aus, dass Verhörrichter Dedual nicht an die Echtheit dieses Briefes glaubte, sondern „mittels dieser fingierten Karte mir einen Hinweis auf ganz andere, wahre Hintermänner zu entlocken" hoffte.[422]

5.2.5 In Untersuchungshaft

Nachdem nun die Frage nach dem Anwalt geklärt war, ging es um die konkrete Vorbereitung des Prozesses. Damit hatte David Frankfurter wenig zu tun; Curti kümmerte sich darum – mit Unterstützung von Alfons Frankfurter, Veit Wyler und dem SIG, die ihm wichtige Materialien zur Verfügung stellten.

Unterdessen waren einige von Frankfurters Habseligkeiten aus seinem Zimmer in Bern bei ihm eingetroffen, unter anderem sein Siddur, sein Talit und seine Tefillin, so dass es ihm nunmehr möglich war, im Gefängnis seine Gebete zu verrichten. Er fühlte dadurch eine starke Verbindung zu seinem Volk. „Ich war nicht mehr allein, wenn ich in meiner Zelle betete. Ein unsichtbares Minjan war um mich – Millionen und Millionen, die vor mir und gleichzeitig mit mir die heiligen Gebetriemen um Arm und Haupt schlangen und aus der Not der Stunde die bitteren Worte zum Herrn der Welt schrien[.]"[423] In seinen Memoiren schreibt Frankfurter, ihn habe es rückblickend selbst überrascht, wie ruhig er in dieser Zeit zwischen dem Mord und dem Prozess gewesen sei. „Man hätte annehmen können, dass ich in fieberhafter Spannung dem Augenblick entgegen sah, in dem mir Gelegenheit gegeben würde, vom Angeklagten zum Ankläger zu werden, und den Sinn meiner Tat […] der Weltöffentlichkeit zu demonstrieren."[424] Frankfurter beschreibt seine Ruhe als apathisch, ja gleichgültig und erklärt dies mit

termännern angeordnet." Schreiben der Schweizerischen Bundesanwaltschaft an das Kantonsgericht des Kantons Graubünden, in: StAGR III23d2 Frankfurter.

421 Memoiren (Version Jabotinsky), S. 35.

422 Ebd.

423 Memoiren (Version Jabotinsky), S. 37. Siddur: Gebetsbuch. Talit: Gebetsschal. Tefillin: Gebetsriemen. Minjan: Quorum von mindestens zehn religiös mündigen Juden, die zum Beten bestimmter Gebete sowie zum Abhalten eines Gottesdienstes notwendig sind.

424 Ebd.

seiner damaligen Überzeugung, nur die Hälfte seiner Aufgabe erfüllt, also statt Mord *und* Selbstmord nur den Mord ausgeführt zu haben. „Hätte ich", führt er aus, „in jenen furchtbaren Minuten auf dem Schneefeld von Davos meinem eigenen Leben ein Ende gemacht, so wäre meine Idee rein in die Wirklichkeit überführt worden. So war alles Stückwerk geblieben; und dieses Gefühl nicht ganz vor dem eigenen Gewissen bestanden zu haben, beugte mich nieder[.]"[425] Dennoch beschäftigte ihn die Frage, wieso es denn so lange dauerte, bis sein Prozess angesetzt wurde. Die Verteidigung war berufen, die Finanzierung stand, die Tatbestände waren geklärt, und trotzdem sollte es bis Dezember dauern, bis der Prozess gegen David Frankfurter durchgeführt wurde.

Gemäß Frankfurter waren für diese Verzögerung zwei Gründe verantwortlich, ein politischer und ein wirtschaftlicher.[426] Den politischen Grund vermutete er darin, dass den Bündner Behörden daran gelegen gewesen sei, den Prozess in einer ruhigeren Atmosphäre stattfinden zu lassen, nachdem die deutsche Entrüstung über den Mord abgeklungen war. Frankfurter erwähnt hier nicht nur mediale Hetze, sondern schreibt auch konkret von möglichen Anschlägen oder Entführungsversuchen gegen ihn.[427] Während dieses Argument für ihn nachvollziehbar für einen Aufschub sprach, empfand er das wirtschaftliche als lachhaft. Seinen Aussagen zufolge wollten es die Bündner verhindern, dass der Prozess mit dem Beginn der für die Bergregion touristisch so wichtigen Wintersaison zusammenfiel. Zur Untermauerung dieser Vermutung bringt Frankfurter Regierungsrat Dr. Albrecht[428] vor, der ihm dies auf Rückfrage bestätigte und ihm gegenüber zu rechtfertigen versuchte mit der Aussage, „dass Graubünden in erster Linie von der Touristik lebe un[d] die Deutschen zahlenmässig und ihrer Trinkfestigkeit wegen die beliebtesten, weil einträglichsten Gäste der Schweiz seien".[429] Darüber hinaus, empört sich Frankfurter, hätten später alle ausländischen Journalisten, die als Berichterstatter am Prozess teilgenommen haben, eine Fahrkarte nach Arosa erhalten, um sich „im herrlichen Hochgebirge bei Ski-Lauf und

---

425 Ebd.

426 Vgl.: Ebd. Auch die Deutschen bemängelten die Dauer der Voruntersuchung. Bonjour schreibt hingegen, dass dies „bei solchen Straffällen die Regel war". Vgl.: Bonjour, Edgar: Die Geschichte der schweizerischen Neutralität, Vier Jahrhunderte eidgenössischer Aussenpolitik, Band III, 1930–1939, Basel/Stuttgart 1970, S. 101. Die Unterlagen des Kantonsgerichts sowie am Prozess beteiligten Personen geben insbesondere zwei Gründe für eine länger als normal dauernde Untersuchung an: Zum einen das auch von Frankfurter erwähnte überraschende Hinscheiden eines Staatsanwalts, zum anderen eine längere Session des Großen Rats. Vgl. beispielsweise: Brief von Alfons Frankfurter an Eugen Curti vom 7. Oktober 1936, in: AfZ, NL Veit Wyler / 40.

427 Vgl.: Memoiren (Version Jabotinsky), S. 37.

428 Wahrscheinlich Regierungsrat Dr. Luigi Albrecht, der später auch Nationalrat war.

429 Memoiren (Version Jabotinsky), S. 37–38.

Rodeln von den Strapazen des Prozesses erholen“[430] zu können. Dadurch habe auch die Tourismusbranche von dem Prozess profitieren können. Und sarkastisch schließt er: „Der Einzige [sic] Prozess-Teilnehmer, der kein Freibillett nach Arosa und zurück beschert bekam, war … ich.“[431]

Als im Frühjahr 1936 der Staatsanwalt des Kantons Graubünden starb, war für Frankfurter klar, dass dies den Prozess weiter hinauszögern würde. Während der Übergangszeit, bis ein neuer Staatsanwalt gefunden wurde, musste für jeden einzelnen Prozess ein Kläger bestimmt werden. In Frankfurters Fall stellte es sich als schwierig heraus, eine passende Person zu finden, was dieser als Zeichen dafür sah, dass niemand gegen ihn Anklage erheben wollte. „Endlich wurde doch in der Person des […] katholisch-konservativen Dr. Friedrich Brügger der Mann gefunden, der mit grosser Leidenschaft gegen mich aufzutreten gewillt war.“[432]

In der Gefängniszelle war es Frankfurter, ein starker Raucher, nicht erlaubt, zu rauchen, was ihm stark zu schaffen machte. Lediglich während einer Stunde täglich, wenn er bei schönem Wetter auf den Hof durfte oder bei schlechtem ins Besucherzimmer, war Rauchen erlaubt. Nach ungefähr zwei Wochen in Untersuchungshaft erhielt Frankfurter die Erlaubnis, Zeitungen zu lesen. Sorgfältig wurden jeweils diejenigen Artikel, die seinen Fall betrafen, ausgeschnitten. Entsprechend war er bezüglich ihn betreffende Mitteilungen auf die Informationen von Mitgefangenen, besuchenden Bekannten oder Dedual angewiesen. Dedual zog aus Frankfurters Nikotinsucht und seinem Mitteilungs- und Informationsbedürfnis – „in nicht ganz fairer Weise“,[433] wie Frankfurter später betont – seinen eigenen Nutzen. So erlaubte er während der Verhöre Frankfurter das Rauchen; wohlwissend, dass das Rauchen ihm das Reden erleichterte.[434] Frankfurter schildert aber weiter:

> Manchmal liess er mich nachmittags zu sich ins Zimmer kommen, und gestattete mir zu rauchen. Dr. Dedual sass an seinem Schreibtisch mit Aktenarbeit beschäftigt. Ich las ein Buch oder eine Zeitung, rauchte, und freute mich an der behaglichen Atmosphäre des Raumes, der sich wohltuend von der Unfreundlichkeit einer Gefängniszelle abhob.[435]

Zu diesen Gelegenheiten verwickelte Dedual ihn in zwanglose Gespräche, während er sich ebenfalls eine Zigarette anzündete. Für Frankfurter waren diese

430 Ebd., S. 38.
431 Ebd.
432 Ebd., S. 41.
433 Ebd.
434 Vgl.: Ebd.
435 Ebd., S. 38.

Konversationen „mit einem gebildeten Menschen",[436] wie er Dedual bezeichnet, inspirierend und wohltuend. „Nicht der Untersuchungsrichter und der Gefangene sassen sich hier gegenüber, sondern zwei geistig bewegte Menschen, die von ganz verschiedenen Standpunkten aus über religiöse und politische Fragen sich unterhielten."[437] Während dieser Gespräche wurde kein Protokoll geführt, es war niemand sonst anwesend und Dedual machte sich keine Notizen. Frankfurter ging naiverweise davon aus, dass diese Unterhaltungen so zwanglos waren, wie sie ihm erschienen und keinerlei Relevanz für den späteren Prozess hatten. Umso überraschter war er, als Dedual versuchte, diese „auf Grund ganz privater und in gelöster Atmosphäre"[438] entstandenen Aussagen im Prozess zu verwenden. Zwar hatte Frankfurter keine möglicherweise belastenden Geständnisse gemacht, war aber wegen des Vertrauensbruchs aufgebracht.[439]

Ansonsten empfand Frankfurter das Leben in Untersuchungshaft als „[e]intönig und langsam".[440] Er beschreibt in seinen Memoiren, wie er im Gefängnis über die Vergänglichkeit und über den herannahenden Tod, den er im Gefängnis als gegenwärtiger empfand als in Freiheit, philosophierte. Während der freie Mensch, so Frankfurter, jeden neuen Tag als Geschenk sehe, verstehe der Gefangene jeden vergangenen Tag als Gewinn, der ihn der Freiheit näherbringt.[441] Das Gefühl wurde noch verstärkt durch die Tatsache, dass er – auch aufgrund seiner „Unkenntnis der juristischen Sachlage"[442] – nicht einschätzen konnte, wie viel Zeit er noch im Gefängnis verbringen musste. Auch wenn insbesondere von nationalsozialistisch-propagandistischer Seite behauptet wurde, Frankfurter hätte Gustloff als Opfer und Davos als Tatort gewählt, weil im Kanton Graubünden die Todesstrafe abgeschafft worden war,[443] war Frankfurter, wie er in seinen Memoiren ausführt, die dortige Rechtslage nicht bekannt. Er negiert diese Vorwürfe vehement, waren sie für ihn doch irrelevant, da er ursprünglich einen an den Mord anschließenden Selbstmord geplant hatte. In diesem Zusammenhang

436 Ebd.

437 Ebd.

438 Ebd., S. 39.

439 Vgl.: Ebd.

440 Ebd., S. 40.

441 Vgl.: Ebd.

442 Ebd.

443 Tatsächlich wurde durch die Bundesverfassung von 1848 die Todesstrafe für politische Vergehen abgeschafft, die BV von 1874 verbot sie vorübergehend generell in der Schweiz. Schon 1879 aber wurde die Entscheidung, die Todesstrafe wiedereinzuführen, den Kantonen freigestellt. Graubünden war einer der Kantone, die sich gegen die Wiedereinführung entschieden. Ab 1942 war die Todesstrafe nur noch in Kriegszeiten vorgesehen. 1992 wurde sie auch im Militärstrafrecht abgeschafft. Vgl.: Gschwend, Lukas: Todesstrafe, in: Historisches Lexikon der Schweiz, online unter: http://www.hls-dhs-dss.ch/textes/d/D9617.php [zuletzt eingesehen: 26.11.2014].

schildert er eine Begebenheit im Gefängnis, als ihn ein Gefängniswärter fragte, ob er denn wisse, welche Strafe auf die von ihm begangene Tat stünde, und erläuterte, er müsse mit 180 Jahren rechnen.[444] „Sollte das doch lebenslänglich bedeuten? Es war mir schliesslich in dieser Frage nicht scherzhaft zumute."[445] Tatsächlich waren es 18 Jahre, wie der Wärter schließlich zugab.[446]

Zwar empfand Frankfurter das zu erwartende Strafmaß als eine Ewigkeit, war aber dennoch froh, eine konkrete Vorstellung zu haben, womit er rechnen musste. Er beabsichtigte, sich dieser Strafe zu stellen – auch wenn er hart auf die Probe gestellt wurde, als ihm ein Mithäftling klar machte, dass möglicherweise eine Alternative bestünde.[447] Dieser Gefangene hatte einige Zeit auf der Krankenstation des Gefängnisses verbracht und erzählte Frankfurter von einem Wärter, der dort Dienst tat und der aufgrund seiner sozialistischen Einstellung große Sympathien für Frankfurter hegte.[448] Er hatte für die Befreiung von Frankfurter einen konkreten Plan ausgeheckt.

> Ich sollte mich künstlich krankmachen, indem ich mir Petrolium [sic] (das zu bekommen war) unter eine Wunde im Bein rieb. Dadurch entstünde eine schwere brandartige Entzündung, die mich spitalreif mache. Wäre ich aber einmal im Krankenhaus eingeliefert, so sei die Freiheit nicht mehr fern. Tatsächlich wäre eine solche Flucht nicht ausgeschlossen gewesen. Damals waren die Grenzen der Schweiz noch nicht so bewacht wie in den Kriegsjahren. Ich hätte nach Frankreich entkommen können und von dort vielleicht in ein Land wie Mexiko, das keine Auslieferungsverträge anerkennt.[449]

Frankfurter schreibt, dass er von diesem Angebot in Versuchung geführt worden, ihm aber bald klar gewesen sei, dass er sich der Verantwortung nicht entziehen wollte.[450] Dies wurde für ihn umso deutlicher, als dass er durch die Zeitungslektüre über die Vorgänge in Europa, insbesondere in Deutschland, aber auch in Spanien und Italien, gut informiert war.[451]

Endlich bekam Frankfurter Besuch von seinem Vater. Schon davor hatte Frankfurter einen Brief an ihn geschrieben, eine augenscheinlich schwierige Aufgabe.

444 Vgl.: Memoiren (Version Jabotinsky), S. 40.
445 Ebd.
446 Vgl.: Ebd.
447 Vgl.: Ebd.
448 Vgl.: Ebd.
449 Ebd.
450 Vgl.: Ebd.
451 Vgl.: Ebd.

> Sobald es mir gestattet war und ich die Kraft dazu aufbrachte[,] schrieb ich einen vierseitigen Brief an meinen Vater, in welchem ich ihn um Verzeiung [sic] bat für den unermesslichen Kummer, den ich ihm bereitet hatte. Ich versuchte ihm meine Tat zu erklären, die unabweisbar in mir gebrannt hatte. Und mein Vater verstand mich und verzieh mir, ja er schloss mich noch enger an sein Herz, jetzt da ich im Unglück war – eingekerkert und verlassen.[452]

Die Zusammentreffen mit seinem Vater, der eine Woche lang täglich zu seinem Sohn kam, waren einerseits emotional, andererseits frustrierend, denn auch bei diesen Besuchen waren die Behörden – der Untersuchungsrichter oder der Weibel[453] – anwesend, was eine gewisse Befangenheit mit sich brachte. Dennoch war Frankfurter glücklich: „Und doch war ich nicht mehr allein – nicht mehr verloren und einsam, als ich in das ernste, gütige Gesicht meines Vaters sah, der mich verstand und mir verzieh."[454] Die Gespräche zwischen Vater und Sohn drehten sich nicht nur um Persönliches, sondern auch um praktische Themen wie die Anwaltsfrage. Vater Frankfurter versicherte David, dass die Anwälte alles unternehmen würden, um ihm zu seinem Recht zu verhelfen. Dafür musste dieser ihm versprechen, keinen Fluchtversuch zu unternehmen, was für Frankfurter ohnehin nicht in Frage kam. „Es war mir leicht, ihm das in die Hand hinein zu versprechen, denn ich selbst wusste, dass es für mich keinen anderen Weg geben durfte, als den der vollen Verantwortung."[455] Vater Frankfurter brachte seinem Sohn einige jiddische Zeitungen mit, die sich unter anderem mit dem Mord an Gustloff befassten. David Frankfurter war erfreut über die Solidarität der osteuropäischen Jüdinnen und Juden, die er aus den Texten herauslas. „Der Feueratem ihrer Liebe schlug durch die kalten Mauern des Gefängnisses in meine Zelle, sie erleuchtend und erwärmend. Ich war nicht mehr allein."[456]

Auch Frankfurters Schwester Ruth Löwy kam, in Begleitung ihrer zweieinhalb Jahre alten Tochter Neomi, zu Besuch und brachte eine jiddische Schrift, *Chesed L'Umim,*[457] mit. Dieses von Shloime Likhtenberg verfasste 30-seitige Heftchen wurde 1937 in Lodz gedruckt[458] und stellte eine Verbindung her zwischen dem

452 Ebd., S. 37. Der Brief ist keinem Archiv zu finden.

453 Ebd., S. 43.

454 Ebd.

455 Ebd.

456 Ebd., S. 44.

457 Likhtenberg, Shloime: Chesed L'Umim. Der shos in Davos un zayn opklang in Zsheneve, Lodz 1937. Via: YIVO Institute for Jewish Research, New York. Danke an Tamar Lewinsky für diesen Hinweis. Die Geschichte von Stefan Lux scheint weitgehend unbekannt zu sein; die Erforschung seiner Biographie ist ein deutliches Desiderat.

458 Wenn Frankfurter schreibt: „Auch eine kleine jiddische Broschüre aus Lemberg „Der Schuss in Davos["], die mir *etwas später* meine Schwester Ruth brachte[…]" (Memoiren (Version

Mord an Wilhelm Gustloff und dem Selbstmord von Stefan Lux bei einer Generalversammlung des Völkerbundes in Genf im Juli desselben Jahres. Beide Personen, sowohl Frankfurter als auch Lux, gaben als Motiv an, die Welt aufrütteln und auf die Vorgänge in Deutschland aufmerksam machen zu wollen. Ob Lux, ein jüdischer Journalist und Künstler aus der Tschechoslowakei, bei seinem Selbstmord durch Frankfurters Tat und Pläne inspiriert gewesen ist, lässt sich nicht belegen. In seinen Abschieds- und Erklärungsbriefen – adressiert an den Generalsekretär des Völkerbundes Joseph Avenol, den britischen Außenminister Anthony Eden, den englischen König Edward VIII., *The Manchester Guardian*, *The Times of London* sowie den Genfer Journalisten Paul du Bochet – erwähnte er Frankfurter nicht.[459] Die Beschreibungen von Stefan Lux und seinen Motiven ähneln jedoch in überraschender Weise denen von Frankfurter, beispielsweise bei Betty Sargent. „One of those history has overlooked too long is Stefan Lux, a Czech reporter who saw with painful clarity what was happening in Germany and tried to warn the world. […] He left behind letters that he clearly hoped would influence the League to take a stronger stand against Germany before it was too late."[460] Dennoch wurde, bis auf wenige Ausnahmen, selten eine Verbindung geschaffen zwischen dem Attentat auf Wilhelm Gustloff und dem demonstrativen Selbstmord von Lux. Auch Frankfurter ging nicht weiter auf Stefan Lux ein. Für ihn war die Broschüre aus anderen Gründen relevant: sie verdeutlichte ihm, ähnlich wie die vom Vater überbrachten jiddischen Zeitungen, die „unverhohlene Solidarität des jüdischen Volkes, dort wo es noch wirklich ein Volk war".[461] Hier zeigt sich Frankfurters tiefe Bewunderung für das in seinen Augen ursprünglichere und echtere Judentum in Osteuropa – im Gegensatz zu der Version, die er in Deutschland erlebt hatte. Nichtdestotrotz war diese Bewun-

---

Jabotinsky), S. 43, Unterstreichungen aus dem Original übernommen, Kursivsetzung durch die Verfasserin), dann bezieht er sich tatsächlich auf einen Zeitraum erheblich nach demjenigen, in den der Satz innerhalb der Memoiren thematisch eingebettet ist. Wenn die Broschüre 1937 gedruckt wurde, dann kann Frankfurter sie erst deutlich nach seiner Zeit in Untersuchungshaft erhalten und gelesen haben, also erst nach dem Prozess im Dezember 1936. Frankfurter schreibt zudem fälschlicherweise, die Broschüre sei in Lemberg gedruckt worden.

459 Vgl.: Sargent, Betty: The Desperate Mission of Stefan Lux, in: The Georgia Review 55/4, 56/1 (2001/2002), S. 187–201. Abschiedsbrief in französischer Übersetzung bei: Curtet, J.-C.: Stefan Lux, protomartyr à Genève de l'antisémitisme nazi, in: notrehistoire.ch, Genf 2006, online unter: http://www.notrehistoire.ch/article/view/47/ [zuletzt eingesehen: 04.03.2015]. In den Nebenakten zu David Frankfurter der Bündner Ermittlungsbehörden ist der Brief von Lux in Zusammenhang mit den Unterlagen der Verteidigung erhalten, was bedeutet, dass auch dort eine Verbindung zwischen den beiden Vorfällen gesehen wurde. Lux wurde im Gerichtsverfahren jedoch nicht erwähnt. Vgl.: Brief Lux, in: StAGR III23 d 2 Frankfurter.

460 Sargent 2001/2002, S. 187–188.

461 Memoiren (Version Jabotinsky), S. 44.

derung herablassender Art. Als er nämlich von seinem Vater eine Art Schutzgebet erhielt, die ihm ein „chassidische[r] Wunderrabbi“[462] mitgegeben hatte, nannte er dies eine „naive[...] Volksfrömmigkeit“[463] aus Osteuropa, die für ihn wenig Bedeutung hatte.

Nicht nur mit dem osteuropäischen Judentum war Frankfurter in Kontakt, sondern auch mit dem Schweizer Judentum. Prediger Messinger aus Bern erhielt die Erlaubnis, Frankfurter alle drei Monate als Seelsorger besuchen zu kommen. Für Frankfurter waren diese Besuche[464] von großer Wichtigkeit, denn sie boten ihm in der unjüdischen „und zuweilen auch ein wenig feindseligen [...] (aus den Worten Deduals klangen oft im Unterton antisemitische Anspielungen mit)“[465] Umgebung des Gefängnisses die Möglichkeit, mit dem Judentum verbunden zu bleiben. Auch der Rabbiner der Israelitischen Cultusgemeinde Zürich (ICZ) Zwi Taubes kam nach Chur, um mit Frankfurter zu sprechen. Dieses Gespräch allerdings, obwohl ohne Aufsicht stattfindend, wurde angeblich von Dedual durch die Tür belauscht – für Frankfurter ein deutlicher Hinweis dafür, dass er als Jude anders behandelt wurde. „Ich bin ganz sicher, dass es Dr. Dedual nie gewagt hätte zu lauschen, wenn etwa der katholische Pfarrer einem Untersuchungsgefangenen die Beichte abnahm.“[466]

Obwohl von offizieller Seite (Gefängnispersonal und Untersuchungsrichter Dedual) versucht wurde, Frankfurter die Nachrichten, die sich auf seinen Fall und dessen Auswirkungen bezogen, vorzuenthalten, erhielt er dennoch Informationen dazu – nicht nur durch die Zeitungen und Zeitschriften, die ihm seine Besucher mitbrachten. Frankfurter zeigte sich überrascht, aber auch erleichtert, dass offene Repressionen gegen das deutsche Judentum als Reaktion auf den Mord an Gustloff ausblieben. Von den Reaktionen in der Schweiz (und aus der ganzen Welt) erfuhr er durch die zahlreichen Zuschriften, die ihn im Gefängnis erreichten.

Exkurs: Briefe an David Frankfurter, „the loyal brave unselfish avenger“[467]

David Frankfurter erhielt während seiner Zeit im Gefängnis, sowohl in Untersuchungshaft als auch später nach der Verurteilung, viele Briefe, Postkarten und Telegramme von Männern und Frauen aus der Schweiz und dem Ausland, in

462 Ebd.

463 Ebd.

464 Vgl.: Kapitel 6.2.3 Rabbinerbesuche: „[...] dass sich einer der Herren Seelsorger zu ihm bemühe“, S. 341 ff.

465 Memoiren (Version Jabotinsky), S. 44. [Klammerbemerkung aus dem Original übernommen.]

466 Ebd.

467 Anonymer Brief an David Frankfurter, undatiert, Poststempel vom 7. Februar 1936, in: StAGR III23d2 Frankfurter, S. 27/1.

denen deutliche Zustimmung für seine Tat geäußert wurde. Auf der einen Seite waren dies die bereits erwähnten Anwälte, die die Öffentlichkeit und den Ruhm suchten, die mit der Verteidigung eines bekannten Mörders einherging, wie beispielsweise Zérapha oder Dr. Steinmarder aus Zürich, der Frankfurter versicherte, dass er seine Tat „als Jude, der ich bin, vollkommen verstehe".[468] Auf der anderen Seite setzten sich aber auch Personen mit Frankfurter in Verbindung, die keine offenkundlichen Hintergedanken hatten, sondern ihm lediglich ihre Unterstützung aussprechen wollten. Viele der Zuschriften waren anonym, einige aber mit Klarnamen unterzeichnet. Da in den Archivunterlagen jeweils nur die Zuschriften an David Frankfurter überliefert sind, nicht jedoch dessen Schreiben (in einigen Briefen wird auf Frankfurters Antwort eingegangen, insofern kann als gesichert gelten, dass er die Briefe erhalten und zumindest teilweise beantwortet hat), ist die Korrespondenz entsprechend einseitig.[469] Obwohl die Briefe auf den ersten Blick wenig Aufschluss geben über Frankfurters Selbstbild, haben sie ihn dennoch stark beeinflusst. Die Mehrheit dieser Zuschriften äußert sich zustimmend zum Attentat auf Wilhelm Gustloff, und so mag Frankfurters Ansicht, das Volk – im Gegensatz zur offiziellen Schweiz – befürwortete seine Tat, in der Lektüre dieser Zuschriften begründet sein.

Eine Postkarte aus New York mit der Anschrift „David Frankfurter, Davos" erreichte ihn in Untersuchungshaft in Chur. Ein anonymer Verfasser, gemäß eigenen Angaben ein „Auslandberner", schrieb, er bedauere es, dass Frankfurter nur einen der „lausigen Nazis"[470] getötet habe, und er hoffe auf Nachahmungstäter, die sich auch um diesen „miserablen Mussolini"[471] kümmern würden. Ebenfalls eine Postkarte (mit dem kryptischen und knappen Inhalt: „entbieten Grüße / d. Deutschen Mailands") war an „Herrn stud. med. David Frankfurter, dem Helden von Davos" gerichtet.[472] Ein weiterer anonymer Brief wurde aus Biel nach Chur geschickt. Der Verfasser sprach Frankfurter „patience et courage"[473] zu und prophezeite: „nous avons l'espoir de voir encore la réparation des crimes odieux commis par les Hitler, Göring etc contre les ouvriers, juifs, pacifistes. Le temps se vengera."[474] Ein Josef Stocker von der Höhenklinik Sanitas in Davos

468 Brief Dr. Steinmarder an David Frankfurter vom 5. Februar 1936, in: StAGR III23d2 Frankfurter, S. 1.

469 Bei mehrseitigen Briefen oder zweiseitig beschriebenen Postkarten ist zusätzlich zur Archivsignatur nach dem Schrägstrich die entsprechende Seitenzahl angegeben.

470 Anonyme Postkarte an David Frankfurter, undatiert, in: StAGR III23d2 Frankfurter, S. 3.

471 Ebd.

472 Vgl.: Anonyme Postkarte an David Frankfurter vom 5. Februar 1936, in: StAGR III23d2 Frankfurter, S. 4.

473 Anonymer Brief an David Frankfurter vom 6. Februar 1936, abgeschickt in Biel, in: StAGR III23d2 Frankfurter, S. 7.

474 Beide Zitate: Ebd.

versuchte, David Frankfurter Mut zuzusprechen. „[B]leiben Sie stark an Ihrem vorübergehenden Aufenthaltsort. Mut nicht fahren lassen, es kommen auch wieder andere Tage."[475]

Einen ausführlichen Brief schickte J. F. Matthes vom Bureau International de Presse in Paris an Frankfurter, ein, „soweit man das wissen kann, reiner Arier", der als Katholik in Deutschland „gegen den barbarischen Antisemitismus"[476] gekämpft hatte. Er versicherte ihm, „dass Millionen Menschen Ihre Tat verstehen und Sie infolgedessen nicht verurteilen, – entgegen allen anderen formellen Stimmen".[477] Mit den „formellen Stimmen" bezog er sich u.a. auf die Schweizer Presse, die den Mord einhellig verurteilte. Matthes kritisierte die Presse für diese Verurteilung und verlangte, dass sie, wenn sie die Verurteilung ernst meinte, konsequenterweise „den Helden Wilhelm Tell, seine Gedenkstätten und seine Nationalliteratur aus der schweizerischen Heldengeschichte [...] streichen"[478] müsste. Sowieso sah er in Tells Geschichte und in Frankfurters Tat gewisse Parallelen, „[...] Sie haben immerhin einen ausländischen Parteivogt auf schweizer [sic] Erde beseitigt[.]"[479]

Verschiedene Frauen wandten sich an David Frankfurter. Eine anonyme Mutter schickte eine Postkarte aus Rorschach und schrieb: „Vielleicht ist es Ihnen ein Trost, dass eine Mutter jeden Tag für Ihren Seelenfrieden zu Gott beten wird!"[480] Gezeichnet ist die Karte mit „Eine für Viele". Eine – gemäß Unterschrift – „Mitfühlende"[481] aus Locarno versicherte ihm in einem auf Deutsch verfassten Brief, sie gedenke seiner jeden Abend mit dem Wunsch, er möge „innere Ruhe und Stärke" finden. Seine Tat erfülle sie mit Genugtuung. „Wenn ein Jude zur Waffe greift, muss die Unterdrückung masslos geworden sein. So werden sicher Viele empfinden."[482] Ihren Namen wollte sie nicht nennen, einerseits, weil er nicht relevant sei, andererseits, weil „in diesen verworrenen Zeiten [...] einem leicht ein Strick gedreht" werden könne.[483]

475 Brief Jos. Stocker an David Frankfurter vom 6. Februar 1936, in: StAGR III23d2 Frankfurter, S. 5.

476 Beide Zitate: Brief von J. F. Matthes an David Frankfurter vom 8. Februar 1936, in: StAGR III23d2 Frankfurter, S. 12.

477 Ebd.

478 Ebd.

479 Ebd.

480 Anonyme Postkarte an David Frankfurter vom 8. Februar 1936, in: StAGR III23d2 Frankfurter, S. 13.

481 Anonymer Brief an David Frankfurter vom 12. Februar 1936, in: StAGR III23d2 Frankfurter, S. 18.

482 Ebd.

483 Ebd.

Eine Ode an David Frankfurter dichtete „Einer von der alten Schweizergarde“:

> Hoch klingt das Lied vom braven Mann, / Der uns befreit' von dem Tyrann, / Ein tapfrer Jud, gleich Wilhelm Tell / Macht ganze Arbeit auf der Stell'. / Schon König David warf den Stein / Dem Goliath ans Nasenbein. / Bei Tell spricht niemand von Terror, / Den nähme man gewiss am Ohr, / Vermöbelte ihn nach Väterweis, / Dass er erwög 'ne Auslandreis! / Nur ein käuflich Nazipack / Spricht von einem Terrorakt, / Wer liebet Freiheit, Schweizerland, / Der dankt dem Juden in die Hand, / Erhebt ihn auf den Ehrenschild –, / Gebärdet sich Motta noch so wild. / Ohn' diesen Tropf von Diplomaten / Könnt sich die Schweiz sehr wohl entraten; / Schnür er sein Bündel, reis er gleich / Mit Hitler in – das Himmelreich![484]

Abgesehen von der anonymen Unterschrift „Einer von der alten Schweizergarde“ gibt es keinerlei Hinweise auf den Verfasser dieser Zeilen. Interessanterweise nahm der Autor zwei Persönlichkeiten auf, die David Frankfurter bei der Rechtfertigung für seine Tat herbeigezogen hatte: den biblischen David und den Schweizer Freiheitskämpfer Wilhelm Tell. Der Absender schrieb nicht nur, Frankfurter habe die Schweiz von einem Tyrannen befreit, sondern darüber hinaus, dass jeder, der die Freiheit und die Schweiz liebt, den Mord an Gustloff befürworten müsse. Abschließend erhoffte sich der Verfasser ein gemeinsames Schicksal für Bundesrat Motta und Hitler, die in das Himmelreich reisen, also sterben sollten. Überraschend ist in Zusammenhang mit diesem Gedicht, dass der anonyme Verfasser sich „der alten Schweizergarde“ zugehörig zeigte, was darauf hindeutet, dass es sich um einen gestandenen Mann handelte, der möglicherweise im Ersten Weltkrieg für die Schweiz Wehrdienst geleistet hatte. Eine Abschrift des Gedichts findet sich in den Unterlagen der Schweizerischen Bundesanwaltschaft – übermittelt von der Deutschen Gesandtschaft in Bern als Beschwerde gegen antideutsche Umtriebe in Davos. Offensichtlich war Prof. Grimm durch die Prozessakten, zu denen er als Anwalt der Zivilpartei Zugang hatte, darauf gestoßen, hatte es an die Deutsche Gesandtschaft weitergeleitet und den Eindruck erweckt, dass während des Prozesses im Dezember „dieses Gedicht in Chur [...] überall herumgeboten und kolportiert“ und als „Flugzettel [...] verbreitet“ würde.[485] Dem Justiz- und Polizeidepartement war es wichtig, dem zu widersprechen und darauf hinzuweisen, dass es sich um eine private

484 Gedicht an David Frankfurter vom 18. Februar 1936, in: StAGR III23d2 Frankfurter, S. 21.

485 Beide Zitate: Brief des Justiz- und Polizeidepartements des Kantons Graubünden an die Abteilung für Auswärtiges des Eidgenössischen Politischen Departements vom 9. Dezember 1936, in: Schweizerisches Bundesarchiv: Frankfurter, David 1909, Bestand E4320B, Aktenzeichen: C.03–22, Dossierzeitraum: 1935–1954, Behältnis: Papier: 1974/47_35, Dossier: E4320B#1974/47#138*.

Zusendung an David Frankfurter handle, von der (abgesehen von den in den Prozess involvierten Personen) niemand Kenntnis hatte.[486]

Eine andere Art, Frankfurter zu unterstützen, wählte die „Metzgerei, Pension und Fleischkonserven-Fabrik Alex Anschel" aus Bern. Da davon ausgegangen werden musste, dass Frankfurter im Gefängnis nicht regelmäßig mit koscherem Essen versorgt wurde, schickte ihm die Metzgerei Anschel einige Fleischkonserven in der Hoffnung, dass sie ihm schmeckten. Anschel fügte im Brief an Frankfurter an, er könne ihm auch noch weitere schicken. Sogar ein Dosenöffner wurde der Sendung beigelegt. Er schloss den Brief mit den Worten: „Hoffentlich sind Sie gesundheitlich wohlauf und müssen Sie nur den Kopf hochhalten."[487] Offensichtlich respondierte Frankfurter auf Anschels Zusendung positiv. Anfang März erhielt er die nächste Lieferung („Fleischkonserven und Chokolade [sic] als Schlachmones zu Purim"[488]); Anschel schrieb, er habe Frankfurters Brief erhalten und freue sich, dass es ihm „den Umständen entsprechend"[489] gut gehe. Ebenfalls mit Lebensmitteln sowie mit Zeitschriften, Zeitungen und Zigaretten wollte Selma Weiler aus Zürich David Frankfurter helfen. Zu diesem Zwecke wandte sie sich an die Gefängnisverwaltung des Sennhofs und fragte, ob es gestattet sei, „David Frankfurter (als gänzlich Unverwandte oder Bekannte) kleine Aufmerksamkeiten"[490] zukommen zu lassen. Dem Brief legte sie eine Briefmarke bei – wohl für das Antwortschreiben.[491]

Weitere Formen der Unterstützung zeigten sich in zwei anderen Briefen. Ein Theologiestudent aus Bern, Ernst Lüthi, schickte ihm die eben erschienene Psalmenübersetzung Martin Bubers zu, „in der Hoffnung, dass diese Lektüre Ihnen Kraft, Freude u. Hoffnung gebe"[492] und bot ihm zudem an, ihm alles Notwendige, sofern möglich, zuzusenden. Ein Henry Rosenberg aus Texas ließ Frankfurter über die LICA einen Scheck in der Höhe von zwei Dollar zukommen, ursprünglich gedacht für die Verteidigung Frankfurters, die die LICA organisieren wollte.[493]

486 Vgl.: Ebd.

487 Brief von Alex Anschel an David Frankfurter vom 19. Februar 1936, in: StAGR III23d2 Frankfurter, S. 22.

488 Karte von Alex Anschel an David Frankfurter vom 6. März 1936, in: StAGR III23d2 Frankfurter, S. 32. Schlachmones: Jiddisch, aus dem Hebräischen „Mischloach Manot", übersetzt „Portionen schicken". Essbare Geschenke, die im Judentum traditionell zu Purim verschickt werden.

489 Ebd.

490 Brief von Selma Weiler an David Frankfurter vom 25. Februar 1936, in: StAGR III23d2 Frankfurter, S. 24/1.

491 Vgl.: Ebd., S. 24/2.

492 Brief von Ernst Lüthi an David Frankfurter vom 12. März 1936, in: StAGR III23d2 Frankfurter, S. 35.

493 Brief von Henry Rosenberg an Rabbi Louis D. Gross vom 3. März 1936 sowie Brief LICA an David Frankfurter vom 17. März 1936, in: StAGR III23d2 Frankfurter, S. 36.

Grundsätzlich war es mehreren Menschen wichtig, ihre Unterstützung für Frankfurter finanziell auszudrücken. Dr. Z. Bruck aus Bern[494] schickte an Verhörrichter Dedual einen Brief mit beigelegten 50 Franken, „die für Frankfurter bestimmt sind, damit man ihm das zu essen besorgen kann, was er seiner religiösen Ueberzeugung nach auch annehmen würde."[495] Ebenso Frédéric Méron aus Paris: Dieser schrieb ans Kantonale Verhöramt Graubünden mit der Absicht, „une toute petite somme au malhereux David Frankfurter"[496] zu überweisen. Er kenne ihn zwar nicht, möchte ihn aber unterstützen, weil er sich mit seiner Tat für die Millionen Opfer Hitlers eingesetzt habe. Als ehemals in der Schweiz Studierender habe er die Schweizer als „fiers, justes et genereux" kennengelernt und fügte an: „Votre resistance aux nazis fait l'admiration de tout le monde."[497] Zwei weiterere Franzosen, E. Eberlin und der bereits bekannte Georges Zérapha, beide aus Paris, ließen Frankfurter ebenfalls Geld zukommen. Eberlin mindestens zweimal, beim zweiten Mal eine Summe von 250 Francs, die ihm vom Comité de Patronage de Détenus Israélites en France et à l'Etranger zur Weiterleitung an Frankfurter übergeben wurde;[498] Zérapha 315 Francs, die für Frankfurter in Frankreich gesammelt worden waren.[499]

Aus dem St. Galler Quartier Bruggen kontaktierte Frau Frieda Bill David Frankfurter mit einer sonderbaren Frage. Sie hatte das Bild Frankfurters in einer Zeitung gesehen, die über den Mord in Davos berichtete, und war überzeugt, dass er während der Fahrt von Bern nach Zürich im Schnellzug der Abteilsnachbar von ihr und ihrer Schwester gewesen sei. Im Gegensatz zu Frieda Bill war ihre Schwester der Meinung, dass der junge Mann unmöglich David Frankfurter gewesen sein könne, „denn erstens hätten Sie sich dann nicht in so freundlicher Weise mit Ihren Mitreisenden befasst, Sie hätten sich eher zurückgezogen in einer Ecke mit Gedanken Ihres Vorhabens befasst".[500] Sie beschrieb ausführlich sowohl die Reise als auch die verschiedenen Personen, die sich während dieser Zeit im Zugabteil befanden – insbesondere den jungen Mann, den sie für Frankfurter hielt. „In Ihrem Coupe [sic], sass von Bern bis Olten oder Aarau, das weiss

494 Wahrscheinlich aus der Familie von Frankfurters Freund Jakob Bruck.

495 Brief Z. Bruck an Verhörrichter Dedual vom 8. Februar 1936, in: StAGR III23d2 Frankfurter, Schreiben ans Verhöramt, S. 5.

496 Brief Frédéric Méron ans Kantonale Verhöramt Graubünden vom 2. März 1936, in: StAGR III23d2 Frankfurter, Schreiben ans Verhöramt, S. 14.

497 Beide Zitate: Ebd.

498 Vgl.: Briefe von E. Eberlin an Verhörrichter Dedual vom 3. März 1936, in: StAGR III23d2 Frankfurter, Schreiben ans Verhöramt, S. 15–16.

499 Brief A. Touchard i.A. von Georges Zérapha an Verhörrichter Dedual vom 18. März 1936, in: StAGR III23d2 Frankfurter, Schreiben ans Verhöramt, S. 16.

500 Brief von Frieda Bill an David Frankfurter vom 20. Februar 1936, in: StAGR III23d2 Frankfurter, S. 23/1.

ich nicht mehr genau, eine grössere Dame mit einem 4–5 jährigen Kinde, mit denen Sie sich freundlich u. gemütlich unterhielten. […] Nachher erhielten Sie in Ihrem Coupe männliche Reisegenossen u. bald sah ich Sie auch mit diesen in unterhaltendem Gespräch."[501] Frieda Bill erläuterte den Grund, wieso sie diesen Mitreisenden so genau betrachtet hatte. Sie habe einen „gleichaltrigen lieben Sohn[…], der ebenfalls in der fremde [sic] lebt", und deshalb „grosses Interesse für das Benehmen junger Leute".[502] Im Nachhinein deutete Bill das Verhalten des jungen Mannes in Zusammenhang mit dem Mord, über den sie sich in der Zeitung informiert hatte, zu Frankfurters Gunsten. „Sie hatten wircklich [sic] nicht das Gebahren [sic] eines Mordkandidaten an sich, im Gegenteil, Ihr offenes, menschenfreundliches Wesen, berührte uns angenehm[.]"[503] Alsbald kam sie auf die wahre Intention ihres Briefes zu sprechen.

> Darf ich Sie nun bitten, wenn es Ihnen möglich ist, mir Antwort zu geben, ob Sie wirklich mit jenem Zug reisten, ob die Reisebeschreibung auf Ihre Person stimmt, damit wir wissen, wer recht hat, meine Schwester oder ich. Auch zeigt es sich dann, welche von uns beiden die bessere Beobachtungsgabe besitzt. Man kann da lernen dabei.[504]

Sie hoffte für ihn, das Gericht werde „ein gnädiges Urteil" über ihn fällen, unter Einbezug der Tatsache, dass er sich der Polizei freiwillig gestellt und zudem „keine eigennützigen Absichten, Räuberei u. dergleichen zu Schulden"[505] hat kommen lassen, denn wenn er der Reisegenosse gewesen sei, den Frieda damals im Zug nach Zürich gesehen habe, dann sei klar, dass er es „ganz gewiss mit der Absicht getan [habe], damit andern einen Dienst zu erweisen".[506] Den Brief schloss sie ab mit „grossem Interesse für [Frankfurters] Angelegenheit"[507] und hinterließ ihre Adresse, damit Frankfurter sich mit ihr in Verbindung setzen könne. Eine Antwort Frankfurters ist nicht überliefert. Dennoch kann als gesichert gelten, dass er nicht der Reisegenosse war, an dem Frieda Bill Gefallen gefunden hatte und den sie in ihrem Brief so ausführlich beschrieb. Frankfurter war nicht am 2. Februar 1936 mit dem Schnellzug, der Bern um 17.20 Uhr verlässt, „an fraglichem Sonntag aber mit einiger Verspätung abging"[508] nach Davos

501 Ebd., S. 23/2.
502 Beide Zitate: Ebd., S. 23/2–3.
503 Ebd., S. 23/3.
504 Ebd., S. 23/2.
505 Ebd., S. 23/3.
506 Ebd., S. 23/4.
507 Ebd.
508 Ebd., S. 23/1.

gereist, sondern bereits zwei Tage früher, am 31. Januar, mit dem Zug, abgehend ab Bern um 11.26 Uhr.

Auch aus dem Ausland erreichten Frankfurter Zuschriften, so beispielsweise eine anonyme und wirre Postkarte aus West Kensington, London. Schon die Adresse, wie der Rest des Briefes in Großbuchstaben geschrieben, ließ wenig Zweifel über die Meinung des Absenders zu. „To David Frankfurter, the hero for God and man, the blessed of all Jews, the potential leader of sanity, the loyal brave unselfish avenger. At the prison Davos, Switzerland."[509] Der anonyme Absender schrieb: „The murderous black shirt hoards smash your bones [and] do the filthy brutal things to you that they have done. [...] They are filling your body with agonizing tortourous pains – as they strip off your flesh."[510] Aber die Schwarzhemden würde ein gerechtes Ende erwarten. „These black agents of Saton [sic] are all going to the abyss of eternal death, never to rise again."[511] Auch wenn es wenig überrascht, dass die Tat Frankfurters Verrückte anzog, so ist diese Karte doch eine große Ausnahme unter den ansonsten tendenziell vernünftigen Nachrichten an Frankfurter.

Aber nicht nur Fremde sandten Frankfurter ihre Unterstützung, auch Freunde und Bekannte meldeten sich bei ihm, wie beispielsweise die Familie Angeli aus Bern. Im Februar 1936 erhielt er gleich zwei aufmunternde Postkarten. In der ersten Karte vom 12. Februar mit der Anrede „Verehrter Herr David!"[512] schrieben die Angelis verständnisvoll: „Sie haben sicher in letzter Zeit sehr traurige Tage durchgemacht. Noch schlimmere stehen Ihnen aber bevor."[513] Den Text schlossen sie ab mit herzlichen Grüßen und der Aufmunterung „David, verlieren Sie die Hoffnung nicht!"[514] Zwei Wochen später, Ende Februar, schickten die Angelis ein „kleines Zeichen und Tröster in bedrängter Zeit".[515] Wiederum versuchten sie, Frankfurter zu ermutigen:

> Fassen Sie Mut. Es sind schon viel schlimmere Leiden geheilt und vergangen, als wie Sie Ihnen gegenwärtig beschieden sind. Richten Sie sich auf an der guten Behandlung[,] die Ihnen zuteil wird, an der regen Anteilnahme aus Ihrem Freundeskreis, am Mitfühlen Ihrer Bekannten und an den guten Wünschen aller noch recht denkenden

509 Anonymer Brief an David Frankfurter, undatiert, Poststempel vom 7. Februar 1936, in: StAGR III23d2 Frankfurter, S. 27/1.

510 Ebd., S. 27/2.

511 Ebd.

512 Karte der Familie Angeli an David Frankfurter vom 12. Februar 1936, in: StAGR III23d2 Frankfurter, S. 16.

513 Ebd.

514 Ebd.

515 Karte der Familie Angeli an David Frankfurter von Ende Februar 1936, in: StAGR III23d2 Frankfurter, S. 28/1.

> Menschen. Kämpfen Sie gegen Verzagtheit und fassen Sie Mut, viel Mut und alles wird ein gutes Ende nehmen.[516]

Offensichtlich hatte die Familie Angeli Kontakt zu anderen Bekannten Frankfurters in Bern und konnte daher von deren Anteilnahme an seinem Schicksal berichten. Eine Befürwortung des Mordes an Gustloff klingt bei der Aussage mit, dass „noch recht denkende Menschen“ gute Wünsche an Frankfurter senden würden.

Frankfurter dürfte sich über die Karte von Lina Steffen besonders gefreut haben. Diese war von Alfons kontaktiert worden mit der Bitte, Frankfurters Wäsche zu waschen und sie ihm zu schicken. Dieser Bitte kam sie nach und merkte an: „Es ging nun etwas lange[,] bis ich die vielen Socken geflickt hatte.“[517] Sie bot an, ihm – sofern er diese benötigen würde – Toilettenartikel zu schicken. Frankfurter hatte sich offensichtlich nach dem Mord nicht bei ihr gemeldet, und sie bat ihn: „Bitte gib überhaupt mal ein Lebenszeichen von Dir.“[518] Lina Steffen versicherte Frankfurter, sie würden alle viel an ihn denken; bei den regelmäßigen Jassrunden, an denen auch Frankfurter teilgenommen hatte, sei er jeweils Tischgespräch. Abschließend fragte sie auf Berndeutsch: „Chansch Du no chli Bärndütsch?“[519] und forderte ihn noch einmal dazu auf, sich bei ihr zu melden. „Also, ‚Bürschteli‘ sei lieb und schreib mir mal.“[520] Sie grüßte ihn von „Kätheli“ und dem ganzen Haus, und ganz besonders übermittelte sie ihm Grüße von sich selbst.

Aber auch ein Bekannter aus Jugoslawien setzte sich mit Frankfurter in Verbindung, Lavoslav Ebenspanger aus Zagreb. Er versprach, er würde versuchen, ihn im Gefängnis zu besuchen und fügte an, er sei stolz darauf, mit ihm befreundet zu sein. Die Tat Frankfurters befürwortete er deutlich: „Die Rettung für das Judentum kommt also von nichtorthodoxer, religiöser Seite.“[521]

Nicht alle Postsendungen wurden Frankfurter direkt zugestellt. Ein Telegramm von Zérapha wurde von der Post- und Telegraphenverwaltung vorerst zurückgehalten und den Behörden übergeben. Die Post meldete der Bundesanwaltschaft, dass das Telegramm, „worin Frankfurter zu seinem Mord am Landesleiter der NSDAP in der Schweiz beglückwünscht wird, von der Beförderung

516 Ebd., S. 28/1–2.

517 Karte von Lina Steffen an David Frankfurter vom 11. März 1936, in: StAGR III23d2 Frankfurter, S. 34/1.

518 Ebd.

519 Ebd., S. 34/2. Übersetzung: Sprichst du noch etwas Berndeutsch?

520 Ebd. Bürschteli = Schweizerdeutsche Verkleinerungsform von Bursche.

521 Zwei Briefe von Lavoslav Ebenspanger an David Frankfurter vom 18. und 19. März 1936, in: StAGR III23d2 Frankfurter, S. 37–38.

ausgeschlossen“[522] wurde. Diese verwies die Information weiter an das kantonale Verhöramt in Chur „zu gutfindender weiterer Veranlassung“. Die Tatsache, dass das Telegramm in den Akten der Strafverfolgungsbehörden unter den Briefen an David Frankfurter abgelegt wurde, lässt darauf schließen, dass es ihm dennoch übergeben wurde. Zérapha schrieb im Telegramm von „legitime defense“ und wies auf seinen zu folgenden Brief hin.[523] Ein Zeichen dafür, dass die Zusendungen von den Ermittlungsbehörden genau gelesen wurden, ist eine Akte, die sich in den Archivunterlagen des Staatsarchivs Graubünden findet, abgelegt unter „Nebensächliches“,[524] handschriftlich und übertitelt mit „Korrespondenz während der Untersuchungshaft“. Die an Frankfurter gerichteten Briefe wurden dort aufgeführt und teilweise mit Kommentaren versehen. Der oben erwähnte Brief von Frieda Bill beispielsweise wird kurz wiedergegeben und mit dem Urteil „Mystizismus und Hysterie kommen zum Ausdruck“[525] ergänzt. Andere Kommentare waren noch harscher, wie beispielsweise zu einem anonymen Verfasser, dieser sei „offensichtlich geistesgestört!“.[526] Andere Briefe wurden mit „Sensationslüsternheit“ oder „Ausdruck der Bewunderung eines falsch verstandenen Heroismus“[527] kommentiert.

Wenn Frankfurter in seinen Memoiren schreibt, dass er „unter den einfachen Menschen dieses Gebirgslandes auch viel Freundschaft und Verständnis [gefunden hatte] – Blumen und Konfekt, die mir in die Zelle geschickt wurden von gänzlich unbekannten Eidgenossen waren beredte Zeugen“,[528] so bezieht er sich zumindest teilweise auf die vielen Postkarten und Briefe, die er schon während der Zeit in Untersuchungshaft erhalten hatte. Keine der Zusendungen, die insbesondere in den Akten des Staatsarchivs Graubünden erhalten sind, enthält unverhältnismäßige Kritik oder Drohungen gegenüber Frankfurter. Die Zuschriften lassen sich grob in drei Kategorien einteilen: Einerseits waren dies Leute, die in irgendeiner Art und Weise von Frankfurters Situation profitieren wollten, andererseits Schriften, die Frankfurter Mut zusprechen sollten, oder Personen, die ihn konkret, sei es finanziell oder mit Sachspenden, unterstützen wollten. Frankfurter war überzeugt, dass ihm wahrscheinlich „nur der kleinste Teil [der

522 Meldung der Post- und Telegraphenverwaltung an die Bundesanwaltschaft und das kantonale Verhöramt Chur, in: StAGR III23d2 Frankfurter, S. 10.

523 Telegramm von Georges Zérapha an David Frankfurter [Datum fehlt], in: StAGR III23d2 Frankfurter, S. 10. Auch der Brief findet sich in den Akten: Brief Georges Zérapha an David Frankfurter vom 8. Februar 1936, in: StAGR III23d2 Frankfurter, S. 11.

524 Dokumentensammlung „Nebensächliches“, in: StAGR III23d2 Frankfurter.

525 Korrespondenz während der Untersuchungshaft, in: StAGR III23d2 Frankfurter.

526 Ebd.

527 Ebd.

528 Memoiren (Version Jabotinsky), S. 33.

Zusendungen]“[529] gezeigt wurde. Dennoch zeigt er sich gerührt von der „Sympathie und Solidarität des Schweizervolkes“,[530] die aus diesen Briefen sprachen. Frankfurters wiederholte Verweise auf Wilhelm Tell sind möglicherweise darauf zurückzuführen, dass er in diesen Zuschriften, insbesondere in der erwähnten „Ode an David Frankfurter“, mit diesem verglichen wurde. Insofern wäre eine Fremdzuschreibung Teil seines Selbstbildes geworden.

Nichtsdestotrotz ist es Frankfurter wichtig herauszustreichen, er sei keinesfalls „einer Egozentrik verfallen“,[531] sondern beschäftige sich sehr wohl mit Weltereignissen über seinen Fall hinaus. Insbesondere die Vorgänge in Palästina (von Frankfurter Erez Israel genannt), etwa die arabischen Aufstände gegen jüdische und britische Einrichtungen, die 1936 ihren Anfang hatten, interessierten ihn. Er beschreibt in den Memoiren, dass er in den Unruhen einen Kampf „um Sein oder Nichtsein des jüdischen Volkes“ gesehen habe, denn nur „in Erez Israel [...] entschied sich das Schicksal des jüdischen Volkes“.[532] Den Kampf der Juden in Europa sieht er als nutzlos, was aber auch der Sicht aus den 1940er Jahren zurück auf die Vorgänge des Zweiten Weltkriegs geschuldet sein kann. Er schlussfolgert: „[K]ein noch so heldenhafter Kampf in der Galuth [kann] uns befreien – es gab und gibt nur eine Lösung der Judenfrage, das ist die Schaffung des Judenstaates in Palästina.“[533] Inspiriert durch ein „heldenhaftes junges Mädchen“,[534] das für eine der jüdischen Untergrundorganisationen kämpfte und sich *Ohevet Ami*[535] nannte, erwog er noch im Gefängnis (aber auch später nach seiner Auswanderung nach Palästina), seinen Namen zu *Ohev Ami* zu ändern und seinen dem Galut verhafteten Namen Frankfurter, ausgerechnet der Name einer deutschen Stadt, abzulegen.[536]

5.2.6 Letzte Vorbereitungen auf den Prozess

Währenddessen liefen die Vorbereitungen für den Prozess auf Hochtouren. Frankfurter bemängelt, er habe seinen Anwalt, Eugen Curti, lediglich zwei Mal vor Beginn des Prozesses sprechen können. Beim zweiten Besuch, knapp zwei Monate vor Prozessbeginn Ende Oktober, überreichte Curti seinem Man-

529 Ebd., S. 45.
530 Ebd.
531 Ebd., S. 49.
532 Beide Zitate: Ebd.
533 Ebd. [Unterstreichung aus dem Original übernommen.]
534 Ebd.
535 Hebr.: Liebhaberin oder Freundin meines Volkes.
536 Vgl.: Memoiren (Version Jabotinsky), S. 49.

danten die Anklageschrift, die die frühere Vermutung des Weibels bezüglich zu erwartendes Strafmaß bestätigte: Ihm drohten im Falle einer Verurteilung wegen Mordes 18 Jahre Zuchthaus,[537] Entzug aller bürgerlichen Rechte und lebenslängliche Landesverweisung. Aber auch inhaltlich war die „im steifen Juristenstil"[538] gehaltene Anklageschrift für Frankfurter kaum überraschend. „Die These von einem Komplott musste man fallen lassen, dafür aber versuchte man[,] das Schwergewicht der Tat auf einen Minderwertigkeitskomplex und den Selbstmord-Plan abzuschieben."[539] Die Verteidigung ihrerseits plante zwei Hauptstrategien. Zentral sollten einerseits die politischen Hintergründe sein, „d.h. die furchtbaren Judenverfolgungen durch die Nazis",[540] andererseits und aus Ersterem schließend der schleichende Effekt (Frankfurter nennt es „Dauer-Effekt"[541]), der mildernde Umstände für den Angeklagten bewirken sollte. Curti schlug Frankfurter deswegen vor, sich durch einen weiteren Experten auf dem Gebiet der Psychoanalyse untersuchen zu lassen – konkret erwähnte er den in Zürich tätigen C. G. Jung – aber Frankfurter, „müde der vielen Verhöre und Unterredungen",[542] lehnte ab.

In Bezug auf die Situation der deutschen Jüdinnen und Juden wurde Frankfurter zum ersten Mal ein Dokument vorgelegt, das im späteren Prozess von großer Bedeutung für die Vorgehensweise der Verteidigung war: *Die Dokumentensammlung über die Entrechtung, Ächtung und Vernichtung der Juden in Deutschland seit der Regierung Adolf Hitler*,[543] die vom Jewish Central Information Office zuhanden des SIG und Frankfurters Anwälten zusammengestellt worden war. Diese Schrift sollte, so Frankfurter, nicht nur seine Verteidigung unterstützen, sondern auch „der Weltöffentlichkeit [...] die Schandtaten der Nazis [...] demonstrieren".[544] Schon am 8. Oktober 1936 hatte Eugen Curti an das Kantonsgericht des Kantons Graubünden einen Aktenergänzungsantrag gestellt,[545] der die Absichten der Verteidigung verdeutlichte.

---

537 Die maximale Höchststrafe, die das Gesetz für Mord vorsah, war eine Zuchthausstrafe von 25 Jahren.

538 Ebd.

539 Ebd. Unterstreichungen aus dem Original übernommen.

540 Ebd.

541 Ebd.

542 Ebd.

543 Dokumentensammlung über die Entrechtung, Ächtung und Vernichtung der Juden in Deutschland seit der Regierung Adolf Hitler, in: StAGR III23d2 Frankfurter.

544 Memoiren (Version Jabotinsky), S. 49.

545 Vgl.: Aktenergänzungsantrag von Eugen Curti an das Kantonsgericht des Kantons Graubünden vom 8. Oktober 1936, in: StAGR III23d2 Frankfurter.

Aufgeteilt in drei Kategorien[546] legte Curti Beweise vor, die einen genauen Abriss über die judenfeindlichen Maßnahmen und antijüdische Propaganda boten. Er führte eine Reihe an Büchern auf, über Hitlers *Mein Kampf* zu Langhoffs *Die Moorsoldaten* bis hin zu *Das braune Netz*, um die Umtriebe und Absichten der Nationalsozialisten zu belegen.[547] Um zudem die Machenschaften Gustloffs in der Schweiz zu beleuchten, berief er sich auf Akten der Bundesanwaltschaft und kantonalen Behörden, aber auch auf die Interpellationen Thalmann und Canova.[548] Im Aktenergänzungsantrag waren die Zeuginnen und Zeugen aufgelistet, die Curti zur Hauptverhandlung vorladen wollte; neben Lina Steffen und Martha von Känel handelte es sich dabei mehrheitlich um Freunde und Bekannte Frankfurters (Branco Pavlinovic, Ozren Krneta und Jakob Bruck), auch Prediger Messinger stand auf der Liste.[549] Diese sollten „insbesondere bezeugen, dass der Angeklagte in seinem Privatleben ein durchaus anständiger, ehrbarer, junger Mann gewesen ist und aus einer braven, tüchtigen Familie stammt und dass er unter den Judenverfolgungen persönlich schwer litt".[550] Curti behielt sich vor, noch weitere Zeuginnen und Zeugen zu berufen und weiteres Beweismittel vorzulegen.[551] Da er mit der Vorbereitung der Verteidigung beschäftigt war und sich „ganz in das Studium der Akten […] vertiefen [wollte], aufgrund deren er sein Plädoyer aufbaute",[552] verlief in der Folge bis zum Prozess der Kontakt zwischen Mandant und Anwälten ausschließlich über Veit Wyler.

Aber auch die andere Seite im Prozess war nicht untätig. So beauftragte Hedwig Gustloff per Vollmacht vom 7. August 1936 den renommierten deutschen Rechtsanwalt Prof. Dr. Grimm aus Essen „zur Vertretung in Sachen gegen David Frankfurter, z. Zt. in Haft in Chur". Friedrich Grimm hatte sich als nationalsozialistischer Anwalt in Deutschland einen Namen gemacht, indem er beispielsweise

546 Drei Kategorien: „staatliche Massnahmen zur Vernichtung des Judentums" [S. 2], „sonstige[…] behördliche[…] Massnahmen und Verfügungen gegen die Juden" [S. 7] „antijüdische Hetze" in Medien [S. 8].

547 Aktenergänzungsantrag von Eugen Curti an das Kantonsgericht des Kantons Graubünden vom 8. Oktober 1936, in: StAGR III23d2 Frankfurter, S. 8–11.

548 Vgl.: Ebd., S. 11. Vgl.: Exkurs Wilhelm Gustloff und die Interpellation Canova, S. 115 ff.

549 Vgl.: Aktenergänzungsantrag von Eugen Curti an das Kantonsgericht des Kantons Graubünden vom 8. Oktober 1936, in: StAGR III23d2 Frankfurter, S. 12.

550 Ebd., S. 12–13.

551 Wie später noch aufgezeigt wird, wurde als einzige Zeugin vor Gericht Hedwig Gustloff zugelassen. Zu den Vorbereitungen der Verteidigung gehörte auch die Einholung graphologischer Gutachten zu David Frankfurter. Vgl.: Graphologisches Gutachten Clara S. Wirth, Zürich, vom 28. August 1936, und: Handschriftenanalyse von Adolph Cohn, Amsterdam, in: AfZ, NL Veit Wyler / 40, S. 153–154.

552 Memoiren (Version Jabotinsky), S. 50.

Fememörder[553] verteidigt oder Widerständische bekämpft hatte; vor dem Fall Frankfurter war er in den Fall Berthold Jacob involviert, in dem er die Reichsregierung vor dem internationalen Schiedsgericht vertrat, später sollte er eine Rolle im geplanten, aber nie durchgeführten Schauprozess um Grynszpan übernehmen – ebenfalls als Vertreter der Zivilpartei.[554] Im Rahmen der Zivilklage Gustloff gegen Frankfurter wurde er unterstützt vom Schweizer Anwalt Werner Ursprung aus Zurzach, der als Rechtsanwalt für die Nationale Front tätig war und beim Berner Prozess gegen die *Protokolle der Weisen von Zion* die Partei der Beklagten vertreten hatte. Dabei stellte sich das Problem, dass die Zivilpartei nur einen Vertreter haben konnte und dieser sollte ein Schweizer sein.

Das Präsidium des Kantonsgerichts Graubünden teilte Ursprung diesbezüglich mit, Grimm könne auf Antrag höchstens als Assistent zugelassen werden, wobei das Kantonsgericht den Zivilklägern insoweit entgegenkommen könne, als dass Grimm „ausnahmsweise" zum Verlesen der Replik zugelassen würde.[555] Im Antrag Ursprungs an das Kantonsgericht wurden die Gründe für die gewünschte Zulassung Grimms erörtert. Nicht nur sei es verständlich, dass sich „die Witwe des durch den Angeklagten ermordeten Wilhelm Gustloff" in dieser „so wichtigen Angelegenheit" einen Landsmann als Rechtsbeistand wünsche, sondern es müsse auch ein deutscher Anwalt vor Gericht anwesend sein, damit mögliche problematische Aussagen der Verteidigung „von einem deutschen Rechtsanwalt sogleich beantwortet und erforderlichenfalls richtig gestellt werden können".[556]

Der Beschluss, Grimm zuzulassen, wurde Curti mitgeteilt, der umgehend „alle Vorbehalte" dagegen kommunizierte.[557] Dabei ging es nicht nur darum, dass mit Grimm ein ausländischer Anwalt genehmigt wurde, was Frankfurter verwehrt worden war, sondern auch um die politische Ausrichtung Grimms: „Herr Professor Grimm aber kann nur in der Absicht zur Teilnahme am Prozesses engagiert

553 Fememorde: Im deutschnationalen Sprachgebrauch für Ermordung von politischen Gegnern, „Verrätern", v.a. in den 1920er Jahren, z.B. der Mord an Walther Rathenau.

554 Vgl.: Weigel, Bjoern: Grimm, Friedrich, in: Benz, Wolfgang: Handbuch des Antisemitismus. Judenfeindschaft in Geschichte und Gegenwart, Band 8, Nachträge und Register, Berlin/Boston 2015, S. 63–64.

555 Schreiben des Kantonsgerichts Graubünden an Werner Ursprung vom 23. Oktober 1936, in: Schreiben ans Verhöramt i. S. David Frankfurter, StAGR III23d2 Frankfurter, S. 94. Es sei nicht üblich gewesen, dass die Zivilklage durch zwei Anwälte vertreten wird, die Erlaubnis lag im Ermessen des Gerichts. Vgl.: Schreiben des Kantonsgerichts Graubünden vom 10. November 1936, in: AfZ, NL Veit Wyler / 40, S. 213.

556 Alle Zitate: Antrag Werner Ursprungs an das Kantonsgericht Graubünden vom 11. November 1936, in: Schreiben ans Verhöramt i. S. David Frankfurter, StAGR III23d2 Frankfurter, S. 100.

557 Schreiben von Eugen Curti an das Kantonsgericht Graubünden vom 26. Oktober 1936, in: Schreiben ans Verhöramt i. S. David Frankfurter, StAGR III23d2 Frankfurter, S. 97/1.

worden sein, um in der Hauptverhandlung ein politisches Theaterstück vorzutragen, ist er doch eine der juristischen Hauptstützen des neuen Regimes in Deutschland, der es auch fertig gebracht hat, in Reden und Schriften den Fehmemord [sic] als straflos zu erklären."[558] Dass dies nicht nur Curti beschäftigte, zeigen die Ausführungen dazu bei Bollier, der schreibt, dass sich Bundesrat Motta vorerst gegen die Zulassung Grimms stellte, aber nach Intervention Ernst von Weizsäckers sowie einem Besuch Grimms umschwenkte.[559]

558 Ebd., S. 97/2.
559 Vgl.: Bollier 1999, S. 64–65.

6 Prozess, Urteil, Gefängnis und Begnadigung

6.1 Der Prozess in Chur

6.1.1 Das Gericht, die Journalisten, das Publikum

Abb. 29: Zuschauerinnen und Zuschauer beim Verlassen des Großratsgebäudes, in dem der Prozess stattfand (Fotograf: Heinz Guggenbühl – Prisma). Quelle: AfZ, NL Eugen Curti.

Am Tag vor dem Prozessbeginn, am 8. Dezember, wurde David Frankfurter vom Sennhof in Chur, in dem er bis anhin untergebracht war, in ein anderes Gebäude überführt. Dort, im Keller des Großratsgebäudes,[1] wurde ein ehemaliger Tresorraum für Frankfurter umgestaltet – gemäß Frankfurter eine der vielen Vorsichtsmaßnahmen, die zu seinem Schutz ergriffen wurden. Der Raum war

1 Frankfurter schreibt vom Parlamentsgebäude. Da es ein solches in Chur nicht gibt, kann davon ausgegangen werden, dass er damit das Großratsgebäude meint, in dem die Sitzungen des Großen Rats, also des Parlaments, stattfinden.

spartanisch mit lediglich einem Tisch, einem Bett und einem Stuhl eingerichtet; das Fenster wurde mit einer Stahlplatte abgedeckt. Jedoch sei die provisorische Gefängniszelle bald in einen „Gabentempel“[2] verwandelt worden. „Blumen und Bücher, Schokolade und Zigaretten und ganze Stösse von Briefen wurden für mich abgegeben. […] Schweizer, Juden und Ausländer bekundeten mir ihre Sympathien.“[3] Frankfurter konnte sich an diesen Zeichen der Solidarität nicht erfreuen; er befand sich in einem Zustand der Apathie. Zwar hatte er seinen Plan durchgeführt, aber nur zur Hälfte – den ebenfalls geplanten Selbstmord hatte er nicht begehen können. So fühlte er sich, trotz aller Geschenke, alleingelassen, auch wenn sein Alleinsein selbstgewählt war. Sowohl seinem Vater als auch seinem Bruder hatte er mitgeteilt, er möchte in der Zeit vor dem Prozess keinen Besuch empfangen. „Ich brauchte keine Hilfe. Allein hatte ich gehandelt, allein wollte ich meinen Richtern gegenüber treten.“[4] Sein Kontakt zur Außenwelt beschränkte sich auf die ihn bewachenden Polizisten, den Anwalt Veit Wyler – und Frankfurters „Freund“[5] Zérapha, der in Begleitung Schwarzbards erschien.[6] Frankfurter hatte – im Gegensatz zum SIG – keinerlei Vorbehalte gegen dessen geplante Anwesenheit; Zérapha, dem „mutigen Manne und Vorkämpfer für die jüdische Ehre“,[7] wurde jedoch, wie Frankfurter schreibt, von unbekannter Seite davon abgeraten, am Prozess als Zuschauer teilzunehmen.[8] Zérapha und Schwarzbard haben diesem Rat Folge geleistet, denn sie erscheinen zumindest auf keiner Liste der Bundesanwaltschaft, die von den Hotels in Chur für die Dauer des Prozesses Informationen zu auswärtigen Gästen erhielt,[9] und auch auf der Liste der „Anmeldungen für die Hauptverhandlung in der Strafsache Frankfurter David vor Kantonsgericht Graubünden“[10] sind sie nicht aufgeführt. Erstere Liste wurde vom Justiz- und Polizeidepartement des Kantons Graubünden an die Bundesanwaltschaft geschickt mit der Bitte um Mitteilung, falls

2 Memoiren (Version Jabotinsky), S. 51.

3 Ebd.

4 Ebd.

5 „Von meinen neuen Freunden war Monsieur Zerapha [sic] erschienen […]. Wieder war Schalom Schwarzbard in seiner Begleitung“. Memoiren (Version Jabotinsky), S. 51.

6 Frankfurter dankte Zérapha in einem Brief für seinen Besuch und erwähnte auch Bücher, die er von Zérapha erhalten habe, und bestätigte den Erhalt von 300 Francs sowie 20 Schweizer Franken. Vgl.: Brief von David Frankfurter an Georges Zérapha vom 16. Oktober 1936, in: AfZ, NL Veit Wyler / 40, S. 308.

7 Memoiren (Version Jabotinsky), S. 51.

8 Es ist naheliegend, dass der SIG dafür verantwortlich gewesen sein könnte.

9 Vgl.: Gästekontrolle pro 8/9 Dez. 1936/Ankunft der Hotelgäste vom 9/10 Dez. 1936/Verzeichnis der Hotelgäste vom 10/11 Dez. 1936, in: Schweizerisches Bundesarchiv: Frankfurter, David 1909, Bestand E4320B, Aktenzeichen: C.03–22, Dossierzeitraum: 1935–1954, Behältnis: Papier: 1974/47_35, Dossier: E4320B#1974/47#138*.

10 Ebd.

sich darunter Personen befinden sollten, die dem Polizeidienst der Bundesanwaltschaft bekannt wären, und der Ankündigung, täglich entsprechende Listen zukommen zu lassen.[11]

Auf der oben genannten Liste sind die Anmeldungen (aufgrund des beschränkten Platzangebots[12] und Sicherheitsbedenken[13] konnte die Teilnahme am Prozess nur nach Anmeldung gewährt werden) für den Frankfurter-Prozess aufgeführt; einerseits sind dies Vertreter von Zeitungen und Zeitschriften, in denen Berichterstattungen zum Prozess erscheinen sollten. Daneben handelte es sich um Privatpersonen, deren Namen, Herkunftsorte und Berufsbezeichnungen aufgeführt wurden. Wenig überraschend ist, dass sich verschiedene lokale bündnerische und nationale Medien für einen oder zwei Plätze haben registrieren lassen, so für den Kanton Graubünden der *Freie Rätier*, das *Bündner Tagblatt* und die *Neue Bündner Zeitung*, mit größerer Reichweite die *Neue Basler Zeitung*, die *Basler Nachrichten*, die *Neue Zürcher Zeitung* und das *Zürcher Tagblatt*, die Schweizerische Depeschenagentur, die *Schweizer Illustrierte Zeitung* und der Ringier Verlag, aber auch diverse jüdische Blätter (das *Israelitische Wochenblatt* und das *Jüdische Heim*) sowie politische Organe wie die kommunistische *Freiheit* und die Zeitung der Frontenbewegung *Die Front*.[14] In den Listen zu den Hotelgästen war zudem der nationalsozialistische Propagandist Wolfgang Diewerge aufgeführt. Vertreter internationaler Zeitungen kamen aus Palästina, Wien, Prag, Paris, den Niederlanden, Warschau, London und Deutschland. Zwei Plätze waren für Frankfurters Verteidiger Dr. Curti reserviert, zwei für Dr. Ursprung, den Anwalt der Zivilklägerin, vier Plätze gingen an die Mitglieder des Kleinen Rats. Verschiedene

---

11 Vgl.: Brief des Justiz- und Polizeidepartements des Kantons Graubünden an die schweizerische Bundesanwaltschaft vom 8. Dezember 1936, in: Schweizerisches Bundesarchiv: Frankfurter, David 1909, Bestand E4320B, Aktenzeichen: C.03–22, Dossierzeitraum: 1935–1954, Behältnis: Papier: 1974/47_35, Dossier: E4320B#1974/47#138*. Auf der Liste aus dem Bundesarchiv sind tatsächlich zwei Namen markiert, Georg Elgard, Stenograph, und Vico Rigassi, Journalist. Vico Rigassi soll um 1930 Informant für die politische Polizei des faschistischen Italien gewesen sein und war wahrscheinlich deswegen der Bundesanwaltschaft bekannt. (Vgl.: Marcacci, Marco: Rigassi, Vico, in: Historisches Lexikon der Schweiz, online unter: http://www.hls-dhs-dss.ch/textes/d/D30253.php [zuletzt eingesehen: 25.05.2015].) Wieso die Bundesanwaltschaft Informationen zu Georg Elgard hatte (ein deutscher Jude, der 1936 aus Deutschland wegzog und später in Liechtenstein lebte), ist nicht ersichtlich. Zu Georg Elgard: Elgard Georg, dt. Emigrant, Stenograph, in: Landesarchiv des Fürstentum Liechtenstein, online unter: http://www.e-archiv.li/personDetail.aspx?backurl=auto&eID=1&etID=41904&persID=29391 [zuletzt eingesehen: 25.05.2015].

12 Die Liste umfasst 151 Einträge. Fuhrer schreibt von 250 Plätzen im Saal, gibt jedoch nicht an, woher er seine Information bezieht. Vgl.: Fuhrer 2012, S. 149.

13 Dies schreibt zumindest Frankfurter. Vgl.: Memoiren (Version Jabotinsky), S. 52.

14 Bollier schreibt, dass „dafür gesorgt [wurde], dass die Journalisten der beiden Parteien weit getrennt voneinander ihre Plätze einnehmen mussten." Bollier 1999, S. 68.

Personen, vor allem (aber nicht ausschließlich) aus der Umgebung, nahmen aus Interesse am Prozess teil, zum Beispiel verschiedene Großräte, ein Nationalrat, ein Postbeamter, der Sekretär einer Bauernvereinigung und ein Zahntechniker.[15]

Abb. 30: Blick auf den Gerichtshof. In der obersten Reihe von links nach rechts: Oberst Gartmann (St. Moritz), Dr. Jos. Vieli (Chur), Kantonsgerichtspräsident Dr. R. Ganzoni, Rechtsanwalt G. B. Nicola (Roveredo), Standespräsident Dr. P. Sonder (Salux). In der Mitte: Aktuar Dr. M. Conrad (Chur), davor drei Detektive. Stehend: Amtskläger Dr. Brügger, dahinter, sitzend: David Frankfurter. (Fotograf: Heinz Guggenbühl – Prisma). Quelle: AfZ, NL Eugen Curti.

Vor diesem Publikum und im Großratsgebäude[16] sollte nun der Prozess am Mittwoch, dem 9. Dezember 1936 beginnen. Frankfurter beschreibt den Schauplatz in seinen Memoiren ausführlich. Er kannte kaum einen der Zuschauer: „Nur mein guter Friseur, der mir in den ersten Tagen der Haft als Nachrichten-

15 Vgl.: Anmeldungen für die Hauptverhandlung in der Strafsache Frankfurter David vor Kantonsgericht Graubünden, in: Schweizerisches Bundesarchiv: Frankfurter, David 1909, Bestand E4320B, Aktenzeichen: C.03–22, Dossierzeitraum: 1935–1954, Behältnis: Papier: 1974/47_35, Dossier: E4320B#1974/47#138*.

16 Der übliche Raum, in dem das Gericht tagte, war aufgrund des großen medialen Interesses als zu klein erachtet worden. Kurzfristig wurde erwogen, den Prozess in einem Kinosaal durchzuführen; „mit Rücksicht auf die Würde des Gerichtes" war man aber von dieser Idee abgekommen. Memoiren (Version Jabotinsky), S. 52. Vgl. auch: Bollier 1999, S. 68.

bote gedient hatte, winkte ermunternd herab."[17] Das Gericht bestand nicht, wie Frankfurter sich erhofft hatte, aus Laienrichtern, sondern aus Anwälten. Vorsitz hatte Dr. Anton Rudolf Ganzoni,[18] zur Seite standen ihm die Rechtsanwälte Oberst Gartmann aus St. Moritz, Nicola aus Roveredo, Dr. Sonder aus Salux und Regierungsrat Dr. Vieli aus Chur.[19] Frankfurter wertete das „reine Juristen-Gericht"[20] zu seinen Ungunsten.

> Denn ein Schwurgericht, in dem Schöffen (Laien-Richter) neben den Berufs-Richtern fungieren und den Urteilsspruch zu fällen haben, hätte – wenn es wirklich gerecht zusammengesetzt gewesen wäre – die <u>Volks</u>meinung der Schweiz widerspiegeln müssen, die ich auf meiner Seite wusste.
> Die Richter aber, denen ich gegenüber stand, waren trockene Berufsjuristen [...], und nach politischen Gesichtspunkten[21] zusammengestellt, freilich wiederum in einer Weise, die für mich nicht günstig sein konnte.[22]

Das Gericht machte auf ihn keinen „förmlich-feierlichen Eindruck",[23] was er vor allem auf die fehlenden Talare und Perücken zurückführte; die Richter trugen lediglich einfache Anzüge.[24] Frankfurter beschreibt sie später als „kalte Männer, eingeschüchtert von der über ihnen drohenden Riesenfaust der Nazis",[25] die über sein Schicksal zu entscheiden hatten. Ebenfalls kaum gute Worte findet Frankfurter für den Amtskläger, Dr. Friedrich Brügger aus Chur, der für diesen

---

17 Memoiren (Version Jabotinsky), S. 52.

18 Ganzoni war von 1930 bis 1937 Präsident des Kantonsgerichts. Vgl.: Simonett, Jürg: Ganzoni, Rudolf Anton, in: Historisches Lexikon der Schweiz, online unter: http://www.hls-dhs-dss.ch/textes/d/D5309.php [zuletzt eingesehen: 25.05.2015].

19 Vgl.: Der Prozess gegen David Detlef Frankfurter, in: AfZ, IB Frankfurter-Prozess / 3, S. 1.

20 Memoiren (Version Jabotinsky), S. 52. An verschiedenen Stellen in der Literatur zum Prozess wird geschrieben, dass sich das Gericht aus Rechtsanwälten und Laien zusammensetzte, so beispielsweise bei Bollier: „Das Richterkollegium setzte sich aus einem weiteren Juristen und drei Laien zusammen." (Bollier, S. 60.) Wahrscheinlich hat die UEK diese Information von Bollier übernommen: „Dem Gericht gehörten ein weiterer Jurist und drei Laienrichter an." (UEK, S. 234.) Auf der ersten Seite des Prozessprotokolls sind jedoch alle Mitglieder des Gerichts mit dem Titel Rechtsanwalt versehen.

21 Gemäß Frankfurter war der Gerichtspräsident Ganzoni ein Freisinniger, drei der weiteren Richter katholisch-konservativ, ein weiterer „unabhängiger Demokrat". Vgl.: Memoiren (Version Jabotinsky), S. 52.

22 Memoiren (Version Jabotinsky), S. 52. Unterstreichung aus dem Original übernommen.

23 Ebd.

24 Vgl.: Ebd.

25 Ebd.

Prozess berufen worden war.[26] Der Mann, der die Anklage gegen Frankfurter vertrat, war in Frankfurters Augen überehrgeizig und „[e]r sollte sich im Laufe des Prozesses als ein Scharfmacher übelster Sorte erweisen, der den Mächtigen zum Munde redete, und hier um jeden Preis Karriere machen wollte."[27]

Frankfurters Verteidiger, Dr. Curti und Dr. Wyler, waren anwesend; die Zivilklägerin Hedwig Gustloff hatte gleich drei Rechtsbeistände bestellt – neben Dr. Badrutt aus Chur waren dies die erwähnten Dr. Ursprung aus Zurzach sowie Prof. Dr. Grimm aus Essen. Insbesondere Grimms Anwesenheit, „ein Kronjurist von Göbbels [sic] Gnaden"[28] empfand Frankfurter als große Ungerechtigkeit. Ihm war es verwehrt worden, einen ausländischen Anwalt herbeizuziehen – der Zivilklage wurde dies jedoch gestattet.[29] Hinter Grimm saßen die nationalsozialistischen Pressevertreter, „die Meute der Nazijournalisten",[30] angeführt von Wolfgang Diewerge, der, so Frankfurter, das Schreiben der deutschen Journalisten nicht nur leitete und überprüfte, sondern gar vorgab. Der Hauptzweck ihrer Anwesenheit läge nicht in der Berichterstattung, sondern „einschüchternd auf das Gericht zu wirken und allenfalls ihrem Herrn in Berlin zu berichten, wenn irgend einer der Richter im Saale nicht nach ihrer Pfeife tanzte."[31] Nicht nur Frankfurter beschreibt das Auftreten der Deutschen und die Funktion Diewerges in dieser Weise, in anderen Publikationen wurden sie als „monolithischer Block" beschrieben, deren Verhalten bei „Schweizer Beobachtern sowohl zu Hohn und Spott als auch zu Empörung"[32] führte. Zudem sei Diewerge für die „vollkommene Gleichschaltung"[33] zuständig gewesen, indem er und seine Mitarbeiter während des Prozesses jeweils schriftliche Anweisungen an die deutsche Presse weitergegeben hätten.[34] Angeblich hatte es von Seiten der Deutschen im Vorfeld zudem Proteste gegen die Platzverteilung gegeben. Statt wie gefordert 23 Plätze, wurden

---

26 Vgl.: Schwarz, Stephan: Ernst Freiherr von Weizsäckers Beziehung zur Schweiz (1933–1945): Ein Beitrag zur Geschichte der Diplomatie, Bern 2007, S. 223.

27 Memoiren (Version Jabotinsky), S. 52.

28 Ebd., S. 53.

29 Schwarz führt aus, dass Grimm sich „in Sachen Gerichtsprozess gegen Frankfurter mit [Bundesrat] Motta gar persönlich [habe] unterhalten können." Dieser solle ihm versichert haben, er wolle seinen Einfluss geltend machen, damit Grimm zugelassen würde und ebenso, falls das Gericht Ausfällen gegen das Dritte Reich nicht Einhalt gebieten könne. Vgl.: Schwarz 2007, S. 223, und Bollier 1999, S. 64–65.

30 Memoiren (Version Jabotinsky), S. 52.

31 Ebd., S. 53.

32 Beide Zitate: Fuhrer 2012, S. 151.

33 Bollier 1999, S. 68.

34 Vgl.: Ebd.

ihnen vorerst nur 12 zugedacht. Der Vorsitzende des Gerichts, Ganzoni, gab schließlich nach und gestand den deutschen Pressevertretern 21 Plätze zu.[35]

Abb. 31: Deutscher Pressevertreter macht sich Notizen (Fotograf: Heinz Guggenbühl – Prisma). Quelle: AfZ, NL Eugen Curti.[36]

Daneben saßen die restlichen Pressevertreter, auf der einen Seite die Schweizer, auf der anderen die ausländischen Journalisten,[37] darunter ein Frankfurter bekannter Student, der für eine jiddische Zeitung schrieb. Frankfurter erwähnt eine Begegnung mit einem Korrespondenten der JTA, der *Jewish Telegraphic*

35 Vgl.: Fuhrer 2012, S. 151. Fuhrer schreibt dort zudem, dass Emil Ludwig und Schwarzbard am Prozess teilgenommen hatten, die beide in der Liste der Anmeldungen zum Prozess nicht erscheinen.

36 Spannend zu dieser Fotografie ist die Bildbeschriftung: „Das Bild zeigt, wie die Vertreter der deutschen Presse mit Zeitungen aus der Heimat, selbst mit solchen, deren Einfuhr in die Schweiz untersagt ist, fortlaufend und hinreichend versorgt wurden." Bild eines deutschen Pressevertreters, in: AfZ NL Eugen Curti.

37 Frankfurter nannte neben den englischen, amerikanischen und französischen auch die jüdischen Journalisten als separate Kategorie. Er schrieb zudem, dass das Interesse der englischen Presse am Prozess kleiner gewesen sei als ursprünglich erwartet: Gleichzeitig hätte nämlich König Eduard VIII. wegen seiner Beziehung zur Bürgerlichen Wallis Simpson abgedankt, was die gesamte Aufmerksamkeit der dortigen Presse in Anspruch genommen habe. Vgl.: Memoiren (Version Jabotinsky), S. 53.

Agency, die ihm offenbar viel bedeutete. „In einer Verhandlungspause kam [er] auf mich zu und fragte hebräisch, ob ich dem Yischuv[38] etwas zu bestellen hätte, worauf ich kurz erwiderte: ‚Lehitraoth be Eretz Jisrael'."[39]

Überhaupt muss die Berichterstattung aus Chur enorm gewesen sein. „Zwölf Sondertelephone im Parlamentsgebäude und ein eigenes Presse-Kabel standen den Journalisten zur Verfügung. Das erste Übersee-Fern-Gespräch aus Chur wurde während des Prozesses geführt."[40] Zudem seien (erst ab dem zweiten Prozesstag) etwa 20 Pressefotografen und eine Filmkamera zum Prozess zugelassen gewesen.[41] Zur Zulassung von Fotografen sind die Informationen in der Literatur zum Prozess kontrovers. Sowohl Bollier als auch Fuhrer schreiben, dass das Gericht das Fotografieren während der Prozesstage grundsätzlich verboten habe, die deutschen Journalisten sich jedoch dreist darüber hinweggesetzt hätten.[42] Frankfurter hingegen schildert in seinen Memoiren eine andere Version, gemäß der das Fotografieren vorerst verboten gewesen sei, dann aber Fotografen zugelassen wurden, und er gibt Gründe dafür an. Mit einer, wie er vermutet, Miniaturkamera habe ein deutscher Journalist ein Bild von ihm gemacht, das zuerst am darauffolgenden Tag im *Völkischen Beobachter*, danach auch in anderen Zeitungen veröffentlicht worden sei. Frankfurter war mit der Aufnahme unzufrieden. „Dieser Nazi-Photo-Reporter erwischte mich gerade in einem Augenblick, da ich etwas geistesabwesend zur Galerie hinauf blicke. Das gab dem Bild einen ungünstig unsympathischen Ausdruck, also gerade das, was das Naziblatt wünschte und brauchte."[43] Deswegen, so Frankfurter, habe das Gericht sich genötigt gefühlt, das Fotografieren während des Prozesses allgemein zu erlauben, was zur Folge hatte, dass in der schweizerischen und internationalen Presse verschiedene Bilder von dem Prozess veröffentlicht wurden – sogar in der Deutschen Wochenschau wurden Szenen aus den Gerichtsverhandlungen gezeigt.[44]

Dass Frankfurter die Aufmerksamkeit der Weltöffentlichkeit nicht nur schätzte, sondern geradezu brauchte, um seine Botschaft zu verbreiten, wäre eigentlich naheliegend. Dennoch schrieb er in seinen Memoiren, er habe dem Rummel um seine Person und den Prozess zu jenem Zeitpunkt gleichgültig gegenübergestanden, er sei für ihn nebensächlich gewesen. „Aber [...] mein Interesse an dieser ganzen Publizität war gering. – Ich versuchte mich vielmehr auf das Wesentliche

---

38 Jischuw (englische Schreibweise: Yishuv), hebr. bewohntes Land, bezeichnet die jüdische Bevölkerung in Palästina vor 1948.

39 Memoiren (Version Jabotinsky), S. 53. Lehitraoth be Eretz Jisrael, hebr. „Auf Wiedersehen im Land Israel".

40 Ebd.

41 Vgl.: Ebd.

42 Vgl.: Bollier 1999, S. 68, Fuhrer 2012, S. 152.

43 Memoiren (Version Jabotinsky), S. 53.

44 Vgl.: Ebd.

zu konzentrieren. Ich wartete gespannt auf den Augenblick, da ich im Kreuzverhör zur Anklage gegen die Nazis übergehen konnte."[45]

Frankfurters Beschreibung des Gerichtssaals zeigt, dass er die Umgebung als einschüchternd, feindlich und ihm gegenüber voreingenommen wahrnahm, was insbesondere angesichts des Auftretens und Verhaltens der deutschen Prozessteilnehmer kaum überraschen kann.

6.1.2 Der erste Prozesstag

Der erste Verhandlungstag begann am Mittwoch, dem 9. Dezember 1936, um 10 Uhr mit der Eröffnung durch den Gerichtspräsidenten Dr. Ganzoni. Er wies darauf hin, dass als einzige Zeugin zum Prozess Hedwig Gustloff zugelassen worden sei, und übergab das Wort an den Amtskläger Dr. Brügger, der die Anklage „wegen Mordes"[46] verlas und in aller Ausführlichkeit mit wiederholten Bezügen auf das psychiatrische Gutachten den Tatbestand erörterte. An dieser Stelle soll die Anklage zusammengefasst und stark abgekürzt mit Fokussierung auf die wichtigsten Elemente wiedergegeben werden, da sie sich inhaltlich mit späteren Ausführungen Brüggers überschneidet.[47] Frankfurter, so Brügger, sei von Anfang an geständig gewesen und habe Hedwig Gustloff gegenüber erklärt, er habe die Tat nicht aus persönlichen Gründen begangen, sondern weil er Jude sei. Bei den ersten Verhören durch das kantonale Verhöramt habe Frankfurter dann hervorgehoben, er habe nicht anders handeln können.[48] In Bezug auf die Wahl des Opfers habe er ausgeführt, die Schüsse hätten Hitler gegolten, darüber hinaus habe er „die Schweiz viel zu lieb gewonnen", er habe nicht mitansehen

45 Ebd.

46 Protokoll des ersten Verhandlungstages, Chur, 9.12.1936, in: AfZ, IB Frankfurter-Prozess / 1, S. 1. Allgemeine Anmerkung zu den Prozessprotokollen: Im Original gesperrt geschriebene Wörter, die neben Unterstreichungen zur Betonung oder Hervorhebung verwendet werden, werden hier kursiv wiedergegeben. Klammerbemerkungen in runden Klammern wurden von dem Gerichtsaktuar verwendet, um inhaltliche Ergänzungen oder aber Anmerkungen oder Beschreibungen von Verhaltensweisen zu kennzeichnen. Eckige Klammern sind Anmerkungen der Verfasserin. Das Prozessprotokoll, das sich im Bestand IB Frankfurter-Prozess findet, ist leider unvollständig. Das Staatsarchiv Graubünden ließ auf Anfrage verlauten, dass es nicht im Besitz der Prozessprotokolle sei. Eine vollständige Version der Prozessprotokolle findet sich im AfZ Nachlass Veit Wyler / 44. Für die Bearbeitung der ersten zwei Prozesstage sowie des Urteils wurde die Version IB Frankfurter-Prozess 1 und 2 verwendet, für den dritten und vierten Prozesstag hingegen die Version NL Veit Wyler / 44.

47 Vgl.: Ebd. Die Erörterung des Tatbestandes zog sich über nicht weniger als 22 Seiten des Protokolls hin.

48 Vgl.: Ebd., S. 3.

können, „dass solche ‚Hunde' das Gute verderben".[49] Brügger unterstrich, dass Frankfurter keiner politischen Organisation angehörte. Es gäbe, trotz eingehender und sorgfältiger Untersuchung in diese Richtung, keinerlei Anzeichen eines Komplotts oder für die Existenz von Hintermännern, in deren Auftrag Frankfurter agiert habe.[50] Bei den Ausführungen zur Vorgeschichte der Tat in Davos verlas der Amtskläger die nicht abgeschickten Abschiedsbriefe, die Frankfurter an seine Geschwister und seinen Vater geschrieben hatte; für Frankfurter augenscheinlich ein äußerst emotionaler Vorgang, steht doch im Prozessprotokoll geschrieben: „Bei der Verlesung dieses Briefes [an den Vater] weint der Angeklagte[.]"[51] Auch auf Widersprüche in Frankfurters Aussagen wurde eingegangen, z.B. dass er sich vorerst nicht genau an den Wortlaut des Telefongesprächs von Gustloff erinnern konnte, das dieser geführt hatte, als Frankfurter auf ihn wartete.[52]

Da, wie Brügger ausführte, keine äußere Anstiftung zum Mord vorgelegen habe, mussten die Gründe für das Motiv bei Frankfurter selbst gesucht werden. Es wurde festgehalten, dass die Beschäftigung mit der Situation der Juden in eine Zeit des „inneren Suchens" fiel und bei Frankfurter das „in ihm bereits vorhandene Minderwertigkeitsgefühl vertiefte und sein seelisches Gleichgewicht vollends erschütterte".[53] Trotzdem müsse festgehalten werden, dass Frankfurter in Deutschland „nach seinen eigenen Angaben […] keinerlei Gewalttätigkeiten oder Chikanen [sic] ausgesetzt war und auch seine Angehörigen in Deutschland, weder damals noch später, irgendwelche Verfolgungen zu erleiden hatten".[54] Zu dieser Situation kamen dann der Tod seiner Mutter sowie der vor seiner Familie verheimlichte Misserfolg im Studium. „Aus dieser Lage heraus wuchs bei Frankfurter die Idee, sich aller Schwierigkeiten und der ihn bedrückenden Last zu entledigen."[55] Erst danach, wurde von Brügger betont, „reifte in ihm allmählich der Gedanke, mit dem Selbstmord einen Racheakt gegen das ihm verhasste System zu verbinden".[56] Es ist deutlich erkennbar, dass Brügger Jörgers psychiatrischem Gutachten folgte und die Situation in Deutschland als sekundär betrachtete. Wäre nicht die Depression gewesen, hätte es keine Fixierung auf die „Judenfrage" und folglich keinen Mord gegeben. Da dieses Gutachten eine psy-

49 Beide Zitate: Ebd.

50 Vgl.: Ebd. Die Theorie einer jüdisch-bolschewistischen Verschwörung wurde in der Eröffnungsansprache des Amtsklägers zu einem späteren Zeitpunkt noch einmal ausführlich erörtert. Vgl.: Ebd., S. 14–16.

51 Ebd., S. 4.

52 Vgl.: Ebd., S. 4–5.

53 Beide Zitate: Ebd., S. 16–17.

54 Ebd., S. 17.

55 Ebd., S. 18.

56 Ebd.

chische Erkrankung ausschloss und Frankfurter als „auf der Höhe seiner Situation"[57] befunden wurde, kam Brügger zur Beurteilung, Frankfurter sei bei der Begehung der Tat zurechnungsfähig gewesen und entsprechend lägen – in psychologischer Hinsicht – keinerlei mildernde Umstände vor.

Brüggers Schlussfolgerung, basierend auf seinen Ausführungen, war, dass Frankfurter „mit Vorbedacht die Tötung des Gustloff ausgeführt"[58] habe, und er gründete darauf den Strafantrag.

1. David Frankfurter sei des Mordes, begangen an Wilhelm Gustloff, schuldig zu erklären.
2. Er sei dafür zu bestrafen mit 18 Jahren Zuchthaus, Einstellung in den bürgerlichen Ehren und Rechten und lebenslänglicher Landesverweisung.
3. David Frankfurter sei grundsätzlich pflichtig zu erklären, den durch den begangenen Mord entstandenen Schaden zu ersetzen.
4. Die bei der Tat verwendete Waffe sei zu konfiszieren.
5. David Frankfurter habe sämtliche Untersuchungs-, Gerichts- und Strafvollzugskosten zu tragen.[59]

Dem Strafantrag folgte die Einvernahme des Angeklagten durch den Gerichtspräsidenten. Frankfurter hatte große Hoffnungen in die Befragung gesetzt, die ihm in seinen Vorstellungen die Möglichkeit bieten würde, seine Motive zu erläutern.[60] Im ersten Teil der Befragung ging es allerdings um Nichtigkeiten, Fragen, die für Frankfurter längst beantwortet waren, wie nach seinem Werdegang, seiner Familie, seinen Krankheiten. Ausführlich wurden Atteste von verschiedenen Ärzten, die Frankfurter untersucht hätten, vorgelesen, zudem Angaben zur früheren Krankheitsgeschichte Frankfurters, die das Gericht von Alfons Frankfurter erhalten hatte.[61] Die Einvernahme des Angeklagten ist gekennzeichnet von längeren Fragen (oft Suggestiv- oder geschlossene Fragen, die die Antwort schon vorwegnahmen, oder aber Aussagen und Annahmen, die das Gericht bestätigt hören wollte) sowie von mehrheitlich kurzen Antworten Frankfurters, häufig nur ein Ja oder ein Nein oder aber ein Schweigen. Als Beispiel dafür wird hier die Seite 34 des ersten Prozesstages gezeigt, in der es um Frankfurters Zeit in Bern ging.

57 Ebd., S. 21.
58 Ebd., S. 23.
59 Ebd.
60 Vgl.: Memoiren (Version Jabotinsky), S. 54.
61 Protokoll des ersten Verhandlungstages, Chur, 9.12.1936, in: AfZ, IB Frankfurter-Prozess / 1, S. 25–26.

- I/34 -

Angekl. (denkt einen Augenblick nach): - Ja!

Präs: Es wurde gesagt, Sie seien am Morgen im Bette liegen geblieben und nicht in die Kollegien gegangen?

Angekl: Ja.

Präs: Sie seien ins Kino gegangen und hätten viel geraucht? Stimmt das?

Angekl: Ja.

Präs: Die Schuld geben Sie Ihrem Gesundheitszustand und Ihrer Depression?

Angeklagt. (schweigt und sagt dann langsam): Zum Teil - vielleicht.

Präs: Es scheint, dass Ihre Zimmervermieterinnen, speziell Frau v. Känel, Sie wiederholt ermahnt haben, es sei nicht recht von Ihnen (wie Sie leben), Sie sollten das Geld Ihres Vaters nicht auf diese Weise, nutzlos, ausgeben, ohne zu studieren. Stimmt das?

Angekl: Ja.

Präs: In den Akten steht, Sie hätten in den Jahren 1934 und 1935 mit ein Paar Personen verkehrt, die polizeilich nicht gut beleumundet sind, und zwar hat sich ein Schauspieler namens Jülich in Holland gemeldet und angegeben, Sie seien mit ihm und mit einem Dr. Perlemann, einem russischen Emigranten und früheren weissgardistischen Rittmeister, zusammengetroffen und hätten davon geredet, ein politisches Verbrechen zu begehen. Stimmt das?

Angekl: Ich habe von den Personen nie etwas gehört. (Bewegung.)

Präs: Von Jülich und Perlemann?

Angekl: Ich habe von diesen Leuten nie etwas gehört(gehabt), sondern erst beim Verhör, in der Untersuchung.

(Bewegung.)

Präs: Im Jahre 1935 scheint Ihre Situation schon schlechter geworden zu sein. Sie waren auch damals krank, und mit Ihren Studien kamen Sie nicht vom Fleck. Sie hatten in Leipzig das erste (therapeutische?) Examen machen wollen und waren damals durchgefallen?

Angekl: Ja.

Präs: Sie wollten dann ein Jahr später das Examen wiederum probieren?

Angekl: Ja.

Präs: Sie haben Ihre Meldung dann aber wieder zurückgezogen?

Angekl: Ja.

Präs: Sie wollten sich also in Frankfurt (zum Examen) stellen, es scheint aber, dass Sie sich nicht gestellt haben?

Abb. 32: Auszug aus der Einvernahme des Angeklagten. Quelle: Protokoll des ersten Verhandlungstages, Chur, 9.12.1936, in: AfZ, IB Frankfurter-Prozess / 1, S. 34.

Wie in den theoretischen Kapiteln[62] ausgeführt, ist ein Vernehmungsprotokoll eine andere Art eines Ego-Dokuments als beispielsweise Frankfurters Memoiren. Bei dieser Art der Quelle ist zu beachten, dass Frankfurter während seiner Aussagen nicht nur unter Beobachtung stand und sich in einer gefühlt feindlichen Umgebung bewegte, sondern ihm darüber hinaus bewusst war, dass seine Zukunft von seinen Aussagen abhängen wird. Frankfurter war nicht frei, die Themen zu wählen, die er besprechen wollte oder die er als relevant betrachtete, sondern er war gezwungen, auf die (wie bereits erwähnt) oft suggestiven Fragen des Gerichts zu antworten. Darüber hinaus war für Frankfurter die Zeit des Prozesses eine Zeit der großen nervlichen Anspannung. Dies wird in den Memoiren ersichtlich, wenn Frankfurter über den Abend nach dem ersten Prozesstag schreibt, er habe vor Müdigkeit und Anspannung kaum essen können.

> Müde und abgespannt wurde ich in meine provisorische Zelle zurückgeführt. Das Essen durfte ich mir aus einem benachbarten Restaurant holen lassen. Um rituell leben zu können, bat ich die Beamten mir nur Fisch kommen zu lassen. Aber ein besonderer Spassvogel hatte einen saftigen Schweinsbraten serviert. Ich konnte ohnedies kaum eine Speise berühren. Nur ein wenig Kaffee nahm ich zu mir[,] um mich aufrecht halten zu können. Auch an Schlaf war erst lange nach Mitternacht zu denken. Zum ersten Male in meinem Leben stand ich ja vor Gericht, zum ersten Male nach vielen Monaten der Untersuchungshaft war ich umgeben von hunderten von Menschen. Zu gross war dieser Kontrast, um meine Nerven nicht bis zum Äussersten aufzupeitschen.[63]

Nun begann Gerichtspräsident Ganzoni, von Frankfurter etwas despektierlich als „der undeutlich nuschelnde alte Herr dort hinter dem Richtertisch"[64] bezeichnet, mit dem Verhör des Angeklagten. Der Gerichtspräsident befragte Frankfurter zum Einstieg ausführlich dazu, ob er in Deutschland bedroht worden sei.

> Präs: Während der Zeit, die Sie in Frankfurt waren, ist die grosse antisemitische Bewegung in Deutschland ausgebrochen?
> Angekl: Ja.
> Präs: Sind Sie dort irgendwie belästigt worden?
> Angekl: (Schweigt.) (:Es scheint, dass der Angekl. die Frage akustisch nicht verstanden hat. Der Herr Präsident spricht zuweilen sehr leise.:)
> Präs: Sind Sie zufolge dieser Bewegung irgendwie belästigt worden, in Frankfurt a. M. oder in Leipzig?

62 Vgl.: Kapitel 2.2 Theoretische und methodische Grundlagen, S. 26 ff.

63 Memoiren (Version Jabotinsky), S. 54.

64 Ebd.

Angekl: In Leipzig nicht. In Frankfurt indirekt.
Präs: Was meinen Sie mit ‚indirekt'?
Angekl: Man hat mir nur *gedroht*, mich tätlich anzugreifen.[65]

Da dies der Annahme widersprach, Frankfurter sei in Deutschland als Jude nie belästigt worden, wie beispielsweise Brügger in seiner Eröffnung ausgeführt hatte, fragte das Gericht nach:

Präs: Sie sind wiederholt gefragt worden, ob Sie eigentlich persönlich belästigt worden sind, speziell in Frankfurt a. M., und Sie haben diese Frage verneint.
Angekl: Ich wurde nicht belästigt, sondern nur bedroht.
Präs: Ja – *ernsthaft* bedroht?
Angekl: Ja. Man hat mich bedroht, man werde mich verprügeln.
Präs: Es hat sich aber nichts ereignet?
Angekl: Nein.
Präs: Sie sind wiederholt gefragt worden, und Sie haben wiederholt gesagt, Sie und Ihre Angehörigen seien nicht belästigt worden.
Angekl: Insofern nicht belästigt, als keinerlei Tätlichkeiten ausgesetzt.[66]

Überraschenderweise fehlt in diesem Zusammenhang die Erwähnung des Vorfalls, den sein Onkel in Berlin erlebt hatte.[67] Allerdings wurde er explizit danach gefragt, ob er persönlich angegriffen worden ist, und nicht danach, ob Familienangehörige davon betroffen waren, wobei zumindest nach der hier letztgenannten Feststellung des Gerichtspräsidenten („Sie und Ihre Angehörigen") die Geschichte ihren Platz gefunden hätte.

Viel Raum in der Vernehmung nahmen die Depressionen und Selbstmordgedanken ein. Frankfurter sagte aus, er habe schon vor 1935/36 an Suizid gedacht und sich sowohl in Leipzig als auch in Frankfurt zwar für die Examina angemeldet, sei jedoch kurz davor jeweils wieder davon zurückgetreten. Aus seinen Ausführungen wird deutlich, dass er seine Eltern nicht über seine wiederholten Misserfolge informiert hatte, weil er davon ausging, die Prüfungen irgendwann zu bestehen. Gleichzeitig sei ihm sehr wohl klar gewesen, im Falle nichtbestandener Prüfungen weiterhin auf die Unterstützung seiner Familie zählen zu können.[68] So sagte Gerichtspräsident Ganzoni: „Es ergibt sich tatsächlich aus den

65 Protokoll des ersten Verhandlungstages, Chur, 9.12.1936, in: AfZ, IB Frankfurter-Prozess / 1, S. 30.

66 Ebd.

67 Vgl.: Kapitel 4.2.5 Zwei Reisen nach Deutschland, S. 103 ff.

68 Vgl.: Protokoll des ersten Verhandlungstages, Chur, 9.12.1936, in: AfZ, IB Frankfurter-Prozess / 1, S. 33–34.

Akten, dass Ihre Familie Sie *nicht* im Stich gelassen hätte. [...]", und Frankfurter bestätigte: „Daran habe ich garnicht gezweifelt."[69] Daraufhin stellte der Gerichtspräsident einige Fragen, wieso er denn trotzdem so verzweifelt gewesen sei und fragte konkret nach:

> Die Situation war nun allerdings keine *gute*. Sie waren krank und deprimiert. Ihre Schulden waren nicht gross, die hätten Sie schon lösen können. – Nun haben Sie sich aber inzwischen entschlossen, Selbstmord zu begehen. Was waren die wirklichen Gründe? Wenn Sie hoffen konnten, die Familie werde weiterhelfen, so entfällt doch ein wichtiger Grund, der zu einem solch verzweifelten Entschluss hätte führen können?[70]

Frankfurter antwortete an dieser Stelle nicht, auch wenn sich ihm hier die Möglichkeit geboten hätte, auf die Situation der Juden in Deutschland einzugehen. Nach einigen Nachfragen zum Kauf der Waffe und dazu, ob seine Freunde und Bekannten von seinen Selbstmordabsichten gewusst hätten (was Frankfurter verneinte), berührte Ganzoni den wesentlichen Punkt, wieso Frankfurter den Selbstmord nicht ausgeführt hatte.

> Angekl: Ich konnte nicht mehr.
> Präs: Weil Sie den Mut nicht mehr dazu hatten?
> Angekl: Nein.
> Präs: Selbst wenn man zugeben will, dass Sie vorher gewisse Gründe gehabt hätten, solche (Verzweiflungs-) Entschlüsse zu fassen, so war doch nun, nachdem Sie den Mord ausgeführt hatten, Ihre Situation dadurch nicht besser, sondern ganz bedeutend schlechter geworden – aber den Selbstmord haben Sie nun *nicht* begangen. Der Grund dafür ist also der, dass Sie den Mut verloren haben?
> Angekl: (Schweigt.)[71]

Es ist schwierig abzuschätzen, was tatsächlich Frankfurters Antwort gewesen ist. Auf die Frage „Weil Sie den Mut nicht mehr dazu hatten?" mit „Nein" zu antworten, würde implizieren, dass es andere Gründe gegeben hatte als verlorenen Mut. Ganzoni hingegen hat Frankfurters „Nein" offensichtlich als Zustimmung aufgefasst, da seine Nachfrage suggestiv eine solche verlangt („Der Grund dafür ist also der, dass Sie den Mut verloren haben?"), insofern ist es möglich, dass entweder Ganzoni den Angeklagten missverstanden hatte oder aber aus dem Zusammenhang und dem Tonfall, in dem er seine Antwort geäußert hatte, eine Zustimmung ersichtlich war. Die früher bereits zitierte Aussage aus seinen

69 Ebd., S. 34.
70 Ebd., S. 35.
71 Ebd., S. 37.

Memoiren, in der Frankfurter zu dieser Frage Auskunft gibt, würde dafür sprechen, dass für ihn selbst verlorener Mut eine mögliche Interpretation dafür wäre.

> Ich weiß nicht mehr, ob ich es einfach nicht fertig brachte, die Waffe gegen mich selbst abzufeuern, oder ob der Grund meines Versagens darin beschlossen lag, daß alle Patronen verschossen waren. Dieser Punkt ist heute nicht mehr restlos aufzuhellen. Hier versagt mein Gedächtnis [...].[72]

Nach diesen Fragen wurde die Verhandlung unterbrochen und auf den Nachmittag vertagt. Die Antwort auf die Frage nach dem nicht begangenen Selbstmord war für das Gericht noch nicht abgeschlossen, zuerst sollten jedoch einige Protokolle[73] vorgelesen werden, und Dr. Jörger wurde gebeten, sein psychiatrisches Gutachten vorzustellen.[74] Frankfurter hatte bereits im Vorfeld seine Ablehnung der Resultate von Jörgers Untersuchung deutlich gemacht. In seinen Memoiren geht er noch einmal darauf ein. „Wir wissen unter welch unzureichenden Voraussetzungen Jörger sein Gutachten zustande brachte, und wie viel Zeit zwischen der psychiatrischen Untersuchung und der Tat selbst verstrichen war."[75] An dieser Stelle beschreibt er aber auch die Reaktion der Nationalsozialisten auf das Gutachten. „Den Nazis aber war natürlich dies Gutachten trotzdem viel zu positiv. Sie wollten einen jüdischen Teufel im Stürmerstil dargestellt haben, der blutgierig, [wie] ein ausgepichter ‚Ritualmörder' sich auf sein Opfer stürzt. Da

72 Memoiren (Version Jabotinsky), S. 28.

73 Vermisstenmeldung von David Frankfurter durch Josef Messinger, Bericht über Erkundigungen zu Frankfurter bei Frau von Känel, Frau Steffen sowie Studienkollegen, Bericht über die Festnahme Frankfurters, Bericht über die Durchsuchung des Zimmers Frankfurters („Die vorläufige Sichtung der Briefschaften des Frankfurter ergab keine Anhaltspunkte für die Annahme, dass er im Auftrage einer politischen Partei, einer Gruppe oder einer einzelnen Person gehandelt hätte."), Vernehmungsprotokolle der Vernehmungen von Lina Steffen, Rudolph Haas, Branko Pavlinovic, Jakob Bruck, Büchsenmacher Hans Schwarz, Mitteilungen über Frankfurters Studium („In Kreisen seiner Studienkollegen soll Frankfurter nie speziell hervorgetreten sein und sich auch dort nie politisch betätigt haben. Bei der Polizei hat Frankfurter bis zu seiner Mordtat, wenigstens in Bern, nicht zu Klagen Anlass gegeben."), vgl.: Protokoll des ersten Verhandlungstages, Chur, 9.12.1936, in: AfZ, IB Frankfurter-Prozess / 1, S. 52–53. Die einzelnen Dokumente werden in den Gerichtsprotokollen nur auszugsweise wiedergegeben mit der Anmerkung: „Eine Einfügung dieser polizeilichen Protokolle erübrigt sich hier, da das, was in ihnen wesentlich ist, im Laufe der Verhandlung zitiert wird[.]", vgl.: Ebd., S. 53.

74 Vgl.: Protokoll des ersten Verhandlungstages, Chur, 9.12.1936, in: AfZ, IB Frankfurter-Prozess / 1, S. 38–52. Auf die Verlesung des psychiatrischen Gutachtens soll hier nicht eingegangen werden, da es bereits im entsprechenden Kapitel ausführlich behandelt wurde. Vgl.: Kapitel 5.1.4.2 Das psychiatrische Gutachten, S. 162 ff. Es gab weder von der Verteidigung noch vom Amtskläger oder von der Vertretung der Zivilpartei Fragen an den Psychiater.

75 Memoiren (Version Jabotinsky), S. 54.

Jörger ihnen keineswegs gefügig war, stellen sie ihn in ihrer Presse als bürokratischen und beschränkten Spiesser hin."[76] Auch wenn Frankfurter der Meinung war, dass die im Gutachten beschriebenen psychischen Umstände, die zur Tat geführt haben sollen, nicht zutreffend waren, so lässt er an dieser Stelle dennoch erkennen, dass es wesentlich ungünstiger hätte ausfallen können.

Die Befragung zum Thema der Selbstmordabsichten Frankfurters wurde nach einer kurzen Pause fortgesetzt. Als nächstes wollte der Gerichtspräsident von Frankfurter wissen, ob er die Ernsthaftigkeit seiner Selbstmordabsicht beweisen könne. Frankfurter schien den Sinn dieser Frage nicht zu verstehen: „Ich kann die Absicht nicht anders beweisen, als mit – (:Der Angeklagte sucht nach einem Ausdruck:) – mit der Erklärung (:stockt:)".[77] Deswegen fragte Ganzoni nach: „Als mit der Erklärung, dass Sie diese Absicht eben wirklich hatten?"[78] Frankfurter bejahte dies, woraufhin der Präsident auf tatsächlich bestehende Beweise hinwies: die Abschiedsbriefe an seine Geschwister und seinen Vater sowie die Gespräche über Suizid mit einer Reihe von Bekannten, die diese Gespräche bei den polizeilichen Vernehmungen erwähnt hatten.

> Angekl: Es ist möglich, dass ich diese Bemerkung einmal gemacht habe – (damals noch) nicht in einer festen Absicht, (noch) nicht mit einem klaren Entschluss – mal in einem Gespräch, nebenbei.
> Präs: Einen klaren Entschluss hatten Sie nicht mitgeteilt?
> Angekl: So was teilt man ja nicht mit [...].[79]

Die Zigarettenschachtel, auf der Frankfurter seinen Aktionsplan notiert hatte, wurde vom Gerichtspräsidenten ebenfalls vorgebracht. Frankfurter konnte sich daran nicht erinnern, weshalb der Gerichtspräsident ihm die fragliche Schachtel überreichte und ihn bat, zu übersetzen und vorzulesen, was darauf geschrieben stand. „Montag, 3. 2. 36. ½ 10 Uhr. Es soll ausgeführt werden das Urteil. Vorher telephonieren und fragen, ob zu Hause."[80] Ganzoni unterbrach ihn und fragte nach dem Wort „Urteil", ob dies das „Todesurteil" sei, das er über Gustloff gefällt habe. Frankfurter bejahte, konnte sich aber weiterhin nicht daran erinnern, dies geschrieben zu haben – obwohl er seine eigene Handschrift natürlich wiedererkannte. Von Ganzoni dazu aufgefordert, las Frankfurter weiter vor. „Wenn er nicht runterkommt zu Gesicht, versuche mit einer Flucht und Selbstverurtei-

76 Ebd.
77 Protokoll des ersten Verhandlungstages, Chur, 9.12.1936, in: AfZ, IB Frankfurter-Prozess / 1, S. 54.
78 Ebd.
79 Ebd.
80 Ebd., S. 55.

lung ausführen, 1 oder 2 Schüsse in die Brust."[81] Der Gerichtspräsident insistierte „Da steht also doch auch etwas von Selbstmord […]"[82] und fragte nach, ob Frankfurter noch weitere Ausführungen dazu machen möchte. Dieser schwieg.

Auch wenn das Einfordern eines Beweises für die Suizidabsicht auf den ersten Blick absurd oder gar unsensibel klingt, ist es in den meisten Fällen üblich, dass eine Person, die Selbstmord begehen will oder tatsächlich begeht, einen Abschiedsbrief hinterlässt – was in David Frankfurters Fall geschehen ist. Wenn nun die Verteidigung ihre Argumentation darauf aufbaut, dass Frankfurter in einem „schleichenden Affekt" gehandelt habe, der auf den Vorgängen im nationalsozialistischen Deutschland beruhte, und dass es seine ursprüngliche Intention gewesen war, Selbstmord zu begehen, dann war dies für das Gericht ein Punkt, der abgeklärt werden musste.

Während Frankfurter in der bisherigen Befragung oft relativ einsilbig – wenn überhaupt – geantwortet hatte, wurde er gesprächiger, als es um die Wahl des Opfers sowie die Gründe dafür ging, wahrscheinlich, weil er nun die Möglichkeit sah, seine Motive zu erörtern. Er wurde gefragt, wieso er nicht Hitler als Opfer gewählt hatte, wenn dieser die Partei verkörperte, die er so hasste. Frankfurter antwortete darauf:

> Es war auch der Gedanke dabei, dass, wenn ich ein Attentat auf *Hitler* ausgeführt hätte, in Deutschland die Juden vielleicht das Schlimmste zu erwarten gehabt hätten. Diesen quälenden Gedanken konnte ich nicht loswerden. Das hat mich immer (belastet?), wenn mir der Gedanke gekommen ist, dass ich Hitler, Göring oder Goebbels erschiessen würde.[83]

Frankfurter sagte aus, die Sorge um die deutschen Jüdinnen und Juden hätte ihn davon abgehalten, einen führenden Nationalsozialisten, relevanter als Gustloff, zu erschießen. In den Memoiren hingegen ist meist von praktischen Überlegungen die Rede – insbesondere von der Unerreichbarkeit der genannten Personen, da sie zu gut geschützt waren. Zudem war er sich, wie aufgezeigt wurde, erst nach einem Brief von Prediger Messinger der möglichen Gefahr für das deutsche Judentum bewusst geworden.

Der Gerichtspräsident entgegnete darauf, dass die Ermordung Gustloffs „doch *auch* eine starke Reaktion zu Ungunsten der Juden in Deutschland"[84] ausgelöst habe, wobei unklar ist, worauf er sich mit dieser Aussage bezog. Im Gegensatz zur Situation nach dem Mord von Herschel Grynszpan an Ernst vom Rath waren

---

81 Ebd.

82 Ebd.

83 Ebd., S. 56.

84 Ebd.

in Deutschland nach der Ermordung Gustloffs die antijüdischen Ausschreitungen ausgeblieben. Frankfurter antwortete darauf, er sei damals „so tief von dem Gedanken erfasst“[85] gewesen, dass er mögliche Folgen nicht mehr bedacht habe. Der Gerichtspräsident insistierte: Gustloff sei unschuldig an der von Frankfurter als grundlegend bezüglich seines Motivs beschriebenen Situation in Deutschland, insofern sei es „eine sonderbare Erwägung“,[86] Gustloff als Opfer zu wählen mit der Erklärung, dass durch die Wahl eines prominenteren Opfers die jüdischen Deutschen in zusätzliche Gefahr gebracht würden. Frankfurter rechtfertigte sich damit, er habe seine Tat nicht aus „kühler Erwägung“[87] begangen und folglich hätten solche Überlegungen keine Rolle gespielt.

Ganzoni nahm diese Aussagen zum Anlass, den Schwerpunkt der Befragung auf den von Frankfurter bestrittenen Vorsatz zu verlagern – ein relevanter Punkt in der Argumentation der Verteidigung und entsprechend in der Bewertung der Tat. Frankfurter erklärte auf die Frage hin, wann er denn beschlossen habe, einen Nationalsozialisten zu erschießen, dass es überhaupt nie einen Entschluss gegeben habe, da er noch bis zum letzten Moment geschwankt habe. Vom Gerichtspräsidenten darauf hingewiesen, dass er schon im Januar den Plan gefasst hätte, Gustloff zu töten („Sie haben also wochenlang überlegt – das wird sich schwer bestreiten lassen?“[88]), erklärte er, seine Überlegungen seien immer von der Situation abhängig gewesen. „Wenn ich etwas in den Zeitungen las über die Judenverfolgungen in Deutschland, da hat mich die Wut gepackt, dass ich wer weiss was angestellt hätte. Und dann […] versuchte ich die Sache vom menschlichen Standpunkt aus zu betrachten und solche Gedanken auszulöschen.“

Auf eine weitere Nachfrage Ganzonis hin führte Frankfurter aus:

> Vom menschlichen Standpunkt aus muss auch ich es natürlich verwerfen, und es fällt mir schwer, es mit meinen moralischen Ueberzeugungen in Einklang zu bringen. In den Momenten, wo ich kühl und klar denken konnte, habe ich diese Argumente gelten lassen und nicht überhandnehmen lassen die Empörung und die Wut, die ich gehabt habe. Aber es gab Momente, wo (nur) ein kleiner Anstoss gebraucht wurde, um all das über Bord zu werfen und alles zu vergessen – das (= das Geschehen in Deutschland) hat mich (dann) so okkupiert, dass andere Gedanken nicht mehr aufkommen konnten. In diesen Momenten (der Empörung) kamen mir solche Vorstellungen und solche Absichten.[89]

85 Ebd.

86 Ebd.

87 Ebd.

88 Ebd., S. 57.

89 Ebd. [Klammerbemerkungen aus dem Original übernommen.]

Frankfurter gestand hier ein, dass seine Tat vom moralischen Standpunkt her zwar grundsätzlich verwerflich war, dass aber die Empörung über die Vorgänge in Deutschland stärker wurde als die moralischen Bedenken. Auf die erneute Nachfrage hin, ob er es während der ganzen drei Wochen zwischen Entschluss und Tat nicht geschafft habe, diese Momente der Empörung zu beseitigen, schwieg Frankfurter.[90]

Nach einigen Fragen zur Vorbereitung der Tat wurde der Fokus nun auf ein Element gelegt, dessen Aufklärung aus politischen Gründen von großer Wichtigkeit war: die Frage nach dem Komplott. Obwohl schon die im Vorfeld des Prozesses durchgeführten Abklärungen die Existenz eines solchen deutlich verneinten,[91] war es dem Gericht wichtig, dies im Rahmen des Prozesses, quasi vor der Weltöffentlichkeit, zu verdeutlichen. Entsprechend unverblümt war die erste diesbezügliche Frage an Frankfurter: „Haben sie mit jemand ein *Komplott* gemacht?“[92] Obwohl die Frage unmissverständlich formuliert war, verstand Frankfurter sie als Frage nach möglichen Mitwissern und erklärte, er habe diese „innerste Angelegenheit“[93] mit niemandem geteilt. Der Gerichtspräsident konkretisierte: „Sie hatten als Mitwisser und Anstifter Keinen?“[94] Frankfurter bestätigte dies. Ähnliche Fragen kamen auf, als das Gericht zu eruieren versuchte, wieso Frankfurter von verschiedenen Bekannten Geld erhalten hatte. Da es sich um jeweils kleinere Beträge handelte, wurde zwar nicht als wahrscheinlich erachtet, dass Frankfurter dadurch für den Mord finanziert worden ist, nichtsdestotrotz fragte Ganzoni nach, ob er mit diesen Personen in einer „politischen Beziehung“[95] stünde, was Frankfurter bestritt. „Ich stehe mit *niemand* in politischer Beziehung.“[96]

Die mehrere Tage andauernde Untätigkeit Frankfurters in Davos, um dann ausgerechnet an besagtem Dienstag, dem Tag von Gustloffs Rückkehr nach mehrtätiger Abwesenheit, aktiv zu werden, wurde als „auffallend“[97] bezeichnet. Ob Frankfurter Informationen dazu erhalten oder sich telefonisch erkundigt habe, fragte der Gerichtspräsident. Dieser berief sich auf die Trägheit, die ihn während dieser Zeit befallen und die es ihm unmöglich gemacht habe, sich zur Tat aufzuraffen, und sagte aus: „Ich habe absolut mit niemand gesprochen, von dem ich

90 Vgl.: Ebd.

91 Vgl.: Kapitel 5.2.4 Verschwörung: „eine jüdisch bolschewistische Mordzentrale“, S. 205 ff.

92 Protokoll des ersten Verhandlungstages, Chur, 9.12.1936, in: AfZ, IB Frankfurter-Prozess / 1, S. 58.

93 Ebd.

94 Ebd., S. 59.

95 Ebd., S. 62.

96 Ebd.

97 Ebd., S. 64.

eine Auskunft über Herrn Gustloff hätte bekommen können, oder der darüber Bescheid wusste […], ob Herr Gustloff in Davos ist oder nicht."[98]

Abschließend fragte der Gerichtspräsident, ob Frankfurter am Tag der Tat ein Telegramm erhalten habe, und fasste nach abschlägiger Antwort Frankfurters die Untersuchung zur vermeintlichen Verschwörung zusammen.

> Es ist behauptet worden, dass Sie am Abend ein Telegramm bekommen hätten. Es ist der Sache nachgegangen und sehr gründlich untersucht worden, weil behauptet worden ist, es habe ein Komplott bestanden, Herrn Gustloff zu beseitigen. Es hat sich herausgestellt, dass ein Missverständnis vorliegt, auf seiten von Frau Gustloff, die den Korporal Spinas so verstanden hat. Dieser hat aber erklärt, er wisse von einem solchen Telegramm nichts, er habe auch niemand etwas derartiges erzählt. Es hat also nicht festgestellt werden können, obwohl man sehr eingehend nachgeforscht hat. Das Missverständnis scheint so entstanden zu sein: Gerade am 4. Februar abends lief bei Frau Gustloff ein Drohbrief ein – er liegt bei den Akten. Es ist sehr leicht möglich, dass Korporal Spinas irgend jemand von einem Drohbrief erzählte, und dass das missverstanden worden ist. Es handelte sich aber angeblich nicht um einen Brief an den Angeklagten […].[99]

Diese Zusammenfassung durch den Gerichtspräsidenten richtete sich nicht an Frankfurter, sondern scheint ausschließlich dazu gedient zu haben, im Prozess (und somit mutmaßlich der dort versammelten deutschen Presse) deutlich zu machen, dass es sich bei diesen angeblichen Indizien für eine Verschwörung um ein Missverständnis handelte. Nach dieser Aussage folgte lediglich die nebensächliche Frage an Frankfurter, ob es korrekt sei, dass er ungefähr um Viertel vor acht Uhr abends beim Haus Gustloffs angekommen sei – danach wurde die Verhandlung unterbrochen und auf den folgenden Tag vertagt.[100]

6.1.3 Der zweite Prozesstag

Im Vergleich zum ersten Prozesstag sind die Unterlagen zum zweiten Prozesstag, der am Donnerstag, dem 10. Dezember stattfand, wesentlich umfangreicher. Während das Protokoll des ersten Tages 66 Seiten umfasst, sind es vom zweiten 96 Seiten, was daran liegen mag, dass an diesem Tag die abschließenden Erklärungen von Verteidigung und Vertretern der Zivilklägerin gehalten wurden.

---

98 Ebd.
99 Ebd., S. 66.
100 Vgl.: Ebd.

Die Befragung Frankfurters wurde dort fortgesetzt, wo sie am Vortag unterbrochen worden war. Der Gerichtspräsident resümierte kurz, Frankfurter sei am 31. Januar nach Davos gekommen, ohne von seiner Hauswirtin „förmlichen Abschied“[101] zu nehmen, er habe ihr lediglich einen Zettel hinterlassen. In Davos sei er ungefähr um 17 Uhr angekommen und habe sich mit seinem Namen und seiner Berner Anschrift im Hotel Löwen angemeldet. Frankfurter bezeichnete diese Ausführungen als zutreffend.[102] Die Adresse Gustloffs habe er dann sehr einfach bei einem Spaziergang in Davos feststellen können. „Dort [auf der Promenade in Davos] habe ich eine grosse Tafel – oder eine Tafel mit grossen Buchstaben – gesehen, auf der die Adresse angeführt war mit einem Hinweis auf das Haus.“[103] Am 4. Februar schließlich, nachdem er einige Tage in Davos, unter anderem mit dem Besuch einer Sportveranstaltung sowie der jüdischen Heilstätte Etania, verbracht habe, habe Frankfurter sich zum Haus Gustloffs begeben, so der Gerichtspräsident. Dieser ungefähre Ablauf wurde von Frankfurter bestätigt, nicht aber die Frage Ganzonis, ob er dann entschlossen gewesen sei, die Tat auszuführen. Frankfurter beharrte darauf, es habe sich auch zu diesem Zeitpunkt nicht um einen Entschluss gehandelt. Das Prozessprotokoll lässt an dieser Stelle darauf schließen, dass die Klärung dieses Punktes für Frankfurter von erheblicher Bedeutung war. Während seine Antworten bisher knapp ausgefallen und mehrheitlich eine Bestätigung der Aussagen Ganzonis waren, setzte er jetzt zu längeren Wortmeldungen an und unterbrach die (Rück-)Fragen des Gerichtspräsidenten, was im bisherigen Prozessverlauf nicht vorgekommen war.

> Präs: Wenn Sie hingehen – die Pistole in der Tasche, die geladen war, und zwar *vollständig* geladen: unter diesen Umständen hatten Sie doch die bestimmte Absicht, Ihre Tat damals auszuführen?? Wenn man bewaffnet herumgeht –
> Angekl. (unterbricht): Das kann man nicht Absicht nennen. Ich habe immer wieder dagegen angekämpft. Es hat mich getrieben. Ich musste dem Zwang nachgeben – ich konnte keinen Widerstand mehr leisten.
> Präs: Aber Sie sind doch nach Davos gefahren in der Absicht, die Tat auszuführen. Denn sonst wären Sie doch nicht mit dem geladenen Revolver hingefahren –
> Angekl: Der geladene Revolver war auch (:=nicht unbedingt für einen Andern auch) für *mich* bereit.
> Präs: Ja – eventuell auch für Sie. Aber in *dem* Moment?? Warum sind Sie denn dann in das Haus von Gustloff gegangen und (die Treppen) hinauf? Wenn Sie damals wirklich an Selbstmord gedacht hätten, so hätten Sie doch –

101 Protokoll des zweiten Verhandlungstages, Chur, 10.12.1936, in: AfZ, IB Frankfurter-Prozess / 2, S. 1.

102 Vgl.: Ebd.

103 Ebd.

Angekl. (unterbricht): Es hat mich einfach dorthin getrieben. Ich konnte einfach in der Aufregung, in dem Zwange – diese Gedanken (einen Nationalsozialisten zu töten), die mir mal gekommen sind, haben sich immer so fest geheftet an meine Fussohlen (?), dass ich einfach nicht anders konnte.
Präs: Sie konnten nicht anders ... Sie glaubten, Sie könnten nichts anders tun, als den Mord auszuführen...?
Angekl: Ich hatte oft dagegen angekämpft, gegen diese Gedanken, und versucht, sie zurückzudrängen und Dem [sic] auszuweichen. Aber es ging einfach nicht. Es kamen Momente, wo mich die Empörung überkam, (:der Angekl. sagt in seiner Erregung wörtlich: „... Momente, wo mich die Empörung so über mich ergriffen...“; was characteristisch [sic] hier erwähnt sei. Aehnliches findet sich an manchen anderen Stellen seiner Erklärungen.:) dass ich nicht mehr die Gewalt über mich hatte.[104]

Auch wenn ein schriftliches Protokoll nicht alle Feinheiten der Befragung wiedergeben kann, ist es interessant zu sehen, dass der Gerichtsstenograph sowohl bei der ersten als auch bei der dritten hier zitierten Frage des Gerichtspräsidenten dessen Ungläubigkeit mit doppelten Fragezeichen verdeutlichte. Beide an der Befragung Beteiligten, Ganzoni und Frankfurter, zeigten hier im Vergleich zum bisherigen Ablauf ein ungewöhnliches Verhalten. Ganzoni schien es nicht glaubhaft zu finden, dass Frankfurter trotz des langen Weges nach Davos sowie der geladenen Waffe bis zur Ankunft in Gustloffs Haus noch immer nicht von Vorsatz reden mochte, während Frankfurter insistierte, dass ihn bis zum letzten Moment Zweifel geplagt hätten, er der Empörung schlussendlich jedoch nicht widerstehen konnte.

Frankfurter beschrieb in der Folge, er habe noch im Haus Gustloffs, als er auf Hedwig Gustloff traf, wieder umkehren wollen. „Ich hatte absolut keine Informationen über Herrn Gustloff eingeholt, ich wusste nicht, dass er verheiratet ist. Und als ich nun die Treppe hinaufkam, dachte ich: Diese Frau wird die Frau von Herrn Gustloff sein. Und es kam mir der Gedanke, dass es sich um einen Menschen handelt – (Stockt.)“[105] Trotzdem fragte er Hedwig Gustloff, ob ihr Mann zuhause sei, sie bestätigte dies und bat ihn in die Wohnung, wo er wartete, bis Gustloff sein Telefonat beendete.

Es ist nicht weiter überraschend, dass die Aussagen Frankfurters zur Frage nach dem Vorsatz der Tat von diesem so vehement vorgetragen wurden, hing doch das zu erwartende Strafmaß erheblich davon ab, ob die Tat vorsätzlich begangen wurde oder nicht. Wie im späteren Kapitel zum Urteil ausgeführt wird, bestand auch im Strafgesetzbuch für den Kanton Graubünden die heute bekannte

104 Ebd., S. 2. Die Klammerbemerkung durch den Gerichtsaktuar ist übrigens ein schönes Beispiel dafür, wie und wieso Gerichtsprotokolle geringfügig verändert werden.
105 Ebd.

Unterscheidung zwischen dem vorsätzlich ausgeführten Mord und der ohne Vorsatz geschehenen Tötung bzw. dem Totschlag. Während auf den Mord eine Strafe von mindestens 15 und höchstens 25 Jahren bestand, wurde ein Totschlag mit höchstens sechs Jahren Gefängnis oder Zuchthaus bestraft.[106] In seinen Memoiren schreibt Frankfurter wenig von solchen taktischen Überlegungen.

Frankfurter wurde, so bestätigte er, ins Arbeitszimmer Gustloffs gelassen, während dieser noch telefonierte. Nach dem Telefongespräch gefragt, das Gustloff geführt hatte, erläuterte Frankfurter erneut, er könne sich nicht vollumfänglich an den Wortlaut erinnern, er sei sich aber sicher, dass es sich um antisemitische Aussagen gehandelt habe. Entweder habe Gustloff von „Schweinejuden und Kommunisten" gesprochen oder von „Schweinehunde[n] und Kommunisten".[107] In der Situation, in der er sich befand, habe er zu Ersterem tendiert, was ihn sehr aufgebracht hätte. Im Arbeitszimmer habe er sich auf einen der Clubsessel gesetzt und sich die Bilder und Gegenstände im Raum angeschaut, den Ehrendolch und das Porträt von Hitler.[108] Als nach etwa fünf Minuten Gustloff endlich das Zimmer betrat, gab Frankfurter fünf Schüsse auf ihn ab. „Es ging ganz automatisch. Als Herr Gustloff ins Zimmer kam, habe ich die Pistole aus der Tasche gezogen – es kommt mir (=heute!) vor wie ein Film. Es ging alles von allein."[109]

Die Ereignisse in der Folge waren in Frankfurters Erinnerung schwammig. Gerichtspräsident Ganzoni fasste die diesbezüglichen Zeugenaussagen zusammen:

> Sie sind dann zu der anderen Tür hinaus, die ins *Esszimmer* (=nicht auf den Korridor direkt) führt, und durch das Esszimmer sind Sie, auf der anderen Seite, aus der Wohnung, über den Gang, und dann die Treppe hinunter? Unterdessen war schon Frau Gustloff, zufolge des Schusses, hineingekommen in das (Bureau-)Zimmer? […] Es scheint, dass Sie (beim Verlassen des Hauses) mit der Waffe gdroht [sic] haben: „Platz, oder ich schiesse!", oder so etwas.[110]

Frankfurter akzeptierte die Annahme, dass dies alles so stattgefunden und dass er auf dem Weg nach draußen die ihm entgegenkommenden Personen mit der Waffe bedroht habe, weil sie ihm den Fluchtweg versperrten. Es war ihm aber wichtig zu betonen, dass er seine Waffe unter keinen Umständen gegen Hedwig Gustloff gerichtet hätte.[111]

---

106 Vgl.: Strafgesetzbuch für den Kanton Graubünden vom 8. Juli 1851, Ausgabe für das Jahr 1934, Chur 1934, S. 30–31.

107 Beide Zitate: Protokoll des zweiten Verhandlungstages, Chur, 10.12.1936, in: AfZ, IB Frankfurter-Prozess / 2, S. 4.

108 Vgl.: Ebd., S. 4–5.

109 Ebd., S. 5.

110 Ebd., S. 6.

111 Vgl.: Ebd., S. 6–7.

Die Frage nach dem geplanten Selbstmord wurde an dieser Stelle nur noch kurz angeschnitten. Frankfurter sagte aus, er sei um das Haus gelaufen –, in der Absicht, mit sich „Schluss zu machen".[112] Er habe nicht gewusst, ob er überhaupt noch die Munition gehabt hätte, und erklärte: „Ich war entschlossen [Selbstmord zu begehen]. Aber ich konnte nicht (mehr)."[113]

Nach der Klärung von weiteren Details bezüglich der Zeit nach der Tat ging der Gerichtspräsident in der Chronologie einen Schritt zurück, um noch einmal auf die Familie Frankfurter und deren mögliches Wissen von Davids Plänen zu sprechen zu kommen. „Wir werden diese Briefe verlesen, weil sie wichtig sind für die Frage der eventuellen Mittäterschaft."[114] Zu diesem Zwecke las der Gerichtsaktuar die Briefe von Alfons Frankfurter an Branko Pavlinovic und an David vor. Für Letzteren war dies – wie bereits die Verlesung eines Briefes seines Vaters – ein sehr emotionaler Moment; so steht wiederum im Protokoll vermerkt: „Bei der Verlesung des folgenden Briefes weint der Angeklagte in sich hinein."[115] Jedoch befragte der Gerichtspräsident Frankfurter nicht mehr weiter zu diesen Briefen, sondern stellte lediglich fest, dass Frankfurter sie nicht mehr erhalten haben konnte, da er sich bereits auf dem Weg nach Davos befunden habe.[116] Als Nächstes wurde die Postkarte von Frankfurters Vater vorgelesen, in der dieser sich von seinem Sohn lossprach. Hier meldete sich Eugen Curti zu Wort: Sein Mandant wünsche, dazu eine Erklärung abzugeben. Dem Wunsch wurde stattgegeben und Frankfurter setzte zu einer längeren Wortmeldung an.

> Mein Vater wusste absolut nichts von dem, was in mir vorgeht. Er hatte keine Ahnung davon, mit welchen Sachen ich mich herumquäle und was mich zur Verzweiflung treibt. Er hat gedacht, dass es sich rein darum handelt, dass ich meine Studien vernachlässige, und hat möglicherweise auch gedacht, dass ich vielleicht in schlechte Gesellschaft geraten bin in irgend einer Hinsicht. Und dass mein Vater es nicht so gemeint hat, wie es in der Karte wirklich steht, und dass es (:= der Wortlaut dieser Karte:) nur ein Mittel war, meine Rücksicht(nahme auf ihn) aufzurütteln, könnte ich am besten beweisen mit der Karte und dem Brief, den mein Vater mir *jetzt* geschrieben hat, wo er jetzt weiss, was früher in mir vorgegangen ist.[117]

---

112 Ebd., S. 7.

113 Ebd.

114 Ebd.

115 Protokoll des zweiten Verhandlungstages, Chur, 10.12.1936, in: AfZ, IB Frankfurter-Prozess / 2, S. 9.

116 Vgl.: Ebd. Danach forderte Ganzoni den Gerichtsaktuar auf, die ärztlichen Berichte zu Gustloffs Leiche (von dem zuerst am Tatort eingetroffenen Arzt Dr. Michels sowie die pathologischen Gutachten) vorzulesen.

117 Ebd., S. 11.

Frankfurter versicherte wiederholt, dass der Vater von nichts wusste, von nichts wissen konnte, weil er sich niemandem anvertraut hatte. Der Gerichtspräsident sagte Frankfurter anschließend an diese Aussage vorwurfsvoll, er hätte seinem Vater schon schreiben können, dass sein Studium wenig erfolgreich verlaufen sei. „Ihr Vater machte Ihnen den Vorwurf der Lieblosigkeit, weil Sie ihm *gar* nicht geschrieben haben[.]“[118] Frankfurter verteidigte sich und seinen Vater, es sei völlig berechtigt, dass ein Vater seinem Sohn wegen des vermuteten Misserfolgs im Studium Vorwürfe mache. Er habe sicher nicht die Absicht gehabt, den Kontakt abzubrechen, sondern ihn lediglich mit etwas härteren Mitteln dazu animieren wollen, sich bei ihm zu melden. Das Gericht ging nicht weiter auf diese Wortmeldung Frankfurters ein, sondern ging zum nächsten Thema über. Frau Gustloff war im Gerichtsgebäude eingetroffen und wollte verhört werden.[119]

Der Auftritt Hedwig Gustloffs vor dem Kantonsgericht war rein inhaltlich wenig überraschend. Erwähnenswert ist er jedoch insbesondere wegen der Reaktion des Publikums im Gerichtssaal. Während bis zu diesem Zeitpunkt im Gerichtsprotokoll keinerlei Hinweise auf das Verhalten der Zuschauer zu finden waren, wurde hier erstmalig ein entsprechender Vermerk festgehalten: „Beim Eintritt von Frau Gustloff in den Gerichtssaal erheben sich die anwesenden National-Sozialisten u. begrüssen Frau Gustloff – die tief verschleiert ist – mit dem Adolf Hitler-Gruss. Die militärisch-exakte Ausführung lässt annehmen, dass sie auf Kommando erfolgte.“[120] Dem Protokoll lässt sich überdies entnehmen, dass auch der Gerichtspräsident sich erhob. Eine Interpretation dieser unerwarteten Verhaltensweise wurde an gleicher Stelle mitgeliefert: „Offenbar zum Zeichen der Teilnahme an der Trauer.“[121] Auch wenn Ganzoni lediglich aufgestanden war und nicht den rechten Arm erhoben hatte, ist es dennoch nachvollziehbar, dass Frankfurter dies als höchst irritierend bezeichnet. Ganzoni habe nicht etwa, wie zu erwarten gewesen sei, diese politische Demonstration unterbunden, sondern „er stand vielmehr selbst auf, und es hätte nicht viel gefehlt, dass auch er noch die schwache Greisenhand erhoben hätte“.[122] Und er ergänzt diese Aussage, die deutlich zeigt, was er von dem Gerichtspräsidenten hielt, mit den Worten: „Es wirkte niederschmetternd auf mich zu sehen, dass mein Richter vor den Repräsentanten der [fremden] Macht so schamlos buckelte.“[123] Frankfurter gelangt in den Memoiren erneut zur Überzeugung, dass das Gericht ihm gegenüber voreingenommen war. Auch zeigt er sich, ähnlich wie es der Kommentar im

118 Ebd.

119 Vgl.: Ebd., S. 11–12.

120 Ebd., S. 13.

121 Ebd.

122 Memoiren (Version Jabotinsky), S. 54.

123 Ebd.

Prozessprotokoll impliziert, von der Inszenierung des Auftretens von Hedwig Gustloff überzeugt. „Sie hatte ihren Aufritt als Theatereffekt vorbereitet.“[124]

Zu Beginn der Vernehmung wies der Richter darauf hin, dass die Witwe Gustloffs nur als Zivilklägerin auftauche und deswegen nicht „in Eidespflicht“[125] genommen werde, was von Frankfurter mit deutlichen Worten kommentiert wird: „[...] denn mit Recht befürchtete man, dass sie sich sonst eines Meineides hätte schuldig gemacht.“[126] Ganzoni fragte zunächst nach einigen Tatsachenbeständen zur Biographie des Mordopfers, wobei ihm der Fehler unterlief, Gustloff als „Gauleiter der NSDAP in Davos“ zu bezeichnen, was von Rechtsbeistand Ursprung sogleich korrigiert wurde, Gustloff sei nicht „‚Gauleiter‘, sondern ‚Landesgruppenleiter‘!“[127] Dieser Unterschied ist durchaus relevant, denn als „Gau“ wurden Gebiete im Deutschen Reich bezeichnet; die Schweiz war zu keinem Zeitpunkt ein Gau, Gustloff folglich (auch wenn er des Öfteren als solcher bezeichnet wurde, auch von Frankfurter) kein Gauleiter. Hedwig Gustloff hat in der Befragung oft so leise oder undeutlich gesprochen, dass im Protokoll Lücken auftraten und vermerkt wurde, die Aussage sei akustisch unverständlich gewesen.[128] In ihren Äußerungen zeichnete sie ein ausgesprochen positives Bild von ihrem verstorbenen Ehemann, er hätte gute Beziehungen zu den Behörden gehabt und sei „Vater der Reichsdeutschen in der Schweiz“[129] genannt worden, weil er sich so gut um sie gekümmert habe. Sie ging auf die Drohbriefe ein, die Gustloff erhalten hatte – trotzdem habe er besonderen Schutz abgelehnt, weil er „die Behörden nicht übermässig in Anspruch nehmen“[130] wollte. Jeder, der es gewollte habe, hätte bei ihm eine Audienz erhalten, und so sei auch Frankfurter ohne Weiteres zu ihm vorgelassen worden.

Im Übrigen befragte Ganzoni sie zu verschiedenen Punkten, die bereits bei der Befragung Frankfurters angesprochen worden waren, so zum Beispiel nach dem von Frankfurter überhörten Ausdruck „Saujuden“ beim Telefonat mit Dr. Habermann. Gustloff stritt ab, dass dieser Begriff gefallen war.[131] Damit endete die Vernehmung der Witwe Gustloff, sowohl der Staatsanwalt als auch der Verteidiger hatten keine Fragen an sie. Bei ihrem Verlassen des Gerichtssaales erhoben sich wiederum die anwesenden Nationalsozialisten und zeigten den Hitler-

---

124 Ebd.

125 Protokoll des zweiten Verhandlungstages, Chur, 10.12.1936, in: AfZ, IB Frankfurter-Prozess / 2, S. 13.

126 Memoiren (Version Jabotinsky), S. 54.

127 Beide Zitate: Protokoll des zweiten Verhandlungstages, Chur, 10.12.1936, in: AfZ, IB Frankfurter-Prozess / 2, S. 13.

128 Vgl.: Ebd.

129 Ebd.

130 Ebd., S. 14.

131 Vgl.: Ebd., S. 18.

Gruß. Im Prozessprotokoll sind keinerlei Informationen dazu zu finden, ob sich Gerichtspräsident Ganzoni ebenfalls erhoben hatte.[132]

Nach der Vernehmung wurde die Verhandlung der Zivilklage fortgeführt. Ursprung als Schweizer Vertreter der Zivilklägerin legte seinerseits eine Reihe an Schriftstücken vor und befragte Frankfurter ausführlich. Bei den Schriftstücken handelte es sich um Schreiben von Wilhelm Gustloff und um amtliche Dokumente sowie um eine Wiederaufnahme der Übersetzung von Frankfurters *Aktionsplan* auf seiner Zigarettenschachtel.[133] Die Schriftstücke bezogen sich auf die Drohungen gegen Gustloff in Zusammenhang mit einer Äußerung von Nationalrat Canova, der zu Selbsthilfeaktionen in Bezug auf die nationalsozialistischen Umtriebe Gustloffs in der Schweiz aufgerufen habe.[134] Über diese Dokumente hinaus waren Ursprung insbesondere zwei Punkte wichtig, die er zwar nicht ausführlich behandelte, aber ankündigte, sie in seinem Plädoyer detaillierter ausführen zu wollen. Es handelte sich dabei einerseits um eine Spitzfindigkeit in Bezug auf eine Aussage Frankfurters (die Unterscheidung zwischen „versuchen zu fliehen, sonst Ausführung des Selbstmordes", wie es auf der Zigarettenschachtel notiert war, sowie „um Ausführung des Selbstmordes", wie es der Angeklagte während der Befragung ausgesagt hatte[135]), andererseits um eine Demontage der Verteidigungsschrift Emil Ludwigs, von Ursprung (wie von Diewerge) Emil Ludwig Cohn genannt.[136]

Beiden Punkten wurde von Verteidiger Curti mit Unverständnis begegnet. Während er nicht einsah, was Ersteres mit der Zivilklage zu tun hatte, monierte er bei Letzterem, dass diese Ausführungen zu Emil Ludwig „ganz überflüssig[...]" seien, da er „auf die Broschüre des Herrn Emil Ludwig mit keinem Worte Bezug nehmen" werde.[137] Im Übrigen wünschte Curti, solle seinem Mandanten die Gelegenheit gegeben werden, einige Worte zu den Schießübungen, die er nach dem Kauf des Revolvers in Ostermundigen gemacht hatte, zu Protokoll zu geben. Gerichtspräsident Ganzoni ging darauf ein und forderte Frankfurter auf, sich dazu zu äußern. Dieser führte aus, dass die Schießübungen „absolut nicht als

132 Vgl.: Ebd., S. 19.

133 Vgl.: Ebd., S. 19–21. Ebenfalls aufgeführt ist ein Aktenstück Nr. 15, näher bezeichnet mit „ein Schreiben aus Paris vom 3. März 1936". Dazu steht auf der folgenden Seite der Kommentar, dass dieses noch nachzuliefern sei, weiter versehen mit der handschriftlichen Anmerkung „nicht zu beschaffen, im übrigen unwesentlich". Da dieses Dokument (es ist nicht zu eruieren, worum es sich dabei handelt) nicht nachgereicht wurde, gibt es keine Seite 20 im Prozessprotokoll.

134 Vgl.: Ebd., S. 21.

135 Beide Zitate: Ebd., S. 23.

136 Vgl.: Ebd.

137 Beide Zitate: Ebd., S. 24–25.

*Ziel*übungen gemeint waren."[138] Der Ausflug zum Schießplatz, der zufällig stattgefunden habe, da er auf dem Weg zur Bibliothek den Bus zum Schießplatz gesehen habe und spontan eingestiegen sei, stehe in keinem Zusammenhang mit dem Mord. Dies versuchte er damit zu beweisen, dass es sich bei den Schießübungen und beim Mord um völlig unterschiedliche Distanzen handelte und ihn gezielte Schüsse auf ein 30 oder 40 Meter entferntes Ziel nicht auf seine Tat, bei der er aus unmittelbarer Nähe auf einen Menschen geschossen hatte, hätten vorbereiten können. Der Zweck der Schießübungen sei ein anderer gewesen. „Aus rein psychologischen Motiven für den Selbstmord habe ich die Schiessübungen in Bern und Ostermudingen [sic] gemacht, um gewissermassen mich vertraut zu machen mit der Waffe."[139] Es ist offensichtlich, dass diese Ausführungen Frankfurters darauf abzielten, einen Vorsatz zu verneinen. Es muss Frankfurter bewusst gewesen sein, dass die vor dem Mord getätigten Schießübungen zu seinen Ungunsten ausgelegt werden könnten, weshalb es ihm wichtig war, jeden Zusammenhang zu dementieren.

Er bat darum, noch eine weitere Erklärung abzugeben, diesmal zu der von Ursprung erwähnten Unstimmigkeit bei seinen Aussagen im Vergleich zum *Aktionsplan*. Hierzu erklärte er erneut, dass er sich nicht erinnern könne, diese Notizen niedergeschrieben zu haben, gestand aber ein, dass es sich dabei offenkundig um seine Schrift handle. Zu seinen bisher im Rahmen des Prozesses getätigten Aussagen in dieser Sache meinte er: „Ich glaube aber, ich habe alle Aeusserungen, die ich bis jetzt getan habe, mit aller Wahrheit gesagt, und ich glaube, ich hätte erst recht kein Interesse, solche Nebensächlichkeiten zu bestreiten, wenn ich alle *Haupt*-Umstände freiwillig zu Protokoll gegeben habe."[140] Er unterstrich hier also, dass es sich bei seinen Absichten, wie bereits wiederholt geäußert, tatsächlich in erster Linie um einen Selbstmordplan handelte, der, ursprünglich als solcher geplant, nach dem Mord hätte durchgeführt werden sollen. Der Selbstmord war im Zusammenhang mit dem Mord nicht als Alternative zu einer Flucht geplant („sonst Ausführung des Selbstmordes"), sondern als ultimatives Ziel („um Ausführung des Selbstmordes").[141]

Nun ergriffen weitere Mitglieder des Gerichts die Gelegenheit, Frankfurter Fragen zu stellen. Bisher waren die Befragungen jeweils – entsprechend der Strafprozessordnung – vom Gerichtspräsidenten ausgegangen. Als Erster meldete sich Alt Regierungsrat Vieli, Rechtsanwalt in Chur, und wollte von Frankfurter wissen, ob er seine Informationen zur Situation der deutschen Jüdinnen und Juden ausschließlich aus den von ihm angegebenen Zeitungen *Neue Zürcher Zeitung*,

138 Ebd., S. 25.
139 Ebd.
140 Ebd.
141 Beide Zitate: Ebd., S. 23.

Bund und *Nationalzeitung* bezogen habe. Frankfurter verneinte diese Frage und erläuterte, er habe insbesondere zwei Hauptquellen für seine Informationen über innerdeutsche Vorgänge. Auf der einen Seite seien dies seine eigenen Erlebnisse in Deutschland, auf der anderen Seite die Lektüre deutscher Presseerzeugnisse.[142] Vieli fragte nach, ob er auch entsprechende Bücher gelesen habe. Frankfurter bejahte dies und gab auf Nachfrage die *Moorsoldaten* und das 1933 erschienene *Braunbuch über Reichstagsbrand und Hitlerterror* an. Er ergänzte:

> Ausserdem möchte ich betonen, dass ich sehr oft zu Gesicht bekommen habe eine Zeitung, die auf mich vielleicht den entscheidendsten und schwerwiegendsten Eindruck gemacht hat, das war der ‚Stürmer'. Die Zeitung kommt hier in die Schweiz kaum herein. Aber in Deutschland hatte ich Gelegenheit, sie zu sehen. An jeder zweiten Ecke, an jedem Zeitungskiosk hat man diese Zeitung zu Gesicht bekommen, sie wurde zum Teil auch umsonst verteilt. Und da wurde geschrieben und wurden Sachen abgebildet – mehr, als ein Mensch ertragen kann, geschweige denn ein Jude. Denn was darin steht, ist nicht nur gegen das Judentum, es ist überhaupt gegen die primitivste Menschlichkeit.[143]

Hierzu gab es von den Richtern keine Nachfragen, das Thema wurde gewechselt. Diesmal stellte Sonder, Rechtsanwalt in Salux, eine Frage, die von Ganzoni bereits wiederholt gestellt worden war, nämlich ob er mit dem Vorsatz, Gustloff zu töten, nach Davos gefahren sei. Wie schon bei Ganzonis Nachfragen diesbezüglich bestritt Frankfurter einen Vorsatz. „Es kamen immer wieder die Erinnerungen an die Erlebnisse in Deutschland, sie kamen mit solcher Lebendigkeit wieder, bei Tag und bei Nacht."[144] Dies hätte dazu geführt, dass er nicht anders habe handeln können.[145]

Da von den anderen Richtern keine Fragen mehr kamen, wurde die Verhandlung zur Mittagspause unterbrochen. Unmittelbar danach bat Frankfurter noch einmal darum, das Wort ergreifen zu dürfen; diesmal wollte er seine Antworten auf die Fragen von Vieli und Sonder ergänzen, indem er detaillierter auf seine Erfahrungen in Deutschland einging. Er erläuterte dies anhand eines konkreten Beispiels, eines Erlebnisses, das er während seiner Studienzeit in Frankfurt am Main erlebte.

> Ich möchte […] einen Fall anführen, […] wo ein Kollege von mir an einem Samstag-Nachmittag auf der Hauptstrasse ohne irgendwelchen Grund – er hatte nur einen

142 Vgl.: Ebd., S. 26.
143 Ebd.
144 Ebd.
145 Vgl.: Ebd., S. 27.

> Fehler: dass er eben ein jüdisches Aussehen hatte – von einer Gruppe von vielleicht 5–6 Nationalsozialisten überfallen wurde. Als er über die Strasse ging, wurde ihm von hinten das Vorderrad eines Fahrrades zwischen die Beine geschoben, und er wurde beiseite gedrängt. Er hat erst gedacht, dass es ein Zufall war und hat gesagt: „Was ist das für eine Art?" – daraufhin waren schon etliche Andere, die sich im Hintergrund gehalten hatte, bei der Stelle und fragten ihn: Was er will, und warum er sich empöre. – Ja, sagte er, er wurde eben angerempelt von Einem [sic] mit einem Fahrrad, das wäre doch keine Art, und er liesse sich das nicht gefallen. Worauf ihm gesagt wurde, er habe das Maul zu halten und weiter garnichts (zu sagen). Da sagte er: das geht doch nicht, dass, wenn er friedlich über die Strasse gehe, er einfach angerempelt würde. Darauf hat man ihm gesagt, er solle ruhig sein, sonst werde man ihm sofort *andere* Erklärungen – handgreifliche – geben. Und da er in seiner Empörung nicht schweigen konnte, haben sie ihn sofort gepackt. Er sagte, er ruft die Polizei, er lasse sich das nicht gefallen. Darauf sagte der Polizist, er könne nichts machen. Er musste mit zur Polizei. Worauf die anwesenden (National-Sozialisten) auf der Polizei die Erklärung abgaben: er hätte sich abfällig über *Hitler* geäussert und geschimpft ohne irgendwelchen Grund. Er hat es (=wahrheitsgemäss) geleugnet, aber es nutzte ihm nichts. Denn es war eine grössere Anzahl, die sofort sagten, sie hätten es gesehen und gehört... Er hat gebeten, man möchte seine Braut verständigen, damit sie Bescheid weiss – er hatte die polnische Staatsangehörigkeit, worauf die Braut sofort beim polnischen Consul telephoniert und ihn (um Intervention) gebeten hat, und der hat interveniert. Darauf hat man ihm zwei Stunden Frist gegeben: er würde ins Konzentrationslager geführt werden – er hat dann die Versicherung abgegeben, er würde sofort seine Sachen regeln, er hat sofort seinen Pass genommen und ist mit einem Flugzeug ins Ausland gefahren, um nicht ins Konzentrationslager zu kommen. Er lebt heute im Auslande. Er war einer meiner intimsten Freunde. Ich nenne den Namen, denn er hält sich ja nicht mehr in Deutschland auf: David Sonnenschein.[146]

Dies ist die erste Erwähnung des engen Freunds David Sonnenschein – weder in den Verhören vor dem Prozess noch in seinen Memoiren ist dieser jemals aufgetaucht.[147] Entsprechend irritiert reagierte der Gerichtspräsident, der ihn darauf hinwies, dass er diesen Vorfall während der Voruntersuchung hätte erwähnen müssen und dass in den Akten diesbezüglich nichts Verwertbares stünde. Frankfurter rechtfertigte sich: „Er (David Sonnenschein) hält sich in Mailand auf. Ich hätte diesen Einzelfall (auch jetzt noch nicht) vorgebracht, wenn die

146 Ebd., S. 27–28.

147 Es ist nicht zu eruieren, wer David Sonnenschein war und was mit ihm geschehen ist.

Herren Richter nicht Fragen über Litteratur und so weiter gestellt hätten."[148] Und er fügte sogleich ein weiteres Ereignis an:

> Als ich (noch) in Berlin war, ging ich durch die Oranienburger Strasse, Ende Dezember, zwischen Weihnachten und Januar; da ist eine grosse Synagoge, die war am Abend vorher von oben bis unten mit Zeitungen wie „Der Stürmer" beklebt, und die unflätigsten und scheusslichsten Sachen waren darin. Und die Jüdische Gemeinde traute sich nicht, die am Abend vorher von SA-Leuten angeklebten Zeitungen herunterzunehmen, sondern liess die Sachen einfach so. Daraufhin ist in Berlin die Behörde eingeschritten und hat gesagt: Das geht nicht, dass das kleben bleibt, das wäre nur für die Photographen da (gemacht worden), damit Greuelpropaganda getrieben wird. Da musste die Jüdische Gemeinde auf eigene Kosten das kurz vorher angeklebte antisemitische Material wegnehmen![149]

Das Gericht ging nicht darauf ein, Ganzoni fragte lediglich, ob er noch Weiteres vorzubringen hätte. Frankfurter antwortete hoffnungsvoll: „Einige Kleinigkeiten, die ich mitangesehen habe. Wenn die Herren Richter dafür Interesse haben."[150] Dieser Versuch wurde mit der Bemerkung unterbunden, dass er dies seinem Verteidiger hätte schildern müssen, damit dieser es dem Gericht hätte vortragen können. Ein weiterer Versuch Frankfurters, mehr zur Situation in Deutschland, wie er sie erfahren hatte, und somit zu seinem Motiv zu erzählen, wurde ihm verwehrt. „Sie können dann später, am Schlusse, wieder zu Worte kommen."[151] Stattdessen wurde Amtskläger Brügger gebeten, seine Begründung zur Anklage zu präsentieren.

6.1.3.1 Begründung der Anklage[152] durch Amtskläger Brügger: Ein kalter und zynischer Mord

Brügger begann seine Begründung mit einer kurzen Rekapitulation der Ereignisse und einer Bitte an das Gericht. „Ihnen steht es zu, unter Würdigung aller Umstände, <u>die</u> Sühne festzusetzen, welche in gerechter Weise den Ausgleich

---

148 Protokoll des zweiten Verhandlungstages, Chur, 10.12.1936, in: AfZ, IB Frankfurter-Prozess / 2, S. 28.

149 Ebd.

150 Ebd.

151 Ebd.

152 Die Begründung der Anklage durch Amtskläger Brügger ist sehr ausführlich und zieht sich im Protokoll des zweiten Prozesstages auf knapp 50 Seiten hin. An dieser Stelle werden nur die diejenigen Abschnitte erwähnt, die sich für die Anklage relevant zeigen oder die sich erheblich von Frankfurters Ausführungen unterscheiden.

und den Abschluss dieses tragischen Geschehens bringen soll."[153] In der Folge gab er eine ausführliche Darstellung der Person David Frankfurter, seiner familiären Hintergründe und seines Werdeganges, die bis auf einen kleinen geographischen Fehler soweit korrekt ausfiel.[154] Er unterließ es nicht, die Situation der Jüdinnen und Juden in Deutschland, wie sie Frankfurter erfahren hatte, aufzuzeigen, wobei seine Beschreibung nicht nur akkurat, sondern auch überraschend deutlich ist.

> In der Zwischenzeit war nämlich der Nationalsozialismus in Deutschland zur Macht gelangt. Mit ihm kam eine Welle heftiger antisemitischer Propaganda, die sich in steigendem Masse auf allen Gebieten des privaten und des öffentlichen Lebens geltend machte. In den Beamtenstellungen, auf den Gebieten der Wissenschaft und der Kunst, in den freien Berufen, auf den Gebieten des Handels und des Gewerbes wurden die Juden allmählich ausgeschlossen, ihre Geschäfte wurden boykottiert. Der Besuch von Gaststätten und öffentlichen Einrichtungen wurde ihnen zu Teil untersagt; und schliesslich sahen sie sich auf der ganzen Linie in die Stellung einer Rasse minderen Rechts gedrängt.[155]

In seiner Zusammenfassung spielte er auf den Tag des Boykotts gegen jüdische Geschäfte vom 1. April 1933, das Berufsbeamten- und das Reichskulturkammergesetz und weitere Ereignisse im nationalsozialistischen Deutschland an. Brügger führte aus, es sei nachvollziehbar, dass Frankfurter „das Vorgehen gegen die Juden als schwere Ungerechtigkeit erschien".[156] Nichtsdestotrotz müsse festgehalten werden, dass Frankfurter von all diesen judenfeindlichen Maßnahmen persönlich nicht betroffen gewesen sei – auch nicht seine Familie. „Zwei Onkel des Angeklagten, Dr. Salomon Frankfurter, Rabbiner, und Leopold Pagel, Privatier, leben nach der Aussage des Angeklagten auch heute noch unbehelligt in Berlin."[157] Insofern müsse klar konstatiert werden, dass die diagnostizierten Depressionen Frankfurters „denn auch nur zu einem Teile auf die allgemeine

153 Protokoll des zweiten Verhandlungstages, Chur, 10.12.1936, in: AfZ, IB Frankfurter-Prozess / 2, S. 29.

154 Brügger sagte fälschlicherweise, dass Frankfurters Knocheneiterungen in Berlin behandelt werden mussten. Dafür gibt es keinerlei Hinweise, Frankfurter selbst schreibt in seinen Memoiren von einem Aufenthalt in Budapest zu diesem Zwecke. Vgl.: Ebd., S. 30.

155 Ebd., S. 31. Als Kritikpunkt könnte angebracht werden, dass die Aussagen passiv formuliert sind, in dem Sinne, als dass keine Akteure genannt werden und alles passiv *geschieht*. Ob dies nun auf den persönlichen Duktus des Amtsklägers zurückzuführen ist oder darauf, dass dieser nicht *zu* politisch werden und niemanden vor den Kopf stoßen wollte, muss hier offenbleiben.

156 Ebd., S. 32.

157 Ebd.

Lage der Juden in Deutschland zurückzuführen [sind], zum grösseren Teile gehen sie zurück auf Ursachen, die in der Person des Angeklagten selbst lagen".[158]

Abb. 33: Dr. Brügger, Amtskläger, beim Frankfurter-Prozess, Dezember 1936 (Fotograf: Heinz Guggenbühl – Prisma). Quelle: AfZ, NL Eugen Curti.

Brügger führte zudem aus, dass die Zeit in Bern für Frankfurter geradezu eine verpasste Chance gewesen sei. In Bern hätte die Möglichkeit bestanden, in einer „neuen, ruhigen Umgebung" einen Neubeginn zu starten, zumindest vorübergehend ungestört von seinen ihn bisher so belastenden Krankheiten sich „mit voller Kraft seinen Studien zu widmen".[159] Dies sei ihm nicht gelungen. „Es fehlte ihm die nötige Spannkraft. Und dafür soll nun die seelische Erschütterung verantwortlich gemacht werden, die der Angeklagte angeblich wegen der Judenverfolgungen in Deutschland erlitten hätte. Das geht nicht an; und entspricht in keiner Weise den wirklichen Verhältnissen."[160] Zugegeben, Frankfurter habe sich auch in der Schweiz mit der Situation der Jüdinnen und Juden in Deutschland befasst, „etwa in dem Masse […], in dem es jeder andere Intellektuelle

158 Ebd.

159 Beide Zitate: Ebd., S. 33.

160 Ebd.

ausserhalb Deutschlands auch getan hat", es sei jedoch überraschend, „wie *wenig* Litteratur hierüber ihm bekannt war".[161] Dies habe zur Folge, dass Frankfurter lediglich Kenntnisse „im allgemeinen Umfange"[162] besitze, und Brügger folgerte daraus: „Unter diesen Umständen ist es durchaus unglaubwürdig, dass der Angeklagte, der in der Schweiz lebte und in seinen persönlichen Verhältnissen in keiner Weise betroffen war, wegen der Vorgänge in Deutschland unter einer besonders tiefgreifenden und dauernden seelischen Erschütterungen gelitten hätte."[163] Zu Frankfurters Ungunsten führte der Amtskläger alsdann eine zweiwöchige Reise nach Deutschland Ende 1934 an, die „freiwillig und zu seinem Vergnügen"[164] stattgefunden habe. Daraus schloss Brügger, dass die eigentliche Ursache für die Depression (und folglich für den Mord) in der Person des Angeklagten begründet läge. Wie es dazu kommen konnte, führte er eingehend aus; er erläuterte, dass Frankfurter ohne Wissen seiner Eltern von Zahnmedizin zu allgemeiner Medizin gewechselt hätte und sie bezüglich seines Studienerfolgs „bewusst getäuscht und belogen" hätte, „welcher Aufwand an Unehrlichkeit und Lüge!"[165] Dadurch musste er sich „zwangsläufig von ihnen immer weiter entfernen".[166] Die Einzige, die ihm in dieser Situation hätte helfen können, wäre seine Mutter gewesen, die 1934 verstorben war. Brüggers Beschreibung von Frankfurter zeichnete einen Menschen, der sich gehen ließ.

> Die Studien vernachlässigte er vollkommen. Er suchte nur noch, sich zu betäuben. Er nahm Schlafmittel und schlief dann bis in den Mittag hinein, oder sass morgens schon im Kaffeehaus. Er trieb sich in Cafés, Bars, Kinos herum. […] Er besuchte Sport-Anlässe, er betäubte sich mit einer unsinnigen Menge von Zigaretten; und betätigte sich in intellektueller Weise überhaupt nicht mehr. Dass bei dieser Lebensweise die weitere Entwicklung Frankfurters zur seelischen Zerrüttung führen musste, ist selbstverständlich. Es brauchten hierfür keine äusseren Ereignisse in Deutschland verantwortlich gemacht zu werden.[167]

Was Brügger hier übersieht, ist die Möglichkeit, dass Frankfurters Antriebslosigkeit in der Depression begründet war und nicht einfach nur aus einer Depres-

161 Beide Zitate: Ebd., S. 34. Bei der Aufzählung der Zeitungen und Zeitschriften, die Frankfurter gelesen hat, fehlen jedoch einige, insbesondere nationalsozialistische Presseerzeugnisse. Zudem muss angefügt werden, dass Frankfurter – gemäß eigener Aussagen – tatsächlich von den meisten zeitgenössischen einschlägigen Publikationen wusste und sie gelesen hatte.

162 Ebd.

163 Ebd., S. 34.

164 Ebd.

165 Beide Zitate: Ebd., S. 36.

166 Ebd.

167 Ebd., S. 37.

sion heraus resultierte. Der Amtskläger stellte Ursache und Wirkung vertauscht dar. In seiner Argumentation führte das „Lotterleben" zu einer Depression, während es wahrscheinlicher ist, dass Frankfurter aufgrund seiner schon bestehenden Depression sich nicht zu einem normalen Leben mit einem strukturierten Tagesablauf aufraffen konnte. Einschlaf-, Durchschlaf- oder allgemeine Schlafprobleme, Anzeichen einer starken Nikotinsucht, Antriebslosigkeit – alle diese von Brügger beschriebenen Elemente können Symptome einer Depression sein.

Brügger interpretierte die Situation weiter, als dass durch die weiterhin bestehende finanzielle Abhängigkeit von seinem Vater bei gleichzeitigem Belügen seiner Familie eine Entscheidung gefällt werden musste. Nach 13 Semestern Studium – einem Zeitraum, der zum Abschluss eines Zahnmedizinstudiums ausreichend gewesen wäre – wurde der Vater misstrauisch und wollte sich nicht länger hinhalten lassen. Frankfurter hätte zwar noch, so Brügger, zwei Möglichkeiten gehabt, „heimzukehren wie der verlorene Sohn"[168] oder sich seinen eigenen Lebensunterhalt zu verdienen, doch stattdessen „tauchte die Idee des Selbstmordes bei ihm auf".[169] Auch wenn Frankfurter im Prozess ausgesagt habe, sein Vater hätte ihm letztlich verziehen und seine Briefe lediglich Druck machen sollten, sah Brügger Rabbiner Frankfurter als strengen und ungnädigen Patriarchen. „[N]eben dem Mitleid des Vaters würde die Verachtung des Rabbiners für den schwächlichen Sohn Israel bestehen bleiben".[170] Ein Selbstmord hätte Frankfurter in den Augen seines Vaters als Schwächling dastehen lassen, und so habe Frankfurter eine bewusste Entscheidung getroffen, nämlich „eine Tat zu vollbringen, durch welche der daran anschliessende Selbstmord gerechtfertigt würde".[171] Naheliegend sei da ein aktuelles Thema gewesen: die Situation in Deutschland.

Aus diesen inneren Umständen sei bei Frankfurter also, gemäß Brüggers Ausführungen, der Selbstmordgedanke entstanden; der Mordplan hingegen sei sekundär gewesen und nur gefasst worden, um dem Selbstmord einen Sinn zu geben. Die weitere Entwicklung – vom Plan zur Tat – sei auf rein äußere Umstände zurückzuführen. Der Grund für die Wahl des Opfers sei ein pragmatischer gewesen – „attraktivere" Ziele wie Hitler, Göring oder Goebbels wurden „wegen der materiellen Undurchführbarkeit"[172] verworfen, zudem habe Frankfurter sich vor möglichen Folgen eines Attentats in Deutschland gefürchtet. „Frankfurter suchte nach einem bequemeren und weniger gefahrvollen Opfer in der Schweiz. Und

168 Ebd. Wie bereits der Psychiater, verwendet auch Brügger hier das Element des verlorenen Sohnes aus der christlichen Bibel.

169 Ebd.

170 Ebd., S. 38.

171 Ebd.

172 Ebd.

dabei ist er, ganz zufällig durch seine Zeitungslektüre, auf Gustloff verfallen."[173] Die Zufälligkeit dieser Wahl belegte Brügger mit Frankfurters Unwissen über die Tätigkeit Gustloffs; ihm sei lediglich bekannt gewesen, dass Gustloff „ein Nazi-Agent" sei, „der die Luft [in der Schweiz] verpestet".[174]

Nachdem Brügger die Gründe für den Mord erörtert hatte, kam er auf den Vorsatz zu sprechen. Für ihn war es klar, dass Frankfurter den Entschluss zum Mord vier bis fünf Wochen vor der Tat gefasst hatte. Dass er nun während der Vernehmungen durch den Gerichtspräsidenten andere Aussagen getätigt hatte als noch in den ursprünglichen Befragungen, führte er auf den „offensichtlichen Einfluss der Verteidigung"[175] zurück, die Frankfurter dahingehend instruiert habe. Frankfurter habe schon Ende 1935 eine Waffe gekauft und diese seinen Freunden und Bekannten gezeigt, die ihm die Planung und Durchführung eines Mordes nicht zugetraut hätten. Die Berner Freunde hätten Frankfurter nicht ernst genommen, „sie hielten es für eine blosse Wichtigtuerei", was damit zusammenpasste, dass einer der engsten Freunde Frankfurters, Rudolph Haas, Frankfurter als Mann von „leichtsinnigem und abenteuerlustigem Character" beschrieben hatte.[176] Brügger resümierte: „Diese Abenteuerlust sollte eine tragische Wendung nehmen."[177]

Frankfurter habe sich, wie bereits aufgeführt, Geld beschafft und sei mit der Absicht nach Davos gefahren, am selben Tag den Mord zu begehen. Die Verschiebung der Tat, von Frankfurter mit religiösen Elementen sowie Gewissensbissen begründet, wurde vom Amtskläger folgendermaßen interpretiert: „Dann gewann der Angeklagte Geschmack an der Schönheit von Davos und an der Schönheit der winterlichen Bergwelt."[178] Brügger zeichnete ein Bild von Frankfurter als ruhigen, kaltblütigen Mörder, der auf dem Weg zum Tatort mit einer Bekannten (Frau Kaufmann) plauderte, vor der Tat ruhte und Abschiedsbriefe verfasste und sich im Voraus über das Haus des Opfers erkundigt hatte.[179] Starke Zweifel an Frankfurters Glaubwürdigkeit äußerte er in Bezug auf das wiederholt erwähnte Telefongespräch Gustloffs, während Frankfurter in dessen Arbeitszimmer wartete. Frankfurter habe hier drei verschiedene, widersprüchliche Aussagen gemacht, von „Schweinehunden und Kommunisten" beim ersten Verhör, über „Schweinejuden" bei einem späteren Verhör, bis zu „‚Sauhunden' oder ‚Saujuden'"

173 Ebd.
174 Beide Zitate: Ebd. Hierbei zitierte Brügger Frankfurters Aussagen.
175 Ebd., S. 39.
176 Beide Zitate: Ebd.
177 Ebd.
178 Ebd., S. 42.
179 Vgl.: Ebd., S. 42–43.

gegenüber dem Psychiater.[180] Zusätzlich verdächtig sei, dass Frankfurter das Telefongespräch bei seiner allerersten Vernehmung am Tag der Tat nicht erwähnt hatte. Dies erwecke den Eindruck, „dass der Angeklagte nachträglich versucht hat, seine feige Mordtat dadurch zu beschönigen, dass er glauben machen möchte, er sei durch einen die Juden beleidigenden Ausdruck Gustloffs gereizt worden".[181] Im Übrigen war der Amtskläger überzeugt, dass das erwähnte Wort nicht gefallen sei, da sowohl Frau Gustloff als auch der Gesprächspartner Habermann dies so ausgesagt hätten.

Auch die Beschreibung des Mordes klingt bei Brügger nach einer gnadenlos ausgeführten Tat.

> Gustloff tritt ein. – Frankfurter steht auf, richtet die Waffe auf Gustloff und drückt ab. Der erste Schuss versagt [...]. – Auf alle Fälle kam der Angriff [für] Gustloff völlig unerwartet. David Frankfurter deponiert: ‚Er machte zunächst ein verständnisloses Gesicht.' Dann aber fasst sich Gustloff und geht auf den Angreifer zu. Dieser weicht rückwärts zurück, um den Tisch herum; und drückt fortwährend ab. Frankfurter feuert so lange, bis Gustloff, ohne ein Wort, ohne einen Schrei, lautlos, zusammenbricht und regungslos liegen bleibt.[182]

Nach der Tat sei Frankfurter geflohen, habe auf dem Weg noch Frau Gustloff mit seiner Waffe bedroht. Im Weiteren deckte sich Brüggers Beschreibung mehrheitlich mit denen von Frankfurter beziehungsweise den Feststellungen im Vorfeld und im Rahmen des Prozesses: die am Tatort eintreffenden Ärzte, die den Tod Gustloffs feststellten, das pathologische Gutachten zu Gustloff, Frankfurter, der durch den Schnee irrte und sich schließlich der Polizei stellte. Den nicht durchgeführten Selbstmord erklärte er mit dem fehlenden Mut Frankfurters. [183] Der Angeklagte habe bei der Festnahme gestanden, dass er sich „der Tat vollkommen bewusst [sei] und er bereue sie auf keinen Fall".[184] Es gäbe keinerlei Hinweise auf eine politische Tätigkeit bei Frankfurter. Bei einer Gegenüberstellung mit der Witwe seines Opfers habe Frankfurter ausgesagt, er habe Gustloff ermordet, weil er, Frankfurter, Jude sei, es lägen keine persönlichen Gründe vor. Das Geständnis Frankfurters beim ersten Verhör am Abend des Mordes umschreibt Brügger folgendermaßen:

---

180 Alle Zitate: Ebd., S. 43–44.

181 Ebd.

182 Ebd., S. 45.

183 Vgl.: Ebd., S. 45–46.

184 Ebd., S. 47.

> Sie [die verhörsamtliche Einvernahme] brachte das klare Geständnis des vorbedachten Mordes. Frankfurter deponiert, er sei am Freitag, 31. Januar von Bern nach Davos gereist mit der Absicht, Gustloff zu ermorden. Frankfurter wird um das Motiv der Tat befragt. Er sagt, die Tat sei geschehen, weil Gustloff ein Nazi-Agent sei, der die Luft verpestet habe. Eigentlich hätte die Kugel *Hitler* treffen sollen. Auf die Frage, warum er gerade Gustloff erschossen habe, erwiderte der Angeklagte: „Das kann ich nicht genau erklären." Frankfurter will offenbar nicht zugeben, dass es in Wirklichkeit eine rein zufällige Wahl des Opfers war.[185]

Wenn nun das Protokoll dieses ersten Verhörs herbeigezogen wird, stimmen die dort von Frankfurter getätigten Aussagen mit den Ausführungen Brüggers überein. Frankfurter sagte gleich zu Beginn der Befragung klar aus: „Zweck meiner Reise war, in Davos Gustloff zu ermorden."[186] Weiter antwortete er auf die Frage, wann er denn den Entschluss zur Tat gefasst habe, mit: „Vor vierzehn Tagen oder drei Wochen."[187] Diese Aussagen in Betracht ziehend, scheint Brüggers Vorwurf an Frankfurter, dass die von ihm begangene Tat sehr wohl geplant gewesen sei, es sich also um einen vorsätzlichen Mord handelte, zuzutreffen. Insofern muss es sich bei den überzeugend vorgetragenen Bekräftigungen Frankfurters während des Prozesses, dass er immer wieder geschwankt habe, ob er den Mord tatsächlich ausführen wolle, um eine strategische Vorgehensweise handeln, die die Strafe verringern sollte.

Das Argument Frankfurters, er habe aus Liebe zur Schweiz gehandelt, wurde vom Amtskläger als taktische Aussage demontiert. Wie er ausführte, hatte Frankfurter seine Tat wiederholt als „Dienst an der Schweiz"[188] bezeichnet. Brügger fand dafür deutliche Worte.

> Das ist eine offenbare captatio benevolentiae![189] Das ist offensichtlich ein Versuch Frankfurters, den schweizerischen Richter zu besonderer Nachsicht zu bewegen. Dabei wisse Frankfurter ganz genau, dass seine Tat *kein* Dienst an der Schweiz war – dass sie die schwerste Verletzung des Gastrechts bedeutete. Darüber können seine nachträglichen Aussagen nicht mehr hinwegtäuschen.[190]

---

185 Ebd.

186 Kantonsverhöramt von Graubünden, Verhör von David Frankfurter durch Verhörrichter Dr. E. Dedual, Davos, 4. Februar 1936, in: StAGR III 23 d 2, Frankfurter, S. 1.

187 Ebd., S. 2 f.

188 Protokoll des zweiten Verhandlungstages, Chur, 10.12.1936, in: AfZ, IB Frankfurter-Prozess / 2, S. 48.

189 Captatio benevolentiae: aus dem Lateinischen, Erheischen des Wohlwollens; Werben um die Gunst des Publikums.

190 Protokoll des zweiten Verhandlungstages, Chur, 10.12.1936, in: AfZ, IB Frankfurter-Prozess / 2, S. 48.

Wie bereits im Kapitel zu Frankfurters Motiven[191] ausgeführt wurde, blieb Frankfurter beim Verfassen seiner Memoiren bei der Aussage, dass das pro-schweizerische Motiv bei dem Mord eine herausragende Rolle gespielt hatte, auch wenn sowohl der Amtskläger als auch die Richter ihm in dieser Hinsicht keinen Glauben schenkten.

Brügger folgte Frankfurters Äußerungen in zwei wesentlichen Punkten. Zum einen sei der Selbstmord tatsächlich seine ursprüngliche Absicht gewesen, zum anderen habe er diesen Plan eines von Selbstmord gefolgten Mordes selbst gefasst, was Brügger damit bekräftigte, dass nicht nur Frankfurter dies von Beginn an so ausgesagt habe, sondern auch die Untersuchungen der Polizei keinerlei Anzeichen für eine Verschwörung ergeben hätten.[192] Insbesondere letzterem Punkt gab Brügger in seiner Begründung der Anklage viel Raum. Er ging auf die Hinweise Fleischhauers zur Existenz eines Komplotts ein und erwähnte die verschiedenen Personen, die neben Frankfurter an dem Mord beteiligt gewesen sein sollten, sowie diverse Schreiben, die die Untersuchungsbehörden in dieser Sache erreicht hatten. Er versicherte, dies sei alles überprüft worden. „Das Ergebnis war völlig negativ. Es hat sich herausgestellt, dass Frankfurter weder früher, noch später nachweislich einer politischen Gruppe oder Vereinigung angehört hat."[193] Dies hätten alle im Rahmen der Untersuchung vernommenen Personen sowie die eingeholten Auskünfte bei deutschen Behörden bestätigt, aber auch die Durchsuchung von Frankfurters Zimmer in Bern. Noch einmal unterstrich Brügger: „Es sind keinerlei Anhaltspunkte für die Annahme eines Komplotts oder der Zugehörigkeit zu einer Partei oder Gruppe oder Organisation vorhanden."[194] Der Amtskläger schloss seine diesbezüglichen Ausführungen mit den Worten: „Der Angeklagte will auch bei der Durchführung der Tat ohne Mithilfe und ohne Mitwissen von irgendwelcher Seite gehandelt haben. Seine Handlung geht auf völlig freie [...] Willensbestimmung zurück. Frankfurter ist denn auch für seine Tat in vollem Umfange *allein* verantwortlich."[195]

Diese Aussage führte Brügger zu seinem nächsten Punkt, Frankfurters Zurechnungsfähigkeit. Nur eine Unzurechnungsfähigkeit zum Zeitpunkt des Mordes könnte die alleinige Verantwortlichkeit Frankfurters an der Tat aufheben. Hierbei bezog sich der Amtskläger auf den Psychiater Jörger, der Frankfurter über einen längeren Zeitraum hinweg beobachtet hatte und unter Einbezug dessen Biographie, Krankheiten, Charakters – in Übereinstimmung mit Frankfurters Freunden

191 Vgl.: Kapitel 4.2.8 Frankfurters Motive und die Zeit vor der Tat, S. 126 ff.

192 Vgl.: Protokoll des zweiten Verhandlungstages, Chur, 10.12.1936, AfZ, IB Frankfurter-Prozess / 2, S. 48.

193 Ebd., S. 51.

194 Ebd., S. 52.

195 Ebd., S. 53.

und Familienangehörigen – zur Feststellung gelangt war, dass keine Geisteskrankheit oder Psychose, „die eine Verantwortlungslosigkeit des Täters bedingen würde",[196] vorlägen.[197] Auch betonte Brügger mit Rückgriff auf Jörger, dass die Tat nicht in äußeren Einflüssen, sondern in „inneren seelischen Konflikten"[198] begründet gewesen sei. Er paraphrasierte und zitierte ausführlich aus Jörgers Gutachten zur Entstehung der reaktiven Depression bei Frankfurter, die zwar eine „gewisse Einschränkung der – grundsätzlich bejahten – Verantwortlichkeit" Frankfurters bewirkte, schließlich aber, abgesehen von minimalen Milderungsgründen, an der „grundsätzlich festgestellten Verantwortlichkeit des Angeklagten"[199] nichts ändere. Dies sei im Abgleich mit den Akten, den Aussagen Frankfurters und den Tatbeständen klar ersichtlich und führe „zu der absoluten Ueberzeugung, dass der Angeklagte mit Vorsatz und Ueberlegung die Tötung Gustloffs beschlossen und diese Tötung auch im Zustande vollkommener geistiger Klarheit durchgeführt hat."[200]

Brügger erläuterte diesen Punkt noch genauer, indem er die Abläufe zusammenfasste und wiedergab:

> Der Angeklagte hat sich nach seinem eigenen, wiederholten Geständnis [...] mehrere Wochen vor der Tat in freier Willensbestimmung zum Mord an Gustloff entschlossen. Er hat in Durchführung der dazu notwendigen Vorbereitungen die Mordwaffe 5–6 Wochen vor der Tat erworben. [...] Er hat sich mit der Manipulation der Waffe vertraut gemacht und damit noch wenige Tage vor seiner Abreise nach Davos Schiessübungen angestellt. [...] Am 31. Januar ist Frankfurter ca. ½ 12 Uhr vorm. von Bern nach Davos gereist, mit der bestimmten Absicht, Gustloff zu ermorden [...]. Er hat ein einfaches Billet nach Davos gelöst – in der richtigen Ueberlegung, dass eine Rückreise nicht mehr in Betracht komme. – Dann hat der Angeklagte die Ausführung der Tat um volle vier Tage verschoben. Nicht etwa, weil er unschlüssig geworden wäre. Er sagte ja selbst: „Der Entschluss zur Tat sass zu fest, so dass ich nicht davon abging, sondern nur den Zeitpunkt verschob." [...] Er verschob den Zeitpunkt, weil er kaltblütig und zynisch genug war, die Gelegenheit eines Vergnügungsaufenthalts in Davos vorerst noch auszunützen! Während dieser 4 Tage in Davos überlegt sich der Angeklagte genau das weitere Vorgehen bei dem geplanten Mord.[201]

196 Ebd., S. 55.
197 Vgl.: Ebd., S. 53–54.
198 Ebd., S. 55.
199 Beide Zitate: Ebd., S. 56.
200 Ebd., S. 57.
201 Ebd., S. 57–58.

Brügger strich heraus, dass Frankfurter vor dem Mord vollkommen ruhig gewesen sei. Der Amtskläger wollte damit belegen, dass Frankfurter die Tat vorsätzlich und nicht im Zustand geistiger Verwirrung begangen hatte. Von den Vorbereitungen ging der Amtskläger über zum Tag des Attentats, den er in einer ebenso konzentrierten Form schilderte und konstatierte: „[E]r zeigt dabei keine Aufregung und keine Unruhe. Er hat sich völlig in der Gewalt."[202] Auch beim Mord schließlich habe er sich „peinlich genau" an seinen Plan gehalten, habe „genau und ohne Zögern" geschossen, was für Brügger wiederum für „die klare und bestimmte Ueberlegung und für die Kaltblütigkeit des Angreifers" sprach.[203] Nach der Tat sei Frankfurter geistesgegenwärtig genug gewesen, für seine Flucht einen anderen Weg zu wählen. Dass er sich anschließend der Polizei gestellt hatte, interpretierte Brügger nicht etwa als Anlass zu mildernden Umständen, sondern wiederum als Verdeutlichung für die berechnende Vorgehensweise Frankfurters, der, so Brügger, „eine Geste tun wollte, von der er glaubte, dass sie ihm (= zu seinen Gunsten) angerechnet werden würde".[204]

Aus all diesen Ausführungen schloss Brügger: „Es ergibt sich aus den dargelegten Tatsachen und aus den sie begleitenden Nebenumständen in einwandfreier Weise, dass der Angeklagte die Tötung Gustloffs mit Vorsatz und Ueberlegung beschlossen und diese Tötung im Zustande völlig klaren Bewusstseins ausgeführt hat."[205] Und wie bereits schon bei der Verlesung der Anklage-Akte zu Beginn des ersten Prozesstages folgerte er daraus, es müsse sich bei dem Tatbestand um den eines Mordes handeln.[206] Nach längeren Erörterungen zum Strafmaß, zu mildernden Umständen sowie zu ähnlich gelagerten Fällen verlangte der Amtskläger nicht die Höchststrafe von 25 Jahren, sondern ein Strafmaß von 18 Jahren Zuchthaus als Haupt- sowie den Verlust aller bürgerlichen Ehren und Pflichten und der lebenslänglichen Landesverweisung als Nebenstrafe.[207] Darüber hinaus müsse Frankfurter „selbstverständlich [...] den durch seine Tat verursachten materiellen Schaden"[208] wiedergutmachen.

Zum Schluss rief Brügger die Richter dazu auf, sich „nicht durch Ihr menschliches Mitgefühl mit dem jugendlichen Angeklagten dazu führen [zu lassen], die Schwere seiner Schuld und seiner Verantwortlichkeit zu unterschätzen."[209] In

202 Ebd., S. 59.
203 Alle Zitate: Ebd.
204 Ebd.
205 Ebd., S. 61.
206 Vgl.: Ebd.
207 Vgl.: Ebd., S. 74.
208 Ebd.
209 Ebd., S. 75.

das Strafmaß seien alle möglichen Milderungsgründe bereits miteingerechnet, so dass ein Strafmaß, das unter diesem lag, unangemessen wäre.

> Vergessen Sie nicht, dass zur Befriedigung von Hassgefühlen und des Geltungsbedürfnisses des Täters das Leben eines ehrenwerten, persönlich völlig schuldlosen Menschen in seiner besten Manneskraft ausgelöscht worden ist; dass das Lebensglück und der Lebensinhalt einer Gattin zerstört wurde [...]. Vergessen Sie nicht, dass der Angeklagte in überheblicher, rücksichtsloser Weise das Gastrecht unseres Landes missbraucht hat, um auf dessen Boden eine Tat zu vollbringen, die er sich scheute, in jenem Lande auszuführen, gegen das sich sein Hass gerichtet hat.[210]

Mit diesem Aufruf endete die Begründung der Anklage durch Amtskläger Brügger. Er führte seine Arbeit korrekt und ohne antisemitische Seitenhiebe durch. Bei seiner Argumentation stützte er sich in erster Linie auf das psychiatrische Gutachten und war diesem mehrheitlich gefolgt. Was jedoch auffällt, ist, dass er im Zweifelsfalle Vorfälle oder Abläufe zu Frankfurters Ungunsten auslegte – gut sichtbar beispielsweise in Bezug darauf, dass Frankfurter sich nach der Tat bei der Polizei gestellt hatte. Für Brügger war dies nicht ein mildernder Umstand, obwohl das Gesetz diese Interpretation erlaubte, sondern ein weiteres Anzeichen von Frankfurters berechnendem Verhalten. Dadurch war das Bild, das er von David Frankfurter zeichnete, ein einseitig negatives. Nach einem kurzen Unterbruch der Verhandlung bat Frankfurter darum, einige Worte zu den von Brügger geäußerten Vorwürfen sagen zu dürfen. Dies wurde ihm gewährt.

6.1.3.2 Frankfurter meldet sich zu Wort: „Ein Lügner vor dem Volke"[211]

„[L]angsam und stockend"[212] sagte Frankfurter, er möchte sich gegenüber den Vorwürfen und Darstellungen in Brüggers Anklagebegründung verteidigen. Es entspräche nicht der Wahrheit, dass er von seinen Anwälten Curti und Wyler Direktiven erhalten habe, wie er sich zu verhalten habe. Curti habe er insgesamt nur dreimal getroffen und mit Wyler lediglich den Stand der Dinge besprochen. „Es ist nicht die Art von Dr. Curti, einem Angeklagten irgendwelche Direkti-

210 Ebd., S. 75–76.

211 Das Zitat stammt aus dem Gedicht „Die öffentlichen Verleumder" von Gottfried Keller. Frankfurter zitiert dies und bezieht sich dabei auf Amtskläger Brügger. Keller, Gottfried: Die öffentlichen Verleumder, zitiert nach: Memoiren (Version Jabotinsky), S. 55. Vgl. auch: Keller, Gottfried: Die öffentlichen Verleumder, Projekt Gutenberg, online unter: http://gutenberg.spiegel.de/buch/gottfried-keller-gedichte–3376/168 [zuletzt eingesehen: 27.08.2015].

212 Protokoll des zweiten Verhandlungstages, Chur, 10.12.1936, AfZ, IB Frankfurter-Prozess / 2, S. 77.

ven zu geben, sondern sich ihm anzupassen."[213] Überhaupt, so Frankfurter, sei er selbst keine Person, „de[r] man ein Kommando ausgibt, damit er mit den Hacken zusammenschlägt und ‚Jawohl!' sagt".[214]

Direkt an den Amtskläger gerichtet, auf dessen Beschreibung Frankfurters sich seine Wortmeldung bezog, fuhr er fort:

> Soweit meine Kenntnisse über Gericht und solche Sachen reichen, weiss ich, dass es Ihre Pflicht (:gemeint ist: als Ankläger:) ist, dem Angeklagten alles Mögliche aus dem privaten Leben, und nur das Schlimmste und Schlechteste, vorzuhalten und selbst das, was vielleicht zu seinen Gunsten lautet, in einer Weise zu deuten, um womöglich ein Zerrbild daraus zu machen.[215]

Geschickt machte Frankfurter hier deutlich, dass die Beschreibung seiner Person durch Brügger nicht der Wahrheit entsprechen musste, weil es natürlich im Interesse des Amtsklägers war, den Angeklagten negativ darzustellen. Frankfurter ging dann auch auf mehrere solche Aspekte seines Verhaltens oder seines Charakters ein, um sie von seinem eigenen Blick zu beleuchten. In Zusammenhang mit seinem pro-schweizerischen Motiv, das vom Amtskläger wenig geschätzt wurde, verwies er lediglich auf die Vernehmungen seiner Schweizer Bekannten, die deutlich genug aussagten, wie sehr Frankfurter die Schweiz geschätzt hatte. Zu Jörgers psychiatrischem Gutachten war es ihm wichtig festzuhalten, dass sich seine seelische Verfassung zum Zeitpunkt der Untersuchung durch den Psychiater im Vergleich zu seinem Zustand zur Zeit der Tat bereits erheblich gebessert hatte, das Gutachten also mit Vorbehalten zu betrachten wäre. Die Charakterisierung seiner Person durch Brügger als „berechnender und meuchelmörderischer"[216] Mensch empfand er als völlig falsch. „[I]ch habe nie und niemals, bis zum Februar dieses Jahres, jemals einem Menschen etwas Böses zugefügt, noch zufügen wollen, noch beabsichtigt oder versucht."[217] Er warf dem Amtskläger vor, er habe mit der Zeichnung seiner Person „gegen [sein] bestes Gewissen"[218] gehandelt.

Hier unterbrach Brügger Frankfurters Ausführungen „erregt aufspringend"[219] und bat darum, dem Angeklagten möge das Wort entzogen werden, da die Pro-

---

213 Ebd.

214 Ebd.

215 Ebd., S. 77–78. In seinen Memoiren schreibt Frankfurter etwas Ähnliches: „Ja, es war seines Amtes, Anklage gegen mich zu erheben." Memoiren (Version Jabotinsky), S. 55.

216 Ebd.

217 Ebd.

218 Ebd.

219 Ebd.

zessordnung es nicht vorsehe, dass der Angeklagte während der Verhandlung solche Worte an den Amtskläger richte. Das Gerichtsprotokoll schließt an dieser Stelle mit der Aussage: „Es wird demgemäss abgebrochen; das Wort erhält der Vertreter der Zivilpartei RA Dr. Ursprung.“[220]

In seinen Memoiren äußert Frankfurter sich ausführlich zur Begründung der Anklage und zeigt sich entrüstet über die Art und Weise, in der er von Brügger dargestellt wurde. Während er von Hedwig Gustloff ähnliche Ausfälle bereits antizipiert hatte, schockierte es ihn, dass der Amtskläger „einen Schmutzkübel von Verleumdungen“[221] über ihn ausgoss.

> Nichts war ihm gemein genug, um es mir nicht ins Gesicht zu schleudern. In seiner Zeichnung war ich ein betrügerisches Subjekt, das vor einer planmässigen Irreführung des eigenen Vaters nicht zurückschreckte. Ein kaltblütig, brutaler Mörder, der zynisch sein Opfer niedermacht. Zugleich aber ein moralisch haltlos gewordener, verbummelter Student, der längst die Bindungen der Religon [sic], die ihm das Elternhaus vermittelte, über Bord geworfen hatte[,] um sich einem tagediebischen Faulenzerleben zu ergeben.[222]

Frankfurter beschrieb, dass für Brügger seine Tat Resultat seiner „überreizte[n] seelische[n] Verfassung“ gewesen sei, geradezu wahllos, und es sei das Verbrechen an sich gewesen, das ihn gereizt habe und das ihm gewissermaßen „zur inneren Notwendigkeit“ geworden sei.[223] Die eigene Wortmeldung zu diesen Vorwürfen kürzt Frankfurter in seinen Memoiren erheblich ab; seine Reaktion war sehr viel kürzer, spontaner, heroischer und bezog sich in erster Linie auf die letzten hier zitierten Beschreibungen, die ihn aufgewühlt hatten. „Da konnte ich nicht mehr an mich halten. Ich sprang, bebend vor Zorn, auf und schrie in den Saal: ‚Der Herr Ankläger spricht gegen sein besseres Wissen und Gewissen‘[.]“[224] Daraufhin sei er vom Vorsitzenden des Gerichts zur Ordnung gerufen worden, im Gerichtssaal sei eine Aufregung entstanden und Amtskläger Brügger hätte sich durch Frankfurters Zwischenruf getroffen gezeigt: „Bleich und von Zorn geschüttelt stand Dr. Brügger, der Staatsanwalt vor mir. Mein Hieb hatte gesessen. Dieser Mann wusste selbst so gut, wie jeder hier im Saale und draussen in der Welt, dass es politische und nur politische Gründe waren, die mir die Waffe in die Hand gedrückt hatten.“[225] Um seine Abneigung Brüg-

220 Ebd., S. 79.
221 Memoiren (Version Jabotinsky), S. 55.
222 Ebd.
223 Beide Zitate: Ebd.
224 Ebd.
225 Ebd.

gers zu verdeutlichen, zitiert Frankfurter eine Strophe aus Gottfried Kellers Gedicht *Die öffentlichen Verleumder*:

> Gehüllt in Niedertracht
> Gleichwie in eine[r] Wolke,
> Ein Lügner vor dem Volke,
> Ragt bald er gross an Macht
> Mit seiner Helfer Zahl,
> Die[,] hoch und niedrig stehend,
> Gelegenheit erspähend[,]
> Sich bieten seiner Wahl.[226]

So erbittert sei Frankfurter über die Aussagen Brüggers gewesen, dass er, zurück in seiner Zelle, eine Glasflasche wiederholt gegen den Kopf geschlagen habe, so dass diese zerbrach, und Glassplitter in seinem Kopf stecken blieben, die von einem Arzt entfernt werden mussten.[227] Es ist möglich, dass dieser Vorfall in der Öffentlichkeit zu Vermutungen eines missglückten Selbstmordversuches in Untersuchungshaft führte.[228]

Frankfurter fand diese Episode rückblickend amüsant. „Ja, ich musste hernach selbst über diesen Ausbruch meiner hilflosen Erbitterung lachen. – Aber die Sache selbst war nicht heiter."[229] Er interpretiert die einseitige Anklagebegründung dahingehend, dass das Gericht vorsätzliche Verdrehungen der Wahrheit und offensichtliche Lügen zugelassen habe.

6.1.3.3 Die Ansprüche der Zivilpartei

Rechtsanwalt Ursprung, der Schweizer Vertreter der Zivilklägerin Gustloff, äußerte umgehend seine Zustimmung zur Beschreibung Frankfurters und des-

---

226 Keller, Gottfried: Die öffentlichen Verleumder, zitiert nach: Memoiren (Version Jabotinsky), S. 55. Vgl. auch: Keller, Gottfried: Die öffentlichen Verleumder, Projekt Gutenberg, online unter: http://gutenberg.spiegel.de/buch/gottfried-keller-gedichte–3376/168 [zuletzt eingesehen: 27.08.2015].

227 Vgl.: Memoiren (Version Jabotinsky), S. 55.

228 So fragte beispielsweise Rolf Lyssy bei den Vorbereitungsarbeiten für den Film „Konfrontation" bei verschiedenen Interviewpartnern nach, ob ihnen bekannt sei, dass Frankfurter einen Selbstmordversuch unternommen habe, was jeweils verneint wurde. Vgl. beispielsweise: Gespräch mit Herrn und Frau Tuena [undatiert], in: Lyssy, Rolf: Interviews 1969 zur Vorbereitung des Films Konfrontation, Privatbesitz Rolf Lyssy, via Hannah Einhaus. Tuena antwortete dort: „Nein. Das ist mir nicht bekannt. David hatte nie die Absicht[,] sich während der Strafzeit das Leben zu nehmen."

229 Ebd.

sen Tat in Brüggers Anklagebegründung, was umso überraschender ist, als dass er, wie später aufgezeigt wird, in vielen Punkten nicht mit ihm übereinstimmte. Er eröffnete sein Plädoyer mit den Worten: „Der Herr Amtskläger hat in langen, prächtigen, eingehenden Darlegungen dargestellt, welch scheussliche Bluttat der Angeklagte Frankfurter begangen hat."[230] Ursprung berief sich auf Artikel 41 und folgende des Schweizerischen Obligationenrechts, die spezifizieren, dass „[w]er einem andern widerrechtlich Schaden zufügt, [...] ihm zum Ersatze verpflichtet" ist.[231] Dabei stehe derjenige, dem der Schaden zugefügt wurde und nun Schadenersatz fordere, in der Pflicht, diesen Schaden zu beweisen.[232] Art und Größe des zu leistenden Schadenersatzes wird vom Richter, in diesem Fall im Rahmen des Strafprozesses gegen Frankfurter, festgesetzt.[233] Ursprung versicherte zu Beginn seiner Ausführungen, er werde sich ausschließlich auf die zivilrechtlichen Aspekte des Falles beschränken und keine „politische oder gar

Abb. 34: Die Vertreter der Zivilpartei: Dr. Ursprung (links, sitzend) und Prof. Grimm (stehend) beim Frankfurter-Prozess, Dezember 1936 (Fotograf: Heinz Guggenbühl – Prisma). Quelle: AfZ, NL Eugen Curti.

230 Protokoll des zweiten Verhandlungstages, Chur, 10.12.1936, AfZ, IB Frankfurter-Prozess / 2, S. 80.

231 Schweizerisches Obligationenrecht §41, Absatz 1, online unter: http://www.gesetze.ch/sr/220/220_002.htm [zuletzt eingesehen: 28.08.2015].

232 Ebd., §42, Absatz 1.

233 Ebd., §43, Absatz 1.

antisemitische Rede“[234] halten. Er kündigte an, „ohne die Grenzen des Zivilrechts zu überschreiten […], die besondere Schwere der Verletzung und des Verschuldens des Angeklagten“[235] beweisen zu wollen. Dabei würde er sich kurzfassen und verwies auf den Amtskläger, der viele für den zivilrechtlichen Aspekt relevante Details bereits erwähnt habe.

Seine Versicherung, antisemitische Reden zu unterlassen, wurde schon kurz danach obsolet. Mit Verweis auf seine Teilnahme als Anwalt am Berner Prozess gegen die *Protokolle der Weisen von Zion* sagte Ursprung, ihm sei es schon damals wichtig gewesen, keine Sensation aus dem Prozess zu machen, dafür seien andere verantwortlich gewesen. Aber auch beim jetzigen Prozess sei es nicht die Aufgabe eines schweizerischen Gerichtes, „das *Judenproblem* zu lösen“.[236] Nicht nur die Verwendung des Wortes „Judenproblem“, sondern auch die Erläuterungen Ursprungs dazu sind antisemitisch: „Einmal ist es [das „Judenproblem“] so alt, wie die Menschheit überhaupt. Alle Staaten haben sich irgendwie und irgendwann damit beschäftigen müssen.“[237] Er fuhr fort, es sei nicht Aufgabe des Gerichtes, zu beurteilen, ob Deutschland mit dem besagten Problem richtig oder falsch umgehe, das liege nicht in dessen Zuständigkeit.[238] Es habe lediglich über Frankfurters Tat, „der als Ausländer unsere Gastfreundschaft aufs Schmählichste missbraucht hat“,[239] zu urteilen und nicht über seine Weltanschauungen. In Letzteren sah Ursprung – im Gegensatz zum Amtskläger, der die Tat mit Frankfurters psychischen Problemen begründete – das Motiv für den Mord: „Das einzige Motiv ist reiner politischer Hass.“[240] Es ist interessant zu sehen, dass Ursprung im Gegensatz zum Amtskläger das politische Element in der Motivation der Tat anerkannte, auch wenn er es natürlich anders auslegte als Frankfurter und seine Verteidiger. In Ursprungs Darstellung war Frankfurter ein erklärter Gegner Hitlers und nur „angeblich“[241] nicht politisch organisiert oder Mitglied einer Partei, was natürlich das Gegenteil impliziert und zeigt, dass die wiederholte Versiche-

234 Protokoll des zweiten Verhandlungstages, Chur, 10.12.1936, AfZ, IB Frankfurter-Prozess / 2, S. 80.

235 Ebd.

236 Ebd.

237 Ebd., S. 82.

238 Vgl.: Ebd.

239 Ebd., S. 83.

240 Ebd.

241 Ebd., S. 84. Ein deutlicher Hinweis darauf, dass Ursprung der offiziellen Version des Gerichts, es habe keine Hintermänner gegeben, keinen Glauben schenkte. Fuhrer geht in seinem Buch (Kapitel: „Die Spur verläuft im Sande – Vergebliche Suche nach Hintermännern“) auf die vergeblichen Bemühungen der Deutschen ein, dies zu beweisen. Vgl.: Fuhrer 2012, S. 165–166. Ähnliches schreibt auch Bollier im Kapitel „Frankfurters Attentat – doch ein Auftragsmord?“ Vgl.: Bollier 2016, S. 325–327.

rung von Gericht und Amtskläger, Frankfurter sei nicht Teil einer Verschwörung, zwar nötig, aber zugleich fruchtlos war. Die Nationalsozialisten waren von der Existenz einer „jüdisch-bolschewistischen Mordzentrale" weiterhin überzeugt. Frankfurter, so Ursprung, habe ohne Reue, mit klarer Überzeugung und mit deutlichem Vorsatz als Ausländer in der Schweiz einen Deutschen erschossen, „eine Gesinnung, die nicht scharf genug verurteilt werden kann!".[242] Aufgrund dieser politischen Komponente ging Ursprung denn auch von einem politischen Mord aus, der sich nicht von anderen Morden unterscheide, da er genauso „überlegt[…] und bewusst[…]"[243] durchgeführt worden sei.[244]

Ursprung unterstrich, Frankfurter habe für seinen Mord an Gustloff kein persönliches Motiv gehabt, da er Gustloff nicht gekannt habe; entsprechend habe er selbst ausgesagt, dass er ihn getötet habe, weil er, Frankfurter, Jude sei. Diese Tatsache führt zu einer Aussage Ursprungs, die (von ihm natürlich ohne Wissen über zukünftige Entwicklungen geäußert) aus heutigem Blick und mit dem Wissen, über das wir heute verfügen, absurd wirkt. „Er [Frankfurter] nimmt also offenbar für jeden Juden das Recht in Anspruch, Nationalsozialisten zu töten! Würden es gewisse Kreise[245] für richtig halten, wenn ein Nationalsozialist oder Antisemit sagen würde, er halte sich für berechtigt, einen *Juden* zu töten, eben weil er Nationalsozialist oder Antisemit sei?"[246] Abgesehen davon, dass Ursprungs Aussage eine krasse Verallgemeinerung und Verdrehung von Frankfurters Äußerung ist, sollte nur wenige Jahre später Realität werden, was Ursprung als Frontist und Sympathisant des Nationalsozialismus hier eine „groteske Vorstellung" nannte. Schon damals herrschte in Deutschland zwar noch keine Vernichtungspolitik, aber doch eine staatlich reglementierte diskriminierende Politik gegenüber allen deutschen Jüdinnen und Juden.[247]

Zudem sei Frankfurter „nicht nur ein Hasser, sondern er besitzt auch Feigheit und Schlauheit". Für Ursprung stellte dies „ein wesentliches Symptom vieler

242 Protokoll des zweiten Verhandlungstages, Chur, 10.12.1936, in: AfZ, IB Frankfurter-Prozess / 2, S. 84.

243 Ebd.

244 Ursprung führte aus, dass es eine zulässige Form von politischem Mord gäbe, nämlich wenn ein Täter in einer „Staats-Notwehr" handle. In den Gerichtsprotokollen steht dazu der Kommentar: „Redner spielt offenbar an auf die deutschen ‚Feme'-Mordtaten, die also nach seiner Ansicht zu rechtfertigen sind." Protokoll des zweiten Verhandlungstages, Chur, 10.12.1936, in: AfZ, IB Frankfurter-Prozess / 2, S. 84–85.

245 Üblicherweise sind im nationalsozialistischen Duktus mit „gewissen Kreisen" jüdische oder linke Kreise gemeint. Ursprung erwähnte an einer späteren Stelle in ähnlichem Zusammenhang: „Bei Moskowitern, Jüden [sic] oder hysterischen Weibern." Ebd., S. 87.

246 Ebd., S. 85–86.

247 Ursprung nannte die Informationen über die zeitgenössischen Vorgänge in Deutschland Propaganda, u.a. verbreitet von dem „nicht ernst zu nehmenden Schriftsteller, Emil Ludwig *Cohn*", dessen Buch in der Schweiz zurecht verboten sei. Vgl.: Ebd., S. 86.

seiner Rassebrüder“ dar.[248] So habe Frankfurter Gustloff ermordet, um „sein Ansehen in gewissen Kreisen gewaltig [zu] steigern“.[249] Das pro-schweizerische Motiv wurde von Ursprung als „faule Ausrede“ bezeichnet, die bei einem Schweizer nur „Ekel“ hervorrufen könne.[250] Wenn die Nationalsozialisten tatsächlich Anschlusspläne für die Schweiz hätten, würde dies Frankfurter als Ausländer nichts angehen.[251] Für Ursprung war indes klar, dass die Presse einen großen Beitrag zu Frankfurters Beschluss, Gustloff zu ermorden, geleistet hatte. Er nannte dabei nicht nur ausländische, sondern explizit auch schweizerische Zeitungen, deren Lektüre Frankfurter in seinem Plan bestärkt habe.[252]

Auch auf die Verschiebung der Tat kam Ursprung zu sprechen. „Nun ein Kapitel, das eigentlich Heiterkeit statt Achselzucken verursachte, verhandelten wir nicht hier eine so tief tragische Sache[.]“[253] Frankfurter sei, wie bereits bekannt, in Davos angekommen und habe wegen des anbrechenden Schabbat den geplanten Mord verschoben. „Vor dem Morde als *solchem* schreckt Frankfurter nicht zurück. [...] Aber es an einem *Sabbath* auszuführen, wäre nach der jüdischen Lehre eine *Sünde* – nicht des Mordes, nicht des Opfers wegen – nein, wegen der Sabbath-Ruhe-Vorschrift!“[254] Dieser Seitenhieb gegen die jüdischen Gebote, der zudem eine klare Verdrehung der Tatsachen darstellt, wurde vom Gerichtspräsidenten unterbunden, der den Vertreter der Zivilklägerin bat, bei der Zivilklage zu bleiben. Ursprung leistete dieser Bitte Folge und erklärte, er wolle sich in Bezug auf die Milderungsgründe den Ausführungen des Amtsklägers anschließen, „Gründe für eine Herabsetzung der zivilrechtlichen Ansprüche sind nicht vorhanden“.[255] Er beschrieb Gustloff als „ein Menschenfreund [...], wie man ihn sich edler garnicht vorstellen kann“.[256] Somit gäbe es keine objektiven Milderungsgründe, und die subjektiven, etwa eine persönliche Abneigung Frankfurters gegenüber Gustloff, seien nicht relevant.[257]

---

248 Beide Zitate: Ebd. Wiederum eine (diesmal deutlichere) antisemitische Aussage Ursprungs, obwohl er angekündigt hatte, solches zu unterlassen.

249 Ebd. Ursprung erwähnte konkret „einige Juden und hysterische Weiber“, die Frankfurter ihre Sympathie ausgedrückt hätten.

250 Ebd., S. 87.

251 Ebd.

252 Ebd., S. 88.

253 Ebd., S. 89.

254 Ebd.

255 Ebd.

256 Ebd., S. 90.

257 Vgl.: Ebd. In der Folge ging Ursprung auf die Interpellation Canova ein, deren Beantwortung durch den Bundesrat ihm wiederum bewies, dass Gustloffs Tätigkeiten in der Schweiz sich im Rahmen des Legalen bewegten, sowie auf den Fall Conradi, der sich in Ursprungs Augen wesentlich vom Fall Frankfurter unterschied.

Bevor er die zivilrechtlichen Ansprüche zusammenfasste, ging Ursprung noch auf die wiederholt genannte Gleichsetzung Frankfurters mit Wilhelm Tell ein. Er verteidigte Tell, dieser sei kein Mörder gewesen – im Gegensatz zu Frankfurter, der „aus blossem *Hass* gehandelt hat, gepaart mit einer liederlichen (Lebens-) Auffassung[.]“[258] Frankfurter habe einen Mann ermordet, der weder ihm noch seiner Familie je etwas angetan hatte. Tell hingegen habe einen Tyrannen getötet. Ursprung sah Frankfurter in der Figur des Johannes Parricida, der in Schillers *Wilhelm Tell* im Gegensatz zu Tell, der in Notwehr seine Familie und sein Land beschützen wollte, als Mörder bezeichnet wird.[259]

Die zivilrechtlichen Ansprüche, die Ursprung im Namen Gustloffs schließlich geltend machte, bezogen sich auf drei Punkte. Erstens waren dies die Bestattungs- und ärztlichen Behandlungskosten, auf die Hedwig Gustloff jedoch verzichtete, da für ihren verstorbenen Ehemann ein Staatsbegräbnis ausgerichtet wurde.[260] Zweitens ging es um den Versorger-Schaden, da Wilhelm Gustloff entsprechend der traditionellen Rollenverteilung Hauptverdiener und somit der Versorger seiner Ehefrau war. Ausgehend von einer Lebenserwartung von 68 Jahren hätte Gustloff noch 26 Jahre gelebt. Ursprung rechnete vor, dass der Witwe Gustloff durch den frühen Tod ihres Mannes für diese Zeit die Hälfte seines theoretischen Einkommens zustehen würde, ein Betrag, der sich, je nach Verzinsung, auf zwischen 42.000 und 49.475 Schweizer Franken bewegte, eine Forderung, die „sehr bescheiden ist und *unter* das geht, was die Gerichte normaler Weise [sic] kinderlosen Wittwen zusprechen“.[261] Drittens verlangte Ursprung eine angemessene Genugtuungssumme, konkret einen Betrag von 50.000 Franken. Die Höhe dieses Betrages erklärte Ursprung damit, dass Frankfurter „einen blühenden, in der Vollkraft seiner Tätigkeit stehenden Mann ermordet, einer Frau den Gatten und Lebensgefährten geraubt“[262] habe. Ursprung plädierte dafür, die von Frankfurter zu bezahlende Summe solle gleich im Rahmen des Strafprozesses festgelegt werden, um Hedwig Gustloff, die bereits so viel erlitten habe, einen zweiten Prozess zu ersparen. Der Prozess wurde unterbrochen und vertagt.[263]

Den Ausführungen Ursprungs hat Frankfurter in den Memoiren nicht viel anzufügen. Es war zu erwarten gewesen, dass diese für ihn negativ ausfallen würden, insofern waren die Angriffe gegen seine Person für ihn wenig überraschend, und so merkt er lediglich trocken an, „dass aber der Tenor seiner Ausfüh-

258 Ebd., S. 92.
259 Vgl.: Ebd., S. 92–93.
260 Vgl.: Ebd., S. 93.
261 Ebd.
262 Ebd.
263 Vgl.: Ebd.

rungen mit denen des Staatsanwaltes so überaus harmonisch zusammenklang – das war das Peinliche und Erschütternde".[264]

6.1.4 Der dritte Prozesstag: Die Verteidigung Frankfurters

Zu Beginn des dritten Prozesstages, am Freitag, dem 11. Dezember 1936, wurde Eugen Curti das Wort erteilt. 94 Seiten umfasst das Protokoll dieses Tages, der ausschließlich dem Plädoyer der Verteidigung gewidmet war, das erst am darauffolgenden Tag abgeschlossen wurde.[265] Die Ausführungen Curtis lassen sich in neun Abschnitte unterteilen, von denen drei am 11. Dezember behandelt wurden: Einleitung, Tätigkeit Gustloffs in der Schweiz sowie die Ausführungen zu den Judenverfolgungen in Deutschland. Die weiteren Teile, die am vierten Prozesstag erläutert wurden, bezogen sich vor allem auf juristische Aspekte des Falls oder waren Reaktionen auf die Ausführungen des Amtsklägers beziehungsweise der Zivilkläger.

Curti eröffnete sein Plädoyer mit den Worten, er sei sich „der hohen Verantwortlichkeit" bewusst, die die Tatsache mit sich bringe, dass er in einem Attentatsfall, dem ein offizieller Vertreter eines benachbarten Landes zum Opfer fiel, als Schweizer Anwalt einen ebenfalls ausländischen Mandanten zu verteidigen habe. Er versprach, sich nicht „mit den Verfolgungen der Marxisten, Kommunisten, Pazifisten, Katholiken, nicht mit der Beseitigung des Parlaments und der Grundrechte, nicht mit dem Reichstagsbrand und ähnlichen Dingen, die in leidenschaftlichen Diskussionen die Welt bewegen",[266] zu beschäftigen, was – rhetorisch geschickt – genau diese Themen gleich zu Beginn in Erinnerung rief und damit die Tat Frankfurters über die Verfolgung der deutschen Jüdinnen und Juden hinaus in einen größeren Zusammenhang stellte. Damit unterstrich Curti, dass die momentane Lage in Deutschland nicht auf die „Judenfrage" zurückzuführen sei, sondern darüber hinaus grundlegend antidemokratische Züge aufweise, was das Gericht in Graubünden möglicherweise als problematischer einschätzte als die Diskriminierung der Jüdinnen und Juden. Trotzdem zeigte Curti für Deutschland, das er als das Land der Denker und Dichter, das Land Herders, Lessings, Schillers und Goethes bewundere, ein gewisses Verständnis, da er den Ursprung der neuesten Entwicklungen darin sah, dass das Land versuche, „sich

264 Memoiren (Version Jabotinsky), S. 56.

265 Vgl.: Protokoll des dritten Verhandlungstages, Chur, 11.12.1936, in: AfZ, NL Veit Wyler / 44, S. 1.

266 Ebd.

von den Fesseln des ‚Friedens-Vertrages' zu befreien";[267] Bemühungen, die für einen Schweizer nachvollziehbar wären.

Der Verteidiger kündigte an, er wolle sich darauf beschränken, die psychologischen Motive aufzuzeigen, die zur Tat (die er „selbstverständlich missbillige!"[268]) führten. Er äußerte Anteilnahme gegenüber der Witwe des ermordeten Gustloff, der „im Dienste seines Vaterlandes [starb]", zeigte sich aber auch berührt vom „Schicksal des kranken Täters", weil dieser sich für Werte einsetzte, die Curti ebenfalls wichtig waren.[269]

6.1.4.1 Die Verteidigung über Gustloff: „[...] als Amtsperson [...] für die Schweiz untragbar."[270]

In seinen weiteren einleitenden Einführungen wird Curtis Absicht deutlich, sich gegen alle Seiten abzusichern. Er wies Unterstellungen der Beeinflussung von jeglicher Partei weit von sich und unterstrich seine Überzeugung, dass die freie demokratische Republik seinem höchsten Ideal entspreche.[271] Deswegen wolle er sich mit der Frage beschäftigen, welche Tätigkeiten Gustloff in der Schweiz ausgeübt habe. Er unterschied dabei zwischen Gustloff , dessen „Integrität als *Privatmann*"[272] er nicht angreifen wollte, und Gustloff, der als Leiter der NSDAP-Landesgruppe Schweiz „ein gewisses Herrschafts- und Machtgefühl" entwickelt habe und dessen „Bestrebungen und [...] Auftreten für die schweizerische Oeffentlichkeit schliesslich doch untragbar" geworden seien. [273]

Ausführlich erörterte Curti, dass die Legalität, die Gustloff für seine Tätigkeit beansprucht habe und die andere ihm zuschrieben, nur eine scheinbare gewesen sei und „dass er eben *doch* hinübergriff in den Macht- und Souveränetäts-Bereich [sic] unserer Behörden und unseres Landes".[274] Er bezeichnete Gustloff als „kleinen Diktator"[275] in Davos, der die Deutschen in der Schweiz überwacht und kontrolliert habe, während die Davoser Behörden weggeschaut hätten. Dies sei, führte Curti aus, umso bedenklicher, als dass der erste Punkt des Programms der NSDAP deutlich den „Zusammenschluss aller Deutschen [...] zu *einem Gross-*Deutschland" forderte, was „Deutsch-Oesterreich und die deutsche Schweiz"

267 Ebd. Mit „Friedens-Vertrag" meinte Curti den Versailler Vertrag von 1919.

268 Protokoll des dritten Verhandlungstages, Chur, 11.12.1936, in: AfZ, NL Veit Wyler / 44, S. 2.

269 Beide Zitate: Ebd.

270 Vgl.: Ebd., S. 17.

271 Vgl.: Ebd.

272 Ebd.

273 Beide Zitate: Ebd.

274 Ebd., S. 4.

275 Ebd.

umfasse.[276] Für Gustloff Verständnis zeigend, sagte Curti: „Für dieses Programm hat der ‚Landesgruppenführer' sich eingesetzt: das war seinem Vaterlande gegenüber seine vaterländische und seine amtliche Pflicht."[277] Für die Schweizer hingegen müsse diese Forderung beunruhigend, ja unerträglich sein, da den vier Millionen Schweizerinnen und Schweizern immerhin 137.000 Deutsche in der Schweiz gegenüberstünden. „Man kann sich leicht vorstellen, was es für Konsequenzen haben müsste, wenn die Schweiz in einen Krieg verwickelt werden sollte [...] und ein so hoher Prozentsatz von Ausländern hier sind, die eingeschworen und einexcerziert [sic] sind auf dieses Programm: ‚Anschluss an Deutschland'!"[278] Curti erwähnte die Interpellation Silberroth in Graubünden, die Interpellation Kramer in St. Gallen sowie die Interpellationen Thalmann und Canova an den Bundesrat, die allesamt die Tätigkeiten Gustloffs oder die Umtriebe des NSDAP in der Schweiz zum Inhalt hatten,[279] verschiedene Resolutionen von Schweizer Parteien (nicht nur linken!) zu diesem Thema, aber auch die Empörung in der Schweiz, als publik wurde, dass bei Beeidigungen, die von Gustloff vorgenommen wurden, ein Schwur auf Hitler geleistet wurde.[280] Es hätte also schon früh Anzeichen dafür gegeben, dass das Tun Gustloffs in der Schweiz als problematisch gesehen werden konnte – trotzdem habe der Bundesrat nicht gehandelt. Erst nach dem Mord in Davos habe er beschlossen, „die Sache sei nicht länger zu dulden, und er hat verboten, dass Herr Gustloff einen Nachfolger finde";[281] weiter sei nichts unternommen worden.

Curti ging von Gustloff als Einzelperson zur NSDAP im Allgemeinen über, die „die Welt in ‚Gaue' gegliedert hatte",[282] die zentralisiert der Leitung der Auslandsorganisation in Berlin unterstanden. Er beschrieb mit einer Reihe von Zitaten und Belegen deren Tätigkeiten und Ziele im Ausland, die Kontrolle von Auslandsdeutschen, Schmuggel von Propagandamaterial, Bespitzelung und Beeinflussung der Medien und vieles mehr umfasste.[283] Aus dieser Beweisführung schloss Curti, dass die Aufgaben der Auslandsorganisation politisch seien und nicht in erster Linie einen wirtschaftlichen Zweck hätten, sondern „direkt darauf tendiert, die fremden Länder – also auch die Schweiz – dem deutschen Einfluss zu unterstellen, so das auswärtige Land förmlich zu unterminieren, um schliess-

276 Beide Zitate: Ebd., S. 5.

277 Ebd.

278 Ebd., S. 6.

279 Vgl.: Ebd., S. 6–14.

280 Vgl.: Ebd., S. 9. Der Schwur lautete: „[Wir schwören] Adolf Hitler unverbrüchliche Treue, ihm und den von ihm bestimmten Führern unbedingten Gehorsam zu leisten." Ebd., S. 9.

281 Ebd.

282 Ebd., S. 14 B.

283 Vgl.: Ebd., S. 14 B–J.

Abb. 35: David Frankfurter bespricht sich mit seinem Verteidiger, Dr. Curti, Dezember 1936 (Fotograf: Heinz Guggenbühl – Prisma). Quelle: AfZ, NL Eugen Curti.

lich auch seine Widerstandskraft im Falle eines Krieges zu schwächen[.]"[284] Curti wiederholte, es gehe ihm nicht darum, Gustloff als Privatperson anzugreifen, da dessen untadeliger Leumund im Laufe des Prozesses mehrfach hervorgehoben wurde, aber es sei – auch angesichts der deutschen Reaktionen auf den Mord, so habe beispielsweise „der ‚Führer' [...] Herrn Gustloff als einen grossen Würdenträger des ‚Neuen Deutschland' ausgezeichnet"[285] – offensichtlich, dass seine Funktion für die Schweiz eine äußerst problematische gewesen sein muss.

Der Verteidiger schloss seine Ausführungen zu Gustloff mit der Schlussfolgerung: „Ich denke, der Beweis ist geleistet, dass es richtig ist, wenn wir sagen: Herr Gustloff als Amtsperson war für die Schweiz untragbar."[286]

284 Ebd., S. 15.
285 Ebd., S. 16.
286 Ebd., S. 17.

6.1.4.2 Die Judenverfolgungen in Deutschland

Nach einer kurzen „Erholungspause“[287] ging Curti zum nächsten Punkt über: der Verfolgung der deutschen Jüdinnen und Juden. Zur Beweisführung hatte die Verteidigung dem Gericht eine Zusammenstellung von Belegen übergeben mit dem Titel *Dokumentensammlung über die Entrechtung, Ächtung und Vernichtung der Juden in Deutschland seit der Regierung Adolf Hitler*.[288] Diese Dokumentensammlung, zusammengestellt von der Verteidigung mit Unterstützung vom Jewish Central Information Office, vom SIG und von Veit Wyler, umfasste weit mehr als 100 Seiten und war in acht Kapitel unterteilt:

I. Der grundsätzliche Antisemitismus der NSDAP
II. Die Vernichtung der beruflichen und wirtschaftlichen Existenz der Juden
III. Die Ächtung
IV. Die Beschimpfung Gottes, der Bibel und der jüdischen Religionslehren
V. Die Entehrung der jüdischen Gefallenen und der Frontkämpfer des Weltkrieges
VI. Das jüdische Kind
VII. Jüdische Todesopfer
VIII. Der Brief des Hohen Kommissars für die Flüchtlinge aus Deutschland Macdonald [sic] an den Völkerbund[289]

Ergänzt war die Dokumentensammlung mit zwei Anhängen, einer zum politischen Mord und Nationalsozialismus und einer zur Schändung jüdischer Friedhöfe und Synagogen.[290]

Curti hatte geplant, daraus nur die wichtigsten Stellen vorzutragen; der Vollständigkeit halber übergab er die gesamte Dokumentensammlung dem Gericht, damit, wie er ausführte, seine Aussagen bezüglich Richtigkeit überprüft werden konnten, aber wahrscheinlich auch, weil die gesamte Sammlung von Belegen für die Judenverfolgungen in Deutschland in ihrem Umfang äußerst beeindruckend war. In der Folge war das Prozessprotokoll sehr knapp gehalten. Es sind nur wenige Kommentare oder Äußerungen Curtis überliefert, mehrheitlich wurden lediglich die Zitate aus der Dokumentensammlung mit der entsprechenden Seitenzahl angegeben. Die Zurückhaltung Curtis war geplant. So sagte er in der Einleitung zu seinem Plädoyer, er wolle sich „kein eigenes Urteil über die Geschehnisse in unserem nördlichen Nachbarlande anmassen“.[291]

---

287 Ebd.
288 Zum Beispiel in StAGR III 23 d 2, oder in: AfZ, IB Frankfurter-Prozess / 27.
289 Inhaltsverzeichnis der Dokumentensammlung, in: AfZ, IB Frankfurter-Prozess / 27, S. 4.
290 Vgl.: Ebd.
291 Protokoll des dritten Verhandlungstages, Chur, 11.12.1936, in: AfZ, NL Veit Wyler / 44, S. 2.

Die ersten Zitate zum grundsätzlichen Antisemitismus der NSDAP stammten aus dem Parteiprogramm und aus Hitlers *Mein Kampf*. Weiter folgten Ausschnitte aus Partei-Erlassen, Reden und Schriften von Nazigrößen. Curti kommentierte diese lediglich mit der Versicherung der Authentizität dieser Aussagen: „Die hier vorgetragenen Zitate sind alle (nachweisbar) authentisch! Sie sind deutschen (national-sozialistischen) Zeitungen, deutschen *amtlichen Erlassen, offiziellen Aeusserungen* (führender Persönlichkeiten des Dritten Reiches und der Hitler-Bewegung) entnommen!“[292]

Zum Ausschluss der deutschen Jüdinnen und Juden aus dem Berufsleben und der Vernichtung ihrer wirtschaftlichen Existenz, Kapitel zwei der Dokumentensammlung, zitierte Curti über mehrere Seiten hinweg hauptsächlich Gesetze, aber wiederum auch Aussagen führender Nationalsozialisten.[293] Hier ließ er sich zu einigen kurzen, zynischen Kommentaren hinreißen, beispielsweise als er einen Artikel, der die Enteignung von Juden ohne gesetzliche Grundlage forderte, als „*besonders* schöne Aeusserung“[294] bezeichnete, oder eine Bekanntmachung, gemäß der „Kühe und Rinder, welche von Juden direkt oder indirekt gekauft wurden [...] vom Zutrieb zum gemeindlichen Bullen ausgeschlossen“[295] würden, dies zur „Abwendung der Seuchengefahr“, die Curti als von „[f]ast *komischer* Natur“[296] würdigte. Weitere Zitate nannte er „[i]nteressant“ und „bemerkenswert“,[297] als es um die „Rassenschande“ ging, die auch vor Jahren geschlossene Ehen „zwischen einem arischen und einem nichtarischen Eheteil für *nichtig* erklärt“.[298] Wiederholt schnitt er Themen nur kurz an und bat das Gericht inständig, die detaillierten Informationen selbst nachzulesen.[299] Anstelle von eigenen Kommentaren verwendete Curti überdies Ausschnitte aus Schweizer und internationalen Zeitungen, die über die Vorgänge in Deutschland berichteten und deutliche Worte dafür fanden.[300]

Vor der Mittagspause ging Curti auf die Schicksale jüdischer Kinder in Deutschland ein, die von Maßnahmen bezüglich Schulbesuch oder Sportvereinen betroffen waren. In diesem Zusammenhang zitierte er ein Gedicht eines nichtjüdischen Kindes, das dieses an den *Stürmer* geschickt hatte und deutlich die

292 Ebd., S. 22.

293 Ebd., S. 23–41.

294 Ebd., S. 28.

295 Ebd., S. 38.

296 Ebd.

297 Beide Zitate: Ebd., S. 41.

298 Ebd.

299 Zum Beispiel: Ebd.

300 Zum Beispiel in Zusammenhang mit dem Umgang der nationalsozialistischen Regierung mit jüdischen Soldaten die im Ersten Weltkrieg für ihr Vaterland gekämpft hatten. Ebd., S. 48.

propagandistische Beeinflussung der „arischen" Kinder zeigt und verdeutlicht, in welchem Umfeld sich jüdische Kinder bewegen mussten: „Er verfolgte den feigen Jud / mit seinem fremden Teufelsblut, / er warf ihn hinaus aus Deutschlands Gauen, / Weil er geschändet deutsche Frauen."[301] Curti wies darauf hin, dass in vielen Publikationen für Kinder und Jugendliche solche antisemitischen Aussagen üblich geworden seien. „Also auch die *Kinder*-Litteratur wird in dieser Weise ‚befruchtet'…!"[302] Kurz zusammengefasst erwähnte Curti die Schändung jüdischer Friedhöfe und Synagogen zwischen 1923 und 1932 in Deutschland sowie widerrechtliche Erschießungen, zu deren Beweis er eine Liste mit 44 Namen vorlegte. Curti folgerte aus seiner eigenen Beschreibung der Situation in Deutschland: „Dass derartige Lebensbedingungen bei den deutschen Juden viele Selbstmorde bewirkten, ist verständlich."[303] Dies bewies er wiederum mit einer Liste, die 71 entsprechende Fälle beschrieb. Abschließend wandte er sich an die Richter und sagte, die von ihm verkürzt wiedergegebene Dokumentensammlung belege, „in welchem Umfange in Deutschland eine Judenverfolgung eingesetzt hat"[304] und kündigte an, auf deren Auswirkungen zu einem späteren Zeitpunkt eingehen zu wollen.

Zu Beginn der Nachmittagssession des Prozesses ging Curti über zur *Photographischen Dokumentensammlung*,[305] die ähnlich wie die erste Sammlung aufgebaut war, aber in erster Linie Bilddokumente enthielt, die die Judenverfolgung bezeugten. Mit ihrer Hilfe wollte Curti beweisen, dass es sich bei den beschriebenen Vorgängen nicht, wie von der Zivilpartei behauptet, um „Greuel-Märchen"[306] handelte. Die gezeigten Bilder umfassten Fotografien von Boykottaufrufen auf Fensterscheiben von Geschäften und auf Handzetteln, und von Aushängen, die Leute, die diesen Aufrufen nicht Folge leisteten, denunzierten, Bilder von Schildern, die Juden den Zutritt verboten, von Tafeln mit der Aufschrift „Die Juden sind unser Unglück", von Boykottlisten, von einer Verlobungsauflösung aus „Rassengründen",[307] von Titelblättern von Propagandaschriften, von Karikaturen

301 Der Stürmer, Nr. 47, November 1935, Nürnberg, zitiert nach: Ebd., S. 50.

302 Protokoll des dritten Verhandlungstages, Chur, 11.12.1936, in: AfZ, NL Veit Wyler / 44, S. 51.

303 Ebd., S. 52.

304 Ebd.

305 Photographische Dokumentensammlung über die Entrechtung, Ächtung und Vernichtung der Juden in Deutschland seit der Regierung Adolf Hitler, in: StAGR III 23 d 2.

306 Protokoll des dritten Verhandlungstages, Chur, 11.12.1936, in: AfZ, NL Veit Wyler / 44, S. 53.

307 Eine Anzeige aus dem *Westdeutschen Beobachter*: „Bekanntmachung! Ich löse hiermit meine Verlobung mit Fräulein Else (folgt Familienname) auf. Denn obwohl Fräulein M. … meine Gesinnung kennt, kaufte sie ihre Aussteuer beim Juden. Doch nicht genug damit. Trotz meines Verbotes gab sie unsere Verlobungsanzeige auch noch zwischen Judenanzeigen auf

usw. Bei der Abhandlung der Bilddokumente hielt Curti sich wiederum mit Kommentaren zurück und gab lediglich eine kurze Erläuterung zur Bedeutung des *Stürmers* und dessen Herausgeber Julius Streicher ab. In diesem Zusammenhang hob der Verteidiger einen kurzen Satz aus einer *Stürmer*-Ausgabe besonders hervor. „Eine solche Hebräerpflanze ist auch der Oberrabbiner Dr. Littmann, Zürich[.]“[308] Die Hetze der deutschen Propaganda mache vor Schweizer Juden nicht Halt; ausgerechnet Dr. Littmann werde denunziert, gemäß Curti ein „hochgebildeter, anständiger Herr“.[309]

Den fotografischen Beweisen folgten die Zeugenaussagen. Da der Verteidigung verweigert worden war, Zeuginnen und Zeugen vorzuladen, brachte Curti deren Schilderungen – in den meisten Fällen mit eidesstattlichen Erklärungen – vor Gericht selbst vor. Curti hielt dazu fest, die Berichte müssten nur schon deshalb als echt gelten, „weil diese Angaben ganz detailliert sind, nach Zeit, nach Ort, mit Nennung der Personen – mit einer Substanzierung, die man nicht einfach erfinden kann“.[310] Die eidesstattlichen Erklärungen dienten der zusätzlichen Absicherung der Authentizität der Darstellungen. Zudem gab Curti einen kurzen Einblick in seine Prozessvorbereitungen, die zu einem wesentlichen Teil darin bestanden, das ihm zur Verfügung gestellte Material zusammenzufassen und diejenigen Punkte auszusuchen, die er dem Gericht präsentieren wollte. Sein Ziel sei es, „den Beweis zu erbringen, dass solche Dinge [nicht] vereinzelt, sondern dass sie überall vorgekommen sind, und dass sie stimmen“.[311]

Die Zeugenaussagen beinhalteten zum Beispiel Publikationen wie Erfahrungsberichte aus Konzentrationslagern. In diesen Fällen wurden die Autoren kontaktiert, damit diese die niedergeschriebenen Aussagen bestätigten und deren Echtheit dadurch versichert wurde. Am Beispiel des Buches *Dachau – Eine Chronik* von Walter Hornung[312] kann dies aufgezeigt werden. Curti zitierte verschie-

---

und brachte hierdurch meinen guten Namen in Verruf. Dies alles zwingt mich, meine Verlobung aufzuheben; denn ich glaube nicht, dass ich mit einer Frau, die bei Juden kauft und ihre Anzeige in jüdischer Gesellschaft erscheinen lässt, glücklich werden kann.“ Vgl.: Westdeutscher Beobachter, ohne Datum, ohne Ort, zitiert nach: Ebd., S. 62.

308 Der Stürmer, Nr. 4, Januar 1935, Nürnberg, zitiert nach: Ebd., S. 66.

309 Protokoll des dritten Verhandlungstages, Chur, 11.12.1936, in: AfZ, NL Veit Wyler / 44, S. 67.

310 Ebd., S. 68.

311 Ebd.

312 Hornung, Walter: Dachau – Eine Chronik, Zürich 1936. Walter Hornung war das Pseudonym des deutschen Journalisten und Schriftstellers Julius Zerfass. Er wurde als Sozialist schon 1933 in einem Konzentrationslager inhaftiert und verbrachte dort ein halbes Jahr, bevor er kurz vor Weihnachten entlassen wurde. Als er mit einer erneuten Verhaftung rechnen musste, floh er mit Hilfe von Freunden in die Schweiz, wo er später Asyl erhielt. Vgl.: Bohn, Rainer: Ich bin ein Prolet und du ein Prolet. Julius Zerfass im Traditionswandel der deutschen Arbeiterdichtung um 1910, Echternach/Luxemburg 1982, S. 60–61.

dene Stellen aus dem Buch, die den Alltag im Konzentrationslager Dachau 1933/34 und insbesondere den Umgang der SS mit den Insassen beschrieben. Abschließend legte er dem Gericht die eidesstattliche Erklärung des Verfassers vor, um „die Wahrhaftigkeit seiner Schilderungen“[313] zu belegen. Curti präsentierte auch Ausschnitte aus Kurt Hillers *Der Schutzhäftling Nr. 231*,[314] aus Wolfgang Langhoffs *Die Moorsoldaten*,[315] ein Buch, das Frankfurter nachweislich gelesen hatte, und aus Max Abrahams *Juda verrecke – Ein Rabbiner im Konzentrationslager*.[316] Die Ausführungen Curtis wurden an einer Stelle von Gerichtspräsident Ganzoni höflich unterbrochen. „Wir wollen die Verteidigung nicht einschränken. Aber lieb wäre es uns doch, wenn dieser Teil der Ausführungen der Verteidigung beschränkt würde.“[317] Curti versprach, sich Mühe geben zu wollen, wandte aber ein, dass es bei seiner Beweisführung darum gehe, den Nachweis zu erbringen, „mit welcher Umsicht, mit welcher Systematik die Juden in Deutschland verfolgt werden, so dass es schliesslich begreiflich scheinen muss, dass ein Angehöriger dieses Volkes – wie der Herr psychiatrische Experte sich ausgedrückt hat: – ‚explodieren‘ muss“.[318] Er fügte an, dass er beabsichtige, seine Ausführungen hierzu bis zum Abend zu beenden und dass eine persönliche Einvernahme der Zeugen viel länger gedauert hätte.[319]

Curti verlas in der Folge Ausschnitte aus der Lagerordnung des Konzentrationslagers Esterwegen, währenddessen er sich wiederum nicht an seine eigene Maxime halten konnte. „Ich will dieses Versprechen [kein Urteil abzugeben] einhalten, obwohl es mir schwer fällt, über diesen Straf-Kodex, diesen ganz kasuistisch ausgeheckten ‚Straf-Kodex‘ nichts zu sagen und kein Urteil abzugeben …“[320] Die internationale Rezeption der Geschehnisse in Deutschland zeigte Curti anhand eines Briefes des Hohen Kommissars für jüdische und andere Flüchtlinge, James Grover McDonald, an den Generalsekretär des Völkerbundes

---

313 Protokoll des dritten Verhandlungstages, Chur, 11.12.1936, in: AfZ, NL Veit Wyler / 44, S. 68–69.

314 Hiller, Kurt: Schutzhäftling 231, Prag, Paris 1933–1939.

315 Langhoff, Wolfgang: Die Moorsoldaten. 13 Monate Konzentrationslager, unpolitischer Tatsachenbericht, Zürich 1935.

316 Abraham, Max: Juda verrecke – Ein Rabbiner im Konzentrationslager, [ohne Ortsangabe] 1934. Die Ausschnitte aus Abrahams Buch kommentierte Curti: „Das ist ein entsetzliches Buch! Es enthält nach der Aussage des Herrn Rabbiners Max Abraham die Wahrheit. – Ich bedaure unendlich, dass ich Ihnen derartige Sachen mitteilen muss. Es gehört zur Erfüllung meiner Pflicht als Verteidiger.“ Protokoll des dritten Verhandlungstages, Chur, 11.12.1936, in: AfZ, NL Veit Wyler / 44, S. 79 B.

317 Protokoll des dritten Verhandlungstages, Chur, 11.12.1936, in: AfZ, NL Veit Wyler / 44, S. 70.

318 Ebd.

319 Vgl.: Ebd.

320 Ebd., S. 81.

auf.[321] McDonald hatte den Brief anlässlich seines Rücktritts verfasst; er ist auf den 27. Dezember 1935 datiert. Aus diesem Brief zitierte Curti über mehr als drei Seiten des Prozessprotokolls. Offensichtlich hat er bei den Richtern Eindruck hinterlassen, da dies eines der wenigen Dokumente aus dem Plädoyer der Verteidigung ist, das in der Urteilsbegründung explizit erwähnt wird. Der Brief ging auf die Verfolgung und Vertreibung der Jüdinnen und Juden Deutschlands – insbesondere durch die Gesetzgebung – ein und forderte den Völkerbund dezidiert auf zu handeln, um ein Flüchtlingsproblem zu vermeiden.[322]

Nach dieser Rezitation wurde vom Gericht eine kurze Pause verlangt. Danach verlas Curti einige Zeugenaussagen, die im Vorfeld des Prozesses für die Verteidigung Frankfurters gesammelt worden waren. Es handelte sich dabei um „eine Anzahl von Personen, welche unter diesen Verfolgungen in Deutschland gelitten haben und nun im deutschen Auslande sind, die also frei ihre Depositionen machen konnten[.]"[323] Diese Personen schilderten Aufenthalte in Konzentrationslagern, die mit Misshandlungen, Vernachlässigungen, unterlassenen Hilfeleistungen und Erniedrigungen einhergingen. Möglicherweise dienten diese Aussagen unter anderem als Entgegnung auf den Hinweis des Gerichts, dass sich Familienangehörige von Frankfurter unbehelligt in Deutschland aufhielten und, der Argumentation des Anwalts zufolge, sich nicht frei über ihre Situation äußern konnten, da sie Repressionen zu fürchten hatten. Curti zitierte bei den meisten Zeugenaussagen nur kurze und aussagekräftige Ausschnitte und verwies erneut auf die Zusammenstellung der vollständigen Äußerungen in der Dokumentensammlung, die das Gericht bitte lesen wolle.[324] Abschließend ging er kurz auf die Fememorde an politischen Gegnern des Nationalsozialismus ein und legte zuletzt ein Buch vor, das sich an Kinder und Jugendliche richtete und pünktlich zum Weihnachtsfest auf den Markt gekommen sei, *Trau keinem Fuchs auf grüner Heid und keinem Jud bei seinem Eid – Ein Bilderbuch für Groß und Klein* von Elvira Bauer.[325] Er zitierte daraus verschiedene Gedichte und verwies auf die illustrie-

321 Vgl.: Ebd. Dabei bezeichnete er McDonald als Engländer. Tatsächlich war dieser US-amerikanischer Diplomat.

322 Vgl.: Ebd. Der Brief im Detail: McDonald, James G.: Letter of Resignation, addressed to the Secretary General of the League of Nations, in: World Digital Library, online unter: http://www.wdl.org/en/item/11604/ [zuletzt eingesehen: 11.09.2015]

323 Protokoll des dritten Verhandlungstages, Chur, 11.12.1936, in: AfZ, NL Veit Wyler / 44, S. 85.

324 Vgl.: Ebd., S. 85–91.

325 Bauer, Elvira: „Trau keinem Fuchs auf grüner Heid und keinem Jud bei seinem Eid!" Ein Bilderbuch für Groß und Klein, Nürnberg 1936. Das Buch erschien in sieben Auflagen (100.000 Exemplare) im Stürmer-Verlag. Vgl.: Lebendiges Museum Online: „Trau keinem Fuchs auf grüner Heid und keinem Jud bei seinem Eid!", online unter: https://www.dhm.de/lemo/bestand/objekt/ak001833 [zuletzt eingesehen: 13.09.2015].

renden Bilder, die die Juden in „Fratzen“[326]-Darstellung zeigten. Er beendete seine Ausführungen dazu mit der Bemerkung: „Es scheint, dass es zu den Methoden der neuen Erziehung gehört, dass man der deutschen Jugend dieses rassenfeindliche Gift einträufelt.“[327] Damit schloss er den auf der Dokumentensammlung beruhenden Teil des Plädoyers und die Verhandlung wurde vertagt.

6.1.5 Der vierte Prozesstag

6.1.5.1 Abschluss des Plädoyers: „diese [....] jüdischen Deutschen mit Stumpf und Stiel auszuroden“[328]

Der letzte Prozesstag fand am Samstag, dem 12. Dezember 1936, statt. Im Vergleich zu den vorherigen drei Prozesstagen war dieser Tag inhaltlich wesentlich abwechslungsreicher – neben Verteidiger Curti, der sein Plädoyer abschloss, kamen Rechtsanwalt Grimm als Vertreter der Zivilpartei, dann Amtskläger Brügger mit einer Replik,[329] noch einmal Curti mit einer Duplik[330] sowie David Frankfurter mit einem abgekürzten Schlusswort zu Wort.

In seiner Fortsetzung des Plädoyers widmete sich Curti zuerst der Zivilklage, vorgetragen von Dr. Ursprung. Curti war der antisemitische Unterton von Ursprungs Äußerungen nicht entgangen und er fand entsprechend deutliche Worte dafür. „Zur Ehre meines Kollegen Dr. *Ursprung* will ich annehmen, der Text seiner Rede sei nicht in Zurzach, sondern – *nördlich davon* konzipiert worden.“[331] Dieser wehrte sich sogleich gegen den Vorwurf, als Sprachrohr der Nationalsozialisten zu fungieren, und erklärte, seine Ansprache sei sehr wohl in Zurzach konzipiert worden, woraufhin er vom Gericht aufgefordert wurde, Verteidiger Curti nicht zu unterbrechen. Der Verteidiger fuhr fort, der Klägerin stehe zwar das Recht auf Genugtuung zu, es ihm jedoch merkwürdig erscheine, dass sie bereit wäre, ausgerechnet „aus der Hand eines *Juden* 50.000 Franken“[332] anzu-

---

326 Protokoll des dritten Verhandlungstages, Chur, 11.12.1936, in: AfZ, NL Veit Wyler / 44, S. 92.

327 Ebd., S. 94.

328 Protokoll des vierten Verhandlungstages, Chur, 12.12.1936, in: AfZ, NL Veit Wyler / 44, S. 6.

329 Replik: Erwiderung des Klägers, hier des Amtsklägers.

330 Duplik: Erwiderung auf eine Replik durch den Beklagten bzw. dessen Verteidiger.

331 Protokoll des vierten Verhandlungstages, Chur, 12.12.1936, in: AfZ, NL Veit Wyler / 44, S. 1. Tatsächlich schreibt Fuhrer in seinem Buch, sich berufend auf Unterlagen des Bundesarchiv Berlin: „Zuvor hatte Grimm ihm [Dr. Ursprung] auf immerhin 63 Seiten niedergeschrieben, was er zu sagen habe.“ Fuhrer 2012, S. 158.

332 Ebd.

nehmen. Und er fügte an: „Herr Gustloff ist in seinem Vaterlande gefeiert worden als ein Held, als ein Märtyrer. Auch auf seine Wittwe wird ein Abglanz seines Ruhmes fallen. Ob das nicht *mehr* hilft, als eine *Geldsumme*?"[333] Hinzu komme, dass es der Praxis des Gerichts entspräche, solche Zivilansprüche separat zu behandeln, was auch in diesem Fall geschehen solle, weil die Grundlagen für die Berechnung, wie sie von Ursprung vorgebracht worden seien, zu unsicher wären.[334]

Damit ging er über zur Rede von Amtskläger Brügger, die er in Gegenüberstellung mit den Ausführungen Ursprungs als positiv empfand, auch wenn er im Vergleich zur ursprünglichen Anklageschrift eine Verschärfung im Ton festgestellt habe, die er für „unbegründet"[335] halte und deswegen zurückweisen müsse. Curti wollte und konnte nicht auf die ganze Anklagebegründung eingehen, sondern lediglich auf einige wenige Punkte, die für die Verteidigung grundlegend waren und von der Anklage mehrheitlich zu Frankfurters Ungunsten ausgelegt wurden. Zuerst brachte er einige Anmerkungen zur Relevanz der Judenverfolgungen in Deutschland für die Tat an. Zu diesem Zwecke zitierte er das psychiatrische Gutachten, das keine besondere Gemütserschütterung bei Frankfurter aufgrund dieser Vorgänge beobachtet hatte. Curti zweifelte diesen Befund nicht an, unterstrich aber, dass weder dem Gutachter Dr. Jörger noch dem Gericht diese Vorgänge im Detail bekannt gewesen seien, da erst im Rahmen des Prozesses „dieses Material von der Verteidigung zu Tage gefördert worden"[336] sei. Die Unterstellung Brüggers, Frankfurter sei von Curti dazu beeinflusst worden, ein pro-schweizerisches Motiv vorzubringen, um das Gericht milder zu stimmen, wies Curti vehement zurück. „Ich darf wohl für mich in Anspruch nehmen, dass ich solche Versuche nicht unternehme, und es ist im übrigen nicht richtig, dass überhaupt ein solcher Versuch unternommen wurde[.]"[337] Auf diese beiden Punkte sowie die Frage danach, ob Frankfurter die Tat vorsätzlich verübt habe oder nicht, wolle er nun ausführlicher eingehen, um dem von Brügger und Ursprung gezeichneten Bild Frankfurters ein wahrheitsgemäßes entgegenzustellen.

Grundsätzlich stimmte er der Diagnose Jörgers zu, der Frankfurters „körperlichen und psychischen Zustand [...] sehr gut geschildert"[338] habe, fand aber, sie sei zu kurz gefasst. Curti argumentierte, Jörger habe angesichts der geringen Zeit, die ihm für die Untersuchung zugestanden wurde, Frankfurter gar nicht abschließend beurteilen können. Jörger habe Frankfurter lediglich sechs Mal für jeweils ungefähr eine Stunde in Untersuchungshaft besuchen können, viel zu wenig für

333 Ebd.
334 Vgl.: Ebd., S. 1–2 f.
335 Ebd., S. 2.
336 Ebd.
337 Ebd.
338 Ebd., S. 3.

eine richtige Untersuchung, die einen längeren Aufenthalt Frankfurters in der psychiatrischen Klinik Waldhaus bedingt hätte. Nur so hätte Frankfurter „Tag und Nacht, in seinem *ganzen* Verhalten“[339] beobachtet werden können.[340] Wenn Frankfurter so ernsthaft und gründlich untersucht worden wäre, hätten die Judenverfolgungen in Deutschland zwangsläufig einen höheren Stellenwert im Gutachten eingenommen. „Herr Dr. Joerger hat sich aber mit dieser Sache damals, weil sie in diesem Umfang und in dieser Intensität (hier) noch nicht bekannt war, nicht weiter beschäftigen können.“[341] Es sei nicht Jörgers Fehler gewesen, dass er zu dem Gutachten, wie es dem Gericht vorgelegt wurde, gelangt war, sondern es sei den geschilderten Umständen geschuldet. Abgesehen davon handle es sich beim psychiatrischen Gutachten um eine „sorgfältige und gründliche und sachlich gewiss zutreffende“ Arbeit, „er hat gewiss keinen Tadel verdient!“[342] Curti stellte nun dem Gericht seine eigene Version von Frankfurters psychischem Zustand in der Zeit vor dem Mord vor. Aufgrund seines Wissens über die Vorgänge in Deutschland sei Frankfurter „in einen Zustand des Niedergedrücktseins“ gekommen und habe sich „physisch und physisch [sic] als *Krüppel*“ gefühlt, so dass er sein Studium nicht wie geplant habe durchziehen und abschließen können.[343] Sicher habe er Fehler gemacht, so zum Beispiel, als er seinen Misserfolg im Studium seiner Familie gegenüber nicht eingestehen konnte. Gleichzeitig müsse aber beachtet werden, dass dieser Misserfolg nicht auf „Faulheit [oder] Bummelei“[344] zurückzuführen sei, sondern auf Frankfurters psychische Verfassung. Ihm habe – aufgrund seiner Krankheit – die „Entschlussfähigkeit“[345] gefehlt. Überhaupt sei sein Verhältnis zu seiner Familie falsch dargestellt worden, was am mangelnden Verständnis für familiäre Konstellationen „in israelitischen Kreisen“[346] läge. Natürlich hätte der Vater seinem Sohn verziehen, wenn er gewusst hätte, wie es um ihn stehe. Ohne dieses Wissen habe der Vater das Verhalten seines Sohnes als schlecht

---

339 Ebd.

340 Curti vermutete, Frankfurter sei nicht in die Klinik Waldhaus gebracht worden, weil die Behörden befürchtet hätten, ihm könne dort etwas zustoßen. Er spezifizierte nicht, ob er damit Frankfurters Selbstmordabsichten oder eine Gefahr von außen meinte. Vgl.: Ebd.

341 Ebd.

342 Beide Zitate: Ebd., S. 3–4. Im Gerichtsprotokoll ist an dieser Stelle der Kommentar angefügt: „Redner zielt auf die gegen Dr. Jörger in deutschen Blättern gerichteten Angriffe.“, vgl.: Ebd., S. 4.

343 Beide Zitate: Ebd. Es ist davon auszugehen, dass es sich hier um einen Fehler im Protokoll handelt, und Curti tatsächlich „physisch und psychisch“ gesagt hat.

344 Ebd. Wahrscheinlich versuchte Curti damit auch, den Vorwurf Diewerges, Frankfurter sei ein Bummelstudent gewesen, zu entkräften.

345 Ebd.

346 Ebd.

und herzlos gesehen und darauf „mit der Nachdrücklichkeit des jüdischen Familien-Oberhauptes“[347] reagiert.

Curti betonte, Frankfurter sei ein „anständiger Mensch“[348], was die Aufseher im Churer Gefängnis Sennhof bezeugen könnten, wo Frankfurter zu keinerlei Klagen Anlass gegeben habe. Zudem habe er von Anfang an die Wahrheit gesagt, schon als er sich der Polizei gestellt habe, und vor Gericht seien seine Aussagen stets wahrheitsgemäß gewesen. „[E]s ist *nicht* richtig, wenn man gesagt hat, ‚*angeblich*‘ habe er das und das gedacht, das und das zu tun. […] Das, was Frankfurter sagt, darf als volle Wahrheit betrachtet werden.“[349] Auch Frankfurters Verwurzelung in der Schweiz hob Curti hervor – wahrscheinlich um zu unterstreichen, dass Frankfurter eine starke Verbundenheit mit der Schweiz aufwies, die seine Sorge um die Zukunft des Landes rechtfertigte. „Im übrigen hätte mein Klient auch ruhig im Schweizer Dialekt einvernommen werden können, denn er spricht das Berner Dütsch mit absoluter Geläufigkeit – so ist er mit unseren Verhältnissen verwachsen.“[350]

Die Rolle der Judenverfolgungen stellte Curti prominent in den Mittelpunkt dieses Prozesses, nicht weil das Gericht über die „Judenfrage als solche“[351] zu urteilen hatte, sondern um die Relevanz für den Mord zu klären. Der Antisemitismus, so Curti, habe in Deutschland geradezu Tradition, gegenwärtig sei er jedoch in seiner extremsten Ausprägung zu sehen. Curtis Aussagen lesen sich mit dem heutigen Wissen über die Schoah geradezu prophetisch: „Er [der Antisemitismus] tendiert dahin, diese (früher) 600.000 jüdischen Deutschen mit Stumpf und Stiel auszuroden und, so lange das nicht möglich ist, sie zu quälen, zu zermürben, zu zertreten.“[352] Nachdem er dies bereits am Vortag erschöpfend dargelegt hatte, fasste Curti diese Vorgänge zusammen:

> Sie werden beschimpft, sie werden verhöhnt in ihren heiligsten Gefühlen, der Religion; man verspottet sie, man schliesst sie gesellschaftlich aus, und man will sie wirtschaftlich kaput [sic] machen – man sagt: ‚private‘ ‚Expropriation‘ … –, man nimmt ihnen das Ehrgefühl, sie werden in Konzentrationslager gebracht […]. Man erklärt in amtlichen Schriften: ‚Die Juden sind das Nämliche, wie die Syphilis‘ – eine schreckliche Seuche.

347 Ebd., S. 5.

348 Ebd., S. 4.

349 Ebd.

350 Ebd. Curti ging kurz auf die Komplottvorwürfe ein, die insbesondere von Fleischhauer geäußert worden waren. Fleischhauer wurde von Curti als „der 80.000-frankige [sic] Herr Oberstleutnant Fleischhauer“ bezeichnet, in Anlehnung an die Tatsache, dass dieser für sein Gutachten zur Authentizität der *Protokolle der Weisen von Zion*, das er für den Berner Prozess verfasst hatte, 80.000 CHF verlangt hatte. Vgl.: Ebd.

351 Ebd., S. 5.

352 Ebd., S. 6.

> Man fabriziert eine Gefängnis-, eine Lager-‚Ordnung', eine Strafordnung, die in ihrer Scheusslichkeit vielleicht nicht einmal vom ‚Hexenhammer' übertroffen wurde und nur dem Gehirn eines Unteroffiziers entsprungen sein kann, der gewohnt ist, mit den Stiefeln herumzutrampeln – allerdings mit der bekannten deutschen Gründlichkeit ...[353]

An dieser Stelle wurde das Gerichtsprotokoll mit einer Bemerkung unterbrochen, die zeigt, wie unangebracht einige am Prozess teilnehmende Deutsche diese Beschreibungen empfanden: Sie verließen demonstrativ den Gerichtssaal.[354] Curti ließ sich dadurch nicht stören und referierte weiter über die erwähnte Lagerordnung, die sich nicht in die Kategorie „Greuel-Märchen"[355] einordnen ließ, sondern in die Kategorie „Greuel-*Taten*".[356] Selbst wenn ein Teil davon nicht der Wahrheit entsprechen sollte, „es bleibt immer noch genug, immer noch so viel übrig, dass an [sic] Angehöriger dieses jüdischen Volkes zur Verzweiflung kommen muss!"[357] Er erwähnte auch, dass viele Deutsche in der Schweiz das Wissen um diese Vorgänge negierten, und äußerte die Hoffnung, dass nun – durch diesen Prozess – die Informationen verbreitet würden, „sofern die deutschen Zeitungen, in *diesem* Punkte wenigstens, richtig referieren".[358]

Als Beispiel für eine Darstellung aus der Schweiz gegen die Judenverfolgung brachte Curti die Sammlung an Vorträgen unter dem Titel *Stellungnahme gegen die Rassenverfolgung* vor, in der seine Ansprache abgedruckt war, die dazu beigetragen hatte, dass er als Verteidiger Frankfurters engagiert wurde.[359] Bei gleicher Gelegenheit hatten sich der Bischof von St. Gallen sowie Rechtsprofessor August Egger öffentlich gegen die Rassenverfolgung ausgesprochen. Curti zitierte vor allem Letzteren, um zu belegen, dass die Vorgänge in Deutschland in der Schweiz bereits seit geraumer Zeit[360] ein Thema gewesen waren, um dann zu den Evangelien sowie dem griechischen Drama „Antigone", die beide Nächstenliebe proklamierten, überzugehen.[361] Aber nicht nur das Gebot der Nächstenliebe verpflichte, sich gegen die Judenverfolgung auszusprechen, sondern auch der Dank gegenüber den Jüdinnen und Juden für die Errungenschaften, die auf das Judentum zurückgehen. Curti nannte hier als Erstes den Monotheismus, zudem Leis-

353 Ebd.

354 Vgl.: Ebd. Wortlaut: „Hier verlassen einige Nationalsozialisten demonstrativ den Saal".

355 Ebd.

356 Ebd.

357 Ebd.

358 Ebd.

359 Vgl.: Exkurs Vom „angesehenen Nichtjuden Eugen Curti", S. 143.

360 Die Veranstaltung, auf der die Publikation der Ansprachen beruhte, fand am 18. November 1935 in Zürich statt.

361 Konkret nannte er Matthäus 5,44 und Lukas 6,27–35. Aus „Antigone" von Sophokles zitierte er die Stelle „Nicht mitzuhassen, mitzulieben bin ich da!"

tungen auf den Gebieten der Kunst, der Wissenschaft oder der Literatur und erinnerte daran, dass nicht weniger als 10 Prozent der Nobelpreisträger Juden gewesen seien und dass im Ersten Weltkrieg 12.000 Juden für ihr (jeweiliges) Vaterland gekämpft hätten.[362] Er hob das vorbildliche jüdische Familienleben hervor, wie es aus den Briefen von Alfons Frankfurter ersichtlich war, und dessen Sorge um seinen Bruder. „Das ist doch ein schöner, ein vorbildlicher Zug."[363] Im zeitgenössischen Deutschland hingegen zähle dies alles nichts mehr, und Frankfurter habe dies erkannt und darunter gelitten.[364]

Nun könnte gegen all diese Beschreibungen von Vorgängen in Deutschland eingewandt werden, dass Frankfurter darüber gar nicht so genau habe Bescheid wissen können, da er lediglich Schweizer Zeitungen habe lesen können. Curti hielt diesem Vorwurf eine Reihe von Beweisen, Indizien oder Gegenargumente entgegen, die seine Sicht stützten.

> Er ging – auch das wirft man ihm nun wieder vor – […] jeden Morgen ins Café, dort hat er Zeitungen gelesen aus aller Welt. Er hat den ‚Stürmer' gelesen, das Buch von Langhoff, und so weiter. Man hat in seinen Kreisen ja doch auch über diese Dinge sich unterhalten. Frl. Steffen sagt, er habe geweint, wenn er auf diese Dinge zu sprechen kam. Und er selbst hat bei verschiedenen Gelegenheiten während der Untersuchung erklärt, er habe es nicht aushalten können.
> Man sagt: er selbst sei ja in Bern gewesen, fern diesen Vorgängen – als ob ein gebildeter, kultivierter Mensch nicht auch im Auslande niedergedrückt werden kann und werden muss, wenn er sieht, dass ein ganzes Volk misshandelt wird und vernichtet werden soll![365]

Den Einwand, Frankfurter habe noch im Winter 1934 ein paar Tage in Deutschland bei Bekannten verbracht, die Situation dort also nicht so schlimm sein könne, ließ Curti nicht gelten. Damals sei die dortige Lage noch eine andere gewesen und die Lebensumstände für die Jüdinnen und Juden Deutschlands weitaus weniger gravierend. Trotzdem hätten die Bekannten Frankfurters in Bern gemerkt, wie ihn sein Aufenthalt in Deutschland beschäftigt habe. „[G]erade von da an hat er sich zurückgezogen, hat mit seinen Freunden nicht mehr verkehrt: das ist doch der Beweis dafür, wie sehr ihn die Vorgänge in Deutschland bedrückten."[366] Im Vergleich mit der Schweiz, in der Jüdinnen und

---

362 Vgl.: Protokoll des vierten Verhandlungstages, Chur, 12.12.1936, in: AfZ, NL Veit Wyler / 44, S. 7–8. Curti zitierte auch Bismarck, der einmal gesagt habe, „er würde es gerne sehen, wenn einer seiner Söhne eine *Jüdin* heiraten würde". Diese Aussage führte gemäß Protokoll zu Heiterkeit bei den anwesenden Nationalsozialisten. Ebd., S. 8.

363 Ebd.

364 Vgl.: Ebd.

365 Ebd.

366 Ebd.

Juden frei und ohne Einschränkungen leben konnten, mussten die deutschen Verhältnisse in Frankfurter Besorgnis auslösen. „Es ist also *nicht* so, dass ihn diese Judenverfolgungen in Deutschland nicht zu bedrücken brauchten und nicht bedrückt haben, weil er selber sich in der Schweiz befand. Gerade deshalb, *weil* er bei uns wohnte, konnte er den Abstand ermessen!“[367]

Diese Verhältnisse, die Frankfurter aus eigener Beobachtung, aber auch aus der Zeitungslektüre erfahren hatte, hätten nun bei ihm zu einer Verzweiflung und zu ernsthaften Selbstmordabsichten geführt. Nur aus diesem Grund habe er die Waffe gekauft und Schießübungen gemacht, „er habe das allgemeine Manipulieren mit diesem Instrument kennen lernen wollen, damit er sich nicht selbst nur untauglich schiesse, ins Knie oder so“,[368] er habe nicht geübt, ein Ziel zu treffen. Alle Aktionen Frankfurters würden diese Selbstmordabsicht bestätigen: die Abschiedsbriefe, die er geschrieben, die Tatsache, dass er nur eine einfache Bahnkarte nach Davos gelöst hatte. Curti führte weiter aus, zu dieser Selbstmordabsicht sei das Bedürfnis gekommen, „sich *Luft* zu schaffen – etwas zu tun für sein Volk, damit das Gewissen der Welt wachgerufen werde“.[369] Frankfurter habe dabei nicht bedacht, dass diese Tat den Jüdinnen und Juden eher schaden als nützen würde und dass die Schweiz kaum darüber erfreut wäre – „obgleich man sagen kann: das Verschwinden des Herrn Gustloff wurde in der Schweiz fast als eine Befreiung von einem *Alp* in vielen Kreisen aufgefasst, auch Zeitungen haben sich in diesem Sinne ausgesprochen“.[370] Um zu erklären, wieso Frankfurter den ursprünglich geplanten Selbstmord nicht ausgeführt hatte, zog Curti das psychiatrische Gutachten herbei und stimmte mit Jörgers Ausführungen überein. Frankfurter hätte nach dem Mord nicht mehr die Kraft für einen Suizid gehabt, solche Vorkommnisse seien schon oft zu beobachten gewesen. Die Selbstmordabsicht sei keinesfalls nur vorgetäuscht gewesen, dies zu unterstellen, bedeute, sich „*lustig* zu machen über diesen unglücklichen Menschen[.]“[371] Zudem bestünden, wie auch bei der Befragung Frankfurters zu diesem Thema während des Prozesses deutlich wurde, Beweise für Frankfurters Suizidgedanken und -absicht.

Vom Thema des Selbstmordes ging Curti über zur Frage, ob Frankfurter die Tat geplant hatte, ob also ein Vorsatz bestand.[372] Curti erwähnte dabei in erster Linie Frankfurters Aussagen, der Gedanke, Gustloff zu töten, habe sich ihm

367 Ebd., S. 9.

368 Ebd.

369 Ebd.

370 Ebd.

371 Ebd., S. 10.

372 In diesem Zusammenhang erwähnte er auch das umstrittene Telefonat, das Gustloff geführt hatte, als sein Mörder in seinem Arbeitszimmer auf ihn wartete sowie die widersprüchlichen Aussagen Frankfurters dazu. Frankfurters diesbezügliche Verwirrung sei – angesichts der großen Aufregung, in der er sich befand – nachvollziehbar. Vgl.: Ebd.

geradezu aufgedrängt, und er habe nicht die Kraft gehabt, dagegen anzukämpfen. „Klarheit hatte er erst *nach* der Tat, erst nachher stellte sich bei ihm das Bewusstsein ein, dass er einen Menschen umgebracht habe."[373] Insofern könne man hier nicht von einer Absicht sprechen, eher von einer Zwangsidee, die Frankfurter verfolgte, und Curti erklärte: „Wenn jemand unter einem ungeheuren Drucke lebt, ergeben sich gewisse Auswirkungen – schliesslich unterstehen auch die Gebiete der Biologie und der Psychologie gewissen Kausalitäts-Gesetzen, denen der Mensch sich nicht entziehen kann. Das ist *Schicksal*."[374] Darüber könnten die Vernehmungsprotokolle und Aussagen Frankfurters unmittelbar nach der Tat keine verlässliche Auskunft geben, weil sich Frankfurter in einem Zustand höchster Erregung befunden habe. Geradezu unter Zwang sei Frankfurter mit dem Wissen nach Davos gefahren, dass etwas geschehen müsse. Er wolle, fuhr Curti fort, Frankfurter nicht zu einem Helden stilisieren und auch nicht aus Schillers *Wilhelm Tell* zitieren, „[o]bwohl ich sagen könnte, David Frankfurter ist seinem Gegner entgegengetreten, er hat ihm nicht aufgepasst in einer hohlen Gasse ..."[375] Trotzdem sei die Wahl des Opfers keineswegs zufällig gewesen; Gustloff sei nun mal, im Gegensatz zu anderen Nazigrößen, für Frankfurter „der einzig erreichbare Repräsentant jenes dem Angeklagten verhassten Systems" gewesen.[376] Doch nicht nur für das System stand Gustloff – Frankfurter habe ihn als jemanden gesehen, der der Schweiz schadete. „Diese Bewegung geht darauf aus, die Schweiz dem Deutschen Reiche anzugliedern. Das hat dem Angeklagten nicht gefallen. Und dieses Gefühl *durfte* er haben. Denn er fand sich *wohl* in der Schweiz. Er hat(te) hier alle diejenigen Freiheiten und Grundrechte, die seinen Glaubensgenossen in Deutschland entzogen worden sind."[377] Insofern sei es lächerlich, wenn Frankfurter unterstellt würde, er habe das pro-schweizerische Motiv nur vorgebracht, um die Richter milde zu stimmen. Es sei ein Fakt, dass Frankfurters Tat auf zwei hauptsächlichen Grundlagen beruhe, auf der Judenverfolgungen und der Sorge um die Schweiz, die aus den Informationen resultierte, die Frankfurter den Medien entnommen habe, aber auch durch Gespräche mit Freunden in Erfahrung habe bringen können.

Dass Frankfurter schließlich, in Davos angekommen, die Tat um mehrere Tage verschob, würde beweisen, dass er in seinem Entschluss geschwankt habe. Die Unterhaltung, die er während dieser Zeit suchte, der Besuch einer Sportveranstaltung und einer Filmvorführung, dienten lediglich der Zerstreuung und

373 Ebd.

374 Ebd.

375 Ebd. Das Protokoll lässt vermuten, dass diese Bemerkung im Gerichtssaal zu Amüsement führte: „Allseitige Heiterkeit." Ebd.

376 Ebd.

377 Ebd.

seien Versuche gewesen, „die Gedanken zurückzudrängen".[378] Dass die Familie Kaufmann, die er zufällig auf der Straße getroffen hatte, seinen Gemütszustand nicht bemerkte, müsse nichts heißen: „Nun, es geht manch Einer herum, die Brust voll verschiedenartiger Gefühle, und ein Anderer, der ihn zufällig trifft und mit ihm spricht, hat davon keine blasse Ahnung."[379] Dies würde erklären, wieso Frankfurters Freunde ausgesagt hätten, „der Angeklagte sei vergnügt gewesen", denn es sei nicht ungewöhnlich, dass jemand das Bedürfnis habe, „ein freundliches Gesicht nach aussen zu zeigen, damit er unangenehmen Fragen ausweiche".[380]

Übergehend zu den Minuten unmittelbar vor der Tat ging Curti auf das Telefonat Gustloffs ein, das Frankfurter mitgehört hatte. Angesichts seines Zustandes sei es nachvollziehbar, dass Frankfurter sich nicht genau an den Inhalt des Gesprächs erinnern könne – einerseits die räumliche Trennung (Frankfurter befand sich im Zimmer, Gustloff auf dem Flur), andererseits die Aufregung. Er habe „eine arge Beschimpfung der Juden"[381] gehört – vielleicht genau das, was er zu hören erwartete –, und dass ihn dies genauso in Wut versetzt habe, wie der Ehrendolch und das Bild Hitlers an der Wand, sei nun wiederum nachvollziehbar – „das sind doch Symbole, die einen ‚Nichtarier' aufreizen müssen".[382] Deswegen habe er auf Gustloff geschossen, automatisch und ungezielt, weil auf diese kurze Distanz kein wirkliches Zielen nötig war. Curti fasste diesen Ablauf noch einmal zusammen:

> Und dann begreift man auch […] seine grosse Aufregung. Die ihn dann schliesslich zu dem Entschluss gebracht hat, nun doch diesem inneren Drange zu folgen und die Waffe gegen Gustloff zu richten. Er sah das Bild Hitlers und den Ehrendolch, der über dem Schreibtisch hing. Der Anblick dieser Gegenstände versetzte ihn nach seiner

378 Ebd., S. 12.

379 Ebd.

380 Ebd. Und tatsächlich hat Frankfurter vor Gericht ausgesagt, Selbstmordabsichten seien nicht unbedingt etwas, das nach außen getragen werde.

381 Ebd., S. 13. Curti unterstrich, dass auch Hedwig Gustloff sich in einem Zustand der Aufregung befand und sich vielleicht nicht genau an die Vorgänge erinnern konnte, dass ihre Version also stark in Zweifel gezogen werden könne. Habermann wiederum, mit dem Wilhelm Gustloff telefoniert hatte, sei dessen direkter Untergebener, außerdem habe er erst fast ein Jahr nach besagtem Telefonat Auskunft über den Gesprächsinhalt gegeben und es sei zweifelhaft, ob er sich so genau daran erinnern könne. In diesem Sinne gäbe es keinen Beweis dagegen, dass das Telefongespräch nicht doch genauso stattgefunden habe, wie Frankfurter es beschrieben habe, „und so lange ein solcher Beweis nicht geleistet ist, ist zu Gunsten des Angeklagten anzunehmen, es habe sich so zugetragen, wie er gesagt hat." Vgl.: Ebd., S. 13–14.

382 Ebd., S. 12.

Angabe in Wut. In diesem Zustande beschloss er unmittelbar die Tat und schoss auf Gustloff, bis dieser zusammenbrach.[383]

Der Grund dafür, dass Curti mehrere Male darauf einging, wie sich die Situation in Gustloffs Büro, die schließlich in die Tat mündete, darstellte, liegt in der Relevanz dieser Szene für die Verteidigung. In Curtis Darstellung wurde Frankfurter durch die Situation erst dazu gereizt, Gustloff zu töten, es hätte also kein Vorsatz bestanden – für das Strafmaß eine relevante Unterscheidung!

Nun stellte sich die Frage, wie sich diese Beschreibungen Curtis juristisch bewerten ließen. Der Verteidiger präsentierte dazu eine Reihe von Fällen, die in der Schweiz und im Ausland stattgefunden haben und die dem Fall Frankfurter ähnelten. Diese Präzedenzfälle handelten allesamt von Männern, die aus Empörung über Misshandlungen gegen ihre jeweiligen Völker zur Waffe gegriffen und getötet hatten. Zuerst ging er auf den Fall Conradi ein. Moritz Conradi hatte 1923 in Lausanne den russischen Diplomaten Worowski[384] erschossen; als Motiv gab er an, er habe sich für „die Greueltaten, die in Russland erlitten werden",[385] rächen wollen.[386] Ein ähnliches Ereignis war die Tat von Schwarzbard,[387] der in Paris 1926 den Ukrainer Petljura erschoss und sich damit für ein Pogrom an seiner Familie rächen wollte. Sogar in Deutschland hätte ein vergleichbares Ereignis stattgefunden, und zwar das Attentat des Armeniers Teilirian, der als Rache für den Völkermord an den Armeniern einen der Hauptverantwortlichen, Talat Pascha, im Jahr 1921 in Berlin erschoss.[388] Insbesondere im letztgenannten Fall sah Curti deutliche Parallelen zur Tat seines Klienten – wobei sich bei Teilirian der Sachverhalt „wesentlich ungünstiger"[389] gestaltete. „Der Täter hatte den Getöteten ebenfalls nicht persönlich gekannt. Die Greueltaten für die sich Teilirian rächen wollte, lagen mehrere Jahre zurück, bezogen sich also nicht auf die Gegen-

383 Ebd., S. 14.

384 Im Gerichtsprotokoll steht fälschlicherweise Borowski.

385 Protokoll des vierten Verhandlungstages, Chur, 12.12.1936, in: AfZ, NL Veit Wyler / 44, S. 15.

386 Conradi-Affäre, vgl. auch: Degen, Bernard: Conradi-Affäre, in: Historisches Lexikon der Schweiz, online unter: http://www.hls-dhs-dss.ch/textes/d/D17335.php [zuletzt eingesehen: 17.09.2015]. Das Urteil im Fall Conradi war in der Schweiz umstritten, in der Folge waren die politischen Beziehungen zu Russland angespannt. Das umstrittene Urteil war zudem ein Grund für die Revision des Strafverfahrens im Kanton Waadt. Vgl.: Middendorff 1977, S. 625–626.

387 Im Gerichtsprotokoll steht fälschlicherweise Schwarzbach. Zu Schwarzbard, vgl. auch: Kapitel 4.1.4 Gymnasialzeit: „innere Reife", S. 86 ff.

388 Vgl.: Protokoll des vierten Verhandlungstages, Chur, 12.12.1936, in: AfZ, NL Veit Wyler / 44, S. 15.

389 Ebd.

wart; und Teilirian hatte das Attentat systematisch vorbereitet."[390] So habe er sich eine Wohnung in unmittelbarer Nachbarschaft Paschas gemietet, um ihn überwachen zu können, und habe ihn auf offener Straße von hinten erschossen. In den erwähnten drei Fällen wurde der Angeklagte jeweils freigesprochen; in Telirians Fall mit der Begründung, er habe sich „rächen wollen für die entsetzlichen Leiden seines, des armenischen Volkes".[391]

Diese drei Morde dienten der Verteidigung als Präzedenzfälle für die Beurteilung der Tat Frankfurters. Nun stellte sich weiterhin das Problem, dass es den Gesetzesartikel zum politischen Attentat in Graubünden zu dieser Zeit nicht gab. Curti löste dies so, indem er auf Artikel 45 des Strafgesetzbuches des Kantons Graubünden zur mangelnden Zurechnungsfähigkeit verwies, der „Verwirrung der Sinne"[392] als eine Möglichkeit nannte. Eine solche konnte beispielsweise durch „eine kolossale Aufregung, durch eine Enttäuschung, und auch durch Hassgefühle"[393] bewirkt werden, und Curti bat das Gericht, dies in Frankfurters Fall zu erwägen.

Überhaupt musste auch die Verteidigung auf die Unterscheidung zwischen Mord und Totschlag eingehen. Für Curti war klar, dass es sich ausschließlich um Totschlag handeln konnte, und er forderte die Richter auf, „unter allen Umständen Mord zu verneinen[.]"[394] Diese Aufforderung erläuterte er ausführlich, indem er sich insbesondere auf den von ihm und seinem Klienten bestrittenen Vorsatz bezog. Er unterschied dabei zwischen Vorbedacht und Absicht. Während diese beiden Begriffe von Laien üblicherweise synonym verwendet werden, gibt es in juristischem Hinblick deutliche Unterschiede. Aus diesem Grund habe Frankfurter, dem die juristischen Bedeutungsunterschiede nicht klar waren, auf die Frage, ob er mit der Absicht nach Davos gekommen sei, Gustloff zu ermorden, mit Ja geantwortet.[395] Das Gericht hatte also zu entscheiden, ob es sich tatsächlich um Vorbedacht gehandelt habe oder allenfalls um Affekt, was de facto die Unterscheidung zwischen Mord und Totschlag bedeutete. Curti erklärte, es habe sich bei Frankfurter nicht um einen Vorbedacht im juristischen Sinne gehandelt, sondern lediglich um eine „dunkle Absicht, die sich vorläufig noch nicht einmal zu einem bestimmten Entschlusse verdichtete".[396] Da sich diese Differenzierung

390 Ebd.

391 Ebd., S. 16.

392 Strafgesetzbuch für den Kanton Graubünden vom 8. Juli 1851, Ausgabe für das Jahr 1934, Chur 1934, S. 13.

393 Protokoll des vierten Verhandlungstages, Chur, 12.12.1936, in: AfZ, NL Veit Wyler / 44, S. 16.

394 Ebd., S. 16–17.

395 Vgl.: Ebd., S. 17. Gemäß Curti wäre es die Aufgabe des Verhörrichters gewesen, ihn über die Bedeutung dieses Begriffes aufzuklären. Vgl.: Ebd.

396 Ebd., S. 17–18.

so nicht in den zitierten Gesetzesartikeln befand, führte Curti seine Argumentation genauer aus:

> Es gibt doch auch Affekt-Handlungen, die sich *nicht* in einen Moment konzentrieren, sondern eine *längere* Zeitdauer beanspruchen, sich allmählich entwickeln, und wobei dann ganz plötzlich der zündende Funke einschlägt. So scheint es mir hier gegangen zu sein. Mit einer unbestimmten Absicht ist David Frankfurter nach Davos gefahren. Er wusste noch nicht recht, ob er die Sache machen will oder nicht. Er hat sich zu zerstreuen gesucht, er hat mit seinem Innern gekämpft- und er ist schliesslich in das Haus hineingegangen. Es kam der Eindruck bei dem Telephongespräch, er sah die Hitlerbilder, den Ehrendolch, die Embleme und Zeichen des ihm verhassten Regimes, das sein Volk zu vernichten sucht. Und nun ist eben diese Flamme ausgebrochen und hat ihn zu der Tat geleitet. Meine Herren: das ist *Affekt*, nicht Vorbedacht. Man kann auch, glaube ich, sprechen von einem *schleichenden* Affekt, der eben schliesslich ausbricht.[397]

Curti ging auf das Strafmaß ein, das vom Amtskläger gefordert wurde, 18 Jahre, und bemerkte, dass selbst dieser offensichtlich von mildernden Umständen ausgehe, weil er sonst die Höchststrafe verlangt hätte. Im Vergleich nun zu einem Präzedenzfall, der von der Staatsanwaltschaft erwähnt wurde, dem Fall Mazzoni, war für Curti dieses Begehren viel zu hoch. Patrizio Mazzoni hatte im Juni 1928 seine Tochter nach jahrelangem Missbrauch erschossen, war danach in die Berge geflüchtet und wurde nach seiner Festnahme wegen „fortgesetzter Blutschande und Mordes zu 15 Jahren Zuchthaus verurteilt".[398] Mazzoni sei vorbestraft gewesen, im Gegensatz zu Frankfurter, bei dem „alle diese Erschwerungen"[399] nicht vorlägen. Frankfurter sei nicht vorbestraft, die Anklage lautete auf Mord und nicht auf zusätzliche Straftaten, was eindeutig darauf hinwies, dass Frankfurter ebenfalls milder bestraft werden müsse als mit den vom Amtskläger beantragten 18 Jahren Zuchthaus. Dies mag nun einleuchtend erscheinen und das vom Amtskläger geforderte Strafmaß für Frankfurter im Vergleich zum Urteil

397 Ebd., S. 18. Der Ausdruck „schleichender Affekt" scheint ein Novum in der Geschichte der Rechtsprechung zu sein – so finden sich zumindest bei einer Googlesuche keinerlei Einträge zu diesem Begriff. Nicht nur das Gericht fand diese Argumentation offensichtlich wenig überzeugend, auch in verschiedenen Publikationen sowie in der Korrespondenz von später in den Fall Frankfurter Involvierten bestanden Zweifel daran.

398 Bündnerisches Monatsblatt: Zeitschrift für bündnerische Geschichte, Landes- und Volkskunde, Chronik für den Monat Januar (1929), S. 64. Der verwitwete Mazzoni hatte wiederholt seine 19-jährige Tochter missbraucht und zu missbrauchen versucht. Als diese sich wehrte, erschoss er sie aus Rache und Eifersucht. Vgl.: Feuille d'avis de Neuchâtel: Le drame de Grono 190/76 (1928), S. 6.

399 Protokoll des vierten Verhandlungstages, Chur, 12.12.1936, in: AfZ, NL Veit Wyler / 44, S. 19.

über Mazzoni überaus hart – was Curti jedoch an dieser Stelle zu erwähnen unterließ ist die Tatsache, dass in Mazzonis Fall sehr wohl Umstände vorlagen, die auf Frankfurter nicht zutrafen. Das Gericht hatte bei Mazzoni nämlich eine „Schizophrenie in ziemlich weitgehendem Masse“[400] und damit verbunden eine verminderte Zurechnungsfähigkeit festgestellt, was die mildere Strafe ergab. Brügger ergänzte dazu später: „Wenn der Mazzoni besonders gut weggekommen ist, so nicht trotz der Scheusslichkeit seiner Taten, sondern weil man angenommen hat, er sei kaum zurechnungsfähig. – Man muss eben *alles* sagen, und nicht bloss einzelne Punkte herausgreifen.“[401]

Darüber hinaus referierte Curti zur lebenslänglichen Zuchthausstrafe, die in der Praxis maximal 25 Jahre betrug. Diese Höchststrafe sei bisher kaum verhängt worden. Curti nannte einen Fall eines besonders verwerflichen doppelten Giftmordes, als keinerlei Milderungsgründe vorlagen, und der Angeklagte 25 Jahre erhielt.[402] Hingegen bestünden Fälle, bei denen (trotz anders lautendem Gesetz, das eine Minimalstrafe von 15 Jahren vorsah) die Anklage auf Mord lautete und im Urteil zwölf Jahre Zuchthaus gesprochen wurden.[403] Curti gab gute Gründe an, wieso Frankfurters Strafe weniger als die vom Amtskläger geforderten 18 Jahre Zuchthaus umfassen könnte, und betonte, dass die Richter einen Ermessensspielraum hätten, der erheblich über die Buchstaben des Gesetzes hinausgeht. Um den Richtern aufzuzeigen, welche Gründe bestanden, um diesen Ermessensspielraum auszureizen und unter das von der Staatsanwaltschaft geforderte Strafmaß zu gehen, zählte Curti in einem nächsten Schritt „eine ganze Anzahl“[404] an Milderungsgründen auf. Zuerst einmal handle es sich bei dem Mord an Wilhelm Gustloff deutlich um ein politisches Delikt (dies hätten die Vertreter der Zivilpartei wiederholt bestätigt), was nun auf die Urteilsfindung selbst keinen Einfluss hatte, da politische Delikte wie bürgerliche behandelt wurden. Allerdings, führte Curti aus, sei eine „allgemeine Tendenz“ zu beobachten, dass „politische Attentäter milder beurteilt“ würden.[405] Des Weiteren sei Frankfurter nicht vorbestraft und es müsse miteinbezogen werden, dass sich seine schweren Krankheiten in

400 Ebd., S. 39.

401 Ebd. Die Informationen wurden den Ausführungen von Amtskläger Brügger in seiner Replik auf Curti entnommen. Brügger erwähnte in diesem Zusammenhang auch weitere Urteile: „1) einfacher Mord: 22 Jahre Zuchthaus, 2) Doppelter Mord und einfacher Diebstahl: 25 Jahre Zuchthaus.“ Ebd.

402 Vgl.: Ebd. Der Fall wird nicht näher ausgeführt. Als Name des Angeklagten wird Delacco mit Fragezeichen angegeben, unter diesem Namen ist kein entsprechender Straffall vor dem Kantonsgericht in Chur zu finden.

403 Vgl.: Ebd. Auch dieser Fall wird nicht näher ausgeführt.

404 Protokoll des vierten Verhandlungstages, Chur, 12.12.1936, in: AfZ, NL Veit Wyler / 44, S. 19.

405 Beide Zitate: Ebd., S. 19–20.

negativer Weise auf „seine Willens- und Entschlusskraft“[406] ausgewirkt haben mussten. Dies führe dazu, dass er eine „nur noch geringe Lebenserwartung“[407] aufweise, und obwohl die hier zitierten ärztlichen Gutachten nichts Ähnliches verlauten lassen, sagte Curti über Frankfurter: „Dieser arme, kranke Mann wird nicht viele Jahre seines Lebens noch fristen können.“[408] Besonders sei zu erwähnen, dass er „über die Schmach, die seinem Volk zugefügt wurde“, zurecht empört war, „so dass es sich fast automatisch ergab, dass er irgendwie dagegen reagieren musste“.[409] Um dies zu untermauern zitierte er verschiedene Persönlichkeiten und Zeitungen, die sich ähnlich geäußert hatten, die sich schockiert über die Veränderungen in Deutschland zeigten und Verständnis für Frankfurter äußerten. Zu berücksichtigen sei zudem, dass Frankfurter von Anfang an geständig gewesen sei und sich gegenüber den ermittelnden Behörden kooperativ gezeigt habe.[410]

Abschließend betonte Curti noch einmal die zwei Komponenten, die zur Tat maßgeblich beigetragen haben: einerseits die Judenverfolgung in Deutschland, andererseits – nicht unwesentlich – die psychische und physische Verfassung Frankfurters und der daraus resultierende „Zusammenbruch der geistigen und physischen Existenz“.[411] Er schloss sein Plädoyer mit den Worten: „Herr Präsident, hochgeachtete Herren – David Frankfurter steht vor Ihnen. Er erwartet gefasst Ihr Urteil. Er ist überzeugt, dass es der *Menschlichkeit*, der *Gerechtigkeit* und dem *Gesetze* entsprechen wird.“[412]

Die Publikationen zu Frankfurter gehen auf die Verteidigung meist nicht im Detail ein.[413] Frankfurter selbst hatte – nach den desillusionierenden Auftritten von Brügger und Ursprung – wenig Hoffnung, dass der Auftritt seines Anwalts

406 Ebd., S. 20.

407 Ebd.

408 Ebd.

409 Beide Zitate: Ebd.

410 Vgl.: Ebd., S. 20–21. Curti zitierte die Zeitung „Züricher Post“, den Bischof von Durham, Dr. Henderson, sowie einen Professor Brüning. Ebd., S. 21.

411 Ebd., S. 22.

412 Ebd., S. 23.

413 Vgl.: Bollier erwähnt die über eintägige Ansprache Curtis auf einer knappen halben Seite, die mehrheitlich aus einer Zusammenfassung bestand. (Bollier 1999, S. 70.) Die UEK widmete dem Plädoyer zwei Sätze. (UEK, S. 235.) Middendorff erwähnt die zwei Ausrichtungen der Verteidigung etwas ausführlicher: Die Rettung der Schweiz vor Gustloff und dem Nationalsozialismus sowie der Weckruf bzgl. Vorgänge in Deutschland. (Middendorff 1977, S. 615–617.) Fuhrer nennt Curtis Ausführungen „zu umfangreich, als dass die Zuhörer es wirklich vollständig hätten aufnehmen können“. (Fuhrer 2012, S. 155.) Er schreibt zudem, dass das Vorgehen der Verteidigung widersprüchlich gewesen sei: Einerseits hätten sie die Vorgänge in Deutschland in den Mittelpunkt gestellt, andrerseits durch das Betonen von Frankfurters psychischem Zustand zu verstehen gegeben, dass diese Vorgänge gar nicht so zentral seien. (Fuhrer 2012, S. 156.)

noch etwas bewirken konnte. Curti, der „nüchtern-sachliche Mann", der „[a]ufrecht und ernst" auftrat, habe das Material an die Richter und Journalisten verteilt und mit „seiner etwas monotonen Stimme" stundenlang die Verteidigung seines Mandanten vorgetragen.[414] Sein Plädoyer sei nicht wirklich eine Verteidigung gewesen, sondern eine Anklage gegen das nationalsozialistische Regime in Deutschland, „die wahren und einzigen Schuldigen in diesem Prozess",[415] und die Hauptabsicht aus diesen Aussagen sei es gewesen, den Beweis zu erbringen, dass es sich bei den Vorgängen nicht um „Greuelmärchen", sondern um „Greueltaten"[416] handelte – Worte, die Curti so tatsächlich wiederholt gesprochen hatte. Frankfurter schreibt, das Plädoyer Curtis sei nicht nur für die anwesenden Deutschen unangenehm gewesen, sondern auch für die Richter, die die Politik aus dem Prozess ausklammern wollten. Gerichtspräsident Ganzoni sei zudem in der Verhandlungspause auf Frankfurter zugekommen mit der Bitte, seinen Anwalt dazu aufzufordern, seine Ausführungen abzukürzen. Frankfurter fand diese Bitte „grotesk" und erklärte, „dass Dr. Curti selbst wissen müsse, was und wie lange er zu reden habe".[417] Entsprechend führte dieser sein Plädoyer, basierend auf Zeugenaussagen, fort und baute darauf seine Theorie auf, dass Frankfurter in einem „Dauer-Affekt"[418] gehandelt habe, „dem er in Gerechtem Zorn eine vergeltende Tat folgen liess".[419]

6.1.5.2 Friedrich Grimm: „der Obernazi"[420]

Nach Abschluss des Plädoyers von Curti wurde Grimm als weiterem Vertreter der Zivilpartei das Wort erteilt. Ihm waren 15 Minuten zugestanden worden, die er um mehr als das Doppelte überzog.[421] Grimm ließ sich gleich zu Beginn seiner Rede darüber aus, dass die Ausführungen der Verteidigung unnötig und übertrieben gewesen seien. Er bestritt nicht grundsätzlich Curtis Beschreibung der Vorgänge in Deutschland, teilte sie jedoch in verschiedene Kategorien ein: „Dinge, die zum Teil alt, zum Teil gerichtsbekannt, zum Teil offenbar unrichtig sind, Dinge, auf die der Angeklagte *selbst* sich *nie* berufen hat[.]"[422] Die unwahren Abschnitte seien „teilweise so niedrig", dass er sich nicht damit beschäfti-

414 Beide Zitate: Memoiren (Version Jabotinsky), S. 56.
415 Ebd.
416 Beide Zitate: Ebd.
417 Beide Zitate: Ebd.
418 Ebd. Bei Curti hieß dies „schleichender Affekt".
419 Ebd.
420 So nannte Frankfurter Grimm in seinen Memoiren, vgl.: Ebd.
421 Vgl.: Fuhrer 2012, S. 156.
422 Protokoll des vierten Verhandlungstages, Chur, 12.12.1936, in: AfZ, NL Veit Wyler / 44, S. 24.

gen wollte, „auf dieses Niveau steige ich nicht hinab".[423] Diejenigen Abschnitte hingegen, die tatsächlich der Realität entsprachen, seien nicht das Problem des Kantonsgerichts und der Schweiz:

> Die Judenfrage und die Behandlung der Judenfrage in Deutschland ist [sic] ein historischer Vorgang von säkularer Bedeutung. Seit Jahrhunderten hat dieses Problem alle Völker Europas beschäftigt [...]. Die Ansichten haben gewechselt. Die Einen haben diese Lösung für richtig gehalten, die Andern eine andere. Dass es ein ernstes Problem ist, vielleicht das ernsteste überhaupt, wird von niemand bestritten. [...] Geschichtliche Vorgänge können nur von der Geschichte beurteilt werden. Erst in hundert Jahren wird man klar sehen, wie das Urteil der Geschichte ausfällt.[424]

In Bezug auf die von Curti vorgebrachten Präzedenzfälle sah Grimm keinerlei Relevanz für den vorliegenden Fall, da einerseits einige der erwähnten politischen Attentäter (anders als Frankfurter) selbst gelitten hätten und es sich andererseits jeweils um Laiengerichte gehandelt habe, die sich bekanntlich „leichter irren"[425] würden.

Da er die Länge und den Inhalt des Plädoyers von Verteidiger Curti so vehement angegriffen hatte, war es Grimm wichtig zu versprechen, die „prozessuale Zuständigkeit [der Zivilklage] peinlichst zu beachten".[426] Er wolle nicht wiederholen, was bereits gesagt wurde, sondern nur grob die Sache wiedergeben. So beschrieb er die Tat als „wohlüberlegt, planmässig ausgeführtes politisches Attentat", das „kaltblütig vorbereitet" gewesen sei.[427] Nicht einmal durch die Anwesenheit der Ehefrau des Opfers habe sich Frankfurter von seinem Plan abbringen lassen. Die Beschreibungen Frankfurters, die nun folgten, waren praktisch identisch mit denjenigen in Diewerges Propagandaschriften. Frankfurter sei ein Bummelstudent, „der dem Nichtstun verfallen war. 13 Semester hat er studiert [...] ohne auch nur das geringste Vor-Examen gemacht zu haben."[428] Er habe bei seinen Freunden Schulden gemacht, obwohl er von dem Geld, das ihm seine Familie für das Studium zur Verfügung gestellt hatte, gut hätte leben können. Grimm beschrieb den Angeklagten als geradezu pathologischen Lügner, und seine Krankheiten, deren Existenz er nicht anzweifeln wollte, seien in den letzten Jahren weniger geworden und hätten für den Mord nicht so zentral sein können, wie Anklage und Verteidiger behaupteten. Überhaupt würden solche Krankhei-

423 Beide Zitate: Ebd.
424 Ebd., S. 25.
425 Ebd., S. 26.
426 Ebd., S. 27.
427 Beide Zitate: Ebd.
428 Ebd.

ten üblicherweise „zur Verinnerlichung, zur Vergeistigung“[429] führen. Bei Diewerge klangen dieselben Beschreibungen so:

> Tatsache ist, daß David Frankfurter auch die einfachsten medizinischen Examina nicht bestanden hat. Natürlich hat dieses Versagen nach Ludwig-Cohn seinen Grund nur in den zahlreichen Erkrankungen, die Frankfurter durchmachte – im Gegensatz zu anderen geistigen Menschen, die bei Krankheiten oder körperlichen Behinderungen innerlicher und vergeistigter werden.[430]

Die Vermutung liegt nahe, dass der Propagandist Diewerge, der beim Prozess anwesend war, diese Formulierungen von Grimm für sein Buch zum Prozess übernommen hatte.

Im völligen Gegensatz zur Beschreibung Frankfurters stellte Grimm nun Wilhelm Gustloff dar. Auch wenn er sich zuvor noch über die Stilisierung des Täters zum Helden echauffiert hatte, tat er nun dasselbe mit dem Opfer. „Eine makellose Persönlichkeit, der lebt für die *Idee*, für den *Führer*, für *Deutschland*! Ich habe die Briefe dieses Mannes gelesen – *eine* gerade Linie! Jawohl! – Gustloff war ein Kämpfer! Aber von wie hoher, anständiger Warte hat er diesen Kampf geführt!“[431] Um dies zu untermauern, las er den bereits erwähnten Brief von Gustloff an den Leiter der Auslandsorganisation Bohle vor, unterließ es jedoch, die zwei letzten Abschnitte des Briefes zu erwähnen, die vom schweren und harten Kampf der Partei handelten und mit „Heil Hitler!“ endeten.[432] Grimm hob einen Satz aus diesem Brief besonders hervor, nämlich dass es das Ziel der Nationalsozialisten sei, alle Deutschen zusammenzufassen. Dieser Satz sei falsch interpretiert worden, denn wenn Gustloff von *allen Deutschen* schrieb, dann meinte er *alle Deutschen in der Schweiz* und nicht etwa die Schweizer. Sowieso hätten die Schweizer Behörden an Gustloff und seiner Tätigkeit nichts gefunden, das zu beanstanden wäre, insofern seien die Angriffe Curtis gegen Gustloff völlig unangebracht. „Kann man einem anständigen Menschen einen schwereren Vorwurf machen, als den, dass er die Behörden seines Gastlandes betrüge?!“[433] Und noch einmal gebrauchte Grimm zur Beschreibung Gustloffs überhöhende Aussagen: „Welche Grösse der Seele! Wie sinkt all das Andere, Kleine davor zurück!“[434] Gustloff sei bedroht worden, aber er habe dies ausgehalten, ohne

429 Ebd.

430 Diewerge 1937, S. 28.

431 Protokoll des vierten Verhandlungstages, Chur, 12.12.1936, in: AfZ, NL Veit Wyler / 44, S. 29.

432 Vgl.: Ebd., S. 29–30. Im Prozessprotokoll wurde dies hingegen ergänzt und mit der Anmerkung versehen, dass Grimm diese Teile ausgelassen hatte.

433 Ebd., S. 31.

434 Ebd.

Polizeischutz für sich zu verlangen, „[f]ürwahr, ein Schicksal von tragischer Grösse!“[435]

Wieder auf Frankfurter übergehend führte Grimm aus, dieser habe aus „politischem Hass“[436] gehandelt, eine Tatsache, die keinen Milderungsgrund darstellen dürfe. „Den politischen Mord zulassen, verherrlichen, rechtfertigen oder auch nur milde betrachten, das führt zum Chaos, zur Anarchie!“[437] Und aus genau diesem Grund habe Deutschland bereits reagieren müssen, um sich gegen das Chaos zu wenden. Grimm nannte die Schuldigen nicht, aber es war klar, dass er neben anderen die Juden beschuldigte. „Man sieht nicht überall genügend den Ernst der Dinge – langsam erst reift die Erkenntnis von der gemeinsamen Gefahr, die alle Völker Europas bedroht. Soll uns das Chaos überrennen? Politischer Mord ist Mord! Die Stunde ist ernst! Wir können das, was sich hier in den stillen Bergen abgespielt hat, garnicht ernst genug auffassen!“[438] Mit diesen Worten schloss Grimm und überreichte dem Gericht einen schriftlichen Protest gegen die politischen Ausführungen Curtis – mit der Aufforderung, dass dieser Protest im Gerichtssaal verlesen würde. Gerichtspräsident Ganzoni wies darauf hin, dies könne „nur [...] mit ausdrücklicher Zustimmung des Herrn Verteidigers“[439] geschehen, woraufhin die Verlesung unterblieb. Interessant ist hier, dass Grimm Curti für dessen politisches Plädoyer scharf kritisiert hatte – er selbst hielt eine Rede, die politisch und zumindest stellenweise antisemitisch war.

In seinen Memoiren vermischt Frankfurter den Auftritt Grimms mit demjenigen von Ursprung sowie dem Plädoyer seines Verteidigers. Er platziert die finanziellen Forderungen, die gemäß Gerichtsprotokoll in der Rede von Ursprung gemacht wurden, in den Ausführungen Grimms und schreibt, dass Curti dies zur sarkastischen Bemerkung veranlasste, „ob eine stolze Nationalsozialistin denn jüdisches Geld annehmen würde“.[440] Frankfurter führt später zwar korrekt aus, dass Grimm die ihm zugestandene Redezeit deutlich überzog, geht aber fälschlicherweise von einer halben Stunde Redezeit aus. Grimms Ansprache bezeichnet Frankfurter als „Nazi-Hetz-Rede [...], die ihr Gift gegen die Juden im Allgemeinen und mich im besonderen verspritzte.“[441]

435 Ebd., S. 32.
436 Ebd.
437 Ebd.
438 Ebd., S. 32–33.
439 Ebd., S. 33.
440 Memoiren (Version Jabotinsky), S. 56.
441 Ebd.

6.1.5.3 Replik und Duplik: „Das sind keine Greuel-‚Märchen', sondern es sind Greuel-Tatsachen."[442]

Nun folgten Replik und Duplik von Amtskläger Brügger und Verteidiger Curti. Brügger startete diese mit einem herablassenden Kommentar zur Dauer von Curtis Plädoyer. „Es muss um eine Sache nicht gut stehen, wenn man anderthalb Tage braucht zu dem blossen Versuch, sie plausibel erscheinen zu lassen."[443] In seiner Auffassung hatte Curti die Lage in Deutschland so ausführlich geschildert, um die Presse und die Öffentlichkeit über diese Vorgänge zu informieren (beziehungsweise zu „beeinflussen", wie er es nannte) und nicht, um das Gericht aufzuklären. Dies sei umso erstaunlicher, als dass die Situation in Deutschland mit dem Prozess gar nichts zu tun habe! Brügger ging darauf ein, wieso seiner Meinung nach kein Zusammenhang bestünde: Einerseits handle es sich dabei um „tendenziöse Propaganda-Litteratur", die an sich schon wertlos sei. Es gäbe keine strafrechtliche Relevanz, da Frankfurter nicht in dem von Curti implizierten Maß über die Lage in Deutschland informiert gewesen sein konnte. So hatte er beispielsweise während seiner Studienzeit in Bern keinen Zugriff mehr auf den *Stürmer*, den Curti so prominent und exemplarisch für die antijüdische Hetze vorgestellt hatte. Dementsprechend konnten die Judenverfolgungen nicht als ausschlaggebend für den Mord gesehen werden – und selbst wenn, „wird damit noch keine Entschuldigung der Mordtat Frankfurters unter den für ihn gegebenen Verhältnissen begründet".[444] Der Amtskläger befürchtete, dass nun (wenn ein politischer Mord milder betrachtet würde als ein gewöhnlicher Mord) eine „*Sonder*behandlung" gestartet würde, was einerseits im Schweizer Gesetz nicht vorgesehen war und andererseits – und damit stimmte er Grimm zu – „gefährlichste Consequenzen" haben würde.[445]

Zu Curtis Anschuldigungen gegen Gustloff stellte der Amtskläger klar, diese seien „die Meinung einzelner Partei-Vertreter einer bestimmten Richtung", die den „Ergebnissen der amtlichen Untersuchungen der örtlichen und der kantonalen Behörden und der Bundes-Anwaltschaft" widersprechen würden.[446] Es liege im Ermessen des Bundesrats, darüber zu entscheiden, ob solche Aktivitäten, wie diejenigen von Gustloff und der NSDAP in der Schweiz, akzeptabel und legal seien, und nicht im Ermessen eines Verteidigers, und somit war für Brügger klar, dass nur die offiziellen Aussagen der Wahrheit entsprechen könnten.

---

442 Protokoll des vierten Verhandlungstages, Chur, 12.12.1936, in: AfZ, NL Veit Wyler / 44, S. 40.

443 Ebd., S. 33.

444 Ebd., S. 34.

445 Beide Zitate: Ebd.

446 Beide Zitate: Ebd., S. 35.

Auch für die irritierende Positionsänderung des Bundesrats, der zuerst in den nationalsozialistischen Umtrieben in der Schweiz nichts Problematisches fand, nach dem Mord jedoch die Landesleitung der NSDAP vorübergehend verbot, fand Brügger eine Erklärung. „Die Landesleitung [...] wurde nur darum verboten, weil ganz allgemein die Stellung eines solchen Landesgruppenleiters zu unklaren Situationen und damit zu Reibungen führen konnte."[447] Dies ergab sich aus den unterschiedlichen Positionen der Landesgruppenleiter im Heimatland und im Ausland. Während sie im Heimatland „den Character von Hoheitsträgern"[448] hätten, seien sie im Ausland nur Privatpersonen. Darin läge das Verbot der Landesgruppenleiter begründet – zu den Tätigkeiten Gustloffs bestünde keine Verbindung. Wieso dieses Verbot ausgerechnet in die Zeit der Kontroversen um die Tätigkeiten der NSDAP in der Schweiz nach dem Mord an Gustloff fiel, konnte er nicht erklären.[449]

Die Unterscheidung zwischen Absicht und Vorsatz, die Curti in Bezug auf Frankfurters Mordplan gemacht hatte, sowie weitere Argumentationen zur Strafmilderung nannte Brügger „juristische Konstruktionen", die geradezu „schwindsüchtig" seien.[450] Er brachte mehrere Punkte an, die zwar geltend gemacht, aber nicht abschließend begründet worden seien, beispielsweise die Affekt-Handlung und die Sinnesverwirrung, und er vermutete, dass der Verteidiger dies „in der Einsicht" unterlassen habe, „dass damit für den Angeklagten doch nichts mehr zu erreichen sei".[451]

Brügger unterstrich, dass Frankfurter nicht nach „politischen oder sentimentalen Erwägungen" beurteilt und gerichtet werden könne, sondern „einzig und allein nach dem gegebenen Tatbestand und den entsprechenden Bestimmungen des Strafgesetzes[.]"[452] Darauf basierend stellte er zum Abschluss der Replik in neun Punkten seine Sichtweise auf Frankfurters Vorsatz dar, die er „*einfache* Tatsachen" nannte und der Argumentation Curtis gegenüberstellte. Dass es sich bei dem Mord an Gustloff zweifelsfrei um eine vorsätzliche Tat handle, könne daran gesehen werden, dass Frankfurter 1) den Plan schon mehrere Wochen vor der Tat gefasst, 2) die dafür notwendigen Vorbereitungen (wie den Kauf der Waffe) getroffen, 3) sich mit der Waffe vertraut gemacht,[453] 4) mit der Absicht, Gustloff

447 Ebd.

448 Ebd.

449 Brügger zitierte auch Bundesrat Motta, der an den Deutschen Gesandten von Weizsäcker schrieb: „‚die feige Mordtat' habe weder mittelbar, noch unmittelbar den Grund für das Verbot abgegeben." Ebd., S. 35–36.

450 Beide Zitate: Ebd., S. 36.

451 Beide Zitate: Ebd., S. 37.

452 Beide Zitate: Ebd., S. 37–38.

453 „Man wird doch nicht etwa glauben machen wollen, dass einer, der Selbstmord begehen will, sich zum Schiesstand in O[stermundigen] begehen will, damit er sich nicht anlässlich des

zu ermorden, nach Davos gefahren sei und dies so zugegeben, 5) durch unvorhergesehene Verzögerungen sich nicht von seinem Plan abbringen lassen, 6) den Plan schriftlich festgelegt, 7) sich über die Wohnsituation des Opfers im Voraus informiert, 8) mit dem festen Entschluss sich zur und in die Wohnung des Opfers begeben und schließlich 9) die Tötung, wie er sie schriftlich geplant und festgelegt hatte, tatsächlich ausgeführt habe.[454] Der Amtskläger schloss daraus: „Wenn *das* keine vorbedachte Tötung mehr ist, so wird überhaupt *nie* eine vorbedachte Tötung mehr vor Ihrem Gerichte zur Verhandlung kommen!“[455] Der Täter sei zudem voll zurechnungsfähig gewesen und habe somit „die volle Sühne des Gesetzes“[456] zu tragen; das dafür geforderte Strafmaß habe er in seinem Plädoyer bereits erschöpfend erläutert und er würde somit nicht von seinem Strafantrag, wie er ihn vor Gericht vertreten habe, abrücken.

Der Replik von Brügger folgte der Prozessordnung entsprechend die Duplik von Verteidiger Curti, der sich zu Beginn gegen die zwei Vertreter der Zivilklage wandte, insbesondere Grimm, dem freundlicherweise vom Gericht erlaubt worden sei, zehn bis 15 Minuten zu sprechen und dessen Redezeit auf seinen Wunsch vorverlegt worden sei, damit er seinen Zug noch erreichen könne. Tatsächlich habe er 35 Minuten vorgetragen und die Verteidigung würde nun darunter leiden, „indem die Zeit für meine Duplik zusammenschrumpft“.[457] Die Freundlichkeit des Gerichts, das diese Zugeständnisse gemacht hatte, sei alsdann dazu benutzt worden, einen Protest gegen die Verteidigung einzulegen, die sich jedoch genauestens an den vorab beim Gericht eingereichten Ablauf gehalten hätte. Curti habe, wie versprochen, nicht politisiert und kein persönliches Urteil abgegeben, aber natürlich sei es als Verteidiger seine Pflicht, Frankfurters Motiv aufzuzeigen. „Dieses Motiv ist das, was die Gegenpartei tut: die Judenverfolgung in Deutschland.“[458] Dabei sei völlig klar, dass er nicht auf die Interessen der Zivilpartei Rücksicht nehme, sondern ausschließlich diejenigen seines Mandanten vertreten könne. Dass sich dies in die Länge gezogen habe und (für die deutsche Presse) stellenweise langatmig gewesen sei, läge in der Natur der Sache. Und er betonte noch einmal: „Das sind keine Greuel-‚Märchen‘, sondern es sind Greuel-*Tatsachen*.“[459]

Selbstmordes in die Kniee schiesst! … (Heiterkeit)“ Ebd. [Unterstreichungen aus dem Original übernommen.]

454 Vgl.: Ebd., S. 37.

455 Ebd.

456 Ebd., S. 39

457 Ebd., S. 40.

458 Ebd.

459 Ebd.

Selbstverständlich, erklärte Curti, bedaure er den Mord an Wilhelm Gustloff und betonte noch einmal, dass dieser als Privatmann nicht Gegenstand dieses Prozesses sei. Es sei aber zweifelslos so, dass „[d]ie Tätigkeit des Herrn Gustloff in der Schweiz […] unerwünscht“[460] gewesen sei, daran würden auch die Aussagen von Bundesrat Motta, zu dem Curti sich vor Gericht nicht äußern wolle, nichts ändern.[461] Zudem wies Curti den Vorwurf zurück, er habe sich „in die niedere Sphäre der Litteratur begeben“. Zum einen habe er beanstandete Publikationen wie *Der politische Mord* von Kilian sowie *David und Goliath* von Ludwig nicht als Beweismittel eingegeben, zum anderen sei es nicht seine Schuld, dass andere Bücher erwähnt werden mussten, weil sie ihre Relevanz hätten. Wenn nun der Amtskläger befand, dass die Situation der Jüdinnen und Juden Deutschlands mit dem Prozess nichts zu tun habe, dann sei dies falsch; sogar die Vertreter der Zivilklage hätten eingestanden, dass es sich um ein politisches Motiv, begründet durch die Zustände in Deutschland, handle. Dadurch sei das politische Moment in den Prozess gekommen und trotzdem müsse er, Curti, betonen, dass er nicht politisiert habe.[462]

Zu den Ausführungen des Amtsklägers äußerte Curti sich ebenfalls. Die Länge seines Plädoyers, insbesondere der Erörterung der Situation in Deutschland, stünde in keinem Zusammenhang damit, ob er eine gute oder schlechte Sache vertrete. Es sei eine schlichte Tatsache, dass das Gericht über diese Zustände nicht aufgeklärt gewesen sei und er deswegen so ausführlich darauf habe eingehen müssen. Insofern sei es Aufgabe des Gerichts – und nicht des Staatsanwalts – zu entscheiden, ob dieser Teil seiner Ausführungen relevant für den Prozess sei. Den Vorwurf Brüggers, eine milde Strafe für Frankfurter könne andere potentielle (politische) Mörder ermutigen, wies Curti zurück und unterstellte dem Amtskläger Dilettantismus: „Man findet derartige Aeusserungen gelegentlich in Plaidoyers von Leuten, die vielleicht ihren *Probe*-Prozess plaidieren … (Heiterkeit.)“[463] Und Brüggers Bemerkung, die juristischen Konstruktionen des Verteidigers seien nicht nachvollziehbar gewesen, begegnete er mit dem Hinweis, es genüge ihm, wenn das Gericht sie verstanden habe.

Nach diesem Geplänkel zwischen Verteidiger und Amtskläger wurde die Verhandlung durch Gerichtspräsident Ganzoni geschlossen. Er gab bekannt, dass das Urteil am Montagabend in einer nichtöffentlichen Sitzung erfolgen werde,

460 Ebd., S. 40–41.

461 Vgl.: Ebd. Konkret sagte Curti: „Ich will mich über die Noten des Herrn Bundesrats Motta hier, in diesem Forum, nicht aussprechen…“ (Ebd.)

462 Vgl.: Ebd., S. 41–42.

463 Ebd., S. 42.

„und zwar, wie wir es oft getan haben, mit schriftlicher Zustellung des Urteils“[464] an alle Involvierten – und an die Presse.

6.1.5.4 David Frankfurter kommt (nicht) zu Wort

Obwohl die Verhandlungen offiziell schon beendet waren, meldete sich Curti zu Wort, der darauf hinwies, dass Frankfurter noch einige Worte sagen möchte, was vom Gericht stattgegeben wurde. Frankfurter erklärte, er habe schon vorgestern, als er zu den Ausführungen des Amtsklägers Stellung genommen hatte, einige Ereignisse nennen wollen, die er in Deutschland selbst erlebt habe oder die ihm zugetragen worden seien. Er betonte auch, er habe diese Erfahrungen bereits während der Ermittlungen, als er in Untersuchungshaft war, mit Psychiater Jörger und Verhörrichter Dedual geteilt, aber offensichtlich seien diese Gespräche informell gewesen und nicht protokolliert worden, so dass das Gericht davon keine Kenntnis habe. Ihm selbst sei die Relevanz von solchen Einzelheiten bis anhin nicht bewusst gewesen, nun aber möchte er über diese Vorfälle sprechen. So kenne er in Bern einen jungen Schweizer, der in Deutschland als rechtlicher Beisitzer gearbeitet habe. „Nur aus dem Grunde, weil er hierher seinen Verwandten seine Meinungen geschrieben hatte, wurde er im Gerichtsgebäude von Coburg überfallen und verprügelt. Er war 1 oder 2 Nächte eingesperrt, und nur durch besondere Protektion konnte er von Deutschland freikommen nach der Schweiz.“[465] Er hätte dies schon am zweiten Prozesstag zu Protokoll geben wollen.[466] Der Gerichtspräsident unterbrach Frankfurter an dieser Stelle und fragte ihn: „Haben Sie nichts weiter zu bemerken? – Ich hatte Sie ersucht, in möglichster Kürze das mitzuteilen, was Sie für wesentlich halten.“[467] Frankfurter wiederholte, er wolle auf einige Vorfälle in Deutschland eingehen und erklärte, dies würde sich zwar mit den Ausführungen von Curti überschneiden, er aber tatsächlich, anders als von Staatsanwalt und Vertretern der Zivilpartei behauptet, mit diesen Vorfällen sehr wohl vertraut gewesen sei.

> Zum Beispiel: Am 1. April (1933) standen in Deutschland vor den jüdischen Geschäften Posten von SA und verwehrten jedem Einzelnen den Eintritt. An den Häusern von jüdischen Rechtsanwälten und Aerzten waren riesige Tafeln mit gelben Flecken, die als Schandflecken aufgezeichnet waren. Der Chefarzt meines Bruders in Frankfurt a.

464 Ebd., S. 43.

465 Ebd.

466 Das Gerichtsprotokoll ergänzte hier, dass er sich, statt auf diese Ereignisse einzugehen, dazu habe „hinreissen lassen, den Staatsanwalt zu attackieren“. Ebd.

467 Protokoll des vierten Verhandlungstages, Chur, 12.12.1936, in: AfZ, NL Veit Wyler / 44, S. 44.

> M. musste über Nacht Deutschland verlassen, weil ihm offiziell gedroht wurde. – Ich möchte noch Eins hinzufügen: Dass 100.000 Exemplare von dem Buch „Mein Kampf" ins Yugoslavische [sic] übersetzt und umsonst verteilt wurden, an alle möglichen Leute, die man irgendwie gegen die Juden aufhetzen könnte.[468]

Danach wurde Frankfurter wiederum von Ganzoni unterbrochen mit der Bemerkung, Curti sei bereits auf alles eingegangen. Die Nachfrage, ob er noch etwas anzufügen habe, verneinte Frankfurter, und die Verhandlungen wurden endgültig geschlossen.

Frankfurter hätte hier also die Möglichkeit gehabt, so wie er es gewünscht hatte, ausführlicher auf seine Motive einzugehen und vor der Weltöffentlichkeit Zeugnis abzulegen. Ob dies nun der Fehler Frankfurters oder des Gerichts war, ist aus dem Gerichtsprotokoll nicht deutlich ersichtlich. Klar ist, dass das Gericht grundsätzlich für ein Schlusswort des Angeklagten offen gewesen wäre, dann aber seine Ausführungen, da sie lediglich eine Wiederholung des Gesagten von Verteidiger Curti darstellten, unterbunden wurden.[469] Möglicherweise hätte Frankfurter eine Plattform erhalten, seine Sichtweise der Dinge darzulegen, wenn er aus einer persönlicheren Warte berichtet hätte. Frankfurter selbst äußert sich zu einem späteren Zeitpunkt in seinen Memoiren dazu und schreibt von „verpassten Gelegenheiten". Er bezieht sich dabei nicht nur auf das Schlusswort, sondern auch auf die Nachfrage des Gerichtspräsidenten während des Prozesses, ob er selbst „Nazi-Brutalitäten" erlebt habe. Bei beiden Anlässen hätte er erwähnen müssen, dass all diese kleinen Vorkommnisse, die er selbst erlebt oder von denen er erfahren hatte, „Einzelheiten [...] in einem gewaltigen Mosaik" seien, „aus dem [sic] sich das Fratzengesicht des Nazismus zusammensetzte".[470] Und er bedauert nachträglich, dass er sich „das ersehnte Wort"[471] so einfach hatte abschneiden lassen.

6.1.6 Das Urteil

Das Urteil über David Frankfurter wurde am 14. Dezember 1936 gesprochen. In der maschinengeschriebenen Version umfasst es gut 50 Seiten, rekapituliert ausführlich die für die Beurteilung wesentlichen Punkte des Prozesses und ist

---

468 Ebd.

469 Willi schreibt, dass Frankfurter „im Prozess [...] um sein Schlusswort gebracht wurde". Willi 2009, S. 139.

470 Alle Zitate: Memoiren (Version Jabotinsky), S. 60.

471 Ebd.

aufgeteilt in die Abschnitte „Tatbestand“, „Erwägungen“ und „Urteilsspruch“.[472] Während sich der Abschnitt „Tatbestand“ inhaltlich stark mit den Ausführungen zum Prozess überschneidet, sind die „Erwägungen“ des Gerichts von größerem Interesse, die – aufgeteilt in acht Punkte – die relevanten Vorgänge zusammenfassen.

Abb. 36: Der Kantonsgerichtspräsident Dr. Ganzoni beim Frankfurter-Prozess, Dezember 1936 (Fotograf: Heinz Guggenbühl – Prisma). Quelle: AfZ, NL Eugen Curti.

Nach Wiederholung der Forderung der Anklage, die auf Mord lautete, führte das Gericht über mehrere Abschnitte die Absicht Frankfurters aus, Gustloff zu ermorden. Nicht nur sei sich der Angeklagte, als er sich der Polizei stellte, „seiner Tat vollkommen bewusst“ gewesen, er habe wiederholt „seinen Hass gegen das jetzige deutsche System […], dessen Agent und Stütze für die Schweiz der Erschossene gewesen sei“,[473] erklärt und sich der Witwe Gustloffs gegenüber entsprechend geäußert. Der alleinige Zweck seiner Reise nach Davos sei der

472 Vgl.: Urteil des Kantonsgerichts von Graubünden vom 9./12. und 14. Dezember 1936, in: AfZ, IB Frankfurter-Prozess / 3, S. 1.

473 Beide Zitate: Ebd., S. 38.

Mord an Gustloff gewesen, und er habe schon „vor 14 Tagen oder drei Wochen [diesen] Entschluss gefasst, […] nachdem er früher, als er die Waffe im December 1935 in Bern kaufte, noch nicht genau gewusst habe[,] ob gerade Gustloff das Opfer sein werde".[474] Unterstrichen wurde auch, dass er diese Absicht allein gefasst und die Tat allein ausgeführt habe, „ohne von jemandem beauftragt oder angestiftet worden zu sein"[475] – eine deutliche Aussage des Gerichts gegenüber den Vorwürfen von nationalsozialistischer Seite, Frankfurter habe im Auftrag von Hintermännern gearbeitet. Für das Gericht war aus diesen Hinweisen klar, dass Frankfurter unter klarem, „[im] voraus gefassten Vorsatz"[476] gehandelt hatte.

Erst später dann als bereits des Mordes Angeklagter habe Frankfurter „Abschwächungen und Abgleitungen"[477] geäußert, die den Vorwurf des vorsätzlichen Mordes entkräften sollten. Diese wurden vom Gericht als „Opportunitätsgedanken"[478] bezeichnet, die von der Verteidigung nicht genügend bewiesen werden konnten und entsprechend für die Urteilsfindung irrelevant seien. Später sei der schon gefasste Vorsatz zwar wiederholt auf einen späteren Zeitpunkt verschoben worden und es hätten sich Momente des Bedauerns gezeigt, der Plan selbst blieb jedoch bestehen.[479]

Unter dem dritten Punkt wurde erörtert, ob die Voraussetzungen für eine Verurteilung wegen Mordes gegeben seien. Maßgeblich hierfür war der Artikel 88 des Strafgesetzbuches für den Kanton Graubünden. Obwohl zur Zeit des Prozesses in Chur die Todesstrafe im Kanton Graubünden bereits nicht mehr in Kraft war, wird diese dennoch in besagtem Artikel als Höchststrafe erwähnt. Die Todesstrafe wurde in der Praxis durch lebenslängliche Haftstrafe ersetzt.

2. Vom Mord
§ 88

> Wer die widerrechtliche Tötung eines anderen mit Vorbedacht ausgeführt hat, ist als Mörder mit dem Tode zu bestrafen. Gleiche Strafe trifft auch den allfälligen Anstifter zum Morde, wenn dieser als eine Folge der Anstiftung anzusehen ist, sowie die an der Ausführung unmittelbar teilnehmenden Gehilfen. Eine mildere Strafe, welche aber nie unter 15 Jahre heruntersinken darf, kann nur dann eintreten, wenn ganz besondere Milderungsgründe vorhanden sind.[480]

---

474 Ebd., S. 39.
475 Ebd.
476 Ebd.
477 Ebd.
478 Ebd.
479 Vgl.: Ebd., S. 40–41.
480 Strafgesetzbuch für den Kanton Graubünden vom 8. Juli 1851, Ausgabe für das Jahr 1934, Chur 1934, S. 30.

Relevant waren aber auch weitere Artikel, so der einleitende § 87 „Von der Tötung überhaupt“, der sich zum vorsätzlichen Mord abgrenzende § 91 „Von der Tötung ohne Vorbedacht oder dem Totschlag“ sowie der die „Mangelnde Zurechnungsfähigkeit“ behandelnde § 45. In Bezug auf das zu setzende Strafmaß unterschieden sich Mord und Totschlag wesentlich. Auf einen Mord stand eine Strafe von mindestens 15 und höchstens 25 Jahren Gefängnis oder Zuchthaus, während ein Totschlag mit höchstens sechs Jahren bestraft wurde.[481]

In § 87 geht es um die Definition des Begriffs Tötung:

> 1. Von der Tötung überhaupt
> § 87
> Eine Verletzung ist als tödlich zu betrachten, sobald dargetan ist, dass sie als wirkende Ursache den Tod eines Menschen herbeigeführt habe oder doch herbeigeführt haben würde, wenn derselbe nicht durch einen andern Umstand zeitiger bewirkt worden wäre. Es hat demnach auf die rechtliche Beurteilung der Tödlichkeit einer körperlichen Verletzung keinen Einfluss, ob ihr tödlicher Erfolg in andern Fällen durch Hilfe der Kunst etwa schon abgewendet worden oder nicht, ob derselbe in dem gegenwärtigen Falle durch zeitige Hilfe hätte verhindert werden können, ob die Verletzung unmittelbar oder nur mittelbar durch andere, jedoch aus ihr entstandene und durch sie in Wirksamkeit gesetzte Zwischenursachen den Tod bewirkt hat, ob dieselbe allgemein tödlich ist oder nur wegen der eigentümlichen Leibesbeschaffenheit des Getöteten oder wegen der zufälligen Umstände, unter welchen sie ihm zugefügt worden, den Tod bewirkt hat.[482]

Sich auf diesen Gesetzesartikel beziehend führte das Gericht aus, die Tötung müsse als Tatsache gesehen werden, da sie sowohl ärztlich bestätigt als auch von der Verteidigung zu keinem Zeitpunkt angezweifelt worden sei. „Die vier, vom Angeklagten erwiesener- und zugegebenermassen in gewollter und überlegter Weise auf Wilhelm Gustloff […] abgegebenen Schüsse haben den Tod des […] Opfers innert kürzester Zeit durch äussere und innere Verblutungen herbeigeführt.“[483] Eine Tötung entsprechend dem genannten Artikel sei folglich als erwiesen zu betrachten.

Die Widerrechtlichkeit dieser Tötung könne nicht angezweifelt werden. Frankfurter sei sich dessen voll und ganz bewusst gewesen, er habe es wiederholt bestä-

481 Nebenbemerkung zum Strafmaß: Ironischerweise könnte Frankfurter die längere Strafe, die er als Mörder erhalten hatte, im Vergleich zur kürzeren Strafe, die er bei einem Totschlag erhalten hätte, das Leben gerettet haben, da er so erst aus dem Gefängnis freigelassen wurde, als die Gefahr für die europäischen Jüdinnen und Juden bereits vorbei war.

482 Strafgesetzbuch für den Kanton Graubünden vom 8. Juli 1851, Ausgabe für das Jahr 1934, Chur 1934, S. 30.

483 Urteil des Kantonsgerichts von Graubünden vom 9./12. und 14. Dezember 1936, in: AfZ, IB Frankfurter-Prozess / 3, S. 41.

tigt und aufgrund „seiner allgemeinen und akademischen Bildung" könne ein solches Verständnis ohnehin angenommen werden, „sofern nicht der genügliche Nachweis über das Bestehen mangelnder Zurechnungsfähigkeit gegeben ist".[484] An dieser Stelle wurde auf § 45 hingewiesen, der mehrere Gründe aufführt, wieso eine mangelnde Zurechnungsfähigkeit vorliegen könnte. Während die erste Ziffer dieses Artikels sich auf Kinder bis 14 bezieht und in Frankfurters Fall irrelevant ist, muss die zweite genauer betrachtet werden. „Mangelnde Zurechnungsfähigkeit" wird dort als Zustand von Personen beschrieben, „wo sie des Gebrauchs der Vernunft beraubt waren" und in diesem Zustand „eine vom Gesetz mit Strafe bedrohte Tat verübt haben".[485] Dies beziehe sich unter anderem auf „Wahnsinnige, Rasende, Verrückte [und] völlig Blödsinnige", aber auch auf solche, „welche sich im Augenblicke der Tat in einem Zustande vorübergehender gänzlicher und unverschuldeter Bewusstlosigkeit oder Verwirrung der Sinne oder des Verstandes befanden".[486] Frankfurter Geisteszustand gehörte in den Augen des Gerichtes, das sich auf das psychiatrische Gutachten („keine bestehende Geisteskrankheit beim Täter"[487]) bezog, in keine der genannten Kategorien.

Unter Punkt 5 wurde die Abgrenzung zwischen „Tödtung ohne Vorbedacht, oder dem Todtschlag"[488] und Mord vorgenommen, wobei Letzterer als „mit Ueberlegung ausgeführte Tötung eines Menschen"[489] definiert wird. Hier nahm das Gericht wiederum auf die von Frankfurter beschriebenen Erwägungen Bezug, die zur Entstehung des Mordplans geführt hatten. Eine Affekthandlung, beispielsweise aufgrund eines Wutausbruches, habe nicht festgestellt werden können. Im Gegenteil: Es seien „Apathie und gewohntes phlegmatisches Auftreten auch für diese letzte Zeit in Bern und sogar selbst für diejenige in Davos"[490] bezeugt worden. Das Gericht ging ausführlich auf diese Verhaltensweisen, die in Frankfurters Depression begründet lagen, ein. Frankfurter wurde als „körperlich schwer kranke[r]" Mensch beschrieben, dem aufgrund seiner Krankheiten sein Leben immer mehr entglitt und der alle Merkmale eines „seiner eigenen Familie zunehmend entfremdeten, auch den Trost und die Kraftquelle der früher auch in ihm, wie offenbar in der Familie Frankfurter wohl überhaupt, lebendigen religiösen Ueberzeugung verlierenden, mit einem Wort völlig verbummelten Studenten

484 Beide Zitate: Ebd.

485 Strafgesetzbuch für den Kanton Graubünden vom 8. Juli 1851, Ausgabe für das Jahr 1934, Chur 1934, S. 13.

486 Ebd.

487 Urteil des Kantonsgerichts von Graubünden vom 9./12. und 14. Dezember 1936, in: AfZ, IB Frankfurter-Prozess / 3, S. 42.

488 Ebd.

489 Ebd.

490 Ebd.

aufweist".[491] Für Frankfurters Depression und die daraus resultierenden Selbstmordabsichten zeigte das Kantonsgericht wenig Verständnis, beschrieb es seinen Zustand doch folgendermaßen: „Aus dieser teils unverschuldeten, teils aber auch in recht hohem Mass selbst verschuldeten inneren Zersetzung heraus, wurde in ihm zuerst der Gedanke wach, diesem, wie er verzweifelnd annahm, ja doch in jeder Hinsicht verdorbenen Leben selbst ein Ende zu machen."[492] Inwiefern Frankfurter an seiner Situation selbst schuld gewesen sein sollte, wird nicht erklärt. Möglich ist, dass das Gericht Frankfurters Misserfolg im Studium nicht als Folge, sondern als Ursache seiner psychischen Probleme sah.

In der weiteren Argumentation folgte das Gericht dem psychiatrischen Gutachten, als ausgeführt wurde:

> Dieser je länger je mehr festumrissene greifbare Gestalt annehmende und schliesslich zum bestimmten Entschluss gedeihende Gedanke [des Selbstmordes] war der primäre, der zunächst der Verwirklichung zudrängende. Erst auf diesem erst entstandenen, aus der ganzen inneren und äusseren Daseinskatastrophe heraus geborenen Gedanken und Entschluss keimte dann und wuchs schnell heran: der zweite Gedanke und Entschluss, welcher ohne das Vorhandensein des ersten wohl kaum je zur Entstehung gelangt wäre: den eigenen beschlossenen Tod einem, nach seiner Auffassung höheren Gedanken nutzbar zu machen dadurch, dass er, [be]vor er selbst freiwillig in den Tod gehe, auch ein anderes Leben zerstöre, nämlich dasjenige eines Menschen, in dem er einen der Führer jener Macht erblickte, welche er für die Verfolgungen und Leiden seiner Religionsgenossen in Deutschland verantwortlich machte.[493]

Zusammenfassend war es die Ansicht des Gerichts, dass es ohne die Selbstmordabsicht (also ohne die Depression, die die Selbstmordabsicht auslöste) keinen Mord an Wilhelm Gustloff gegeben hätte. Dennoch war klar, dass es sich um einen Mord handelte, da im Voraus ein konkreter Entschluss gefasst worden war. Die Situation, in der Frankfurter sich befand, habe zu einem „Doppelgedanken"[494] geführt, zur Reise nach Davos, zum Tod Gustloffs, nicht aber, wie ursprünglich geplant, zum Selbstmord Frankfurters. Das Gericht betonte, dass der Suizidplan nur chronologisch in Bezug auf die Ausführung der zweite gewesen sei, hinsichtlich der Intention jedoch an erster Stelle gestan-

491 Ebd. Interessant ist an dieser Stelle, dass das Kantonsgericht in Bezug auf Frankfurter die gleiche Begrifflichkeit verwandte, wie der nationalsozialistische Propagandist Diewerge und Rechtsanwalt Grimm, die Frankfurter ebenfalls wiederholt einen Bummelstudenten nannten.

492 Ebd.

493 Ebd., S. 43.

494 Ebd.

den habe. Abermals sich auf das psychiatrische Gutachten beziehend wurde das „Versagen des Täters“ in diesem Punkt erklärt.

> [D]ie dazu notwendigen Kräfte und Energie des, ohnehin nicht über viel solche verfügenden, körperlich und seelisch zermürbten Attentäters waren eben bereits erschöpft, verbraucht, als die zweite Verurteilung: diejenige gegenüber der eigenen Person, gemäss dem selbstgefassten, sogar schriftlich fixierten Plan, hätte an die Reihe kommen sollen.[495]

Geradezu zynisch schloss das Gericht die Ausführungen zum geplanten aber nicht ausgeführten Selbstmord mit den Worten: „Auch bei diesem, als letztes geplanten Vorhaben, blieb ihm, wie früher schon bei so vielen anderen, der Erfolg versagt“.[496]

Nachdem nun der Mord für das Gericht zweifelsfrei feststand, beschäftigte es sich im sechsten Punkt des Urteils noch einmal, und diesmal etwas ausführlicher, mit der Frage, ob Frankfurter allein gehandelt hatte. Mit einem leichten Seitenhieb gegen die nationalsozialistischen Bemühungen, eine jüdisch-bolschewistische Verschwörung zu konstruieren, stellte das Gericht fest, dass Frankfurter „das Verbrechen ganz allein geplant und auch ausgeführt“[497] habe. In diesem Zusammenhang seien „besonders eingehend und genau geführte“[498] Ermittlungen durchgeführt worden mit dem Ergebnis, dass „[w]eder für die Annahme eines Complotts unter Mitbeteiligung Frankfurters, noch für eine Anstiftung des Letztern […], noch für Gehülfenschaft oder Begünstigung […], trotz aller Bemühungen auch nicht-schweizerischer, besonders deutscher Polizeibehörden[,] irgendwelche, auch nur einigermassen sachlich belegte, greifbare Anhaltspunkte zu finden“[499] gewesen wären. Nicht nur die Ermittlungen hätten dies ergeben, sondern auch das psychiatrische Gutachten. Der Plan Frankfurters, Gustloff zu ermorden und sich danach selbst zu richten, sei in sich schlüssig und bedürfe keines im Hintergrund wirkenden Dritten.

Unter dem nächsten Punkt[500] wurden die Gründe diskutiert, die die Strafbarkeit nach Artikel 50 des Strafgesetzbuches mindern (mildernde Umstände) und solche, die die Strafbarkeit steigern (erschwerende Umstände). Die Tat an sich, so das Gericht, sei gravierend und „die Grösse der entstandenen Rechtsverletzung“ angesichts „der Vernichtung des Lebens eines Menschen“ offensicht-

495 Ebd., S. 44.
496 Ebd.
497 Ebd.
498 Ebd.
499 Ebd.
500 Punkt 7: Es gibt im Urteil irrtümlicherweise zweimal einen Punkt 7.

lich.[501] Trotzdem müssten mildernde Umstände in Erwägung gezogen werden. Als erster Punkt wurde Frankfurters bisheriger „unbescholtener Lebenswandel"[502] angeführt sowie die Tatsache, dass er sich unmittelbar nach der Tat der Polizei gestellt habe und geständig gewesen sei. Diese beiden Elemente werden im Strafgesetzbuch tatsächlich als mildernde Umstände aufgeführt – unter Ziffer 7 („wenn er vor Verübung des Verbrechens einen unbescholtenen Lebenswandel geführt"[503]) und Ziffer 9 („wenn er, da er leicht hätte entfliehen oder unentdeckt bleiben können, sich selbst angegeben und das Verbrechen bekannt hat"[504]). Nicht direkt als Milderungsgrund, da nicht explizit im entsprechenden Gesetzesartikel erwähnt, konnte die von Jörger beschriebene Depression gewertet werden. Trotzdem sei in Betracht zu ziehen, dass diese „bei der Fassung und Durchführung des Entschlusses zur Tat in erheblichem Mass mitgewirkt"[505] habe. Das Gericht folgte der Auffassung des Psychiaters, es liege „eine gewisse Einschränkung der Verantwortlichkeit"[506] vor.[507] Dennoch könne diese Depression nicht als „heftige Gemütsbewegung", wie sie unter Ziffer 3 aufgeführt war, gewertet werden.[508]

---

501 Beide Zitate: Urteil des Kantonsgerichts von Graubünden vom 9./12. und 14. Dezember 1936, in: AfZ, IB Frankfurter-Prozess / 3, S. 45.

502 Ebd.

503 Strafgesetzbuch für den Kanton Graubünden vom 8. Juli 1851, Ausgabe für das Jahr 1934, Chur 1934, S. 15.

504 Ebd.

505 Urteil des Kantonsgerichts von Graubünden vom 9./12. und 14. Dezember 1936, in: AfZ, IB Frankfurter-Prozess / 3, S. 46.

506 Ebd.

507 Hier ist anzumerken, dass im Gegensatz zum damaligen Strafgesetzbuch des Kantons Graubünden im heutigen StGB tatsächlich ein Paragraph besteht, der im Falle Frankfurters als Milderungsgrund angewendet werden könnte. So steht im Artikel 2 zur Strafmilderung im Ersten Buch (Allgemeine Bestimmungen), erster Teil (Verbrechen und Vergehen), dritter Titel (Strafen und Massnahmen), dritter Abschnitt (Strafzumessung), Abschnitt c.: „Das Gericht mildert die Strafe, wenn: der Täter in einer nach den Umständen entschuldbaren heftigen Gemütsbewegung oder unter grosser seelischer Belastung gehandelt hat." [Unterstreichung durch die Verfasserin.] Vgl.: Schweizer Gesetzestexte: Schweizerisches Strafgesetzbuch vom 21. Dezember 1937, Stand 1. Januar 2015, online unter: http://www.gesetze.ch/sr/311.0/311.0_000.htm [zuletzt eingesehen: 19.05.2015].

508 Mildernde Umstände liegen vor, „wenn er [der Täter] die Tat in einer aus gerechter Ursache entstandenen heftigen Gemütsbewegung begangen hat", vgl.: Strafgesetzbuch für den Kanton Graubünden vom 8. Juli 1851, Ausgabe für das Jahr 1934, Chur 1934, S. 15. Die heutige Anwendung sähe gemäß der bereits zitierten Expertin Irina Franke ähnlich aus: „Eine Depression kann, muss aber nicht zu Einschränkungen der Schuldfähigkeit führen. Im vorliegenden Fall würde man wohl auch heute aus psychiatrischer Sicht zu einer leicht eingeschränkten Steuerungsfähigkeit kommen." Vgl.: E-Mail von Dr. med. Irina Franke, Oberärztin, Forensisch Psychiatrische Klinik, Basel, an die Verfasserin vom 28.05.2015.

Die Verteidigung hatte in Zusammenhang mit den Judenverfolgungen in Deutschland argumentiert, dass diese bei Frankfurter eine „aus gerechter Ursache" entstandene „heftige Gemütsbewegung"[509] bewirkt habe – ein Vorgang, der durch den betreffenden Paragraphen gedeckt wäre. Das Gericht unterstrich an dieser Stelle noch einmal, dass die Vorgänge in Deutschland „nicht die erste und Hauptwurzel"[510] der Mordabsicht gewesen seien und führte aus:

> Der Gedanke und schliesslich gefasste Entschluss: diese Tötung, zur Sühne für jene Verfolgung seiner Rassen- und Bekenntnisbrüder in Deutschland an diesem, ihm zunächst erreichbaren Representanten [sic] der dafür verantwortlichen neuen politischen Richtung in dessen Heimatstaat Deutschland, zu begehen, erscheint eben vielmehr von Anfang an als blosse Begleiterscheinung zu jenem erstgefassten, an sich wohl gewiss auch ernstlich gefassten Entschluss zur Selbstauslösung [sic, gemeint ist: Selbstauslöschung], der dann schliesslich glaublicherweise nur zufolge innern Zusammenbruchs unter dem Eindruck des vollbrachten Verbrechens am Mitmenschen, nicht ebenfalls zur Ausführung gelangt ist. […] Nur zufolge der bereits bestehenden inneren Einstellung auf Selbstmord, konnten die von aussen kommenden genannten Eindrücke, auf dem dermassen zur Aufnahme schon vorbereiteten Nährboden, als Impuls zur Tat auftreten und wirken.[511]

Um diese Auffassung zu untermauern, wurden im Urteil verschiedene Bekannte Frankfurters in Bern erwähnt, denen nicht aufgefallen sei, dass sich Frankfurter übermäßig mit der „Judenfrage" beschäftigt habe. Die Schlussfolgerung des Kantonsgerichts daraus war, dass die Judenverfolgungen, die von der Verteidigung durch das Einreichen der Beweisschrift *Dokumentensammlung über die Entrechtung, Ächtung und Vernichtung der Juden in Deutschland seit der Regierung Adolf Hitler* so zentral in den Vordergrund gestellt wurden, irrelevant für die Beurteilung der Tat seien. Überraschenderweise wich das Gericht dann aber von der bisher unpolitischen Sprache, in der das Urteil verfasst war, ab, um eine Stellungnahme zur Situation in Deutschland abzugeben.

> Anderseits muss allerdings auch hervorgehoben werden, dass die in Deutschland versuchte Lösung des genannten Problems, wie sie sich z.B. aus den gewiss bezüglich Zuverlässigkeit nicht anzuzweifelnden Berichten von internationalen Specialbeauftragten, wie z.B. des Hochcommissars Mac Donald [sic] ergibt, Erscheinungen gezeitigt hat, welche Schweizer, die diese Vorkommnisse verfolgen und an unsern eigenen

509 Beide Zitate: Urteil des Kantonsgerichts von Graubünden vom 9./12. und 14. Dezember 1936, AfZ, IB Frankfurter-Prozess / 3, S. 46.

510 Ebd.

511 Ebd., S. 46–47.

> staatlichen Einrichtungen und unsern eigenen Anschauungen über individuelle und Bekenntnis-Freiheit messen, peinlich berühren und ihnen dieselben als wesensfremd und unverständlich erscheinen lassen.[512]

Diese Aussage im Urteil, das auch an die deutschen Pressevertreter verteilt worden ist, deutet darauf hin, dass der Vorwurf, es habe sich bei dem Urteil um ein Einknicken vor den Nationalsozialisten gehandelt, nicht zutreffend ist. Hier zeigte das Gericht nicht nur ein gewisses Verständnis für Frankfurter, da jedem vernünftigen Schweizer die undemokratischen Vorgänge in Deutschland suspekt sein müssen, darüber hinaus können diese Zeilen als deutliche und ungewöhnliche Verurteilung des Nationalsozialismus gewertet werden – unabhängig davon, wie sich die Schweiz zu späteren Zeitpunkten politisch positioniert hat. Das Kantonsgericht hat sich dadurch, wie überhaupt durch die Zulassung der Dokumentensammlung als Beweismittel, deutlich gegen die Bundesbehörden gestellt, die versucht haben, alles Politische aus dem Prozess herauszuhalten.[513]

Im Zusammenhang mit dem von Frankfurter vorgebrachten pro-schweizerischen Motiv, dass er „die Schweiz lieben gelernt habe“ und ihm „bewusst war, dass Gustloff der allmächtige Nationalsozialist war, der keine andere Aufgabe hatte, als die Schweiz Deutschland allmählich untertan zu machen“,[514] und deswegen Gustloff ermordet habe, reagierte das Gericht deutlich:

> Einmal beanspruchen die Schweizer Behörden vorderhand noch selbst und ganz allein das Recht für sich: in unserem Land Ordnung zu halten und allfällig – wenn nötig – auch zu schaffen gegenüber Ausländern, die unser Gastrecht missbrauchen.[515]

Diese letzte Aussage über das Gastrecht missbrauchende Ausländer könnte als gegen Gustloff gerichtet interpretiert werden. Dass dies nicht in der Absicht der Richter lag, zeigt die darauffolgende Einschätzung des Gerichts, Gustloff habe „als Privatmann eine untadelige Aufführung gezeigt“, und es könne nicht bewiesen werden, „dass er in seiner Eigenschaft als ‚Leiter der Landesgruppe Schweiz der NSDAP‘ eine unsern Landesinteressen abträgliche Tätigkeit entfaltet habe“.[516] Diesbezüglich widersprachen die Richter deutlich den Ausführungen von Verteidiger Curti und stimmten denjenigen von Amtskläger Brüg-

512 Ebd., S. 47–48.

513 Vgl.: Bollier 1999, S. 67–68 und 72.

514 AfZ, IB Frankfurter-Prozess / 1, S. I/18–19.

515 Urteil des Kantonsgerichts von Graubünden vom 9./12. und 14. Dezember 1936, in: AfZ, IB Frankfurter-Prozess / 3, S. 48.

516 Beide Zitate: Ebd.

ger zu. Doch auch wenn Gustloffs Aktivitäten problematisch gewesen wären, hätte dies Frankfurter nicht dazu berechtigt, in innerschweizerische Vorgänge einzugreifen.

> Die Schweiz lehnt es entschieden ab, dass bei uns lebende Ausländer es sich herausnehmen, sich in unsere Angelegenheiten einzumischen und unser Land zum Tummelplatz von Streitereien über ihre Ansichten betreffend staatliche, religiöse, oder andere Ideen und Auffassungen zu machen und vor allem, unter Missachtung unserer, auch für sie – solange sie sich bei uns aufhalten – Geltung beanspruchenden Gesetze besonders der Strafgesetze. [...] Der Schweiz hat er [Frankfurter] mit seiner verabscheuungswürdigen feigen Tat jedenfalls alles andere als einen Dienst erwiesen, wie er anfänglich es darzustellen sich erdreistet hat.[517]

Nachdem nun also alle möglichen Minderungsgründe abgehandelt, in der Mehrheit als nicht relevant erachtet wurden und erkannt wurde, dass *besondere* Minderungsgründe, die eine Reduzierung der Strafe auf 15 Jahre[518] erlauben würden, im Sinne des Gesetzes nicht vorlägen, ging das Gericht auf strafverschärfende Umstände ein, konkret „die Bösartigkeit und Gefährlichkeit des Willens, die ihn zur Tat bestimmten und sodann die Beharrlichkeit, Dreistigkeit und Grausamkeit, die er bei der Verübung an den Tag gelegt hat".[519] Mit der spezifischen Ausführung dieser Elemente unterstrich das Gericht, dass es sich bei der Tat eindeutig um einen Mord handle und nicht etwa um eine vorsätzliche Tötung.

Das Gericht hatte entsprechend den geltenden Gesetzen einen Spielraum in Bezug auf das Strafmaß, der sich zwischen 15 und maximal 25 Jahren[520] bewegte. Obwohl bereits verschiedene mildernde Umstände ausgeschlossen wurden, erkannte es abschließend dennoch, dass Frankfurters Tat nicht „einzig und allein aus niedrigsten Beweggründen"[521] begangen wurde. Zwar sei es nicht möglich, den Mord als politisches Verbrechen zu bezeichnen, da kein entsprechender Artikel im Strafgesetzbuch bestand, es sei jedoch in das Strafmaß miteinzubeziehen, dass

517 Ebd.

518 Wie beim von Verteidigung und Amtskläger erwähnten Patrizio Mazzoni.

519 Urteil des Kantonsgerichts von Graubünden vom 9./12. und 14. Dezember 1936, AfZ, IB Frankfurter-Prozess / 3, S. 48.

520 25 Jahre entsprachen in der damaligen kantonalen Rechtsprechung einer lebenslänglichen Haftstrafe.

521 Urteil des Kantonsgerichts von Graubünden vom 9./12. und 14. Dezember 1936, AfZ, IB Frankfurter-Prozess / 3, S. 49.

> das an sich gemeine Verbrechen, doch immerhin unleugbar enge innere Zusammenhänge aufweist mit den, durch die vor und bei Begehung der Tat bestandenen politischen Zustände auf unserm Continent, besonders auch dem in den Vordergrund des Interesses gerückten Judenproblem, im Täter, dem Juden Frankfurter, wachgerufenen und wacherhaltenen und besonders von seinem Standpunkt aus nicht unbegreiflich erscheinenden Gefühlen der Erbitterung, ja des Hasses, gegen das neue politische System in Deutschland, dem er die Schuld an den Unterdrückungen und Verfolgungen seiner Religions- und Rassegenossen beimass.[522]

Auch wenn hier ein Widerspruch zu den obigen Aussagen des Gerichts zu bestehen scheint, ist das Vorgehen der Richter einleuchtend. Da es keinen Gesetzesartikel gab, der den Hintergründen von Frankfurters Tat mildernde Umstände eingeräumt hätte, konnten die Richter die Vorgänge in Deutschland nicht als strafmildernd bezeichnen.[523] Dass sie dennoch bei der Tat (insbesondere bei der Wahl des Opfers!) eine entscheidende Rolle gespielt haben, war hingegen so offensichtlich, dass sie zum Verständnis der Tat und bei der Ansetzung des Strafmaßes miterwogen werden mussten. Das Gericht folgte zwar augenscheinlich der Argumentation des Psychiaters, dass es ohne Depression keinen Mord gegeben hätte, nichtsdestotrotz spielte die Politik Deutschlands eine tragende Rolle – sonst hätte Frankfurter nicht den Leiter der NSDAP-Landesgruppe Schweiz als Opfer gewählt.

Aus all diesen Erwägungen gelangte das Gericht schließlich zum Strafmaß. Innerhalb des erwähnten Spielraumes und unter Abwägung aller mildernden und strafverschärfenden, objektiver und subjektiver Umstände sprachen die Richter 18 Jahre Zuchthaus, unter Abzug von acht der zehn Monate, die Frankfurter bereits in Untersuchungshaft verbracht hatte.[524] Dazu kamen die Schadenersatzansprüche der Zivilpartei, also Hedwig Gustloffs, die „von Amteswegen […] in das Strafurteil aufzunehmen“[525] waren.

522 Ebd., S. 50.

523 Vgl. auch: Bollier 1999, S. 71–72. Und: Unabhängige Expertenkommission Schweiz – Zweiter Weltkrieg 2002, S. 235. (Wobei die UEK bei ihrer Argumentation auf Bollier verweist.)

524 Dies wurde damit begründet, dass Frankfurter im „wesentlichen geständig[…]“ war. Vgl.: Urteil des Kantonsgerichts von Graubünden vom 9./12. und 14. Dezember 1936, in: AfZ, IB Frankfurter-Prozess / 3, S. 50. Vgl. auch: „Die Richter, das wird man anerkennen müssen, haben ein formal einwandfreies Urteil gefällt. Die Tat musste im Rahmen des (rudimentären) kantonalen Strafgesetzbuches beurteilt werden. Im Rückblick der Nachgeborenen wäre es schön, wenn die an sich mögliche Strafreduktion von drei Jahren ausgesprochen worden wäre.“ Bollier 1999, S. 72.

525 Urteil des Kantonsgerichts von Graubünden vom 9./12. und 14. Dezember 1936, in: AfZ, IB Frankfurter-Prozess / 3, S. 50.

Das Urteil lautete folglich:

> 1./ David Frankfurter hat sich des Mords an Wilhelm Gustloff schuldig gemacht.
> 2./ Dafür wird er bestraft mit 18 Jahren Zuchthaus, abzüglich acht Monate erstandener Untersuchungshaft, mit Entzug der für ihn hierzulande in Betracht fallenden bürgerlichen Ehren und Rechte für die gleiche Zeitdauer und endlich mit lebenslänglicher Ausweisung aus dem Gebiet der schweizerischen Eidgenossenschaft.
> Die Waffe des Mörders wird confisciert.
> 3./ Der Verurteilte wird grundsätzlich zum Ersatz des gesamten, durch obgenanntes Verbrechen verursachten Schadens verpflichtet.
> 4./ Der Verurteilte hat im weitern sämtliche Untersuchungs-, Gerichts- und Strafvollzugskosten zu tragen.[526]

Die Richter sind nicht nur den Ausführungen, sondern auch dem Strafantrag des Amtsklägers in allen Punkten gefolgt. Verschiedentlich wurde das Urteil als politisch beziehungsweise als zu oder sehr hart bezeichnet, als politisch unter anderen von Frankfurter selbst,[527] als zu hart beispielsweise von Picard, der vom „sehr harten Urteilsspruch"[528] schreibt, von Fuhrer, der sein Kapitel zum Urteil mit „Hartes Urteil gegen ‚Wilhelm Tell'"[529] übertitelt oder von Gredig, der nicht nur erwähnt, dass „[d]as Strafmass […] für viele zu hoch"[530] war, sondern in der dazugehörigen Fußnote zudem, allerdings etwas problematisch, auf Bourgeois verweist mit der Bemerkung: „Für den Autor ist die Strafe eindeutig zu hoch ausgefallen."[531] Bollier hingegen nennt das Urteil „formal einwandfrei[…]" und

526 Ebd., S. 51. Danach folgte noch ein 5. Punkt, der spezifizierte, an wen das Urteil geschickt werden musste.

527 Vgl. nächstes Kapitel 6.1.7 David Frankfurters Reaktion auf das Urteil, S. 331 ff.

528 Picard 1997, S. 102.

529 Vgl.: Fuhrer 2012, S. 153.

530 Gredig 2008, S. 39.

531 Ebd., Fußnote 154, S. 118. Problematisch insofern, als dass eine sorgfältige Prüfung der ursprünglichen Aussagen ein etwas anderes Bild ergibt. Gredig paraphrasiert Bourgeois, das Gericht habe durch das Urteil gewissermaßen die deutsche These bewiesen, der Mord habe nichts mit der Judenverfolgung zu tun und die Arbeit Gustloffs „durch das Urteil postum quasi für gesetzestreu erklärt" worden sei. Wird Bourgeois im Original gelesen, wird deutlich, dass dieser keineswegs eine eigene Meinung zum Urteil äußert, sondern lediglich überlegt, ob möglicherweise politische Erwägungen eine Rolle gespielt hätten. Dafür gäbe es zwar Indizien, die These könne aber nicht bewiesen werden. Seine Ausführungen zur Judenverfolgung und zur Arbeit Gustloffs beschränken sich hingegen auf eine Wiedergabe der Meinung der Deutschen zum Urteil. Bourgeois schreibt also von Aussagen in Deutschland (ganz allgemein), dass Gustloffs korrektes Verhalten durch das Urteil bewiesen worden sei. Er zitiert wiederum Bonjour, der diese Meinung deutschen Journalisten zuschreibt (aber nicht, wie bei Bourgeois impliziert, auf die Judenverfolgung eingeht), sich im Übrigen jedoch

bedauert lediglich, dass die Richter ihren Spielraum in Bezug auf die Strafreduktion durch mildernde Umstände nicht ausgeschöpft hatten.[532] Er resümiert: „Die Zeitumstände und die traditionellen Vorstellungen über das Verhältnis von Recht und Gesellschaft liessen es damals als klug erscheinen, ein Strafmass irgendwo zwischen Maximum und Minimum zu suchen."[533] Die *Unabhängige Expertenkommission Schweiz – Zweiter Weltkrieg* beschreibt das Urteil als „abgewogen und überzeugend begründet".[534] Die zeitgenössischen Schweizer Zeitungen zeigten sich in der Bewertung gespalten, eine abschließende Untersuchung dazu fehlt noch.[535]

In Deutschland gab es unterschiedliche Reaktionen bezüglich des Urteils. Diewerge unterschied in seiner Propagandaschrift *Ein Jude hat geschossen* zwischen deutschem Rechtsempfinden und den Schweizer Verhältnissen, die sich seines Erachtens in erheblicher Weise voneinander unterschieden. Für Ersteres, führte er aus, wäre „für den Täter allein die Todesstrafe [oder] die […] Höchststrafe von 25 Jahre Zuchthaus als gerechte Sühne in Frage gekommen".[536] Die Höhe der Strafe war für ihn zwar „unbefriedigend", nichtsdestotrotz wertete er als positiv, dass „das Schweizer Gericht durch die Machenschaften der Weltliga zur Abwehr des Antisemitismus nicht im geringsten beeinflußt worden ist", und urteilte abschließend, dass für „Schweizer Verhältnisse […] das Urteil ein[e] harte Strafe" darstelle, „die in dieser Art und Höhe von den Juden als vernichtende Niederlage gebucht werden muß".[537]

Auch weitere Reaktionen in Deutschland fielen tendenziell befürwortend aus. Insbesondere zwei Schlussfolgerungen wurden aus dem Urteil gezogen. Einerseits wurde es als positiv gewertet, dass Frankfurter wegen *vorsätzlichen* Mordes (und nicht etwa wegen Totschlags) verurteilt wurde, andererseits wurde das Urteil dahingehend interpretiert, als dass Gustloffs Verhalten als Leiter der NSDAP Schweiz tatsächlich legal gewesen sei.[538] Trotzdem war das Urteil für die deutsche

---

mit der schweizerischen Rechtsprechung zufrieden zeigt. Er ist der Meinung, durch das Urteil sei „auch der blosse Schein vermieden" worden, dass „die Unabhängigkeit und das Pflichtbewusstsein der Bündner Richter gelitten habe" und resümiert, die *Neue Zürcher Zeitung* zitierend: „Das Urteil war Ausdruck der intakten schweizerischen Justiz und des sauberen schweizerischen Rechtsempfindens." (Bonjour 1970, S. 102. Bourgeois 1974.)

532 Bollier 1999, S. 72.

533 Bollier 2016, S. 316.

534 Unabhängige Expertenkommission Schweiz – Zweiter Weltkrieg 2002, S. 235.

535 Die Untersuchungen zur Schweizer Presse (Christen/Leuenberger 2008, Zogg 1978 und Braunschweig 1980) beschränken sich mehrheitlich auf die Reaktionen auf den Mord, die Bewertung des Urteils wurde nicht miteinbezogen.

536 Diewerge 1937, S. 62.

537 Alle Zitate: Ebd., S. 63.

538 Vgl.: Bonjour 1970, S. 102–103. Gemäß Bonjour wurde dies zum Anlass genommen, in der Presse Forderungen nach der Wiederzulassung der Landesgruppenleiter sowie Kreisleitun-

Seite eine große Enttäuschung – angesichts der enormen Anstrengungen, die unternommen worden waren, um zu beweisen, dass Frankfurter angeblich als Teil einer jüdisch-kommunistischen Verschwörung gehandelt habe.[539]

6.1.7 David Frankfurters Reaktion auf das Urteil: „Das Urteil war gesprochen – aber war der Gerechtigkeit Genüge geschehen?!"[540]

In seinen Memoiren schreibt Frankfurter nur eine gute halbe Seite zum Urteil. Es dürfte ihn – nach den von ihm beschriebenen Erfahrungen während des Prozesses – nicht überrascht haben. Er erregt sich viel mehr über die Tatsache, dass er schon vor verkündetem Urteil statt ins Untersuchungsgefängnis ins Zuchthaus gebracht wurde; erst nach seinen heftigen Protesten, unterstützt durch Wyler, wurde er für die Tage zwischen Prozess und Urteil in seine alte Zelle zurückgebracht, was Frankfurter offensichtlich sehr wichtig war. „Noch war ich nicht verurteilt. Noch war ich kein Zuchthäusler, dem man die Haare abschnitt und eine entwürdigende Sträflingskleidung anlegte."[541] Trotzdem war er realistisch, er wusste, dass ihm eine Zuchthausstrafe bevorstand, wollte jedoch „keinen Tag zu früh die Demütigung"[542] ertragen müssen.

Das Urteil wurde ihm nicht von seinem Hauptverteidiger Curti überbracht, sondern von Wyler. Frankfurter schreibt, er habe die unerfreulichen Neuigkeiten bereits an dessen Gesichtsausdruck und Haltung ablesen können. 18 Jahre! „Das Urteil war gesprochen – aber war der Gerechtigkeit Genüge geschehen?!"[543] Er sah sein Leben zerstört, nicht durch die Tat, die er begangen hatte, sondern durch das Urteil. In 18 Jahren werde „aus einem lallenden Säugling ein denkender

gen der NSDAP in der Schweiz zu stellen. Die Schweiz lehnte dieses Ansinnen deutlich ab. Bourgeois führte, wie bereits erwähnt, auch an, dass das Urteil in Deutschland als Beweis dafür gesehen wurde, dass die „Judenfrage" nicht in Zusammenhang mit dem Mord stand. Er verweist dabei auf Bonjour, der allerdings keine entsprechenden Aussagen getroffen hatte. Tatsächlich wurde im Urteil explizit auf die Situation der Juden in Deutschland eingegangen. Vgl.: Bourgeois 1974, S. 64.

539 Darauf verweist auch Fuhrer: „Aber tatsächlich hatten die Nationalsozialisten ihr eigentliches Ziel, das sie mit dem Prozess verbanden, weit verfehlt." Fuhrer 2012, S. 164. Im darauffolgenden Kapitel „Die Spur verläuft im Sande – Vergebliche Suche nach Hintermännern" beschreibt er die Anstrengungen der Nationalsozialisten, nach dem Prozess ohne Schweizer Hilfe die wahren Verantwortlichen für die Tat zu finden. Die Suche wurde bis 1938 erfolglos fortgesetzt. Vgl.: Ebd., S. 165–167.

540 Memoiren (Version Jabotinsky), S. 57.

541 Ebd.

542 Ebd.

543 Ebd.

junger Mensch",[544] für Frankfurter eine Ewigkeit, viel schlimmer noch als sein ursprünglicher Plan, der Selbstmord. Er sah aber Hoffnung für sich selbst, war er doch überzeugt, dass er nicht die gesamten 18 Jahre würde absitzen müssen.

> Es war ja ein politisches Urteil, abhängig von den Mächten der Zeit. [...] Denn nicht in frei wägender Gerechtigkeit, sondern eben unter dem Druck des Nazi-Regimes war ich verurteilt worden.
> Dieses Regime selbst aber konnte nicht ewig – nicht einmal 18 weitere Jahre leben, das war mir bis zur Evidenz bewusst.[545]

Es ist interessant zu sehen, dass Frankfurter sich auch rückblickend überzeugt zeigt, das Urteil des Kantonsgerichts über ihn sei ein politisches gewesen. Dies verdeutlicht er einige Zeilen später noch einmal, wenn er schreibt, dass er – trotz aller Niedergeschlagenheit – die Haftzeit hoffnungsvoll antrat und ihm bewusst gewesen sei: „erstens, dass diese Strafe nicht gerecht war, zweitens aber – dass ich sie nie in ihrem vollen Umfang würde verbüssen müssen."[546] Diese Hoffnung gründete er in seiner Voraussage für das Dritte Reich:

> Entweder würde sich dieses Mord-Regiment innerlich zu Tode laufen, oder aber es führte zum Kriege. Lief es sich innerlich zu Tode, so bedeutete das für mich die sichere Amnestie – brach aber ein Krieg gegen Hitlerdeutschland aus, so würde er entweder mit einer Niederlage enden, was wiederum für mich das Ende der Leiden bedeutete – oder aber die Deutschen marschierten in die Schweiz ein. In diesem Fall hätte natürlich meine Haft auch ihr Ende gefunden, ein blutiges zwar – aber immerhin ein Ende.[547]

Wie noch aufgezeigt werden wird, hatte Frankfurter mit einer seiner Annahmen Recht behalten: Als die Kriegsniederlage des Deutschen Reiches sich abzeichnete, wurde er 1945 begnadigt. Nun aber hatte er seine Strafe anzutreten, in der Kantonalen Strafanstalt Sennhof in Chur.

---

544 Ebd.

545 Ebd.

546 Ebd.

547 Ebd. Hier ist wiederum zu beachten, dass Frankfurters Memoiren mit einem Abstand von zehn Jahren auf die Tat verfasst wurden. Seine prophetischen Aussagen über das Schicksal des „Dritten Reichs" mögen von seinem Wissen über die Ereignisse des Zweiten Weltkriegs beeinflusst sein.

6.2 Im Gefängnis

6.2.1 „Hinter Zuchthausmauern"[548] – Missionare und Aufsässigkeiten

Gerade die ersten Tage in der Strafanstalt Sennhof, bevor eine gewisse Gewöhnung eintrat, waren für Frankfurter schwierig – nicht nur aufgrund der Räumlichkeiten (eine kleine, niedrige Zelle mit lediglich einem kleinen und zudem vergitterten Fenster, keine Nasszelle, nur ein Nachttopf, der zweimal täglich geleert wurde und unangenehme Gerüche verbreitete), sondern auch wegen der Kleidung sowie des neuen Haarschnitts, der ihm verpasst wurde – für Frankfurter ein einschneidender Vorgang.

> Am Mittwoch legte man mir die braun und schwarz gestreifte Sträflingskleidung an und schnitt mir das Haar in entstellendster Weise mit der Centimetermaschine radikal ab. In dieser Verfassung sieht natürlich jeder Mensch – kriminell aus. Hatte ich bisher alles gefasst ertragen, so verliess mich in diesem Augenblick der Einkleidung doch die Selbstbeherrschung. Ich riss mir selbst die Zivilkleider vom Leibe und stampfte mit den Füssen darauf. Der erschrockene Wärter verliess fluchtartig den Raum und schlug die Türe krachend hinter sich ins Schloss.[549]

Auch die Einsamkeit im Gefängnis belastete Frankfurter während dieser Zeit stark. Auf seine Mitgefangenen ging er nicht einzeln ein – wichtiger war ihm der Kontakt zur Außenwelt. So wurden Telegramme, in denen ihm Mut und Unterstützung zugesprochen wurde, an Curti geschickt, beispielsweise von der berühmten Dichterin Else Lasker-Schüler oder vom bereits erwähnten Schalom Schwarzbard. Lasker-Schüler bat Curti, Frankfurter von der „tieferschuetterten Dichterin" auszurichten, dass „die Engel des Himmels [für ihn] bitten" würden.[550] Schalom Schwarzbard äußerte die Hoffnung: „Trotz allen Gewalten wollen wir aushalten[.] Sei stark und fest auf dein [sic] martirerweg [sic]."[551]

Ihm war kaum erlaubt, Besucher zu empfangen (zu Chanukka[552] durfte als erster Besucher sein Bruder vorbeikommen, der Grüße und gute Ratschläge von

548 So lautet der Titel des ersten Kapitels zur Zeit im Gefängnis in Frankfurters Memoiren: Memoiren (Version Jabotinsky), S. 58.

549 Ebd.

550 Telegramm von Else Lasker-Schüler an Eugen Curti, Dezember 1936, in: AfZ NL Eugen Curti. Lasker-Schüler schickte Curti zudem ein Telegramm mit Neujahrsglückwünschen: „Dem grossen guetigen Rechtsanwalt gluecklichstes Neujahr", ebd.

551 Telegramm von Schalom Schwarzbard an Eugen Curti, 14.12.1936, in: AfZ NL Eugen Curti.

552 Chanukka: Jüdisches Lichterfest, das ungefähr zeitgleich zum christlichen Weihnachtsfest gefeiert wird. Von der Chronologie her ist unklar, von welchem Jahr Frankfurter hier sprach.

seinem Vater überbrachte, so die Aufforderung, „fest in der Jüdischkeit“[553] zu verbleiben), so dass zu Beginn seiner Haftstrafe ausgerechnet ein christlicher Missionar Frankfurter als Einziger regelmäßig sehen durfte. Besagter Missionar, der Reformierte Otto Wolfer, war gemäß Frankfurter ein schlichter Mann, kein Akademiker, der in Kontakt mit dem Basler Verein der Freunde Israels[554] stand und versuchte, Frankfurter zum christlichen Glauben zu bekehren.[555] Um dieses Ziel zu erreichen, brachte er Frankfurter die passende Lektüre mit, beispielsweise die Schrift *Das Kreuz im Davidstern,*[556] die Frankfurter wenig interessierte. Er sah das Christentum als „einen Irrweg der Menschheit auf der Suche nach dem Gotte Israels“ und zeigte sich vielmehr beeindruckt von Wolfers „schlichte[r], unmittelbare[r] Frömmigkeit“.[557] Im Gegensatz nämlich zu den jüdischen Seelsorgern schaffte er es, durch direktes Gespräch mit Gott einen „Trost des Gebetes“[558] zu vermitteln. Im Judentum hingegen seien die Gebete, so Frankfurter, viel ritualisierter. „[D]as kindliche Reden des Gotteskindes zum Vater ist uns fremd geworden.“[559] Wolfer hätte sich stets um Frankfurter bemüht und sich „als uneigennütziger Freund“ gezeigt.[560] Nichtsdestotrotz war Frankfurters abschließendes Urteil über Wolfer alles andere als positiv. Über den Missionar hatte seine

Der Prozess in Chur fand während Chanukka statt, das 1936 vom 8. bis zum 16. Dezember dauerte. Der Ablauf seiner Memoiren erwähnt den Besuch seines Bruders während Chanukka erst nach längeren Ausführungen zu den Missionaren, was eigentlich eine längere Zeitdauer implizieren würde. Der Inhalt des Gesprächs zwischen den Frankfurter Brüdern deutet allerdings darauf hin, dass es unmittelbar nach dem Prozess stattgefunden hatte, weshalb es sich vermutlich um Chanukka 1936 handelte.

553 Memoiren (Version Jabotinsky), S. 58.

554 Der „Verein der Freunde Israels“, gegründet 1830 in Basel, wurde 1950 in „Schweizerische Evangelische Judenmission“ umbenannt. Ab 1973 hieß die Organisation „Stiftung für Kirche und Judentum“. Der Verein der Freunde Israels hatte sich die Missionierung von Jüdinnen und Juden zum evangelischen Glauben zum Ziel gemacht. Vgl.: Stiftung für Kirche und Judentum, 1830–2002 (Fonds), in: Staatsarchiv Basel-Stadt, Online Archivkatalog, online unter: http://query.staatsarchiv.bs.ch/query/detail.aspx?ID=137911 [zuletzt eingesehen: 27.10.2015].

555 Eigentlich sei die „Innere Mission“ Wolfers Aufgabe gewesen, also den christlichen Glauben bei christlichen Häftlingen wiederzubeleben. Vgl.: Memoiren (Version Jabotinsky), S. 58.

556 Während die ersten Auflagen noch in Wien im Selbstverlag erschienen, wurde die vierte Auflage 1941 in der Schweiz vom Thuner Verlag Aeschlimann herausgegeben. Das Vorwort der dritten Auflage scheint auf eine rege Verteilung der judenmissionarischen Schrift hinzuweisen. Der Autor Poljak selbst schreibt: „Ich kenne kein Buch dieser Art, das von Blättern verschiedenster Richtung einmütig so warm empfohlen wurde.“ Poljak, Abram: Das Kreuz im Davidstern, Thun 1941, S. 7.

557 Beide Zitate: Memoiren (Version Jabotinsky), S. 59.

558 Ebd.

559 Ebd.

560 Ebd.

Ehefrau Kontakt mit Frankfurter aufgenommen, und eben diese Ehefrau entpuppte sich später als Anhängerin des Nationalsozialismus, und Wolfer versuchte angeblich, ihm die „Geheimnisse zu entlocken, die die Herren in Deutschland sicher gerne hoch honoriert hätten. Immer noch waren sie ja von dem Wahn befallen, dass es Hintermänner geben müsste."[561] Frankfurter war sich bewusst, dass diese abschließende Episode der Bekanntschaft mit Wolfer die ganze Beziehung zu ihm retrospektiv überschattete, gestand Wolfer aber trotzdem zu, dass die empfundene Freundschaft gegenseitig und des Missionars Glaube echt und ungeheuchelt gewesen war.[562]

In einem ähnlichen Zusammenhang erwähnte Frankfurter den bischöflichen Kanzler Höflinger, der Frankfurter im Auftrag seines Vorgesetzten, des Bischofs von Chur,[563] besuchte. Der „weltgewandte" katholische Würdenträger richtete Frankfurter Grüße vom Bischof aus und versicherte ihm – ganz ohne Bekehrungsversuche –, dass der Bischof ihm seinen Trost ausspreche und der Überzeugung sei, dass Frankfurter „hier nicht vor Altersschwäche sterben" werde und zudem „die Tage des Hitler-Regimes […] gezählt" seien.[564]

In seinen Memoiren geht Frankfurter wiederholt ausführlich auf Gefängnisdirektor Tuena[565] ein, dessen Beschreibung sich, wie er rückblickend erkannte, während seiner Haftzeit veränderte, vorerst aber wenig positiv klang.[566] In seinen Erinnerungen war Tuena ein bescheiden wirkender, jedoch berechnender Mann, dessen frühere Arbeit als Lehrer sich in der Behandlung der Häftlinge niederschlug. Er riet Frankfurter, sich von den anderen Häftlingen, denen er „in intellektueller und moralischer Hinsicht doch weit überlegen" sei, fernzuhalten, und sich an ihn, Tuena, zu wenden, wenn ihm „etwas zu Ohren käme, das nicht in der Ordnung [sic] sei".[567] Tuena habe die Absicht gehabt, sich in Frankfurter „gegen winzige Vergünstigungen […] ein gefügiges Werkzeug [zu] schaffen".[568] Während er als Lehrer mit solchem Vorgehen erfolgreich gewesen sein mochte, durchschaute Frankfurter seine Taktik und beschloss, sich in die Gemeinschaft der Gefangenen, mit denen er durch „ein dunkles Schicksal" längere Zeit zu verbringen hatte,

561 Ebd. In der Literatur zu Frankfurter gibt es übrigens keine Stelle, die diesen Vorfall belegen würde, und auch die Unterlagen des Gefängnisses geben hierzu keinerlei Auskunft.

562 Vgl.: Ebd.

563 Damals war Laurenz Matthias Vincenz Bischof des Bistums Chur. Vgl.: Conzemius, Victor: Vincenz, Laurenz Matthias, in: Historisches Lexikon der Schweiz, online unter: http://www.hls-dhs-dss.ch/textes/d/D3028.php [zuletzt eingesehen: 28.10.2015].

564 Alle Zitate: Memoiren (Version Jabotinsky), S. 59.

565 Bei Frankfurter fälschlicherweise Tuenna genannt.

566 Frankfurter schreibt in seinen Memoiren, dass er im Rahmen der Begnadigung seine Sicht auf Tuena grundlegend revidiert habe.

567 Memoiren (Version Jabotinsky), S. 58.

568 Ebd.

einzufügen, denn „nur so lässt sich das Schicksal des Zuchthauses ertragen".[569] Mehr Sympathie zeigte Frankfurter für Tuenas Frau, eine „herzensgute Person",[570] die Frankfurter zur Weihnachtsfeier des Sennhofs einlud. Auch wenn Frankfurter die religiösen Grundlagen des christlichen Feiertages wenig zusagten, beeindruckte ihn die Auswirkung, die dieses Fest auf die „abgebrühten Männer und Frauen" hatte, in deren Augen „etwas aufleuchtete, was nur der Wiederschein [sic] des Glanzes der Kindheit sein kann".[571]

Abb. 37: Der Sennhof in Chur, Aufnahme im Rahmen des Frankfurter-Prozesses, Dezember 1936 (Fotograf: Heinz Guggenbühl – Prisma). Quelle: AfZ, NL Eugen Curti.

Der Konflikt mit Tuena hing mit tiefergehenden Problemen zusammen. So beklagte Frankfurter immer noch die verpasste Gelegenheit, durch seine Wortmeldung im Prozess die Welt auf die „Judenfrage" aufmerksam zu machen. Er hatte die Hoffnung, dies durch eine Berufung, die er innerhalb von dreißig Tagen nach Verkündung des Urteils einreichen konnte, ändern zu können. Auch

569 Beide Zitate: Ebd.
570 Ebd., S. 59.
571 Beide Zitate: Ebd.

wenn ihm klar war, dass er kaum mit einem milderen Urteil rechnen konnte (Frankfurter führte dies auf die politische Lage zurück), würde er immerhin die Möglichkeit haben, „klar und unmissverständlich […] die politische Seite des Falles darzustellen".[572] Um die Berufung zu organisieren, hätte Frankfurter Kontakt mit seinem Anwalt[573] aufnehmen müssen; Tuena jedoch gestand ihm lediglich einen Brief pro Monat zu, der zudem zwingend an ein Familienmitglied gerichtet sein musste. Als auch vernünftiges Argumentieren nicht half, wandte sich Frankfurter in seiner Not an einen Mithäftling, der ihm angeboten hatte, Briefe für ihn aus dem Gefängnis zu schmuggeln. Dies sollte so vor sich gehen: Vor einem vergitterten Fenster, das auf die Straße hinausging, stand die Frau des Mithäftlings und versorgte die Gefangenen mit „Zigaretten oder andere[n] verbotene[n], aber […] lebenswichtige[n] Dingen"[574] oder empfing besagte Briefe. Obwohl Frankfurter Bedenken bezüglich dieser illegalen Aktion hatte, sah er keinen anderen Weg. Er schrieb in seiner Zelle während mehrerer Tage an dem Brief an Wyler und ließ ihn dann aus dem Gefängnis schmuggeln. Was er nicht bedacht hatte, war, dass Tuena über einen Gefängnisaufseher von dem Brief erfahren hatte, so dass dessen plötzliches Nichtvorhandensein auffiel und Frankfurter ertappt war. Frankfurter beschrieb die darauffolgende Konfrontation als hitzigen Wortwechsel.

> „Ich werde Sie bestrafen"[,] brüllte Tuenna [sic]. „Was erlauben Sie sich eigentlich! Briefe hinter meinem Rücken aus dem Gefängnis zu schicken ist ein Hauptvergehen gegen die Hausordnung. Wer hat Ihnen bei Ihrem Vergehen geholfen? Reden Sie!"
> Ja, ich redete – aber nicht das, was der zornfunkelnde Mann vor mir hören wollte. Keine Silbe über den Kameraden, der mir geholfen hatte, kam über meine Lippen. Aber jetzt war mir die Zunge gelöst. „Sie verweigern mir mein Recht"[,] schrie ich den Direktor an[,] „da muss ich es mir selbst verschaffen. Meinen Sie, Sie können mir mit Ihren dummen Volksschullehrermethoden imponieren?" – „Hinauf in den Dunkelarrest!" heulte Tuenna [sic], der keine Antwort mehr hatte. Ich aber sprang auf ihn zu unter dem Rufe „Habe ich das Recht oder nicht – !?" fuhr ich ihn mit den Fäusten an die Brust und warf den schmächtigen Mann gegen die Wand. Auf seinen Wink stürzten sich zwei riesenhafte Wärter auf mich. Ich wich zurück und schlug mit aller Wucht die Fäuste gegen das Fenster. Vier Scheiben fielen klirrend hinab in den Hof. Meine Hände bluteten, aber ich achtete in rasendem Zorn des Schmerzes nicht mehr. Die Beamten schleuderten mich zu Boden. Einer setzte mir das Knie auf die Brust, die Zwansjacke [sic] wurde geholt und die Arme wurden mir auf den Rücken gefesselt.

572 Ebd., S. 60.

573 Interessanterweise schreibt Frankfurter in seinen Memoiren nicht von Dr. Curti, der sein Hauptanwalt gewesen war, sondern ausschließlich von Dr. Wyler.

574 Memoiren (Version Jabotinsky), S. 60–61.

> Das Blut sickerte durch die grobe Sackleinwand der Zwangsjacke[,] als man mich die Treppen hinaus zum Dunkelarrest schleppte.[575]

Obwohl Tuena vorerst Ernst machte mit der Drohung, Frankfurter in Einzelarrest zu setzen, entspannte sich die Situation relativ schnell – offenbar durch ein Telefonat Tuenas mit dem Regierungsrat, der unter allen Umständen einen Skandal vermeiden wollte und deswegen empfahl, Frankfurter in seine übliche Zelle zurückzubringen.[576] Dieser rechtfertigt sich in seinen Memoiren damit, dass er für sein „elementarste[s] Recht"[577] gekämpft habe, ansonsten hätte er nicht so emotional und schließlich gewalttätig reagiert. Aber immerhin führte seine illegale Schmuggelaktion zu einem Erfolg – Veit Wyler kam tatsächlich zu seinem Mandanten nach Chur. Allerdings lehnte er Frankfurters Ansinnen einer Berufung ab. Frankfurter vermutete, dass Wyler wusste, wie sehr den Schweizer Behörden daran lag, „weiteres Staubaufwirbeln zu vermeiden",[578] und dass er deswegen die schriftliche Urteilsbegründung, deren Vorliegen für ein Berufungsverfahren nötig war, erst zu spät an Frankfurter schickte, als die Frist bereits abgelaufen war. Eine Berufung war nicht mehr möglich.

6.2.2 Gewöhnung an ein anderes Leben durch Religion und Literatur

Bald wurde Frankfurter in die Arbeit eingeführt, die er während seiner Haftzeit zu verrichten hatte. Er war in der Weberei tätig, wo drei weitere Häftlinge, einer davon fungierte als Vorgesetzter, beschäftigt waren. Obwohl Frankfurter relativ schnell ein geübter Weber wurde, hatte er kaum gute Erinnerungen an diese „unschöne" Tätigkeit – „Webstuhl und Zuchthaus" waren für ihn „unlösbar miteinander verbunden[…]".[579]

Trotz der Beschäftigung konnte Frankfurter sich nur langsam an das „neue, graue Milieu" gewöhnen, was vor allem an seinen Mithäftlingen lag, mit denen Frankfurter sich kaum verbunden fühlte. „Kriminelle, die sich untereinander und natürlich auch mich duzten, waren mein Umgang. Menschen, die zumeist aus der Hefe des Volkes kamen, roh und ungebildet waren und voll einer künstlich niedergehaltenen sexuellen Begierde, die sich zu glühenden Phantasiebildern steigerte."[580] Aber auch mit der offiziellen Seite, der Gefängnisverwaltung, konnte

575 Ebd.

576 Vgl.: Ebd.

577 Ebd.

578 Ebd.

579 Alle Zitate: Ebd.

580 Ebd., S. 62.

er sich nur schwer anfreunden; er nannte sie eine „kalte, gefühlsarme Bürokratie".[581] Obwohl insbesondere aus der Beschreibung der Mithäftlinge klar wird, dass Frankfurter wenige Gemeinsamkeiten mit den anderen Insassen sah, war ihm nur zu bewusst, warum er sich an jenem Ort befand. „Oft fuhr ich aus dem dünnen Schlaf der Morgenstunden auf und fragte mich: Bist du wirklich ein Mörder, hast du wirklich ein Menschenleben vernichtet?"[582] Dabei beschäftigte ihn weniger die Frage, ob er richtig gehandelt habe („Nicht, dass ich Reue darüber jemals empfunden hätte"[583]), sondern vielmehr die Tatsache, überhaupt gemordet zu haben. Es ging ihm nicht um Gustloff als Nationalsozialisten, sondern um Gustloff als Menschen, der in Frankfurters religiösem Verständnis „trotz allem [...] Gottes Ebenbild"[584] war. Frankfurter beruhigte sich mit der Einsicht, dass „es ein Mass des Vergehens gegen die Grundgesetze Gottes und der Menschheit gibt, die alle Gottesebenbildlichkeit aus dem Antlitz eines Menschen löscht und ihn zum Wider-Bild seines Schöpfers macht, zur Teufelsfratze. Und die trug der Nazismus und jeder seiner Repräsentanten."[585] Möglicherweise hatte ihm sein Glaube geholfen, zu dieser Erkenntnis zu kommen, denn trotz aller Missionsversuche und trotz der Tatsache, dass er sich vor dem Mord, während seiner Studienzeit, fast gänzlich vom praktizierten Judentum entfernt hatte, fand er nun zu einem religiös geprägten Leben zurück. In seinen Memoiren liefert Frankfurter die Interpretation für diese Veränderung gleich mit:

> Wie um ein Gegengewicht gegen die ganz und gar fremdartige und unjüdische Umgebung zu schaffen, in der ich lebte und wohl auch aus einem tief innerlichen Bedürfnis heraus, nahm ich damals das religiöse Pflichtenleben besonders ernst und streng. Jeden Morgen legte ich die Tephillim (Gebetsriemen) an Arm und Stirne an, wobei es mir lange Zeit Gewissensskrupel bereitete, diese heilige Handlung an unreinem Orte[586] vollziehen zu müssen.[587]

Vermutlich ist es – zusätzlich zu den von Frankfurter genannten Gründen – nicht abwegig anzunehmen, dass in einer so schwierigen Zeit, wie Frankfurter sie durchlebte, Traditionen und Religion einen gewissen Halt oder Trost bieten können. Die religiösen Handlungen, die Frankfurter während dieser Zeit

581 Ebd.
582 Ebd.
583 Ebd.
584 Ebd.
585 Ebd.
586 Dabei bezieht sich Frankfurter weniger auf das Gefängnis im Allgemeinen, sondern spezifisch auf seine Zelle, die durch den Nachttopf (bzw. die darin enthaltenen Fäkalien), den er gemäß der Gefängnisordnung nicht entfernen durfte, zu einem unreinen Ort wurde.
587 Memoiren (Version Jabotinsky), S. 62. [Klammerbemerkung aus dem Original übernommen.]

vornahm, umfassten zusätzlich zu den erwähnten Gebeten unter anderem das Tragen einer Kopfbedeckung, wenn er sich in seiner Gefängniszelle befand, oder der Verzicht auf Fleisch und mit tierischem Fett zubereiteten Speisen, um nicht Unkoscheres essen zu müssen. Obwohl es ihm nicht möglich war, den Schabbat zu halten, was ihn sehr bedrückte, so musste er wenigstens an den jüdischen Feiertagen nicht arbeiten.[588] Neben einem jüdischen Kalender besaß Frankfurter die wichtigsten Gebetbücher, Machsor und Siddur,[589] den Tanach sowie die Mischna,[590] aus denen er, so oft wie möglich, betete oder las. Er beschreibt in den Memoiren, wie er über die Situation, in der er sich befand, und über die Lage des jüdischen Volkes sinnierte und überraschende Parallelen zu erkennen vermochte. Aus seinen Aussagen klingt eine zionistische Deutung seiner Gefangenschaft, die zumindest teilweise einer rückblickenden Perspektive geschuldet sein kann.

> Ich empfand die Parallelität meines eigenen Schicksals mit dem Schicksal Israels. So wie ich hilflos im Gefängnis sass, nur noch Objekt meines Schicksals, ständig der missgünstigen und unverstehenden Kritik Fremder ausgesetzt, so lebte das jüdische Volk unfrei in der Galuth, kritisiert von Allen und ein Spielball in der Hand der Mächte. Ich brannte nach zwei Gütern: nach Recht und Freiheit. Und war es mit dem jüdischen Volke nicht ebenso? Es wollte und musste frei sein – und dazu brauchte es das Recht auf sein eigenes Land, auf Erez-Israel.[591]

Aber nicht nur die Religion, sondern auch die Literatur beschäftigte Frankfurter während dieser Zeit und bot ihm eine gewisse Ablenkung vom eintönigen Gefängnisalltag. Er war seinem Anwalt Veit Wyler und Prediger Josef Messinger aus Bern äußerst dankbar, dass sie ihm Bücher aus der Gemeindebibliothek der jüdischen Gemeinde Zürich (wahrscheinlich der Israelitischen Cultusgemeinde Zürich, ICZ) zukommen ließen. In seinen Memoiren schildert er ausführlich seine damalige Lektüre und vor allem deren Auswirkung auf sein Leben im Zuchthaus. In diesem Kontext nennt er beispielsweise das Bekenntnisbuch von Max Brod, *Heidentum Christentum Judentum*,[592] das ihn stark geprägt hatte und ihn zudem befähigte, im Austausch mit dem Missionar Otto Wolfer seinen

---

588 Frankfurter konkretisierte nicht, ob dies zufällig geschah, oder ob ihm von der Gefängnisleitung erlaubt wurde, zu den jüdischen Feiertagen nicht zu arbeiten. Letzteres scheint aber der Fall zu sein, da er zu den Feiertagen jeweils auch mit koscherem Essen versorgt wurde.

589 Machsor: Gebetbuch für die jüdischen Feiertage. Siddur: Gebetbuch für Alltag und Schabbat.

590 Tanach: Hebräische Bibel. Mischna: Verschriftlichung der mündlichen Thora.

591 Memoiren (Version Jabotinsky), S. 62.

592 Brod, Max: Heidentum Christentum Judentum. Ein Bekenntnisbuch, München 1921.

jüdischen Standpunkt fundierter zu vertreten.[593] Auch Sympathisanten außerhalb des Gefängnisses und ein ehemaliger Mitgefangener versahen Frankfurter mit regelmäßigen Lektüresendungen, wobei ihm später klar wurde, dass nicht alle verschickten Bücher ihn tatsächlich erreichten. Dabei schätzte Gefängnisdirektor Tuena nicht in erster Linie politische Bücher als Gefahr ein, sondern auch ein Werk über französische Kunst, in dem nackte Frauen abgebildet waren. Frankfurter erfuhr später von einem Aufseher, dass Tuena „diese ‚bedenklichen' Bücher seiner eigenen Privatbibliothek"[594] zuführte.

6.2.3 Rabbinerbesuche: „dass sich einer der Herren Seelsorger zu ihm bemühe"[595]

Neben den Memoiren Frankfurters gibt es viele aufschlussreiche Quellen, die die Zeit Frankfurters im Gefängnis in Chur beleuchten. So ist in verschiedenen Briefen von Frankfurter und weiteren Personen wiederholt die Rede von seinem Bedürfnis nach Seelsorgebesuchen. Schon Mitte 1937, also zu einem Zeitpunkt, als er gerade mal ein halbes Jahr im Gefängnis war, beklagte sich Prediger Messinger beim Vorsitzenden des Schweizerischen Israelitischen Gemeindebundes, Saly Mayer:

> Vom Vater des unglücklichen David Frankfurter erhielt ich ein zu Herzen gehendes Schreiben, worin dieser nicht begreifen kann, dass kein einziger Rabbiner in der Schweiz seinen Sohn besucht und ihn ganz dem Missionar, der zu ihm kommt, überlässt. – Der Vater hofft nun, dass sein Sohn zu Pessach kein Chomez[596] essen muss, dass ihm Mazzos[597] und Konserven zugehen werden.[598]

593 Vgl.: Memoiren (Version Jabotinsky), S. 63. Die Auseinandersetzung mit diesem Buch von Max Brod, den Frankfurter später in Tel Aviv kennenlernen sollte, zieht sich in den Memoiren Frankfurters über mehr als eine Seite hin. Insbesondere widmet er sich Brods Kritik am Christentum.

594 Memoiren (Version Jabotinsky), S. 64.

595 Brief Alfons Frankfurter an Saly Mayer vom 5. Oktober 1937, in: AfZ, IB Frankfurter-Prozess / 16. Teile dieses Kapitels wurden in einem Vortrag mit dem Titel „Religion und Widerstand bei David Frankfurter" anläßlich der Tagung der theologischen Fakultät der Universität Basel auf dem Leuenberg unter dem Thema „Mut und Unmut – Religion im Widerstand" verwendet.

596 Chomez: Lebensmittel, die Gesäuertes enthalten, und deshalb an Pessach nicht erlaubt sind.

597 Mazzos/Mazzot: Ungesäuertes Brot.

598 Brief Josef Messinger an Saly Mayer vom 19. März 1937, in: AfZ, IB Frankfurter-Prozess / 16.

Saly Mayer reagierte prompt. Seine Anfrage an den Sennhof, ob das Zusenden koscherer Lebensmittel erlaubt sei, wurde positiv beantwortet. „Wir sind im Besitze Ihres werten Schreibens und teilen Ihnen höflich mit, dass wir Ihnen gestatten, dem Insassen Frankfurter das Nötige für sein Osterfest [sic!] zukommen zu lassen.“[599] Frankfurter selbst führt in seinen Memoiren die Erlaubnis für rituelle Kost auf die Intervention seines Vaters zurück, der sich zu diesem Zwecke mit dem Regierungsrat in Verbindung gesetzt habe.[600] Das koschere Essen wurde ihm jeweils von David Kin gebracht, der mit seiner Familie der „einzige ortsansässige Jude in Chur“[601] war. Kin, Besitzer des Ladens „Damen- und Herrenkleider D. Kin“ im Churer Welschdörfli, erzählte später, dass er, „allerdings nicht offiziell, Stellvertreter und Verbindungsmann der jüdischen Gemeinde, sowie zu seiner Familie und anderen Rabbinern, die ihn besuchen wollten“[602] gewesen sei: „Als Glaubensgenosse von David, wollte ich eine möglichst neutrale und korrekte Position zwischen ihm und der Aussenwelt einnehmen“.[603] Die Treffen mit Frankfurter hätten jeweils im Sprechzimmer des Sennhofs stattgefunden, nie habe er mit ihm allein sein dürfen, es sei jeweils einer der Aufseher bei den Gesprächen anwesend gewesen.[604] Auch Kin verwendete in Zusammenhang mit Frankfurters koscherer Verpflegung zu Pessach den Begriff „Osterfest“, nannte das Essen „Osterkost“[605] und beschrieb den konkreten Ablauf der Überbringung.

> Während der Ostertage wurde mir bewilligt[,] ihm in diesen neun Tagen die Osterkost zu bringen. Das Essen, mit allen Zutaten und manchmal mit einer versteckten ausgespülten Badesalzflasche, gefüllt mit Wein, wurde ihm mit einem Essensträger in den Sennhof gebracht. Um nicht aufzufallen[,][606] brachte ihm immer eine andere Person und nicht immer auf dem gleichen Weg, die Mahlzeiten.[607]

---

599 Brief Kantonale Strafanstalt Sennhof an Saly Mayer vom 20. März 1937, in: AfZ, IB Frankfurter-Prozess / 16.

600 Vgl.: Memoiren (Version Jabotinsky), S. 66.

601 Ebd. Bei Einhaus wird Kin irrtümlicherweise als Gefängniswärter bezeichnet, sein Vorname mit Alex statt David angegeben: „In Alex Kin fand er einen verständnisvollen Gefängniswärter.“ Vgl.: Einhaus 2016, S. 117.

602 Gespräch mit David Kin, 8./9. Februar 1969, in: Lyssy, Rolf: Interviews 1969 zur Vorbereitung des Films Konfrontation, Privatbesitz Rolf Lyssy, S. 1.

603 Ebd.

604 Vgl.: Ebd.

605 Ebd., S. 2.

606 Wahrscheinlich ging es hier darum, dass Kin, Frankfurter und die Gefängnisverwaltung nicht wollten, dass unter den Insassen oder den Angestellten Gerüchte über eine Bevorzugung Frankfurters verbreitet wurden.

607 Gespräch mit David Kin, 8./9. Februar 1969, in: Lyssy, Rolf: Interviews 1969 zur Vorbereitung des Films Konfrontation, Privatbesitz Rolf Lyssy, S. 2.

So habe die Koscherversorgung jeweils hervorragend funktioniert, bis auf das Jahr 1941, „als die deutsche Gefahr immer grösser wurde“ und der Regierungsrat die Erlaubnis dazu nicht erteilt habe. Kin beschrieb, dass Frau Tuena sich bereit erklärt habe, Frankfurter trotz des Verbots sein koscheres Essen zu liefern, und sie sich durch möglicherweise drohende Strafen nicht davon habe abbringen lassen.[608]

Im Gegensatz zur Koscherversorgung für Pessach hat es mit den gewünschten regelmäßigen Rabbinerbesuchen nicht geklappt, schrieb doch Alfons Frankfurter im Oktober gleichen Jahres an Saly Mayer, dass er es „trotz wiederholten Bittens nicht erreichen [konnte], dass sich einer der Herren Seelsorger zu ihm bemühe“,[609] obwohl sein Bruder immer wieder den Wunsch danach ausgedrückt hatte. Alfons Frankfurter wurde noch deutlicher.

> Ich kann Sie versichern, dass auch in massgebenden christlichen Kreisen des Kantons die Verwunderung darüber ausgesprochen wurde, dass die jüd. Seelsorge so wenig Interesse zeigt.
> Vielleicht ist es Ihnen unbekannt, dass sich in rührender Weise gerade um ihn ein christl. Geistlicher kümmert, was für uns allerdings auch gewisse Bedenken hat.
> Ich möchte auch nicht unerwähnt lassen, dass ich aus Anfragen aus dem Auslande entnehme, dass es auch in die Oefentlichkeit [sic] durchzusickern scheint, wie jämmerlich das Primitivste, die Seelsorge, funktionirt [sic] und es würde auch Ihnen angenehmer sein, wenn für derartige Publikationen der Grund ausbleibt.[610]

Wiederum erfolgte umgehend eine Reaktion von Saly Mayer. Er ließ Alfons Frankfurter wissen, dass in der Zwischenzeit der gewünschte Besuch stattgefunden habe, und wies darauf hin, dass nicht mangelndes Interesse am Schicksal David Frankfurters der Grund für die Unregelmäßigkeit der Besuche sei, sondern die ungünstige geografische Lage Churs und der damit verbundene Zeitaufwand eines ganzen Tages für eine Reise dorthin. Neben den üblichen Aufgaben, die die Betreuung einer jüdischen Gemeinde mit sich brachte, waren die Schweizer Rabbiner während der Kriegszeit auch mit der religiösen Versorgung der jüdischen Flüchtlinge in der Schweiz betraut.

Mayer organisierte in der Folge mit verschiedenen Rabbinern einen Plan, wie diese Frankfurter abwechselnd besuchen sollten. Involviert waren Messinger aus Bern, Brom aus Luzern, Taubes von der Israelitischen Cultusgemeinde Zürich, Kornfein von der Israelitischen Religionsgesellschaft Zürich sowie Weil aus Basel.

608 Vgl.: Ebd.

609 Brief Alfons Frankfurter an Saly Mayer vom 5. Oktober 1937, in: AfZ, IB Frankfurter-Prozess / 16.

610 Ebd.

Damit waren Rabbiner unterschiedlicher Ausrichtung und aller größeren Deutschschweizer Gemeinden an der Seelsorge beteiligt. Der geplante Turnus für die Besuche hat für einen beschränkten Zeitraum tatsächlich funktioniert, die Rabbiner haben zur Bestätigung, dass die Fahrt nach Davos stattgefunden hat, jeweils Berichte an ihre Kollegen und an Saly Mayer geschickt, die Spesen für die Fahrt nach Chur wurden aus der Kasse des SIG erstattet.

Bereits ein gutes Jahr später, im Januar 1939, fragte Saly Mayer bei Rabbiner Weil in Basel nach, wie es sein könne, „dass von Anfang August bis 4. Januar David Frankfurter in Chur keinen Rabbinerbesuch erhalten" habe.[611] Wieder folgte die Aufstellung eines Besuchsturnus für die Rabbiner, der diesmal weniger als zwei Jahre eingehalten wurde und funktionierte, bis auf Beschwerde von David Kin hin ein neues Konzept aufgestellt werden musste.[612] Dieser Plan teilte wechselweise die Rabbiner Brom, Kornfein, Messinger und Weil zu Besuchen bei Frankfurter ein – jeweils im Abstand von zwei Monaten.[613] Als auch dies nicht längerfristig funktionierte, fühlte sich Rabbiner Eugen Messinger, der Sohn Josef Messingers, genötigt, einen weiteren Brief an Saly Mayer zu schicken.

> Die Anstaltsinsassen dürfen nur von ihren Angehörigen und den Seelsorgern besucht werden. Da David Fr. keine Angehörige in der Schweiz hat, bleibt ihm also einzig der Seelsorgebesuch. Wie schon in der Einleitung oben erwähnt, klappt der vor Jahren aufgestellte Turnusplan nicht (oder ist vielleicht längst abgelaufen), so dass dem fast allwöchentlichen Besuch durch den christlichen Seelsorger nur zwei Besuche pro Jahr (!) entgegenstehen. David Fr. wünscht dringend, wenn möglich alle zwei Monate durch einen Rabbiner besucht zu werden.[614]

Der Brief gibt Auskunft darüber, welche Wichtigkeit die Rabbinerbesuche für Frankfurter hatten, da er ansonsten keinen Besuch empfangen konnte. Die Seelsorger waren die einzige Verbindung zur Außenwelt, was mutmaßen lässt, dass nicht ausschließlich religiöse Gründe den Wunsch nach geistigem Beistand motivierten. In diese Richtung weist auch der Nachtrag von Eugen Messinger zu dem erwähnten Brief.

---

611 Brief von Saly Mayer an Rabbiner Weil vom 13. Januar 1939, in: AfZ, IB Frankfurter-Prozess / 16.

612 Brief von David Kin an Veit Wyler vom 21. Oktober 1941, in: AfZ, NL Veit Wyler / 47. Kin schrieb: „Auch hätte er den Wunsch, dass man die Rabbinerbesuche wieder regelmässig aufnimmt."

613 Vgl.: Besucherliste für Chur, in: AfZ, NL Veit Wyler / 47.

614 Brief von Eugen Messinger an Saly Mayer vom 14. September 1943, in: AfZ, IB Frankfurter-Prozess / 16.

> Bei der Auswahl der Rabbiner, die David besuchen sollen, kann eventuell berücksichtigt werden, dass David, der bis vor etwa 2 Jahren orthodox eingestellt war, jetzt ganz liberal denkt. Er hat, um nur zwei Beispiele anzuführen, das tägliche Tefillinlegen und das Koscher-Essen fallen lassen. Auch zeigte er – im Gegensatz zu früher – keinerlei Interesse mehr für die Bücher der Heiligen Schrift und Gebetbücher. Er versichert aber, dass dies mit seiner Einstellung zum Judentum nichts zu tun habe. Er bleibe ein bewusster und gottgläubiger Jude.[615]

Der Auftrag wurde schließlich auf Wunsch von Eugen Messinger und David Frankfurter durch Entscheid des Geschäftsausschusses des SIG dem Vater Eugens, Josef Messinger, übertragen. Er wurde instruiert, alle zwei Monate nach Chur zu fahren und die Spesenrechnungen, ergänzt durch einen schriftlichen Bericht über das Treffen, an den SIG-Präsidenten Saly Braunschweig direkt zu schicken.[616] Braunschweig konkretisierte, welche Punkte der schriftliche Bericht umfassen sollte, nämlich Angaben zu Frankfurters gesundheitlicher und seelischer Verfassung, „seine Einstellung zu den letzten politischen und kriegerischen Ereignissen [und] zu den religiösen und jüdisch-politischen Fragen",[617] zudem seine Pläne für die Zeit nach seiner Entlassung aus dem Gefängnis.

6.2.4 Die ersten Kriegsjahre im Gefängnis

Nach Beginn des Krieges 1939 sah sich Frankfurter mit einer Verschlechterung seiner Lage konfrontiert, die er direkt mit dem Kriegsausbruch in Verbindung brachte. Einerseits ging es um die jährlich im Sommer stattfindenden Besuche seines Vaters, die er als „Lichtblicke im trüben Einerlei des Zuchthauslebens"[618] empfunden hatte. Frankfurter schreibt dazu: „Zwei Monate vor Kriegsausbruch, im Sommer 1939, sah ich meinen Vater zum letzten Mal. Noch konnte ich damals nicht ahnen, dass die Nazi-Mörder mir auch noch diesen geliebten und verehrten Mann hinmeucheln würden, meine eigene Tat dadurch noch mehr und tiefer rechtfertigend."[619] Andererseits wurden ihm von offizieller Seite nun vermehrt bei der Auslebung seines religiösen Lebens Steine in den Weg gelegt.

---

615 Ebd.

616 Brief von Saly Braunschweig an Josef Messinger vom 7. September 1943, in: AfZ, NL Veit Wyler / 47. Eine Kopie des Briefes ging u.a. an Veit Wyler, „der sich früher um einen Besuchsturnus bemüht hat". Vgl.: Ebd.

617 Brief von Saly Braunschweig an Samuel Brom vom 22. September 1943, in: AfZ, IB Frankfurter-Prozess / 57.

618 Memoiren (Version Jabotinsky), S. 66.

619 Ebd.

Der erste Anlass dazu war das Pessachfest im Jahr 1940, noch vor dem letzten Entscheid des SIG, die Seelsorge einzig Prediger Josef Messinger zu überlassen, als Gefängnisverwalter Tuena Frankfurter deutlich machte, dass er „in diesem Jahre mit der Sonderverpflegung nicht zu rechnen habe", zu groß schien die Angst zu sein, dass in Deutschland „unwahre Gerüchte über [Frankfurters] Bevorzugung verbreitet"[620] werden könnten. Er bot ihm stattdessen an, spezielles Essen, das besser als üblich wäre, aus der Gefängnisküche zu beziehen, was für Frankfurter kein sinnvoller Kompromiss war, denn ob besseres oder schlechteres Essen – der springende Punkt war die Kaschrut, die zu Pessach zusätzliche Vorschriften beinhaltet. Frankfurter beharrte auf seinem Wunsch nach koscherem Essen und drohte mit einem Hungerstreik, falls ihm dieser verweigert werden sollte. Tuena nahm daraufhin mit dem Regierungsrat Kontakt auf, der Frankfurters Wunsch stattgab, so dass wiederum Kin aus Chur Frankfurter mit koscherem Essen versorgte. Frankfurter kommentiert in seinen Memoiren diese Geschichte mit der Aussage: „So ängstlich war man damals in der Schweiz, die vor dem übermächtigen Nachbar zitterte."[621] Er musste für seine Überzeugung kämpfen, weil ein „Nachgeben" das „Absinken in den immer drohenden Nihilismus des Zuchthauslebens" bedeutet hätte.[622]

Obwohl Frankfurter nur unregelmäßigen Zugang zu den Nachrichten über die Vorgänge in der Welt hatte, hatte er doch vom Geschehen in Frankreich und Deutschland erfahren, dem Mord an Ernst vom Rath durch den „jüdische[n] Knabe[n] Grünspan [sic]".[623] Er war versucht zu sagen (so wie Schwarzbard Frankfurters Tat befürwortete), dass Grynszpan „ein Talmid"[624] sei, der seinem Vorbild gefolgt war. Er resümiert: „Fast drei Jahre nach meinen Schüssen in Davos – wie viel jüdisches Blut war inzwischen von Nazimörderhand vergossen worden! – hatte endlich wieder ein Jude zur Waffe gegriffen[,] um die Überfrechen zu züchtigen."[625] Frankfurter bemängelt die Wahl des Opfers, das seines Erachtens viel zu unbedeutend war. Er selbst hätte höhere Ziele gehabt, Hitler oder Goebbels, habe sich dann aber für Gustloff entscheiden müssen, der zwar keine echte Nazigröße gewesen sei, aber immerhin ein „sichtbarer Repräsentant der Nazis und eine Gefahr für die Schweiz".[626] Zu vom Rath schreibt Frankfurter, dieser sei nicht einmal ein richtiger Nazi gewesen, und Grynszpan habe den Nationalsozialisten geradezu in die Hände gespielt, diesen Mord als Vorwand für

620 Ebd., S. 67.
621 Ebd.
622 Beide Zitate: Ebd.
623 Ebd., S. 67.
624 Ebd. Talmid: Schüler.
625 Ebd.
626 Ebd.

die „Reichskristallnacht“ zu nutzen. Insofern war Frankfurters Meinung gespalten. Natürlich befürwortete er die Tat Grynszpans und wünschte sich, „wir hätten Tausende von Grünspans [sic], die aufstünden, um den Nazis die Faust ins Gesicht zu schmettern“,[627] gleichzeitig bedauerte er die Folgen, die diese Tat für Deutschlands Jüdinnen und Juden hatte, nimmt aber rückblickend auch eine sehr zionistische und gleichsam überhebliche Haltung gegenüber seinen deutschen Glaubensbrüdern und -schwestern ein.

> Es kam mir fast wie ein Gericht wider den Prunkwillen des deutschen Judentums vor, als diese Fassadenbauten zusammenstürzten. Juden, die wussten, dass sie in der Galuth leben, bauten nicht solche Synagogen. Wer im Aufbruch nach Erez-Israel lebt – und das allein ist die legitime Haltung gerade des gläubigen Juden in der Golah[628] – ist sich bewusst, dass jede Betstätte ausserhalb des Heiligen Landes nur ein Provisorium sein kann.[629]

Interessant wird diese Aussage, wenn man sich die Rolle von Frankfurters Vaters in Daruvar vor Augen hält. Auch dort errichtete die jüdische Gemeinde (in diesem Fall nicht das deutsche, aber immerhin das deutschsprachige Judentum als Teil Österreich-Ungarns) eine prachtvolle Synagoge – unter der Leitung von Rabbiner Moritz Frankfurter. Ob David Frankfurter sich bewusst war, dass er mit seiner Beschreibung des deutschen Judentums seinen Vater und dessen Gemeinde in Daruvar, in der Sohn Frankfurter aufgewachsen war und der er sich verbunden fühlte, kritisierte, ist nicht klar.

Frankfurter schreibt in seinen Memoiren, ihm sei schon damals schnell klargeworden, dass die Pogrome in Deutschland im November 1938 keine isolierten Ereignisse waren, sondern erste Anzeichen „des weit grösseren Weltbrandes, den die Nazis nun im September 1939 entfesselten. Der grosse Krieg brach aus!“[630] In Frankfurters Augen war der Krieg nicht nur „[f]urchtbar und erbarmungslos“, sondern auch nötig als „einziger Weg zur Vernichtung des Nazismus“.[631]

Wenige Tage vor Kriegsausbruch war noch Lina Steffen, „die treue Freundin [...], die auch späterhin in all den Jahren meiner Haft nie meinen Geburtstag vergessen hat und stets zu mir stand“,[632] zu Besuch gekommen. Offensichtlich hatte seine Tat sie und andere Freunde Frankfurters in Bern aufgerüttelt, denn Frankfurter schreibt rückblickend: „Als die Schweiz während des Krieges ernst-

627 Ebd.

628 Golah: Exil, Diaspora.

629 Memoiren (Version Jabotinsky), S. 67.

630 Ebd., S. 68.

631 Beide Zitate: Ebd.

632 Ebd.

lich bedroht war, schlossen sich […] Linny Steffen und meine anderen Berner Freunde – auch Unbekannte stiessen dazu – zu einem Zirkel zusammen, der sich meinen Namen gab und sich mit Waffen versah, um nicht widerstandslos den Nazis in die Hände zu fallen."[633] Frankfurter hatte möglicherweise nicht nur für die tatsächliche Widerstandstat Grynszpans als Vorbild gewirkt, sondern auch für eine geplante Widerstandsgruppe in Bern, die sich auf den Fall einer deutschen Besetzung der Schweiz vorbereitete.

Auch Frankfurter traf Vorkehrungen für einen möglichen Ernstfall. Er hatte sich (ohne näher darauf einzugehen, wie ihm dies gelungen war) Rasierklingen und ein Taschenmesser beschafft und beabsichtigte, sich den Nazis auf keinen Fall lebend zu ergeben. „Sollte ich endlosen Martern und dem Triumph der Todfeinde mich aussetzen? Nein, lieber schied ich freiwillig aus dem Leben, das nicht schwer in meiner Hand wog."[634] Dass er nicht in der Lage war, sich aktiv gegen die Nationalsozialisten zu betätigen, beschäftigte ihn. Vorschläge Frankfurters, sich im Kriegsfall für die Schweiz zu opfern, wurden abgelehnt.[635] Auf offene Ohren stieß hingegen seine Anfrage, ihn „aus der besonders gefährdeten deutschen Schweiz" in einen sicheren Landesteil zu verlegen, wenn die politische Situation es verlangte.[636]

6.2.5 In Orbe: Illegale Radios und versuchter Schmuggel

Diese Situation kam tatsächlich bald. Am 27. Mai 1940[637] wurde Frankfurter informiert, dass er in die Westschweiz verlegt würde: „David, wir haben Ihrer nicht vergessen. Die Deutschen kommen näher und näher – wir müssen uns auf eine Invasion gefasst machen."[638] Dass die allgemeine Bedrohungslage tatsäch-

633 Ebd.

634 Ebd.

635 Konkret machte Frankfurter folgenden Vorschlag: „Ich machte dem Regierungsrat den Vorschlag, mich im gegebenen Falle mit einer Spezialmission zu betrauen, die nur von einem Manne ausgeführt werden konnte, der bereit war sein Leben zu riskieren. Etwa die Sprengung einer Brücke im Augenblick des deutschen Einmarsches, mit dem man gerade zu Beginn des Krieges rechnete." Ebd.

636 Ebd.

637 Frankfurter schreibt irrtümlich, dass er 1941 verlegt worden sei. Briefe sowie Angaben aus den Memoiren deuten jedoch darauf hin, dass es sich tatsächlich um das Jahr 1940 handelte. So datiert er seine Verlegung auf den Tag der Kapitulation Belgiens, die im Jahr 1940 stattgefunden hatte. (Vgl.: Ebd.) Auch schrieb Veit Wyler im Dezember 1940 einen Brief an Frankfurters Vater, in dem er erwähnte, wie gut für Frankfurter die Verlegung sei, da er am neuen Ort richtiggehend aufblühen würde. (Vgl.: Brief Veit Wyler an Moritz Frankfurter vom 10. Dezember 1940, in: AfZ, NL Veit Wyler / 40.)

638 Memoiren (Version Jabotinsky), S. 68.

lich zu dieser Verlegung führte, darauf deutet eine Karte Prediger Messingers hin, die dieser an Veit Wyler schickte. Messinger hatte seine Seelsorgebesuche in Orbe fortgeführt und zeigte sich positiv überrascht von der dortigen Strafanstalt, hielt sich ansonsten aber kryptisch. „Freilich, man darf darüber nicgt [sic] sprechen und auch den Ort nicht nennen."[639] Offensichtlich war Messinger und Wyler die Bedrohung (nicht nur für Frankfurter, sondern für die Schweiz im Allgemeinen und die Schweizer Jüdinnen und Juden im Speziellen) klar, weshalb sie in ihrer Korrespondenz den Verlegungsort nicht nannten – für den Fall, dass ihre Briefe abgefangen würden. Dieses Bewusstsein für eine mögliche Gefahr entsprang nicht etwa einem Verfolgungswahn der hier beteiligten Personen, sondern war zur damaligen Zeit nicht nur unter jüdischen Schweizerinnen und Schweizern vorherrschend. So schreibt Hanna Zweig-Strauss:

> Mit dem Ende des „drôle de guerre" im Westen, Hitlers „Blitzkriegen und Blitzsiegen" zuerst in Nordeuropa, dann den Beneluxstaaten und dem Angriff auf Frankreich stieg in der Schweiz nicht nur, aber besonders unter den Juden die Furcht vor einem deutschen Überfall. Es setzte eine „Flucht" in die Westschweiz und die Innerschweiz ein, doch nicht wenige blieben auf ihren Posten trotz aller Gerüchte über eine bevorstehende deutsche Invasion.[640]

Bereits einen Tag nach der Verlegungsankündigung, der Zug fuhr um fünf Uhr morgens, verließ Frankfurter Chur „[m]it leichtem Gepäck" und in Begleitung lediglich eines „Landjäger[s] in Zivil".[641] Obwohl der Anlass für die Reise ein schwieriger war, genoss Frankfurter die unerwartete Freiheit nach über vier Jahren im Gefängnis, die die Reise in Zivilkleidung, ohne Handschellen oder Ketten, bot. „Ich hatte ein kleines Köfferchen mit dem Nötigsten bei mir. Bücher und Schriften waren in Chur geblieben. – Ein ungeheures Glücksgefühl überkam mich als ich – in bürgerlichem Anzug – eine Mütze auf dem sträflingsmässig kahl geschorenen Kopfe der Bahnstation zuschritt."[642] Wie schon auf dem Weg nach Davos Ende Januar 1936 ergötzte sich Frankfurter an der vorüberziehenden Bergwelt. Die Reise führte über Zürich, Yverdon-les-Bains[643] und Lausanne nach Orbe. In Yverdon mussten Frankfurter und sein Begleiter zwei

639 Karte von Josef Messinger an Veit Wyler [undatiert], in: AfZ, NL Veit Wyler / 40. Messinger schrieb darüber hinaus, dass er Frankfurter sechs Franken gegeben habe, die es ihm erlaubten, sich einige Konserven zu kaufen, und dass Rabbiner Schulmann aus Lausanne Frankfurter besuchen würde – was aufgrund der geografischen Nähe logisch erscheint.

640 Zweig-Strauss, Hanna: Saly Mayer 1882–1950. Ein Retter jüdischen Lebens während des Holocaust, Köln Weimar Wien 2007, S. 127.

641 Beide Zitate: Ebd., S. 70.

642 Ebd.

643 Bei Frankfurter fälschlicherweise Yverdonne.

Stunden auf den Verbindungszug warten. „Da wir gerade um die Mittagszeit in Yverdonne [sic] ankamen, bestellte mein freundlicher Landjäger im Bahnhofsrestaurant ein gutes Mittagessen für uns beide, und wie um den Tag meiner Scheinfreiheit noch besonders zu feiern, dazu eine Flasche Wein, die wir gemeinsam leerten."[644] Der Polizist, der zu Frankfurters Bewachung abgestellt worden war, muss ihm größtes Vertrauen entgegengebracht haben, so dass er ihn nach dem Essen kurz alleine ließ, um zur Toilette zu gehen. Frankfurter hingegen schreibt in seinen Memoiren, er habe damals nicht an eine Flucht gedacht.

> Es wäre ein Leichtes gewesen zu entkommen. Antifaschisten und Sozialisten im Lande hätten mich sicher verborgen und hinüber geleitet in die – Freiheit. Aber ich lehnte diesen Gedanken ab. Sollte ich das Wort, das ich meinem Vater und mir selber gegeben hatte, brechen, sollte ich das Vertrauen, das man in mich setzte[,] enttäuschen? Nein! Ich wollte bleiben und weiter freiwillig mein Schicksal auf mich nehmen.[645]

So kam Frankfurter nach Orbe, ein kleines Waadtländer Städtchen, das damals knapp 3500 Einwohner zählte.[646] Das dortige Gefängnis wurde 1899 erbaut und zwischen 1905 und 1911 zweimal umgebaut, 1930 wurde der Neubau eröffnet.[647] Entsprechend schildert Frankfurter den Gebäudekomplex, in dem er für die nächsten Monate untergebracht werden sollte, als „in modernstem Stil ausgeführt, mehr an eine grosszügige Fabrikanlage, ein Büro-Haus oder eine Kaserne – als an ein Zuchthaus" erinnernd, anders als der „alte[...] düstere[...] Bau in Chur".[648] Aber nicht nur äußerlich unterschied sich das Gefängnis in Orbe von jenem in Chur, sondern auch in Bezug auf die Insassen und deren Behandlung. Frankfurter meinte, im Westschweizer Gefängnis einen Hauch von „französischer Liberalität" wahrzunehmen, obwohl in Orbe mehrheitlich

---

644 Memoiren (Version Jabotinsky), S. 70.

645 Ebd. Frankfurter schreibt dann weiter von dem Unverständnis, das ihm seine Mithäftlinge entgegengebracht hätten: „Meine Mitgefangenen, denen ich später von diesen zehn Minuten erzählte, in denen ich mit Leichtigkeit hätte entkommen können, schimpften mich einen Narren und Tölpel, – ja, einen Verräter, der sozusagen die ‚Berufsehre' der Zuchthäusler angetastet hat, indem er da nicht entwich, wo man es ihm so leicht machte." Ebd.

646 1930: 3422 Einwohner, 1941: 3558 Einwohner. Vgl.: Bundesamt für Statistik: Eidgenössische Volkszählung (1850-2000), Bevölkerungsentwicklung 1850–2000, Die Bevölkerung der Gemeinden, Bern 2016, S. 162. Online unter: https://www.bfs.admin.ch/bfs/de/home/statistiken/bevoelkerung/erhebungen/vz.assetdetail.6781.html [zuletzt eingesehen: 26.10.2018].

647 Vgl.: Bundesamt für Statistik: Katalog der Justizvollzugseinrichtungen 2017, Etablissements de la plaine de l'Orbe (VD), online unter: https://www.bfs.admin.ch/bfs/de/home/statistiken/kriminalitaet-strafrecht/justizvollzug/justizvollzugseinrichtungen.assetdetail.4422879.html [zuletzt eingesehen: 26.10.2018].

648 Beide Zitate: Memoiren (Version Jabotinsky), S. 70.

„schwere Jungs“ inhaftiert waren, während in Graubünden vor allem „Eintagsfliegen“ einsaßen.[649] In Orbe gab es ein Bonus-Malus-System, mit dem sich an die Hausordnung haltende Sträflinge belohnt und renitente Sträflinge bestraft wurden. Als Belohnung wurden bessere Zellen mit bequemeren Betten statt der üblichen Pritschen, mehr Bewegungsfreiheit und andere Vorzüge angeboten; die Häftlinge konnten durch ihr Verhalten ihre Situation verbessern. Frankfurter wurde in die zweite und mittlere Stufe eingeteilt, konnte somit durch gutes Benehmen in die erste auf- oder durch schlechtes in die dritte Klasse absteigen. Er zeigte sich begeistert von diesem System, das verhinderte, dass die Gefangenen wie in anderen Anstalten „hoffnungslos in den Tag hinein leben“,[650] da sie keinerlei Ziele oder Möglichkeiten hatten.[651] Ebenfalls positiv vermerkte Frankfurter die Gefängniskleidung, die zivilen Kleidern glich. Auch wurde ihm wegen seiner Ohrenbeschwerden erlaubt, die Haare etwas länger als für Häftlinge üblich zu tragen.[652]

Während Frankfurter nur wenig über seine Mithäftlinge in Chur verlauten lässt, geht er detailliert auf die Menschen ein, die in Orbe ihre Haftzeit verbrachten. Diese – „zumeist Westschweizer, Franzosen oder Italiener“ – waren aufgrund unterschiedlichster Delikte zu Haftstrafen verurteilt worden: „Internationale Fassadenkletterer, Zuhälter, Raubmörder, Lustmörder, Einbrecher und Gewohnheitsverbrecher aller Art, das waren meine neuen Hausgenossen.“[653] Hier fiel Frankfurter als politischer Mörder nicht weiter auf, im Gegensatz zu Chur, „wo meist kleine Diebe und Betrüger oder halb imbezille [sic] Dorftrottel logierten, die irgendwo in ihren Einöden der Blutschande verfallen waren“.[654] In diesem Zusammenhang erwähnt Frankfurter eine kleine Anekdote zu einem Mithäftling in Orbe, der mehr Zeit im Gefängnis als in Freiheit verbracht habe und deswegen jeweils, wenn er auf Wohnungssuche war, bei der Angabe zum Wohnort „Meistens im Zuchthaus“[655] hinschrieb. Abgesehen davon befand sich eine Gruppe überzeugter Nationalsozialisten, der „Deutsche Club“, im Gefängnis. Diese rund 25 Häftlinge gaben sich als „Herrenmenschen“, lasen nationalsozialistische Medien und distanzierten sich von ihren Mitgefangenen.[656] Da

649 Alle Zitate: Ebd.

650 Ebd.

651 Vgl.: Ebd., S. 71.

652 Vgl.: Ebd.

653 Ebd.

654 Ebd.

655 Vgl.: Ebd.

656 Vgl.: Ebd. Frankfurter schrieb nichts von allfälligen Repressalien dieser Gruppe gegen ihn, obwohl die Häftlinge anscheinend über die Konfessionen ihrer Mitgefangenen informiert waren; so berichtet Frankfurter, dass es außer ihm nur einen einzigen Juden im Gefängnis Orbe gab. Vgl.: Ebd., S. 72.

der Deutsche Club ausgerechnet in der Weberei, Frankfurters Beschäftigungsort in Chur, arbeitete und der Gefängnisleitung die mögliche Konfrontation offensichtlich bewusst war, wurde ihm eine andere Arbeit zugewiesen – die Schneiderei, wo er für die Häftlinge Hosen herzustellen hatte, eine Tätigkeit, die ihn nicht interessierte und für die er zumindest zu Beginn wenig Begabung zeigte.

Immer wieder weist Frankfurter in seinen Memoiren auf die Unterschiede zuungunsten von Chur hin. „In den Arbeitspausen durfte man hier sogar Schach oder Karten (!) spielen – woran in Chur ebensowenig zu denken war, wie an tägliche Spaziergänge von einer halben Stunde vormittags und nachmittags[.]“[657] Da ihm nun vermehrt der Aufenthalt im Freien erlaubt war, bat er seinen Anwalt, Veit Wyler, „[s]ollte sich unter meinen bei Ihnen deponierten Sachen auch mein Wintermantel befinden, so bitte ihn mir, für alle Fälle, zu senden“.[658] Für diese Spaziergänge stand der Gefängnishof mit angehängtem Gemüsegarten zur Verfügung, die Insassen durften in der Freizeit rauchen und es war ihnen erlaubt, Zeitschriften zu abonnieren – allerdings mit der Auflage, keine politischen Blätter zu lesen. Frankfurter konnte dieses Verbot jedoch umgehen. Da niemand im Umfeld der Gefängnismitarbeitenden des Kroatischen mächtig war, ließ er sich aus der Heimat Zeitungen zuschicken und konnte sich so über das Weltgeschehen auf dem Laufenden halten. Frankfurter schließt zu den Unterschieden zwischen den zwei Strafanstalten:

> Auch die Quälerei mit dem Nachtgeschirr gab es hier nicht. Man konnte es je nach dem drei bis vier Mal am Tage leeren und durfte sich in der Zelle waschen. Gewiss sind das alles Kleinigkeiten – aber wo sie fehlen (wie in Chur) da wird das an sich so trübe Dasein im Gefängnis noch unnötig erschwert. Als ich darauf hinwies, dass ich aus religiösen Gründen kein Fleisch essen wollte, hatte man auch dafür Verständnis und ich erhielt stets ein Stück Käse als Ersatz für das Fleisch, auf das ich freiwillig verzichtet hatte.[659]

Für diesen humanen Umgang verantwortlich zeigte sich der Gefängnisdirektor Nicod, ein ehemaliger Anwalt, mit dem sich Frankfurter gut verstand. Als sich Frankfurters Verständigungsschwierigkeiten in der französischsprachigen Umgebung zeigten, wurde ihm erlaubt, bei einem Mithäftling Französischunter-

657 Ebd., S. 71.

658 Brief von David Frankfurter an Veit Wyler vom 9. Dezember 1940, in: AfZ, NL Veit Wyler / 47.

659 Memoiren (Version Jabotinsky), S. 71.

richt zu nehmen.[660] Sein Lehrer, Troesch,[661] „ein hochintelligenter und gebildeter Mann", war als 19-Jähriger wegen Mordes – „wahrscheinlich aus Eifersucht" – an einem Chauffeur zu einer lebenslänglichen Haftstrafe verurteilt worden.[662] Er hatte es sich im Gefängnis so weit wie möglich angenehm eingerichtet, hatte in seiner Zelle eine Schreibmaschine, auf der er für Zeitungen Artikel schrieb und Bücher aus dem Französischen ins Deutsche übersetzte; zudem hatte er durch regelkonformes Verhalten verschiedene Privilegien erhalten. Zum Beispiel musste er sich nicht an die vorgeschriebene Nachtruhe halten, sondern durfte abends so lange arbeiten, wie er wollte. Frankfurter kommentierte: „Der Fall Trösch [sic] zeigt, wie eine humane Gefängnisführung aus der Strafanstalt tatsächlich eine Besserungsanstalt machen kann."[663]

Außer Frankfurter befand sich nur ein weiterer Jude im Gefängnis von Orbe, ein Spanienkämpfer namens Bernhard Rosner, der gemäß Frankfurter wegen illegalen Grenzübertritts und seiner politischen Betätigung inhaftiert worden war. Mit ihm freundete sich Frankfurter in der kurzen Zeit, die er in Orbe verbrachte, an und führte mit ihm politische und religiöse Diskussionen, in denen er versuchte, den Kommunisten Rosner „stärker im jüdisch-zionistischen Sinne zu beeinflussen".[664] Rosner wiederum wollte Frankfurter von seinen eigenen Ideen überzeugen. Auch wenn die beiden in ihren Ansichten nicht übereinstimmten, schätzte Frankfurter diese Gespräche sehr; sie hatten für ihn einen gewissen Seltenheitswert, da „[d]ie meisten anderen Leidensgefährten [...] ganz ausserstande [waren] ein geistiges Gespräch zu führen".[665] Rosner verkaufte Frankfurter zudem für 20 Franken ein verbotenes Radio, das in einer Ovomaltinedose versteckt und mit einem Kopfhöreranschluss versehen war, so dass Frankfurter – nachdem er es über die Glühbirne in seiner Zelle an das Stromnetz angeschlossen hatte – darüber Schweizer Radiosender empfangen und hören konnte.[666] Zu

660 Frankfurters Lehrer, Troesch, schrieb später in einem anderen Zusammenhang, als Frankfurter bereits wieder zurück in Chur war, einen Brief an Veit Wyler, in dem er ihm u.a. vom Französischunterricht berichtete, dessen Erfolg Troesch sehr bezweifelte. „Um ja keine falschen Vorstellungen in Ihnen zu erwecken, möchte ich gleich vorwegnehmen, dass die grammatikalischen Fortschritte des Schülers jeder Beschreibung spotten. Sie waren unter aller Kanone." Vgl.: Brief von Troesch an Veit Wyler vom 12. Mai 1941, in: AfZ, NL Veit Wyler / 47.

661 Bei Frankfurter: Trösch.

662 Beide Zitate: Memoiren (Version Jabotinsky), S. 72.

663 Ebd. Frankfurter schrieb zudem über Troesch, dass dieser später begnadigt wurde und sich entschied, Gefängniswärter zu werden, ein Beruf, „zu dem er ja durch seine eigenen jahrzehntelangen Erfahrungen im Zuchthaus geradezu prädestiniert war". Ebd.

664 Ebd.

665 Ebd.

666 Vgl.: Ebd. Das Geld für den Erwerb des Radiogerätes hatte er von Veit Wyler erhalten; er schrieb ihm in einem Brief bezüglich des Radios, dass dieses sein kostbarster Besitz sei: „So

diesem Zwecke zog er jeweils seine Bettdecke über den Kopf, um nicht entdeckt zu werden. Er schreibt, er sei nicht der Einzige mit Radio gewesen und die Gefängniswärter hätten diesbezüglich oft ein Auge zugedrückt. So konnte er sich zusätzlich (und wesentlich schneller als durch die zugesandten Zeitungen und Zeitschriften aus Jugoslawien) über die gegenwärtige politische Lage auf dem Laufenden halten, für Frankfurter gerade zu jenem Zeitpunkt von großer Wichtigkeit, da ihn der Balkanfeldzug mit anschließender Besetzung Jugoslawiens persönlich betraf. Frankfurter beschreibt die Ereignisse in seinen Memoiren, wobei wiederum eine Unterscheidung zwischen Volk und regierender Elite sowie seine Abneigung gegen Letztere durchscheinen.

> Die regierenden Kreise in meiner Heimat hatten den Anschluss an die Achse gesucht, aber das Volk widersetzte sich spontan dieser Preisgabe der Freiheit. Die Antwort war der grausame Überfall auf Belgrad, das obwohl zur ‚offenen Stadt' erklärt, entsetzlich bombardiert wurde. Ich wusste, dass mein Vater sich gerade um diese Zeit zu einer Vorstandssitzung des jüdischen Gemeindebundes in der gefährdeten Stadt befand, und ich zitterte daher um sein Leben.[667]

Durch die Besetzung Jugoslawiens hörte die Zusendung von Zeitungen und Zeitschriften auf, da sein Bruder zuerst als Arzt in die Armee eingezogen wurde und später in deutsche Kriegsgefangenschaft geriet. Ohne sein Radio wäre Frankfurter – der keine politischen Nachrichten lesen oder hören durfte – von den Vorgängen in der Welt abgeschnitten gewesen. Umso verzweifelter war er, als sein Radio plötzlich verschwand. Seine erste Vermutung, es wäre von der Gefängnisleitung konfisziert worden, stellte sich als unwahr heraus. Tatsächlich hatte sein Zellennachbar, „ein alter Verbrecher, der schon 22 Jahre Zuchthaus hinter sich hatte",[668] es gestohlen und wahrscheinlich weiterverkauft. Auf jeden Fall war das Radio weg und somit war Frankfurter der „letzte[n] Verbindung

---

kann ich täglich Nachrichten aus Bern hören, was für mich unschätzbaren Wert hat." Vgl.: Brief von David Frankfurter an Veit Wyler [undatiert], in: AfZ, NL Veit Wyler / 47. Demselben Brief ist einer handschriftlichen Notiz zu entnehmen, dass Wyler Frankfurter weitere 20 Franken für den Kauf von Zigaretten, Tabak und Konserven hat zukommen lassen. Dass dieser Brief die Zensur der Haftanstalt passierte, zeugt entweder von der bereits beschriebenen Liberalität des Orber Gefängnisses oder aber von nachlässigen Kontrollen.

667 Memoiren (Version Jabotinsky), S. 73. Beim so genannten Balkanfeldzug im April 1941 griff Deutschland die beiden Königreiche Jugoslawien und Griechenland an und besetzte sie schließlich. In Jugoslawien hatte es davor Pläne eines Anschlusses an die Achsenmächte gegeben, die durch einen (wahrscheinlich durch England angezettelten) Putsch gegen die Regierung verhindert wurden.

668 Memoiren (Version Jabotinsky), S. 73.

mit der Welt im allgemeinen und mit Jugoslawien im besonderen“[669] beraubt. In seiner Not wandte er sich an Häftlinge, die schon länger im Gefängnis waren und mehr Freiheiten hatten als er, und bat sie, einen Brief an seine Freunde nach draußen zu schmuggeln, in dem er um 20 Franken für den Erwerb eines neuen Radios bat. Jedoch wurde er (anscheinend bereits bei der Übergabe des Briefes an einen Mithäftling) ertappt und in der Folge zum Gefängnisdirektor zitiert, der sich von Frankfurter – bei allem Verständnis, das er für dessen Lage hatte – sehr enttäuscht zeigte. Da der Direktor für den Mithäftling, der mit Frankfurters Brief erwischt worden war, die Strafe von fünf Tagen Dunkelarrest verhängt hatte, wollte Frankfurter dieselbe Strafe auf sich nehmen. „‚Geben Sie mir die selbe Strafe‘[,] entgegnete ich. ‚Ich werde sie ohne Widerstand auf mich nehmen.‘“[670] Zusätzlich zum Dunkelarrest, der in Orbe noch strenger war als in Chur, da die Gefangenen lediglich mit Suppe versorgt wurden und auf dem nackten Boden schlafen mussten, wurde Frankfurter im Bonus-Malus-System des Gefängnisses um jene zwei Stufen, die er seit Beginn seiner Verlegung nach Orbe erreicht hatte, zurückgestuft. „Der Tabak wurde mir entzogen und das Haar wieder nach Sträflingsart abgeschoren.“[671] Nachrichten über den Fortgang des Krieges und die Situation in seiner Heimat konnte er in der Folge nicht mehr empfangen.

Stattdessen wandte er sich wieder den Büchern zu, diesmal nicht der hohen Literatur, sondern der Psychopädagogik; er las *Morale et politique, ou Les vacances de la probité*[672] des Schweizer Psychologen Edouard Claparède.[673] Unklar ist, woher Frankfurter das Buch erhalten hatte, er schreibt lediglich, es habe ihm „[e]inen gewissen Trost in dieser unglückseligen Situation verschafft[…]“.[674] Frankfurter hatte in der Zwischenzeit gut genug Französisch gelernt, um das Buch in der Originalfassung lesen zu können. Claparède widmet ein kurzes Kapitel dem

669 Ebd.

670 Ebd., S. 74.

671 Ebd.

672 Claparède, Edouard: Morale et politique, ou Les vacances de la probité, Neuchâtel 1940. Das Buch ist auch zum kostenlosen Download verfügbar, vgl.: Claparède, Edouard: Morale et politique, ou Les vacances de la probité. Les classiques des Sciences Sociales, Bibliothèque Paul-Emile Boulet de l'Université de Quebéc à Chicoutimi, online unter: http://classiques.uqac.ca/classiques/claparede_edouard/morale_et_politique/morale_et_politique.html [zuletzt eingesehen: 19.11.2015]. Die Seitenzahlen im Folgenden beziehen sich auf die pdf-Version dieses Downloads.

673 Edouard Claparède, 1873–1940, war ein Schweizer Psychopädagoge, liberaler Protestant und Pazifist. Das erwähnte Buch erschien in seinem Todesjahr 1940 in einer zensierten Version, die unzensierte wurde erst 1947 veröffentlicht. Vgl.: Vidal, Fernando: Claparède, Eduard, in: Historisches Lexikon der Schweiz, online unter: http://www.hls-dhs-dss.ch/textes/d/D9013.php [zuletzt eingesehen: 19.11.2015].

674 Memoiren (Version Jabotinsky), S. 74.

Vergleich zwischen den Fällen Conradi[675] und Frankfurter, um daran das Prinzip von Recht und Billigkeit[676] aufzuzeigen, und fasst dies in zwei Sätzen prägnant zusammen: „Les principes ou les arguments qui valent pour nous valent aussi pour nos adversaires [. ...] Et encore: Ne pas reprocher à un adversaire une faute que l'on commet soi-même, ou que nous approuvons lorsqu'elle est commise par nos amis."[677] Nach einer kurzen Einleitung hierzu geht er über zu den Parallelen zwischen dem Fall Conradi, der 1923 den sowjetischen Delegierten Worowski getötet hatte, und dem Fall David Frankfurter. Obwohl sich die beiden Fälle überraschend ähnlich waren – Claparède spricht von „[c]rimes symétriques"[678] –, seien die Reaktionen darauf in der Schweizer Presse äußerst unterschiedlich gewesen. Claparède führt Beispiele von Artikeln an, die teilweise von demselben Journalisten verfasst worden waren und diametral entgegengesetzte Einschätzungen bezüglich der beiden Morde vertraten.[679] Frankfurter resümiert Claparèdes Ausführungen: „Claparete [sic] zeigte auf, wie dieselbe bürgerliche Presse, die Conradi in Schutz nahm – gegen mich scharfmacherisch vorging. Conradi hatte einen Repräsentanten der verhassten proletarischen Revolution erschossen, indes ich die Waffe gegen einen Mann der blutigsten Reaktion gerichtet hatte. Claparete [sic] entlarvte die Hintergründe einer zwiespältigen Haltung."[680] Auf weitere Lektüre geht Frankfurter nicht ein; aus Briefen wird jedoch ersichtlich, dass auch während seiner Haftzeit in Orbe seine Bekannten ihn mit passender Lektüre versorgten.[681]

Am 20. Juni 1941 wurde Frankfurter informiert, dass er wieder nach Chur zurückgebracht würde; er hatte damit ein gutes Jahr in Orbe verbracht. Der Entscheid wurde nicht etwa mit Frankfurters Verstoß gegen die Gefängnisregeln begründet, wie dieser zunächst vermutet hatte, sondern aus administrativen Gründen getroffen. „Die Gefängnisverwaltung in Chur musste für meinen Aufenthalt in Orbe zahlen und war dazu nicht mehr gewillt, zumal nach dem Zusammenbruch Frankreichs in der Westschweiz für mich keine höhere Sicherheit bestand, als im

675 Auf den Fall Conradi wurde hier schon wiederholt eingegangen, vgl.: Kapitel 6.1.5.1 Abschluss des Plädoyers: „diese […] jüdischen Deutschen mit Stumpf und Stiel auszuroden", S. 294 ff.

676 Bei Claparède: Principe d'équité.

677 Claparède, S. 69–70.

678 Ebd., S. 72.

679 „Mais, très assurément, il n'y a rien de symétrique dans la façon dont notre presse bien-pensante a apprécié ces deux assassinats." Ebd., S. 73.

680 Memoiren (Version Jabotinsky); S. 74.

681 So gibt es beispielsweise einen Brief von David Kin, der an Wyler schreibt, ob er „jüd. Literatur" kenne, da „sich D. im erhaltenen Brief geäussert hatte[,] es mangle ihm sehr daran". In einem weiteren Brief schickte er eine Bücherliste an Wyler, die er von einem Herrn W. erhalten hatte. Wer dieser Herr W. ist, konnte nicht eruiert werden. Vgl.: Briefe von David Kin an Veit Wyler vom 11. und 17. März 1941, in: AfZ, NL Veit Wyler / 47.

Kanton Graubünden."[682] In Klammern ergänzt Frankfurter an dieser Stelle in seinen Memoiren, er habe mit seiner ursprünglichen Vermutung Recht gehabt und sich durch den versuchten Schmuggel eines Briefes „die Gunst Nicods verscherzt".[683]

6.2.6 Zurück in Chur

Wieder beschreibt Frankfurter ein Aufeinandertreffen von Weltpolitik und seiner eigenen Biographie. Während seine Verlegung in die Westschweiz am Tag der Kapitulation Belgiens stattgefunden hatte, sah er nun in seiner Rückkehr nach Chur einen weiteren schicksalhaften Zufall – ausgerechnet am Tag des deutschen Überfalls auf die Sowjetunion[684] und damit dem Beginn des „letzte[n], blutigste[n] Akt[es] des zweiten Weltkrieges".[685] Entsprechend „beklemmend" empfand er die Atmosphäre im Churer Sennhof, wo er wieder seine alte Zelle beziehen musste, „die Stätte so vieler trostloser Tage und Nächte".[686] Beklemmung empfand er vor allem angesichts der Vorgänge in Europa, die Frankfurter die Bedeutungslosigkeit seines eigenen Schicksals erkennen ließen. Nun ging es gemäß Frankfurter um Größeres, den gemeinsamen Kampf gegen das nationalsozialistische Deutschland und die Frage, ob Russland dem deutschen Angriff etwas entgegenzusetzen hatte. „[A]ber wir alle, die wir mit den proletarischen Massen der Sowjetunion fühlten und Millionen jüdischer Brüder in ihrem Gebiete wussten, zitterten um den Ausgang dieser grössten Entscheidung des Krieges."[687] Während in der Schweiz, so Frankfurter, der Glaube an die „Unbesiegbarkeit des deutschen Heeres"[688] noch lange weiterbestanden habe, sei ihm

682 Memoiren (Version Jabotinsky), S. 74.

683 Ebd. Josef Messinger kommentierte die Rückverlegung Frankfurters nach Orbe mit folgenden Worten: „Die Gründe, warum F. nach Chur zurückkam, sind mir nicht bekannt, wären aber vielleicht damit zu belegen, dass kein Grund mehr vorliege, F. nach Orbe zu verbringen. Uebrigens ist der Sommer gewiss viel gesünder in Chur." Und er fügte an: „Es wäre aber nicht ganz unmöglich, dass die Aschkenasim sich erkundigten, wo F. sei und dass man allen Diskussionen die Spitze nehmen will." Es ist interessant, dass Messinger hier für die Nationalsozialisten als Code das Wort „Aschkenasim" verwendet, das normalerweise die Jüdinnen und Juden deutscher oder osteuropäischer Herkunft, im älteren jüdischen Kontext ausschließlich Deutschland bezeichnet. Vgl.: Brief von Josef Messinger an Veit Wyler vom 26. Juni 1941, in: AfZ, NL Veit Wyler / 47.

684 Frankfurter wurde am 21. Juni 1941, einem Schabbat, zurück nach Chur gebracht. Der Überfall der deutschen Wehrmacht auf die Sowjetunion fand am 22. Juni 1941 statt.

685 Memoiren (Version Jabotinsky); S. 74.

686 Beide Zitate: Ebd.

687 Ebd.

688 Ebd.

bereits klar gewesen, dass die Tage der Wehrmacht gezählt wären. Aus dem Churer Gefängnis schrieb er in einem Brief an Rosner, der sich weiterhin in Orbe befand, seine Prophezeiung bezüglich des weiteren Kriegsverlaufs. In seinen Memoiren gibt er den Inhalt des Briefes aus der Erinnerung wieder: „Der Hitler-Krug geht so lange zum Stalin-Brunnen bis er bricht!“[689] Gleichzeitig sorgte er sich um Palästina, das durch Rommels Armee bedroht war, und um seine Heimat Jugoslawien, wo sich weiterhin Teile seiner Familie aufhielten, wobei er überzeugt war, dass zumindest sein Vater und seine Schwester nicht direkt in Gefahr waren. „So blühte auch dort wieder Hoffnung, wo ich noch den Vater wusste, während meine Schwester in dem inzwischen ungarisch gewordenen Gebiet nördlich der Donau wenigstens in relativer Sicherheit war. Dort schnitt man zwar den Juden die Erwerbsmöglichkeiten ab, doch bedrohte man sie noch nicht an Leib und Leben.“[690] Von seinem Vater erhielt er zu dieser Zeit eine letzte Nachricht in Form einer kurzen Postkarte, in der dieser von einer im Moment unsicheren Lage sprach. Auch mit seinem Bruder, der sich bereits in deutscher Kriegsgefangenschaft befand, war Frankfurter in Kontakt. Er schildert dessen Geschichte in seinen Memoiren sehr ausführlich und detailliert.

> Abenteuerlich waren die Schicksale meines Bruders Alfons in dieser Zeit. In Mazedonien war er in deutsche Kriegsgefangenschaft geraten, d.h. das ganze jugoslawische Armeecorps, dem er als Arzt angehörte, fand sich eines Tages von den Deutschen umzingelt. Alfons aber, der sich ja als Jude – und als mein Bruder – weit mehr gefährdet wusste als seine Kameraden, wagte das Tollkühne: er schwang sich bei Nacht auf sein Pferd und es gelang ihm unbemerkt den nicht ganz dicht geschlossenen deutschen Karden zu durchbrechen. Aber die Nazis holten ihn ein. Es war ein ungleicher Wettlauf, den er an der Südspitze Griechenlands, in der Stadt Calamatta,[691] unweit der Insel Kreta, aufgeben musste.
> Selbstverständlich fragte der vernehmende Offizier meinen Bruder, ob er mit David Frankfurter, dem Mörder Gustloffs verwandt sei. Es war das Gebot nackter Selbsterhaltung, dass Alfons dies leugnete, und der Nazi-Mann – stolz auf die Allwissenheit seiner Gestapo, die keinen entgegengesetzten Rapport erstattet hatte, gab sich mit dieser Antwort zufrieden.[692]

689 Ebd. Möglicherweise ist die Beschreibung des Inhalts dieses Briefes durch Frankfurters Sicht nach dem Krieg beeinflusst; falls Frankfurters Inhaltsbeschreibung aber stimmt, würde es sich hier um eine zeitgenössische Einschätzung handeln, die Frankfurter in seinen Memoiren wiedergibt.

690 Ebd.

691 Wahrscheinlich: Kalamata.

692 Ebd., S. 75–76. Hier muss davon ausgegangen werden, dass Frankfurter während seiner Haftzeit nicht so detailliert über die Erlebnisse seines Bruders Bescheid wusste. Es handelt sich also klar um rückblickende Beschreibungen aus zweiter Hand.

Alfons Frankfurter war es erlaubt, während seiner Kriegsgefangenschaft Briefe zu schreiben. Da es aber verdächtig gewesen wäre, mit David Frankfurter, dessen Verwandtschaft er geleugnet hatte, zu korrespondieren, kam ein weiterer Gefangener in Chur ins Spiel – ein polnisch-jüdischer Soldat namens David Finkelstein, der mit seinem Regiment aus Frankreich in die Schweiz geflüchtet war. Alfons Frankfurter schickte seine Briefe also an diesen völlig unverdächtigen David Finkelstein, den er als seinen Cousin ausgab.[693]

Gleichzeitig war sich Frankfurter über die Verschlechterung der Lage – insbesondere in (Süd-)Osteuropa – bewusst und darüber, dass es ihm nicht möglich war, aus dem Gefängnis heraus etwas Grundlegendes zu unternehmen. Zwar habe er, schreibt er, Freunde auf der ganzen Welt gehabt, die er hätte mobilisieren können, sei aber zum Entschluss gekommen, dass ein tüchtiger Vormund ihm in seiner Situation eher weiterhelfen würde. Sein bisher von den Behörden gestellter Vormund, Armenpfleger Conrad, war keine Hilfe gewesen, außerdem war er von Chur weggezogen und stand Frankfurter somit nicht mehr zur Verfügung. Ein Brief Wylers an die Vormundschaftsbehörde zeigt das Ausmaß der Vernachlässigung der Betreuung: „Ich war erstaunt, zu vernehmen, dass Herr Conrad sein Mündel in all den Jahren ein einziges Mal besucht hat."[694] Frankfurter zog verschiedene ihm bekannte Männer als Vormund in Erwägung: David Kin, Veit Wyler oder aber den jüdischen Anwalt und Bündner Großrat Dr. Silberroth aus Davos.[695] Ihm sei jedoch davon abgeraten worden: „[M]an bedeutete mir, dass die Bestellung eines jüdischen Vormundes nicht gern geduldet würde."[696] Die Wahl Frankfurters fiel folglich nicht auf einen dieser drei Männer, die alle für das Amt geeignet gewesen wären, sondern auf eine ihm bisher unbekannte Person, die vehement für die „jüdische Sache" eintrat. Paul Schmid-Ammann war ein in

---

693 Vgl.: Ebd.

694 Brief von Veit Wyler an die Kreisvormundschaftsbehörde Chur vom 26. Juli 1943, in: AfZ, NL Veit Wyler / 47.

695 Vgl.: Ebd., S. 76. Dr. Silberroth hatte bereits im Mordprozess eine Rolle gespielt, da er sich als Großrat für eine Interpellation bezüglich Gustloff verantwortlich gezeigt hatte. Zudem hatte Hedwig Gustloff zeitweise für ihn als Sekretärin gearbeitet. Für Frankfurter war Silberroth darüber hinaus interessant, da dieser nicht unwesentlich an einer Strafgesetzreform beteiligt war. Er hatte diesbezüglich eine Gesetzesvorlage – angeblich in Juristenkreisen als „Lex Frankfurter" bezeichnet – eingereicht, die zur Vereinheitlichung der verschiedenen kantonalen Strafrechte zu einem Eidgenössischen Strafgesetzbuch (angenommen 1939, in Kraft getreten 1941) führte. Im Gegensatz zum alten kantonalen Strafrecht des Kantons Graubünden, das zwei wesentliche strafbare Arten der Tötung vorgesehen hatte, gab es nun im Eidgenössischen drei verschiedene Arten, was Frankfurters Verteidigung die Möglichkeit gegeben hätte, auf eine wesentlich mildere Strafe zu plädieren. Frankfurter schreibt, dass er nach dem neuen Strafgesetz schon zu jenem Zeitpunkt ein Begnadigungsgesuch hätte einreichen können. Vgl.: Ebd.

696 Ebd.

Chur wohnhafter linker Publizist „und ein aufrichtiger Freund des jüdischen Volkes".[697] Frankfurter hatte Schmid-Ammanns 1936 erschienene Schrift *Das Rätsel Deutschland*[698] gelesen und sich besonders davon beeindruckt gezeigt, dass ein nichtjüdischer Schweizer sich so sehr um das Judentum sorgte. Er schloss daraus: „Das war mein Mann, an den ich mich wenden wollte, um ihm das Geschick der Meinen anzuvertrauen."[699] Als sich der neue Gefängnisgeistliche der Idee zugetan zeigte, stellte Frankfurter den entsprechenden Antrag, der nicht nur von Schmid-Ammann selbst „gerne und freudig" befürwortet, sondern auch von der Gefängnisverwaltung umgehend bewillig wurde.[700]

Von Schmid-Ammann war Frankfurter richtiggehend begeistert; zum ersten Mal hatte er nun einen Vormund, der sich für seine Sache mit Überzeugung einsetzte.

> Ich habe mich nicht geirrt und keinem Unwürdigen mein Vertrauen geschenkt. Stets aufgeschlossen und hilfsbereit, besuchte mich mein neuer Vormund, so oft es erforderlich war und es seine Zeit zuliess. Er leitete meine Wünsche und Vorschläge zumeist an Dr. Wyler weiter, kurz er half[,] wo er konnte. Wenn es dennoch nicht gelang, meinen Vater zu retten und meine Schwester mit ihrer Familie aus Ungarn zu befreien, [so] war es nicht seine Schuld. Die Verhältnisse waren stärker als meine und seine Möglichkeiten.[701]

An dieser Stelle geht Frankfurter nicht weiter auf konkrete Bespiele von Hilfestellungen ein, die er von Schmid-Ammann und Wyler erhalten hatte, aus weiteren Quellen ist jedoch ersichtlich, dass Schmid-Ammann sich grundlegend für die Begnadigung Frankfurters eingesetzt hatte, ihn aber auch bei kleineren Wünschen unterstützte. So sorgte er beispielsweise für Frankfurters erneuten Zugang zu Tageszeitungen und Zeitschriften.[702] Frankfurter schreibt abschließend, wie sich für ihn durch die „Änderung der Weltlage (das Kriegs-

697 Ebd., S. 77. Frankfurter schreibt fälschlicherweise von „Paul Schmidt-Amann".

698 Schmid-Ammann, Paul: Das Rätsel Deutschland (wie es ein Schweizer sieht), Zürich 1936. Frankfurter schreibt, dieses sei bereits 1933 erschienen.

699 Memoiren (Version Jabotinsky), S. 77.

700 Vgl. auch: Brief von David Frankfurter an Paul Schmid-Ammann vom 25. Juli 1943, in: AfZ, NL Paul Schmid-Ammann / 99.36. Frankfurter schrieb an Schmid-Ammann, dass er bestimmt über ihn informiert sei und fragte ihn an, ob er „geneigt wäre[…], diese Bürde der Vormundschaft bei mir zu übernehmen". Ebd. Und: Brief der Vormundschaftsbehörde des Kreises Chur an Paul Schmid-Amman, in: AfZ, NL Paul Schmid-Ammann / 99.36. Auch Veit Wyler befürwortete die Wahl des neuen Vormunds, wie sein Brief an Schmid-Amman zeigt: Brief von Veit Wyler an Paul Schmid-Amman vom 18. Oktober 1943, in: AfZ, NL Paul Schmid-Ammann / 99.36

701 Memoiren (Version Jabotinsky), S. 77.

702 Vgl. bspw.: Brief von Paul Schmid-Ammann an die kantonale Gefängnisverwaltung Sennhof, Chur, vom 4. August 1944, in: AfZ, NL Paul Schmid-Ammann / 99.36. Schmid-Amman

glück begann sich ab 1942 langsam von den Nazis abzuwenden)“[703] die Situation ein wenig entspannte, wohl weil die Bedrohung für die Schweiz – und somit auch für Frankfurter – nicht mehr so akut war, aber auch, weil sich die Sympathien endgültig zuungunsten der Nationalsozialisten verschoben haben dürften. Frankfurter wandte sich wiederum der Literatur zu.[704]

6.2.7 Die versuchte Rettung und das Schicksal von Frankfurters Familie

Obwohl Frankfurter, wie oben erwähnt, wenig über konkrete Hilfeleistungen von Paul Schmid-Ammann und Veit Wyler schrieb, ist die Quellenlage diesbezüglich äußerst ergiebig. Insbesondere der Nachlass von Wyler, der sich im Archiv für Zeitgeschichte befindet, gibt hierzu Auskunft; hauptsächlich relevant sind Briefe von Wyler an diverse Personen, aber auch Zuschriften an Wyler, wie etwa von David Frankfurter und seiner Familie.[705]

Bereits genannt wurden verschiedene kleinere Unterstützungen von Seiten Wylers, wie finanzielle Zuwendungen, Bereitstellung von Lektüre sowie koscherem Essen und Hilfe bei administrativen oder behördlichen Vorgängen. Wesentlich war seine Rolle bei der Suche nach Frankfurters Familie und versuchten Rettung derselben ab Frühjahr 1941. Noch aus Orbe schrieb Frankfurter einen Brief an Wyler, aus dem große Sorge um seine Familie sprach und in dem er um Wylers Unterstützung ersuchte.

> Weiter bitte ich um Ihre Meinung und Ihren Rat, was man von hier aus für meine Familie tun könnte. Es darf keine Zeit verloren gehen, um Schritte für eine mögliche und rasche Hilfe zu unternehmen. Halten Sie es, trotz grossem Andrang, für möglich[,] bei der Gesandschaft [sic] der U.S.A. eine Einwanderung nach Nordamerica zu erhalten, in diesem Falle ist ja besondere Gefährdung, wegen „mea culpa“ zu befürchten. […] Ich möchte keinen Schritt unterlassen, wenn er, auch nur eine kleine, Chance auf Erfolg verspricht.[706]

---

schickte zudem regelmäßige Rapporte an die Kreisvormundschaftsbehörde, in denen er von seinen Treffen mit Frankfurter und dessen Wohlergehen berichtete.

703 Memoiren (Version Jabotinsky), S. 77.

704 Vgl.: Ebd. In seinen Memoiren beschreibt Frankfurter spezifisch ein Buch, das er damals gelesen und das ihn stark beeindruckt hatte: das Tagebuch des amerikanischen Botschafters für Deutschland, William Edward Dodd. Frankfurter las die in London im Verlag Victor Gollancz 1941 erschienene Ausgabe: Dodd, William Edward: Ambassador Dodd’s Diary, 1933–1938, London 1941.

705 Paul Schmid-Ammann spielte hierbei keine grundlegende Rolle.

706 Brief von David Frankfurter an Veit Wyler vom 12. April 1941, in: AfZ, NL Veit Wyler / 47.

Frankfurter dankte Wyler im Voraus für seine Anstrengungen und bat überdies, ihn über allfällige unternommene Schritte auf dem Laufenden zu halten. Der Vorschlag, für Frankfurters Familie Visa für die Vereinigten Staaten zu beantragen, stieß auf offene Ohren. Wyler schickte wenige Tage nach Erhalt des Briefes von Frankfurter ein Telegramm an den im New Yorker Hotel Marcy residierenden Alfred Wiener mit der Bitte, sich mit Felix Frankfurter,[707] Richter des Obersten Gerichtshofes in Washington, in Verbindung zu setzen, um „emergency visa[s] for Davids father mother[708] brother sister brotherinlaw and children“[709] zu erhalten. Am gleichen Tag schickte Wyler detaillierte Informationen zum geplanten Vorgehen an David Frankfurter. Er habe bei Frankfurters Schwager, Josef Löwy, postalisch nach dem Wohlergehen seiner Familie gefragt, insbesondere aber nach Frankfurters Vater, der als besonders gefährdet eingestuft wurde. Alfons Frankfurter habe sich bereits gemeldet und mitgeteilt, es gehe ihm gut. Er erläuterte auch, wie er durch direkte Zuschriften an den Oberrichter sowie indirekt durch Miteinbezug eines Onkels von Frankfurter, Dr. Manfred Pagel,[710] der in den USA lebte, Visa für die Frankfurter-Familie zu erhalten versuchte. Er konnte Frankfurter bezüglich seines Vorgehens nur wenig Hoffnung machen.

> Von hier aus kann für Ihre Leute wenig geschehen. Dies ist nur möglich durch das Amerikanische Konsulat im Zuständigkeitsbereich Ihrer Leute oder aber von Washington aus.
> Ich füge in meinem Schreiben an Herrn M. Pagel, dass dieser für eine Rabbinatsstelle Ihres Herrn Vaters besorgt sein soll, da auf diese Weise möglicherweise ein ex quota-Visa [sic] auf raschem Wege erreicht werden könnte.[711]

Zwei Tage später erhielt Wyler per Telegramm eine Antwort von Alfred Wiener aus New York. Dieser schrieb, für die Beantragung der Visa würden Namen, Alter und Wohnort der jeweiligen Personen benötigt, jedoch die „Aussichten

707 Es scheint eine entfernte Verwandtschaft zwischen David Frankfurters Familie und Oberstrichter Frankfurter zu bestehen, wie später noch ausgeführt werden soll.

708 Es ist unklar, ob hier die bereits vor dem Krieg verstorbene Mutter versehentlich genannt wurde oder ob damit die Mutter von Davids Schwager oder eine neue Partnerin seines Vaters gemeint war. In späteren Briefen wurde jeweils von einem Visum für die neue Ehefrau von Moritz Frankfurter gesprochen.

709 Telegramm von Veit Wyler an Alfred Wiener vom 24. April 1941, in: AfZ, NL Veit Wyler / 47. Das Telegramm kostete Wyler 23.50 Franken.

710 Manfred Pagel war der Neffe der verstorbenen Mutter Frankfurters.

711 Brief von Veit Wyler an David Frankfurter vom 24. April 1941, in: AfZ, NL Veit Wyler / 47.

unbestimmt“[712] seien. Frankfurter lieferte diese Informationen umgehend an Wyler, bis auf die Angaben zu Alfons, dessen Aufenthaltsort zu jenem Zeitpunkt unklar war. In seinem Brief unterstrich er noch einmal, wie dankbar er Wyler für seine Anstrengungen war und welche Wichtigkeit die Rettungsversuche seiner Familie hatten.

> Bitte wollen Sie in dem Schreiben an Oberstrichter Frankfurter besonders hervorheben, dass die Meinen ausserordentlich gefährdet sind durch den nächsten Verwandtschaftsgrad mit mir. So ungern ich es tue, glaube ich doch vielleicht nicht ohne Nutzen entsprechend der americanischen Mentalität (der Zweck heiligt da die Mittel!) vielleicht kurz in Erinnerung zu rufen, dass diese Gefahr für meine Familie die Folge eines ersten Wiederstands-Versuches [sic] gegen die Nazis ist.[713]

Frankfurter scheint bereit gewesen zu sein, in den USA einen gewissen moralischen Druck ausüben zu lassen, indem er seine Widerstandstat hervorhob, in der Hoffnung, dadurch sein Ziel erreichen zu können. Wyler schickte zwar die von Frankfurter zur Verfügung gestellten Angaben umgehend an Wiener weiter und betonte die besondere Gefährdungslage der Familie, unterließ es jedoch, die Tat Frankfurters speziell zu unterstreichen.

Wiener informierte Wyler kurz darauf aus New York über die Fortschritte bezüglich der Visa für Frankfurters Familie.

> Ich habe sofort derjenigen einflussreichen juedischen Stelle, die mir alle moegliche Hilfe zugesagt hat, die Angelegenheit ihres Briefes uebermittelt und hoffe[,] dass die Bemuehungen erfolgreich sind. Allerdings muessen Sie damit rechnen, dass solche und aehnliche Faelle hier zu Hunderten vorhanden sind und dass infolge des ungluecklichen Loses der Internierten in Suedfrankreich und bei den Zehntausenden von Fluechtlingen und Verfolgten in anderen europaeischen Laendern das Mitgefuehl etwas abgestumpft ist, selbst wenn der hier vorliegende Fall besondere Beruecksichtigung verdient. Ich fuehle mich verpflichtet, Ihnen dies zu schreiben, damit Sie nicht irgendwie enttaeuscht sind, wenn die Angelegenheit nicht so schnell vorwaerts geht, wie Sie und ich es wuenschen, und wenn der Erfolg vielleicht nicht so bald zu erreichen ist.[714]

Trotzdem versicherte er, dass alles unternommen werde, was erfolgversprechend war. Es wurde bei den entsprechenden Behörden auf die besondere Dringlich-

712 Telegramm von Alfred Wiener an Veit Wyler vom 26. April 1941, in: AfZ, NL Veit Wyler / 47.

713 Brief von David Frankfurter an Veit Wyler vom 29. April 1941, in: AfZ, NL Veit Wyler / 47.

714 Brief von Alfred Wiener an Veit Wyler vom 14. Mai 1941, in: AfZ, NL Veit Wyler / 47.

keit für Frankfurters Familie hingewiesen – aber natürlich waren sich Wyler und Wiener bewusst, dass dies bei der Mehrheit der anderen Anträge ebenfalls der Fall war.

Ungefähr zur gleichen Zeit muss Wyler mehrere Karten an Ruth Löwy geschrieben haben, um sie über seine Anstrengungen zu informieren und sie zu fragen, ob sie Nachricht von Vater Moritz habe. In ihrem ersten Antwortschreiben zeigte Ruth Löwy sich einerseits erleichtert über Wylers Versicherung, dass es Alfons den Umständen entsprechend gut gehe, andererseits äußerst besorgt, da auch sie Moritz Frankfurter nicht erreichen konnte und eine in Vinkovci lebende Bekannte, die sie in dieser Sache angeschrieben hatte, nicht weiterhelfen konnte. Zwei Tage später folgte eine zweite Karte, in der Ruth Löwy von den neuesten Entwicklungen berichtete. Angeblich sei Alfons am 30. April nach Vinkovci zum Vater gefahren; sein Verbleib sei seither unbekannt. Sie bat Wyler darum, David nicht zu erzählen, dass sie keinerlei Nachricht vom Vater hätten, damit dieser sich nicht sorgen würde. Ruth Löwy beruhigte Wyler aber insofern, als dass sie diese schwierigen Zeiten nicht allein mit den Kindern verbringen musste – entgegen allen Erwartungen sei ihr Mann nicht in den Armeedienst eingezogen worden.[715]

Es folgte ein weiterer Brief von David Frankfurter aus dem Gefängnis, der davon berichtete, dass er sowohl aus Bačka Palanka (also von seiner Schwester) als auch aus Vinkovci (von seinem Vater) zu den Feiertagen Post erhalten habe – die Karte vom Vater sei vor lediglich drei Tagen abgeschickt worden, was Frankfurter dahingehend interpretierte, dass es seinem Vater, obwohl seine Briefe einer gewissen (Selbst-)Zensur unterlagen, gut gehe und er sich noch in Freiheit befände. Der Vater hatte Nachricht von Alfons, der als Kriegsgefangener nach Deutschland verlegt werden sollte. Diesbezüglich würde ihn bestimmt sein Beruf schützen, da „grosser Bedarf für Ärzte vorhanden“[716] sei. Die Situation seiner Schwester und ihrer Familie sei hingegen wenig positiv, da sie keine Verdienstmöglichkeiten mehr hätten und lediglich vom Ersparten leben könnten.[717]

Frankfurters nächste Nachricht bot weitere Informationen zum Schicksal seiner Familie. Während sein letzter Brief relativ sauber verfasst worden war, mit vollständigen Sätzen und wohlformuliert, lässt bereits der erste Blick auf den darauffolgenden Brief vermuten, dass Frankfurter beim Verfassen aufgewühlt gewesen sein muss. Die Schrift wirkt unordentlich, teilweise fast unleserlich, einige Sätze sind unvollständig. Frankfurter hatte neue Informationen zu seinem Vater, die er Wyler mitteilte.

---

715 Vgl.: Karten von Ruth Löwy an Veit Wyler vom 3. und 5. Mai 1941, in: AfZ, NL Veit Wyler / 47.

716 Brief von David Frankfurter an Veit Wyler vom 12. Mai 1941, in: AfZ, NL Veit Wyler / 47.

717 Vgl.: Ebd.

> Vor ca. 14 Tagen traf eine Karte von Papa ein, geschrieben und abgesandt am 4. April in Belgrad. Er hat sich mit der Stiefmutter dorthin begeben, scheinbar in der Hoffnung, in der „offenen Stadt“[718] Belgrad sicher zu sein vor den deutschen Kriegshandlungen. Am 4. April, […] gerade 2 Tage vor den furchtbaren Bombardierungen der Nazis, die ja ohne Kriegserklärung, also unvorbereitet, erfolgte. Ob er bis dahin dortblieb[,] weiss ich nicht. Dies versetzt mich natürlich in noch grössere Sorge. Seither habe [ich] nichts vernommen und weiss nichts über sein Schicksal. Dies erklärt auch, warum die Schwester ohne Antwort aus Vinkovci blieb. Die Abklärungen müssen sich jetzt darauf richten zu eruieren, ob mein lieber Vater in Belgrad blieb und wie sich sein Schicksal dort gestaltet hat.[719]

Frankfurters Vater hatte mit seinen Plänen wenig Glück. In der Hoffnung, in der offenen Stadt Belgrad vor den deutschen Angriffen geschützt zu sein, hat er sich dahin begeben, lediglich zwei Tage, bevor der deutsche Angriff dann tatsächlich stattfand. Frankfurter bat Wyler darum, diese Informationen dazu zu verwenden, um beispielsweise beim Roten Kreuz oder bei der jugoslawischen Gesandtschaft Nachforschungen über das Schicksal des Vaters anzustellen. Auch von seinem Bruder hatte er schon längere Zeit nichts mehr gehört und machte sich größte Sorgen.[720]

Diese Sorgen konnten zumindest teilweise und vorübergehend durch eine Karte aus Bačka Palanka zerstreut werden. Ruth Löwy schrieb, sie habe mehrere Postkarten geschickt, die aber möglicherweise nicht angekommen seien. Offensichtlich (da Wyler ebenfalls mehrere Karten gesendet hatte) war aber das Umgekehrte der Fall, die Antworten von Wyler hatten die Familie Löwy nicht erreicht. Jetzt aber versicherte sie, sie und ihre Familie seien „gottlob gesund“[721], und sie hätten vom Vater endlich Bericht erhalten. Wyler wolle dies bitte auch an David und Alfons Frankfurter weiterleiten, „die bestimmt um uns alle in Sorge sind“.[722]

Nun bewegte sich etwas bezüglich der Hoffnungen auf eine Flucht in die USA. Wyler erhielt von Wiener ein Telegramm, in dem er berichtete, dass es mit den gewünschten Visa klappen könnte, unter der Voraussetzung, dass die Reisekosten für die Familie übernommen würden. Wyler schrieb umgehend verschiedene Briefe, einerseits um David Frankfurter die guten Neuigkeiten mitzuteilen, andererseits Briefe organisatorischer Art, um in den USA alles in die Wege zu

718 Der Begriff „offene Stadt“ bezeichnet im Kriegsrecht eine Stadt, die nicht verteidigt wird und deswegen nicht angegriffen werden darf. Belgrad erhielt im April 1941 den Zusatz „offene Stadt“ und wurde am 6. April dennoch von den deutschen Truppen bombardiert.

719 Brief von David Frankfurter an Veit Wyler vom 24. Mai 1941, in: AfZ, NL Veit Wyler / 47. [Unterstreichungen aus dem Original übernommen.]

720 Vgl.: Ebd.

721 Brief von Ruth Löwy an Veit Wyler vom 4, Juni 1941, in: AfZ, NL Veit Wyler / 47.

722 Ebd.

leiten und das Geld zu organisieren.[723] Bei den Reisekosten handelte es sich um einen geschätzten Betrag von 2000 Dollar. Wiener ging davon aus, in den USA bei der Geldbeschaffung wenig Hilfe erhalten zu können, weshalb er Wyler bat, den Betrag von der Schweiz aus zu entrichten. Wyler konnte schon schnell einen ersten Erfolg verbuchen: Die Familie Bruck in Bern, die sowohl mit Alfons als auch mit David Frankfurter befreundet war, konnte über die Berner Gewerbekasse zu Gunsten von Alfons Frankfurter 423,70 CHF zur Verfügung stellen.[724] Kurz darauf meldete sich Wiener wiederum mit guten und schlechten Neuigkeiten. Trotz seiner ersten Aussage, dass er in den USA kaum Geld für die Reisekosten erhalten würde, hatte er es geschafft, die jüdische Auswanderungshilfsorganisation HICEM sowie den Joint dazu zu bewegen, zumindest einen Teil des Betrages zu übernehmen. Manfred Pagel hingegen, der bereits erwähnte entfernte Verwandte Frankfurters, sei gegenwärtig mit seinen Examen beschäftigt und selbst auf finanzielle Unterstützung anderer angewiesen, so dass er der Familie Frankfurter diesbezüglich nicht weiterhelfen könne.[725] Er empfahl Wyler, eine vermögende Person in den USA zu finden, die für die finanziellen Aufwände bürgen und als Kontaktperson dienen könnte.[726]

Wyler, der sich zu diesem Zeitpunkt gerade im Militärdienst befand, schrieb zuerst an David Frankfurter mit der Bitte, ihn umgehend zu informieren, wenn er Bericht von seinem Bruder hätte,[727] dann an die Familie Löwy, um sie bezüglich des weiteren Vorgehens zu instruieren.

> Es ist möglich, dass Bemühungen für Ihren Vater und dessen Frau, sowie für Sie alle ein Visum nach USA zu erhalten, erfolgreich sein werden. Ich bitte um Angabe, welches amerik. Konsulat für Sie und Ihren Herrn Vater zur Aushändigung der Visa zuständig ist. Erkundigen Sie sich schon jetzt, ob Sie gegebenenfalls die nötigen Durchreisevisa erhalten und schreiben Sie sofort an Herrn Dr. Pagel, Ihnen in der Besorgung der Schiffsplätze von dort aus behilflich zu sein.[728]

David Frankfurter war überglücklich über diese neuen Entwicklungen, aber trotzdem vorsichtig, weil ihm bewusst war, dass mit der provisorischen Zusicherung der Visa seine Familie noch nicht gerettet war. Er hatte von dem durch

723 Vgl.: Briefe von Veit Wyler an Alfred Wiener und David Frankfurter vom 5. und 6. Juni 1941, in: AfZ, NL Veit Wyler / 47.

724 Vgl.: Brief der Gewerbekasse in Bern an Veit Wyler vom 10. Juni 1941, in: AfZ, NL Veit Wyler / 47.

725 Vgl.: Brief von Alfred Wiener an Veit Wyler vom 13. Juni 1941, in: AfZ, NL Veit Wyler / 47.

726 Vgl.: Ebd.

727 Brief von Veit Wyler an David Frankfurter vom 14. Juni 1941, in: AfZ, NL Veit Wyler / 47.

728 Brief von Veit Wyler an Josef Löwy vom 16. Juni 1941, in: AfZ, NL Veit Wyler / 47.

die USA verhängten allgemeinen Aufnahmestopp für Flüchtlinge gehört, hoffte aber auf die Zulassung von begründeten Ausnahmen. In Bezug auf die zu erwartenden Fahrtkosten schlug Frankfurter vor, die Erbschaft eines kürzlich in den USA verstorbenen Verwandten dazu zu verwenden – selbstverständlich auch seinen eigenen Anteil am Erbe. Von seinem Bruder hatte er keine Neuigkeiten erhalten, daher fragte er Wyler, ob dieser möglicherweise das Internationale Rote Kreuz bitten könnte, Nachforschungen anzustellen, und lieferte gleich die nötigen Details.[729] Abschließend äußerte Frankfurter eine letzte kurze Bitte, die mit dem Schicksal seiner Familie in keinem Zusammenhang stand: Seit Monaten schon sei er nun „ohne vernünftige Lektüre".[730] Gerade jetzt, wo er aufgrund der positiven Entwicklungen die Möglichkeit habe, sich gedanklich anderem zu widmen als der Sorge um seine Familie, würde er sich über die Zusendung einiger Bücher freuen.

Wyler kam beiden Wünschen nach. Zum einen schickte er Frankfurter zwei Bücher,[731] zum anderen schrieb er umgehend an das Internationale Rote Kreuz im Namen der Familie Frankfurter mit der Bitte um Nachforschungen.[732] In Wylers Nachlass findet sich die Rechnung für ein Abonnement der Zeitschrift *Israelitisches Wochenblatt* zu Händen von David Kin in Chur, was die Vermutung zulässt, dass auch dieses für David Frankfurter bestimmt war.[733] Derweil erhielt Wyler eine Antwort von Ruth Löwy, die sich äußerst dankbar zeigte. Sie stand weiterhin in Kontakt mit ihrem Vater und ließ verlauten, dass für ihn das amerikanische Konsulat in Zagreb zuständig sei, für sie und ihre Familie das in Budapest. Sie zeigte sich zuversichtlich, alle ihre Pässe und Ausreisepapiere zu erhalten.[734] Es schien sich alles wie erhofft zu entwickeln, lediglich zwei Fragen – nach dem Verbleib von Alfons sowie nach der Finanzierung der Reise – mussten noch geklärt werden.

Die Zentralstelle für Kriegsgefangene des Internationalen Roten Kreuzes in Genf schickte bereits wenige Tage nach Wylers Anfrage eine Eingangsbestätigung und versprach, „betreffend Dr. Alfons Frankfurter" Erkundigungen einzuholen

729 Dr. med. Alfons Frankfurter, geb. 30.7.1906, wohnhaft in Subotica, Truppenarzt bei der jugoslawischen Armee. Letzte bekannte Stationierung seiner Truppe: Südserbien. Vgl.: Brief von David Frankfurter an Veit Wyler vom 17. Juni 1941, in: AfZ, NL Veit Wyler / 47.

730 Ebd.

731 *Lied der Freundschaft* von Bernhard Kellermann und *Oliver Cromwell* von Hilaire Bellec, vgl.: Brief von Veit Wyler an David Frankfurter vom 25. Juni 1941, in: AfZ, NL Veit Wyler / 47.

732 Brief von Veit Wyler an das Internationale Rote Kreuz vom 19. Juni 1941, in: AfZ, NL Veit Wyler / 47.

733 Vgl.: Rechnung für das *Israelitische Wochenblatt für die Schweiz* vom 24. Juni 1941, in: AfZ, NL Veit Wyler / 47.

734 Postkarte von Ruth Löwy an Veit Wyler vom 22. Juni 1941, in: AfZ, NL Veit Wyler / 47.

und eine „Mitteilung [zu] machen, sobald eine Nachricht eintrifft".[735] Während die Nachforschungen noch liefen, erhielt Wyler von Ruth Löwy eine Karte, in der sie schrieb, sie habe über das Rote Kreuz in Budapest ihren Bruder lokalisieren können. Er arbeite unter dem Namen Alfons Sarfati in Saloniki in einem Krankenhaus.[736] Einen knappen Monat nach Beginn der Nachforschungen erhielt Wyler eine weitere Postkarte vom Roten Kreuz in Genf mit der Nachricht, Alfons Frankfurter befände sich als Kriegsgefangener im Lager in Korinth.[737] Es ist unklar, wie diese höchst unterschiedlichen Angaben zustande gekommen sind. Obwohl sich sowohl Korinth als auch Thessaloniki in Griechenland befinden, liegen die beiden Ortschaften ungefähr 500 Kilometer voneinander entfernt. Ebenfalls lässt sich nicht mehr eruieren, ob Alfons Frankfurter tatsächlich als Kriegsgefangener unter dem Namen Sarfati hat arbeiten dürfen, auch wenn die Verschleierung seiner Verwandtschaft zu David Frankfurter durch einen falschen Namen durchaus Sinn ergeben würde.

In die Angelegenheit mit der Erbschaft kam nun ebenfalls Bewegung. Wyler erhielt einen Brief, das Testament von Frankfurters Verwandtem Leopold Pagel, das ursprünglich ein jüdisches Krankenhaus begünstigt habe, sei erfolgreich angefochten worden, und das Erbe würde folglich an die gesetzlichen Erben gehen.[738] In einem weiteren Brief vom Vertreter der Erben, Dr. Fred Cross aus Los Angeles, wurde spezifiziert, um welchen Betrag es sich bei dem Erbe handelte und wer die gesetzlichen Erben waren. Cross schätzte, dass es um 6000 Dollar ging, jeweils ein Viertel davon würden an Abraham und Isaac Pagel gehen, jeweils ein Achtel an Arthur und Manfred Pagel, die Söhne eines verstorbenen Herman Pagels, sowie jeweils ein Anteil von einem Zwölftel an Alfons und David Frankfurter beziehungsweise Ruth Löwy.[739] Die Geschwister konnten also insgesamt mit einer Erbsumme von ungefähr 1500 Dollar rechnen, abzüglich Steuern und Honorare.

Um den Erhalt der Visa zu beschleunigen, schrieb Wyler an David Frankfurter mit der Frage, in welchem Verwandtschaftsverhältnis er genau zu Oberstrichter Frankfurter in New York stehe, „damit man sich unter Berufung auf Ihre Verwandtschaft wegen Ihrer Angehörigen mit diesem Herrn in Verbindung

735 Beide Zitate: Empfangsbestätigung der Zentralstelle für Kriegsgefangene des Internationalen Roten Kreuz an Veit Wyler vom 27. Juni 1941, in: AfZ, NL Veit Wyler / 47.

736 Postkarte von Ruth Löwy an Veit Wyler vom 13. Juli 1941, in: AfZ, NL Veit Wyler / 47.

737 Schreiben der Zentralstelle für Kriegsgefangene des Internationalen Roten Kreuz an Veit Wyler vom 24. Juli 1941, in: AfZ, NL Veit Wyler / 47.

738 Vgl.: Brief von Veit Wyler an David Frankfurter vom 17. Juli 1941, in: AfZ, NL Veit Wyler / 47.

739 Vgl.: Brief von Fred Cross an Veit Wyler vom 5. August 1941, in: AfZ, NL Veit Wyler / 47.

setzen kann".[740] Gleichzeitig bat er Ruth Löwy, weitere Verwandte in den USA – diesmal einen Dr. Martin Donig in San Francisco – anzuschreiben und um dessen Unterstützung zu bitten.[741] Frankfurter antwortete umgehend. Er sei in „Mischpochologie [sic!]"[742] nicht besonders bewandert, könne aber trotzdem einige Auskünfte geben. „Der Großvater von meinem Papa und der Großvater von […] Felix Frankfurter waren Brüder. […] Demnach wären Papa und der Oberstrichter Vettern 2. Grades."[743] Er fügte an, dass „der Verwandtschaftsgrad nicht allzu weit ist", so dass Oberstrichter Frankfurter auf jeden Fall angefragt werden könne, um „seine Protektion zu erlangen".[744] Weiter führte er aus, dass die Situation in Kroatien und in Ungarn „für eine Existenz unhaltbar"[745] geworden sei. Sein Schwager habe seine Stelle verloren und dadurch die ganze Familie ihre Existenzgrundlage, „so wäre es höchsterwünscht, wenn sie baldigst jenseits des grossen Teiches landen könnte".[746] Frankfurter bedankte sich bei Wyler für die zugeschickten Bücher und bat einerseits um „gelegentliche weitere Lektüre",[747] andererseits um eine Paketsendung an Alfons zu den Hohen Feiertagen.

Von Ruth Löwy kamen keine guten Nachrichten. Sie schickte Wyler zwei Postkarten, die die neuesten Entwicklungen zu ihrem Vater zusammenfassten. Moritz Frankfurter sei wegen gesundheitlicher Probleme in ein Sanatorium gebracht worden, von wo aus er nicht die Möglichkeit habe, mit seiner Familie in Verbindung zu treten. Wyler solle David Frankfurter diese Nachricht vorenthalten, um ihn nicht zusätzlich zu belasten. Dafür sei Ruth nun mit Alfons in Kontakt und bat Wyler ebenfalls darum, diesem Lebensmittel zu schicken.[748] In der zweiten Postkarte schrieb sie, dass sie immer noch keine Antwort von Dr. Donig erhalten und den Kontakt zu Alfons, der unterdessen nach Deutschland gebracht worden sei, verloren habe. Es sei nötig, „alle Hebel in Bewegung [zu]

740 Brief von Veit Wyler an David Frankfurter vom 21. August 1941, in: AfZ, NL Veit Wyler / 47.

741 Vgl.: Brief von Veit Wyler an Ruth Löwy vom 21. August 1941, in: AfZ, NL Veit Wyler / 47.

742 Brief von David Frankfurter an Veit Wyler vom 24. August 1941, in: AfZ, NL Veit Wyler / 47.

743 Ebd.

744 Beide Zitate: Ebd.

745 Ebd.

746 Ebd.

747 Ebd.

748 Vgl.: Postkarte von Ruth Löwy an Veit Wyler vom 10. Juli 1941, in: AfZ, NL Veit Wyler / 47. Da die beiden Postkarten nacheinander im chronologisch geordneten Nachlass Wyler eingefügt sind, ist zu vermuten, dass sie auch ungefähr gleichzeitig bei Wyler eingetroffen waren. In einer späteren Karte schrieb Ruth Löwy, dass die Post offensichtlich unzuverlässig funktioniere. So habe David ihre Briefe nicht erhalten. Vgl.: Postkarte von Ruth Löwy an Veit Wyler vom 17. Oktober 1941, in: AfZ, NL Veit Wyler / 47.

setzen",[749] nicht in erster Linie ihretwegen oder wegen ihrer Familie, sondern wegen ihres Vaters. „Seit dem 24. ist er mit seinen Brüdern in einem Raum aber zum Glück noch am selben Ort. […] Er ist voller Mut u. Gottvertrauen u. hofft zu R.H.[750] bei seiner Frau, die auch nicht mehr in eigener Wohnung ist, sondern bei Bekannten, zu sein." Es ist unklar, wo sich Moritz Frankfurter zu jenem Zeitpunkt befand, aber die Beschreibung der Umstände lässt vermuten, dass er verhaftet und interniert worden war.[751] Darauf deutet auch hin, dass Ruth Löwy in der Postkarte weiter schrieb, seine Frau dürfe ihm dreimal täglich Essen bringen.[752] Auf jeden Fall hat Wyler diese Nachricht so in Sorge versetzt, dass er Ruth Löwy umgehend antwortete, sie dazu aufrief, ihn auf dem Laufenden zu halten und ihr versicherte, sofort „in Ihrer und der Sache Ihres Herrn Vater moniert" und dies „sehr dringlich gestaltet" zu haben.[753] In einem Brief an Alfred Wiener schrieb er: „Frau Löwy bittet flehentlich, das Menschenmögliche zu tun, für die Einreise nach USA für Herrn und Frau F. und wenn möglich auch für Frau Löwy und deren Mann und Kinder, aber in allererster Linie für Herrn und Frau F."[754] David Frankfurter informierte er lediglich darüber, seine Schwester sei ohne Nachricht von Alfons. Die Internierung des Vaters erwähnte er nicht – entsprechend dem Wunsch von Ruth Löwy.[755]

Wyler hatte sich in der Zwischenzeit, da die Möglichkeit der Ausreise in die USA mit Visa und Reisekosten unterdessen schon zu lange andauerte, nach Alternativen umgeschaut. Palästina war nun eine Option. „Sobald auch nur eine geringe Wahrscheinlichkeit besteht, eine Ausreise dorthin zu betreiben, werde ich dies sofort tun."[756] Auch erhielt Wyler, einerseits über Ruth Löwy, andererseits direkt vom Roten Kreuz, Informationen über den Verbleib von Alfons Frankfurter. Das Rote Kreuz schrieb, wiederum Bezug nehmend auf die Anfrage im Juni,

749 Postkarte von Ruth Löwy an Veit Wyler vom 17. September 1941, in: AfZ, NL Veit Wyler / 47.

750 R.H.: Wahrscheinlich Rosch Haschana, das jüdische Neujahrsfest.

751 Dies schrieb dann auch Veit Wyler an Alfred Wiener, er habe von Löwy einen Brief erhalten, „worin sie mir zu verstehen gibt, dass ihr Vater entweder verhaftet oder interniert worden ist und zwar an seinem Wohnort". Vgl.: Brief von Veit Wyler an Alfred Wiener vom 13. Oktober 1941, in: AfZ, NL Veit Wyler / 47.

752 Vgl.: Postkarte von Ruth Löwy an Veit Wyler vom 17. September 1941, in: AfZ, NL Veit Wyler / 47.

753 Beide Zitate: Brief von Veit Wyler an Ruth Löwy vom 13. Oktober 1941, in: AfZ, NL Veit Wyler / 47.

754 Brief von Veit Wyler an Alfred Wiener vom 13. Oktober 1941, in: AfZ, NL Veit Wyler / 47.

755 Brief von Veit Wyler an David Frankfurter vom 13. Oktober 1941, in: AfZ, NL Veit Wyler / 47.

756 Brief von Veit Wyler an David Kin vom 7. November 1941, in: AfZ, NL Veit Wyler / 47.

dass er sich als Kriegsgefangener „in Deutschland, Stalag VII/A“[757] mit der Kennzeichnung 92977 befinde. Dieses Stammlager in der Nähe von Moosburg im südlichen Bayern war bereits 1939 eingerichtet worden und sollte Platz für 10.000 Kriegsgefangene bieten. Bei Kriegsende waren fast 80.000 Soldaten dort interniert.[758] Ruth Löwy hatte zeitgleich Hinweise auf diesen Aufenthaltsort erhalten und informierte Wyler. „Es gehe ihm dort gut, aber da er vollkommen unbeschäftigt ist, möchte er gerne an seine Arbeit zurück.“[759]

Wyler versuchte, Alfons Frankfurter über das Rote Kreuz Lebensmittel und Kleidung zu schicken, merkte aber gegenüber David Kin an, dass Alfons – wohl aus Sicherheitsgründen – „keinerlei Verbindung mit seinem Bruder oder mit der Schweiz wünscht“, und er „rate seinem Bruder dringend ab, direkt oder indirekt die Herstellung einer Verbindung zu versuchen“.[760] In der Folge fragte Wyler beim Roten Kreuz in Zürich und Bern an, „auf welche Weise Wäsche und Lebensmittel an den Betreffenden gesandt werden können“[761] und kontaktierte schließlich, als diese ihm keine Auskunft geben konnten, die Hauptniederlassung in Genf mit der Spezifizierung, dass es sich um einen „Kriegsgefangenen (jugoslavischer [sic] Arzt) in Deutschland“[762] handle. Wenige Tage später bereits erhielt er die Antwort, „dass gegenwärtig die Ausfuhr von Einzelpaketen aus der Schweiz an fremde Staatsangehörige untersagt“[763] sei. „Um jedoch den Angehörigen von Kriegsgefangenen, die in der Schweiz wohnen, doch die Möglichkeit des Versandes von Einzelpaketen zu geben, hat das Internationale Komitee vom Roten Kreuz eine gewisse Anzahl von Paketen aus Amerika kommen lassen.“[764] Diese kosteten zwölf Franken, der Betrag sei direkt an das Postcheckkonto des IRK zu überweisen; wichtig sei zudem, die Pakete mit den obligatorischen Aufklebezetteln zu versehen, die ihm das IRK bei Bedarf zuschicken könne.[765] Dass Wyler dann tatsächlich Pakete verschickte, zuerst über das Rote Kreuz, später vermehrt

757 Brief vom Internationalen Roten Kreuz an Veit Wyler vom 18. November 1941, in: AfZ, NL Veit Wyler / 47.

758 Vgl. beispielsweise: Moosburg Online: Das Kriegsgefangenenlager Stalag VII A, online unter: http://www.moosburg.org/info/stalag/ [zuletzt eingesehen: 14.12.2015].

759 Postkarte von Ruth Löwy an Veit Wyler vom 11. November 1941, in: AfZ, NL Veit Wyler / 47.

760 Beide Zitate: Brief von Veit Wyler an David Kin vom 7. November 1941, in: AfZ, NL Veit Wyler / 47.

761 Brief von Veit Wyler an David Kin vom 24. November 1941, in: AfZ, NL Veit Wyler / 47.

762 Brief von Veit Wyler an das Internationale Rote Kreuz vom 24. November 1941, in: AfZ, NL Veit Wyler / 47.

763 Brief von R. Bordier, Internationales Rotes Kreuz, an Veit Wyler vom 2. Dezember 1941, in: AfZ, NL Veit Wyler / 47.

764 Ebd.

765 Vgl.: Ebd.

über den Hilfsverein für Jüdische Auswanderung[766] in Zürich, zeigt sein Brief an Ruth Löwy. Er habe Alfons Frankfurter ein Lebensmittelpaket zukommen lassen, was sich relativ unproblematisch gestaltet habe. Schwieriger sei es, ihm (via Portugal) warme Kleidung zu senden, er werde es jedoch weiter versuchen.[767] In derselben Postkarte fragte Wyler besorgt nach, ob es Ruth und ihrer Familie gut gehe – er habe seit dem 19. Januar (eine Karte, die Ruth Löwy am 10. Dezember abgeschickt hatte) nichts von ihr gehört.[768] Diese Karte von Ruth Löwy war das letzte Lebenszeichen, das Wyler von ihr erhalten hatte, danach sind keine weiteren Briefe von ihr in seinem Nachlass zu finden. Dennoch schien er noch nicht gedacht zu haben, dass tatsächlich etwas passiert war, so schrieb er zumindest noch Anfang März an Prediger Josef Messinger, er sei mit Ruth Löwy in Kontakt, sie habe aber seit einiger Zeit nichts von ihrem Vater gehört, und dass diese Information nicht mit David Frankfurter geteilt werden solle.[769]

Die Unterlagen, sowohl der Nachlass von Wyler als auch die Memoiren Frankfurters, geben keine detaillierte Auskunft über den Verbleib von Ruth Löwy, ihrer Familie und Moritz Frankfurter. Letzterer wurde schon kurz nach der Besetzung Jugoslawiens und Griechenlands von deutschen Wehrmachtssoldaten verhaftet. In seinem Buch *Destruction and Survival* schreibt Charles W. Steckel, Moritz Frankfurter sei, obwohl er damals die Tat seines Sohnes öffentlich verurteilt hatte, als Vater des Mörders von Gustloff von den Nationalsozialisten öffentlich gedemütigt worden. „Mavro Frankfurter was ordered by German soldiers to stand on a table for days, while the soldiers would spit in his face, pull out the hair from his long beard or hit him with a rifle."[770] Angeblich hätten die Nationalsozialisten Frankfurter so während längerer Zeit in Vinkovci „ausgestellt", bevor er schließlich, unter anderem zusammen mit dem Chasan der Gemeinde und dessen sechs oder sieben Kindern,[771] nach Jasenovac, dem kroatischen Konzentrationslager der Ustasha, deportiert wurde. Dort wurde er wahrscheinlich 1942 ermordet.[772]

766 So findet sich in Wylers Nachlass beispielsweise eine Rechnung vom Hilfsverein über vier Pakete, die bis Oktober 1943 an Alfons Frankfurter geschickt wurden – der Gesamtbetrag der Rechnung belief sich auf 53.50 Franken. Vgl.: Rechnung des Hilfsvereins für Jüdische Auswanderung an Veit Wyler vom 11. Oktober 1943, in: AfZ, NL Veit Wyler / 47.

767 Vgl.: Brief von Veit Wyler an Ruth Löwy vom 19. Februar 1942, in: AfZ, NL Veit Wyler / 47.

768 Vgl.: Ebd.

769 Vgl.: Brief von Veit Wyler an Josef Messinger vom 6. März 1942, in: AfZ, NL Veit Wyler / 47.

770 Steckel, Charles W.: Destruction and Survival, Los Angeles 1973, S. 14. Zitiert auch bei: Gilbert 1987, S. 147–148.

771 Vgl.: Interview mit Moshe Frankfurter und Miriam Gepner, 3. Juli 2013, Salit, Israel. DW_0048.wav, 47.55.

772 Hierzu gibt es unterschiedliche Angaben. Das Testimony von Alfons Frankfurter für die Central Database of Shoah Victims' Names nennt 1941 als Todesjahr. Die gleiche Datenbank nennt, basierend auf einer „List of murdered Jews from Yugoslavia found in Zrtve Rata 1941–1945", als Todesjahr 1942. Die Website der Gedenkstätte des KZ Jasenovac schreibt

Abb. 38: Hochzeit von Ruth und Joseph Löwy, Vinkovci 1932. Zweite Reihe ganz links mit Bart: Rabbiner Dr. Moritz Frankfurter. Zweite Reihe hinter der Trauzeugin: David Frankfurter. Quelle: Privatarchiv von Moshe Frankfurter, Jerusalem.

Abb. 39: Ruth Löwy (rechts) mit ihren Kindern Neomi (links) und Reuven (Mitte). Quelle: Privatarchiv von Miriam Gepner, Salit.

ebenfalls, dass Moritz Frankfurter 1942 durch die Ustasha ermordet worden sei. Vgl.: Central Database of Shoah Victims' Names der israelischen Gedenkstätte Yad Vashem: Mavro Frankfurter, Testimony von Alfons Frankfurter, online unter: http://db.yadvashem.org/names/nameDetails.html?itemId=1625449&language=en [Zuletzt eingesehen: 15.12.2015]. Central Database of Shoah Victims' Names der israelischen Gedenkstätte Yad Vashem: Mavro Frankfurter, nach der List of murdered Jews from Yugoslavia found in Zrtve Rata 1941–1945, Jevreji, Savezni zavod za statistiku, Beograd 1992, online unter: http://db.yadvashem.org/names/nameDetails.html?itemId=4363003&language=en [Zuletzt eingesehen: 15.12.2015]. Jasenovac Memorial Site: Survey and Search of the List of Individual Victims of Jasenovac Concentration Camp, Mavro Frankfurter, online unter: http://www.jusp-jasenovac.hr/Default.aspx?sid=7620 [zuletzt eingesehen: 15.12.2015].

Ruth Löwy und ihrer Familie gelang vorerst die Flucht aus Jugoslawien nach Ungarn.[773] Dort wurde sie vor den Augen ihrer Kinder und ihres Mannes von den Nationalsozialisten verhaftet und in ein Gefängnis in Budapest gebracht. Es wurde vermutet, sie habe als Schwester von David Frankfurter mehr Informationen über die angebliche jüdisch-kommunistische Verschwörung, die die Nazis hinter der Ermordung Gustloffs sahen. Sie blieb in Haft und wurde vermutlich gefoltert, bis das Gefängnis von der Roten Armee befreit wurde.[774] Ihr Mann und ihre zwei Kinder wurden nach Auschwitz deportiert. In einem Interview mit Moshe Frankfurter und Miriam Gepner erzählten diese die Geschichte von der Deportation, von dem Zug nach Auschwitz.

> I know exactly about the train who took them there, because I know a story of a woman [...]. She lives, I think, she's still living in Holon, near Tel Aviv. [...] She was a friend of Neomi. And this woman [...] and her parents, together with 6 or 7 brothers and sisters, they were sent together, also on this train. And together with them were my aunt's children and their grandparents. [...] So, the train was maybe 100 cabins [...], very, very long one, it went all around and they gathered all the Jews from this area, and they went through Austria. And in Austria [...] the train stopped for a reason [...], the people got off the train, and one of her brothers, [...] he needed to go to the toilets, and he went beneath one of the cabins and he did what he did. And then, after like two hours, they said that everybody should get on the train, and most of the people got on the train, and then he heard that people said that some people are needed to make some agriculture work there, where they stopped. [...] They said they need young people, and not children and not old people. Anyway, he wanted to look for his family and he didn't find it, but then he found the cabin according to where he went before to go to the toilet. [...] He found them, and all of them were saved. They stayed there for two years, they were working in Austria. And the train went to Auschwitz, together with my aunt's children and the parents of her husband.[775]

Im Gegensatz zu dieser Familie, die Moshe Frankfurter hier beschrieb, haben die Löwys den Krieg nicht überlebt. Die Unterlagen von Yad Vashem deuten darauf hin, dass die beiden Kinder, Reuven Elchanan, sechs Jahre alt, und Neomi Chana, zehn Jahre alt, gleich nach ihrer Ankunft in Auschwitz ermordet worden

773 Vgl.: Bericht von Paul Schmid-Ammann an die Kreisvormundschaftsbehörde vom 15. Mai 1944, in: AfZ, NL Paul Schmid-Ammann / 99.36.

774 Vgl.: Interview mit Moshe Frankfurter und Miriam Gepner, 3. Juli 2013, Salit, Israel. DW_0048.wav, 37.52.

775 Interview mit Moshe Frankfurter und Miriam Gepner, 3. Juli 2013, Salit, Israel. DW_0048.wav, 37.20.

sind.[776] Josef Löwy, der Vater der Kinder, wurde wahrscheinlich als arbeitsfähig eingestuft und musste Zwangsarbeit leisten. Die Familie vermutet, dass er 1944 in Auschwitz an Typhus starb.[777]

Frankfurter wurden, wie bereits erwähnt, die Informationen über die konkrete Lage auf dem Balkan und in Ungarn und das Ausbleiben von Lebenszeichen seiner Familie vorenthalten. Trotzdem erfuhr er relativ zeitnah vom deutschen Einmarsch in Ungarn und schrieb bereits wenige Tage danach an seinen neuen Vormund mit einer „dringenden Bitte".[778] Er möge ihm bitte „alle Ungarn betreffenden Nachrichten, Zeitungsausschnitte etc. zusenden".[779] Frankfurter war in „grösster Sorge"[780] und zeigte sich zudem verärgert über Prediger Messinger, der ihm diese für ihn wichtigen Auskünfte nicht weitergeleitet hatte.[781] Noch im Juli 1944 war er von der Möglichkeit, seine Familie retten zu können, überzeugt. So informierte er seinen Vormund, seine „guten Freunde hier in der Schweiz" würden weiterhin daran arbeiten, „meinen Lieben die Auswanderung nach Palästina zu ermöglichen".[782]

6.2.8 Die Auseinandersetzung mit Webermeister Bruderer: „Ihn sollte man schon mal eine Weile zu den Schwaben hinaus tun."[783]

Für Frankfurter waren diese Zeiten nicht einfach, auch wenn er nicht im Detail über das Schicksal seiner Familie informiert war. Dazu kam, vielleicht gerade

776 Vgl.: Central Database of Shoah Victims' Names der israelischen Gedenkstätte Yad Vashem: Reuven Elkhanan, Testimony von Rut Levi [Ruth Löwy], online unter: http://db.yadvashem.org/names/nameDetails.html?itemId=8914010&language=en [Zuletzt eingesehen: 15.12.2015]. Und: Central Database of Shoah Victims' Names der israelischen Gedenkstätte Yad Vashem: Naomi Chana Levi, Testimony von Rut Levi [Ruth Löwy], online unter: http://db.yadvashem.org/names/nameDetails.html?itemId=8879179&language=en [Zuletzt eingesehen: 15.12.2015].

777 Vgl.: Central Database of Shoah Victims' Names der israelischen Gedenkstätte Yad Vashem: Josif Loewy/Levi, Testimony von Rut Levi [Ruth Löwy], online unter: http://db.yadvashem.org/names/nameDetails.html?itemId=928143&language=en [Zuletzt eingesehen: 15.12.2015]. Und: Interview mit Moshe Frankfurter und Miriam Gepner, 3. Juli 2013, Salit, Israel. DW_0048.wav, 41.31.

778 Brief von David Frankfurter an Paul Schmid-Ammann vom 22. März 1944, in: AfZ, NL Paul Schmid-Ammann / 99.36.

779 Ebd.

780 Ebd.

781 Vgl.: Ebd.

782 Beide Zitate: Brief von David Frankfurter an Paul Schmid-Amman vom 30. Juli 1944, in: AfZ, NL Paul Schmid-Ammann / 99.36.

783 Bericht von Aufseher Bruderer an Regierungsrat Albrecht, in: „D. Frankfurter, Sennhof, Beschwerde gegen Webermeister Bruderer", StAGR III 23d2 Frankfurter.

durch seine Sorgen verstärkt, eine Auseinandersetzung innerhalb des Gefängnisses, in deren Zentrum Webermeister Bruderer stand, Aufseher der gefängnisinternen Weberei, in der Frankfurter seit seiner Rückkehr aus Orbe wieder arbeitete. Frankfurter beschreibt in seinen Memoiren ausführlich die eskalierende Situation, die sich zwischen Februar und Juli 1943 zutrug, auch die Unterlagen der Behörden geben darüber Auskunft.[784] Der Vorfall um Gefängnisaufseher Bruderer gibt deutlich Aufschluss über Frankfurters Gerechtigkeitsempfinden und zeigt sein impulsives Einstehen für seine Rechte.

Bruderer, gemäß Frankfurter ein „fanatischer Protestant", trat zunächst als „Judenfreund" auf und brachte Frankfurter, ähnlich wie der Gefängnisgeistliche zu Beginn von Frankfurters Gefängnisstrafe, verschiedentlich Missionsschriften mit.[785] Dies habe er nicht dezent getan, sondern „in aufdringlichster und primitivster Weise".[786] Als Frankfurter Desinteresse zeigte und auf seine Missionsversuche nicht einging, „schlug sein anfängliches Interesse in grimmigen Hass um",[787] und er betitelte Frankfurter in einer Auseinandersetzung als den „schlimmsten Saujuden, der wie alle Juden, an den Galgen gehöre".[788] Frankfurter stellte diese Aussage und das Verhalten Bruderers sogleich in einen sich hier aufdrängenden größeren Zusammenhang.

> Im Kleinen wiederholte sich hier eigentlich das selbe Phänomen, das im Anfang der Reformation zu beobachten war. Luther hatte sich bekanntlich zunächst um die Juden mit der Schrift „Dass Jesus Christus ein geborener Jude sei" bemüht und war dann enttäuscht ein Judenfresser bösartigster Sorte geworden, wovon sein Pamphlet „Von den Juden und ihren Lügen"[789] Kenntnis gibt, eine Schmutzschrift, die oft die gemeinsten Verleumdungen und Drohungen des „Stürmer" vorweg nimmt![790]

Wie sich in Frankfurters Lebensgeschichte schon wiederholt gezeigt hatte, war er keiner, der Beleidigungen des Judentums oder antisemitische Angriffe auf seine

---

784 So gibt es im Staatsarchiv Graubünden in Chur unter den Materialien zu David Frankfurter eine ganze Mappe, die mit „D. Frankfurter, Sennhof, Beschwerde gegen Webermeister Bruderer" bezeichnet ist. Vgl.: StAGR III 23d2 Frankfurter.

785 Beide Zitate: Memoiren (Version Jabotinsky), S. 78.

786 Ebd.

787 Ebd.

788 Ebd.

789 Martin Luther publizierte im Jahr 1523 seine Schrift *Dass Jesus Christus ein geborener Jude sei* und 20 Jahre später *Von den Juden und ihren Lügen*. Vgl. beispielsweise: Kremers, Heinz [Hrsg.]: Die Juden und Martin Luther. Martin Luther und die Juden. Geschichte, Wirkungsgeschichte, Herausforderung, Neukirchen-Vluyn 1985. Oder: Osten-Sacken, Peter von der: Martin Luther und die Juden, Stuttgart 2002.

790 Memoiren (Version Jabotinsky), S. 78.

Person einfach hinnahm. Auch hier war er nicht willens, sich „diese Gemeinheiten eines rohen Kerls wie Bruderer […] bieten zu lassen".[791] und beschloss, als eine Beschwerde bei Tuena nicht fruchtete, in einen Streik zu treten, um nicht weiter unter Aufsicht eines Antisemiten arbeiten und leben zu müssen. Er schrieb zunächst einen Brief an Regierungsrat Albrecht, der ihm schon bei der Verlegung nach Orbe behilflich gewesen war, und als dieser nicht antwortete, schritt er zum nächsten ihm zur Verfügung stehenden Mittel, dem Hungerstreik. Frankfurter erläutert, seine Arbeitsverweigerung habe rund vier Monate gedauert und dazu geführt, dass er einen Monat lang keine Bücher und Zeitungen mehr lesen durfte – mit Ausnahme der Bibel und der Gebetbücher sowie einiger Zeitschriften, die er illegal besaß.[792]

Der Brief Frankfurters an den Regierungsrat ist in den Unterlagen des Staatsarchivs Graubünden erhalten; Frankfurter gab dort weitere Details zur Auseinandersetzung preis, die er in seinen Memoiren nicht erwähnt. Explizit ging er auf einen Vorfall zwischen ihm und Aufseher Bruderer am 18. Februar 1943 ein, von dem Verwalter Tuena Zeuge gewesen sei. Bruderer habe im Verlauf der verbalen Feindseligkeiten „wiederholt Ausdrücke wie ‚Saujud' etc.[,] ‚werde Sie kaputt schlagen, dass Ihnen kein Arzt helfen kann' und dgl. gebraucht",[793] woraufhin beide von Tuena in den Nebenraum zitiert worden seien. Die Aufklärung der Auseinandersetzung sei jedoch nicht zu Frankfurters Zufriedenheit geschehen, auf eine schriftliche Aufzeichnung der Version Frankfurters sei verzichtet worden. Der Grund dafür sei gewesen, „[w]eil einwandfrei daraus zu ersehen wäre, dass nur persönlicher Hass und niedrige Gesinnung solche schweren Ausfälle verursacht haben".[794] Nach der Schilderung des Vorfalls ging Frankfurter dazu über, dem Regierungsrat den Grund seiner Zuschrift zu erklären.

> Worum ich Sie von Anfang an und auch jetzt wieder bitte[,] ist nichts anderes als eine Bitte um Verständniss [sic] und Recht. Seit mehr als 6 Jahren bin ich gezwungen Tag für Tag eine monotone, geisttötende Arbeit zu verrichten unter der Knute eines Sklavenhalters. Wenn ich dann noch Interesse zeige für Anderes, bes. aber für Ereignisse in der Welt, von denen schliesslich das Schicksal meiner Familie und meines Volkes abhängt oder gar versuche[,] mir eine Zeitung zu erhaschen[,] so wird dies als furchtbares Verbrechen gebrandmarkt. […] Ich habe dies alles so ausführlich geschrieben, nicht aus Rache[,] sondern um ihnen die Kehrseite der Medaille zu zeigen[,] nur weil

791 Ebd.

792 Vgl.: Ebd.

793 Brief von David Frankfurter an Regierungsrat Albrecht vom 5. März 1943, in: „D. Frankfurter, Sennhof, Beschwerde gegen Webermeister Bruderer", StAGR III 23d2 Frankfurter.

794 Ebd.

> ich doch noch Hoffnung habe[,] bei Ihnen Recht und Verständniss [sic] zu finden. In diesem Sinne bitte ich Sie[,] sich der Sache anzunehmen!
> […] Was ich durch diesen Rapport wünsche, ist weder Rache noch Rewanche [sic] sondern einfach Schutz gegen Beleidigungen und Schmähungen von seitens Bruderers, dass er einmal darauf aufmerksam gemacht wird, dass er mit Menschen (mit geistig nicht ganz verkrüppelten) zu tun hat, und nicht Bestien[,] die nur auf die Peitsche reagieren![795]

Aus dem Brief Frankfurters wird nicht nur eine heftige Empörung über die ungerechte Behandlung ersichtlich, sondern auch die Unterforderung Frankfurters in der Umwelt des Gefängnisses, wo die Beschäftigung nicht geistig-intellektuell, sondern körperlich-handwerklich war. Frankfurter schloss den Brief mit der Wiederholung seiner Hoffnung, bei Albrecht „Recht und Gerechtigkeit zu finden", und wünschte sich eine „baldige Erledigung" dieser Affäre.[796] Nach Frankfurters Unterschrift folgten der Stempel der Strafanstalt sowie die Unterschrift von Tuena, was bedeutet, dass die Gefängnisverwaltung, wie sie es immer tat, den Brief gelesen und von Frankfurters Hilferuf nach außen Kenntnis hatte. Danach war eine kurze Notiz mit dem Kürzel von Regierungsrat Albrecht angefügt: „Geht an Sennhofverwaltung zur Vernehmlassung unter Mitbericht vom Aufseher f. d. Weberei, H. Bruderer."[797]

In den Unterlagen findet sich ein kurzer Bericht von Tuena zu dem Vorfall, der, so Bruderer, mit einem Werkzeug begonnen habe. Als Frankfurter ein für die Teppichweberei benötigtes Utensil weitergeben sollte, „machte er dabei dumme Bewegungen und benahm sich blöd",[798] was von Bruderer kommentiert wurde. Dieser Kommentar wiederum erzürnte Frankfurter so sehr, dass er Bruderer drohte, ihn zu schlagen. Dessen Entgegnung darauf lautete: „Wenn Sie nochmals so frech werden, werde ich Sie kunstgerecht durchprügeln", und er fügte dieser Ankündigung Schimpfworte wie „Saujud" und „geistiger Krüppel" an.[799] Tuena ergänzte diesen Bericht mit folgenden Hintergründen, die zu Frankfurters Ungunsten ausfielen.

> Es ist bekannt, dass Fr. von Zeit zu Zeit in Zorn ausbricht u. in diesem Zustand Drohungen und Beschimpfungen ausspricht. Die Verwaltung hat dies wiederholt erlebt. Bruderer hat wohl in meiner Gegenwart den Namen „Saujud und geistiger Krüppel"

795 Ebd.

796 Beide Zitate: Ebd.

797 Ebd.

798 Bericht Bruderer, betrifft Beschwerde Frankfurters, vom 10. März 1943, in: „D. Frankfurter, Sennhof, Beschwerde gegen Webermeister Bruderer", StAGR III 23d2 Frankfurter.

799 Alle Zitate: Ebd.

ausgesprochen, was wirklich bedauerlich ist, jedoch ist anzunehmen, dass Fr. ihn stark beleidigt habe, da Bruderer sonst korrekt ist.
Bruderer beklagte sich ferner, dass man Frankfurter gegenüber zu viel Rücksicht nehme und dass er mehr Rechte als andere habe. Dieser Vorwurf hat eine gewisse Berechtigung, indem man vielleicht mit Fr. strenger hätte sein sollen, aber seine missliche Lage erweckte immer wieder Erbarmen.[800]

Tuena hatte, ohne die genaue Vorgeschichte zu kennen, für Bruderer Partei ergriffen, indem er davon ausging, dass Frankfurter ihn beleidigt haben musste, um eine solche Reaktion hervorzurufen. Aus seinem Bericht wird zudem deutlich, dass Frankfurter sich im Sennhof schon wiederholt auffällig verhalten hat, was gerade in dieser Zeit, als die Nachrichten aus ganz Europa, insbesondere aber aus Osteuropa, wo sich Teile seiner Familie befanden, immer schlechter wurden, wenig verwunderlich ist. Dies wurde von der Gefängnisverwaltung registriert und beim Umgang mit Frankfurter berücksichtigt.[801] Tuenas Bericht ist kein Hinweis auf eine missionarische oder antisemitische Vorgeschichte zu entnehmen.[802] Dem Vorfall folgte eine verhältnismäßig milde Bestrafung. „Die Verwaltung hat Bruderer verboten, Schimpfnamen den Sträflingen gegenüber zu gebrauchen[,] und Frankfurter wurde das Recht des Einkaufens am Samstag für drei Wochen entzogen."[803] Interessant ist an dieser Stelle, dass die Maßregelung Bruderers ein selbstverständliches Verhalten eines Aufsehers gegenüber

800 Ebd.

801 Es muss an dieser Stelle erwähnt werden, dass Frankfurters Situation insbesondere im Vergleich zu seinen Mitinsassen speziell war. Die damalige mehrheitlich ländliche Prägung des Kantons Graubünden sowie Frankfurters Beschreibungen seiner Mithäftlinge lassen vermuten, dass es sich – mit Ausnahme von Frankfurter – bei den im Sennhof Inhaftieren in erster Linie um ortsansässige Kleinkriminelle handelte. In diesen Fällen stellte sich die Prozedur in Bezug auf Besuche wesentlich einfacher dar als bei Frankfurter, dessen Familie im Ausland weilte und aufgrund der politischen Lage bzw. des Fortschritts des Krieges keine Möglichkeiten mehr hatte, in die Schweiz zu reisen. Frankfurter erhielt in dieser Zeit lediglich Seelsorgebesuche von den verschiedenen Rabbinern sowie gelegentliche Besuche von David Kin. Dies führte dazu, dass Frankfurter viel mehr als andere Insassen auf postalischen Kontakt mit der Außenwelt angewiesen war. Dass Frankfurter dadurch faktisch mehr Rechte als andere Insassen hatte, heißt nicht, dass er von der Gefängnisverwaltung bevorzugt wurde, sondern nur, dass die genannten Faktoren beim Umgang mit Frankfurter berücksichtigt wurden.

802 Es gibt dafür mehrere Erklärungsmöglichkeiten: Entweder waren Tuena die Vorkommnisse nicht bekannt, oder er hat sich dafür entschieden, sie nicht in den Bericht aufzunehmen, z.B. weil er sie als irrelevant empfand oder, wie Frankfurter es wahrscheinlich interpretiert hätte, um Bruderer zu schützen.

803 Bericht Bruderer, betrifft Beschwerde Frankfurters, vom 10. März 1943, in: „D. Frankfurter, Sennhof, Beschwerde gegen Webermeister Bruderer", StAGR III 23d2 Frankfurter.

den Häftlingen verlangte, während Frankfurter für die Auseinandersetzung mit Bruderer tatsächlich bestraft wurde.

Kurz darauf folgte eine Mitteilung Tuenas an den Regierungsrat, Bruderer müsse momentan für einen Monat Militärdienst leisten, weswegen er noch keine schriftliche Stellungnahme habe abgeben können. Sie werde nach Bruderers Rückkehr nachgereicht, was Anfang April der Fall sein sollte. Tuena erwähnte, Frankfurter würde gegenwärtig nicht in der Weberei, sondern im Hof arbeiten, „wo er sich ebenfalls nicht recht aufführte“.[804] Deflorin (aus dem Zusammenhang ist ersichtlich, dass es sich um einen weiteren Aufseher handelte) habe Frankfurter wiederholt darauf hingewiesen, dass er nicht mit den anderen Häftlingen zu reden habe, „und als Frankfurter absichtlich weiter redete, nahm ihn Deflorin am Arm und wollte ihn in die Zelle führen. Da benahm sich Frankfurter frech und antwortete gereizt ‚er lasse sich von niemand befehlen.‘“[805] Daraufhin sei er zurück in seine Zelle geschickt worden und die Verwaltung habe „für unbestimmte Zeit Zellen-Arrest“[806] angeordnet.

Wie angekündigt, wurde der versprochene Bericht von Bruderer Anfang April nachgereicht. Der Schreibstil, in dem der Bericht gehalten war, deutet darauf hin, dass Bruderer es sich nicht gewohnt war, längere Schriftstücke auf Standarddeutsch zu verfassen, ist ansonsten aber sehr sauber gehalten. Ohne längeres Vorgeplänkel (lediglich die Anrede „Werter Herr Regierungsrat!“[807]) stieg er gleich in die Nacherzählung des Vorfalls ein, wie er sich aus seiner Sicht zugetragen hatte. Bruderer hätte an jenem Tag einige Male auffälliges Verhalten bei Frankfurter beobachtet, „als er sich dann aber zu blöd benahm[,] rief ich ihm zu und sagte: Er solle nicht immer so blöd sich benehmen!“[808] Als Frankfurter daraufhin eine unhöfliche Grimasse gezogen habe, legte Bruderer nach: „Ihn sollte man schon mal eine Weile zu den Schwaben hinaus tun.“[809] Mit dem Wissen, dass die „Schwaben“, also schweizerisch abfällig für die Deutschen, zu jener Zeit Deutschland mehrheitlich „judenfrei“ gemacht hatten und nun dazu übergegangen waren, Osteuropas jüdische Bevölkerung zu vernichten, mag es wenig überraschen, dass Frankfurter diese Bemerkung kaum erfreut aufnahm. Er hielt sich dennoch zurück und forderte Bruderer lediglich dazu auf, seine Aussage zu wiederholen; dieser wies ihn an, an die Arbeit zurückzukehren, was Frankfurter mit den Worten „er

804 Mitteilung von Gefängnisverwalter Tuena an Regierungsrat Albrecht, in: „D. Frankfurter, Sennhof, Beschwerde gegen Webermeister Bruderer“, StAGR III 23d2 Frankfurter.

805 Ebd.

806 Ebd.

807 Bericht von Aufseher Bruderer an Regierungsrat Albrecht, in: „D. Frankfurter, Sennhof, Beschwerde gegen Webermeister Bruderer“, StAGR III 23d2 Frankfurter.

808 Ebd.

809 Ebd.

mache[,] was er wolle"[810] verweigerte. Bruderer habe daraufhin gegenüber Frankfurter zu einer längeren Erklärung angesetzt, was ihn an ihm und der Behandlung, die ihm zukam, störte: „So viel Vergünstigungen habe er immer, 1 St. Besuch, wo Andre nur ¼ St. haben können und schreiben könne er mehr als Andre und noch Andres.[811] Trotzdem seien sein Betragen und Verhalten so, dass man nicht anders könne, als ihm direkt ins Gesicht zu sagen, dass er wirklich ein sau Jude [sic] sei."[812] Dies sei die Vorgeschichte gewesen zu einem weiteren Vorfall, bei dem Bruderer sehr kleinlich erscheint, was möglicherweise darauf hindeutet, dass es sich um verhärtete Fronten handelte.

> 2 Tage später [...] am Mittag trug sich's zu, dass Frankfurter[,] ohne mich zu fragen[,] was er tun müsse, da er keine Spuhlen [sic] zum weben [sic] hatte, einfach anfing zu spuhlen [sic], worauf ich ihn stellte und sagte: was er da mache[,] ohne mich zu fragen, ob er meine[,] er könne grad machen[,] was er wolle? Wärend [sic] diesem Streitdisput kam gerade Herrn [sic] Verwalter dazu und die ganze Sache [...] kam dazu zur Aussprache, wo ich wiederum sagte: wenn man hier ihm dann nicht Sau-Jud sagen könne, dann sei es dann bös.[813]

Wenn nun Frankfurter, der schon eine Weile in der Weberei beschäftigt war, wusste, was das übliche Vorgehen beim Fehlen von Spulen war, ist es nicht weiter abwegig, dass er, um arbeiten zu können, eben diese Tätigkeit verrichtete, ohne den Aufseher zuvor um Erlaubnis zu fragen. Dass Bruderer aufgrund dieser Banalität so erbost war, überrascht und mag darauf hinweisen, welche Kleinigkeiten zu einer Eskalation führen konnten.

Bruderer schrieb zum Abschluss noch einmal, es sei unfair, wie viel Entgegenkommen die Gefängnisverwaltung Frankfurter gegenüber zeige – darin würden ihm die anderen Aufseher zustimmen. Er nannte Frankfurter einen „Juxvogel", der im selben Moment zu einem „Löwe[n]" würde, und „dass er heute noch zu einem Morde fähig sei".[814] So wie Frankfurter abschließend den Wunsch nach Gerechtigkeit geäußert hatte, tat dies auch Bruderer. Für ihn würde hier Gerechtigkeit – im Sinne einer Gleichbehandlung der Häftlinge – bedeuten, dass Frankfurters Privilegien wie Besuchs- und Schreibrecht eingeschränkt würden, bis sich eine deutliche Besserung seines Verhaltens abzeichnete.[815]

---

810 Ebd.

811 Vgl. hierzu: Fußnote 801, S. 379.

812 Ebd.

813 Ebd.

814 Alle Zitate: Ebd.

815 Vgl.: Ebd.

Wie bereits erwähnt reagierte Frankfurter auf seine Bestrafung und die faktische Nichtbestrafung Bruderers sowie die immer noch ungelöste Situation, da er weiterhin unter dem ihm verhassten Aufseher arbeiten musste, mit Arbeitsniederlegung. Er schrieb einen panischen Brief an seinen Vormund mit der Bitte, „sich der Sache anzunehmen".[816] Unter keinen Umständen könne er, Frankfurter, weiterhin in der Weberei unter besagtem Aufseher arbeiten. „Sollte ich keine andere Arbeit erhalten, so bitte ich Sie soffort [sic] die nötigen Schritte für eine Versetzung in eine andere Anstalt zu unternehmen."[817] Die Antwort oder Reaktion Schmid-Ammanns darauf ist nicht überliefert.

Frankfurter verfasste, da Regierungsrat Albrecht nicht auf seinen ersten Brief geantwortet hatte, eine Nachfrage an ihn, ob er sich nun endlich um seine Beschwerde kümmern könne.[818] Zur gleichen Zeit schickte Verwalter Tuena einen Brief an den Regierungsrat, mit der Bitte, den „pendenten Fall Bruderer-Frankfurter" vor den Sommerferien abzuschließen, wenn möglich noch diese Woche, da „Frankfurter [...] seit einigen Tagen in den Hungerstreick [sic] getreten" sei.[819] Dies nun veranlasste Albrecht zu einer Reaktion, allerdings vorerst nicht jener, die sich Frankfurter erhofft hatte. In einem Brief an Frankfurter schrieb der Regierungsrat, er habe bisher keine Zeit für einen Besuch gehabt. Nun aber habe ihm der Gefängnisverwalter gemeldet, dass Frankfurter „deswegen renitent geworden, in den Hungerstreick [sic] getreten"[820] sei und die Arbeit verweigere. Albrecht machte deutlich, was er von Frankfurters Benehmen hielt. „Ich hoffe, Sie werden die nötige Einsicht haben, dass ich mich durch ein solches Verhalten nicht zwingen lassen kann, und verlange daher, dass sie unverzüglich die Arbeit im Webersaal wieder aufnehmen. Sobald mir gemeldet wird, Sie hätten einige Tage zur Zufriedenheit sich eingestellt, werde ich Sie besuchen."[821] Diese Aufforderung bewirkte eine umgehende Beendigung von Frankfurters Hungerstreik und Arbeitsverweigerung, und er schrieb an Albrecht, es sei ihm nur um eine gerechte Beurteilung der Auseinandersetzung gegangen und er werde

816 Brief von David Frankfurter an Paul Schmid-Amman vom 31. Mai 1944, in: AfZ, NL Paul Schmid-Ammann / 99.36.

817 Ebd.

818 Vgl.: Brief von David Frankfurter an Regierungsrat Albrecht, [undatiert], in: „D. Frankfurter, Sennhof, Beschwerde gegen Webermeister Bruderer", StAGR III 23d2 Frankfurter.

819 Beide Zitate: Brief von Verwalter Tuena an Regierungsrat Albrecht vom 3. Juli 1943, in: „D. Frankfurter, Sennhof, Beschwerde gegen Webermeister Bruderer", StAGR III 23d2 Frankfurter.

820 Brief von Regierungsrat Albrecht an David Frankfurter vom 12. Juli 1943, in: „D. Frankfurter, Sennhof, Beschwerde gegen Webermeister Bruderer", StAGR III 23d2 Frankfurter. Der Brief (oder der folgende von Frankfurter) ist möglicherweise falsch datiert, da sich Frankfurter in seinem Brief vom 11. Juli klar auf denjenigen von Albrecht bezieht.

821 Ebd.

den Wünschen des Regierungsrats nachkommen. Trotzdem wäre er ihm sehr verbunden, wenn er „in den nächsten Tagen schon herkommen“[822] könne. Er stellte auch Bedingungen, nämlich dass „Bruderer klar gemacht werden [müsse], dass die Arbeitsaufnahme nicht sein persönlicher Triumpf [sic] ist und dass er sich jeder Provokation zu enthalten habe!“[823]

Damit schien die Angelegenheit erledigt zu sein. Die Version der Auseinandersetzung beziehungsweise deren Beilegung, die Frankfurter in seinen Memoiren beschrieb, unterscheidet sich von derjenigen, die sich aus den genannten Quellen rekonstruieren lässt. Gemäß Frankfurters Ausführungen war es sein Hungerstreik, der direkt zu einem Besuch des Regierungsrats führte, und nicht erst die Beendigung desselben.

> Nachdem ich meinen Streik durch siebentägiges Fasten verschärft hatte, lenkte Regierungsrat Albrecht ein. Er besuchte mich und versprach mir baldige Versetzung in eine andere Abteilung, in der ich mit Bruderer nichts zu tun hatte. Diesem wurde streng untersagt, sich weiter unflätig gegen mich zu äussern.
> Ich ging – halben Herzens – auf diesen Kompromiss ein. Eigentlich hatte ich Bruderers Entfernung von der Anstalt verlangt. [....]
> Aufseher Bruderer war inzwischen zum Militärdienst eingezogen worden, als er jedoch wieder nach Chur kam, wurde ich nach kurzer Zeit aus der Weberei in die Küche versetzt. Dort hatte er nichts zu suchen, und ich konnte zusammen mit der Frau des Verwalters, eine friedliche, gutmütige Person, und einigen weiblichen Mitgefangenen ungestört arbeiten.[824]

Immerhin geben Frankfurters Ausführungen darüber Auskunft, wie die Auseinandersetzung mit Webermeister Bruderer beendet wurde. Während die Aussage, dass Bruderer verboten wurde, sich Frankfurter gegenüber abfällig zu äußern, auch in den Quellen zu finden ist, geben diese keinerlei Aufschluss über die Versetzung Frankfurters in die Gefängnisküche. Die Entscheidung muss vor Ort gefällt worden sein und ist nicht schriftlich in den Unterlagen zu finden. Frankfurter konnte sich mit dieser Lösung wahrscheinlich leicht abfinden, auch wenn sie nicht seinen ursprünglichen Forderungen entsprach. Wie bereits aufgezeigt wurde, mochte er die Arbeit in der Weberei nicht.

In der Folge fiel Frankfurter die Gewöhnung an das Gefängnisleben in Chur etwas leichter. Dass die Affäre um Frankfurter und Bruderer überstanden war, nahm Schmid-Ammann zum Anlass, bei der Gefängnisverwaltung nachzufragen,

822 Brief von David Frankfurter an Regierungsrat Albrecht vom 11. Juli 1943, in: „D. Frankfurter, Sennhof, Beschwerde gegen Webermeister Bruderer“, StAGR III 23d2 Frankfurter.

823 Ebd.

824 Memoiren (Version Jabotinsky), S. 78–79.

ob es möglich sei, Frankfurter den Zugang zu Tageszeitungen zu gewähren. Er unterstrich, dass Regierungsrat Gion Darms, der den in der Zwischenzeit zurückgetretenen Regierungsrat Albrecht ersetzte, sowie der Chef des Justiz- und Polizeidepartements Graubünden grundsätzlich ihre Zustimmung gegeben hätten, aber unglücklicherweise die Auseinandersetzung mit Bruderer dazwischengekommen sei, so dass er eine Beruhigung der Situation habe abwarten wollen.

> Nun halte ich aber dafür, dass diese Frist verstrichen sein sollte. Schliesslich lag ja die Schuld an jenem Zusammenstoss nicht ausschliesslich auf Frankfurters Seite, sondern auch der Aufseher hat sich durchaus unkorrekt verhalten, und ich habe inzwischen auch von anderer Seite erfahren, dass der betreffende Mann keineswegs die nötigen Eigenschaften besitzt, um seinem schwierigen Posten gewachsen zu sein.[825]

Die neue Perspektive, die Schmid-Ammann hiermit in den Fall bringt, ist interessant zu sehen. Bisher war nicht die Rede davon, dass Bruderer seinen Aufgaben nicht gewachsen war, vielmehr wurde die Schuld hauptsächlich bei Frankfurter gesucht. Der Vormund bezeichnete darüber hinaus den „offensichtlich ungeeigneten Aufseher" als „hartherzigen, selbstgerechten Frömmler".[826] Ähnlich äußerte sich Tuena Jahre nach dem Vorfall.[827] Seine Aussagen klingen retrospektiv unbelasteter als in seiner Funktion als Gefängnisverwalter, als er für seine Mitarbeiter verantwortlich war und sie möglicherweise vor den Insassen, aber auch gegen außen, schützen wollte. Gemäß seinen Beschreibungen war Bruderer „ein Streber[,] ein Ehrgeizling, mit einem Minderwertigkeitskomplex, das hatte natürlich seine Auswirkungen".[828] Bruderer habe sich Frankfurter gegenüber als „sehr arrogant und giftig" gezeigt, was Tuena auf einen bestimmten Vorfall zurückführte.

> David trug immer eine Mütze, ein Beret[,] um seine Operationsnarben am Kopf zu verdecken. Der Appenzeller Aufseher, den niemand mochte, er selber war in einer Anstalt aufgewachsen, […] wollte ihm das Tragen der Mütze verbieten. David machte ein Gesuch beim Regierungsrat und er bekam die Erlaubnis[,] diese Mütze zu tragen.[829]

825 Brief von Paul Schmid-Amman an die kantonale Gefängnisverwaltung Sennhof, Chur, vom 4. August 1944, in: AfZ, NL Paul Schmid-Ammann / 99.36.

826 Beide Zitate: Brief von Paul Schmid-Ammann an Saly Braunschweig [undatiert], in: AfZ, IB Frankfurter-Prozess / 19.

827 Herr und Frau Tuena wurden von Rolf Lyssy im Vorfeld seines Filmes über David Frankfurter interviewt. Vgl.: Gespräch mit Herrn und Frau Tuena [undatiert], in: Lyssy, Rolf: Interviews 1969 zur Vorbereitung des Films Konfrontation, Privatbesitz Rolf Lyssy, via Hannah Einhaus.

828 Ebd., S. 2.

829 Ebd.

Dieser kleine Sieg Frankfurters über Bruderer, der weder in Frankfurters Memoiren noch in den Unterlagen des Staatsarchivs Graubünden zu finden ist, habe zu einer negativen Einstellung Bruderers gegenüber Frankfurter geführt.

Schmid-Ammann fragte im oben erwähnten Brief, ob die Möglichkeit bestünde, Frankfurter die Erlaubnis zur Lektüre von Tageszeitungen zu geben, da bei ihm „unbestreitbar besondere Verhältnisse“[830] vorliegen würden. Dies konkretisierte er folgendermaßen:

> Abgesehen davon, dass er der „älteste Insasse“ des Sennhofes ist und grundsätzlich ja noch viele Jahre abzusitzen hätte, so müsste doch wohl berücksichtigt werden, dass er ein intellektueller Mensch ist, mit politisch sehr regen Interessen, der naturgemäss lebhaften Anteil am Weltgeschehen nimmt. Seine einstige Tat wird und muss heute wohl anders, milder beurteilt werden, als es im Jahre 1936 geschah.[831]

Diesen Worten folgte eine ausführliche Beschreibung der gegenwärtigen Situation, wie sie sich durch den Aufstieg und die Expansion des nationalsozialistischen Deutschlands ergeben hatte. Gustloff sei Teil eines Regimes gewesen, das „Krieg und Verbrechen“[832] bedeute, und das heutige Wissen darüber müsse zwangsläufig die Interpretation von Frankfurters Tat beeinflussen. Frankfurter sei „kein gemeiner Mörder“, er habe für den Mord „schon reichlich gebüsst“ und es sich nun verdient, dass ihm nicht zusätzliche Härten auferlegt würden.[833] Der Zugang zu Tageszeitungen sei aus zwei Gründen hilfreich: einerseits, um Frankfurter auf die Welt außerhalb des Gefängnisses vorzubereiten, andererseits, damit er sich ein Bild von der Situation machen könne, in der seine Familienangehörigen sich befänden.[834]

Frankfurter bekam daraufhin tatsächlich die Erlaubnis, Tageszeitungen zu lesen, woraufhin Schmid-Ammann die Zustellung einer Auswahl – darunter die linksdemokratische *Neue Bündner Zeitung*, bei der Schmid-Ammann Auslandsredaktor war, die bürgerliche *National-Zeitung*, die sozial-liberale *Tat* und die *Neue Zürcher Zeitung* – veranlasste. Die politische Ausrichtung einiger Zeitungen wurde von Tuena als unpassend erachtet, weshalb er sie nicht an Frankfurter

---

830 Brief von Paul Schmid-Amman an die kantonale Gefängnisverwaltung Sennhof, Chur, vom 4. August 1944, in: AfZ, NL Paul Schmid-Ammann / 99.36.

831 Ebd.

832 Ebd.

833 Beide Zitate: Ebd.

834 Vgl.: Ebd. Paul Schmid-Ammann beschwerte sich im Weiteren darüber, dass es ihm nicht erlaubt worden sei, sein Mündel an dessen Geburtstag zu besuchen. Dies sei nun schon das zweite Mal, dass ihm ein Besuch bei Frankfurter verweigert worden sei, was nicht den Bedingungen entsprechen würde, die ihm bei der Übernahme der Vormundschaft versprochen worden seien.

weiterleitete. Um die Sache zu klären, schrieb er an den Regierungsrat und schilderte ihm die Situation. Frankfurter habe von der Sennhofverwaltung zweimal wöchentlich eine Tageszeitung zum Lesen bekommen, verlange aber, in Abstimmung mit seinem Vormund, „die tägliche Zustellung einer politischen Zeitung und wenn das nicht möglich sein sollte, dann wenigstens die Zustellung [...] der jeweils erschienenen Zeitungen, damit er sie im Zusammenhang lesen könne“.[835] Tuena wünschte sich von Regierungsrat Darms ein Machtwort, „welche Zeitungen und wie oft sie dem Frankfurter zuzustellen sind“.[836] Dieser antwortete bereits am folgenden Tag. Die Eingabe sei geprüft worden und die entsprechende Verfügung laute: „David Frankfurter sind jeweils Mittwoch und Samstag folgende Zeitungen, Neue Bündner Zeitung, Neue Zürcher Zeitung, National Zeitung und Basler Nachrichten, die sein Vormund zur Verfügung stellt, zur Lektüre auszuhändigen.“[837]

Frankfurter fasst in der Folge in seinen Memoiren einen längeren Zeitraum auf wenigen Seiten zusammen, in denen er wenig Konkretes erwähnt und lediglich auf einige Episoden in Zusammenhang mit der aufgezwungenen sexuellen Enthaltsamkeit eingeht.[838] Er schreibt, er wolle damit nicht den Eindruck erwecken, dass für ihn diese Jahre schnell vorübergegangen seien. „Wie rasch schreibt sich das hin, wie viel rascher noch liest es sich – und welche Ewigkeit waren diese Jahre. Acht Jahre Zuchthaus hatte ich nun hinter mir. Acht Jahre der Eintönigkeit und Unfreiheit, der Demütigung und Entbehrung.“[839] Doch nun war die Zeit für einen neuen Abschnitt in Frankfurters Leben gekommen. Zusammen mit seinem Anwalt und seinem Vormund wollte er den Versuch einer Revision seines Prozesses wagen. Er war optimistisch, dass aufgrund der veränderten politischen Lage, nun, da die Schweiz vor „dem mächtigen Dritten Reiche“, das „begann in rauchende Trümmer zu zerfallen“, nicht mehr einknicken musste, ein entsprechender Antrag erfolgreich sein würde.[840]

835 Brief von Gefängnisverwalter Tuena an Regierungsrat Darms vom 15. November 1944, in: AfZ, NL Paul Schmid-Ammann / 99.36.

836 Ebd.

837 Brief von Regierungsrat Darms an Gefängnisverwalter Tuena vom 16. November 1944, in: AfZ, NL Paul Schmid-Ammann / 99.36.

838 Vgl.: Memoiren (Version Jabotinsky), S. 79. Es handelte sich dabei um die Geschichte einer jungen Wärterin, die Frankfurter Liebesbriefe zuschickte, und um die neue Arbeit in der Küche, bei der er Kontakt zu weiblichen Insassen hatte.

839 Ebd.

840 Beide Zitate: Ebd.

6.3 Begnadigung

6.3.1 Vorbereitungen

Die Begnadigung war ursprünglich nicht Frankfurters Idee und entsprach nicht seinen Zukunftsvorstellungen, sondern wurde von Rabbiner Eugen Messinger bei einem Besuch im September 1943 aufgebracht. Frankfurter reagierte auf den Vorschlag zunächst mit gemischten Gefühlen. Natürlich hätte er nichts gegen eine Freilassung aus dem Gefängnis einzuwenden gehabt, wollte dies aber nicht durch eine Begnadigung erreichen. Er war weiterhin überzeugt, dass ihm mit der Verurteilung im Jahr 1936 Unrecht geschehen war – dies wollte er in Form einer Revision des Prozesses und eines Freispruchs anerkannt sehen. Gerade aufgrund seiner Erfahrungen während seiner Zeit im Gefängnis, wo er sich wiederholt – zuletzt durch Gefängnisaufseher Bruderer – ungerecht behandelt gefühlt hatte, war für ihn klar, dass er nun endlich zu seinem Recht kommen musste. Frankfurter verfolgte mit der geplanten Prozessrevision zwei Hauptziele.[841]

> [E]rstens wollte ich durch ein Wiederaufrollen des Prozesses [...] die verpassten Gelegenheiten nachholen. Diesmal würde ich mir kein Schlusswort mehr entziehen lassen, diesmal wollte ich selbst den ganzen Komplex des Nazismus aus dem Gesichtswinkel meines eigenen Erlebens darstellen, um den Richtern und der Öffentlichkeit [...] klipp und klar darzulegen, dass es für mich gar keine andere Konsequenz geben konnte als die Schüsse von Davos, die man so heuchlerisch im ersten Prozess umgedeutelt hatte als die Reaktion eines am Leben gescheiterten, verbummelten Studenten. [...] Zweitens aber sollte die Wiederaufrollung des Verfahrens zeigen, dass die Naziwühltätigkeit auch heute – 1943 – in der Schweiz noch nicht aufgehört hatte, ja dass zu der politischen Spitzeltätigkeit sogar noch die gefährlichere militärische Spionage getreten war. Der Prozess Frankfurter in zweiter Instanz sollte die Schweiz abermals aufrütteln[.][842]

Frankfurter ging davon aus, dass er, wenn er nur die Gelegenheit bekäme, seine Motive ungestört darzulegen, eine Freilassung erreichen könnte. Er übersah dabei, dass das Kantonsgericht von Graubünden wahrscheinlich im Jahr 1945, zum Zeitpunkt der Begnadigung, nicht anders entscheiden würde als im Jahr 1936, dies aus zwei Gründen. Erstens müsste das Gericht eingestehen, dass es sich vor neun Jahren geirrt hatte, was als unrealistisch betrachtet werden kann, und zweitens sah sich die Schweiz, anders als beispielsweise Deutschland, 1945 in einer Situation der Kontinuität, in der sie überzeugt war, während der Kriegszeit richtig gehandelt zu haben. Es dauerte in der Schweiz bis in die 1990er Jahre, bis

841 Vgl.: Ebd., S. 80.

842 Ebd.

eine ernsthafte Aufarbeitung des offiziellen Verhaltens im Zweiten Weltkrieg stattfinden konnte. Darüber hinaus gab es mit Frankfurters Plan gleich mehrere Probleme. Es war wenig wahrscheinlich, dass Frankfurters Unterstützer, die, wie noch aufgezeigt werden soll, weiterhin sehr um Zurückhaltung bemüht waren, sich auf einen neuen spektakulären Prozess einlassen würden, gerade mit den von Frankfurter erwähnten Absichten. Zudem dürften die Erfolgsaussichten eines solchen Unterfangens trotz der unterdessen veränderten politischen Weltlage bescheiden sein.

Eugen Messinger war zwar von Frankfurters Idee nicht überzeugt, stellte aber trotzdem den Kontakt her zwischen ihm und einem Berner Anwalt, dem Präsidenten der damaligen Israelitischen Kultusgemeinde Bern[843] und späteren SIG-Präsidenten, Georges Brunschvig.[844] Brunschvig hatte sich als Anwalt bereits beim Berner Prozess um die *Protokolle der Weisen von Zion* einen Namen gemacht und war beim SIG in der Flüchtlingshilfe sowie im Ressort Abwehr und Aufklärung tätig.[845] Brunschvig wurde am 27. Oktober 1943 per von Frankfurter unterzeichneter Vollmacht als dessen Vertretung „in Sachen Verteidigung betr. Revisionsverfahren" zugelassen.[846] Frankfurter zeigt sich in seinen Memoiren ambivalent in Bezug auf diesen Entscheid. Es wäre ihm lieber gewesen, wenn der ihm bereits bekannte Veit Wyler, den er durch die enge Zusammenarbeit und den Kontakt während seines Aufenthalts im Gefängnis unterdessen als Freund betrachtete, sein Rechtsvertreter für die gewünschte Prozessrevision geworden wäre. Jedoch musste er hier einsehen, dass eine erneute Verpflichtung Wylers seiner Sache kaum dienlich wäre, da Wyler „gewissermassen ‚persona ingrata' bei den Behörden geworden war".[847] Aus Frankfurters Ausführungen hierzu wird klar, wieso eine Zusammenarbeit der beiden Anwälte nicht in Frage kam. Wyler und Brunschvig hätten „persönlich und weltanschaulich wenig Gemeinsames"; während Wyler „ein glühender Zionist und bewusster Nationaljude" sei, repräsentiere Brunschvig einen „bürgerlich-assimilatorischen Standpunkt".[848] Damit wird deutlich, wo

843 Heute: Jüdische Gemeinde Bern.

844 Vgl.: Memoiren (Version Jabotinsky), S. 80. Bei Frankfurter: Brunschwig statt Brunschvig.

845 Vgl.: Picard, Jacques: Brunschvig, Georges, in: Historisches Lexikon der Schweiz, online unter: http://www.hls-dhs-dss.ch/textes/d/D21250.php [zuletzt eingesehen: 07.02.2014]. Zum Ressort Abwehr und Aufklärung vgl.: Keller, Zsolt: Abwehr und Aufklärung. Antisemitismus in der Nachkriegszeit und der Schweizerische Israelitische Gemeindebund, Zürich 2011. Zu Georges Brunschvig: Einhaus 2016. Mit David Frankfurter beschäftigt sich Einhaus im Kapitel „Brunschvig erreicht Begnadigung David Frankfurters", S. 115–130. Dabei zitiert sie ausführlich das Tagebuch Brunschvigs.

846 Vgl.: Vollmacht von David Frankfurter für Georges Brunschvig vom 27. Oktober 1943, in: AfZ, IB Frankfurter-Prozess / 19.

847 Memoiren (Version Jabotinsky), S. 81. Auch Curti schied als Anwalt aus, da Frankfurter mit ihm seit dem Prozess nicht mehr in Kontakt gewesen war.

848 Ebd.

Frankfurters Sympathien lagen; der bürgerlich-schweizerische Habitus Brunschvigs dürfte ihm wenig zugesagt haben, mit Wyler verband ihn mehr.

In einem Brief an Saly Mayer schrieb Brunschvig, kurz nachdem er das Amt übernommen hatte, dass ihm der Fall Frankfurter „sowohl berufsmässig, wie auch als Mensch ausserordentlich nahegeht“[849] und dass er ein breites Interesse an Frankfurter in der schweizerischen Öffentlichkeit festgestellt habe. Brunschvig war federführend in den Vorbereitungen, erhielt aber tatkräftige Unterstützung, in erster Linie von Paul Schmid-Ammann, der wiederum mit Veit Wyler in Kontakt stand. Der SIG sollte nach Vorstellungen Brunschvigs – genauso wie andere religiöse und politische Organisationen – nicht mehr eng in die Vorbereitungen involviert werden und sich vor allem nicht mehr hauptsächlich für die Finanzierung verantwortlich zeigen, da er vermeiden wollte, sich durch irgendwelche übergeordneten Interessen beeinflussen zu lassen.[850] Erschwert wurden das Vorgehen und die Zusammenarbeit dadurch, dass die an einer Freilassung Frankfurters beteiligten Personen immer wieder Aktivdienst leisten mussten; davon zeugen verschiedene Briefe, die als Feldpost verschickt wurden, oder wiederholte Kommentare, dass der Verfasser aufgrund des Militärdienstes leider gerade am Beantworten der Zuschriften verhindert gewesen sei.[851]

Dass die Idee der Entlassung Frankfurters aus dem Gefängnis auch seinen Vormund Paul Schmid-Ammann beschäftigte, zeigt ein Brief desselben an Wyler vom 22. Oktober 1943. Er schrieb, er habe bei seinem letzten Besuch festgestellt, dass „Frankfurter geistig sehr gut beieinander ist, von ihm eine moralisch grossartige Leistung nach 7 Jahren Zuchthaus“.[852] Das Schicksal seiner Familie sei jedoch „schrecklich und für ihn ein schwerer Schlag“.[853] Er versicherte Wyler: „Selbstverständlich beschäftigt mich schon lange die Frage seiner Befreiung, und ich hoffe sehr, dass er und wir mit ihm nicht mehr so lange darauf warten

849 Brief von Georges Brunschvig an Saly Mayer vom 30. Oktober 1943, in: AfZ, IB Frankfurter-Prozess / 18.

850 Vgl.: Ebd. In der Antwort auf diesen Brief schrieb Mayer, dass er leider keine Möglichkeit der finanziellen Unterstützung durch das American Jewish Joint Distribution Committee sah: „In meinem Akkreditiv bei der zuständigen Behörde ist ausdrücklich auf den unpolitischen Charakter meiner Tätigkeit hingewiesen.“ Vgl.: Brief von Saly Mayer an Georges Brunschvig vom 2. November 1943, in: AfZ, IB Frankfurter-Prozess / 18. Ähnlich reagierte Saly Mayer auch auf andere Hilferufe aus der Schweiz, beschrieben bei Hanna Zweig-Strauss. Vgl.: Kapitel 12.3 Hilfstätigkeit mit Schwierigkeiten, in: Zweig-Strauss 2007, S. 202–203.

851 Vgl. beispielsweise: Brief von Georges Brunschvig an David Frankfurter vom 3. September 1944, in: AfZ, IB Frankfurter-Prozess / 19. Brunschvig schrieb dort an Frankfurter: „Ich hatte mir vorgenommen Sie dieser Tage zu besuchen, doch bin ich infolge Militärdienst verhindert.“ Ebd.

852 Brief von Paul Schmid-Ammann an Veit Wyler vom 22. Oktober 1943, in: AfZ, NL Veit Wyler / 47.

853 Ebd.

müssen."[854] Im November trafen sich außerdem Schmid-Ammann und Georges Brunschvig am Bahnhofbuffet in Zürich. Brunschvig schrieb in einer Aktennotiz zu dem Treffen, dass Schmid-Ammann mit dem geplanten Vorgehen, „für den Augenblick nur den ganzen Fragenkomplex zu prüfen, um dann bei Kriegsende die notwendigen Schritte einzuleiten",[855] einverstanden sei und sich, sozusagen als Ortskundiger, der mit den Verhältnissen im Kanton Graubünden vertraut war, kritisch gegenüber dem Vorgehen der Verteidigung im Mordprozess von 1936 geäußert habe: „Die frühere Verteidigung erachtete er als nicht gut, da sie sich viel zu viel über die Verfolgungsmethoden der Deutschen gegenüber den Juden ausliess, statt Rücksicht zu nehmen auf ein vorwiegend katholisches Gericht, wo doch auch Katholiken-Verfolgungen in Deutschland stattfanden."[856] Hinsichtlich einer möglichen Prozessrevision war Brunschvig zuversichtlich. Im Gegensatz zu 1936, als drei der Richter Konservative gewesen waren, sei jetzt die politische Zusammenstellung der Richter („jetzt zwei Konservative, zwei Demokraten und ein Freisinniger"[857]) für Frankfurter vielversprechender. Einige Wochen später lässt sich aus den Quellen der erste Kontakt zwischen Wyler und Brunschvig rekonstruieren. Brunschvig schickte an Wyler die knappe Nachricht, er wünsche ihn „in Sachen: Frankfurter" zu sprechen und werde am „nächsten Montag […] um 15.00 Uhr" zu ihm nach Zürich kommen.[858] In einem Bericht zu Händen von Josef Messinger gab Brunschvig einen Einblick in seine taktischen Überlegungen zur rechtlichen Situation. Der wichtigste Punkt war, dass Frankfurter keinen Mord begangen, sondern es sich bei der Tötung von Gustloff um einen Totschlag gehandelt habe.[859]

Die ersten Kontakte zwischen den verschiedenen Personen, die an einer möglichen Freilassung Frankfurters arbeiteten, fanden also bereits im Herbst 1943 statt. Zur Fortsetzung der Vorbereitungsarbeiten sind insbesondere der Nachlass Schmid-Ammanns sowie die Korrespondenz Brunschvigs[860] relevant. Um Details

854 Ebd.

855 Aktennotiz von Georges Brunschvig zur Besprechung mit Paul Schmid-Ammann vom 20. November 1943, in: AfZ, IB Frankfurter-Prozess / 18.

856 Ebd.

857 Ebd.

858 Beide Zitate: Brief von Georges Brunschvig an Veit Wyler vom 17. Dezember 1943, in: AfZ, NL Veit Wyler / 47.

859 Notiz von Georges Brunschvig für Herrn Dr. Messinger, betreffend David Frankfurter [undatiert, unvollständig], in: AfZ, IB Frankfurter-Prozess / 18.

860 Die Korrespondenz Brunschvigs befindet sich in zwei Beständen unter folgendem Zeichen im Archiv für Zeitgeschichte: AfZ, IB Frankfurter-Prozess / 18/19. Anmerkung zu diesen Beständen: Obwohl die Kennzeichnung darauf hinweist, dass es sich um die Korrespondenz von Saly Braunschweig handelt, finden sich darin hauptsächlich Unterlagen von Georges Brunschvig. Zwar sind die meisten ausgehenden Briefe nicht unterzeichnet, doch deutet das

zum Mordprozess von 1936 in Erfahrung zu bringen und Ratschläge zu erhalten, kontaktierte Brunschvig unter anderen Saly Mayer, zudem beschäftigten er und Schmid-Ammann sich mit dem psychiatrischen Aspekt des Falles; Schmid-Amman fertigte zu diesem Zweck eine Abschrift des psychiatrischen Gutachtens[861] an, das Jörger im Rahmen des Churer Mordprozesses ausgestellt hatte, und schickte es an Brunschvig. Im gleichen Brief erwähnte Schmid-Ammann, er würde für eine Sitzung nach Bern fahren und hoffe, Brunschvig bei dieser Gelegenheit treffen zu können.[862]

Eine Aktennotiz Brunschvigs zeigt auf, welche Arbeiten getätigt wurden, um Frankfurters Freilassung voranzutreiben. Anlässlich eines Besuchs Messingers bei Frankfurter in Chur ließ Brunschvig Frankfurter Folgendes ausrichten:

1. Eine Gegenexpertise wird erstellt.
2. Akten, insbesondere diverse Aussagen, werden auf ihre Widersprüche hin geprüft.
3. Sobald die Arbeit in einem fortgeschritteneren Stadium ist, werde ich nach Chur kommen.[863]

Es war zudem geplant (und dieses Vorgehen war so mit Regierungsrat Darms und seinem Vorgänger Albrecht abgesprochen worden), die offiziellen Schritte unmittelbar „bei Einstellung der Feindseligkeiten“,[864] also bei Kriegsende, einzuleiten.

Brunschvig war insbesondere in Bezug auf das neue psychiatrische Gutachten in regem Austausch mit Dr. Kroll, einem Psychiater aus Zürich.[865] Er schickte ihm Hinweise auf einen möglicherweise ähnlich gelagerten Fall, an den er sich schwach erinnern konnte, in dem – anders als im Fall Frankfurter – auf Totschlag

---

Kürzel Dr. B. im Briefkopf auf Brunschvig hin. Die eingehenden Briefe sind zudem jeweils an Brunschvig adressiert. Der Fehler wurde unterdessen auskorrigiert.

861 Aus einem Brief an Brunschvig wird klar, dass Schmid-Ammann einen Antrag gestellt hatte, eine Kopie des psychiatrischen Gutachtens zu erhalten, was ihm vom Justizdepartement verweigert wurde. Deswegen war er gezwungen, bei Akteneinsicht selbst eine Abschrift zu erstellen. Vgl.: Brief von Paul Schmid-Ammann an Georges Brunschvig vom 9. März 1944, in: AfZ, IB Frankfurter-Prozess / 19. Georges Brunschvig schickte Schmid-Ammanns Abschrift weiter an Dr. Kroll, der Jörgers Gutachten für seine eigenen Ausführungen benötigte.

862 Vgl.: Brief von Paul Schmid-Ammann an Georges Brunschvig vom 27. März 1944, in: AfZ, NL Paul Schmid-Ammann / 99.36. Dem Brief ist in den Unterlagen die Abschrift des psychiatrischen Gutachtens angehängt.

863 Aktennotiz Georges Brunschvig: Notiz für Herrn Messinger zu Handen von D.F., in: AfZ, IB Frankfurter-Prozess / 19.

864 Aktennotiz von Georges Brunschvig vom 19. Juni 1944, in: AfZ, IB Frankfurter-Prozess / 19.

865 Es ist möglich, dass es sich dabei um den jüdischen Psychiater und Psychologen Stanislaus Lazarus Kroll, 1892–1979, handelte.

und nicht auf Mord entschieden wurde. Es handelte sich dabei um einen Metzger namens Holenstein aus Rothenburg im Kanton Luzern, der im März 1939 angekündigt hatte, er werde nach Zürich fahren, „um eine Dirne zu erschiessen".[866] Brunschvig unterstrich die Parallelen zum Mord an Gustloff: „Die Tat hat er dann noch am gleichen Tage ausgeführt, und zwar an einer Prostituierten, die er bis dahin *nicht gekannt* hatte."[867] Im Gegensatz zu Frankfurter sei besagter Holenstein nicht wegen Mordes, sondern wegen Totschlags verurteilt worden; Brunschvig kannte jedoch die Begründung dafür nicht. Er folgerte aus dem Fall: „Ich überlasse es ganz Ihrem Urteil, ob dieser ‚Präzedenzfall' für uns von Interesse sein kann; immerhin haben wir hier eine amtliche Anerkennung eines strafmildernden Affektes vor uns, der gegen eine Person gerichtet ist, welche dem Täter zwar unbekannt ist, für ihn aber ein verhasstes Kollektiv repräsentiert."[868] Da Kroll ebenfalls keinen Zugang zur Urteilsbegründung hatte, schrieb Brunschvig an einen befreundeten Zürcher Anwalt, Dr. Bruno Weil, ob er ihm helfen könne.[869] Die Suche nach den Gerichtsunterlagen verlief zunächst erfolglos. Bruno Weil meldete sich zwei Monate später mit der Erklärung, seine Abklärungen hätten ergeben, dass Holenstein nicht gefasst und die Fahndung nach ihm abgebrochen worden sei.[870] Ende August schließlich schrieb Kroll, er habe soeben erfahren, dass „das Verfahren gegen den Metzger H.G. Holenstein betr. Mordversuch im Jahre 1939 durch die Staatsanwaltschaft wegen Unzurechnungsfähigkeit des Täters sistiert worden"[871] sei.

Brunschvig schickte Kroll zudem das Strafgesetzbuch des Kantons Graubünden, eine Kopie zum Gesetz betreffend Revision von Strafurteilen sowie das Plädoyer von Frankfurters früherem Verteidiger Eugen Curti zu und organisierte einen Besuch Krolls bei David Frankfurter.[872] Alle diese Anstrengungen führten zu Ausgaben, um deren Deckung Brunschvig bemüht war. Zu diesem Zwecke schrieb er an Saly Mayer in dessen Funktion als Vertreter des American Jewish

866 Brief von Georges Brunschvig an Dr. Kroll vom 12. Mai 1944, in: AfZ, IB Frankfurter-Prozess / 19.

867 Ebd. [Kursiv gesetzte Wörter im Original gesperrt geschrieben.]

868 Ebd.

869 Brief von Georges Brunschvig an Bruno Weil vom 13. Mai 1944, in: AfZ, IB Frankfurter-Prozess / 19.

870 Vgl.: Brief von Bruno Weil an Georges Brunschvig vom 6. Juli 1944, in: AfZ, IB Frankfurter-Prozess / 19.

871 Brief von Dr. Kroll an Georges Brunschvig vom 25. August 1944, in: AfZ, IB Frankfurter-Prozess / 19.

872 Brief von Georges Brunschvig an Dr. Kroll, in: AfZ, IB Frankfurter-Prozess / 19. Und: Aktennotiz Georges Brunschvig: Notiz für Herrn Messinger zu Handen von D.F., in: AfZ, IB Frankfurter-Prozess / 19.

Joint Distribution Committee, dass sich „[t]rotz äusserster Sparsamkeit“[873] bereits Ausgaben in der Höhe von 600 Franken angehäuft hätten und er sich über die Überweisung dieses Betrages freuen würde. Nur zwei Wochen später schickte Brunschvig einen weiteren Brief an Saly Mayer und erklärte, dass sich „die Barauslagen auf ca. Fr. 1.200.--“[874] beliefen und in absehbarer Zeit weitere Kosten durch zusätzliche Gutachten entstehen würden. Dem Brief ist eine handschriftliche Notiz angehängt, dass Mayer – entgegen seiner ursprünglichen Erklärung, der Joint könne kein Geld zur Verfügung stellen – telefonisch die Überweisung von 2000 CHF angekündigt habe.[875]

Nach seinem Besuch bei Frankfurter, der dreieinhalb Stunden dauerte, kam Kroll zu ersten relevanten Ergebnissen, die er Brunschvig zukommen ließ. Bei Frankfurter liege eine Ideenflucht vor, „und zwar in einem Masse, das allein schon verminderte Zurechnungsfähigkeit bedingen würde“.[876] Sogar in diesem Bereich ungeschulte Personen, wie beispielsweise der Gefängnisverwalter oder der Vormund, hätten dies bemerkt. Diese Diagnose würde viele bei Frankfurter beobachtete Symptome erklären, so seine „Zerstreutheit, Konzentrationsunfähigkeit und das Unvermögen ‚zu Ende zu denken‘“.[877] Insbesondere zeige sich dies in Frankfurters Ausbrüchen, die „häufigen ‚Explosionen‘, wie der Verwalter die mannigfachen Zwischenfälle der letzten Jahre bezeichnet“.[878] Frankfurter schwanke dabei zwischen „Heiterkeit und Depression“, ähnlich wie bei „den Manisch-Depressiven“.[879] Kroll ging deswegen davon aus, dass Frankfurters Depressionen nicht „rein psychogen“[880] seien – im Gegensatz zu Dr. Jörger, der die Depression als reaktiv bezeichnete. Kroll vermutete, diese Ideenflucht habe schon beim Mord an Gustloff bestanden, führte aber aus, dass dies nicht beweisbar sei. Deutlich wird hier, dass Kroll darauf abzielte, Frankfurter eine verminderte Zurechnungsfähigkeit zu attestieren, die sich bei Neubeurteilung seiner Tat zu dessen Gunsten auswirken würde. Deswegen war es Kroll wichtig, die „These von der Priorität des Gedankens an das ‚Schiessen auf die Nazis‘“[881] hervorzuheben,

873 Brief von Georges Brunschvig an Saly Mayer vom 7. Juni 1944, in: AfZ, IB Frankfurter-Prozess / 19.

874 Brief von Georges Brunschvig an Saly Mayer vom 21. Juni 1944, in: AfZ, IB Frankfurter-Prozess / 19. So findet sich in den Unterlagen von Georges Brunschvig beispielsweise eine Überweisungsanordnung über 400 Franken an Dr. Kroll. Vgl.: Vollzugsbescheinigung vom 24. Juni 1944, in: AfZ, IB Frankfurter-Prozess / 19.

875 Ebd. Vgl. auch: Fußnote 850.

876 Bericht von Dr. Kroll vom 30. April 1944, in: AfZ, IB Frankfurter-Prozess / 19, S. 1.

877 Ebd.

878 Ebd.

879 Beide Zitate: Ebd.

880 Ebd.

881 Ebd., S. 2.

obwohl Frankfurter weiterhin (und im Gespräch mit Kroll) darauf beharrte, dass die Idee des Selbstmordes bei ihm erstrangig gewesen sei. Kroll führte aus, dass „dieser Gedanke [...] also schon *vor* der Selbstmordidee, schon 1933 vorhanden“[882] gewesen sei. Zudem würde dazu passen, dass Frankfurter noch im Gespräch mit Kroll den Tatablauf nicht genau wiedergeben konnte, „[d]as wirft das stärkste Licht auf die behauptete Besonnenheit vor der Tat“.[883] Eine Aktennotiz Brunschvigs deutet darauf hin, dass dieser mit den Ausführungen Krolls nicht vollumfänglich einverstanden war. So schrieb er, die Expertise müsse „auf eine von mir zu verfassende Eingabe abgeändert werden“ und „insbesondere [...] etwas konsiser [sic] sein“.[884]

Frankfurter setzt sich in seinen Memoiren sehr kritisch mit dem „Zürcher Psychoanalytiker“[885] Kroll auseinander. Sein Kontakt zu ihm sei lediglich ein „loser“[886] gewesen, sie hätten sich kaum kennenlernen können und nicht harmoniert.[887] Auf Krolls Gutachten geht er nicht ein – aus den Memoiren geht nicht hervor, ob Frankfurter überhaupt Kenntnis von dessen Inhalt hatte –, beschreibt aber Kroll als „Galuth-Juden“ mit einem „typische[n] Übermass an Objektivität“, für den er kein Verständnis hatte.[888] Frankfurter kam zu diesem Urteil, weil Kroll sich während des Gesprächs mit ihm „zu der Behauptung verstieg, er würde selbst Hitler zu heilen versuchen, wenn dieser sein Patient wäre“.[889] Frankfurter fand diese Aussage verachtenswert, gerade aufgrund seiner eigenen medizinischen Ausbildung, die in seinen Augen nicht zuließ, eine Person wie Hitler (ein „Pestbazyllus in Menschengestalt“) als „hilfsbedürftige[n], kranke[n] Menschen“ zu betrachten.[890]

Frankfurter bekam im Gefängnis nicht nur Besuch von Kroll, sondern, wie es abgemacht war, regelmäßig von Prediger Messinger. Dieser brachte ihm jeweils Schokolade, Früchte und Zigaretten mit – Letztere durfte er in Gegenwart seines Seelsorgers rauchen, „was oft eine ganze Schachtel ausmacht“.[891] Die Berichte des Rabbiners zeigen, dass es Frankfurter zwar grundsätzlich gut ging, er sich aber weiterhin um seine Familie sorgte. Unterdessen wurde angenommen, dass

882 Ebd.

883 Ebd.

884 Beide Zitate: Aktennotiz von Georges Brunschvig vom 24. August 1944, in: AfZ, IB Frankfurter-Prozess / 19.

885 Memoiren (Version Jabotinsky), S. 80.

886 Ebd.

887 Vgl.: Ebd.

888 Beide Zitate: Ebd.

889 Ebd.

890 Beide Zitate: Ebd.

891 Brief von Josef Messinger an Georges Brunschvig vom 16. August 1944, in: AfZ, IB Frankfurter-Prozess / 19.

Frankfurters Vater ermordet worden war – der Verbleib von Alfons Frankfurter sowie das Schicksal von Ruth Löwy und ihrer Familie waren hingegen weiterhin unklar. Er äußerte gegenüber seinem Seelsorger einige Wünsche, so zum Beispiel, an einem jüdischen Gottesdienst teilnehmen zu dürfen, wovon ihm Messinger aber abriet, damit es nicht wieder „heissen würde, David werde bevorzugt".[892] Frankfurter ließ Brunschvig über Messinger zudem anfragen, ob es möglich wäre, zu einem späteren Zeitpunkt Veit Wyler „als Gehilfen beizuziehen".[893] Die Begründung für die Bitte klingt in Messingers Brief zwar konfus, es wird aber dennoch klar, worauf Frankfurter damit abzielte: Wyler solle die „Gelegenheit geboten werde[n], beim bessern Ausgang des Prozesses auch dabei zu sein, weil er sich damals Vorwürfe machte, bezw. [man] machte ihm vielleicht Vorwürfe, der Prozess konnte nicht schlimmer enden wie damals unter seiner Mithilfe".[894] Zugleich unterstrich Frankfurter, dass er natürlich das „allergrösste Vertrauen"[895] in Brunschvig setzte – nicht dass seine Anfrage so aufgefasst würde, dass Brunschvig Verstärkung nötig hätte. Aus diesen Aussagen spricht eine offensichtliche Zuversicht Frankfurters über den zu erwartenden Ausgang der bevorstehenden Verhandlungen, aber auch ein Empathievermögen gegenüber seinem früheren Anwalt. Die späteren Entwicklungen zeigen, dass es keine engere Zusammenarbeit zwischen Brunschvig und Wyler gab, wohl aber zwischen Schmid-Ammann und Wyler.

Ein Bericht Brunschvigs zu Händen Dr. Kühls[896] zeigt auf, welche Taktik der Anwalt geplant hatte. Er stellte voran, er wolle aus „leicht verständlichen Gründen" die Pläne bezüglich „Revisionsbestrebungen seines Klienten" der Öffentlichkeit zunächst vorenthalten und erläuterte, welche Bedingungen im Kanton Graubünden gegeben sein müssen, um eine Revision zu ermöglichen.[897] So sei eine Revision nur möglich, wenn neue Fakten oder Beweise erbracht werden konnten; Brunschvig wollte „den Nachweis erbringen, dass es sich [...] nicht um einen Mord, sondern einen Totschlag handelt, [...] dass [also] David Frankfurter

892 Ebd.

893 Brief von Josef Messinger an Georges Brunschvig vom 16. August 1944, in: AfZ, IB Frankfurter-Prozess / 19.

894 Ebd.

895 Ebd.

896 Wahrscheinlich Dr. Julius Kühl, der gemeinsam mit Georges Brunschvig einem Hilfsnetz angehörte, das versuchte, mit Hilfe lateinamerikanischer Pässe Jüdinnen und Juden vor der Deportation zu retten. Kühl, ursprünglich aus Galizien stammend, war bereits als Kind in die Schweiz gekommen, hatte in Bern Jura studiert und zu den schweizerisch-polnischen Handelsbeziehungen promoviert. Vgl.: Kamber, Peter: Der Verrat von Vittel. Wie fiktive Pässe aus Übersee hätten vor der Deportation retten sollen, in: Basler Magazin Nr. 16, 24. April 1999, S. 6–7, hier S. 6. Danke an Barbara Häne für diesen Hinweis.

897 Bericht über den Fall Frankfurter von Georges Brunschvig, verschickt an Dr. Kühl am 7. September 1944, in: AfZ, IB Frankfurter-Prozess / 19, S. 1.

im Affekt gehandelt hat[.]“[898] Entsprechend musste Brunschvig mit Hilfe des neuen Gutachtens von Kroll beweisen, dass das frühere psychiatrische Gutachten von Jörger „unrichtig und ungenügend“[899] war. Das von Kroll erstellte Gutachten würde dann einer „in der Schweiz anerkannten Persönlichkeit“ – Brunschvig zog Dr. Répond in Erwägung, der als Chefarzt die kantonale Heil- und Irrenanstalt im Kanton Waadt leitete – vorgelegt, um dem Gutachten mehr Gewicht zu verleihen. Brunschvig selbst wollte zudem auf „einige Mängel im ersten Verfahren hinweisen“.[900] In Bezug auf David Frankfurter und seiner Zurechnungsfähigkeit lasse sich bereits jetzt sagen, dass

> David Frankfurter der vernünftigen und besonnenen Ueberlegung seiner Tat nicht fähig war, da sein Denken als ein Zwangsdenken anzusehen sei, dies namentlich im Hinblick auf die Judenfrage.
> Sein Affekt sei eine Mischung von Empörung, ohnmächtiger Wut, tiefster Kränkung, Vergeltungswunsch, Trauer und Verzweiflung gewesen.[901]

Zu ihrem Vorteil sei, so Brunschvig, dass bei einem Gutheißen der Revision Frankfurter dann nicht mehr nach dem Strafgesetz des Kantons Graubünden beurteilt würde, sondern nach dem neuen Schweizerischen Strafgesetzbuch, „was zur Folge hätte, dass David Frankfurter auf keinen Fall mehr wegen Mord, sondern höchstens wegen Tötung, eventuell wegen Totschlag verurteilt würde“.[902] Im Gegensatz zu seinem Klienten schien Brunschvig nicht an einen vollumfänglichen Freispruch zu glauben, sondern setzte darauf, dass das mildere Schweizerische Strafgesetzbuch zu Frankfurters Gunsten wirken würde.

Um dies zu erreichen, setzte sich Brunschvig ausführlich mit Krolls erster Version des Gutachtens auseinander und schickte diesem seine Kommentare zu. Besonders vorteilhaft wäre es, wenn sich Kroll „auf wissenschaftliche Erkenntnisse oder Methoden“ stützen würde, „die z.Zt. der Abgabe des ersten Gutachtens noch nicht existiert haben“.[903] Am wichtigsten sei aber, dass durch das neue Gutachten dasjenige von Jörger widerlegt werde. Die Expertise müsse in einer verständlichen Sprache gehalten werden, da die Richter Laien wären.[904] Brunschvig nahm in der Folge auf einzelne Details von Krolls Gutachten Bezug, schlug Korrektu-

898 Ebd.
899 Ebd.
900 Ebd.
901 Ebd., S. 1–2.
902 Ebd., S. 2.
903 Brief von Georges Brunschvig an Dr. Kroll vom 9. September 1944, in: AfZ, IB Frankfurter-Prozess / 19, S. 1.
904 Vgl.: Ebd., S. 1–2.

ren, Abschwächungen, Verschärfungen und Ergänzungen vor.[905] Kroll wiederum reagierte mit einem Brief zu den Punkten, die er gerne mit Brunschvig persönlich besprechen wollte.[906] Nach dieser Besprechung besuchte Brunschvig Frankfurter im Gefängnis, um noch offene Fragen, auf die er Kroll keine Antwort geben konnte, zu klären.[907]

Damit war der erste Teil der Vorbereitungen auf eine Neuaufnahme des Prozesses abgeschlossen. Brunschvig schrieb an Saly Mayer, dass durch verschiedene Artikel[908] in Sachen Frankfurter das „Interesse […] sehr stark gewachsen" sei und dass sich „[j]üdische und nicht jüdische Seiten" ungeduldig zeigen würden.[909] Um die Arbeit fortsetzen zu können, fragte Brunschvig wiederum Saly Mayer an, ob er bereit wäre, sich finanziell an den Ausgaben zu beteiligen.[910]

6.3.2 Revision, Begnadigung und „Nebenaktiönchen"[911]

In die Freilassung Frankfurters mischte sich ab Herbst 1944 eine Gruppe ein, deren Intervenieren vor allem auf Seiten Schmid-Ammanns zunächst auf größte Zurückhaltung stieß. Der Vizepräsident des Eidgenössischen Wehrbundes, Heinrich Egg, wandte sich Ende Oktober an Regierungsrat Darms, um die Erlaubnis zu erhalten, Frankfurter im Gefängnis zu besuchen. Er führte aus, dass der Wehrbund eine „politisch neutrale[…] Organisation" sei, die sich unter anderem zum Ziel gesetzt hätte, „die Frage der Amnestie Frankfurter's [sic] zu prüfen und allfällig durchzusetzen".[912] Die Motivation dafür wurde nicht erläutert. Dem Brief waren die Statuten des Wehrbundes beigelegt, die den Zweck der „politisch und konfessionell neutrale[n] Vereinigung von eidgenössischen

905 Vgl.: Ebd.

906 Vgl.: Brief von Dr. Kroll an Georges Brunschvig vom 3. Oktober 1944, in: AfZ, IB Frankfurter-Prozess / 19.

907 Vgl.: Brief von Georges Brunschvig an Dr. Kroll vom 13. Oktober 1944, in: AfZ, IB Frankfurter-Prozess / 19.

908 Insbesondere: Schwarz, Hans: Gustloff, der „Diktator von Davos" – Notwendige Abrechnungen, in: Die Nation, 04.10.1944, S. 5. Darauf wird im folgenden Kapitel ausführlich eingegangen.

909 Beide Zitate: Brief von Georges Brunschvig an Saly Mayer vom 21. Oktober 1944, in: AfZ, IB Frankfurter-Prozess / 19.

910 Vgl.: Ebd.

911 Brief von Paul Schmid-Ammann an Georges Brunschvig vom 18. November 1944, in: AfZ, NL Paul Schmid-Ammann / 99.36, S. 1.

912 Brief von Heinrich Egg an Regierungsrat Darms vom 23. Oktober 1944, in: StAGR III 23d2 Frankfurter / Strafvollzug.

Wehrmännern der deutschsprachigen Schweiz"[913] beschreibt. Der Wehrbund war im Jahr 1942 oder 1943[914] gegründet worden und er

> [...] verfolgt den Zweck, den Zusammenhalt und die Kameradschaft der Wehrmänner auch im Zivilleben zu fördern, seinen Mitgliedern bei der Wahrung ihrer Rechte und Interessen mit Rat und Tat beizustehen, um die schweiz. Wehrhaftigkeit zu erhalten.
> Darüberhinaus tritt er ein:
> Für die Einigkeit und Geschlossenheit unseres Volkes,
> für die Ordnung und Sauberkeit im öffentlichen Leben,
> für eine fortschrittlich-soziale Struktur unseres Landes
> und bekämpft:
> Den Missbrauch der von den Wehrmännern behüteten eidgenössischen Freiheiten.[915]

Diese Zielsetzung weist nicht auf ein offensichtliches oder naheliegendes Interesse der Vereinigung an einer Freilassung Frankfurters hin. Die Festschriften, die zum 10- und 20-jährigen Bestehen des Wehrbundes publiziert worden sind, beziehen sich insbesondere auf den Bund als „Selbsthilfewerk" sowie die Beschäftigung mit den „Sozialprobleme[n] unserer Soldaten"[916] und tragen nicht dazu bei, das Interesse der Vereinigung an Frankfurter zu erklären. Es ist möglich, dass die Leitung des Wehrbundes, der anders als andere Soldatenorganisationen in der Schweiz explizit politisch und konfessionell neutral war, die Tat Frankfurters nachträglich und mit dem Wissen über die Vorgänge in Deutschland und Europa befürwortete und deswegen Anstrengungen unternommen wurden, Frankfurter bei einer allfälligen Revision zu unterstützen. Die zeitliche Nähe des Besuches Eggs bei Frankfurter zu einigen publizierten Artikeln lässt zudem vermuten, dass der Wehrbund durch die Schweizer Presse auf Frankfurters Schicksal aufmerksam wurde.

---

913 Statuten Eidgenössischer Wehrbund, in: StAGR III 23 d2 Frankfurter, 1943, Frankfurter / Strafvollzug.

914 Die zwei Festschriften zum 10- und 20-jährigen Bestehen des Wehrbundes geben hier zwei unterschiedliche Daten an. Nach zehn Jahren schrieb Regierungsrat Dr. Walter König ein Grußwort über die Jahre 1943–1953, auf dem Titelblatt zu 20 Jahre Eidgenössischer Wehrbund werden die Jahreszahlen 1942–1962 angegeben. Vgl.: Zentralvorstand des Eidgenössischen Wehrbundes, Zürich [Hrsg.]: 10 Jahre Eidgenössischer Wehrbund. Eine Dokumentationsschrift, Zürich 1953. Und: Humm, Richard [Redaktion]: 20 Jahre Eidgenössischer Wehrbund, Zürich 1962.

915 Statuten Eidgenössischer Wehrbund, in: StAGR III 23 d2 Frankfurter, 1943, Frankfurter / Strafvollzug.

916 Beide Zitate: Zentralvorstand des Eidgenössischen Wehrbundes 1953, S. 3. Als wichtigstes und erreichtes Ziel wurde wiederholt die Revision der Militärversicherung genannt. Vgl.: Matthis 1953, S. 4.

Das Justiz- und Polizeidepartement des Kantons Graubünden erlaubte Eggs Besuch bei Frankfurter,[917] der seinem Vormund in einem Brief ausführlich darüber berichtete. Aber auch aus diesem Brief wird nicht deutlicher, welche Intentionen hinter dem Angebot des Wehrbundes steckten. Frankfurter schrieb, dass er, da er „zu wenig Einblick" in die Sache habe, Egg keine definitive Zu- oder Absage habe geben wollen und ihn stattdessen an seinen Vormund weiterverwiesen habe, nicht aber direkt an seinen Anwalt, da ihm bewusst sei, dass dieser „vorläufig inkognito bleiben" wolle.[918] Im Gegensatz zu Frankfurters Versicherung, Egg keine verbindliche Antwort gegeben zu haben, informierte Egg den Regierungsrat darüber, dass die Unterredung stattgefunden habe und Frankfurter „mit unseren Demarchen für seine Begnadigung einverstanden"[919] sei. Egg versprach Darms, ihn über die weiteren Entwicklungen in der Sache auf dem Laufenden halten zu wollen.[920]

Wenige Tage später setzte sich Schmid-Ammann mit Brunschvig in Verbindung und berichtete von seinem Besuch bei Frankfurter, in dessen Rahmen unter anderem Egg und der Eidgenössische Wehrbund besprochen wurden. Er schrieb, Egg habe sich bei Frankfurter als Mitglied des Eidgenössischen Wehrbundes vorgestellt, „der bereit wäre, für die Freilassung D.F. zu wirken und finanzielle Mittel für dessen späteres Fortkommen zu sammeln".[921] Schmid-Ammann gab Frankfurters Reaktion auf dieses Angebot wieder, nämlich dass er unverbindlich geblieben sei und Egg an den Vormund verwiesen habe.

> Der Wehrbund möchte sich also mit uns in Verbindung setzen und Herr Egg wolle so gut sein und da er gerade in Chur weile, sich an den Vormund zu wenden. Dass D.F. dem Vertreter irgendwelchen Auftrag oder gar eine Vollmacht erteilt hat, davon ist gar keine Rede; das hat mir auch der Gefängnisverwalter Tuena bestätigt, der der Unterredung zwischen D.F. und Egg beigewohnt hatte. Das Verhalten D.F. war also durchaus in Ordnung[,] und ich habe ihm natürlich auch gesagt, dass wir beide wünschen müssten, dass ausser unseren Aktionen keine Nebenaktiönchen einherlaufen, was er durchaus begriffen hat. Leider ist dann der erwähnte Herr Egg nicht bei mir vorbeigekommen, anscheinend verlor er nach den Auskünften D.F. das Interesse an der Fortsetzung seines selbstlosen Unternehmens.[922]

917 Vgl.: Brief von Regierungsrat Darms an den Eidgenössischen Wehrbund vom 26. Oktober 1944, in: StAGR III 23 d2 Frankfurter, 1943, Frankfurter / Strafvollzug.

918 Brief von David Frankfurter an Paul Schmid-Ammann vom 5. November 1944, in: AfZ, NL Paul Schmid-Ammann / 99.36.

919 Brief von Egg an Regierungsrat Darms, in: StAGR Chur, III 23 d2 Frankfurter, 1943, Frankfurter / Strafvollzug.

920 Vgl.: Ebd.

921 Brief von Paul Schmid-Ammann an Georges Brunschvig vom 18. November 1944, in: AfZ, NL Paul Schmid-Ammann / 99.36, S. 1.

922 Ebd.

Schmid-Ammann war sich anscheinend nicht bewusst, dass der Wehrbund bereits Kontakt mit Georges Brunschvig aufgenommen hatte, und erachtete die Sache damit für erledigt.[923]

In seinem Brief an Brunschvig ging Schmid-Amman zusätzlich zu den Informationen bezüglich Egg und Wehrbund auf die Vorbereitungen einer Neuauflage des Prozesses gegen Frankfurter ein. Noch war weiterhin – wahrscheinlich Frankfurters Wünschen entsprechend – von einer Revision die Rede, auch wenn nach Schmid-Ammanns Ansicht die Erfolgsaussichten bescheiden waren und Brunschvig sich bereits dahingehend geäußert hatte.[924] Natürlich würde eine Revision „innere Genugtuung bringen",[925] aber am wichtigsten sei die Freilassung Frankfurters. „Ich halte nach wie vor dafür, dass es schwer sein wird, genügend ausreichende juristische Gründe vorzubringen, um das Bündner Kantonsgericht davon zu überzeugen, dass eine Revision seines ersten Urteils unerlässlich ist."[926] Aus diesem Grund brachte er, wie schon in einem Gespräch mit Brunschvig, die Idee einer Begnadigung auf, die gleichzeitig zu den Vorbereitungen auf eine Prozessrevision verfolgt werden sollte. „Ich meine deshalb, dass wir gleichzeitig auch den direkten Weg der Begnadigung einschlagen müssen, ein Weg, der sicher und schnell zum Ziel führen wird."[927] In der Folge ging er auf planerische Details ein – zweimal jährlich tagte der Große Rat des Kantons Graubünden, hier die Begnadigungsinstanz. Um eine Behandlung des Antrags während der Maisession zu garantieren, müsste das Gesuch bis Ende März beim Kleinen Rat eingereicht werden, der daraufhin beim Großen Rat den Antrag stellen müsste. „Ich bin überzeugt, dass wir sowohl den Kleinen wie den Grossen Rat für die Zustimmung gewinnen und D.F. Ende Mai 1945 wieder in die Freiheit zurückkehren kann. Bis dann ist auch die aussenpolitische Situation so, dass für ihn keine Gefahr und keine Schwierigkeiten des Fortkommens mehr bestehen."[928] Wichtig sei, nicht „allzu früh und allzu laut in der Presse über den ‚Fall Frankfurter' [zu] lamentier[en]" und bei der Behörde einen guten Eindruck zu hinterlassen.[929]

---

923 Es ist nicht bekannt, wie Egg an Brunschvig, der zu jenem Zeitpunkt noch darauf beharrte, anonym zu bleiben, gelangt war.

924 Eine Aktennotiz Brunschvigs weist zudem daraufhin, dass Kroll für eine Revision war. Brunschvig schrieb, Kroll sei „ein vollständiger Gegner einer Begnadigung von David Frankfurter". Vgl.: Aktennotiz von Georges Brunschvig [undatiert], in: AfZ, IB Frankfurter-Prozess / 19.

925 Brief von Paul Schmid-Ammann an Georges Brunschvig vom 18. November 1944, in: AfZ, NL Paul Schmid-Ammann / 99.36, S. 2.

926 Ebd.

927 Ebd.

928 Ebd.

929 Beide Zitate: Ebd.

Auch zu Frankfurters Zukunftsplänen äußerte sich Schmid-Ammann. Frankfurter plane, nach seiner Freilassung nach Palästina auszuwandern, um dort in einem milchwirtschaftlichen Betrieb zu arbeiten; um dies zu erreichen, wolle er sich zum Molkereitechniker ausbilden lassen. Diese Idee ist wahrscheinlich auf Prediger Messinger zurückzuführen. Messinger schrieb in einem Bericht an Brunschvig über seinen Besuch bei Frankfurter, dieser gedenke, nach seiner Freilassung aus dem Gefängnis sein Studium wieder aufzunehmen. Messinger habe ihm davon abgeraten, Frankfurter sei 35 Jahre alt und es sei die Zeit gekommen, für sich selbst aufkommen zu können. „Ich meine, er sollte als Käser, oder ähnlich für Erez [Israel] sich ausbilden, um dort in Erez sich einordnen zu können.“[930] Schmid-Amman zeigte sich zuversichtlich, dass sich diese Pläne realisieren ließen und die nötigen finanziellen Mittel aufgebracht werden könnten.[931]

Der gesamte Brief Schmid-Ammanns an Brunschvig zeugt von größter Zurückhaltung – insbesondere beim geplanten Vorgehen bezüglich Frankfurters Freilassung. Dass Schmid-Ammann mit dieser Haltung nicht alleine stand, verdeutlicht der Abschlusssatz des Briefes, in dem er sich erfreut über Brunschvigs Zustimmung zeigte.[932] Dazu kam die wiederholte Erwähnung, dass Brunschvig bis zu diesem Zeitpunkt nicht öffentlich als Frankfurters Anwalt in Erscheinung treten wollte. Offensichtlich waren Schmid-Ammann und Brunschvig überzeugt, dass ein dezenteres Auftreten bei den Bündner Politikern und möglicherweise bei der schweizerischen Öffentlichkeit Erfolg versprechender sein würde. Dies sollte sich nun aber ändern. Brunschvig schickte einen Brief an Dr. Marx vom *Israelitischen Wochenblatt*, in dem er sich auf verschiedene Artikel in Schweizer Zeitungen bezog, die seit dem ersten Text von Hans Schwarz (*Gustloff, der*

930 Brief von Josef Messinger an Georges Brunschvig vom 19. Juni 1944, in: AfZ, IB Frankfurter-Prozess / 19.

931 Vgl.: Brief von Paul Schmid-Ammann an Georges Brunschvig vom 18. November 1944, in: AfZ, NL Paul Schmid-Ammann / 99.36, S. 3. Frankfurters Zukunftsvorstellungen änderten sich wiederholt. Als er im Gefängnis als neue Beschäftigung die Landarbeit zugewiesen erhielt, erwog er, sich in Israel in der Landwirtschaft zu betätigen. Kurz darauf beschloss er, sein Medizinstudium wiederaufzunehmen. Messinger schrieb dazu: „Während er früher den Plan hatte, nach Verbüssung der Strafe (oder Begnadigung) nach Erez zu gehen und sich der Landwirtschaft zu widmen, gedenkt er jetzt, sich wieder der Medizin zuzuwenden und das Studium abzuschliessen.“ (Brief von Josef Messinger an Saly Braunschweig vom 15. Februar 1944, in: AfZ, IB Frankfurter-Prozess / 57.) Ein gutes Jahr später verlautete Messinger: „Sein Studium hat er längst fallen gelassen und seine medizinischen Bücher an arme Stundenten [sic] verschenkt.“ (Brief von Josef Messinger an Saly Braunschweig vom 15. Mai 1945, in: AfZ, IB Frankfurter-Prozess / 57.)

932 Vgl.: Brief von Paul Schmid-Ammann an Georges Brunschvig vom 18. November 1944, in: AfZ, NL Paul Schmid-Ammann / 99.36, S. 4.

„Diktator von Davos")[933] erschienen waren. Er und Paul Schmid-Ammann seien der Meinung, dass es „unbedingt notwendig ist",[934] die Öffentlichkeit über die Frankfurter betreffenden rechtlichen Fragen und über die involvierten Personen zu informieren. Um die Einmischung anderer Personen und Organisationen zu verhindern, solle eine entsprechende Erklärung publiziert werden.[935]

Der genannte Artikel von Hans Schwarz[936] war, wie dem Untertitel zu entnehmen ist, eine Abrechnung mit den Umtrieben der Nationalsozialisten unter Leitung Gustloffs in der Schweiz und der nachgiebigen Haltung der Schweizer Behörden dazu. Schwarz führte detailliert aus, wie Gustloff die Schweiz mit einem Netz regimetreuer Nationalsozialisten überzogen hatte und resümierte:

> So faul stand es um uns, liebe Leser! Würde die Schweiz in den Krieg hineingezogen sein, dann hätte es gar nirgends eine so wohlorganisierte und so zahlreiche Fünfte Kolonne gegeben wie gerade bei uns! Das ist die einfache Wahrheit! Hundertsechzigtausend wohlorganisierte Deutsche hatten wir im Rücken und dazu Zehntausende von Fröntlern, darunter viele hundert Fröntleroffiziere![937]

---

933 Schwarz, Hans: Gustloff, der „Diktator von Davos" – Notwendige Abrechnungen, in: Die Nation, 04.10.1944, S. 5.

934 Brief von Georges Brunschvig an das *Israelitische Wochenblatt* vom 10. November 1944, in: AfZ, IB Frankfurter-Prozess / 19.

935 Vgl.: Ebd. Die Erklärung ist dem Brief nicht angehängt.

936 Hans Schwarz, 1895–1965, war ein Schweizer Autor, Verleger, Oberstleutnant und Kaufmann. Während des Zweiten Weltkriegs wandte er sich öffentlich gegen den Nationalsozialismus und Faschismus, später bezog er auch Stellung gegen den Kommunismus. Vgl.: Schönauer, Franziska: Schwarz, Hans, in: Historisches Lexikon der Schweiz, online unter: http://www.hls-dhs-dss.ch/textes/d/D46165.php [zuletzt eingesehen: 10.02.2016]. Dass Brunschvig nach Publikation des Artikels über Gustloff und Frankfurter in Kontakt mit Schwarz war, zeigt der folgende Brief: Brief von Georges Brunschvig an Hans Schwarz vom 27. November 1944, in: AfZ, IB Frankfurter-Prozess / 19.

937 Schwarz 1944, S. 5. Auch die Schweizer Regierung wurde auf den Artikel aufmerksam. Ein Brief im Nachlass von Veit Wyler deutet darauf hin, dass sie mit einer Maßregelung und Zensurmaßnahmen für *Die Nation* darauf reagierte. Feldmann, Redaktor der *Berner Zeitung*, schrieb an Erich Marx: „Die Massnahme, welche der Bundesrat, gestützt auf Art. 102 der Bundesverfassung gegenüber der ‚Nation' wegen des Artikels zum Fall Gustloff getroffen hat, muss unter dem Regime des Notrechtes in der Tat auffallen, indessen wäre es nach meiner Auffassung verfehlt, aus dieser Einzelmassnahme des Bundesrats etwa auf eine grundsätzliche Tendenz der Landesregierung zur weiteren Einschränkung der Pressefreiheit zu schliessen." Vgl.: Brief von Markus Feldmann an Erich Marx vom 31. Oktober 1944, in: AfZ, NL Veit Wyler / 47. In der *Nation* vom 25. Oktober 1944 steht zudem, dass der Artikel von Hans Schwarz eine Verwarnung durch den Bundesrat zur Folge hatte. Vgl.: Schwarz, Hans: An den Schweizerischen Bundesrat, in: Die Nation, 25.10.1944, S. 11.

Dass dieses Szenario nicht eingetreten ist, sei David Frankfurter zu verdanken: „Kein Mensch weiss heute, was geschehen wäre, wenn am 4. Februar 1936 die fünf Schüsse nicht gefallen wären und Gustloff seine Maulwurfstätigkeit bis zum Kriege hätte fortsetzen können.“[938] Schwarz beschrieb das Urteil des Kantonsgerichts, das er als politisch bezeichnete, und schloss mit den deutlichen Worten: „Vielleicht wird man einmal auch diesen politischen Prozess revidieren, weil nun das Gericht die Milderungsgründe schwerer werten wird als damals, als unser Land unter dem unheimlichen Druck ausländischer politischer Organisationen lag.“[939]

Der Artikel scheint einen Nerv der Zeit getroffen und die Anstrengungen zur Freilassung Frankfurters beschleunigt zu haben. Es ist möglich, dass die Exponenten des Wehrbundes durch den Text von Hans Schwarz auf den Fall Frankfurter aufmerksam wurden und sich zu ihrem Engagement entschlossen. Nach dem Besuch Eggs bei Frankfurter setzte sich ein Herr Pencherek, ebenfalls vom Eidgenössischen Wehrbund, mit Georges Brunschvig in Verbindung. Dort stießen die Ideen auf mehr Begeisterung als bei Schmid-Ammann, denn Brunschvig schrieb, er habe am 10. November eine Besprechung gehabt, bei der Pencherek ihm erklärt habe, dass sich die Vereinigung „[a]us ideellen Gründen […] für David Frankfurter einsetzen“[940] wolle. Er resümierte das Gespräch folgendermaßen:

> Nachdem die Aussprache gezeigt hat, dass wir uns verstehen und dass wir beide der Meinung sind, dass die Handlung von David Frankfurter grundsätzlich bestraft werden muss, dass jedoch das Urteil des Kantonsgerichts Graubünden abänderungsbedürftig ist, haben wir folgende Richtlinien aufgestellt:
> 1. Der eidg. Wehrbund stellt ein überparteiliches Patronagekomitee zusammen.
> 2. Dieses Patronagekomitee erlässt eine Proklamation.
> 3. Das Patronagekomitee wendet sich mit dieser Proklamation an Geldgeber.
> 4. Diese Proklamation soll im „Aufbau“ mit 5000 Exemplaren abgedruckt werden. Der eidg. Wehrbund will dies-bezüglich [sic] mit Herrn Pfarrer Gerber vom „Aufbau“ Fühlung nehmen.[941]

Pencherek schlug zudem vor, einen weiteren Experten heranzuziehen, den bekannten Psychiater Staehelin, der damals als ordentlicher Professor für Psych-

938 Schwarz 1944, S. 5.

939 Ebd.

940 Aktennotiz von Georges Brunschvig [undatiert], in: AfZ, IB Frankfurter-Prozess / 19.

941 Ebd. Eine Überprüfung der Ausgaben der Zeitung hat ergeben, dass in den Monaten Oktober bis Dezember 1944 keine Proklamation und auch kein Artikel zu Frankfurter im *Aufbau* erschienen ist.

iatrie an der Universität Basel sowie zeitweise als Dekan und später als Rektor wirkte.[942] Brunschvig riet nach Rücksprache mit Kroll davon ab, „da Herr Prof. Stähelin [sic] einmal gegen Dr. Kroll Unrecht erhalten hat und seither keine Freundschaft vorhanden ist“.[943]

Das Gedächtnisprotokoll zu Eggs Besuch bei Frankfurter, das Pencherek Brunschvig zustellte, gibt interessante Details zu Frankfurters emotionaler Verfassung wieder.[944] Es ist sehr ausführlich gehalten und enthält nur wenige Kommentare Eggs, die sich mehrheitlich auf Frankfurters nonverbales Verhalten beziehen. Gelegentlich wechselte Egg bei der Nacherzählung von der dritten in die erste Person. Egg hatte Frankfurter, „um dadurch [sein] Vertrauen vielleicht eher gewinnen zu können“, ein Päckchen Zigaretten mitgebracht und beschrieb ihn als „[l]ebhaft, gewandt und ohne Hemmungen“.[945] Seine erste Frage bezog sich auf die Zukunftspläne und -vorstellungen Frankfurters, eine Frage, die für Frankfurter schwierig zu beantworten war. Er erklärte, aufgrund des langen Aufenthalts im Gefängnis sei „sein inneres Gleichgewicht etwas gestört“ und deswegen sei es für ihn schwierig, „Beziehungen zu seinen Mitmenschen zu erhalten“.[946] Die Eintönigkeit seines Alltags gäbe ihm zwar einen gewissen Halt, führe aber dazu, dass er sich momentan ein Leben in Freiheit nicht vorstellen könne. Auch zweifle er daran, dass es ihm möglich sein würde, sein Studium fortzusetzen, zum einen wegen des langen Unterbruchs, zum anderen aber auch bedingt durch seine Schwerhörigkeit, die ihn für den Arztberuf ungeeignet mache. Er habe keinerlei technische Begabung, weshalb verschiedene Berufe für ihn nicht in Frage kämen, zudem würde er daran scheitern, „dass er sich [zwar]

942 Vgl.: Universität Basel: Stahelin [sic], John Eugen, Unigeschichte zu 550 Jahre Universität Basel, online unter: https://unigeschichte.unibas.ch/materialien/rektoren/john-eugen-staehelin.html [zuletzt eingesehen: 21.01.2016].

943 Brief von Georges Brunschvig an S. Pencherek vom 13. November 1944, in: AfZ, Frankfurter-Prozess / 19.

944 Es ist dabei zu beachten, dass das Gedächtnisprotokoll, das erst im Anschluss an das Gespräch (hier wenigstens relativ unmittelbar danach) niedergeschrieben wird, eine nicht unproblematische Quelle ist, insbesondere hinsichtlich des üblichen quellenkritischen Vorgehens. Es handelt sich dabei nicht um ein professionelles, transkribiertes Interview, sondern um ein Gespräch zwischen dem Vertreter des Wehrbundes und David Frankfurter, also zwischen zwei sich bis anhin unbekannten Personen. Zudem hatte das Gespräch ein deutliches Ziel: abzuklären, ob Frankfurter an der Hilfe des Wehrbundes interessiert ist. Nichtdestotrotz ist es – ähnlich wie die hier zitierten Briefe – ein Zeugnis über Frankfurters Verfassung im Gefängnis aus zweiter Hand, das, anders als die Memoiren Frankfurters, nicht von Nachträglichkeit beeinflusst ist. Vgl. hierzu beispielsweise: Kapitel Oral History, v.a. S. 92–93, in: Petry 2014.

945 Beide Zitate: Gedächtnisprotokoll der Unterredung von Egg mit Frankfurter, geschickt von Pencherek an Brunschvig, in: AfZ, IB Frankfurter-Prozess / 19, S. 1.

946 Ebd.

für kurze Zeit für alles begeistern könnte, der Wille und die Ausdauer aber fehlen ihm".[947] Sein Seelsorger habe ihn dann auf das Problem der Milchversorgung in Palästina aufmerksam gemacht; die Verwandten des Rabbiners hätten erzählt, es gäbe dort zu wenig Sennen und deswegen verdürbe viel Milch. „Diesen Beruf würde ich erlernen, wenn ich nicht des Landes verwiesen würde, [...] er könnte dann später nach Palästina übersiedeln und seinen Beruf ausüben. [...] Er fühle sich ganz seinem Volke hingezogen."[948] Egg beschrieb Frankfurter bei diesen Ausführungen als „emotional".

Auch auf eine mögliche Begnadigung kamen Egg und Frankfurter zu sprechen. Hier machte Frankfurter wiederum deutlich, wie wenig ihm an einer Begnadigung lag und wie sehr es sein Gerechtigkeitsempfinden verlange, dass er in einer Revision des Prozesses freigesprochen würde. „Er möchte nicht als begnadigt den Stiefel in den Hintern bekommen."[949] Besonders empöre es ihn weiterhin, dass die Richter für das pro-schweizerische Motiv seiner Tat keinerlei Verständnis aufgebracht und es als taktische Aussage zur Erlangung eines Freispruchs bezeichnet hätten. Seit er in die Schweiz gekommen sei, liebe er das Land; er sei politisch aber uninteressiert, auch wenn er theoretisch und innerlich gewisse Sympathien für den Kommunismus hege.[950]

Nach der Tat gefragt, die Frankfurter begangen hatte, führte er aus: „Stellen Sie mir die Frage, ob ich die Tat bereue, und ich in gleichem Falle anders handeln würde, ich müsste mit nein antworten. Ich konnte nicht anders. Das will nicht heissen, dass ich über die seelischen Konflikte hinweg bin."[951] In diesem Sinne äußerte sich Frankfurter später wiederholt. Egg gegenüber erwähnte er eine Meinungsverschiedenheit zwischen ihm und seinem Bruder bezüglich des Wesens des Nationalsozialismus. Wenig überraschend angesichts der Tatsache, dass sein Bruder Alfons Arzt war und David selbst Medizin studiert hatte, gebrauchten sie dabei medizinische Termini.

> Mein Bruder war der Ansicht, der Nationalsozialismus wäre mit einem Karfunkel zu vergleichen, der seine Zeit braucht, bevor er geöffnet werden kann, während ich den Standpunkt vertrete, der Nationalsozialismus sei ein Krebsgeschwür und müsse je eher je besser operiert werden, wenn er nicht den Menschen zerstören soll.[952]

947 Ebd.
948 Ebd. Der Wechsel von erster zu dritter Person wurde aus dem Original übernommen.
949 Ebd.
950 Vgl.: Ebd., S. 2–3.
951 Ebd., S. 3.
952 Ebd.

Egg kommentierte hierzu, Frankfurters Bruder und Vater seien oft zu Besuch nach Chur gekommen, und Gefängnisverwalter Tuena habe ihm gegenüber ausgesagt, beide „Herren [seien] ganz feine Menschen".[953]

Die abschließende Frage Eggs war eine hypothetische. Ob Frankfurter denke, dass er den Krieg überlebt hätte, wenn er diese Zeit nicht im Gefängnis verbracht hätte. Frankfurter antwortete darauf mit einem Verweis auf den Artikel von Hans Schwarz, der auf die Vorgänge in Deutschland und Europa eingegangen war und dabei die massenhaften Ermordungen durch die Nationalsozialisten erwähnt hatte. Frankfurter ging davon aus, dass unter den Opfern viele seiner Familienangehörigen waren, zudem sei sein Bruder in deutscher Kriegsgefangenschaft, und er fügte an: „[W]as wäre es schon, wenn einer mehr ‚Frankfurter' auch sein Leben verloren hätte."[954] Er unterstrich jedoch, er sei nicht zu seinem Schutz verurteilt worden. Frankfurters Hinweis, dass seine Strafe nicht dazu gedacht war, ihn vor den Nationalsozialisten zu schützen, ist natürlich korrekt, trotzdem ist es wenig wahrscheinlich, dass er ohne den Mord an Gustloff und den anschließenden Gefängnisaufenthalt den Zweiten Weltkrieg überlebt hätte. Als erfolglosem Student wäre ihm früher oder später seine Aufenthaltserlaubnis entzogen oder nicht verlängert worden, woraufhin er die sichere Schweiz hätte verlassen müssen.[955]

Egg beendete seinen Bericht über das Gespräch mit Frankfurter mit Informationen, die er von Tuena bezüglich Frankfurter erhalten hatte, sowie mit seinen eigenen Eindrücken von Frankfurters Persönlichkeit. Tuena habe ihm von Frankfurters Wutausbrüchen erzählt, die aber seit „der Heilung einer Fleischwunde am Arm […] immer seltener"[956] geworden seien. Frankfurter sei nicht leicht durchschaubar, „aber er ist ein ehrlicher, nach Wahrheit suchender Mensch mit viel Gefühl und Inspiration, der imstande ist, im Augenblick der Begeisterung das als gerecht Erkannte mit letzter Konsequenz durchzusetzen".[957] Auch wenn Egg nicht schreibt, worauf er sich dabei konkret bezieht, liegt die Vermutung nahe, dass er sich mit dieser Aussage auf den Mord an Gustloff bezog, der möglicher-

953 Ebd.

954 Ebd., S. 4.

955 Ähnliche Gedanken machte sich rückblickend auch Paul Schmid-Ammann: „In den letzten Jahren der Strafzeit, hatte sich seine Krankheit so weit gebessert, dass man eigentlich sagen kann[,] er war gesund. Man könnte fast sagen, diese 18 Jahre Zuchthaus, haben David das Leben gerettet. Abgesehen von seiner Krankheit, was wäre geschehen, wenn er[,] sagen wir mal[,] nur ein paar Jahre Zuchthaus hätte absitzen müssen? Dann wäre er bei Kriegsbeginn an die Grenze gestellt worden, wie so viele andere und sicher in die Hände der Deutschen gefallen." Gespräch mit Paul Schmid-Ammann, 30. Februar 1969, in: Lyssy, Rolf: Interviews 1969 zur Vorbereitung des Films Konfrontation, Privatbesitz Rolf Lyssy, S. 2.

956 Ebd.

957 Ebd.

weise vom Wehrbund als gerechtfertigte Aktion gesehen wurde. Das Gedächtnisprotokoll zeichnet ein positives Bild Frankfurters als reflektierter Person und mag als Grundlage für den Entschluss des Wehrbundes gedient haben, die Idee einer Unterstützung Frankfurters weiterzuverfolgen.

Brunschvig zog Erkundigungen über den Eidgenössischen Wehrbund ein, bevor er sich für eine Zusammenarbeit entschied; er hatte den Eindruck, „[d]ass nun der Eidg. Wehrbund […] einen guten Namen geniesst“[958] und zeigte sich erfreut über die Unterstützung. Er benutzte den Wehrbund in der Folge als Garantie für die Wichtigkeit und Seriosität seines Unternehmens, als er eine Bittschrift an Werner Bär verschickte, den Sohn des Gründers der Bank Julius Bär. Brunschvig schrieb, er sei weiterhin der Meinung, dass eine gewisse Zurückhaltung geboten sei, was sich offensichtlich vor allem auf die jüdische Seite bezog, denn der Wehrbund sei „diesbezüglich robuster und wird sich nicht scheuen, offiziell Stellung zu nehmen“.[959] Abschließend führte er aus, dass die finanziellen Mittel, die ihm zur Verfügung stünden, knapp seien, da er bisher – auch aufgrund der „Geheimhaltung des ganzen Falles“ – kaum Gelder einwerben konnte und er deshalb Bär „zu grossem Dank verpflichtet“ wäre, wenn dieser „ebenfalls einen Betrag zur Verfügung“ stellen könnte.[960]

Bär antwortete umgehend. Er sei weiterhin bereit, „einen Beitrag an die finanziellen Aufwendungen für Frankfurter zu leisten, sobald übersehen werden kann, wie gross die Kosten sind und wenn die Finanzierung des Gesamtbetrages durch andere Beiträge, die wohl nur aus einem kleinen Kreis stammen werden, gesichert ist“.[961] Die Zusammenarbeit mit dem Wehrbund befürwortete er grundsätzlich, sah aber keinen Bedarf nach einer „grossen Aktion“,[962] womit er offensichtlich die erwähnte geplante offizielle Stellungnahme in den Medien meinte. Er schlug Brunschvig zudem vor, mit dem Davoser Anwalt Moses Silberroth Kontakt aufzunehmen, der seine Einschätzung zu den Erfolgschancen abgeben und auch sonst hilfreich sein könne.[963] Brunschvig erklärte Bär in einem nächsten Brief, er werde seinem Rat bezüglich Silberroth nach Rücksprache mit Frankfurters Vormund gerne folgen, er habe jedoch keine Befehlsgewalt über den Wehrbund, „auch er scheint seine Beziehungen zu höchsten Stellen zu haben“.[964] Was das

---

958 Brief von Georges Brunschvig an Werner Bär vom 13. November 1944, in: AfZ, IB Frankfurter-Prozess / 19.

959 Ebd., S. 2.

960 Alle Zitate: Ebd.

961 Brief von Werner Bär an Georges Brunschvig vom 14. November 1944, in: AfZ, IB Frankfurter-Prozess / 19.

962 Ebd.

963 Vgl.: Ebd.

964 Brief von Georges Brunschvig an Werner Bär vom 17. November 1944, in: AfZ, IB Frankfurter-Prozess / 19.

Finanzielle anbetraf, gab er neue Details bekannt. Insgesamt, davon ging er aus, würden sich durch die Vorarbeiten Kosten in der Höhe von 8000 bis 10.000 Franken ergeben, davon habe er „von privater Seite (drei Personen, die nicht genannt sein wollen)“[965] bereits 5500 Franken abgedeckt.[966] Es ist anzunehmen, dass Brunschvig hoffte, Bär würde den restlichen Betrag aufbringen. In einem Brief an Paul Schmid-Ammann zeigte er sich optimistisch, dass er „die erforderlichen Mittel auf jeden Fall zusammenbringen“[967] werde. Um dies zu erreichen, war er in Kontakt mit der Vereinigung orthodoxer Rabbiner in den USA und versuchte zudem, über Emil Ludwig weitere Gönner zu finden.[968] Brunschvig verfasste zu diesem Zwecke einen Bericht, in dem er die bereits getätigten und die noch geplanten Schritte auflistete.

> Es sollte im Jahre 1944, nach alledem was die Welt über die Greueltaten der Nazis gehört hat, möglich sein, auch das Gericht zu überzeugen, dass das Denken von David Frankfurter vor seiner Tat als ein Zwangsdenken zu beurteilen ist, als Folge tiefster Kränkung, Trauer und Verzweiflung über die Verfolgungen, denen die Juden durch das Dritte Reich ausgesetzt waren.[969]

Brunschvig kontaktierte überdies noch einmal Saly Mayer und fragte ihn an, ob er „in der Lage“ sei, ihm „in der Angelegenheit D.F. einen Beitrag zukommen zu lassen“.[970] Die bisher getätigten und noch zu erwartenden Ausgaben seien höher, als er bisher angenommen hatte, und es wäre ihm „peinlich“, wenn er sich an „nicht jüdische Kreise wenden müsste zur Finanzierung der ganzen Angelegenheit“.[971] Saly Mayer hingegen konnte seiner Anfrage nicht entsprechen. Der Joint sei eine „rein philanthropische Organisation“, die die Arbeiten um die Begnadigung aufgrund „des ausgesprochen politischen Charakters der Angelegenheit Frankfurter“ nicht unterstützen könne.[972] Weniger Probleme mit

---

965 Ebd. [Klammerbemerkung aus dem Original übernommen.]

966 Das Gutachten von Waiblinger allein kostete laut Rechnung 1095 Franken, sich zusammensetzend aus 1000 Franken Honorar und 95 Franken Auslagen. Vgl.: Rechnung von Max Waiblinger an Georges Brunschvig vom 1. Februar 1945, in: AfZ, NL Georges Brunschvig / 51.

967 Brief von Georges Brunschvig an Paul Schmid-Ammann vom 23. November 1944, in: AfZ, NL Georges Brunschvig / 51.

968 Vgl.: Brief von Georges Brunschvig an Dr. J. Kühl vom 29. November 1944, in: AfZ, IB Frankfurter-Prozess / 19.

969 Bericht zum Brief von Georges Brunschvig an Dr. J. Kühl vom 29. November 1944, in: AfZ, IB Frankfurter-Prozess / 19.

970 Beide Zitate: Brief von Georges Brunschvig an Saly Mayer vom 22. Dezember 1944, in: AfZ, IB Frankfurter-Prozess / 19.

971 Beide Zitate: Ebd.

972 Beide Zitate: Brief von Saly Mayer an Georges Brunschvig vom 10. Januar 1945, in: AfZ, NL Georges Brunschvig / 51.

dem politischen Charakter des Falles hatte hingegen Ernest Maus[973] von den Warenhausbesitzern Maus Frères in Genf; er versprach einen Beitrag in Höhe von 750 Franken.[974]

Die Frage danach, ob eine Prozessrevision oder eine Begnadigung angestrebt werden sollte, beschäftigte auch die potentiellen Geldgeber. Werner Bär erklärte sich zwar bereit, sich „mit einem mässigen Betrag an eventuellen Spesen“[975] an einer möglichen Begnadigung zu beteiligen, schloss gleichzeitig aber kategorisch aus, finanzielle Mittel für eine Revision des Prozesses zur Verfügung zu stellen. Er gab hierfür zwei hauptsächliche Gründe an: Einerseits zweifelte er an den Erfolgsaussichten einer Prozessrevision, andererseits würden bei einem solchen Versuch erheblich mehr Kosten entstehen als bei einem einfachen Begnadigungsgesuch.[976] Bei einem Gespräch Brunschvigs mit Veit Wyler, in dem er ihn über den Stand der Vorbereitungen unterrichtete, votierte Wyler zwar aus politischen Gründen für eine Revision, vermutete aber nur beschränkte Erfolgsaussichten.[977]

Die Einmischung des Eidgenössischen Wehrbunds schien derweil innerhalb des Wehrbunds selbst auf Widerstand zu stoßen. In einer Aktennotiz schrieb Brunschvig, dass „Schwierigkeiten entstanden“ seien, der Wehrbund jedoch bemüht sei, „die reaktionären Elemente“ auszuschließen,[978] und er fügte an, dass er dem Wehrbund für seine Bemühungen zwar danke, er habe aber unterstreichen müssen, dass sie „in ihrem Vorgehen äusserste Vorsicht walten [...] lassen [müssten], da sie sonst der Sache mehr schaden, wie nützen“.[979] Er verwies dabei auf einen „ungeschickten Artikel“,[980] der in der Zeitung *Freies Volk* erschienen war. Der

---

973 Familie Maus, eingewandert aus dem Elsass, später Bürgerrecht von Genf. Die Gebrüder Maus, Henri und Ernest, eröffneten Warenhäuser in Genf und Luzern, dann weitere Warenhäuser in Verbindung mit der Familie Nordmann. Vgl.: Liebeskind Sauthier, Ingrid: Maus, in: Historisches Lexikon der Schweiz, online unter: http://www.hls-dhs-dss.ch/textes/d/D27802.php [zuletzt eingesehen: 16.02.2016].

974 Vgl.: Brief von Georges Brunschvig an Ernest Maus vom 15. Januar 1945, in: AfZ, NL Georges Brunschvig / 51. Dankesbriefe nach Frankfurters Freilassung zeigen, dass Brunschvig zudem von Jacques Salmanowitz in Genf sowie der Israelitischen Kultusgemeinde La Chaux-de-Fonds finanzielle Unterstützung erhalten hatte. Vgl.: Brief von Georges Brunschvig an Jacques Salmanowitz vom 8. Juni 1945, und: Brief von Georges Brunschvig an Paul Blum, Präsident der Israelitischen Kultusgemeinde La Chaux-de-Fonds vom 15. Juni 1945, in: AfZ, NL Georges Brunschvig / 49.

975 Brief von Werner Bär an Georges Brunschvig vom 16. Dezember 1944, in: AfZ, IB Frankfurter-Prozess / 19.

976 Vgl.: Ebd.

977 Aktennotiz von Georges Brunschvig zur Besprechung mit Veit Wyler vom 7. Dezember 1944, in: AfZ, IB Frankfurter-Prozess / 19.

978 Aktennotiz von Georges Brunschvig zur Besprechung mit Egg und Pencherek vom 5. Dezember 1944, in: AfZ, IB Frankfurter-Prozess / 19.

979 Ebd.

980 Ebd.

Artikel, publiziert am 24. November 1944 und verfasst von Egg, beschreibt seinen Besuch bei Frankfurter und ist inhaltlich mehrheitlich identisch mit dem Gedächtnisprotokoll, das Brunschvig erhalten hatte.[981] Der Wehrbund und Egg blieben in dem Artikel nicht als Verfasser erkennbar, am Ende des Textes ist lediglich das Kürzel „E."[982] angegeben. Der Verfasser nahm für sich in Anspruch, sich bereits erfolgreich für Frankfurter eingesetzt zu haben („Einer unserer Freunde, der sich bereits bei verschiedenen Stellen mit Erfolg um Frankfurter bemühte […]"[983]), was angesichts der Tatsache, dass bisher hauptsächlich Gespräche geführt und Pläne gemacht, kaum jedoch etwas Konkretes realisiert wurde, übertrieben erscheint. Dass Brunschvig Aussagen wie die im Artikel zitierten Sympathien Frankfurters für Kommunismus und Anarchismus oder die Feststellung, Frankfurter bereue die Tat nicht und würde unter den gleichen Umständen wieder so handeln, zum damaligen Zeitpunkt nicht veröffentlicht sehen wollte, da sie möglichen Taktiken bei der Prozessrevision oder Begnadigung entgegenliefen, ist verständlich.

Ein Bericht gegen Jahresende in den Akten Brunschvigs zeigt auf, dass der Eidgenössische Wehrbund offensichtlich nicht in der Lage war, die internen Widerstände zu überwinden; der umstrittene Text in der Zeitung sollte die letzte Aktion des Vereins bleiben. Brunschvig notierte kurz und knapp: „Der Eidg. Wehrbund hat sich infolge internen Schwierigkeiten zurückgezogen."[984] Das Zwischenspiel des Eidgenössischen Wehrbundes blieb oberflächlich und hatte kaum Auswirkungen auf die Vorbereitungen, geschweige denn auf den Ausgang der Begnadigung, auch wenn Frankfurter in seinen Memoiren die Bedeutung der Intervention positiv hervorhebt. Er schreibt, dass „Egg und seine Freunde […] ihrem Volke zeigen [wollten], das [sic] ich der Schweiz durch Beseitigung des Obernazis einen Dienst erwiesen hatte".[985] Den von Brunschvig als „ungeschickt" bezeichneten Artikel lobt er mit den Worten, dass er „wirklich dazu angetan war, Interesse für diesen Plan in weitesten Schichten des Schweizer Volkes zu erwecken".[986] Hier mag Frankfurters Überzeugung eine Rolle spielen, dass die Schweizerinnen und Schweizer weitaus mehr Verständnis und Unterstützung für

981 Vgl.: Egg, Heinrich: Wird David Frankfurter frei?, in: Freies Volk, Wochenzeitung für das Schweizervolk, 4/47 (1944), S. 5. Teile des Artikels wurden im *Israelitischen Wochenblatt* in der Ausgabe vom 15. Dezember 1944 zitiert – unter dem Titel „Ein Interview mit David Frankfurter".

982 Ebd.

983 Ebd.

984 Bericht von Georges Brunschvig in Sachen David Frankfurter [undatiert], in: AfZ, IB Frankfurter-Prozess / 19.

985 Memoiren (Version Jabotinsky), S. 82.

986 Ebd.

seine Tat zeigten, als dies das Kantonsgericht des Kantons Graubünden und die offizielle Schweizer Politik während der (Vor-)Kriegszeit taten.

Zur offiziellen Schweizer Politik erwähnt Frankfurter eine Episode, die sich im Zeitraum der jüdischen Hohen Feiertage des Jahres 1944 abgespielt hatte. Frankfurter arbeitete wie üblich in der Bibliothek, als er auf einen alten Mann traf, der ihm im Gefängnisalltag bisher nicht aufgefallen war. Als Frankfurter ihn ansprach, antwortete er ihm auf Jiddisch; gemäß Frankfurter handelte es sich „um einen hilflosen, krebskranken Flüchtling, den die Fremdenpolizei einfach von einem Transport weg ins Gefängnis gesteckt hatte",[987] ohne dass ein Grund dafür vorgelegen hätte. So war der Flüchtling zuerst in der Strafanstalt Witzwil und wurde später – weshalb, ist nicht eruierbar – nach Chur verlegt. Frankfurter setzte sich bei Prediger Messinger für den nicht namentlich genannten Flüchtling ein. Messinger wiederum wandte sich an Georges Brunschvig, der bereits vom SIG damit beauftragt worden war, sich um das Schicksal der ungerechtfertigterweise in Witzwil untergebrachten Flüchtlinge zu kümmern. Brunschvig schrieb an Frankfurter, „dass sämtliche Insassen frei sind und dass sich der Obengenannte nunmehr in Churwalden[988] befindet, wo er richtig gepflegt wird".[989] Frankfurter schildert weiter, der Flüchtling habe dort den anderen Flüchtlingen von Frankfurter und seiner Hilfeleistung erzählt, die daraufhin „von ihren geringen Geldmitteln"[990] Frankfurter ein Geschenk zu Chanukka kaufen wollten – eine freundliche Geste, die Frankfurter ablehnen musste.

> Ich erfuhr durch Herrn David Kin von diesem rührenden Plan. Selbstverständlich willigte ich nicht ein, dass diese Ärmsten der Armen mir noch etwas kaufen sollten, aber nicht darum ging es. Der zuständige Polizeihauptmann in Chur, ein gewisser Kadonau, nahm die liebevolle Absicht der Flüchtlinge zum Anlass, sie in brutalster Weise zu bedrohen: wenn sie es wagen sollten, mir ein Geschenk zu schicken, drohte der Nazi in der schweizerischen Uniform, würden sie aus Churwalden verjagt und an die Grenze zurückgeschoben! So geschehen im Spätherbst 1944 in der freien Schweiz![991]

Wieder einmal spricht eine gerechte Empörung aus Frankfurters Worten. Auch wenn die Geschichte in ihren Einzelheiten unklar ist und überhaupt bezweifelt werden kann, dass der Polizeihauptmann von Chur tatsächlich 1944 – entge-

987 Ebd. Dabei ist unklar, was Frankfurter mit „Transport" meinte.

988 In Churwalden gab es vier Flüchtlings- und Interniertenheime, Diätstationen etc. Vgl.: Erlanger, Simon: „Nur ein Durchgangsland". Arbeitslager und Internierungsheime für Flüchtlinge und Emigranten in der Schweiz 1940–1949, Zürich 2006, S. 266.

989 Brief von Georges Brunschvig an David Frankfurter vom 26. September 1944, in: AfZ, IB Frankfurter-Prozess / 19.

990 Memoiren (Version Jabotinsky), S. 82.

991 Ebd.

gen dem allgemeinen milderen Trend, der in der Schweizer Flüchtlingspolitik gegen Ende des Krieges vorherrschte – die Möglichkeit und die Kompetenzen gehabt hätte, ihm nicht genehme Flüchtlinge zu deportieren, so zeigt diese Episode doch, wie groß Frankfurters Misstrauen gegenüber Teilen der Schweizer Behörden war. Trotzdem war Frankfurter klar, dass die offizielle Schweiz nicht nur aus „Kadonaus und Jörimanns“[992] bestand, gerade von Regierungsrat Dr. Darms hatte er beispielsweise eine hohe Meinung; er bezeichnete ihn als „aufgeschlossene[n], liberal denkende[n] Mann“, der darüber hinaus ein „gerechter und gütiger Mensch“ sei.[993]

Im oben zitierten Bericht erwähnte Brunschvig, dass „in jüdischen Kreisen“ die Meinung vorherrsche, eine Begnadigung wäre zwar vorteilhafter, eine Revision sei aber trotzdem „der richtige Weg“.[994] Um den Entscheid dafür oder dagegen nicht allein tragen zu müssen, kontaktierte er Dr. Max Waiblinger, Staatsanwalt und Privatdozent an der Universität Bern, und bat ihn um die Erstellung eines entsprechenden Gutachtens. Dazu sowie zu Krolls Gutachten resümierte er:

> Dr. Waiblinger, der ein Spezialist ist auf dem Gebiete der Revisionen, hat mir gegenüber, obschon er Staatsanwalt ist, den Standpunkt eingenommen, es sei meine Pflicht, eine Revision zu versuchen.
> Auch zu dieser Frage, Revision oder Begnadigung, wird er in seinem Gutachten, das ich im Laufe des Monats Januar erhalten werde, Stellung nehmen.
> Das Gutachten von Dr. Kroll ist Ende dieses Monats [Dezember] fertig und wird dann Dr. Waiblinger zugestellt. Sobald Dr. Waiblinger sein Gutachten fertig hat, werde ich wiederum zu David Frankfurter fahren, damit wir dann einen Entscheid treffen können.[995]

Krolls Gutachten traf kurz vor Jahresende 1944 bei Brunschvig ein. Im Begleitbrief fasste Kroll zusammen, dass der Hauptteil, basierend auf den Besuchen bei Frankfurter, zwei grundlegende Befunde beinhalte – die „Ideenflucht“ und die „überwertige Idee“.[996] Er bat um Verbesserungsvorschläge und Anregungen.

---

992 Ebd. Jörimann war der spätere Gerichtspräsident, der von Frankfurter als Sympathisant der Nationalsozialisten bezeichnet worden war. Vgl.: Peider Arquint, Jon: Jörimann, Paul, in: Historisches Lexikon der Schweiz, online unter: http://www.hls-dhs-dss.ch/textes/d/D15856.php [zuletzt eingesehen: 21.02.2016].

993 Beide Zitate: Ebd.

994 Beide Zitate: Bericht von Georges Brunschvig in Sachen David Frankfurter [undatiert], in: AfZ, IB Frankfurter-Prozess / 19.

995 Ebd.

996 Beide Zitate: Brief von Dr. Kroll an Georges Brunschvig vom 29. Dezember 1944, in: AfZ, IB Frankfurter-Prozess / 19.

Im Februar 1945 folgten die nächsten, nunmehr konkreteren Briefe zur möglichen Einleitung des Revisionsverfahrens. Richtungsweisend war diesbezüglich Waiblingers Gutachten, das verschiedenen Personen zur Prüfung zugeschickt wurde. Schmid-Ammann leitete das Gutachten an einen Bekannten weiter, den bisher nicht involvierten Dr. P. Metz.[997] Der befand sich zu jenem Zeitpunkt gerade im Militärdienst, konnte sich nicht „in aller Gründlichkeit" dem Gutachten widmen, schickte aber dennoch eine ausführliche „persönliche Stellungnahme", die, wie er unterstrich, noch einer „objektive[n] Abklärung" bedurfte, da seine juristischen Kenntnisse beschränkt seien.[998] Metz zeigte sich beeindruckt von der „Wissenschaftlichkeit"[999] des Gutachtens. Einer Revision stand er kritisch gegenüber, denn selbst wenn gute Gründe für eine Prozessrevision bestünden – konkret die Frage nach der Zurechnungsfähigkeit Frankfurters, die Jörger als gegeben angenommen hatte, von Kroll jedoch als fraglich bezeichnet wurde –, sei immer noch zweifelhaft, ob das Gericht den mit einem dem ursprünglichen Urteil entgegenstehenden neuen Urteil verbundenen Gesichtsverlust riskieren würde. Eine Revision würde bedeuten, dass das Gericht eingestehen müsste, „vor zehn Jahren bei seiner Urteilsfällung unter irgendwelchem Druck gestanden"[1000] zu haben; „[z]u diesem Eingeständnis würde sich das Kantonsgericht nie herbeilassen".[1001] Auch der Zeitfaktor müsse miteinbezogen werden. Nach der langen Gefängnisstrafe wäre das Revisionsverfahren ein bedeutender Zeitverlust, da sich eine Begnadigung wesentlich unkomplizierter gestalten würde. Metz schloss seinen Brief mit der Frage, ob es für Frankfurter nicht besser wäre, „den ‚Kampf ums Recht' vor einem schweizerischen Gericht nicht neu aufzunehmen, sondern sich mit einem Gnadenakt zu bescheiden", vor allem, weil der einzige Weg, eine Revision zu erreichen, darin bestand, Frankfurter Unzurechnungsfähigkeit zur Zeit der Tat zu beweisen – „nicht gerade heroisch", mutmaßte Metz.[1002] Realistischer war in Metz' Augen die Strategie, als geständiger und reumütiger Mörder aufzutreten, und so dem Gericht die Möglichkeit zu geben, einem, „der

997 Bei Dr. Metz handelt es sich wahrscheinlich um den Historiker und Juristen Peter Metz (1913–2009), Verfasser der Geschichte des Kantons Graubünden und Bündner Regierungssekretär. Er schien mit Schmid-Ammann eng befreundet gewesen zu sein, da sein Brief mit der informellen Anrede „Mein Lieber" begann. Vgl.: Brief von Dr. P. Metz an Paul Schmid-Ammann vom 14. Februar 1945, in: AfZ, NL Paul Schmid-Ammann / 99.36, S. 1. In einem späteren Brief schrieb Schmid-Ammann, dass es sich bei Dr. Metz um einen Juristen handelte, den er um seine fachkundige Meinung gebeten hatte. Vgl.: Brief von Paul Schmid-Ammann an Georges Brunschvig vom 27. Februar 1945, in: AfZ, NL Paul Schmid-Ammann / 99.36, S. 1.

998 Alle Zitate: Ebd.

999 Ebd.

1000 Ebd., S. 3.

1001 Ebd.

1002 Beide Zitate: Ebd., S. 3–4.

zu seiner Tat in vollem Umfang steht und dafür Sühne geleistet hat, den Rest der Strafe zu erlassen".[1003] All diese Überlegungen, basierend auf Waiblingers Gutachten, mündeten für Metz in der Empfehlung, „auf die Einleitung der Revision zu verzichten"[1004] und stattdessen den Weg der Begnadigung zu suchen.

Ähnlich klingt die Reaktion von Veit Wyler auf das Gutachten, der es ebenfalls von Paul Schmid-Ammann zur Prüfung zugeschickt erhalten hatte. Schmid-Ammann und Wyler waren während der Vorbereitungsarbeiten auf die Begnadigung in engem Kontakt, aber anscheinend ohne Wissen von Brunschvig. Wiederholt unterstrich Schmid-Ammann in seinen Briefen an Wyler, in denen er ihn um seine Meinung bat, dass diese Kontaktaufnahme auf einer persönlichen Ebene geschehe und geheim bleiben müsse.[1005] Im Brief vom 15. Februar 1945 schrieb Schmid-Ammann explizit, Brunschvig („Dr. B."[1006]) wisse nichts von der Weiterleitung des Gutachtens an Wyler, und er bat Wyler „dringend, die Angelegenheit vertraulich zu behandeln".[1007]

Wyler antwortete, er halte das Gutachten für eine „ernsthafte Arbeit".[1008] Allerdings brachte er deutliche Kritik an, besonders in Zusammenhang mit der Rolle der Schweiz vor dem Zweiten Weltkrieg.

> Wenn man sich die politische Situation von 1936 vergegenwärtigt und sich an die zahllosen Bemühungen der Presse erinnert, den Bundesrat zur Ausweisung Gustloff's [sic] zu veranlassen und miterlebt hat, dass diese Bemühungen auf Granit stiessen und zu der berühmten Aeusserung des Herrn Bundesrat Baumann geführt haben, Gustloff lebe und handle vollkommen legal, dann kann man nicht, so ein wenig von oben herab, sagen, die Schweiz habe wohl gewusst, was sie zu tun hat und sei nicht auf die Hilfe eines Ausländers angewiesen. Ein anderes ist es, die Tötung als politische Waffe abzulehnen, ein anderes, sich die Einmischung eines Ausländers, der sich in der Schweiz ausgezeichnet akklimatisiert hat und mit dem Land verwurzelt wurde, zu verbitten.[1009]

1003 Ebd., S. 4.

1004 Ebd.

1005 Vgl. beispielsweise: Briefe von Paul Schmid-Ammann an Veit Wyler vom 12. und 15. Februar 1945, in: AfZ, NL Veit Wyler / 40. Die Briefe finden sich ausschließlich in Wylers Nachlass, nicht jedoch in dem von Schmid-Ammann.

1006 Ebd.

1007 Ebd. Die von Frankfurter festgestellten Unterschiede zwischen den beiden Anwälten (der zionistische Nationaljude Wyler und der bürgerlich-assimilatorische Brunschvig) scheinen dazu geführt zu haben, dass eine Zusammenarbeit schwierig und der Kontakt zwischen dem Vormund und Wyler vor Brunschvig verheimlicht wurden. Aus den Akten wird nicht abschließend klar, ob Brunschvig davon erfahren hatte.

1008 Brief von Veit Wyler an Paul Schmid-Ammann vom 21. Februar 1945, in: AfZ, NL Paul Schmid-Ammann / 99.36, S. 1.

1009 Ebd., S. 3–4.

Wyler unterstrich, er schenke Frankfurter in seinen Aussagen, dass er die Schweiz habe retten wollen, vorbehaltlos seinen Glauben. Unterdessen sah er jedoch die Erfolgsaussichten einer Revision als kaum existent an; das neue Gutachten unterscheide sich nicht wesentlich genug von Jörgers Gutachten, um eine Revision begründen zu können. Eine Begnadigung erschien ihm deswegen als realistischer, er plädierte jedoch dafür, die letzte Entscheidung David Frankfurter zu überlassen.[1010]

Schmid-Ammann stimmte diesen Überlegungen offensichtlich zu und brachte das Thema einerseits bei seinem nächsten Besuch bei David Frankfurter auf, informierte andererseits Brunschvig darüber. Frankfurter habe sich einverstanden erklärt, zugunsten eines Begnadigungsgesuches auf eine Prozessrevision zu verzichten, „[d]en Argumenten, die für diesen Weg sprechen, hat er sich durchaus zugänglich gezeigt."[1011] Schmid-Ammann versicherte Brunschvig, sie hätten damit den richtigen Entscheid getroffen, und führte seine Argumente hierfür noch einmal aus. „Dass er [Frankfurter] nach neun Jahren Zuchthaus seine Freiheit mit der Begründung erhalten sollte, dass man seine Tat als diejenige eines völlig Unzurechnungsfähigen bezeichnete, der dauernd vermindert unzurechnungsfähig sei, wollte mir nicht in den Kopf."[1012] Heute hätte sich die Situation in der Schweiz dahingehend verändert, als dass „jeder freiheitlich gesinnte Mensch und Schweizer die damalige Tat F. zwar nicht billigt, aber doch versteht und sie aus eben den politischen Motiven heraus innerlich als gerechtfertigt empfindet".[1013] So würde es Frankfurter und seinen Motiven nicht gerecht werden, die Tat als die eines psychisch gestörten Menschen zu beschreiben, und damit bliebe kein anderer Weg offen als der der Begnadigung. Für Frankfurter stellte diese Situation vermutlich ein Dilemma dar. Die von ihm bevorzugte Revision konnte nur auf einem Weg erreicht werden, den er ablehnte. Aus verständlichen Gründen wollte er seine Tat nicht als die eines Unzurechnungsfähigen beurteilt sehen. Hiermit war die neue Sachlage klar: Nach längerem Hin und Her, nach langen Beratungen, dem Einholen verschiedener Gutachten, wurde der Weg der Prozessrevision als nicht realisierbar erachtet und stattdessen eine Begnadigung Frankfurters in Angriff genommen.[1014]

1010 Vgl.: Ebd., S. 4–5.

1011 Brief von Paul Schmid-Ammann an Georges Brunschvig vom 27. Februar 1945, in: AfZ, NL Paul Schmid-Ammann / 99.36, S. 1.

1012 Ebd.

1013 Ebd.

1014 Bollier schreibt, dass „Frankfurters Rechtsvertreter [...] eine geplante Prozessrevision wegen der negativen Pressereaktionen fallen" ließen. Darauf geben die Briefe der involvierten Personen und die Memoiren Frankfurters keinen direkten Hinweis. Vgl.: Bollier 1999, S. 72–73.

Schmid-Ammann riet Brunschvig, bei dem Begnadigungsgesuch „einen etwas eindringlicheren Ton" anzuschlagen und auf „eine stärkere Hervorhebung der politischen Motive" zu achten.[1015] Er führte dazu aus: „Bestimmter und ausführlicher darf man wohl darauf hinweisen, dass heute die ganze zivilisierte Welt das Naziregime verabscheut und verurteilt nach den Schandtaten, die es überall begangen hat. Man darf durchaus an diese Gefühle des Abscheues appellieren, aus denen heraus die damalige Tat F. heute verstanden wird."[1016] Dazu gehörte, speziell auf Gustloffs Tätigkeit in der Schweiz hinzuweisen, wie sie im Artikel von Hans Schwarz ausführlich beschrieben wurde. Da bei einem Begnadigungsgesuch nicht mehr ein Gericht, sondern der Große Rat des Kantons Graubünden zuständig sein würde, könnten solche politischen Ausführungen fruchten. Auch die direkten Konsequenzen, die die nationalsozialistische Judenvernichtung auf Frankfurters Familie hatte, müssten unbedingt erwähnt werden, „der Vater tot, die Schwester verschollen, der Bruder in deutscher Kriegsgefangenschaft".[1017] Um den gewünschten Ausgang des Begnadigungsgesuchs zu erreichen, schlug Schmid-Ammann vor, nicht den Weg über die Presse zu wählen, sondern direkt bei den Regierungsvertretern, insbesondere bei den Sozialdemokraten, aber auch bei geneigten bürgerlichen Politikern vorzusprechen, „um den Boden dafür günstig vorzubereiten".[1018]

Frankfurter nennt in seinen Memoiren andere Gründe für seinen Entscheid gegen eine Revision und für eine Begnadigung. Er habe nur auf „Drängen meines Vormundes und jüdischer Kreise um Altprediger Messinger" einem Begnadigungsgesuch zugestimmt, da dieses „rascher zum Ziel […] führen [würde] – als es eine Neuaufnahmen [sic] des Prozesses versprach".[1019] Für ihn spielte seine Familie in seinem Entscheid eine wesentliche Rolle: „Wäre es nur um mich allein gegangen, so hätte ich auch vor einem solchen Manne [gemeint war der gemäß Frankfurter als Sympathisant der Nazis bekannte Gerichtspräsident Jörimann[1020]] und gerade vor ihm das Äusserste gewagt – angesichts der Tragödie meiner Familie aber musste ich so klug wie möglich handeln."[1021] Frankfurter ging es

1015 Brief von Paul Schmid-Ammann an Georges Brunschvig vom 27. Februar 1945, in: AfZ, NL Paul Schmid-Ammann / 99.36, S. 2.

1016 Ebd.

1017 Ebd.

1018 Ebd.

1019 Beide Zitate: Memoiren (Version Jabotinsky), S. 81.

1020 Paul Jörimann war von 1937 bis 1968 Kantonsgerichtspräsident, von 1951–1975 Bürgermeister von Chur. Der Artikel zu Jörimann gibt keinerlei Auskunft über mögliche Sympathien für den Nationalsozialismus. Vgl.: Peider Arquint, Jon: Jörimann, Paul, in: Historisches Lexikon der Schweiz, online unter: http://www.hls-dhs-dss.ch/textes/d/D15856.php [zuletzt eingesehen: 21.02.2016].

1021 Memoiren (Version Jabotinsky), S. 81–82.

ums Prinzip. Er war weiterhin der Überzeugung, richtig gehandelt zu haben – gerade angesichts der Entwicklungen in Deutschland und Europa. Dies wollte er vom Gericht bestätigt bekommen und nicht gnadenhalber aus dem Gefängnis entlassen werden, war aber bereit, zum Wohle seiner Familie darauf zu verzichten. Dabei verdeutlichte er nicht, inwiefern er seiner Familie durch einen Verzicht auf die Revision helfen würde. Möglich ist, dass er plante, die Familie nach seiner Freilassung zu suchen, und deswegen eine frühere Freilassung vorteilhafter wäre.

Bei Besuchen seines Anwalts und seines Vormunds im Februar 1945 teilten diese ihm mit, dass das Gesuch so gut wie fertiggestellt und bereit zur Einreichung sei. Überhaupt sei die Begnadigung der richtige und „einzig vernünftige"[1022] Weg. Frankfurter willigte daraufhin ein, eine weitere Vollmacht für Georges Brunschvig auszustellen, diesmal nicht für eine Prozessrevision, sondern „zur Vertretung in Sachen Begnadigung".[1023]

Schmid-Ammann, der als Lokalpolitiker einen guten Einblick in die Verhältnisse vor Ort hatte, konnte Frankfurter den Erfolg des Begnadigungsgesuchs geradezu garantieren. „Es stünde ausser Zweifel, dass die Demokraten und Sozialdemokraten (die zusammen ohnedies schon die Parlaments-Majorität bildeten) sich für die Annahme des Gesuches aussprechen würden – und damit war es eigentlich schon entschieden."[1024] Frankfurter konnte auf eine positive Behandlung des Gesuchs beim Kleinen und Großen Rat des Kantons Graubünden hoffen.

Das Gesuch zur Begnadigung wurde schließlich fertiggestellt und am 5. März 1945 eingereicht.

6.3.3 Letzte Monate im Gefängnis: Bemühungen um Frankfurters Zukunft und neue Nachforschungen zum Verbleib der Familie

In der Zwischenzeit gelangte David Frankfurter – entgegen Messingers Empfehlungen – mit der Bitte, einen jüdischen Gottesdienst besuchen zu können, an Regierungsrat Darms. Hintergrund war der Aufenthalt jüdischer Flüchtlinge und Angehöriger fremder Truppen, insbesondere polnischer Internierter, in verschiedenen Flüchtlings- und militärisch geführten Internierungslagern sowie privaten Unterkünften im Kanton Graubünden, die die Erlaubnis hatten, im

1022 Ebd., S. 84.

1023 Vgl.: Vollmacht für Dr. Georges Brunschvig zur Vertretung in Sachen Begnadigung, in: Begnadigungsakten David Frankfurter betreffend Aufhebung der Landesverweisung 1969, StAGR III23d2 Frankfurter.

1024 Memoiren (Version Jabotinsky), S. 84.

Churer Volkshaus Gottesdienste abzuhalten. Frankfurter schreibt, dass David Kin diese Gottesdienste jeweils organisiert habe.[1025]

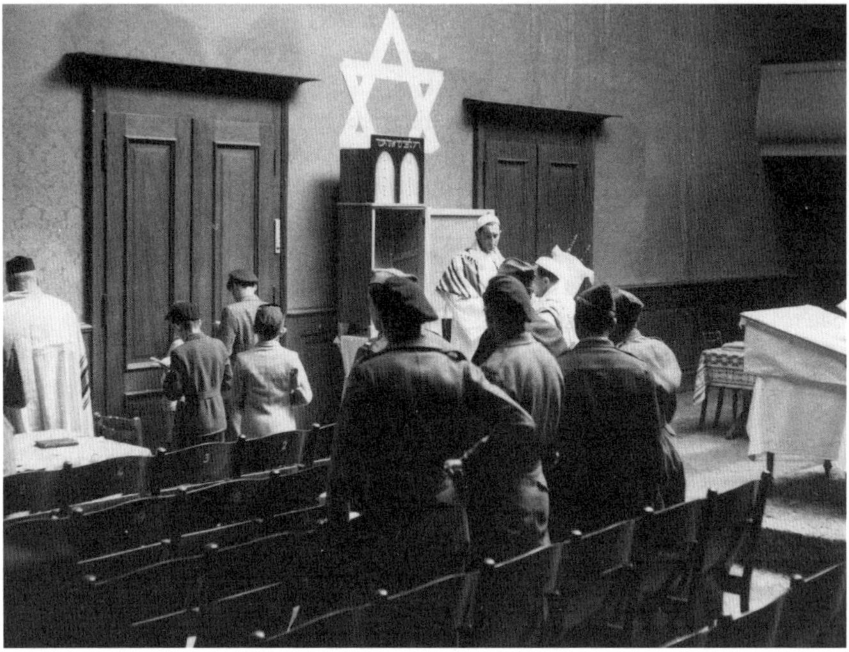

Abb. 40: Polnische Internierte im zur Synagoge umfunktionierten Churer Volkshaus, Innenaufnahme. Quelle: Synagoge für polnische Internierte, Chur, in: AfZ, BA BASJ-Archiv / 218, Bild 2.

Dieses Mal wurde Frankfurters Bitte Folge geleistet, und er durfte – „[i]n Zivilkleidern, nur von einem Polizisten (ebenfalls in Zivil) begleitet"[1026] – an einem Jom-Kippur-Gottesdienst teilnehmen. Gemäß Frankfurters Beschreibung nahmen daran „über hundert Juden"[1027] teil. Kin erzählte später, einer der polnisch-jüdischen Soldaten, der an dem Gottesdienst teilgenommen hatte, habe den Vorschlag gemacht, die Gelegenheit zu ergreifen und Frankfurter zu befreien.

1025 Darauf deuten auch Aufnahmen im Bildarchiv des Archivs für Zeitgeschichte hin. Vgl.: Synagoge für polnische Internierte, Chur, in: AfZ, BA BASJ-Archiv / 218, Bild 1. Dort ist eine Aufnahme polnischer Internierter zusammen mit David Kin zu finden. Die weiteren Bilder unter dieser Signatur sind Aufnahmen von Gottesdiensten – die Bilder wurden von Myra Dreyfuss, der Tochter David Kins, ans AfZ gegeben.

1026 Memoiren (Version Jabotinsky), S. 83.

1027 Ebd.

„Ich nahm aber mit aller Entschiedenheit dagegen Stellung. Wohin hätte er auch gebracht werden können[?] Wir waren ja von den Deutschen eingekreist […]. So wurde also dieser Plan nicht ausgeführt.“[1028]

Im Bildarchiv Schweizer Juden (BASJ) des Archivs für Zeitgeschichte sind Aufnahmen von einem Pessachgottesdienst im Churer Volkshaus zu finden – so ähnlich dürfte das Setting für den Gottesdienst, an dem Frankfurter teilnahm, ausgesehen haben, wenn auch laut Frankfurters Beschreibung wesentlich besser besucht. Der Saal des Volkshauses wurde zu diesem Zweck geschmückt, unter anderem mit einem großen Davidstern aus Papier.[1029]

Für Frankfurter war die Teilnahme an dem Gottesdienst ein besonderes und emotionales Ereignis. Nach neun Jahren Gefängnis durfte er zum ersten Mal wieder einen jüdischen Gottesdienst besuchen.

> Es wurde gerade die Thora ausgehoben als ich den Saal betrat. Die altvertrauten Melodien der Jamim Noraim schlugen wieder an mein Ohr, der Anblick der betenden Gemeinde in weissen Kitteln und Gebetmänteln hat mich kaum j[e] vorher so tief erschüttert wie an diesem Versöhnungstage. Die betende Gemeinschaft – hier wurde sie mir nach vielen Jahren der Einsamkeit zum Erlebnis, zum tiefen jüdischen Erlebnis, denn der Jude steht ja eigentlich an seinen Festen und Sabbaten nicht als Einzelner vor Gott, sondern als ein Glied der Gemeinschaft Israels, des Volkes Gottes, das seinen Vater und König […] in seinen Versammlungen anbetet. Man rief mich als Dritten zur Thora auf. Wie lange war es her, dass ich die Gesetzesrolle geküsst hatte, die heilige Lehre, die mir der Vater schon in frühester Jugend nahe gebracht hatte.[1030]

Interessant ist hier, wie tief bewegt Frankfurter über dieses religiöse Erlebnis schreibt, hatte er sich doch schon in der Zeit vor dem Mord von der Religion entfernt und lediglich zu Beginn seiner Haft religiöse Riten wie beispielsweise das Tefilinlegen praktiziert. Aus seiner Beschreibung des Jom-Kippur-Gottesdienstes in Chur wird deutlich, dass ihn in erster Linie das Gemeinschaftliche beeindruckt hatte, dass er als der einzige Jude im Sennhof die Möglichkeit erhielt, mit jüdischen Flüchtlingen, die die Schoah überlebt hatten, an einem Gottesdienst teilzunehmen – zu einem Zeitpunkt, als das Ende des Dritten Reichs sich bereits deutlich abzeichnete. Frankfurter durfte auf Nachfrage bei dem ihn begleitenden Polizisten länger als die vorerst erlaubten eineinhalb Stunden bleiben, bis zum Ende des Gottesdienstes. Den Polizisten empfand Frankfurter als

1028 Gespräch mit David Kin, 8./9. Februar 1969, in: Lyssy, Rolf: Interviews 1969 zur Vorbereitung des Films Konfrontation, Privatbesitz Rolf Lyssy, S. 2–3.

1029 Ebd., S. 2. Kin sagte angeblich „ein grosses papierernes Davidskreuz.“ Der Davidsstern ist auf dem Bild aus dem Volkshaus deutlich zu erkennen.

1030 Memoiren (Version Jabotinsky), S. 83.

sehr respektvoll und zurückhaltend. „Mein Begleiter, der schweizer [sic] Polizist, folgte mit Interesse dem fremden Kult und störte mit keinem Wort und keiner Geste.“[1031]

Der bereits erwähnte Plan Frankfurters, nach der nun realistischer werdenden Freilassung aus dem Gefängnis nach Palästina auszuwandern, um dort in der Milchwirtschaft tätig zu sein, wurde von seinen Unterstützern ernsthaft verfolgt. In diesem Zusammenhang lassen sich aus den Quellen ab März 1945 erste konkrete Anstrengungen rekonstruieren. Paul Schmid-Ammann kontaktierte einen alten Freund, Dr. Thomann, der Direktor der Molkereischule Rütti in Zollikofen war. Er klärte Thomann über Frankfurters Geschichte sowie über das Schicksal von dessen Familie auf und kam schließlich auf den Grund seines Briefes zu sprechen – Frankfurters Zukunftsvorstellungen als Mitarbeiter oder Begründer eines Molkereibetriebes in Palästina.[1032] Erfahrungsgemäß würde es eine Weile dauern, bis er ein Visum für Palästina erhalte, und die Zeit bis dahin, die Frankfurter in Schmid-Ammanns Vorstellung in der Schweiz verbringen würde, solle produktiv genutzt werden. Eine Ausbildung in der Milchwirtschaft würde nicht nur diese sonst unnütze Wartezeit füllen, sondern Frankfurter zudem für den Erhalt eines Visums qualifizieren. Schmid-Ammann fragte Thomann als Fachmann an, welches Vorgehen er ihm empfehlen würde, ob er „einen guteingerichteten Privatbetrieb“[1033] kenne, wo Frankfurter in seiner speziellen Lage auf Verständnis stoßen würde, und ob es möglich wäre, dass Frankfurter neben der praktischen Arbeit an Thomanns Schule einen theoretischen Kurs besuchen könnte. Schmid-Ammann fügte an, dass „gewisse Schwierigkeiten“[1034] bestünden: „F. müsste event. unter einem Decknamen leben, um jedes Aufsehen zu vermeiden. Das ist vielleicht auch zu seinem eigenen Schutz nötig, da man ja nie weiss, was einem fanatischen Nazi in der Schweiz noch einfallen könnte.“[1035] Um Thomann darauf vorzubereiten, was ihn mit Frankfurter erwarten würde, beschrieb Schmid-Ammann sein Mündel ausführlich. „F. ist heute 36 Jahre alt, mittelgrosse, kräftige Figur, gutartiger Charakter, intelligent, empfindsam, labile Gemütslage, ausgeprägter Gerechtigkeitssinn und bedarf natürlich nach dieser neunjährigen Strafzeit einer schonenden Behandlung.“[1036] Thomann antwortete auf diese Anfrage in Eile – es waren gerade Abschlussexamen an seiner Schule und er hatte nicht

1031 Ebd.

1032 Vgl.: Brief von Paul Schmid-Ammann an Dr. Thomann vom 5. März 1945, in: AfZ, NL Paul Schmid-Ammann / 99.36, S. 1–2.

1033 Ebd., S. 2.

1034 Ebd.

1035 Ebd.

1036 Ebd.

viel Zeit für private Korrespondenz.[1037] Nach einführendem privatem Geplänkel über vergangene Zeiten kam er auf Schmid-Ammanns Anfrage zu sprechen. Leider sei es schwierig, in der Angelegenheit eine Lösung zu finden. Er würde aber „überall Umschau halten“[1038] und sich melden, falls er etwas Passendes finden würde. Sein vorläufiger Vorschlag war, dass Frankfurter „direkt nach Palästina reisen könnte zur Aufnahme einer passenden Berufsarbeit“.[1039] An seiner Schule hätten sie einen ähnlich gelagerten Fall gehabt; ein Schüler namens Balaban sei nach der Ausbildung an der Molkereischule Rütti nach Palästina ausgewandert und betreibe dort nun eine Molkerei.[1040]

Auch in Bezug auf das Visum für Palästina wurden konkretere Schritte eingeleitet. Wylers Aufgabe war es, für Frankfurter ein Palästina-Zertifikat zu organisieren. Da 1945 Großbritannien Mandatsmacht in Palästina war, konnte eine Einwanderung dorthin nur mit Erlaubnis der britischen Mandatsregierung geschehen, die im Rahmen einer Quotenregelung nach Kriterien der beruflichen Eignung, des Leumunds und des Vermögens entsprechende Bewilligungen, eben Palästina-Zertifikate, vergab.[1041] Zu diesem Zwecke schrieb Wyler an das schweizerische Palästina-Amt in Genf und bestellte ein Gesuchsformular.[1042] Bereits im Voraus hatte er mit Samuel Scheps,[1043] dem Direktor des Palästina-Amts, Kontakt aufgenommen und ihm die Situation erklärt, so dass Frankfurters Name im Brief nicht mehr erwähnt wurde. Chaim Pozner schickte ihm daraufhin einen Fragebogen, der „in allen Punkten genau ausgefüllt und mit der entsprechenden Unterschrift versehen“[1044] zurückgeschickt werden sollte. Wyler leitete diesen Fragebogen umgehend an Frankfurter weiter mit der Bitte, diese Angelegenheit so bald wie möglich zu erledigen, was Frankfurter gewissenhaft tat. Leider ist von dem

1037 Vgl.: Brief von Dr. Thomann an Paul Schmid-Ammann vom 7. April 1945, in: AfZ, NL Paul Schmid-Ammann / 99.36.

1038 Ebd.

1039 Ebd.

1040 Vgl.: Ebd.

1041 Mehr zur Geschichte des Palästina-Amts: Morris-Reich, Amos: Palästina-Amt, in: Diner, Dan [Hrsg.]: Enzyklopädie jüdischer Geschichte und Kultur, Stuttgart/Weimar 2013, Band 4, S. 478–482.

1042 Brief von Veit Wyler an das Schweizerische Palästina-Amt vom 17. März 1945, in: AfZ, NL Georges Brunschvig / 51.

1043 Samuel Scheps (1904–1999) war ein bedeutender Schweizer Zionist und Leiter des Palästina-Amtes, zuerst in Basel, später in Genf. Er nahm in verschiedenen Versuchen der Rettung von jüdischen Flüchtlingen eine Schlüsselrolle ein. Vgl.: Haumann, Heiko: Samuel Scheps, in: Ders. [Hrsg.]: Der Erste Zionistenkongress von 1897. Ursachen, Bedeutung, Aktualität. „In Basel habe ich den Judenstaat gegründet“, Basel 1997, S. 216–217.

1044 Brief von Chaim Pozner (Palästina-Amt) an Veit Wyler vom 19. März 1945, in: AfZ, NL Georges Brunschvig / 51.

„strengstens vertraulich[en]“[1045] Zertifikats-Fragebogen keine Kopie in den verschiedenen Korrespondenzen zu finden. Frankfurters erklärender Brief zum Fragebogen gibt zumindest teilweise Aufschluss über die Kategorien sowie Frankfurters Antworten.[1046] So musste er Auskunft geben über seine bisher erworbenen Fähigkeiten – Tuena sollte hierzu ein Zeugnis über Frankfurters Arbeiten in der gefängnisinternen Weberei geben und dem Brief und Fragebogen beilegen –, aber auch zu seinen Mitgliedschaften in zionistischen Vereinigungen und seiner allgemeinen Verbundenheit mit dem Zionismus. Frankfurter schreibt in seinem Brief an Wyler, dass er dies „wahrheitsgemäss nicht ausgefüllt“ habe, da er zwar „innerlich verbunden [sei] mit der Sache der jüdischen Renaissance in Erez“, sich aber diesbezüglich nie aktiv betätigt habe.[1047] Probleme bereitete ihm die Angabe von Referenzpersonen, und er kommentiert dies zynisch: „Ebenso wusste ich nicht[,] wen ich als Referenz angeben soll (Göbbels[sic]?!).“[1048]

Wyler sandte den Fragebogen zurück ans Palästina-Amt und schrieb an Pozner und Scheps, dass mit der Begnadigung Frankfurters in den nächsten ein bis zwei Monaten zu rechnen sei. Er fügte die Anmerkung an: „Für diesen Fall ist es unsere Pflicht, für David Frankfurter ein Zertifikat bereit zu halten.“[1049] Notfalls würde er zu Gunsten von Frankfurter auf sein beantragtes Palästina-Zertifikat verzichten; er wollte sich aber die Option, für sich selbst einen neuen Antrag zu stellen, offenhalten.[1050] Am selben Tag bestätigte er David Frankfurter den Empfang und die Weiterleitung der Unterlagen und berichtete überdies von seiner Kontaktaufnahme mit dem Jüdischen Weltkongress, um in Zusammenarbeit mit dem Roten Kreuz Informationen zum Verbleib von Alfons zu erhalten. Er konnte Frankfurter keine großen Hoffnungen machen, da es aufgrund „der völligen Störung des deutschen Verkehrsnetzes“[1051] gegenwärtig nicht einfach sei, verlässliche Auskünfte zu erhalten. In Bezug auf Frankfurters Schwester und ihre Familie war er noch pessimistischer, da „aus jenem Gebiete Ungarns […] die Nachrichten mehr als spärlich“[1052] seien. Bereits gute zwei Wochen später hin-

1045 Brief von Veit Wyler an Chaim Pozner vom 29. März 1945, in: AfZ, NL Georges Brunschvig / 51.

1046 Vgl.: Brief von David Frankfurter an Veit Wyler vom 25. März 1945, in: AfZ, NL Georges Brunschvig / 51. Der Brief gibt zudem darüber Auskunft, dass nun wieder Anstrengungen unternommen wurden, David Frankfurters Bruder Alfons ausfindig zu machen.

1047 Beide Zitate: Ebd.

1048 Ebd.

1049 Brief von Veit Wyler an Chaim Pozner vom 29. März 1945, in: AfZ, NL Georges Brunschvig / 51.

1050 Vgl.: Ebd.

1051 Brief von Veit Wyler an David Frankfurter vom 29. März 1945, in: AfZ, NL Georges Brunschvig / 51.

1052 Ebd.

gegen erhielt er positive Neuigkeiten, die er umgehend mit Schmid-Ammann teilte. Alfons Frankfurter, der sich im lothringischen „Merlenbach-Freimengen“[1053] befände, habe sich bei ihm gemeldet. Wyler bat Schmid-Ammann, den beigelegten Brief zu lesen und David Frankfurter davon zu berichten.[1054] Schmid-Ammann überbrachte die „freudige Auskunft“ an David Frankfurter, der sich davon „sehr bewegt“ zeigte.[1055] Er könne aber weiterhin nicht glauben, dass sein Vater tot sei und bat erneut darum, Nachforschungen zu seiner Schwester anzustellen.[1056]

6.3.4 Das Begnadigungsgesuch: „dass er [...] vielleicht teilweise unbewusst die Ereignisse ahnte“[1057]

Das von Anwalt Georges Brunschvig verfasste und Anfang März 1945 beim Kleinen Rat des Kantons Graubünden zu Händen des Großen Rats eingereichte Begnadigungsgesuch[1058] umfasste zwölf Seiten und in der Anlage die Gutachten von Waiblinger und Kroll, Fotografien vom Warschauer Ghetto (bezeichnet mit „Vorhof zum Friedhof des Warschauer Ghetto“) sowie verschiedene Zeitungsartikel, insbesondere aus der *Nation*, aber auch aus dem *Bund*.[1059] Das Gesuch war in drei Hauptabschnitte unterteilt und begann mit der Rekapitulation des Urteils, einer nüchtern gehaltenen Wiedergabe des Tatbestandes sowie den Erwägungen des Gerichts auf Grundlage des psychiatrischen Gutachtens von Jörger. Die Urteilsbegründung wurde ebenfalls knapp zusammengefasst:

> Der Experte [Dr. Jörger] kam u.a. zum Schluss, dass David Frankfurter durch die Unmöglichkeit aus körperlichen und seelischen Hemmungen, sein Lebensziel zu erreichen, in eine reaktive Depression verfallen sei. Die Kräfte, die Ende 1935 zum Selbst-

---

1053 Wahrscheinlich Freyming-Merlebach/Freimingen-Merlenbach in Lothringen.

1054 Brief von Veit Wyler an Paul Schmid-Ammann vom 16. April 1945, in: AfZ, NL Georges Brunschvig / 51. Der erwähnte beigelegte Brief von Alfons Frankfurter ist nicht in den Unterlagen zu finden.

1055 Brief von Paul Schmid-Ammann an Veit Wyler vom 24. April 1945, in: AfZ, NL Georges Brunschvig / 51.

1056 Vgl.: Ebd.

1057 Begnadigungsgesuch für David Frankfurter an den Kleinen Rat des Kts Graubünden zu Handen des Grossen Rates, Bern, 6.3.1954, TS, 12 S., in: AfZ, IB Frankfurter-Prozess / 8, S. 7.

1058 Begnadigungsgesuch für David Frankfurter an den Kleinen Rat des Kts Graubünden zu Handen des Grossen Rates, Bern, 6.3.1954, TS, 12 S., in: AfZ, IB Frankfurter-Prozess / 8.

1059 Ebd., Beilagenverzeichnis. Die Beilagen finden sich in den Unterlagen zur Begnadigung des Staatsarchivs Graubünden, vgl.: Begnadigungsakten David Frankfurter betreffend Aufhebung der Landesverweisung 1969, in: StAGR III23d2 Frankfurter.

> mord trieben, seien durch das Judenproblem abgelenkt worden und so sei es zu einem sekundären politischen statt zu einem Selbstmord gekommen.
> Nach Ansicht der Experten und des Gerichts wären die Judenverfolgungen in Deutschland nicht die erste und Hauptwurzel zur Tat Frankfurters, sondern blosse Begleiterscheinungen. Der Fall David Frankfurter stelle sich nicht als ein Problem äusserer Einwirkungen dar, sondern er sei in erster Linie ein Problem innerer seelischer Konflikte, die zu einer Explosion kamen, weil sie unhaltbar und unlösbar geworden waren.[1060]

Dieser Zusammenfassung der wesentlichen Sachverhalte aus dem Mordprozess folgte der zweite Teil des Gesuchs, den Brunschvig mit der Darlegung der jüngsten Ereignisse einführte. David Frankfurter habe ihn im Herbst 1943 der Prüfung seines Falles ermächtigt mit dem ursprünglichen Ziel einer Prozessrevision, gefolgt von Besuchen des Anwalts sowie des Psychologen Kroll, der nach seinen Gesprächen mit Frankfurter zu dem Ergebnis gekommen sei, „dass der ‚vernunftwidrige Glaube' Frankfurters an die Rettermission und nicht vernünftige Ueberlegung zur Tat geführt"[1061] hätte. Es müsse bei Frankfurter eine Tat im Affekt angenommen werden, da die Situation der Juden in Deutschland bei Frankfurter zu einer „überwertigen Idee" geworden sei, und „[i]n dem Masse, wie der Wut- und Hassaffekt gegen die Verfolger anwuchs, sei dann die ursprüngliche besonnene Ueberlegung geschwunden".[1062] Das Motiv für die Tat, fasste Brunschvig zusammen, sei „in dem Drang Frankfurters zu erblicken, das Weltgewissen in bezug auf die Judenverfolgung aufzurütteln und die Mitmenschen aus der Gleichgültigkeit und Indolenz zu wecken".[1063]

Im Folgenden erläuterte er die juristischen Aspekte, die dazu geführt hatten, von einer Prozessrevision abzusehen und eine Begnadigung anzustreben. Zwar sei Waiblinger in seinem Rechtsgutachten zum Schluss gekommen, dass der Befund des Psychiaters Kroll „als neues Beweismittel im Sinne [...] des bündnerischen Revisionsgesetzes [...] geeignet wäre und zur Aufhebung [des] Urteils führen müsste", gleichzeitig sei er der Überzeugung, dass „hervorragende Gründe für eine Begnadigung vorliegen" würden, so dass von einer Prozessrevision abgesehen worden sei.[1064] Hier wird deutlich, dass der Anwalt die für die Prozessrevision getätigten Vorarbeiten nicht einfach kassieren wollte und sie dem Parlament vorlegte, obwohl sie für die Begnadigung keine direkte Relevanz hatten. Mögli-

1060 Ebd., S. 2.

1061 Ebd.

1062 Beide Zitate: Ebd., S. 3.

1063 Ebd.

1064 Alle Zitate: Ebd. Im Voraus wurde, wie bereits ausgeführt, genau die hier angeschnittene Frage, ob die Befunde Krolls für eine Revision ausreichend wären, jedoch kontrovers diskutiert und ein positiver Ausgang eines Revisionsprozesses als unwahrscheinlich erachtet.

cherweise wollte er die Chancen auf eine Begnadigung steigern, indem er nebenbei erwähnte, dass auch eine Revision Erfolg versprechend gewesen wäre.

Im dritten Teil des Gesuches ging Brunschvig auf diejenigen Elemente ein, die eine Begnadigung erlauben würden. Seines Erachtens waren dies insbesondere drei Punkte: a) das Wissen Frankfurters über die Vorgänge in Deutschland, b) die Rolle Gustloffs und c) das Inkrafttreten des Schweizerischen Strafgesetzbuches, welches das frühere kantonale Strafrecht ersetzte.[1065]

In Bezug auf die Anfänge des Nationalsozialismus und die Judenverfolgung in Deutschland hob Brunschvig hervor, dass Frankfurter durch sein Studium in Leipzig und Frankfurt am Main, aber auch durch Besuche bei Freunden und Verwandten persönliche Erfahrungen gemacht habe sowie durch die Lektüre von deutschen Zeitungen sich zusätzlich ein Bild davon habe machen können. Auch in der Schweiz hätten sich Anzeichen einer nationalistischen Radikalisierung finden können. Brunschvig bezog sich dabei auf „den unter dem Namen Frontenfrühling bekannten Versuch rechtsextremistischer Gruppen, ähnliche Verhältnisse in der Schweiz, in Anlehnung an die deutschen Vorbilder, herbeizuführen".[1066] Insbesondere aber die Vorgänge in Deutschland, führte Brunschvig aus, seien zur Zeit des Mordprozesses nicht ernst genommen worden. „Man lebte unter der Fiktion, dass das Dritte Reich trotz allem noch ein Rechtsstaat sei. Lidice, Majdanek, Auschwitz und Oradour waren noch unbekannte Begriffe."[1067] Frankfurter hingegen hätte die nationalsozialistische Gefahr nicht verharmlost und sehr wohl erkannt, was sie bedeutete. So habe er bei einem Besuch Brunschvigs im Gefängnis erklärt, dass darauf seine Misserfolge im Studium zurückzuführen seien – ein Studium der Medizin sei ihm sinnlos erschienen, da es ihm als Jude nicht erlaubt gewesen wäre, als Arzt zu praktizieren.[1068] Brunschvig erklärte dazu,

> […] dass David Frankfurter aus einer alten, geachteten Rabbiner- und Gelehrten-Familie stammt und infolge seiner Krankheit sehr sensibel war. Die Verfolgungen, denen seine Glaubensgenossen ausgesetzt waren, beeindruckten ihn demzufolge auch viel stärker. Damals, 1936, mochte man glauben, er übertreibe; heute zeigen die Tatsa-

1065 Vgl.: Ebd.

1066 Begnadigungsgesuch für David Frankfurter an den Kleinen Rat des Kts Graubünden zu Handen des Grossen Rates, Bern, 6.3.1945, TS, 12 S., in: AfZ, IB Frankfurter-Prozess / 8, S. 4.

1067 Ebd., S. 6. Lidice: Nach dem Attentat auf Reinhard Heydrich wurde die männliche Bevölkerung des Dorfes Lidice in Tschechien am 9. Juni 1942 von Angehörigen der NS-Schutzpolizei umgebracht, die Frauen und Kinder mehrheitlich deportiert. Oradour: Am 10. Juni 1944 wurden fast sämtliche Bewohner des französischen Dorfes Oradour-sur-Glane von Angehörigen der Waffen-SS ermordet.

1068 Diese Erklärung Frankfurters für seinen Misserfolg im Studium ist neu, auch in seinen Memoiren hat er diesen Erklärungsansatz nie vorgebracht.

> chen, dass er unter dem Einfluss einer jüdischen Erziehung vielleicht teilweise unbewusst die Ereignisse ahnte, die von Antisemiten und Nationalsozialisten gegen die jüdische Gemeinschaft geplant waren.[1069]

Brunschvig skizzierte hier einen jungen Mann mit prophetischen Zügen, der schon 1936 die Ereignisse in Deutschland, den Wechsel in der deutschen „Judenpolitik" von der Ausgrenzung über die Vertreibung hin zur Massenvernichtung vorausgeahnt hatte. Noch einmal verdeutlichte er, Frankfurter habe die Tat als Jude begangen, entsprechend habe er sich gegenüber der Witwe des Opfers und in seinem Abschiedsbrief an seine Geschwister geäußert. Als Jude sei ihm schon damals bewusst gewesen, was heute alle wissen. Um dies zu unterstreichen, wollte Brunschvig „diese Eingabe nicht mit einer umfangreichen Dokumentensammlung belasten"[1070] – ein deutlicher Seitenhieb gegen die Taktik der Verteidigung beim Mordprozess 1936 –, sondern er legte lediglich die erwähnten Zeitungen und Fotos bei, konkret „Photographien, aufgenommen von einem Schweizer in Warschau",[1071] sowie Zeitungsartikel, die die Gräueltaten der Nazis in Oradour und Majdanek zeigten.

Damit ging er über zu Gustloff, der gemäß dem Urteil des Kantonsgerichts sowohl privat als auch in offizieller Funktion als keine Gefahr für die Schweiz eingeschätzt worden war. Darüber hinaus habe sich das Gericht von der Einmischung Frankfurters in schweizerische Angelegenheiten distanziert. Wiederum, so Brunschvig, habe Frankfurter, der durch die Medien – unter anderem durch die Berichterstattung zur Interpellation Gustloff – gut informiert war, Recht behalten. Das Buch *Das braune Netz* zitierend ging Brunschvig auf die Tätigkeiten der Nationalsozialisten im Ausland ein und beschrieb deren Auswirkungen. „Wie unheilvoll sich solche Auslandsarbeit für die betroffenen Völker auswirken konnte, sah man zuerst in Oesterreich und später in Frankreich, Belgien, Holland, Norwegen uam."[1072] Diese Propaganda- und Spionagearbeiten seien unterschätzt worden, und „[d]iese Fehlbeurteilung [...] kostete manchem europäischen Staate die Freiheit".[1073] Frankfurter habe diesen Fehler der Unterschätzung nicht gemacht; nach dem Mord habe er ausgesagt, „Gustloff sei ein Naziagent und er verpeste die Luft".[1074]

1069 Begnadigungsgesuch für David Frankfurter an den Kleinen Rat des Kts Graubünden zu Handen des Grossen Rates, Bern, 6.3.1954, TS, 12 S., in: AfZ, IB Frankfurter-Prozess / 8, S. 7.

1070 Ebd., S. 8.

1071 Ebd.

1072 Ebd., S. 9.

1073 Ebd.

1074 Ebd., S. 10.

Zuletzt erörterte Brunschvig die rechtlichen Aspekte, die die Einreichung des Begnadigungsgesuchs ermöglichten. Die milderen Vorschriften des neuen Schweizerischen Strafgesetzbuches zur Begnadigung seien durch den kantonalen Gesetzgeber für die Zeit vor der Einführung als anwendbar erklärt worden. Die bei einer Begnadigung zuständige Instanz sei der Große Rat, das Gesuch hingegen sei an den Kleinen Rat zu richten, was Brunschvig korrekterweise getan hatte. Wichtig sei, und das habe Waiblinger in seinem Gutachten festgestellt, dass bei der Anwendung des neuen Strafrechtes Frankfurter seine Strafe 1945 zur Gänze abgesessen hätte. Brunschvig schloss sein Gesuch mit den Worten:

> Die mehr als 9 Jahre, welche David Frankfurter nunmehr im Zuchthaus zubringen musste, waren für ihn doppelt schwer zu ertragen. Einmal wusste er, welche Folgen seine Tat für die jüdische Gemeinschaft im Dritten Reich hatte, und im Speziellen beschäftigte es ihn ständig, welchem Schicksal seine Familie, insbesondere sein Vater, seine Schwester und sein Bruder, ausgesetzt waren. David Frankfurter anerkannte von der ersten Stunde an, dass er Strafe verdient hatte, doch dürfte die Tat nun gesühnt sein. Es entspricht nicht nur dem Geist und Sinn des neuen Schweizerischen Strafgesetzbuches, sondern auch der durch die Ereignisse der letzten Jahre geklärten Einsicht, dass ihm die Reststrafe erlassen werde. David Frankfurter hat für seine Tat individuell Busse geleistet, und die jüdische Gemeinschaft, welcher er glaube, durch seine Tat einen Dienst zu erweisen, musste ein grauenvolles Schicksal über sich ergehen lassen.[1075]

In eine ähnliche Richtung ging der dem Gesuch angehängte Begleitbrief, in dem Brunschvig die Hoffnung ausdrückte, dass „David Frankfurter, nachdem er Busse geleistet, ein neues Leben beginnen“[1076] dürfe.

Der Abschluss des Gesuchs wie auch der Begleitbrief zielten – ganz im Sinne des Wortes Begnadigung – mehr auf einen Gnadenakt als auf Gerechtigkeit ab, entgegen dem restlichen Gesuch. Die rechtliche Begründung legte dar, dass Frankfurter nicht aufgrund eines falschen Urteils freigelassen werden sollte und nicht, weil er mit seiner Einschätzung der nationalsozialistischen Gefahr Recht behalten hatte, sondern weil er und das jüdische Volk genug gesühnt und gelitten hatten. Brunschvig vertrat eine doppelte Strategie: Einerseits hätte Frankfurter einen Freispruch oder zumindest ein milderes Urteil verdient, andererseits wäre der Gnadenakt der Begnadigung vollkommen angebracht.

Wie erwartet leitete der Kleine Rat das Gesuch mit der Empfehlung zur Annahme an den Großen Rat weiter, der in seiner Maisession die Begnadigung Frankfurters behandelte. In den Begnadigungsakten *David Frankfurter i. S. Erlass der Freiheitsstrafe* des Staatsarchivs Graubünden ist einerseits die Botschaft des

1075 Ebd., S. 11.
1076 Ebd., S. 12.

Kleinen Rats an den Großen Rat enthalten, andererseits eine Kopie des Protokolls der Behandlung der Begnadigung im Großen Rat.[1077] Die Botschaft an den Großen Rat enthält unter Punkt 15 das *Begnadigungsgesuch des Frankfurter David, zurzeit in der kantonalen Strafanstalt Sennhof, Chur*[1078] und umfasst acht Seiten, unterteilt in drei Abschnitte. Im ersten Abschnitt werden das Urteil und der Tatbestand rekapituliert, im zweiten das Begehren Frankfurters, vertreten durch Georges Brunschvig, sowie die Begründung des Gesuchs. Unter dem dritten Abschnitt, der an dieser Stelle ausführlicher erörtert werden soll, folgen die Überlegungen des Kleinen Rats zu den dargelegten Umständen. Dies beinhaltet Informationen zu Frankfurters Betragen in Haft; er sei bei Haftantritt „gesundheitlich in hohem Maße geschwächt" gewesen, was sich in einer „auffallende[n] Affektlabilität" geäußert habe.[1079] Durch eine stetige Verbesserung, sowohl seines psychischen als auch seines physischen Zustandes, seien die „negativen Äußerungen seiner psychischen Labilität"[1080] gemildert worden. Zwar sei Frankfurter weiterhin – und dabei bezog sich der Kleine Rat auf Informationen des Gefängnisverwalters – weit davon entfernt, ein „Mustersträfling" zu sein, „im allgemeinen dürfe man mit seinem Betragen wohl zufrieden sein".[1081] Frankfurter habe sich gut mit seinen Mithäftlingen verstanden (die Auseinandersetzung mit Webermeister Bruderer wurde nicht erwähnt), seine Arbeitsleistung sei befriedigend gewesen, so dass die Anstaltsleitung „in Berücksichtigung der Führung Frankfurters dessen Begnadigung empfehlen" könne.[1082] Alles in allem, wurde Tuena zitiert, könne davon ausgegangen werden, „daß Frankfurter in der Freiheit sich bewähren und insbesondere nicht erneut straffällig werde".[1083] Den weiteren Ausführungen wurde eine Aufforderung des Kantonsgericht vorangestellt: „Es [das Kantonsgericht] beschränkt sich daher vorwiegend darauf, eindringlich an das Gebot zu erinnern, daß auch das vorliegende Begnadigungsgesuch unter Ausschaltung jeder persönlichen Einstellung zu politischen Fragen, in aller Objektivität, behandelt werden müsse."[1084] Dies deutet darauf hin, dass die politischen Implikationen und Komponenten des Falles wohl bekannt waren.

1077 Vgl.: Begnadigungsakten David Frankfurter i.S. Erlass der Freiheitsstrafe 1945, in: StAGR III23d2 Frankfurter.

1078 Vgl.: Botschaft des Kleinen Rates an den Großen Rat zum Begnadigungsgesuch des Frankfurter David, zurzeit in der kantonalen Strafanstalt Sennhof, Chur, in: Begnadigungsakten David Frankfurter i.S. Erlass der Freiheitsstrafe 1945, StAGR III23d2 Frankfurter, S. 304–312.

1079 Beide Zitate: Ebd., S. 306.

1080 Ebd.

1081 Beide Zitate: Ebd.

1082 Beide Zitate: Ebd.

1083 Ebd.

1084 Ebd.

Zuerst klärte der Kleine Rat die rechtlichen Fragen – einerseits die Frage, welche Behörde letztlich für die Begnadigung zuständig, andererseits, welches Gesetz beziehungsweise welche Gesetzessammlung anwendbar sei. Die juristischen Ausführungen zur ersten Problematik liefen darauf hinaus, dass das Ergänzungsgesetz zum Strafgesetzbuch hier tatsächlich in gewisser Weise widersprüchlich war und die Zuständigkeit sowohl beim Großen Rat (bei Gefängnisstrafe von mehr als sechs Monaten) als auch beim Kleinen Rat (bei Urteilen nach kantonalem Recht) sah.[1085] Es wurde ausgeführt, dass die Zuständigkeit bei Urteilen nach kantonalem Recht lediglich auf das für eine Übergangsphase noch parallel zum neuen gesamtschweizerischen Strafrecht geltende Kantonsrecht anzuwenden sei, und daraus sei zu schließen, dass die „Zuständigkeit des Großen Rates […] zu bejahen“[1086] sei. In einem nächsten Schritt wurde die Anwendbarkeit des neuen Schweizerischen Strafgesetzbuchs und seiner Bestimmungen auf vor dem 1. Januar 1942 (Zeitpunkt der Einführung des schweizweit geltenden Strafgesetzbuches) Verurteilte bestätigt, wenn sie milder sind als die ursprünglichen gesetzlichen Gegebenheiten.[1087]

Nunmehr ging der Kleine Rat dazu über, das Urteil zu prüfen. Dieses sei „auf der Grundlage eines Tatbestandes [erfolgt], dessen rechtliche Tragweite vom Gericht mit aller Sorgfalt abgewogen wurde“.[1088] Der Kleine Rat hatte also keinerlei Interesse daran, das vom Kantonsgericht gesprochene Urteil zu kritisieren und Frankfurter dadurch nachträglich Recht zu geben. Die zuständige Behörde (und das umfasste hier sowohl den Kleinen als auch den Großen Rat) sollte sich vielmehr mit der Frage beschäftigen, „ob im Hinblick auf die persönliche Situation des Täters und angesichts aller anderen Faktoren, die unser Rechtsbewußtsein bestimmen, jene Voraussetzungen als erfüllt betrachtet werden können, die eine Begnadigung als geboten erscheinen lassen“.[1089] In Bezug auf die allgemein rechtlichen Gründe, „irgendwie gewandelte Rechtsanschauungen“, wurde ausgeführt, dass sich tatsächlich für das Strafmaß im Fall Frankfurter zwischen dem 1945 und dem 1936 angewendeten Strafrecht signifikante Veränderungen feststellen ließen, insbesondere „die reichere Differenzierung innerhalb der Tötungsdelikte“ sowie die stärkere Bedeutung der „verminderten Zurechnungsfähigkeit“.[1090] Daraus folgerte der Kleine Rat, dass sich Frankfurters Richter aufgrund der gegenwärtig geltenden Rechtstexte für ein geringeres Strafmaß hätten entscheiden können, als sie es mit den damals geltenden getan hatten. Als noch wichtiger wurde der „in

1085 Vgl.: Ebd., S. 307.
1086 Ebd., S. 308.
1087 Vgl.: Ebd.
1088 Ebd.
1089 Ebd.
1090 Alle Zitate: Ebd., S. 309–310.

den einzelnen Bestimmungen des Strafgesetzbuches wirkende Geist hinsichtlich Sinn und Zweck der Strafe und im besonderen des Strafvollzuges“[1091] erachtet – der Wandel von einem Strafmaß, das in erster Linie auf Strafe, Sühne und Abschreckung basierte, zu einem, das auf Resozialisierung und Besserung abzielte.[1092]

Die persönliche Situation Frankfurters war aus mehreren Gründen relevant. Frankfurter habe es „ehrlich bereut, daß er durch seinen Rechtsbruch seinem Gastlande Schwierigkeiten bereitet hat“, gleichzeitig wurde er durch die „Schrecknisse[...] des Weltgeschehens der jüngsten Vergangenheit“ in seinen Überzeugungen, die ihn zur Tat bewegt hatten, bestätigt.[1093] Diesbezüglich wurde für Frankfurter viel Verständnis aufgebracht, da es für einen Täter, der nicht in einer „deliktische[n] Befriedigung einer gemeinen Lust“, sondern aufgrund eines „schweren inneren Konfliktes“ gehandelt habe, schwieriger sei, die Strafe zu akzeptieren und die Tat zu bereuen.[1094] So sei es beachtenswert, dass und wie er sich mit der Situation abgefunden und sich im Gefängnis größtenteils wohl verhalten habe. Die nationalsozialistische Verfolgungs- und Vernichtungspolitik wurde vom Kleinen Rat in seine Überlegungen miteinbezogen.

> Es verdient dies um so [sic] mehr Beachtung angesichts der furchtbaren Verfolgungen, welche den Angehörigen seiner engeren Gemeinschaft durch die Träger jener Organisation bereitet wurden, gegen welche sich David Frankfurter schon vor Jahren in ausswegeloser Verzweiflung aufgebäumt hatte. Das Ausmaß seiner wirklichen Leiden hat sich damit für ihn außerordentlich vergrößert, und es scheint uns daher, es könne die von ihm bereits erduldete Sühne als dermaßen schwer empfunden werden, daß ihm der Rest der Strafzeit in Gnaden erlassen werden dürfte.[1095]

Hier zeigt sich viel Mitgefühl für die Situation, in der Frankfurter sich befand, und der Kleine Rat gestand implizit ein, dass Frankfurter mit seiner Tat, die sich direkt gegen den Nationalsozialismus richtete, Recht behalten hatte. Insofern revidierte der Kleine Rat, trotz gegenteiliger Ankündigung, die damalige Auffassung des Kantonsgerichts, dass die „Judenfrage“ höchstens eine nebensächliche Rolle gespielt habe. So folgte der Kleine Rat in seiner Begründung teilweise dem Begnadigungsgesuch, das einen Miteinbezug von Frankfurters Leiden und des

1091 Ebd., S. 310.

1092 Vgl. hierzu: Geschwend, Lukas: Strafrecht, in: Historisches Lexikon der Schweiz, online unter: http://www.hls-dhs-dss.ch/textes/d/D9616.php [zuletzt eingesehen: 25.02.2016].

1093 Beide Zitate: Botschaft des Kleinen Rates an den Großen Rat zum Begnadigungsgesuch des Frankfurter David, zurzeit in der kantonalen Strafanstalt Sennhof, Chur, in: Begnadigungsakten David Frankfurter i.S. Erlass der Freiheitsstrafe 1945, StAGR III23d2 Frankfurter, S. 311.

1094 Beide Zitate: Ebd.

1095 Ebd.

Schicksals des jüdischen Volkes in die Erwägungen zur Begnadigung forderte. Aus diesen Ausführungen schloss der Kleine Rat, dass ein „gnadenweiser Erlaß der über David Frankfurter verhängten Strafe [...] rechtlich durchaus verantwortet [...] werden" kann und beantragte „den Rest der [...] verhängten Zuchthausstrafe in Gnaden zu erlassen".[1096]

Bei der Sitzung des Großen Rats am 1. Juni 1945 war das Begnadigungsgesuch von David Frankfurter der zwölfte Punkt der Tagesordnung; im Sitzungsprotokoll umfassen die Beschreibungen der Tat, des Urteils, des Gesuchs und die darauffolgende Diskussion zwölf Seiten.[1097] Der Große Rat wählte zur Behandlung des Gesuchs eine aus sieben Mitgliedern bestehende Kommission, die den Fall im Vorfeld der Sitzung zu prüfen und dem Gesamtrat vorzustellen hatte.[1098] Um eine grundlegende Prüfung zu gewährleisten, traf sich die Kommission mit Frankfurter, um ihm direkt Fragen zu stellen. Frankfurter schildert die Atmosphäre, in der dieses Treffen stattfand, als eine Versammlung in einer veränderten Welt. „Ein neuer, lichterer Tag war angebrochen: es war FRIEDE! Die Nazibestie lag zerschmettert auf der Erde. Hitlers verkohlte Leiche konnte nicht mehr identifiziert werden – Himmler und Göbbels [sic] hatten sich umgebracht. Die Weltgeschichte war vor aller Augen als das Weltgericht offenbar geworden."[1099] Auch wenn sowohl vom Kleinen auch als vom Großen Rat wiederholt unterstrichen wurde, dass die aktuelle politische Lage keinen Einfluss auf die Behandlung des Gesuchs haben dürfe, ist gut vorstellbar, dass der Zeitpunkt der Einvernahme Frankfurters am 29. Mai, drei Wochen nach der Kapitulation Deutschlands am 7. Mai 1945, Einfluss auf die Stimmung in den beiden Räten und auf den Ausgang der Abstimmung hatte. Als Frankfurter die Nachricht von der Kapitulation vernahm, arbeitete er gerade in der Gefängnisküche. „Ich konnte mich nicht halten. Die Freudentränen stiegen mir in die Augen und ich tanzte halb verückt [sic] vor Freude durch den Raum[.]"[1100] In Frankfurters Empfinden führte die veränderte politische Lage in Europa dazu, dass die Mitglieder der Kommission ihm gegenüber „Wohlwollen und Vertrauen"[1101] zeigten.

Vertreter der Kommission vor dem Großen Rat war Großrat Konrad Bärtsch,[1102] der zuerst Frankfurters Biographie vorstellte und dann zum Mord und den von

1096 Beide Zitate: Ebd., S. 312.

1097 Vgl.: Großratsprotokoll zum Begnadigungsgesuch des David Frankfurter, in: Begnadigungsakten David Frankfurter i.S. Erlass der Freiheitsstrafe 1945, StAGR III23d2 Frankfurter, S. 398–410.

1098 Vgl.: Memoiren (Version Jabotinsky), S. 84.

1099 Ebd.

1100 Ebd.

1101 Ebd., S. 85.

1102 Konrad Bärtsch (1890–1962), Lehrer und Landwirt, war für die Demokraten von 1925 bis 1947 im Bündner Großen Rat. Vgl.: Simonett, Jürg: Bärtsch, Konrad, in: Historisches

Frankfurter genannten Motiven dafür überleitete. Dem folgten eine Zusammenfassung des psychiatrischen Gutachtens und des Urteils sowie der Hinweis auf das Begnadigungsgesuch mit seinen Beilagen. Auch die Botschaft des Kleinen an den Großen Rat wurde wiedergegeben und kommentiert mit der Feststellung, „daß die gesetzlichen Voraussetzungen für die Stellung eines Gnadengesuches erfüllt sind."[1103] Bärtsch betonte,

> daß der Große Rat als Begnadigungsbehörde nicht irgendwelche richterlichen Funktionen ausübt, sondern einen Hoheitsakt. Ob Sie nun dem Begnadigungsgesuch zustimmen oder es ablehnen, so wird weder am Bestand, noch am Inhalt des Urteils irgend etwas geändert. Der Begnadigungsentscheid bildet auch kein Werturteil über das kantonsgerichtliche Urteil oder über die dabei beteiligten Richter.[1104]

Er erörterte die gesetzlichen Grundlagen, die im Wesentlichen dem entsprechen, was der Kleine Rat in seiner Botschaft festgestellt hatte. Bärtsch ging darauf ein, dass politische Fragen hier keine Rolle spielen sollten, im Gegensatz zum Kleinen Rat konkretisierte er diese Aufforderung. Keinen Einfluss auf die Überlegungen zur Begnadigung dürfe entsprechend „der Umstand, daß der im vorliegenden Falle eine gewisse Rolle spielende Nationalsozialismus heute am Boden liegt, während er zur Zeit der Begehung und Aburteilung der Tat an der Macht war" haben.[1105]

Nicht Teil der Botschaft des Kleinen Rats waren die Erwägungen zu den Nebenstrafen, namentlich die Einstellung der bürgerlichen Ehren und der Landesverweis. Ersteres sei unproblematisch, da der „Entzug der bürgerlichen Ehrenfähigkeit […] mit dem Hinfallen der Zuchthausstrafe ebenfalls dahinfalle",[1106] der Landesverweis hingegen sei auf die Zeit nach der Haft anberaumt und bei einer Begnadigung weiterhin in Kraft. Auch wenn Frankfurter im Gespräch mit der Kommission den Wunsch nach Aufhebung des Landesverweises vorgebracht hatte, da noch nicht absehbar sei, wann und ob er sein Palästina-Zertifikat zur Weiterreise erhalten werde, könne der Große Rat daran nichts ändern. „Hätte sie [die Landesverweisung] ebenfalls erlassen werden sollen, so hätte das im Gesuch erwähnt werden müssen."[1107] Der Große Rat habe verfahrenstechnisch keinen

Lexikon der Schweiz, online unter: http://www.hls-dhs-dss.ch/textes/d/D5327.php?topdf=1 [zuletzt eingesehen: 26.02.2016].

1103 Großratsprotokoll zum Begnadigungsgesuch des David Frankfurter, in: Begnadigungsakten David Frankfurter i.S. Erlass der Freiheitsstrafe 1945, StAGR III23d2 Frankfurter, S. 402.

1104 Ebd., S. 403–404.

1105 Ebd., S. 405.

1106 Ebd., S. 406.

1107 Ebd.

Spielraum, den Landesverweis nachträglich, ohne dass er im Gesuch genannt wurde, aufzuheben. Tatsächlich ist das Problem der Landesverweisung beim Ausarbeiten des Begnadigungsgesuchs – vielleicht aufgrund des Zeitdrucks, da das Gesuch unbedingt früh genug eingereicht werden sollte, damit es in der Maisession behandelt werden konnte – von allen Beteiligten übersehen oder ignoriert worden.[1108] Veit Wyler hatte dies, zu spät allerdings, erkannt und an Paul Schmid-Ammann einen Brief geschickt, in dem er ihn inständig bat, „Herrn Fürsprech Brunschwig [sic] zu veranlassen, sofort Schritte zu unternehmen, welche geeignet sind, die über David Frankfurter ausgesprochene Ausweisung hinfällig zu machen".[1109] Er fügte an, ihm scheine, dass „Herr Fürsprecher Brunschwig dies in seinem Gesuch übersehen hat",[1110] und nun die einzige Lösung wäre, bei der Fremdenpolizei zu erreichen, „dass die zwar weiter bestehende Ausweisung nicht vollstreckt wird".[1111] Wyler führte zudem aus, er habe zwar eine Zusage für ein Palästina-Zertifikat erhalten, Frankfurter wolle jedoch weiterhin vor seiner Ausreise nach Palästina einen Beruf erlernen. Frankfurter die Erlaubnis zu geben, sich während dieser Zeit in der Schweiz aufzuhalten, wäre „übrigens der mindeste Dank, den die Schweiz dem Ausgewiesenen schuldet".[1112] Dem Protokoll der Sitzung des Großen Rats ist zu entnehmen, dass dieser Plan nicht durchgeführt werden konnte; es ist allerdings unklar, ob er an der Haltung der Behörden scheiterte oder daran, dass kein Ausbildungsplatz für Frankfurter gefunden werden konnte. Vormund Schmid-Ammann hatte der Kommission folglich mitgeteilt, dass „Frankfurter die Schweiz sofort zu verlassen gedenke";[1113] somit erübrigte sich eine weitere Beschäftigung des Großen Rats mit dieser Frage.

1108 Ein Brief von Georges Brunschvig an die Redaktion der *Schweizerischen Republikanischen Blätter* hingegen würde darauf hindeuten, dass Brunschvig die Aufhebung des Landesverweises absichtlich nicht mit in das Begnadigungsgesuch aufgenommen hatte. Dort schreibt er, dass er „mit Absicht und nach gründlicher Prüfung der Rechtsgrundlage und der politischen Seite der Angelegenheit darauf verzichtete, die Aufhebung der Ausweisung in die Begnadigung einzubezieen [sic]. Ich befürchtete, damit die ganze Begnadigung zu gefährden." Es kann sich dabei aber auch um eine nachträgliche Schutzbehauptung Brunschvigs handeln, da die Information an dieser Stelle zum ersten Mal in den Quellen auftaucht. Vgl.: Brief von Georges Brunschvig an die Redaktion der Schweizerischen Republikanischen Blätter vom 15. Juni 1945, in: AfZ, NL Georges Brunschvig / 49.

1109 Brief von Veit Wyler an Paul Schmid-Ammann vom 14. Mai 1945, in: AfZ, NL Georges Brunschvig / 51.

1110 Ebd.

1111 Ebd.

1112 Ebd.

1113 Großratsprotokoll zum Begnadigungsgesuch des David Frankfurter, in: Begnadigungsakten David Frankfurter i.S. Erlass der Freiheitsstrafe 1945, StAGR III23d2 Frankfurter, S. 406.

Frankfurter war darüber sehr enttäuscht, er empfand es als „bitter“,[1114] die Schweiz unmittelbar nach der Freilassung verlassen zu müssen, hoffte aber, später noch die Gelegenheit zu erhalten, die Nebenstrafe aufheben zu lassen.[1115]

Im Weiteren führte Bärtsch die von Brunschvig vorgelegten und vom Kleinen Rat aufgenommenen Gründe allgemeiner und persönlicher Natur auf, die eine Begnadigung erlaubten. Die Kommission unterstrich hier, dass sie der Aussage des Gefängnisverwalters über Frankfurter bezüglich der nicht zu erwartenden Rückfallgefahr aufgrund des Auftretens Frankfurters vor der Kommission zustimmen könne. Differenzierter äußerte sich die Kommission zu Frankfurters Verhalten im Gefängnis. Er sei, vor allem zu Beginn seiner Haftzeit, kein Membersträfling gewesen, spätere Probleme mit ihm seien aber „vorwiegend zurückzuführen gewesen auf die ungeschickte Behandlung durch einen unfähigen Wärter, der ihn unnötigerweise gereizt habe“.[1116] Hier werden ungleich deutlichere Worte gefunden für die Auseinandersetzung Frankfurters mit Webermeister Bruderer, und zugleich wird die Verantwortung für den Vorfall nicht mehr bei Frankfurter gesucht, sondern beim Aufseher verortet. Viel Verständnis zeigte die Kommission für Frankfurters Situation: Seine Tat hätte keinerlei positive Auswirkungen auf seine „Rassen- und Glaubensgenossen“ gehabt, als junger und kranker Mann kam er ins Gefängnis, ohne Aussicht, es bald wieder verlassen zu können, „Vater und Schwester sind verschollen, und wahrscheinlich den gleichen qualvollen Tod gestorben wie Hunderttausende seiner Glaubensgenossen“, sein Bruder sei in Kriegsgefangenschaft geraten.[1117] Bärtsch schloss seine Ausführungen mit rhetorischen Fragen. „Begreifen Sie, daß Frankfurter glaubt, seine Tat gesühnt zu haben. Glauben Sie nicht, daß neun Jahre Zuchthaus unter solchen Umständen gleichzusetzen sind [mit] 18 Jahren unter gewöhnlichen Verhältnissen, und daß der Staat seiner Strafpflicht im Falle Frankfurter nachgekommen ist?“[1118] Im Namen der Kommission beantragte Bärtsch deswegen die Annahme des Begnadigungsgesuchs.

Nun wurde verschiedenen Mitgliedern des Großen Rats Raum geboten, ihre Wortmeldungen anzubringen. Diese sind hier von Interesse, da sie die Stimmung einzelner Personen zum Fall Frankfurter wiedergeben. Gleich zwei Votanten, Kommissionsmitglied Sialm und Ratsmitglied Vonmoos, verlangten, dass die Landesverweisung unbedingt weiterbestehen müsse, Vonmoos wollte sogar seine

---

1114 Memoiren (Version Jabotinsky), S. 85.

1115 Ebd.

1116 Großratsprotokoll zum Begnadigungsgesuch des David Frankfurter, in: Begnadigungsakten David Frankfurter i.S. Erlass der Freiheitsstrafe 1945, StAGR III23d2 Frankfurter, S. 408.

1117 Alle Zitate: Ebd.

1118 Ebd.

Zustimmung zum Gesuch nur unter dieser Bedingung geben. Die Frage des Landesverweises führte offensichtlich unter den Ratsmitgliedern zu Verwirrung, so dass noch einmal festgehalten wurde, dass „die Nebenstrafe der Landesverweisung bestehen bleibe, was nunmehr für jedermann klar sein sollte".[1119] Ein dritter Votant hob hervor, dass das Begnadigungsgesuch „nicht aus politischen Gründen gestellt" worden sei und dass Frankfurter deutlich gesagt habe, er bereue die Tat „als menschlich verwerfliche Handlung", und er schloss, dass der Rat „[a]us den vorliegenden objektiven und persönlichen Gründen" Frankfurter begnadigen solle.[1120] Es mag ein gewisser Widerspruch festgestellt werden, da Frankfurter sich wiederholt dahingehend geäußert hatte, er würde die Tat unter gegebenen Umständen wieder begehen, und der hier zitierten Aussage, er bereue sie. Frankfurter erklärt sich in seinen Memoiren zu der Frage nach der Reue. Er sei von der Frau des Gefängnisverwalters vorgewarnt worden, dass die Kommission auf diesen Punkt zu sprechen kommen werde, und sie habe ihn beschworen, „um Himmels willen, hier nicht trotzig zu antworten",[1121] für Frankfurter ein moralisches Dilemma. „Aber wie sollte ich antworten? Sollte, konnte, durfte ich einfach – lügen? Nur um mir die Freiheit, die mir von Rechts wegen zukam, zu erschleichen?"[1122] Hier lässt Frankfurter einen interessanten Teil seines Selbstbilds durchblicken: Trotz der Information durch Anwalt und Vormund, dass eine Prozessrevision nur dann wenigstens ansatzweise Erfolg versprechend wäre, wenn entgegen Frankfurters Überzeugung auf Unzurechnungsfähigkeit plädiert wurde, war er immer noch überzeugt, dass ihm ein Freispruch zustand und keine Begnadigung. Frankfurter entschied sich an dieser Stelle für einen Kompromiss, der wahrscheinlich nicht weit von der Wahrheit entfernt war. „Als Mensch tut es mir leid, ein menschliches Leben vernichtet zu haben [...]. Aber als Jude konnte ich dem Repräsentanten des Nazismus gegenüber nicht anders handeln."[1123] Ob Frankfurter den zweiten Teil seiner Aussage der Kommission gegenüber tatsächlich so geäußert hatte, sei dahingestellt. Dass es ihm auf einer moralisch-menschlichen Ebene nicht leicht gefallen ist, einen Menschen zu ermorden, haben seine bisherigen Aussagen deutlich gezeigt – und ebenso, dass er den Mord als seine Pflicht als Jude verstanden hat.

In der Folge wurde die Diskussion aus zeitlichen Gründen abgebrochen („die Traktandenliste [sei] noch reich dotiert"[1124]) und die Abstimmung über den Antrag

1119 Ebd., S. 410.

1120 Alle Zitate: Ebd., S. 409.

1121 Memoiren (Version Jabotinsky), S. 85.

1122 Ebd.

1123 Ebd.

1124 Großratsprotokoll zum Begnadigungsgesuch des David Frankfurter, in: Begnadigungsakten David Frankfurter i.S. Erlass der Freiheitsstrafe 1945, StAGR III23d2 Frankfurter, S. 410.

beschlossen, die schriftlich stattfinden sollte. „Wer für die Begnadigung ist, hat ja zu schreiben, wer dagegen ist nein."[1125] Diejenigen Ratsmitglieder, die in der Zwischenzeit den Raum verlassen hatten, wurden zurückgebeten, die Stimmzettel verteilt, ausgefüllt und ausgewertet. Das Ergebnis war überraschend deutlich. Von den 94 verteilten Stimmzetteln waren vier leer, keiner ungültig, insgesamt wurden 90 gültige Stimmen abgegeben, womit die absolute Mehrheit 46 betrug. Das Protokoll schloss mit den Worten: „Die Begnadigung wird mit 78 : 12 der abgegebenen gültigen Stimmen ausgesprochen."[1126] Für Frankfurter war das Resultat als Erfolg zu werten, und seine Zuversicht, dass „meine Zukunft in den Händen von Männern ruhte, die mir nicht übel wollten",[1127] hatte sich als zutreffend herausgestellt.

Das Begnadigungsgesuch und die dazugehörigen Gespräche und Verhandlungen hatten dazu geführt, dass Frankfurter seine Meinung zu Gefängnisverwalter Tuena revidieren musste. Während seiner Haftzeit hatte Frankfurter immer wieder von Auseinandersetzungen mit Tuena berichtet, die als unlösbar schienen, so dass er mit seinen Problemen an die nächsthöhere Instanz gelangen musste. Nun aber hatte sich Tuena, der bei den Gesprächen mit der Kommission des Großen Rats anwesend war, von einer für Frankfurter anderen Seite gezeigt. „Er zeugte nicht gegen mich. Er erwähnte nicht die Schwierigkeiten, die er im Laufe der neun Jahre zuweilen mit mir hatte, ja er bat sich sogar das Recht aus, dass er und kein anderer es sein sollte, der mir die Nachricht von der Begnadigung überbringen durfte."[1128] Dies alles führte dazu, dass Frankfurter Tuena anders betrachtete. Er erinnert sich an die teilweise unangenehmen Konflikte zwischen ihm und dem Verwalter, gestand aber ein, dass Tuena ihm immer „ruhig und freundlich" begegnet sei und ihm sein Leben bei der Affäre um Aufseher Bruderer nicht unnötig schwer gemacht habe. Frankfurter resümiert in seinen Memoiren: „Man darf sich diesen Mann keineswegs als finsteren Kerkermeister vorstellen, der nur Böses gegen wehrlose Gefangene ausheckt. Herr Tuenna [sic] hat oft gut und menschlich an mir gehandelt. Vor allem aber bin ich seiner Frau dankbar, die mit Güte mir über die düstersten Stunden hinweggeholfen hat."[1129] Wiederum lassen sich Frankfurters Abneigungen erkennen, die dem System galten und nicht den Personen. Die Auseinandersetzungen, die er während seiner Haftzeit mit Tuena hatte, waren vielmehr auf Tuena als Repräsentanten des Systems zurückzuführen, auf seine offizielle Position als Gefängnisverwalter, und nicht auf ihn als Menschen. Frankfurter schildert rückblickend in den Memoiren, wie er erst gegen Ende

1125 Ebd.

1126 Ebd.

1127 Memoiren (Version Jabotinsky), S. 85.

1128 Ebd.

1129 Ebd.

seiner Haftzeit eingesehen habe, dass Tuena in der Ausübung seiner Tätigkeit Spielräume gehabt und diese zugunsten von Frankfurter genutzt hatte.

Nach den positiven Vorzeichen durch die Botschaft des Kleinen Rats und das Gespräch mit der Kommission war für Frankfurter die Abstimmung des Großen Rats nur noch eine Formsache. Schon eine Woche vor der Sitzung kam David Kin Frankfurter im Gefängnis besuchen. Dass er Besitzer eines Ladens für Damen- und Herrenkleider war, sollte sich für David Frankfurter nun als glücklicher Zufall zeigen, denn Kin brachte ihm „einen funkelnagelneuen Anzug und Wäsche“[1130] mit, damit Frankfurter für den Fall der Freilassung, von der offensichtlich nicht nur er, sondern auch seine Unterstützer ausgingen, gerüstet war. Frankfurter war sehr erfreut über diese Geste. „Das war ein Dienstag gewesen, der mir wirklich als Glückstag und ‚Ki tov‘ erschien: – die neuen Sachen waren die Vorboten eines neuen Lebens gewesen.“[1131] Möglicherweise schloss sich für Frankfurter hier der Kreis: Der letzte Glückstag, den er in seinen Memoiren erwähnt, war der Tag des Attentats auf Wilhelm Gustloff gewesen, als Frankfurter durch den „Ki tov“ den Mut gefunden hatte, den Mord zu begehen.

Noch während der Große Rat seine Sitzung abhielt, durfte Frankfurter bereits seine Sachen packen und sich von Mithäftlingen und Wärtern verabschieden. Neben „einige[n], wenige[n] liebe[n] Bücher[n]“[1132] war Frankfurter insbesondere etwas wichtig: ein Exlibris, das ihm ein Mithäftling aus Holz geschnitzt hatte. Das Exlibris stellte eine „flammende Sonne [dar], unter welcher der Davids-Stern erstrahlt. Auf der Erde liegen zerbrochene Ketten und in hebräischen Lettern (ich hatte sie ihm vorgezeichnet) stand die Devise: ‚Meavduth lecheruth‘ – ‚von der Knechtschaft zur Freiheit!‘ Jetzt, jetzt sollte sich der Wahlspruch bewahrheiten.“[1133] Interessanterweise hatte der Häftling, Walter Hausmann, eine nicht unbewegte Vergangenheit als Spion für die Nationalsozialisten. Frankfurter schreibt, Hausmanns Eltern hätten in Norwegen gelebt und seien nach der Besetzung von den Nazis als Druckmittel gegenüber Hausmann benutzt worden, um ihn zu zwingen, geheime Informationen aus der Schweiz an die Deutschen weiterzugeben. So habe Hausmann als Grafiker für die Nazis „Zeichnungen von Festungsanlagen und Geschützen zu Spionagezwecken hergestellt“[1134] und sei dabei erwischt und zu einer Zuchthausstrafe verurteilt worden.

Eine Kopie des Exlibris’ findet sich in den Unterlagen von Veit Wyler, der sie von Paul Schmid Ammann zugeschickt bekommen hatte – versehen mit einem

1130 Ebd., S. 86.

1131 Ebd.

1132 Ebd.

1133 Ebd. Das Original des Exlibris befindet sich im Besitz der Nachkommen von David Frankfurter.

1134 Ebd.

Abb. 41: Exlibris von David Frankfurter. Quelle: Privatarchiv der Verfasserin.

Kommentar: „Es ist schön, nicht wahr? Wissen Sie, wer es gemacht hat? Es ist ein kleiner Scherz der Weltgeschichte: ein Insasse des Sennhofes, ein einstiger begeisterter Nazi, der wegen politischer Umtriebe zu mehreren Jahren Gefängnis verurteilt worden ist …“.[1135]

Am Freitag, dem 1. Juni 1945, um 16 Uhr – nachdem Frankfurters Begnadigungsgesuch im Großen Rat diskutiert und bewilligt worden war – kam Gefängnisverwalter Tuena in die Zelle von Frankfurter, um ihm vom Ausgang der Ver-

1135 Brief von Paul Schmid-Ammann an Veit Wyler vom 15. Juni 1945, in: AfZ, NL Georges Brunschvig / 51.

handlungen zu berichten und ihn freizulassen. Er wurde vor den Gefängnistoren von gleich vier Personen empfangen und abgeholt.

> Dr. Wyler, Dr. Brunschwig [sic], Altprediger Messinger und mein Vormund Schmid-Ammann hatten sich eingefunden, um mich abzuholen. Ein strahlender Junitag lag vor den Mauern des Gefängnisses. Ich trat in meinen neuen Kleidern über die Schwelle des Zuchthauses in die Freiheit.[1136]

Abb. 42: David Frankfurter nach seiner Freilassung aus dem Churer Sennhof. Von links nach rechts: Josef Messinger[1137], Veit Wyler, David Frankfurter, Georges Brunschvig, Paul Schmid-Ammann. Quelle: AfZ, NL Veit Wyler /46.

Auch Frau Tuena war unter den Anwesenden, als Frankfurter entlassen wurde. Sie wollte sich aber nicht mit ihm fotografieren lassen, weil sie nicht in der Zeitung erscheinen wollte.[1138]

1136 Memoiren (Version Jabotinsky), S. 86.

1137 Verschiedene Bildunterschriften benennen die erste Person von links als Eugen Messinger. Angesichts des Alters der abgebildeten Person (Josef Messinger war 1880 geboren) sowie der Information von Frankfurter, dass er von Josef Messinger abgeholt wurde, muss es sich dabei tatsächlich um Josef Messinger handeln.

1138 Vgl.: Gespräch mit Herrn und Frau Tuena [undatiert], in: Lyssy, Rolf: Interviews 1969 zur Vorbereitung des Films Konfrontation, Privatbesitz Rolf Lyssy. Dort steht genauer: „Ein

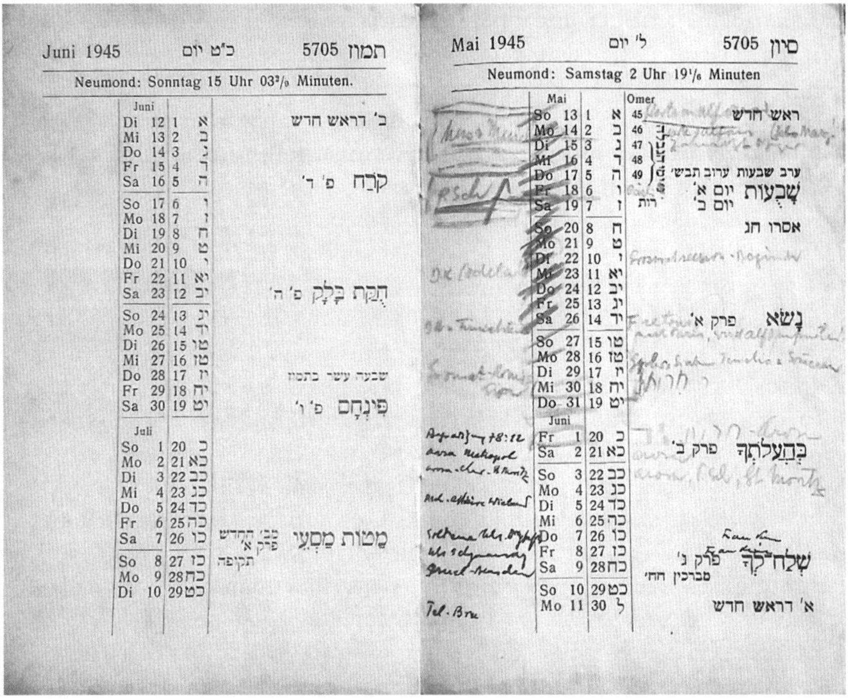

Abb. 43: Jüdischer Taschenkalender von David Frankfurter. Quelle: Privatarchiv von Moshe Frankfurter, Jerusalem.

Nach neun Jahren und knapp vier Monaten Untersuchungshaft und Zuchthaus, von der Nacht vom 4. auf den 5. Februar 1936 bis zum 1. Juni 1945, war David Frankfurter frei. In seinem Taschenkalender für das jüdische Jahr 5705, in dem alle jüdischen Feiertage und Wochenabschnitte aufgeführt waren, hatte Frankfurter alle Tage, die er im Gefängnis verbracht hatte, jeweils mit einem roten Stift durchgestrichen. Im Kalender hatte er Besuche von Seelsorger, Vormund und Anwalt notiert, erhaltene Briefe und Telefonate aufgeführt sowie Geburtstage von Familienangehörigen und Freunden festgehalten. Die letzten Tage bis zu seiner Freilassung markierte er blau, daneben schrieb er mit Bleistift das hebräische Wort *Cherut*. Freiheit.

Reporter wollte Frau Tuena zusammen mit David fotografieren, aber sie rannte davon, da sie nicht auf Fotos und in der Zeitung erscheinen wollte.“

7 Das Leben nach der Freilassung

7.1 Letzte Wochen in der Schweiz: Reflexionen und Abschied

In seinen Memoiren schreibt Frankfurter, er sei beim Verlassen des Gefängnisses nicht nur von Journalisten erwartet worden, sondern auch „die Leute von Chur [seien] zusammengelaufen, um mir Lebewohl zu sagen".[1] Natürlich ist es möglich, dass sich diese Menschenmenge aus Schaulust versammelt hatte; Frankfurter beschreibt die Reaktionen auf ihn jedoch als positiv. Eine alte Frau habe ihm ein Päckchen Zigaretten gegeben, ihm wurde „Alles Gute!" und „Viel Glück!" zugerufen.[2] Schwer fiel ihm lediglich der Abschied von seiner „mütterliche[n] Freundin",[3] der Ehefrau von Gefängnisverwalter Tuena.[4]

Für Frankfurter schloss sich der Kreis in zweierlei Hinsicht: Als er neun Jahren zuvor, am 31. Januar 1936, nach Davos gefahren war, brach gerade bei seiner Ankunft der Schabbat an. Und auch der 1. Juni 1945, der Tag seiner Freilassung, war ein Freitag, und daher fuhr er zusammen mit Josef Messinger von Chur aus weiter nach Arosa, um dort in einem jüdischen Hotel den Schabbat zu verbringen. Endlich kam er in den Genuss einer Reise nach Arosa, die ihm – im Gegensatz zu anderen am Mordprozess Teilnehmenden – früher verwehrt worden war.

> Der Zugführer gab sein Zeichen und wir dampften ab in Richtung Arosa. So kam ich also dennoch zu einer Weekend-Fahrt nach Arosa, obwohl ich seinerzeit, vor neun Jahren, kein Billett auf meinem Platz im Gerichtssaal vorgefunden hatte – im Gegenteil zu den Gästen aus Naziland. Aber die Reise nach Arosa war mir offenbar doch vom Schicksal bestimmt.[5]

In Arosa genoss Frankfurter, wie schon vor neun Jahren in Davos, nunmehr jedoch wesentlich entspannter, den Anblick der Bergwelt. Nach dem Schabbat-

---

1 Memoiren (Version Jabotinsky), S. 86.

2 Beide Zitate: Ebd.

3 Ebd.

4 Die Sympathie zwischen Frau Tuena und David Frankfurter beruhte offensichtlich auf Gegenseitigkeit. So notierte sich Rolf Lyssy nach dem Gespräch mit ihr und ihrem Mann, dass „Frau Tuena […] ganz Partei für David" genommen hätte, was er u.a. auf schlechte Erfahrungen zurückführte, die sie mit nationalsozialistischen Deutschen in Davos gemacht habe. Vgl.: Gespräch mit Herrn und Frau Tuena [undatiert], in: Lyssy, Rolf: Interviews 1969 zur Vorbereitung des Films Konfrontation, Privatbesitz Rolf Lyssy.

5 Ebd., S. 87.

ende fuhren Messinger und Frankfurter weiter nach St. Moritz, das ihm vom Justiz- und Polizeidepartement des Kantons Graubünden in Absprache und mit Erlaubnis der Gemeinde St. Moritz als vorübergehender Aufenthaltsort zugewiesen wurde, statt ihn in einem Flüchtlingslager zu internieren.[6] Wahrscheinlich aus Sicherheitsgründen war Frankfurter nach seiner Freilassung zeitweise unter dem Decknamen Meyer in der Schweiz unterwegs.[7] Trotz der Schönheit der Umgebung und der Freiheit – „Ich konnte tun und lassen, was mir behagte. Niemand mehr schloss meine Türe von aussen ab“[8] – beschreibt Frankfurter im Rückblick das Gefühl, am falschen Ort zu sein.

> Und doch war diese Freiheit noch nicht die ‚Freiheit, die ich meine‘. Ich empfand meinen Aufenthalt als einen goldenen Käfig, denn man hielt mich hier in St. Moritz (das ich nicht verlassen durfte) vom pulsierenden jüdischen Leben fern, nach dem ich mich sehnte. In Zürich, Genf, Basel, Lausanne, St. Gallen gab es jüdische Gemeinden, jüdische Flüchtlingslager – dort zog es mich hin. Zu den Menschen meines Blutes und Schicksals. Ich war des Alleinseins unter Fremden müde.[9]

Diese Aussagen Frankfurters sind nachvollziehbar. Wahrscheinlich entsprach das Leben in dem St. Moritzer Hotel Edelweiss nicht den Vorstellungen, die er sich vom Leben nach der Freilassung gemacht hatte. Hinzu kam, dass Frankfurter, nun endlich in Freiheit, versuchen wollte, nähere Informationen zum Schicksal seiner Familie zu erhalten, was von St. Moritz aus nicht möglich war. Da der Landesverweis immer noch in Kraft war, durfte Frankfurter sich nicht nach eigenem Belieben in der Schweiz aufhalten und war an die temporäre Ausnahmegenehmigung der Behörden gebunden.

Hoffnung hatte er hingegen auf ein baldiges Wiedersehen mit seinem Bruder Alfons. Schon ein paar Tage vor David Frankfurters Freilassung hatte sich Alfons mit Veit Wyler in Verbindung gesetzt und ihm mitgeteilt, er befände sich in Paris.

---

6 Vgl.: Brief der Gemeindeverwaltung St. Moritz an das Justiz- und Polizeidepartement des Kantons Graubünden vom 11. Juni 1945, in: David Frankfurter 1945, StAGR III 23 d2 Frankfurter.
Dort wird spezifiziert: „Der Vorstand der Gemeinde von St. Moritz [...] ist damit einverstanden, dass der Genannte [...] sich höchstens bis Ende Juni a.c. in der Pension Edelweiss, St. Moritz, aufhalten kann. Voraussetzung ist selbstverständlich, dass das Verhalten Frankfurters keine Intervention veranlasse.“

7 Vgl. beispielsweise: Brief vom L. Littmann an Alfred Goetschel vom 1. Oktober 1945, in: AfZ, IB VSJF-Archiv / F.443, David Frankfurter.

8 Memoiren (Version Jabotinsky), S. 88.

9 Ebd.

Angeblich hatte er aus dem Arbeitslager[10] flüchten und schließlich amerikanische Truppen erreichen können. Wyler schrieb daraufhin an Schmid-Ammann mit der Bitte, er möge Brunschvig kontaktieren, damit dieser wiederum bei der Eidgenössischen Fremdenpolizei dahingehend Einfluss nehmen könne, dass Alfons Frankfurter „ohne Verzug ein Einreisevisum in die Schweiz für die Dauer von ca. 4 Wochen erteilt wird".[11] Damals bestand die Hoffnung, dass das Visum noch vor David Frankfurters Freilassung gewährt würde, so dass sein Bruder „wenn immer möglich in dem Moment hier sein kann, wo der Entscheid betr. David gefällt wird".[12] Obwohl zunächst ohne Aussicht auf Erfolg, hatte Brunschvig sich für Alfons Frankfurter eingesetzt, mit dem Ergebnis, dass dieser am 25. Juli 1945 in St. Moritz, wo sich David Frankfurter immer noch aufhielt, eintraf.[13]

Das Wiedersehen der Brüder nach mehreren Jahren war sehr emotional, doch entgegen David Frankfurters Hoffnung hatte sein Bruder keinerlei Informationen über die Schwester und den Vater. Alfons und David Frankfurter versuchten – David von St. Moritz aus, Alfons reiste in verschiedene Schweizer Städte – mehr über das Schicksal der Familie in Erfahrung zu bringen, in erster Linie bei „jüdischen Zentralstellen", aber auch bei „zufällig nach der Schweiz geflüchteten Jugoslawen".[14] Die Suche blieb erfolglos, was Alfons dazu bewegte, zurück nach Paris zu reisen, um dort (ebenfalls erfolglos) weiterzuforschen, bis sein Bruder ihn davon überzeugen konnte, mit ihm nach Palästina zu emigrieren.[15] Für die Auswanderung waren einige Vorbereitungen nötig, und wieder waren es Paul Schmid-Ammann und Veit Wyler, unterstützt durch den Verband Schweizerischer Jüdischer Fürsorgen (VSJF) und den SIG, die sich für David Frankfurter einsetzten und ihm zu den nötigen Papieren verhalfen. Zwei Wochen nach der Begnadigung meldete Schmid-Ammann Wyler, er habe einen neuen Pass für Frankfurter besorgt und wäre Wyler dankbar, wenn er „die Verhandlungen mit dem Palästinaamt beschleunigen [könne], damit die Abreise mit dem nächsten

10 Gemäß Angaben der Familie konnte Alfons Frankfurter aus einem Arbeitslager in Saarbrücken entfliehen, wohin er aus Griechenland verbracht worden war; gemäß David Frankfurter befand sich das Lager in Lothringen, wo auch der letzte Aufenthalt von Alfons war. Vgl.: Memoiren (Version Jabotinsky), S. 88. Ähnlich wie die Angaben der Familie lauten auch die Informationen in einem Artikel der *Palestine Post*: „Alphonse [sic] escaped from a p.o.w. [Prisoners of War] camp near Saarbruecken in October 1944. He reached the American Lines last February. Safely in Paris, he contacted his brother and was given special permission to travel to Switzerland[.]" Aschner, Ernst: Planned to Kill Goebbles Too, in: The Palestine Post vom 10. September 1945, S. 3. Via: Historical Jewish Press, www.jpress.nli.org.il

11 Brief von Veit Wyler an Paul Schmid-Ammann vom 14. Mai 1945, in: AfZ, NL Georges Brunschvig / 51.

12 Ebd.

13 Vgl.: Memoiren (Version Jabotinsky), S. 88.

14 Beide Zitate: Ebd.

15 Vgl.: Ebd., S. 88–89.

Transport erfolgen kann".[16] Wyler leitete den Pass („No. 54231, lautend auf David Frankfurter, erstmals ausgestellt in Vinkovci am 8. Oktober 1933 und letztmals verlängert und mit neuer Photographie versehen am 8. Juni 1945 durch den ersten Sekretär des Jugoslavischen [sic] Gesandten in Bern, gültig bis 8. Dezember 1945"[17]) umgehend per Einschreiben an Samuel Scheps weiter mit der Bitte, das „Palästina-Zertifikat einzustempeln und sämtliche notwendigen Durchreise-Visen [sic] beschaffen zu lassen, so, dass David Frankfurter mit dem allernächsten Transport reisen kann".[18] Frankfurter hatte lediglich eine Duldung für seinen Aufenthalt in der Schweiz bis Ende des Monats erhalten und durfte St. Moritz nicht verlassen.[19] Falls eine Abreise nach Palästina bis dahin nicht erreicht werden konnte, musste die Erlaubnis entsprechend verlängert werden.[20] Aus dem Brief werden nähere Informationen zu Frankfurters Plänen deutlich.

> Was die Zukunft David Frankfurter's [sic] betrifft, so wird er als freier Mann seine Entschlüsse selbst fassen. Pflicht von allen, die dazu in der Lage sind, ist es jedoch, ihm behilflich zu sein, ein neues Leben aufzubauen, welches von seiner Studienzeit verschieden sein wird: David Frankfurter wünscht, manuelle Arbeit zu leisten und zu einem aktiven Arbeiter in einer K'wuza[21] zu werden. Es wäre seitens der zuständigen Stellen eine geeignete K'wuza ausfindig zu machen, wo er unter Anleitung bester Lehrmeister diejenigen Zweige der Landwirtschaft (oder Hilfszweige hiervon) erlernen könnte, welche ihn interessieren.[22]

Diese Lehrmeister sollten nicht nur hinsichtlich der landwirtschaftlichen Tätigkeit hervorragend sein, sondern auch „menschliche Qualitäten"[23] besitzen, um Frankfurter nach seiner langen Zeit im Gefängnis ein verständnisvolles Umfeld bieten zu können. Frankfurter sei „gewillt, überall dort Hand anzulegen, wo seine

16 Brief von Paul Schmid-Amman an Veit Wyler vom 15. Juni 1945, in: AfZ, NL Georges Brunschvig / 51.

17 Brief von Veit Wyler an Samuel Scheps vom 19. Juni 1945, in: AfZ, NL Georges Brunschvig / 51, S. 1. Der Brief ist unvollständig, lediglich die erste Seite ist im Bestand erhalten.

18 Ebd.

19 Vgl.: Brief von Paul Schmid-Ammann an Georges Brunschvig vom 6. Juni 1945, in: AfZ, NL Georges Brunschvig / 49. Aus dem Brief wird ersichtlich, dass der Vormund und der Anwalt auf die Anweisung, St. Moritz nicht zu verlassen, bestanden – vor allem aus Angst, dass Frankfurter „bei einer allfälligen Kontrolle […] hängen bleibt" und so Probleme bekommen könnte. Ebd.

20 Vgl.: Brief von Veit Wyler an Samuel Scheps vom 19. Juni 1945, in: AfZ, NL Georges Brunschvig / 51, S. 1.

21 Hebräisch für Gruppe, Vorgänger der Kibbuzim.

22 Brief von Veit Wyler an Samuel Scheps vom 19. Juni 1945, in: AfZ, NL Georges Brunschvig / 51, S. 1.

23 Ebd.

Arbeitskraft gebraucht werden kann".[24] Wyler beschrieb diesbezüglich Frankfurters nützliches Können und Wissen. Er spreche und schreibe „recht ordentlich"[25] Hebräisch, beherrsche verschiedene weitere Sprachen[26] und habe sich ein breites jüdisches Wissen, „namentlich auch historisches",[27] aneignen können. Wyler bürgte durch seine lange Bekanntschaft mit Frankfurter, dessen Bruder und Vater bei Scheps für ihn, und seine Bemühungen hatten schließlich Erfolg. Am 21. Juni schickte er an Schmid-Ammann eine Bestätigung des Palästina-Amts, dass Frankfurter für den nächsten Transport registriert sei.[28] Einige für die definitive Ausstellung des Zertifikats benötigte wichtige Dokumente fehlten jedoch weiterhin; Frankfurter musste Passfotos liefern und unterschreiben, weitere Formulare ausfüllen und beim Arzt ein gesundheitliches Zeugnis ausstellen sowie Schutzimpfungen machen lassen.[29] Dass dies alles nach Wunsch geklappt hat, zeigt ein Brief Wylers an Frankfurter. In der Beilage schickte Wyler Frankfurters Pass mit dem Visum für Palästina. Für die Durchreisevisa hatte Frankfurter sich noch mit dem Palästina-Amt in Verbindung zu setzen.[30]

Frankfurters Erinnerungen geben Aufschluss auf Details zum Erhalt des Palästina-Zertifikats, die aus den Unterlagen Wylers so nicht ersichtlich sind. Frankfurter war seinem ehemaligen Anwalt sehr dankbar für seine Anstrengungen, da ihm bewusst war, wie schwierig es war, ein solches Zertifikat zu beschaffen.

> Es ist leider nur zu bekannt, dass die Zertifikate in keinem Verhälnis [sic] zu dem Andrang an den Palästina-Ämtern standen. Die unmenschlichen Bestimmungen des Weissbuches[31] schnürten den Strom der Heimatlosen unbarmherzig ab und trieb sie auf

---

24 Ebd.

25 Ebd.

26 Wyler schreibt u.a., dass Frankfurter Serbisch beherrsche, was wahrscheinlich nicht korrekt ist. Frankfurter ist im heutigen Kroatien aufgewachsen und sprach mit seiner dortigen Umwelt Kroatisch.

27 Brief von Veit Wyler an Samuel Scheps vom 19. Juni 1945, in: AfZ, NL Georges Brunschvig / 51, S. 1.

28 Vgl.: Brief von Veit Wyler an Paul Schmid-Ammann vom 21. Juni 1945, in: AfZ, NL Georges Brunschvig / 51.

29 Vgl.: Brief von Veit Wyler an David Frankfurter vom 26. Juni 1945, und: Brief von Veit Wyler an Chaim Pozner vom 29. Juni 1945, in: AfZ, NL Georges Brunschvig / 51.

30 Brief von Veit Wyler an David Frankfurter vom 20. Juli 1945, in: AfZ, NL Georges Brunschvig / 51.

31 Das „Weißbuch" von 1939, auch „MacDonald-Weißbuch" genannt, regelte unter anderem die jüdische Einwanderung ins britische Mandatsgebiet Palästina. So wurde beschlossen, innerhalb von fünf Jahren nur 75.000 jüdische Einwanderer nach Palästina immigrieren zu lassen, danach sollte die Einwanderung nur mit Erlaubnis der Araber gestattet sein. Vgl.: Bundeszentrale für politische Bildung: Quellen: Britisches Weißbuch, online unter: http://www.bpb.de/internationales/asien/israel/45184/quellen?p=2 [zuletzt eingesehen: 29.02.2016].

> jene elenden ‚illegalen' Flüchtlingsschiffe gewinnsüchtiger Freibeuter, die ihre unwillkommene Menschenfracht bei Nacht und Nebel irgendwo an der Küste Palästinas abzusetzen bemüht waren.[32]

Dass nun Frankfurter ein Palästina-Zertifikat erhalten hatte, war Wyler zu verdanken – nicht seinem unermüdlichen Einsatz und zahlreichen Briefen, die er in dieser Angelegenheit verschickt hatte, sondern der Tatsache, dass er auf sein eigenes Palästina-Zertifikat verzichtet und es an Frankfurter abgetreten hatte, „da er – der ja in der Schweiz bleiben konnte – aus Familiengründen ohnedies nicht sofort zur Alijah bereit war".[33]

Unterdessen hatte Frankfurter St. Moritz verlassen müssen.[34] Die Erlaubnis, sich dort aufzuhalten, war für den Zeitraum bis Ende Juni 1945 ausgesprochen gewesen; da sich die Erlangung des Visums für Palästina länger hinzog, versuchte Schmid-Ammann eine Verlängerung der Aufenthaltserlaubnis zu erwirken, die vom Justiz- und Polizeidepartement jedoch abgelehnt wurde.[35] Stattdessen wurde Frankfurter nach Interlaken verlegt, wo er im Hotel de la Paix unterkam.[36] Frankfurter interpretierte dies als Affront der kantonalen Behörden, den er auf finanzielle Streitigkeiten zurückführte. Sein Vormund hatte eine Rechnung für die Gerichts- und Strafvollzugskosten in der Höhe von 8.882,75 CHF erhalten. Diese setzte sich zusammen aus 3.867,35 CHF für die Gerichts- und Untersuchungskosten, die Frankfurter gemäß dem Urteil von 1936 auferlegt wurden, sowie 5.015,40 CHF für die Strafvollzugskosten des Sennhofs. Ebenfalls Teil der Rechnung war ein bescheidenes Guthaben Frankfurters in der Höhe von 258,85 CHF, was wahrscheinlich dem Lohn für seine Tätigkeiten im Gefängnis

32 Memoiren (Version Jabotinsky), S. 89.

33 Ebd.

34 Die Rechnung für seinen Aufenthalt im Hotel Edelweiss vom 3. bis zum 30. Juni 1945 belief sich auf 280 CHF, zusätzlich wurden diverse kleinere Ausgaben wie Telefonate und Portokosten in der Höhe von 10,30 CHF berechnet. In St. Moritz hatte Frankfurter zudem eine Apotheke aufgesucht und verschiedene Medikamente für insgesamt 17,12 CHF bezogen. Beide Rechnungen wurden an den VSJF geschickt und von diesem vorerst bezahlt. Vgl.: Hotel Edelweiss, St. Moritz: Rechnung für Herrn David Frankfurter, vom 30. Juni 1945; und: Pharmacies Internationales St. Moritz, Rechnung für Herrn Meyer, Hotel Edelweiss, St. Moritz, vom 30. Juni 1945, in: AfZ, VSJF-Archiv / F.443, David Frankfurter. Da Frankfurter nicht als Flüchtling in die Schweiz gekommen war, sah sich der VSJF jedoch nicht zuständig und forderte die Auslagen vom SIG zurück. Vgl.: Brief vom VSJF an den SIG vom 10. Juli 1945, in: AfZ, VSJF-Archiv / F.443, David Frankfurter.

35 Vgl.: Brief des Justiz- und Polizeidepartements des Kantons Graubünden an Paul Schmid-Ammann vom 28. Juni 1945, in: David Frankfurter 1945, StAGR III 23 d2 Frankfurter.

36 Vgl.: Brief von Veit Wyler an David Frankfurter vom 20. Juli 1945, in: AfZ, NL Georges Brunschvig / 51.

entsprochen haben dürfte.[37] Frankfurter schreibt in seinen Memoiren, er habe versucht, den noch ausstehenden Lohn – er ging von einem Betrag von 300–400 Franken aus – zu erhalten, um seine Ausgaben zu decken. Zwar habe er bei der Entlassung aus dem Sennhof „ein ‚Taschengeld‘ von 50 Franken ausgehändigt“[38] bekommen, zudem deckte der „Jüdische Gemeindebund“[39] seine laufenden Kosten, „aber ein erwachsener Mensch braucht ausser Wohnen, Essen und Kleidung noch so Manches“.[40] Daraufhin habe die Gefängnisverwaltung eine Gegenrechnung über die oben erwähnten 8.882,75 CHF ausgestellt und hätte überdies gesagt, dass „[d]ie reichen Juden [...] schon für ihren Frankfurter sorgen [werden]!“[41] Dazu erklärte Frankfurter, die Forderung der Bündner Behörden zur Deckung der Kosten des Strafvollzugs sei „glatt gesetzeswidrig“.[42]

> Die eidgenössische Gefängnisordnung sieht in klarer sozialer Einsicht vor, dass jedem Häftling bei seiner Entlassung sein Arbeitslohn ausgezahlt wird, gleichviel ob der Betreffende Schulden oder sonstige Verpflichtungen hat. Dadurch will das Gesetz dem entlassenen Sträfling die Möglichkeit der Wiedereinordnung in die Gesellschaft geben und ihn davor bewahren, aus nackter Armut nochmals ins Verbrechen abzusinken.[43]

Diese Aussagen Frankfurters sind jedoch, wie die Quellen zeigen, nicht korrekt. Die Rechnung war nicht erst ausgestellt worden, als Frankfurter nach der Freilassung seinen Lohn verlangte, sondern bereits gegen Ende seiner Haftzeit, als sich erstmalig abzeichnete, dass er bald entlassen würde; die erste zusammenfassende Rechnung vom Sennhof ist auf den 18. Mai[44] datiert, der Brief der Stan-

---

37 Vgl.: Rechnung der Standesbuchhaltung Graubünden an das Justiz- und Polizeidepartement des Kantons Graubünden vom 28. Mai 1945, in: David Frankfurter 1945, StAGR III 23 d2 Frankfurter.

38 Memoiren (Version Jabotinsky), S. 89.

39 Der „Jüdische Gemeindebund“ deutet auf eine finanzielle Involvierung des SIG hin. Tatsächlich kam der Verband Schweizerischer Jüdischer Fürsorgen/Flüchtlingshilfen (VSJF) für Frankfurters Lebensunterhalt nach der Freilassung auf, forderte aber die Ausgaben jeweils vom SIG zurück, da Frankfurter nicht als Flüchtling in die Schweiz gekommen war und somit nicht in die Zuständigkeit des VSJF fiel. Vgl.: Brief von Saly Braunschweig an Georges Brunschvig vom 30. Mai 1945, in: AfZ, NL Georges Brunschvig / 49. Entsprechend besteht zu Frankfurter ein VSJF Dossier: AfZ, IB VSJF-Archiv / F.443, David Frankfurter.

40 Memoiren (Version Jabotinsky), S. 89.

41 Ebd. Frankfurter schreibt nicht, in welchem Zusammenhang diese Aussage geäußert worden war. In den Unterlagen der Bündner Behörden und diversen Korrespondenzen gibt es dafür keinen Beleg.

42 Ebd.

43 Ebd.

44 Vgl.: Rechnung der Kantonalen Strafanstalt ‚Sennhof‘ Chur für Herrn Frankfurter David vom 18. Mai 1945, in: David Frankfurter 1945, StAGR III 23 d2 Frankfurter.

desbuchhaltung an Schmid-Ammann auf den 24. Mai 1945.[45] In letzterem Brief war die rechtliche Grundlage erwähnt, auf der die Behörden ihre Rechnungsstellung gründeten. „Gemäss Kantonsgerichtsurteil vom Jahr 1936 hat Frankfurter sämtliche Gerichts- und Strafvollzugskosten zu tragen."[46] Dabei beziehen sie sich auf den vierten Punkt des Urteils: „Der Verurteilte hat im weitern sämtliche Untersuchungs-, Gerichts- und Strafvollzugskosten zu tragen."[47] Auch die Antwort von Schmid-Ammann auf die Zustellung der Rechnung lässt nicht darauf schließen, dass er diese als gesetzeswidrig betrachtete. Er bestätigte den Erhalt der Rechnung und verwies darauf, dass Frankfurter mittellos und somit nicht imstande sei, die Rechnung zu bezahlen. Seine nächsten Angehörigen seien entweder verschollen und wahrscheinlich verstorben (Vater und Schwester) oder ebenfalls mittellos (Bruder). Schmid-Ammann bat in diesem Schreiben jedenfalls darum, „die Kostenrechnung für David Frankfurter als nichteinbringlich abzuschreiben".[48] Die Antwort der Behörden auf diese Anfrage ist weder in der Korrespondenz von Schmid-Ammann noch in den Unterlagen des Staatsarchivs Graubünden erhalten, es wird jedoch deutlich, dass die Einforderung der Strafvollzugskosten rechtens war.

Weitere Briefe geben Aufschluss darüber, dass sich die Auszahlung des Guthabens, das Frankfurter durch seine Arbeit im Sennhof und durch Zuwendungen angehäuft hatte, tatsächlich problematisch gestaltete.[49] Einerseits war die Kontoführung der Gefängnisverwaltung unklar, und Schmid-Ammann erhielt zum Guthaben Frankfurters verschiedene Angaben, andererseits verstand Schmid-Ammann nicht, wieso nur ein Teil des Guthabens ausbezahlt werden sollte. Er rechnete dem Justiz- und Polizeidepartement vor, dass mit den Lohnzahlungen und einem persönlichen Geschenk von 1000 französischen Francs (wahrscheinlich von Zérapha) sich Frankfurters Guthaben auf 399,40 CHF summieren müsste, deutlich mehr als die 258,85, die in der Rechnung vom Sennhof aufgeführt waren. „Es ist mir peinlich, dass ich auf diese Weise um die Ansprüche meines ehemaligen Mündels mich wehren muss. [...] Mit der Ausweisung hat es sehr pressiert, aber noch zwei volle Monate nach seiner Begnadigung ist Frankfurter noch immer nicht im Besitze seines Guthabens."[50] Er

45 Vgl.: Brief der Standesbuchhaltung Graubünden an Paul Schmid-Ammann vom 24. Mai 1945, in: David Frankfurter 1945, StAGR III 23 d2 Frankfurter.

46 Ebd.

47 Urteil des Kantonsgerichts von Graubünden vom 9./12. und 14. Dezember 1936, in: AfZ, IB Frankfurter-Prozess / 3, S. 51.

48 Brief von Paul Schmid-Ammann an die Standesbuchhaltung Graubünden vom 26. Mai 1945, in: David Frankfurter 1945, StAGR III 23 d2 Frankfurter.

49 Abrechnung Frankfurter David, in: AfZ, NL Paul Schmid-Amman / 99.36.

50 Brief von Paul Schmid-Ammann an das Justiz- und Polizeidepartement des Kantons Graubünden vom 7. August 1945, in: AfZ, NL Paul Schmid-Amman / 99.36.

bat um umgehende Bearbeitung, da Frankfurter Ende der Woche die Schweiz verlassen müsse.

Dass Schmid-Ammann mit seinem Brief die Überweisung des Guthabens erreichen konnte, zeigen die Memoiren Frankfurters. „Herr Schmid-Ammann stand mir auch in diesem letzten Strauss bei, den ich mit der Bürokratie auszutragen hatte und nach 2 Monaten erhielt ich endlich den schmalen Lohn von acht Arbeitsjahren.“[51] Zudem übergab der World Jewish Congress Frankfurter 1000 CHF – aufgrund der lückenhaften Quellenlage ist unklar, wie es dazu kam. In den Unterlagen Wylers findet sich ein Brief mit einer Überweisungsbestätigung „in der Angelegenheit David Frankfurter“[52] sowie ein Brief von Wyler an Frankfurter, in dem er ihm den Erhalt des Betrags ankündigte.[53] Trotz mannigfaltiger Unterstützung, koordiniert insbesondere durch den SIG, die Frankfurter erhielt, gab es in der Schweiz Stimmen, die Frankfurter als unzureichend versorgt sahen. So erhielt SIG-Präsident Saly Braunschweig einen Brief von Silvain Braunschweig aus Oberuzwil, in dem dieser schrieb, er habe „mit Bedauern erfahren“, „dass in Sachen Frankfurter[,] der doch als Märtyrer für die Schweiz. Juden betrachtet werden sollte, seitens dieser Judenschaft herzlich wenig getan wurde. Mit der Verabreichung des täglichen Lebensunterhaltes erachtete ich die Angelegenheit kaum als erledigt.“[54] Der Verfasser beließ es nicht bei der Klage, sondern wurde tätig: Auf diese private Initative hin konnten Frankfurter neue Kleider gekauft werden, zudem wurde „demselben vor Verlassen der Schweiz in Genf ein grösserer Geldbetrag übergeben“.[55] SIG-Präsident Braunschweig reagierte auf den Vorwurf der mangelnden Unterstützung ungehalten und zählte die Hilfeleistungen auf, die Frankfurter direkt oder indirekt vom SIG erhalten hatte:

> Ich glaube, dass Sie die durch den S.I.G. zu Gunsten von David Frankfurter gemachten Aufwendungen zu gering einschätzen. Die Kosten für seinen Revisionsprozess betrugen mehrere tausend Franken, die durch uns aufgebracht werden mussten. Auch für Bekleidung und Erholungsurlaub für ihn und seinen Bruder, den wir eigens nach der Entlassung von D. Frankfurter aus dem Ausland in die Schweiz einluden, sind beträchtliche Kosten entstanden, die natürlich weit über die üblichen Flüchtlingsunterstützungen hinausgehen. Es wäre gewiss nicht gerecht, alle diese finanziellen Leistun-

---

51 Memoiren (Version Jabotinsky), S. 89.

52 Brief World Jewish Congress an Veit Wyler vom 20. Juli 1945, in: AfZ, NL Georges Brunschvig / 51.

53 Vgl.: Brief von Veit Wyler an David Frankfurter vom 20. Juli 1945, in: AfZ, NL Georges Brunschvig / 51.

54 Brief von Silvain Braunschweig an Saly Braunschweig vom 11. September 1945, in: AfZ, IB-Frankfurter-Prozess / 57.

55 Ebd.

> gen, zu denen sich noch die persönlichen und arbeitsmässigen Bemühungen gesellen, bagatellisieren zu wollen.[56]

Es gibt allerdings neben den von Frankfurter erwähnten Auseinandersetzungen um finanzielle Angelegenheiten eine weitere Erklärungsmöglichkeit, wieso die Bündner Behörden nicht gewillt waren, Frankfurters Aufenthalt in ihrem Kanton zu gewähren. Frankfurter geht in seinen Memoiren nicht darauf ein, jedoch wird die Angelegenheit in zwei Briefen, sowohl von Schmid-Ammann an Brunschvig als auch von Brunschvig an Frankfurter, erwähnt. Am 5. Juni 1945, kurz nach der Begnadigung, schrieb Schmid-Ammann an Brunschvig, dass sich „ein äusserst peinlicher Zwischenfall erreignet [sic] [habe], der leicht sehr schlimme Folgen hätte haben können und der noch nicht ganz erledigt ist".[57] Der Vorfall soll sich ungefähr drei Wochen zuvor im Sennhof zugetragen haben, als Frankfurter „gegenüber einer Gefängnisinsassin einen Annäherungsversuch gemacht und darüber gegenüber einem Mitgefangenen offenbar sehr unvorsichtig und äusserst einfältig renommiert [habe]".[58] Letzterer muss dann „in übertriebener Weise" die Geschichte weitergetragen und auch noch Schmid-Ammann hineingezogen haben, so dass schließlich Gefängnisverwalter Tuena davon erfuhr, der daraufhin mit seiner Frau bei Schmid-Ammann vorstellig wurde und ihm von „diesen dummen Schwätzereien" berichtete.[59] Schmid-Ammann habe umgehend handeln müssen. „Ich bin dann am Montag sofort nach St. Moritz gefahren und habe F. deutsch und deutlich zur Rede gestellt und ihm erklärt, dass er endlich einmal mit seinem verfluchten Hang zu unüberlegten Schwätzereien aufhören müsse."[60] Prediger Messinger, der zu jenem Zeitpunkt noch mit Frankfurter in St. Moritz weilte, habe ihn bei der Zurechtweisung unterstützt. Nicht nur Schmid-Ammann war dieser Vorfall unangenehm, sondern auch dem Ehepaar Tuena. Zusammen mit Frankfurter wollte Schmid-Ammann eine Erklärung einreichen, in der Hoffnung, den Vorfall damit beilegen zu können.[61] Schmid-Ammann führte aus, dass diese Geschichte, wenn sie vor der Großratssitzung an die Öffentlichkeit gelangt wäre, die Begnadigung ernstlich hätte

56 Brief von Saly Braunschweig an Silvain Braunschweig vom 19. September 1945, in: AfZ, IB-Frankfurter-Prozess / 57.

57 Brief von Paul Schmid-Ammann an Georges Brunschvig vom 5. Juni 1945, in: AfZ, NL Paul Schmid-Ammann / 99.36, S. 1. Der Brief findet sich auch in der Korrespondenz Brunschvigs: AfZ, NL Georges Brunschvig / 49.

58 Ebd. Die Geschichte wird in den Quellen nicht weiter ausgeführt.

59 Beide Zitate: Brief von Paul Schmid-Ammann an Georges Brunschvig vom 5. Juni 1945, in: AfZ, NL Paul Schmid-Ammann / 99.36, S. 1.

60 Ebd.

61 Vgl.: Ebd. Die Erklärung ist weder in den Unterlagen Schmid-Ammanns noch im Staatsarchiv Graubünden zu finden.

gefährden können. „Durch diese Vorkommnisse herrscht natürlich im Sennhof gegenüber F. keine gute Stimmung und ich fürchte, dass es nicht lange gehen wird, bis auch Reg.Rat Darms davon Kenntnis erhält. Dann ist möglicherweise zu befürchten, dass man F. nicht mehr in St. Moritz lässt, sondern ihn irgendwo in einem Lager interniert.“[62] Um dies zu verhindern, sei es unbedingt nötig, dass Frankfurter sich „absolut ruhig, zurückhaltend“[63] verhalte, denn „[j]ede weitere Schererei gefährdet ihn selbst und kann ihn in irgend ein Emigrantenlager bringen. Ich hoffe, er lernt aus dem Zwischenfall und benimmt sich nicht mehr wie ein unreifer Junge[,] sondern wie ein ausgewachsener Mensch. Mir hat die Geschichte sehr Verdruss gemacht und die Freude vom letzten Freitag arg herunter geschraubt.“[64]

Dieser Brief führte dazu, dass sich Fürsprecher Brunschvig mit Frankfurter in Verbindung setzte, um ihm ins Gewissen zu reden. In Bezug auf seine exponierte Lage riet er ihm, „sich ganz still [zu] halten“.[65] Sein Aufenthaltsort müsse geheim bleiben, und da sei es wenig hilfreich, „dass Sie überallhin Ansichtskarten senden und Ihren Aufenthalt jedem anzeigen. Solches können Sie bedenkenlos von Frankreich, oder Erez aus tun.“[66] Glücklicherweise habe die Presse noch nicht erfahren, wo er sich befinde – die *Schweizer Illustrierte Zeitung* beispielsweise habe berichtet, dass er sich in Paris aufhalte.[67] Und was den Vorfall im Gefängnis anbetrifft, so sei ihm zu empfehlen, es sich mit seinem Vormund nicht zu verderben. „Vor allem sehen [Sie] zu, dass Ihr Vormund sein Intresse [sic] an Ihnen weiter bewahrt und Sie ihm keine Verlegenheiten bereiten.“[68]

---

62 Brief von Paul Schmid-Ammann an Georges Brunschvig vom 5. Juni 1945, in: AfZ, NL Paul Schmid-Ammann / 99.36, S. 1.

63 Ebd., S. 2.

64 Ebd.

65 Brief von Georges Brunschvig an David Frankfurter vom 7. Juni 1945, in: AfZ, NL Georges Brunschvig / 49.

66 Ebd.

67 Ebd. In einem Brief an die *Schweizer Illustrierte Zeitung* beschwerte sich Brunschvig über die in seinen Augen missverständliche Bildunterschrift „Frankfurter verabschiedet sich von seinen Anwälten und von seinem Vormund“. Da er wiederholt gefragt wurde, wer denn der andere Anwalt sei (Veit Wyler, der an der Begnadigung offiziell nicht beteiligt war), wollte Brunschvig richtigstellen, dass er als „einziger Anwalt von David Frankfurter […] bevollmächtigt“ gewesen worden sei. Vgl.: Brief Georges Brunschvig an die Redaktion der *Schweizer Illustrierten Zeitung* vom 9. Juni 1945, in: AfZ, NL Georges Brunschvig / 49.

68 Brief von Georges Brunschvig an David Frankfurter vom 7. Juni 1945, in: AfZ, NL Georges Brunschvig / 49. Die *Schweizer Illustrierte Zeitung* sah ihren Fehler ein und bat Brunschvig, „diese Ungenauigkeit freundlichst entschuldigen zu wollen“. Vgl.: Brief der Schweizer Illustrierten Zeitung an Georges Brunschvig vom 11. Juni 1945, in: Brief von Georges Brunschvig an David Frankfurter vom 7. Juni 1945, in: AfZ, NL Georges Brunschvig / 49. Brunschvig bedankte sich bei Schmid-Ammann für sein Engagement in dieser Sache und wies ihn darauf hin, dass er ihm selbstverständlich alle Auslagen zurückerstatten würde. Vgl.: Brief von

Diese Geschichte hat womöglich dazu geführt, dass Frankfurters Aufenthalt in St. Moritz nicht verlängert wurde. Bei der Ablehnung von Schmid-Ammanns Antrag hat das Justiz- und Polizeidepartement des Kantons Graubünden keine Gründe erläutert, sondern lediglich geschrieben, dass „[e]ine Verlängerung dieser Frist […] aus den Gründen, die Ihnen bekannt sind, nicht in Betracht"[69] gezogen werden kann. Schmid-Ammanns Argumentation folgend hat Frankfurter letztlich Glück gehabt, da eine Internierung in einem Flüchtlingslager in der Macht der Behörden gelegen hätte. Dass Frankfurter in seinen Memoiren nicht darauf eingeht, dürfte an der Peinlichkeit der Angelegenheit liegen.

Abb. 44: David Frankfurter in Luzern, 31. August 1946. Quelle: Privatarchiv von Moshe Frankfurter, Jerusalem.

In Interlaken hatte Frankfurter die Auflage erhalten, sich einmal wöchentlich bei der Polizei zu melden und das Gemeindegebiet nicht zu verlassen. Dass Frankfurter sich nicht an letztere Anweisung hielt, zeigen seine Berichte von Besuchen bei Freunden in der ganzen Schweiz. So war er bei Lina Steffen in Bern („Sie und die anderen Berner Freunde hatten eine riesige Torte für mich vorbereitet,

Georges Brunschvig an Paul Schmid-Ammann [Datum unleserlich], in: AfZ, NL Georges Brunschvig / 49.

69 Brief des Justiz- und Polizeidepartements des Kantons Graubünden an Paul Schmid-Ammann, in: David Frankfurter 1945, StAGR III 23 d2 Frankfurter.

auf der in Zuckerguss geschrieben stand: ‚Viel Glück im neuen Leben!'"[70]), in Grindelwald besuchte er seinen ehemaligen Anwalt Curti, der dort ein Chalet besaß („Auch dieser alte, aufrechte Demokrat war freudig bewegt, mich endlich wieder in Freiheit zu sehen."[71]), und in Luzern eine Familie Stern,[72] die ihn während seiner Haftzeit unterstützt hatte. Im Nachhinein schien Frankfurter diese Ausflüge als harmlos zu sehen, er nannte sie seine „nicht ganz legalen Reisen".[73]

Auf einer dieser Reisen, berichtet Frankfurter, habe er sich beim Kauf einer Rundreisekarte ausweisen müssen. Als er seinen Pass vorzeigte, habe hinter ihm in der Schlange beim Fahrkartenschalter ein uniformierter Oberleutnant der Schweizer Armee gestanden. „Es war mir (begreiflicher Weise [sic]) nicht ganz wohl[,] als ich bemerkte, dass mir der Offizier auf den Perron folgte und auf mich zukam. Wollte er mich bei der Polizei anzeigen, weil ich – statt in Interlaken zu bleiben – ein wenig auf eigene Faust in der Schweiz herum gondelte?"[74] Der Offizier versicherte sich, dass es sich tatsächlich um David Frankfurter handelte. Als dieser bejahte, „ergriff er meine Hand und drückte sie lange und sagte ‚Sie haben die Schweiz gerettet!' Drehte sich um und verschwand."[75] Dieser Vorfall steht beispielhaft für Frankfurters Überzeugung, dass – entgegen dem Urteil des Kantonsgerichts des Kantons Graubünden – viele Menschen in der Schweiz seiner Tat eine andere Bedeutung zumaßen; nicht nur der genannte Oberstleutnant, sondern auch die Menschen in Chur, die nach seiner Entlassung auf ihn warteten und ihn feierten, ebenso wie verschiedene Personen, die Brunschvig um Frankfurters Adresse baten oder direkt an Brunschvig schrieben, um Frankfurter beglückwünschen zu können, wie beispielsweise der Basler Anwalt Marcus Cohn.[76]

Doch auch in anderen Teilen der Welt gab es reges Interesse an Frankfurter. Schon kurz nach seiner Freilassung hatte ein „amerikanisches Blatt"[77] angefragt, ob er seine Memoiren veröffentlichen wolle. Bei der Zeitung handelte es sich, wie ein Brief im Nachlass Wyler konkretisiert, um die jiddische Zeitung *Der Tog*, die in New York erschien und zuerst plante, gegen Bezahlung eine Reihe von Interviews mit Frankfurter zu veröffentlichen. Als dies nicht möglich war, sollten

70 Memoiren (Version Jabotinsky), S. 89.

71 Ebd.

72 Wahrscheinlich die Familie von Kusiel Stern, den Frankfurter als sein Freund bezeichnete, und der bei dem Abschied in Genf eine kurze Ansprache an die nach Palästina Abreisenden hielt.

73 Ebd., S. 90.

74 Ebd.

75 Ebd.

76 Vgl.: Brief von Marcus Cohn an Georges Brunschvig vom 5. Juni 1945, in: AfZ, NL Georges Brunschvig / 49.

77 Memoiren (Version Jabotinsky), S. 90.

seine Memoiren auf Jiddisch publiziert werden. Frankfurter lehnte ab, da er sich nicht in der Lage sah, längere Texte auf Jiddisch zu verfassen.[78] So kurz vor seiner Alija und weiterhin in Sorge um seine Familie wollte er sich zudem nicht auf seine eigene Vergangenheit konzentrieren. „Alles war noch zu neu und zu erregend für mich, um jetzt schon Rückschau halten zu können."[79] Dafür sollte das Buch von Emil Ludwig, das damals unter dem Titel *Mord in Davos* erschienen war und mit Emile Zolas *J'accuse* verglichen wurde,[80] neu herausgegeben werden – nun als *David und Goliath* in einer durch einen Epilog ergänzten Version. Zu diesem Zwecke wurde Frankfurter von Ludwig nach Ascona eingeladen. Die Begegnung zwischen Frankfurter und dem Mann, der ihn 1936 in seinem Buch öffentlich verteidigt hatte, wurde sowohl von Frankfurter in seinen Memoiren als auch von Ludwig in besagtem Epilog zur Neuauflage ausführlich beschrieben.

In ungewohnt blumigen Worten wird in den Memoiren das Setting des Gesprächs beschrieben, das Haus im griechischen Stil in Moscia, einem Ortsteil von Ascona, der „erlesenste[…] Wein", den Ludwig ihm vorsetzte, das Gespräch mit Ludwig, den er bis anhin nicht persönlich kennengelernt hatte und mit dem er sich trotzdem unterhalten konnte „wie mit einem alten Freund".[81] Nicht nur für Frankfurter war diese Begegnung von großer Bedeutung – immerhin traf er in Emil Ludwig den Mann, der sich unmittelbar nach dem Mord öffentlich für ihn eingesetzt hatte –, sondern auch für Ludwig. Frankfurter verglich Ludwig mit dem Verfasser des Werkes *Bellum Judaicum*, Flavius Josephus, und bemerkte, wie „selten […] der Biograph Gelegenheit [hat] mit der handelnden Person seiner Erzählung in persönlichen Kontakt zu treten".[82] Ludwig wiederum beschreibt Frankfurter in *David und Goliath* als gesunden, jungen Mann, „nicht groß, gedrungen, mit ebenmäßigen, gebräunten Zügen, mit offenem Blick und schmalem Mund".[83] Die Jahre im Zuchthaus seien „seinem Körper vorzüglich bekommen", so habe sich ein „bleicher und nervöser Jüngling" nun in einen „kräftigen Menschen von vorzüglichen Manieren verwandelt",[84] der seine eigene Bedeutung, die er durch den Mord an Wilhelm Gustloff erlangt hatte, ständig herabzusetzen versuche.

Die Beschreibungen Ludwigs sind als Dialog zwischen dem Biographen und seinem Objekt gehalten und bilden teilweise eine Doppelung zu den Informati-

78 Vgl.: Brief von A. Silberschein an Veit Wyler vom 10. September 1945, in: AfZ, NL Veit Wyler / 47.

79 Memoiren (Version Jabotinsky), S. 90.

80 Cavelty, Gieri: „J'accuse" der Schweizer Geschichte, in: Südostschweiz, Ausgabe Graubünden, 7. Mai 2005, S. 19.

81 Beide Zitate: Memoiren (Version Jabotinsky), S. 90.

82 Ebd.

83 Ludwig 1986, S. 105.

84 Alle Zitate: Ebd.

onen, die Frankfurter in seinen Memoiren wiedergibt. Es gibt jedoch Details, die Ludwig im Gespräch mit Frankfurter erfahren hatte und die er im Epilog verarbeitete, die so bei Frankfurter nicht zu finden sind. Das Gespräch erweckt den Eindruck, Frankfurter wolle nun endlich die Gelegenheit ergreifen, sein Schlusswort zu sprechen, das ihm im Prozess nicht zu seiner Zufriedenheit zugestanden worden war. Frankfurter war sich bewusst, dass Ludwig seine Eindrücke von diesem Gespräch veröffentlichen würde, da dies überhaupt die Grundlage für das Treffen war,[85] und so hatte er zum ersten Mal seit seiner Tat die Möglichkeit, sich über einen ihm positiv gestimmten Menschen an die Öffentlichkeit zu wenden und seine Motive darzulegen. Diese Aussagen erscheinen reflektierter als diejenigen in seinen Memoiren und wirken wie ein Resümee Frankfurters in Bezug auf seine Tat, seine Überlegungen, sein bisheriges Leben und die Gegenwart. Es ist wichtig zu bemerken, dass diese Informationen, viel stärker als die Memoiren, die in enger Zusammenarbeit zwischen Schalom Ben-Chorin und David Frankfurter erarbeitet wurden, lediglich eine Wiedergabe von Frankfurters Aussagen aus zweiter Hand, gefiltert durch Emil Ludwig und niedergeschrieben in seinen Worten, darstellen.

Frankfurter gab beispielsweise Auskunft darüber, weshalb er Arzt werden wollte. Er hatte Ludwig so sehr vom Beruf seines Vaters vorgeschwärmt, dass dieser ihn fragte, wieso er nicht selbst Rabbiner werden wollte. Frankfurter erklärte, der Beruf des Rabbiners sei nicht mehr so, wie ihn sein Vater gelebt hätte – heute sei ein Rabbiner ein „Verwaltungsbeamter".[86] Deswegen habe er sich für ein Medizinstudium entschieden, in der Annahme, als Arzt mehr bewirken zu können. „Ich hielt es für die moderne Form, das für die Menschen zu tun, was mein Vater als Geistlicher tat."[87] Gleichzeitig sei er überzeugt gewesen, dass er niemals ein guter Arzt geworden wäre, da ihm der „Wissensdrang zur Natur"[88] fehle. Trotz dieser Aussage war sich Frankfurter in der Wahrnehmung Ludwigs „in allen Dingen des Glaubens [...] vollkommen sicher".[89]

Ludwig machte auf den Widerspruch aufmerksam, den er zwischen Frankfurters humanistischer und religiöser Bildung und dem Mord sah – ein Widerspruch, den Frankfurter einfach auflösen konnte. Er habe sich nicht etwa von seinen Idealen abgewendet, jedoch eine Erfahrung machen müssen, die seinen Idealen so nicht entspreche: „die Erfahrung Hitler".[90] In diesem Zusammenhang

---

85 In seinen Memoiren schreibt er zudem, dass er Ludwig nachts beobachtet habe, wie er das Gespräch mit Frankfurter aus seiner Erinnerung niedergeschrieben hatte. Vgl.: Memoiren (Version Jabotinsky), S. 90–91.

86 Ludwig 1986, S. 107.

87 Ebd.

88 Ebd.

89 Ebd.

90 Ebd.

ging er auf zwei Vorfälle ein, den bereits erwähnten um seinen Onkel in Berlin, und einen weiteren, von dem ihm sein Vater erzählt habe: „Meinem Vater war in Posen auf der polnischen Bahn etwas Ähnliches passiert; dreimal hatte ihn ein junger Nazi in frechem Tone aufgefordert, ihm seinen Sitz zu überlassen, zuletzt ihm mit dem Messer gedroht. Erst im letzten Augenblicke schlug mein Vater ihm das Messer aus der Hand und schrie ihn an.“[91] Die Erwähnung dieses Vorfalls an dieser Stelle ist überraschend. Wie im Kapitel zum ersten Prozesstag ausgeführt wurde, hatte der Gerichtspräsident Frankfurter im Verhör explizit nach seinen Erfahrungen mit dem Nationalsozialismus gefragt und bei der Nachfrage wissen wollen, ob seine Familienangehörigen direkt bedroht worden seien. Frankfurter hatte damals beides verneint. Nun ist eine Bedrohung mit einem Messer durch einen jungen Nazi doch schwerwiegender als die Erfahrungen von Frankfurters Onkel, der von Nationalsozialisten beschimpft und leicht tätlich angegriffen wurde; das hätte wahrscheinlich beim Gericht als ausschlaggebender Grund für Frankfurters persönliche Betroffenheit gelten können. Aus welchen Gründen Frankfurter diesen Vorfall nicht aufgeführt hatte, muss an dieser Stelle offenbleiben.[92] Ludwig fragte Frankfurter, weshalb er die genannten Erfahrungen nicht vor Gericht aufgebracht hatte. Frankfurter erklärte, ihm sei davon abgeraten wurden: „Ich habe dem Rate gutwilliger Freunde nachgegeben, die mir nichts als Demut anrieten!“[93] Um welche Freunde es sich dabei handelte, führte er nicht weiter aus, es ist jedoch kaum der Verteidigung zuzuschreiben, da diese sich auf den politischen Faktor der Tat abgestützt hatte; zudem hatte Frankfurter andere, ähnliche Vorkommnisse sehr wohl in seinem Schlusswort genannt.

Frankfurter gestand Ludwig, er könne rückblickend mindestens drei Schwächen in seinen Handlungen erkennen.[94] Als erste Schwäche nannte er den nicht ausgeführten Selbstmord, wobei er weiterhin nicht nachvollziehen konnte, ob sein Versagen darin lag, dass er keine Kugel mehr hatte oder dass er den Mut dazu nicht aufbringen konnte.[95] Sein zweiter Fehler, führte Frankfurter laut Ludwig aus, sei gewesen, sich während des Prozesses das Schlusswort entziehen zu lassen und sich nicht gewehrt zu haben. Und die dritte „Sünde“[96] sei der Weg der Begnadigung gewesen.

91 Ebd.

92 Möglich wäre, dass er in der Situation als Mordverdächtiger im Kreuzverhör nicht daran gedacht hatte, er es erst bei seinem Schlusswort verwenden wollte oder dass er erst später davon erfahren hatte.

93 Ludwig 1986, S. 108.

94 Vgl.: Ebd. Frankfurters Worte lauteten: „Ach, ich habe mindestens zu drei Malen schwach gehandelt!“

95 Vgl.: Ebd., 108–109.

96 Ebd., S. 111.

> Als man mir das zum erstenmal im Zuchthaus anriet, schlug ich mit der Faust auf den Tisch. Nachher ließ ich mich aufs neue bereden, weil eine Begnadigung mehr Chance für meine Freiheit brächte als die Wiederaufnahme des Prozesses. So bin ich zweimal um die Möglichkeit betrogen worden, meine Tat selber zu verteidigen, und verdanke meine Freiheit nur der Niederlage des Herrn Hitler.[97]

Hier weist Frankfurter erneut implizit darauf hin, dass es besser gewesen wäre, den unsicheren Weg der Revision zu gehen und vielleicht zu scheitern, als gnadenhalber entlassen zu werden. Frankfurter war überzeugt, dass er durch die Möglichkeit, seine Tat frei (und ohne unterbrochen oder von juristischen Überlegungen eingeschränkt zu werden) erklären zu können, auf umfassendes Verständnis gestoßen und in letzter Konsequenz schon im Prozess nicht verurteilt oder in der Revision freigesprochen worden wäre. Auch wegen dieser drei Punkte, die er im Nachhinein bereute, habe Frankfurter im Gefängnis den Entschluss gefasst, sich nichts gefallen zu lassen.[98] Als Ludwig daraufhin nachhakte, er sei doch „wegen musterhafter Führung begnadigt worden",[99] erklärte Frankfurter, die gute Führung hätte sich lediglich auf die letzten zwei Jahre im Gefängnis bezogen, denn „als die Deutschen geschlagen wurden, war meine Behandlung im Zuchthaus erheblich besser und ich deshalb auch umgänglicher geworden".[100] Um zu verdeutlichen, womit er sich davor habe herumschlagen müssen, führte Frankfurter zwei Beispiele an: den bereits bekannten Vorfall mit Webermeister Bruderer, der allerdings nicht namentlich genannt wurde, sowie einen wütenden Wortwechsel mit einem Aufseher, den Ludwig entsprechend Frankfurters Erzählung wiedergab.

> Eines Tages kam ein Aufseher und sagte mir: „Gestern habe ich meiner Frau im Bette gesagt, alle Juden sind Saujuden, aber Frankfurter ist der schlimmste." Ich erwiderte: „Sie sind, glaube ich, erst ein oder zwei Jahre verheiratet? Wie stehen Sie mit Ihrer Frau?" – „Ich bin mit ihr zufrieden", sagte der Mann. – „Sie sprechen von ihr", sagte ich, „wie man von seiner Milchkuh spricht. Haben Sie nichts Besseres im Bette zusammen zu sprechen?" Da wurde der Aufseher, der mich provoziert hatte, wütend – wir gerieten aneinander, wurden im letzten Moment getrennt, und ich bekam fünf Tage Dunkelarrest bei Wasser und Brot.[101]

Auch wenn es unter den Menschen, mit denen Frankfurter im Gefängnis zu tun hatte, „anständige Leute" gab – Frankfurter hob wieder die Frau des Gefängnis-

---

97 Ebd.

98 Vgl.: Ebd., S. 112.

99 Ebd.

100 Ebd.

101 Ebd., S. 113.

verwalters als positives Beispiel hervor, so seien sie in der Mehrheit „maschinenmässig“ gewesen; er sei immer wieder „gegen das Reglement benachteiligt“ worden.[102] Er resümierte: „Ich habe beinah nichts als kleine, ängstliche Leute gesehen, die je nach den Tagesberichten ihre Kriegsprognose und damit meine Behandlung einrichteten.“[103] Nicht die Gefangenen seien das Problem gewesen, ebenso wie nicht das Volk Frankfurter gegenüber negativ eingestellt gewesen sei, sondern diejenigen, die etwas zu sagen hatten oder meinten, dass sie etwas zu sagen hätten. „Alles aber, was von oben kam, war die ganze Zeit von der steigenden oder weichenden Furcht vor Hitler bestimmt.“[104] Ludwigs Kommentar hierzu klingt ähnlich wie die Erfahrungen, die Frankfurter gemacht hatte: „Aufs neue erkannte ich, daß die wahren moralischen Eroberungen im Volke gemacht werden, selten bei den Gebildeten, bei den Regierenden eigentlich nie, wie mir dies neuere Erfahrungen bestätigt haben.“[105] Frankfurter unterschied dabei zwischen christlichen Schweizerinnen und Schweizern und jüdischen. Bei den Christen nannte er seinen Vormund Paul Schmid-Ammann sowie einen Großrat aus Langenthal, Anliker, der ihm – ohne ihn zu kennen – unterstützende Briefe ins Gefängnis geschickt hatte.[106] Die Schweizer Jüdinnen und Juden hingegen, so Frankfurter, seien besonders zu Beginn „erschrocken“ gewesen, „sie wollten sich von einem Mörder fernhalten, nur einige traten für mich offen ein“.[107] Als jüdische Unterstützer bezeichnete er konkret Veit Wyler, Josef Messinger und, bei seiner Begnadigung, Georges Brunschvig. Frankfurter resümierte dazu, vielleicht etwas zynisch: „Vielleicht [...] weil wir Mut haben, für alles zu kämpfen, außer für uns selber.“[108]

Abschließend und mit der Distanz von neun Jahren Gefängnis fällte Frankfurter, gemäß Ludwig, über seine eigene Tat ein Urteil. „Vielleicht war meine [Tat] auch unnötig. Wem hat sie eigentlich genutzt?“[109] Ludwig wandte ein, dass sie wohl der Gerechtigkeit genutzt habe, ein Hinweis, den Frankfurter mit gemischten Gefühlen aufnahm. „Das hoffte ich ja damals! Ich wollte das Gewissen der Welt aufrütteln, aber sie schlief weiter! So blieb es nur eine moralische Geste ohne Folgen.“[110] Frankfurter zweifelte auch im weiteren Verlauf des Gesprächs

102 Alle Zitate: Ebd.

103 Ebd., S. 114.

104 Ebd.

105 Ebd., S. 115.

106 Vgl.: Ebd., S. 115. Die Briefe von Anliker sind in den Unterlagen nicht erhalten, jedoch haben Moshe Frankfurter und Miriam Gepner bei mehreren Gelegenheiten eine Familie Anliker aus Langenthal erwähnt, mit denen Frankfurter zeitlebens in Kontakt geblieben war. Wahrscheinlich war Anliker kein Großrat, wie Frankfurter schrieb, sondern Gemeinde- oder Stadtrat.

107 Beide Zitate: Ludwig 1986, S. 115.

108 Ebd.

109 Ebd., S. 116.

110 Ebd.

mit Ludwig an der Bedeutung seiner Tat. Das Ziel, die Welt auf die Vorgänge in Deutschland aufmerksam zu machen, habe er verfehlt, und er selbst habe dadurch neun Jahre seines Lebens verloren.

> [W]issen Sie, daß die Barbaren nachträglich mir noch ein stärkeres Fundament errichtet haben? Sie haben meinen alten Vater verschleppt und wahrscheinlich umgebracht. Als ich das hörte, erschien mir sein Ende als eine furchtbare Bestätigung der Vision, die mich damals zur Tat getrieben hat.[111]

Dies zeigt, dass David Frankfurter trotz aller Zweifel davon überzeugt war, durch seine Tat etwas erreicht zu haben, und sei es nur, mit seiner Warnung vor der Gefahr, die den Jüdinnen und Juden Europas durch den Nationalsozialismus drohte, Recht behalten zu haben.

Frankfurter erhielt das Manuskript zum Epilog vom Zürcher Posen Verlag zur Durchsicht zugeschickt. Er schreibt, dass er gerade in der Stunde, in der er sich damit beschäftigte, einen Anruf vom Palästina-Amt in Genf erhalten habe. „Ich hatte mich dort am Mittwoch, den 29. August 1945 einzufinden, um die letzten Formalitäten der Auswanderung zu erledigen, da am Donnerstag ein Spezial-Zug unsere ganze Gruppe nach Marseille bringen sollte, von wo aus wir nach Erez-Israel in See stechen würden."[112]

Dies war nun David Frankfurters Ziel. Nach den Reflexionen über seine Vergangenheit im Gespräch mit Emil Ludwig blickte er nun nach vorne, nach Palästina.

7.2 Reise nach Palästina: „Als aufrechte Menschen wollen wir in das Land Israel kommen"[113]

Frankfurter begab sich aus Interlaken nach Genf und machte auf dem Weg dorthin einen Zwischenhalt in Bern, wo er bei Georges Brunschvig unterkam. Hannah Einhaus beschreibt den kurzen Besuch:

> Die letzte Nacht in der Schweiz, vom 1. auf den 2. September 1945,[114] verbrachte Frankfurter im Hause Brunschvig. Odette hatte für ihn am Friedheimweg 53 ein Bett

111 Ebd., S. 118.

112 Memoiren (Version Jabotinsky), S. 91.

113 Ebd.

114 Es ist unklar, wer sich bezüglich Datum geirrt hat, Frankfurter schreibt, er habe schon Ende August in Genf sein müssen, Einhaus setzt den Besuch bei Brunschvigs auf Anfang September an.

parat gemacht. Die Mädchen Pierrette und Monique, inzwischen acht und knapp sechs Jahre alt, schliefen schon tief und bemerkten nichts vom prominenten Gast. „Früh am Morgen weckte ich ihn“, schrieb Georges Brunschvig später, „und gemeinsam mit ‚Negerli‘ [sein Kosename für Odette] frühstückten wir. Ich begleitete ihn an die Bahn, und um 6.41 Uhr verliess er Bern.“[115]

Abb. 45: David Frankfurter und Georges Brunschvig, beide mit Zigarette, am Bahnhof in Bern vor Frankfurters Abfahrt nach Palästina. Quelle: AfZ NL Georges Brunschvig / 50.

In Genf war von den örtlichen zionistischen Jugendbünden ein Abschiedsfest für die Auswandernden vorbereitet worden. Als Redner war Kusiel Stern, ein „Misrachist“,[116] geladen, den Frankfurter als seinen Freund bezeichnete. Sie lernten sich während seiner Haftzeit kennen, und Frankfurter besuchte Stern nach seiner Freilassung in Luzern. Stern wies in seiner Ansprache darauf hin, dass „David Frankfurter, der einen Erzfeind unseres Volkes getötet hat, unter den Olim[117] dieses Transportes“ sei[118] und bat ihn auf die Bühne. Frankfurter war

115 Einhaus 2016, S. 124–125. [Die Klammerbemerkung stammt von Hannah Einhaus.]

116 Misrachi: Religiös-zionistische Organisation.

117 Olim: Hebräisch Aufsteiger, Begriff für Neueinwanderer, die aus dem Exil nach Erez Israel zurückkehren.

118 Memoiren (Version Jabotinsky), S. 92.

dies unangenehm, und „halb widerstrebend" und „sicherlich stockend"[119] improvisierte er eine Rede, in der er sich an die jungen Zionistinnen und Zionisten und seine Reisegefährtinnen und -gefährten wandte. Er begann mit „noch recht unzulängliche[m] Hebräisch",[120] um kurz darauf mit einem Aufruf ins Deutsche zu wechseln. „Als aufrechte Menschen wollen wir in das Land Israel kommen, nicht als gedemütigte Flüchtlinge. Auf Grund eines Rechtes, nicht durch Duldung, kehren wir heim in das Land unserer nationalen Herkunft!"[121] Frankfurter reflektiert in seinen Memoiren seinen Auftritt und die Reaktion seiner Zuhörerschaft kritisch. Der Auftritt habe „wohl etwas enttäuschend"[122] gewirkt, was er damit erklärt, dass sich „so eine Art Mythos um meinen Namen gebildet [hatte], dem ich in der bescheidenen Wirklichkeit keineswegs entsprach oder entspreche".[123] So habe er nichts Heldenhaftes an sich, er sei keine „Lichtgestalt", sondern ein einfacher Jude, „wie es Tausend andere gibt".[124]

> Die Tat weniger Minuten hatte mich herausgehoben aus einer anonymen Masse, der ich aber in Wahrheit weiter angehörte und angehöre. Wahrscheinlich geht es allen Menschen so, die nicht die grosse Leistung eines Lebenswerkes, sondern die halb zufällige Fügung des Schicksals für eine Minute der Weltgeschichte ins Scheinwerferlicht der breitesten Öffentlichkeit stellt. Nun, ich hatte nie die Absicht, mit Heroengeste weiterzuleben[,] und so konnte und kann ich die damit verbundene Enttäuschung niemandem ersparen.[125]

Aus Frankfurters Worten spricht hier das Empfinden einer gewissen Erwartungshaltung seiner Umgebung, die mit seiner Vergangenheit als Mörder von Wilhelm Gustloff und damit als jüdischer Widerstandskämpfer verbunden war. Gerade bei der zionistisch geprägten Zuhörerschaft bei der Verabschiedung der Auswandernden in Genf dürfte die Imaginierung Frankfurters als jüdischer Held im Sinne der zionistischen Ideologie eine Rolle gespielt haben. Frankfurter hingegen sah seine Rolle kritisch. Er verstand seine Tat als schicksalshaft und als einmalig, er hatte nicht vor, noch einmal etwas Ähnliches zu vollbringen, und nahm sich weiterhin als absolut durchschnittliches Mitglied des Judentums wahr.

119 Beide Zitate: Ebd.
120 Ebd.
121 Ebd.
122 Ebd.
123 Ebd.
124 Beide Zitate: Ebd.
125 Ebd.

Nach Frankfurters Angaben handelte es sich bei den Olim um eine Gruppe von 450 meist junger Menschen, „zusammengekommen aus allen Ländern der europäischen Golah, wie sie in den Auffanglagern der Schweiz die Jahre des Krieges und der Verfolgung zusammengetrieben hatten“.[126] Auf dem Weg nach Marseille passierte die Gruppe ein deutsches Gefangenenlager, das bei Frankfurter und wahrscheinlich auch bei seinen Gefährten einen tiefen Eindruck hinterließ. „Wir sahen die Herren der Welt von Gestern [sic], bewacht von amerikanischen Soldaten[,] und da war es uns doch[,] als würde uns ein kleines Stückchen der ewigen ausgleichenden Gerechtigkeit vor Augen geführt.“[127] Aber auch den Reisenden aus der Schweiz stand ein Kurzaufenthalt in einem Lager bevor; ausgerechnet in einem Lager in Marseille, in dem französische Kollaborateure und Kriegsverbrecher untergebracht waren. Frankfurter schildert, dass sie nur „eine schmale Strasse, bewacht von einem schwarzen Posten [von den] Überläufern und Helfershelfern der Nazis“ getrennt habe.[128] Für Frankfurter hingegen waren die Erinnerungen an den kurzen Aufenthalt im Marseiller Lager nicht ausschließlich schlecht, da er dort erfuhr, dass sein Bruder Alfons ihn auf der Reise begleiten würde. Mit einem französisch-jüdischen Transport war sein Bruder nach Marseille gereist; er sollte die Überfahrt nach Palästina als Arzt begleiten. Die Umstände dieser schicksalhaften Zusammenkunft sind unklar. David Frankfurter war jedoch überglücklich und schreibt: „[W]ir waren endlich wieder vereinigt und durften zusammen die Reise ins Land der Väter antreten.“[129]

Nachdem die Gruppe den Schabbat in Marseille verbracht hatte, ging es weiter nach Toulon, wo das Schiff, das sie nach Palästina bringen sollte, die „Mataroa“, bereits wartete. Der Zug aus der Schweiz war nicht der einzige, der das Schiff erreichte. Neben dem französischen Zug, den Alfons als Arzt begleitete, waren auch britische Truppen an Bord, „sodass es für uns ein wenig eng wurde“.[130] Unter den Passagieren war gemäß Frankfurter ein illegaler Einwanderer, der sich zwischen die Reisenden geschmuggelt hatte, ein „etwa fünfzehnjähriger Junge“,[131] der es tatsächlich unbemerkt bis nach Palästina schaffte, wo Frankfurter ihn aus den Augen verlor. Für die illegale Migration nach Palästina, die so genannte Alija Bet[132] oder Ha'apala[133] als Folge der Einwanderungsbeschränkungen durch die britische Mandatsmacht, hatte Frankfurter große Sympathien.

126 Ebd.
127 Ebd.
128 Ebd.
129 Ebd.
130 Ebd., S. 93.
131 Ebd.
132 Codename für die illegale Einwanderung nach 1939.
133 Hebräisch für: Aufstieg.

> Einer von Tausenden, von Zehntausenden. Kein widernatürliches Gesetz, keine Grenzbarriere, keine Bajonette und Radarstationen halten sie ab, die ‚Illegalen', die getrieben vom Blutstrom der Zeit in unser Land fluten, einzig folgend dem Kompass ihres jüdischen Herzens, der immer nur eine Richtung kennt: nach Erez Israel.[134]

An Bord der „Mataroa" waren insgesamt fast 1000 Holocaustüberlebende aus Belgien, Frankreich Deutschland und der Schweiz, darunter 87 Überlebende aus Buchenwald und 15 aus Dachau; viele waren Waisenkinder, aber auch Mitglieder zahlreicher zionistischer Organisationen, unter anderem 354 ausgebildete landwirtschaftliche Arbeiter.[135] Die *Palestine Post* nannte die exakten Zahlen bezüglich der Passagiere. „There are 460 men, 412 women[,] 98 children and 21 infants."[136] Alfons Frankfurter, in seiner Funktion als Arzt, half unterwegs, ein Kind zur Welt zu bringen, wie die *Palestine Post* am 10. September 1945 berichtete: „A baby boy was born abroad [sic] the Mataroa a few hours after the ship had sailed from Toulon on September 3. The mother, Yoheved Loewenberg, from Holland and her son David are both doing well. Dr. Alfonse Frankfurther [sic], brother of David Frankfurter, assisted at the birth."[137] Offensichtlich war in Palästina nicht nur bekannt, wer sich an Bord des Schiffes befand und was dort vor sich ging, sondern auch, wer David Frankfurter war. Möglicherweise ist es kein Zufall, dass die Mutter ihrem Sohn den Namen David gegeben hat.

Die Überfahrt nach Haifa dauerte fünf Tage. Frankfurter beschreibt die Stimmung auf dem Schiff als euphorisch. „Menschen, die durch die Hölle von Majdanek und Auschwitz gegangen waren, [...] sogen die Luft der Freiheit nun fast taumelnd ein. Sie trugen die Lager-Nummern eingebrannt auf der Haut wie Schlachtvieh – und sollten wieder freie Menschen auf eigener Erde werden."[138] Dieser Ausdruck des eigenen Lands zieht sich wie ein roter Faden durch die Memoiren Frankfurters im Zusammenhang mit seiner zukünftigen Heimat. Frankfurter nutzte die Zeit vor der Ankunft, um Rückblick zu halten. „Ich dachte zurück an die Jahre im Gefängnis und an diese heiligsten Tage im Jahre eins im elterlichen Rabbinerhause."[139] An Erev Rosch Haschana, dem Vorabend des jüdischen Neujahrsfestes, war es schließlich soweit: Am Horizont zeichnete sich

134 Memoiren (Version Jabotinsky), S. 93.

135 Vgl.: The Palestine Post: Happy New Year for Refugee Arrivals, in: The Palestine Post vom 10. September 1945, S. 3. Via: Historical Jewish Press, www.jpress.nli.org.il

136 Ebd.

137 Ebd.

138 Memoiren (Version Jabotinsky), S. 93.

139 Ebd.

ein „schmale[r] Streifen Landes [ab], der unaufhaltsam näher kam, das war Haifa, das war Erez Israel – das Land der Verheissung".[140]

7.3 Ankunft und erste Wochen in Palästina

Ausgerechnet am ersten Tag des jüdischen Jahres 5706 legte die Mataroa gemäß Frankfurter in Haifa an.[141] Empfangen wurden die „Olim chadaschim", die Neuankömmlinge, von einer Delegation des Jischuw,[142] unter anderem von Yehoshua Kaniel, dem aschkenasischen Oberrabbiner von Haifa. Daneben warteten Journalisten, die besonders an Frankfurter interessiert waren, sowie Verwandte der Reisenden, Zuschauerinnen und Zuschauer. Frankfurter empfand die Atmosphäre als freundlich und willkommen heißend, „sodass wir wirklich das Gefühl hatten[,] hier endlich nicht als lästige Flüchtlinge[,] sondern als Heimkehrer empfangen zu werden".[143] Die Landung des Schiffes war in einer Hinsicht problematisch. Da der Ankunftstag auf einen Schabbat fiel, gingen die Behörden davon aus, dass es religiöse Passagiere geben würden, die sich weigern könnten, das Schiff an einem Schabbat zu verlassen, weswegen spezielle Polizeikräfte die Passagiere empfingen. Die Landung und das Entladen des Schiffes verliefen aber ohne Probleme und in Rekordzeit. Unter den Passagieren wurden keine gefährlichen Krankheiten festgestellt; lediglich neun Personen, darunter eine hochschwangere Frau, mussten sich in ärztliche Obhut begeben.[144]

Der Korrespondent der *Palestine Post*, Ernst Aschner, konnte die Gelegenheit nutzen, Frankfurter als Neueinwanderer zu begrüßen und zu interviewen. Sein Artikel mit dem Titel „Planned to Kill Goebbels Too" startet mit der Aussage Frankfurters, „My only regret is that I did not kill Hitler."[145] Obwohl der Text einige sachliche Fehler enthält (Frankfurters Opfer zum Beispiel heißt fälschlicherweise Sigmund Gustloff), zeigt er das große Interesse auf, das in Palästina an Frankfurter vorherrschte. Frankfurter, als „a blonde, goodlooking and unassuming man of 36" beschrieben, habe Gustloff, den Landesgruppenleiter der Schweiz (übersetzt mit „local chief") erschossen und sei daraufhin zu 18 Jahren Gefängnis

140 Ebd.

141 Der erste Tag des jüdischen neuen Jahres war Samstag, der 8. September 1945, was mit Frankfurters Argumentation aufginge.

142 Hebräisch für: Bewohntes Land. Bezeichnung für die jüdische Bevölkerung in Palästina während der Mandatszeit.

143 Memoiren (Version Jabotinsky), S. 93.

144 Vgl.: Ebd.

145 Aschner, Ernst: Planned to Kill Goebbles Too, in: The Palestine Post vom 10. September 1945, S. 3. Via: Historical Jewish Press, www.jpress.nli.org.il

verurteilt worden.[146] Aschner geht zudem auf das Schicksal der Familie Frankfurter ein, dass der Vater und dessen Tochter, gemeinsam mit ihrem Ehemann und den zwei Kindern, deportiert und wahrscheinlich ermordet worden seien. Der Bruder Alfons (im Artikel „Alphonse“) sei in Kriegsgefangenschaft in Griechenland zusammen mit „1,500 Palestinians, mostly Jews, at Kalamata“ interniert gewesen.[147] Er habe seine Verwandtschaft zu David Frankfurter erfolgreich vor den Nationalsozialisten verbergen können; trotzdem sei er über Freunde mit ihm in Kontakt geblieben. In der Schweiz hätten sich die Brüder wiedergefunden, nachdem David Frankfurter begnadigt worden sei. Dieser, so Aschner weiter, sei nur bedingt zufrieden mit seiner Freilassung. „I was at first very much against an appeal for pardon [...] and would have preferred a re-trial. As my family wanted me to be freed, however, I gave way and accepted the pardon[.]“[148] Frankfurter, der keinerlei politische Intentionen habe und fließend mehrere Sprachen spreche, beabsichtige nicht, sein Medizinstudium in Palästina fortzusetzen, sondern plane, „on the land as a member of a communal settlement“[149] zu arbeiten.

Doch bevor Frankfurter sich in Palästina niederlassen konnte, wurden er und die anderen Olim „in grässlichen Viehwagen“[150] ins britisch geführte Flüchtlingslager in Atlit, einer kleinen Ortschaft südlich von Haifa, gebracht. Das Lager in Atlit war Ende der 1930er Jahre als britisches Militärlager erbaut worden und diente später vor allem der Internierung illegaler Einwanderer.[151] Alfons Frankfurter beschreibt in einem Brief an Wyler, ihn habe das Lager an ein Kriegsgefangenenlager erinnert, umgeben von Stacheldraht und bewacht von Polizeiposten.[152] Während illegale Einwandererinnen und Einwanderer in Atlit teilweise lange Zeit verbrachten oder in andere Lager, beispielsweise auf Zypern, gebracht wurden, mussten die Frankfurters lediglich vier Tage warten, bis alle Formalitäten wie Einreisepapiere, ärztliche Untersuchungen und Impfungen geklärt waren,

146 Beide Zitate: Ebd.

147 Beide Zitate: Ebd. Der Begriff „Palästinenser“ wurde zu jener Zeit auf die Einwohner Palästinas angewendet, ungeachtet dessen, ob es sich um Juden, Christen oder Muslime handelte. Wie er heute verwendet wird, hat sich der Begriff erst nach der Gründung Israels in Zusammenhang mit dem nationalen Erwachen der arabischen Bevölkerung in jenem Gebiet entwickelt.

148 Ebd.

149 Ebd.

150 Brief von Alfons Frankfurter an Veit Wyler vom 3. Januar 1946, in: AfZ, Nachlass Veit Wyler / 47, S. 1.

151 Vgl.: Avi-Yonah, Michael et al.: Athlit, in: Berenbaum, Michael und Skolnik, Fred [Hrsg.]: Encyclopaedia Judaica, 2nd ed. Vol. 2, Detroit 2007, S. 633–634. Und: Slutsky, Yehuda: „Illegal“ Immigration, in: Berenbaum, Michael und Skolnik, Fred [Hrsg.]: Encyclopaedia Judaica, 2nd ed. Vol. 9, Detroit 2007, S. 722–724.

152 Brief von Alfons Frankfurter an Veit Wyler vom 3. Januar 1946, in: AfZ, Nachlass Veit Wyler / 47, S. 1.

sich „[d]ie Tore des letzten Lagers öffneten“[153] und sie gemeinsam mit dem Bus von Haifa nach Tel Aviv fahren konnten. Die Beschreibung der Landschaft in den Memoiren, die Frankfurter während der Fahrt sehen konnte, klingt nach einer Verwirklichung zionistischer Vorstellungen.

> Hier blühende jüdische Siedlungen, duftende Pardessim (Orangengärten) und dort elende arabische Dörfer und aus Fetzen zusammengeflickte Beduinenzelte in dürrem, steppenartigem Gelände. So hatte das Land ausgesehen, ehe der Jude den Pflug darüber führte, ehe Israel, heimkehrend in seine Gemarkung, das Land wieder erschloss.[154]

Bevor Alfons und David Frankfurter sich endgültig niederließen – sie waren vorübergehend bei Verwandten in Tel Aviv untergebracht –, reisten sie durch das Land. Sie sahen den Norden Israels, Galiläa, aber auch Jerusalem und andere Städte. Frankfurter beschreibt, wie seltsam vertraut dies alles gewirkt habe, „nicht als ob wir ein neues Land bereisten, sondern als schritten wir durch längstvertraute Gegenden“.[155] Noch einmal setzt er in seinen Memoiren, bewegt von diesen Eindrücken, an zu einem Loblied auf die Errungenschaften durch die jüdische Einwanderung. „Und doch war es immer wieder neu und herrlich und beglückend zu sehen, wie viel in der kurzen Zeit der jüdischen Kolonisation geschaffen worden war.“[156] Der bereits erwähnte Brief von Alfons Frankfurter enthält mehr Informationen zu den Reisen durch das Land, die in den Memoiren relativ knapp abgehandelt werden. So war der Besuch in Jerusalem auf Einladung der „Sochnut“, der Jewish Agency, erfolgt, bei dem David Frankfurter „der Elite der Sochnuth“ präsentiert wurde, gefolgt von einer Führung durch die Stadt. David Frankfurter schien in Palästina eine Art Prominentenstatus zu haben und wurde beispielsweise von einem Komitee der „Histadrut“, dem sozialistisch-zionistischen Gewerkschaftsbund, empfangen. Zudem wurde er in die Redaktion der Zeitung *Davar* sowie von einer Journalistenvereinigung eingeladen.[157]

Alfons Frankfurter beschloss schließlich, sich in Tel Aviv als Arzt niederzulassen, während David Frankfurter bei seinem Plan blieb, sich landwirtschaftlich zu betätigen. Er fand einen Kibbuz, der bereit war, ihn aufzunehmen: Kibbuz Givat Brenner, in der Nähe der südlich von Tel Aviv gelegenen Stadt Rechovot. In diesem Kibbuz, gegründet 1928 von jungen Pionieren aus Russland und Polen,

153 Memoiren (Version Jabotinsky), S. 93.

154 Ebd., S. 94.

155 Ebd.

156 Ebd.

157 Brief von Alfons Frankfurter an Veit Wyler vom 3. Januar 1946, in: AfZ, Nachlass Veit Wyler / 47, S. 1.

wollte Frankfurter „das Leben in der Gemeinschaft kennen lernen“, nach den vielen Jahren, die er „in Einzelhaft unter fremdartigen Menschen verbracht hatte“.[158] Über seine Zeit in Givat Brenner gibt es kaum Informationen, er ist nicht lange dort geblieben, denn „aus gesundheitlichen Gründen“[159] konnte er nicht im Kibbuz arbeiten.[160] Auch wenn Frankfurter dies nicht weiter ausführt, kann angenommen werden, dass seine alten Krankheiten und die daraus resultierenden Beeinträchtigungen, obwohl es ihm nach der Freilassung aus dem Gefängnis physisch und psychisch viel besser ging, sich nicht mit der körperlichen Arbeit in der Landwirtschaft vereinbaren ließen. Alfons Frankfurter deutete bereits Februar 1946 in seinem Brief an Veit Wyler an, dass der Aufenthalt im Kibbuz ein reiner Versuch seines Bruders war, ein Abtasten, „ob er dem Milieu und der physischen Arbeit gewachsen ist oder nicht“.[161] Er schreibt, er habe Zweifel, ob David sich im Kibbuz einleben könne, „da es gar nicht leicht ist sich in seinem Alter an ein ganz neues Milieu anzupassen und an Menschen im Kollektiv sich einzugewöhnen“.[162] Hier wird deutlich, wie sehr sich Frankfurters Vorstellungen eines Lebens in Erez Israel als Erbauer des Landes von der Realität, geprägt durch seine gesundheitlichen und körperlichen Probleme, unterscheidet. Obwohl er immer wieder den Wunsch geäußert hatte, in der Land- oder Milchwirtschaft tätig zu sein, musste er erkennen, dass er nicht für körperliche Arbeit geeignet war.

David Frankfurter zog nach Jerusalem, wo er in einem Heim für Flüchtlingskinder eine Anstellung als Erzieher fand; eine Arbeit, die ihn zumindest vorübergehend erfüllte. „Es ist nicht leicht, diese jungen Seelen, die alle Not und Gemeinheit der Naziverfolgung erlitten haben, wieder zurückzuführen in ein normales, produktives Leben, und doch steht über ihnen die grosse Verheissung unserer Jugend.“[163] Um die Bedeutung der Jugend zu unterstreichen, zitiert er aus der talmudischen Tradition mit einer zionistischen Umdeutung: „Rav Schalom Banajich: Al tikra Banajih – ella BONAJIH! Friede Deinen Söhnen! Lies nicht: Deinen Söhnen – sondern Deinen Erbauern!“[164] Dieses Zitat, das beim Morgengebet am Schabbat an prominenter Stelle vorkommt, findet sich am Ende von

158 Beide Zitate: Memoiren (Version Jabotinsky), S. 93.

159 Ebd.

160 Ein Brief von Alfons Frankfurter von Ende Februar 1946 zeigt, dass David Frankfurter bis ungefähr Anfang/Mitte Februar in Givat Brenner geblieben war und danach nach Jerusalem zog. Vgl.: Brief von Alfons Frankfurter an Veit Wyler vom 22. Februar 1946.

161 Brief von Alfons Frankfurter an Veit Wyler vom 3. Januar 1946, in: AfZ, Nachlass Veit Wyler / 47, S. 1.

162 Ebd.

163 Memoiren (Version Jabotinsky), S. 93.

164 Ebd.

vier verschiedenen Talmudtraktaten.[165] Durch die zionistische Umdeutung, die übrigens nicht nur von Frankfurter so vorgenommen wird, gab Frankfurter den jüdischen Kindern im Heim, wahrscheinlich zumeist Waisenkinder und Holocaustüberlebende, eine neue Identität als zukünftige Erbauer des Landes Israel; vielleicht auch Erbauer des Landes in Stellvertretung von Frankfurter, dem es aufgrund seines gesundheitlichen Zustands nicht möglich war, sich selbst aktiv im Sinne von Hand- und Landarbeit daran zu beteiligen.

Mit diesen positiven und zukunftsgerichteten Worten enden Frankfurters Memoiren und somit sein eigener Rückblick und seine Interpretation seines Lebens.

7.4 Das Leben in Palästina/Israel

Auch wenn Frankfurters Memoiren abgeschlossen sind und somit die primäre Quelle für Frankfurters Selbstbild abgehandelt ist, bestehen dennoch gute Gründe, Frankfurters Biographie weiterzuverfolgen. Es gibt auch zu diesem Lebensabschnitt eine Reihe an Quellen, wie beispielsweise die Interviews mit Frankfurters Nachkommen, aber auch Briefe und Zeitungsartikel, die bisher kaum in die Forschung aufgenommen wurden. Sie stellen eine wichtige Ergänzung zum bisherigen Selbstbild dar. Oft brechen die Forschungen zu Frankfurter mit der Freilassung aus dem Gefängnis ab und behandeln sein restliches Leben – immerhin knapp 40 Jahre! – in wenigen Sätzen. Doch sind es gerade die Quellenlage für die Jahre nach den Memoiren sowie die Hinweise auf Brüche und Veränderungen in Frankfurters Selbstbild, die für diese Studie und das Verstehen der Person Frankfurter zentral sind.

Alfons Frankfurter schrieb zwischen Anfang und Mitte 1946 nicht weniger als sechs Briefe[166] an Veit Wyler, in denen er die Zustände in Palästina beschreibt. Sie klingen weitaus weniger euphorisch als die Beschreibungen David Frankfurters, zudem wird deutlich, mit welchen Schwierigkeiten Alfons zu kämpfen hatte. Auch wenn diese Erfahrungen nicht deckungsgleich sind mit den Erlebnissen David Frankfurters, sollen sie an dieser Stelle ausführlich wiedergegeben werden, da sie wichtige Informationen zum Leben in Palästina in den 1940er Jahren enthalten.

Alfons Frankfurter beantragte in Palästina eine Lizenz, um in seinem angestammten Beruf als Arzt tätig zu sein, wobei er Probleme befürchtete, da er keine

165 So beispielsweise am Ende des Traktats Brachot (64a).

166 Im Nachlass Wyler sind drei davon überliefert. Im dritten Brief vom 11. April 1946 beschwert Alfons sich, dass er auf seine fünf bisherigen Briefe keine Antwort von Wyler erhalten habe und er sich nicht vorstellen könne, dass alle auf dem Weg verloren gegangen seien. Vgl.: Brief von Alfons Frankfurter an Veit Wyler vom 11. Juni 1946, in: AfZ, Nachlass Veit Wyler / 47, S. 1.

Originaldokumente, die über seinen Abschluss Auskunft gaben, besaß. Er berichtet, dass er vermutlich mindestens ein Jahr warten müsse, da die Zahl der von der britischen Mandatsmacht jährlich ausgegebenen Arztlizenzen bereits ausgeschöpft sei. Trotzdem habe er von der Kupat Cholim, der von der Histadrut aufgebauten Krankenkasse Palästinas, bereits eine Arbeitsstelle zugesichert bekommen. Vorläufig wolle er als Volontär arbeiten.[167] Er beschreibt die Situation für Ärztinnen und Ärzte in Palästina als schwierig und bezweifelt, dass ihm die Verwandtschaft zu David Frankfurter hilfreich sein würde.

> Wie lange es dauern wird[,] bis ich von meiner Arbeit werde leben können, weiss ich nicht, hoffe aber[,] dass es nicht allzulange dauern wird. Wieweit mir dabei die Protektion Davids helfen wird[,] ist noch sehr problematisch und mache ich mir nicht allzugrosse Hoffnungen. Sicher ist, dass obwohl dauernd das Gegenteil betont wird, kein Aerztemangel hier herrscht. Man ist hier auch reichlich unsentimental und nützt sogar die Notlage der Aerzte, besonders derjenigen, die keine Licence [sic] haben, reichlich aus, indem sie gezwungen sind[,] schlechte Plätze unter schlechten Zahlungsbedingungen anzunehmen. Ich habe nun im Ganzen drei Wochen bezahlte Vertretungen gehabt[,] und jetzt warte ich wieder drei Wochen[,] bis irgendwo eine Arbeit für mich sein wird. Wenn ich nicht bei meinen Verwandten wäre[,] weiss ich nicht[,] was ich machen würde[.][168]

Aber auch bezüglich der allgemeinen Lage in Palästina zeigte sich Alfons Frankfurter weitaus kritischer als sein Bruder. Er nannte die Beschreibung, die er Wyler schickte, „kritische und ungeschminkte allgemeine Beobachtungen über das Land und die Verhältnisse!“[169] Es folgten Ausführungen zum Klima sowie „nervliche und körperliche Ueberbelastung“,[170] die den Neueingewanderten das Leben erschwerten und zu früher Alterung und geringerer Lebenserwartung führten. Lediglich in Jerusalem, wo das Klima dem europäischen noch am ähnlichsten sei, sähen die Menschen frischer aus; zudem habe sich die Jugend an das Klima besser gewöhnen können, weshalb sie weniger von diesen Erschwernissen betroffen sei.

Alfons Frankfurter stimmte seinem Bruder zu, was die Veränderungen und Errungenschaften im Land betrifft, besonders im direkten Vergleich zwischen der jüdischen und der arabischen Bevölkerung.

167 Brief von Alfons Frankfurter an Veit Wyler vom 3. Januar 1946, in: AfZ, Nachlass Veit Wyler / 47, S. 2–3.

168 Ebd., S. 3.

169 Ebd.

170 Ebd.

> Wenn man die Veränderungen, die an Land und Menschen in dieser kurzen Zeitspanne vor sich gegangen sind, richtig abschätzt, so muss man sich wundern[,] was alles fanatischer Glaube und eiserner Wille imstande ist [sic] so gründlich zu verändern und umzuformen. Wirklich blühende Felder[,] wohin das Auge schaut und moderne, saubere, geordnete Zweckmässigkeitssiedlungen! Es sticht so sehr ab von den schmutzigen, primitiven und vernachlässigten arabischen Siedlungen und Dörfern, die einen krassen Kontrast dazu bilden.[171]

Von der Beschreibung der örtlichen und klimatischen Gegebenheiten geht Alfons Frankfurter über zur Kultur und den Menschen Palästinas. Er erwähnt, dass es keine wirkliche palästinensische Küche gäbe (mit palästinensisch meinte er in erster Linie den Jischuw), sondern sich die Ernährungsgewohnheiten üblicherweise nach dem Herkunftsland der Olim richteten. Er habe jedoch gewisse Ansätze für eine „einheitlichere Küche" beobachten können, „die durch die besondere Betonung von Rohkost und Obst gekennzeichnet" sei.[172] Bei den Menschen seien Unterschiede zwischen Stadt- und Landbevölkerung zu beobachten – insbesondere bezüglich zionistischer Überzeugung. „Dass in den Kibbuzim die grösseren Idealisten zu finden sind[,] verwundert nicht. Während es im Kibbuz an Arbeitskräften mangelt[,] laufen in den Städten eine Menge Menschen herum ohne Arbeit. Dies wird auch von den Kibbuznjiks [sic] sehr verurteilt."[173] Die Bevölkerung des Jischuw sei „rauh und schroff [...] in den Umgangsformen und unsentimental in der Handlungsweise. Höflichkeit ist ein im Allgemeinen unbekannter Begriff."[174] Die Menschen seien zudem humorlos. Diese Analyse verglich Alfons Frankfurter mit den Juden in der Diaspora und stellte fest, dass grundsätzliche Unterschiede bestünden, die er mit der schweren Arbeit „in forcirte[m] [sic] europäischen[m] Tempo" begründete, obwohl die klimatischen Bedingungen dazu führten, dass „Faulenzen [...] hier eine physiologische Notwendigkeit" wäre.[175]

---

171 Ebd., S. 4. Dieser europäische Blick auf die Araber war keineswegs neu, wie sich auch anhand der Beschreibungen Palästinas und seiner arabischen Bevölkerung in Herzls *Altneuland* sehen lässt. Vgl. beispielsweise: Peck, Clemens: Im Labor der Utopie. Theodor Herzl und das „Altneuland"-Projekt, Berlin 2012, insbesondere: S. 293–295. Auch in Herzls Tagebüchern finden sich ähnliche Stellen, so zum Beispiel zu Jerusalem: „Bekommen wir jemals Jerusalem, und kann ich zu der Zeit noch etwas bewirken, so würde ich es zunächst reinigen." Vgl.: Herzl, Theodor: Tagebücher, 1895–1904. Drei Bände. Berlin 1923, Eintrag vom 31. Oktober 1898, Zweiter Band, S. 212.

172 Beide Zitate: Brief von Alfons Frankfurter an Veit Wyler vom 3. Januar 1946, in: AfZ, Nachlass Veit Wyler / 47, S. 5.

173 Ebd.

174 Ebd.

175 Beide Zitate: Ebd.

Von Tel Aviv war Alfons Frankfurter begeistert, es werde überall gebaut, und es handle sich um eine „geschmackvoll angelegte[,] saubere Stadt mit unglaublich viel Grün".[176] Die neuen sozialen Einrichtungen seien geradezu „mustergültig", konkret erwähnte er, wenig überraschend, die medizinischen Institutionen wie die Kupat Cholim, die „die Einrichtungen ähnlicher Art in Europa sowohl organisatorisch als auch leistungsmässig übertrifft", sowie die Krankenhäuser, „nach den modernsten Prinzipien geleitet und mit All [sic] dem ausgestattet[,] was man von einer Einrichtung solcher Art beanspruchen darf".[177] Es stelle sich dabei aber ein Problem, das schon in der Diaspora bestanden habe, nämlich,

> [...] dass wir Juden den ARzt [sic] auch sonst viel und gerne benutzen und beanspruchen. Dass [sic] hat sich auch hier nicht geändert[,] wie auch dass Juden nicht leicht zufrieden zu stellende Patienten darstellen. Hier sind sie durch häufige klimatische Erkrankungen ‚Amoeben, Furunkel, etc.'[,] und durch grössere Aufklärung seitens der Aerzte ist das Publikum medizinisch halbgebildet[,] und da mache Dir eine Vorstellung davon[,] wie leicht es ist[,] mit ihnen umzugehen. In Europa haben sie vor dem Wissen des Arztes moch [sic] einen gewissen Respekt gehabt, hier ist jedoch jeder ein ‚Fachmann'. So musste ich selbst ‚Lektionen' von Laien über mich ergehen lassen.[178]

Diese Belehrungen seien nicht nur im medizinischen Bereich zu beobachten, sondern auch im privaten, und sie nähmen dort Ausmaße an, „die an geistige Bevormundung herankomme",[179] was Alfons Frankfurter vor allem in der guten Absicht begründete, dass dadurch Neuankömmlingen die Ankunft und das Einleben im Land erleichtert und schlechte Erfahrungen verhindert werden sollten. Begeistert zeigte er sich von der Kindererziehung, gerade in den Kibbuzim. Den Kindern fehle es an nichts, „[m]an sieht weder schlecht ernährte noch schlecht gekleidete Kinder".[180] Die Art, wie die Kinder im Kibbuz erzogen werden, nämlich die zentralisierte Kindererziehung im Kinderhaus, die Frauen eine gleichberechtigte Arbeit ermöglichen sollte, sei „geradezu fantastisch".[181] Die Kinder würden unter Aufsicht „ausgebildeter Kinderschwestern"[182] erzogen, was eine sehr niedrige Kindersterblichkeit in den Kibbuzim zur Folge habe. Trotzdem seien die Kinder „unhöflich, rauh und frech".[183] Es gäbe in Palästina Zustände,

176 Ebd.
177 Alle Zitate: Ebd., S. 5–6.
178 Ebd., S. 6.
179 Ebd.
180 Ebd.
181 Ebd.
182 Ebd.
183 Ebd.

die man sich in Europa kaum vorstellen könne, so sei es „selbst beim intelektuellen [sic] Stand, der einigermassen gut verdient" üblich, „dass die Männer Betten machen, Teppiche klopfen, Geschirr waschen".[184] Auch schwierigere Punkte sprach Alfons Frankfurter an, etwa die Wohnungsnot in den Städten, die hohen Preise, die Wirtschaftskrise, die er darauf zurückführte, dass minderwertige ausländische Produkte billiger seien als einheimische Wertarbeit. Die politische Lage sei undurchsichtig und es sei entsprechend kaum absehbar, wie sich das Land in Zukunft entwickeln würde.[185]

Abb. 46: David Frankfurter und seine Geschwister in Tel Aviv, 1948. Quelle: Privatarchiv von Miriam Gepner, Salit.

Abschließend ging Alfons noch auf familiäre Neuigkeiten ein: Sie hätten endlich Bericht von Ruth erhalten, die „als einzige der Familie in J. [Jugoslawien] die Katastrophe überlebt"[186] habe. Sie war durch den Einmarsch der Roten Armee aus dem Gefängnis in Budapest befreit worden. Zurück in Jugoslawien suchte sie nach ihrer Familie, „[l]eider ohne irgend jemanden am Leben ange-

184 Beide Zitate: Ebd.

185 Vgl.: Ebd.

186 Brief von Alfons Frankfurter an Veit Wyler vom 3. Januar 1946, in: AfZ, Nachlass Veit Wyler / 47, S. 8.

troffen zu haben (weder Mann noch Kinder)".[187] In der Annahme, ihren Bruder David in der Schweiz zu finden, sei sie dorthin gereist, nur um herauszufinden, dass er das Land bereits verlassen hatte. Sie informierte Verwandte in Tel Aviv über ihr Überleben und verschickte eine Postkarte, angeblich adressiert lediglich mit „David Frankfurter, Palästina" – die Karte kam tatsächlich an.[188] Um mit ihren Geschwistern wiedervereint zu werden, stellte sie verschiedene Anträge an die jugoslawischen Behörden auf Ausreise nach Palästina, die zunächst verweigert wurden, sodass sie sich gezwungen sah, dort nach Arbeit zu suchen und vorübergehend als Beamtin zu arbeiten,[189] bis ihre Ausreise bewilligt wurde. Die Geschwister trafen sich schließlich in Palästina wieder.

Alfons Frankfurter hatte unterdessen eine feste Anstellung bei der Kupat Cholim erhalten, die ihm „sowohl materiell wie auch moralisch einen Rückhalt"[190] gab, und hatte eine kleine Einzimmerwohnung in Tel Aviv in Aussicht.[191] Sein Bruder hingegen befände sich weiterhin „im Stadium des Herumtastens beruflich, da er noch Schwierigkeiten mit einer endgültigen Einordnung"[192] habe. Im gleichen Brief fragte Alfons nach, wieso er von Wyler keine Antworten auf seine Briefe erhalten habe. „Ich schreibe Dir diesen Brief und weiss auch gar nicht[,] ob Dich all diese Dinge interessiren [sic], da Du ein absolutes Schweigen wahrst."[193] Er ging dabei so weit, an ihrer Freundschaft zu zweifeln. „Es täte mir sehr Leid[,] wenn unsere Freundschaft durch irgendein Missverständnis in Frage gestellt wäre."[194] Es ist unklar, ob Wylers Antwortbriefe auf dem Weg verloren gegangen waren oder er tatsächlich nicht geantwortet hatte. In seinem Nachlass sind keine Durchschläge von allfälligen Briefen an Alfons überliefert.

Auch David Frankfurter schrieb an Veit Wyler, und auch er ging auf das Problem der nicht erhaltenen Briefe ein, wobei er eine andere Theorie dafür hatte. Er erklärte, dass er von Dr. Silberschein, der als Vermittler zu Zeitungen, die an Frankfurters Memoiren interessiert waren, fungierte, und von Lina Steffen darüber informiert wurde, dass „auch mein ganzer schweizerischer Freundeskreis, seit

187 Brief von Alfons Frankfurter an Veit Wyler vom 11. April 1946, in: AfZ, Nachlass Veit Wyler / 47, S. 2.

188 Interview mit Moshe Frankfurter und Miriam Gepner, 17. Januar 2012, Salit, DW_A0046, 8.22.

189 Vgl.: Brief von Alfons Frankfurter an Veit Wyler vom 11. April 1946, in: AfZ, Nachlass Veit Wyler / 47, S. 2.

190 Brief von Alfons Frankfurter an Veit Wyler vom 11. April 1946, in: AfZ, Nachlass Veit Wyler / 47, S. 1.

191 Vgl.: Ebd.

192 Ebd.

193 Ebd.

194 Ebd.

meiner Abreise nach Palästina nichts mehr von mir direkt hörten".[195] Frankfurter war davon überrascht, denn er hatte mehrere Briefe verschickt und fand für deren Verschwinden nur eine Erklärung. „Ich kann nur vermuten, dass ungebetene Leute ihre Nase in meine Korrespondenz stecken und verschwinden lassen. Denn nicht nur die von mir gesandten Briefe nach der Schweiz[,] sondern auch die an mich adressierten [...] habe ich gar nicht erhalten."[196] Es ist deutlich erkennbar, dass ihm die Sache unangenehm war, weil er nicht den Eindruck erwecken wollte, dass er den Kontakt zu seinen Schweizer Freundinnen und Freunden abgebrochen habe, nun, da er ihrer Hilfe nicht mehr bedürfe. Deswegen betonte er in seinem Brief an Wyler, ihm sei bewusst, was er ihm und seinen anderen Bekanntschaften in der Schweiz zu verdanken habe. „Jeder Tag lernt mich ja[,] die Freiheit schätzen zu lernen und auch die Hilfsbereitschaft meiner Freunde, unter denen Sie einer der Ersten sind, in Dankbarkeit zu [unleserlich]."[197] Frankfurter verwies auf den ausführlichen Brief, den Alfons an Wyler geschickt hatte und der die Erlebnisse der Brüder in Palästina beschreibt. Seither habe sich für ihn nicht viel verändert.

> Für mich war und ist es heute noch fast genau so wie zu Anfang ein Gefühl des überwältigenden Glückes in Erez Jisrael sein zu dürfen. Nach 2monatigem Aufenthalt im Lande habe ich mich entschlossen[,] in einen Kibbuz zu gehen. Ich war ca. 3 Monate in Giwath-Brenner, einem der grössten u. besteingerichteten Kibbuzim des Landes. [...] Anfänglich hat die Arbeit[198] mir viel Freude bereitet, doch war ich auf die Dauer den Anforderungen körperlich nicht ganz gewachsen.[199]

David Frankfurter schrieb zudem, sein Bruder habe sich überraschend gut in Tel Aviv eingelebt und sei schon fast ein Einheimischer. Er selbst hingegen habe aufgrund seiner „sentimentalen Natur"[200] mehr Schwierigkeiten, sich richtig zuhause zu fühlen. Dies mag überraschen, da er so überaus begeistert von seiner neuen Heimat erzählte, ist gleichzeitig aber auch nachvollziehbar, wenn in Betracht gezogen wird, dass Frankfurter seinen Traum, als Pionier in Palästina zu leben, nicht verwirklichen konnte und weiterhin nach einer Lebensaufgabe suchte.

---

195 Brief von David Frankfurter an Veit Wyler vom 21. Februar 1946, in: AfZ, Nachlass Veit Wyler / 47, S. 1.

196 Ebd.

197 Ebd.

198 Frankfurter schrieb, dass er dort auf der Obstplantage und in der Produktion gearbeitet habe. Vgl.: Ebd., S. 2.

199 Brief von David Frankfurter an Veit Wyler vom 21. Februar 1946, in: AfZ, Nachlass Veit Wyler / 47, S. 1–2.

200 Ebd., S. 2.

Auf diesen Brief von David Frankfurter an Veit Wyler ist, wie auf die Briefe von Alfons, keine Antwort überliefert. Es ist unklar, ob David Frankfurter mit seinem ehemaligen Anwalt in Kontakt blieb; Moshe Frankfurter und Miriam Gepner sagen, dass er viele Verbindungen zu Bekannten in der Schweiz und seine Sympathie für die Schweiz beibehielt. Davon zeugt Frankfurters Adressbuch, in dem verschiedene Schweizer Namen, Adressen und Telefonnummern aufgeführt sind.[201] Allerdings, so Miriam Gepner, seien damals Telefongespräche mit hohen Kosten verbunden gewesen. Zudem sei es ihrem Vater nicht leicht gefallen, Briefe zu verfassen. Er habe sehr mit sich gekämpft, dann aber meist sehr lange Briefe, 10 bis 15 Seiten, verschickt.[202]

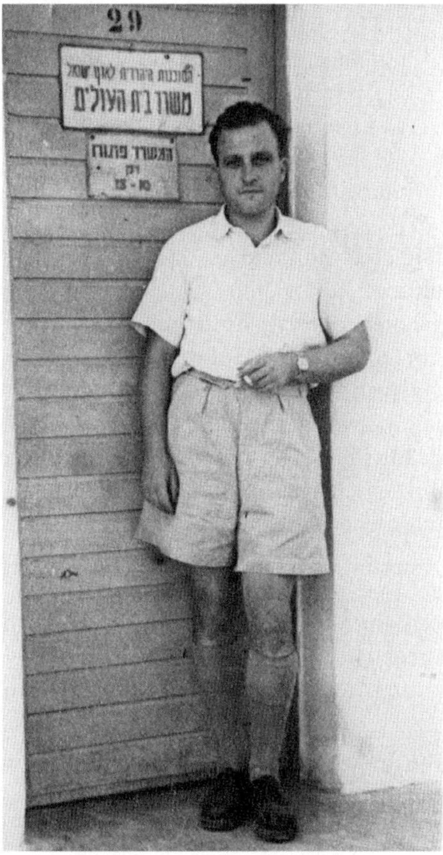

Abb. 47: David Frankfurter, wahrscheinlich kurz nach seiner Ankunft in Israel, undatiert.
Quelle: Privatarchiv von Moshe Frankfurter, Jerusalem.

201 Vgl.: Adressbuch von David Frankfurter, aus: Privatarchiv von Miriam Gepner, Salit.

202 Interview mit Moshe Frankfurter und Miriam Gepner, 17. Januar 2012, Salit, DW_C0047, 17.57.

David Frankfurter blieb nicht lange in Jerusalem. Auch die Arbeit im Kinderheim sagte ihm trotz anfänglicher Begeisterung längerfristig nicht zu. Schon bald nach seiner Ankunft in Palästina lernte er Bruria Heller kennen, eine Krankenschwester polnischer Herkunft. Bruria Heller, eins von sechs Kindern, war gemeinsam mit ihrer Familie bereits im Februar 1936 nach Palästina gekommen.[203] Sie arbeitete in Haifa als Kinderkrankenschwester.[204] Moshe Frankfurter erzählte die Geschichte ihres Kennenlernens und ihrer ersten Verabredung folgendermaßen.

> They met here in Israel, or in Palestine. She was a nurse and they met, I think, near Haifa somewhere. [...] She was a nurse and he was working there as an operator, he had to answer some phone calls, something like this. They met, I know that one of the first times, in the beginning, when they just met, he invited her for a coffee somewhere in Pardes Hana. [...] But then he found out that he didn't have money to pay. So she paid for this. [...]
> So they met. There was a [age] difference of 18 years between them. So, when they married, they got married, she was 22, he was 40 years old.[205]

Die Hochzeit fand am 22. Juli 1948 statt.[206] Mit Bruria hatte David Frankfurter zwei Kinder, ein Mädchen und einen Junge, Miriam und Moshe. Miriam, geboren 1949, ist heute Sozialarbeiterin, lebt in Salit und hat drei Kinder, eine Tochter und zwei Söhne, sowie sechs Enkelkinder. Moshe kam 1953 zur Welt und wurde nach David Frankfurters Vater, dem Rabbiner Mosche (Moritz) Frankfurter benannt. Heute lebt er als Anwalt in Jerusalem, ist verheiratet und hat drei Söhne.[207] Die Familie Frankfurter lebte in Ramat Gan, einem Vorort von Tel Aviv. David Frankfurter arbeitete im Verlaufe seines weiteren Lebens an verschiedenen Orten, mehrheitlich für die Regierung oder für Organisationen, die der Regierung nahestanden, zeitweise für die Sochnut (Jewish Agency) und für das israelische Verteidigungsministerium. Miriam Gepner erzählte im Gespräch, dass ihr Vater beim Shin-Bet oder beim Mossad angestellt gewesen sei, beim israelischen Inlands- bzw. Auslandsgeheimdienst, und dort einen Codenamen hatte – Itro, hebräisch für Jitro, der Schwiegervater des biblischen Moses. Diesen

203 Interview mit Moshe Frankfurter und Miriam Gepner, 17. Januar 2012, Salit, DW_C0045, 30.01.

204 Interview mit Moshe Frankfurter und Miriam Gepner, 17. Januar 2012, Salit, DW_C0045, 33.35.

205 Interview mit Moshe Frankfurter und Miriam Gepner, 17. Januar 2012, Salit, DW_C0045, 30.01.

206 Vgl.: Willi 2009, S. 140.

207 Interview mit Moshe Frankfurter und Miriam Gepner, 17. Januar 2012, Salit, DW_C0045, 23.26.

Namen habe er erhalten, da der Wochenabschnitt der Thora zum Zeitpunkt von David Frankfurters Geburt der Abschnitt Jitro (Exodus 18,1–20,23) gewesen sei.[208] Zu den Aufgaben, die Frankfurter für den Geheimdienst zu erfüllen hatte, gibt es keine Informationen. Möglich ist, dass die Aktion, die Leiche von Sholem Schwarzbard von Südafrika nach Israel zu bringen, ein Teil davon war.[209]

Abb. 48: Alfons Frankfurter mit Miriam, der Tochter Davids. Quelle: Privatarchiv von Miriam Gepner, Salit.

Frankfurter sei wegen seiner Krankheiten und seines langen Gefängnisaufenthalts überzeugt gewesen, dass er niemals Kinder haben würde, und sei dann ein äußerst hingebungsvoller Vater geworden.[210] Dadurch, dass die Mutter als Kinderkrankenschwester im Schichtbetrieb gearbeitet habe und oft abends, an den Wochenenden sowie zu Feiertagen abwesend war, kümmerte sich David Frankfurter um die gemeinsamen Kinder. Miriam Gepner beschreibt ihn als den „best father ever",[211] der für seine Kinder Geschichten erfand, mit ihnen in der Hauptrolle. In diesen Geschichten reisten sie nach Afrika oder Antarktika, erlebten dort Abenteuer oder suchten nach den verlorenen Stämmen des Volkes Israel – der Vater und die zwei Kinder als „the three musketeers".[212] Diese

208 Interview mit Moshe Frankfurter und Miriam Gepner, 17. Januar 2012, Salit, DW_C0045, 7.15.

209 Interview mit Moshe Frankfurter und Miriam Gepner, 17. Januar 2012, Salit, DW_C0045, 27.03. Moshe Frankfurter erzählte, dass Frankfurter Teil einer offiziellen israelischen Delegation war, die die Leiche Schwarzbards in den 1970er Jahren entsprechend seinem Willen nach Israel holte und dort beerdigte. In diesem Zusammenhang erwähnte er auch, dass sein Vater immer Sympathien für die Schwachen und Unterdrückten hatte und dass er sich in Südafrika stark mit den diskriminierten Bevölkerungsgruppen im südafrikanischen Apartheidsystem verbunden fühlte.

210 Interview mit Moshe Frankfurter und Miriam Gepner, 17. Januar 2012, Salit, DW_C0047, 23.26.

211 Interview mit Moshe Frankfurter und Miriam Gepner, 17. Januar 2012, Salit, DW_C0047, 19.12.

212 Interview mit Moshe Frankfurter und Miriam Gepner, 17. Januar 2012, Salit, DW_C0047, 20.29.

Geschichten starteten üblicherweise mit „Pa'am achad, […] haju jeled vejalda".[213] Um zu verdeutlichen, wie stolz ihr Vater auf sie und ihren Bruder war, erzählte sie von einem Vorfall aus den frühen 1960er Jahren.

> [I]t was Shabbat, my mother didn't work. It was very rare. We were nicely dressed and we took a stroll, my father and mother behind us and we went in front […]. All of a sudden, in front of us comes a man and he turns to my father and said: „Please, can you tell me where Rechov Arvei Nachal is?" And my father said, […] he was like a Prussian officer all of the sudden. He was walking: „Thank you very much", he said, „thank you very much!" My mother, she was embarrassed, because he was asking about the name of the street, and he answered „thank you very much", what's the connection? And she said: „David, he asked where is Rechov Arvei Nachal!" And she explained very quickly to wipe the shame. And he said to her: „Listen, I thought that he saw the children, and he said: ‚Harbe nachat!'" […] Nachat means bliss, or, like, congratulations. […]
> So he was sure that everyone saw this, these two beautiful children going in front, so why not? So, this, this little story […] reflects what he was, what kind of person he was.[214]

Darüber hinaus zeichneten Miriam Gepner und Moshe Frankfurter ein Bild ihres Vaters als sehr bescheidenen und unpolitischen Mann, der selten über das sprach, was er als junger Mann getan hatte. David Frankfurter habe laut seinem Sohn Moshe nicht nur zu wenig davon erzählt, Moshe selbst habe zu wenig nachgefragt, was er heute bereue. „There is a lot to ask him. Especially after I give lectures and talk about this."[215] Auch Miriam Gepners Aussagen gehen in eine ähnliche Richtung: Sie habe nichts von der Vergangenheit ihres Vaters gewusst, bis sie ungefähr 14 Jahre alt war. Besonders unangenehm schien es David Frankfurter zu sein, sich gegenüber seinen Kindern über die Zeit im Gefängnis zu äußern. Seine Tochter erwähnte in diesem Zusammenhang, ihr Vater sei immer sehr auf Ordnung bedacht gewesen und habe auf Unordnung gereizt reagiert. Sie führte dies auf seine Zeit im Gefängnis zurück und vermutete: „maybe he had to have some order outside in order to be in peace".[216]

---

213 Hebräisch: Es waren einmal […] ein Junge und ein Mädchen.

214 Interview mit Moshe Frankfurter und Miriam Gepner, 17. Januar 2012, Salit, DW_C0047, 22–25.32.

215 Interview mit Moshe Frankfurter und Miriam Gepner, 17. Januar 2012, Salit, DW_A0046, 17.45. Moshe Frankfurter hat wiederholt Vorträge über seinen Vater gehalten. Angefangen hatte dies, als er von einer Holocaustüberlebenden-Organisation, der auch seine Schwiegermutter angehörte, angefragt wurde, ob er etwas über seinen Vater erzählen würde. Vgl.: Ebd., 29.32.

216 Interview mit Moshe Frankfurter und Miriam Gepner, 17. Januar 2012, Salit, DW_A0046, 19.15.

Abb. 49: David Frankfurter mit seiner Frau Bruria und seinen Kindern Miriam und Moshe [undatiert]. Quelle: Privatarchiv von Moshe Frankfurter, Jerusalem.

Dieses Unbehagen, über die eigene Vergangenheit zu reden, bezog sich nicht nur auf die Familie, sondern auch auf seine Umwelt. Zwar habe David Frankfurter einige Male Interviews gegeben und sei bei einer Gelegenheit an die Schule seines Sohnes gegangen, um von sich zu erzählen, insgesamt sei er aber ein zurückhaltender Mann gewesen, der die Öffentlichkeit mied. Vielleicht spielt die Idee, die Familie als „heile Welt“ zu belassen, eine entscheidende Rolle dabei, dass der Vater seine Kinder, vor allem im jungen Alter, nicht mit Themen wie Mord und Gefängnis belasten wollte – ein Verhaltensmechanismus, der sowohl bei Holocaustüberlebenden als auch auf der Seite der Täter[217] bekannt ist, die beide, aus jeweils unterschiedlichen Gründen, mit ihren Kindern nicht über das Erlebte sprechen wollten. Bei David Frankfurter, dessen Tat trotz aller Rechtfertigungen zumindest teilweise gegen seine moralischen und religiösen Überzeugungen verstieß, ist es insofern ebenso nachvollziehbar, dass er den Mord an Wilhelm Gustloff und die darauffolgende Strafe zwar nicht vor seinen Kindern verheim-

217 Vgl.: Welzer, Harald et al.: „Opa war kein Nazi“. Nationalsozialismus und Holocaust im Familiengedächtnis, Frankfurt am Main 2002.

lichte, sie aber auch nicht als definierendes Element seines weiteren Lebens in den Mittelpunkt stellen wollte.

Miriam Gepner erzählte in diesem Zusammenhang einen Vorfall, der ihr bis heute unangenehm zu sein scheint. Als Sozialarbeiterin arbeitete sie in einem Krankenhaus und war von einem Professor bei einem spezifischen Fall, einer Frau, die einen Suizidversuch hinter sich hatte, zur Unterstützung beigezogen worden. Als Gepner die Abteilung betrat und der Professor sie kommen sah, rief er ihr über den Flur zu: „Here comes the daughter of the murderer!“[218] Auch wenn dieser Zuruf wahrscheinlich scherzhaft gemeint war, war er für Miriam Gepner äußerst unpassend. Einerseits befand sie sich in ihrer professionellen Funktion als Sozialarbeiterin in diesem Umfeld, andererseits wurde sie selbst auf ihre Rolle als Tochter von David Frankfurter reduziert, die Tat ihres Vaters als Mord und er selbst als Mörder abqualifiziert. Dies muss für sie besonders schwierig gewesen sein, weil sie eine sehr positive Sicht auf ihren Vater hat, nicht in erster Linie als Widerstandskämpfer oder Held, sondern vor allem als Vater. Im Gegensatz dazu steht Moshe Frankfurter, der klar kommuniziert, dass er seinen Vater als Helden sieht und der Meinung ist, dass mehr Leute über seine Geschichte erfahren sollen – was der Grund ist, wieso er in Israel und im Ausland Vorträge über David Frankfurter hält. Auf die Frage hin, ob Miriam Gepner ihren Vater als Helden sehe, erklärte sie, dass für sie ihre Tante Ruth die wahre Heldin der Familie sei. Sie hatte die Schoah überlebt, aber ihre gesamte Familie wurde ermordet. Miriam bemerkte zudem, wie schwierig das glückliche Familienleben David Frankfurters für Ruth gewesen sein muss.

> When she came here, she could raise another family, but she didn't. She could still have children, when she came here. I have somewhere a picture of her standing, it was 1950, I was one year old, and she took me [in her arms]. And several years before, she lost her children. And looking at the picture, I said to myself: what does she feel? What does she feel, when she holds me, I mean … it's indescribable.[219]

---

218 Interview mit Moshe Frankfurter und Miriam Gepner, 17. Januar 2012, Salit, DW_C0047, 17.50.

219 Interview mit Moshe Frankfurter und Miriam Gepner, 3. Juli 2013, Salit, DW_0048.wav, vor 44.50. Dies muss auf Miriam Gepner starken Eindruck gemacht haben, denn in den Interviews ging sie zweimal darauf ein: „I can tell you about her, if we can speak about real, true heroes, she is, because, I was born [in] 1949. […] She came to Israel back 47/48. So she lost her children several years ago. [Miriam Gepner zeigt das Bild von Ruth Löwy mit ihren Kindern.] There she is. Beautiful children, 2 children, 12 and 9. She lost them in the holocaust and … I mean, if you look at the picture, what did she feel, what did she feel about holding me? She had two children, and she lost them." Vgl.: Interview mit Moshe Frankfurter und Miriam Gepner, 17. Januar 2012, Salit, DW_C0047, 38.20.

Abb. 50: Ruth Löwy mit der Tochter David Frankfurters, Miriam. Quelle: Privatarchiv von Moshe Frankfurter, Jerusalem.

Wahrscheinlich unter dem Eindruck der Erlebnisse der Schoah heiratete Ruth Löwy in Israel nicht wieder und blieb kinderlos. Sie war für Miriam und Moshe aber eine wichtige Bezugsperson, gemeinsam mit ihrem Bruder Alfons verbrachte sie oft die Schabbatvorabende mit Davids Familie. Ruth Löwy verstarb im Jahr 1986 im Alter von 79 Jahren.[220]

Alfons Frankfurter war nach seiner Auswanderung nach Palästina weiterhin als Arzt tätig und reiste wiederholt nach Europa – manchmal für mehrere Monate, oft in den Mittelmeerraum, unter anderem aber auch in die Schweiz.[221] Während seiner Reisen hüteten Miriam und Moshe jeweils seinen Hund. Alfons Frankfurter, der als junger Mann offenbar sehr religiös war und an Schabbat jeweils einen „Schabbesgirtel“[222] trug, hatte nach der Schoah seinen Glauben verloren. Miriam und Moshe erzählen dazu:

> Miriam: And he left everything after the holocaust. Everything. And I always say about him, that if he could eat a ham on his porch …
> Moshe: On Yom Kippur!
> Miriam: … on Yom Kippur, really, and everything would drool on the neighbours, he would do it.[223]

Obwohl dies in den Interviews nicht erwähnt wurde, gibt es Hinweise darauf, dass Alfons im Jahr 1952 in Jerusalem geheiratet hatte – so meldet zumindest

220 Sie wurde auf dem Friedhof in Holon-Bat Yam beerdigt. Vgl.: Chevra Kadischa: Ruth Löwy, online unter: http://www.kadisha.biz/ShowItem.aspx?levelId=59689&template=18&ID=175724

221 Interview mit Moshe Frankfurter und Miriam Gepner, 3. Juli 2013, Salit, DW_0048.wav, 28.59.

222 Shabbesgirtel: Jiddisch für Schabbatgürtel. Eine Art Gürtel, um am Schabbat, wenn das Tragen von Dingen verboten ist, den Schlüssel mit sich zu tragen.

223 Interview mit Moshe Frankfurter und Miriam Gepner, 17. Januar 2012, Salit, DW_C0047, 7.22.

die Zeitung *HaZofeh* am 23. September des Jahres in ihren Heiratsanzeigen. Gemäß der Zeitung heiratete Dr. Avraham Frankfurter, Sohn des Mosche, aus Polen, die geschiedene Emilia Flon, Tochter des David, ursprünglich aus Ungarn. Beide waren sie wohnhaft in Tel Aviv.[224] Die Ehe blieb kinderlos. Nach Aussagen seiner Nichte und seines Neffen starb Alfons im August 1973 während eines Aufenthalts in der Schweiz.[225] Dies belegt eine Verkündigung des Tel Aviver Regionalgerichts zur Überführung der sterblichen Überreste von Alfons Frankfurter. Er wird dort unter seinem hebräischen Namen Avraham und mit Sterbeort (Schweiz) sowie Todesdatum, dem 23. August 1973, aufgeführt. Verantwortlich für die Überführung waren seine Schwester Ruth und sein Bruder David.[226] Er wurde neben seiner Frau Emilia auf dem Friedhof Holon-Bat Yam beerdigt.

Im Gegensatz zu seinem Bruder, der geradezu anti-religiös geworden sei, beschreiben die Kinder David Frankfurter als praktizierend; vor allem im Alter sei er wieder öfter in die Synagoge gegangen, nicht nur zu den Hohen Feiertagen, und habe eine Kippa getragen. Das Familienleben der Frankfurters hingegen sei mäßig religiös geprägt gewesen, wobei diese Prägung wahrscheinlich der einer durchschnittlichen israelisch-jüdischen Familie entspricht. Zuhause wurde mehr oder wenig koscher gegessen und zu Pessach gab es nichts Gesäuertes.[227]

David Frankfurter habe sich in Israel nie politisch betätigt und sich nie einer Partei zugehörig gefühlt, obwohl gerade von rechtsgerichteten Parteien Versuche unternommen worden seien, ihn für ihre Zwecke zu instrumentalisieren.[228] Trotzdem habe er ein scharfes Auge auf die Weltpolitik gehabt und sich mit den „Schwachen" solidarisiert. Moshe Frankfurter erwähnte einen Vorfall in Südafrika während der Apartheidzeit im Rahmen der Überführung der sterblichen Überreste Sholem Schwarzbards. Dort habe eine schwarze Frau der Delegation das Essen serviert. David Frankfurter habe sie angesprochen, sich mit ihr unterhalten und mit ihr fotografieren lassen. Auch wenn das in der damaligen Zeit unüblich war, sei es für ihn völlig natürlich gewesen, er habe sich mit dem Kampf der Schwarzen in Südafrika solidarisiert.[229]

---

224 Vgl.: Pirsom HaRaschumim LeNesuin, in: HaZofeh vom 23. September 1952, S. 3. [Via: Historical Jewish Press].

225 Interview mit Moshe Frankfurter und Miriam Gepner, 3. Juli 2013, Salit, DW_0048.wav, 29.29

226 Vgl.: Yalkut Hapirsomim vom 1. November 1973, online unter: www.nevo.co.il/law_html/Law10/yalkut–1973.pdf [zuletzt eingesehen: 30.05.2016].

227 Interview mit Moshe Frankfurter und Miriam Gepner, 17. Januar 2012, Salit, DW_C0047, 8.30.

228 Interview mit Moshe Frankfurter und Miriam Gepner, 17. Januar 2012, Salit, DW_A0046, 9.35.

229 Interview mit Moshe Frankfurter und Miriam Gepner, 17. Januar 2012, Salit, DW_C0045, 27.03.

7.5 Wiedergutmachung und Aufhebung des Landesverweises

In den 1950er und 1960er Jahren unternahm David Frankfurter zweimal die Anstrengungen, nachträglich zu seinem Recht zu kommen. Die Erste war der Versuch, Wiedergutmachung vom Bundesland Hessen zu erhalten, da er aufgrund der nationalsozialistischen Herrschaft sein Studium nicht in Deutschland fortsetzen und abschließen konnte; die Zweite war der Antrag zur Aufhebung des Landesverweises. Während zur Aufhebung des Landesverweises die Quellenlage relativ breit ist (insbesondere das Archiv für Zeitgeschichte hat einige Dossiers dazu, aber auch im Staatsarchiv Graubünden finden sich wichtige Akten), ist die Quellenlage zur Wiedergutmachung spärlich. Über das *Portal DigiBaeck, German-Jewish History Online* des Leo Baeck Institute in New York eröffnete sich ein kleiner Bestand zu David Frankfurter, der unter anderem den Entscheid der Wiesbadener Behörden zu Frankfurters Restitutionsantrag enthält.[230] Die genauen Umstände sind unklar; aus den Unterlagen wird lediglich ersichtlich, dass David Frankfurter mit Unterstützung der *United Restitution Organisation* (URO)[231] in Frankfurt am Main bei den Entschädigungsbehörden Hessen einen entsprechenden Antrag eingereicht hatte. Dieser ist im Bestand nicht überliefert, lediglich der Bescheid sowie ein Begleitbrief von Kurt May,[232] dem Direktor der *United Restitution Organization* in Frankfurt, der Kopien der Unterlagen an verschiedene Archive geschickt hatte. Die auf *DigiBaeck* gefundenen Kopien sind teilweise von schlechter Qualität, nicht alle Informationen sind lesbar.

Als Grundlage für Frankfurters Antrag und den Bescheid der Entschädigungsbehörden diente das Bundesentschädigungsgesetz (BEG), das 1956 rückwirkend auf 1953 verabschiedet worden war. Im Vorwort zu den Allgemeinen Vorschriften wird die Absicht des Gesetzes erörtert: die Anerkennung der Tatsache, „daß Personen, die aus Gründen politischer Gegnerschaft gegen den Nationalsozialismus oder aus Gründen der Rasse, des Glaubens oder der Weltanschauung unter der nationalsozialistischen Gewaltherrschaft verfolgt worden sind,

230 Vgl.: David Frankfurter Collection, DigiBaeck, German Jewish History Online, Leo Baeck Institute New York, online unter: https://www.lbi.org/digibaeck/results/?qtype=pid&term=1711591 [zuletzt eingesehen: 06.06.2016].

231 United Restitution Organzation (URO) ist eine rechtliche Hilfsorganisation für vom Nationalsozialismus Betroffene, die außerhalb Deutschlands leben und gegen das Land Ansprüche auf Wiedergutmachung anmelden. Vgl.: Bentwich, Norman: United Restitution Organization (URO), in: Berenbaum, Michael und Skolnik, Fred [Hrsg.]: Encyclopaedia Judaica, 2nd ed. Vol. 20, Detroit 2007, S. 274–275.

232 Kurt May (1896–1992), deutscher Anwalt, war ab 1955 Leiter der URO.

Unrecht geschehen ist".[233] Artikel 1, Abschnitt 1 spezifiziert, wer aufgrund dieses Gesetzes Forderungen an die Behörden stellen darf.

> Opfer der nationalsozialistischen Verfolgung ist, wer aus Gründen politischer Gegnerschaft gegen den Nationalsozialismus oder aus Gründen der Rasse, des Glaubens oder der Weltanschauung durch nationalsozialistische Gewaltmaßnahmen verfolgt worden ist und hierdurch Schaden an Leben, Körper, Gesundheit, Freiheit, Eigentum, Vermögen, in seinem beruflichen oder in seinem wirtschaftlichen Fortkommen erlitten hat (Verfolgter).[234]

Aufgrund der darauffolgenden gesetzlichen Bestimmungen, insbesondere §4 des BEG, wird deutlich, dass Frankfurter aufgrund seiner unfreiwilligen Ausreise aus Deutschland berechtigt war, Ansprüche geltend zu machen.

Im Bescheid der Entschädigungsbehörden über Frankfurters Antrag werden zuerst ausführlich die Sachverhalte erörtert. David Frankfurter, so der Bericht, „Angehöriger der mosaischen Religionsgemeinschaft",[235] hatte vor seinem Umzug in die Schweiz seinen letzten Wohnsitz in Frankfurt am Main. Am 1. November 1957 habe er den Antrag auf „Entschädigung für Schaden in der Ausbildung"[236] geltend gemacht. Dazu habe er durch Einreichung seines Studienbuches und einer Bestätigung der Universität bewiesen, dass er dort zwischen 1931 und 1933 immatrikuliert gewesen sei, bis er die Universität mit dem Vermerk „Im Sommersemester 1933 beurlaubt"[237] verlassen habe. Auch auf die Fortsetzung des Studiums in der Schweiz und den Mord an Wilhelm Gustloff wird kurz eingegangen sowie auf die familiären Hintergründe, um in einem weiteren Schritt auf die Entscheidungsgründe der Entschädigungsbehörden einzugehen. Der Antrag sei fristgerecht eingetroffen und gut begründet.

> Der Antragsteller ist Verfolgter aus Gründen der Rasse im Sinne des § 1 BEG. Es ist […] als erwiesen anzusehen, dass der Antragsteller wegen seiner jüdischen Abstammung zur Auswanderung aus Deutschland und Unterbrechung seines Studiums in Frankfurt a/M genötigt gewesen ist. In Anbetracht dessen, dass der Antragsteller bereits

233 Bundesministerium der Justiz und für Verbraucherschutz: Bundesgesetz zur Entschädigung für Opfer der nationalsozialistischen Verfolgung, online unter: http://www.gesetze-im-internet.de/beg/index.html [zuletzt eingesehen: 06.06.2016].

234 Ebd.

235 Bescheid der Entschädigungsbehörden Hessen, Wiesbaden, vom 26. September 1960, in: David Frankfurter Collection, DigiBaeck, German-Jewish History Online, Leo Baeck Institute New York, S. 2. Online unter: https://www.lbi.org/digibaeck/results/?qtype=pid&term=1711591 [zuletzt eingesehen: 06.06.2016].

236 Ebd.

237 Ebd.

> 4 Jahre lang in Deutschland studiert hatte, und im Sommersemester 1933 „beurlaubt" worden ist, bestehen keine Bedenken, [...] dass der Antragsteller ursprünglich die Absicht hatte, in Deutschland zu studieren und dass er ohne die nationalsozialistische Verfolgungsmassnahmen gegen jüdische Studenten nicht ausgewandert wäre, sondern aller Voraussicht nach in Deutschland sein Studium beendet hätte.[238]

Aus diesen Überlegungen schlossen die Entschädigungsbehörden, dass der Antrag berechtigt war und David Frankfurter entsprechend „Ersatz für die fehlende Ausbildung [...] in Höhe von 5.000 DM"[239] zu leisten sei. Grundlegend für diese Erwägungen war nicht, ob Frankfurter in Deutschland oder in der Schweiz sein Studium erfolgreich hätte abschließen können, sondern dass er ohne die Judenverfolgungen in Deutschland die Universität in Frankfurt am Main nie verlassen hätte.

Die im vorangehenden Kapitel beschriebene Verbundenheit zur Schweiz und seinem dortigen Freundeskreis führte dazu, dass David Frankfurter im Rahmen einer Europareise mit seinem Bruder die Schweiz besuchen wollte, was ihm durch die immer noch geltende Landesverweisung verboten war. Deswegen kam knapp 25 Jahre nach der Begnadigung die Idee auf, nun endlich die Nebenstrafe des Landesverweises aufheben zu lassen.

Als erste Quelle aus dem erwähnten Archivmaterial ist ein Brief Paul Schmid-Ammanns an den Präsidenten des Kantonalen Verwaltungsgerichtes Graubünden, Dr. Wolf Seiler, zu finden, in dem er kurz auf den Fall Frankfurter einging. Schmid-Ammann erläuterte, sein ehemaliges Mündel wolle in die Schweiz reisen, um Bekannte zu besuchen und sich mit dem Schweizer Filmemacher Rolf Lyssy zu treffen, der plane, einen Film über Frankfurter zu drehen. Schmid-Ammann schrieb weiter, Frankfurter habe bereits seine grundsätzliche Zustimmung zum Film gegeben und der Regisseur wäre „doch ausserordentlich froh, wenn er Frankfurter wenigstens für kurze Zeit in der Schweiz haben könnte".[240] Er habe nun die Aufgabe übernommen abzuklären, welche Möglichkeiten bestünden, um Frankfurter einen Besuch in der Schweiz zu erlauben; daher habe er folgende Fragen an den Präsidenten des Kantonalen Verwaltungsgerichts: „Hältst Du eine Aufhebung dieser Landesverweisung für möglich, welcher Weg ist am zweckmässigsten einzuschlagen, um sie zu erreichen, wer hat das Gesuch zu stellen und wo ist es einzureichen?"[241] Schmid-Ammann legte dar, dass die Landesverweisung aus mehreren Gründen aufgehoben werden müsse. Es sei seit der Begnadigung

238 Ebd., S. 3.

239 Ebd., S. 4.

240 Brief von Paul Schmid-Ammann an Wolf Seiler vom 6. Juni 1969, in: AfZ, NL Paul Schmid-Ammann / 99.36, S. 2.

241 Ebd.

viel Zeit vergangen und Frankfurter habe sich seither nichts mehr zuschulden kommen lassen, sondern sei „ein in allen Ehren stehender Bürger Jsraels, der für seine einstige Tat schwer gesühnt hat".[242] Zudem würde der Mord an Gustloff heute anders beurteilt, als es damals das Kantonsgericht getan habe.[243]

Schmid-Ammann zeigte sich zuversichtlich, dass eine Aufhebung des Landesverweises erreicht werden könnte, fügte aber hinzu, für den unwahrscheinlichen und nicht nachvollziehbaren Fall, dass eine Aufhebung des Landesverweises nicht in Frage käme, könne er sich eine behördliche Ausnahmeerlaubnis für einen kurzen Besuch Frankfurters in der Schweiz vorstellen. „Ich meine aber, man sollte zuerst um die grundsätzliche Aufhebung der Landesverweisung nachsuchen, und die vorübergehende Einreisebewilligung erst in zweiter Linie anstreben."[244] Er bat Seiler um baldige Auskunft in dieser Angelegenheit. Knappe zwei Wochen später erhielt er diese. Seiler ließ ihn in seinem Antwortschreiben wissen, die gestellten Fragen seien „gar nicht so leicht zu beantworten",[245] weshalb er sich mit seiner Antwort Zeit gelassen habe, um zuerst die notwendigen Abklärungen zu tätigen. Da er kein Experte in Strafrecht und Strafvollzug sei, habe er einen ehemaligen Verwalter des kantonalen Justizdepartements um Unterstützung angefragt und könne Schmid-Ammann nun entsprechend Auskunft geben. In der Sache seien zwei unterschiedliche Fragen zu stellen, die voneinander getrennt sein müssten: auf der einen Seite die Frage nach einem Kurzaufenthalt in der Schweiz und auf der anderen die nach der Aufhebung der Nebenstrafe, des Landesverweises.

> 1. Ein kurzfristiger Aufenthalt in der Schweiz ist trotz Landesverweisung möglich auf Grund eines besonderen Gesuches, das an das Justizdepartement Graubünden zu richten wäre und über Zweck und Dauer des Aufenthaltes Auskunft geben müsse. Es würde dann eine spezielle fremdenpolizeiliche Bewilligung erteilt. […]
> 2. Für die Aufhebung der Landesverweisung sehe ich keinen anderen Weg als ein Begnadigungsgesuch, für das der Kleine Rat des Kantons Graubünden zuständig wäre, der vorher das Kantonsgericht anzuhören hätte.[246]

In beiden Fällen gäbe es zwei Möglichkeiten – eine Eingabe des Antrages durch Frankfurter selbst oder durch einen bevollmächtigten Dritten. Seiler teilte Schmid-Ammanns Ansicht, dass eine Aufhebung der Landesverweisung vorteil-

242 Ebd.

243 Vgl.: Ebd.

244 Ebd., S. 3.

245 Brief von Wolf Seiler an Paul Schmid-Ammann vom 18. Juni 1969, in: AfZ, NL Paul Schmid-Ammann / 99.36, S. 1.

246 Ebd.

hafter wäre, auch weil eine „polizeiliche Ausnahmebewilligung nur für eine sehr kurze Frist zu erreichen wäre, vielleicht für 14 Tage oder maximal einen Monat, aber wohl kaum für ein Vierteljahr".[247] Zudem sei in beiden Fällen ein vergleichbarer administrativer Aufwand zu erwarten. Seiler erwähnte überdies eine Unschärfe bezüglich der für die Landesverweisung geltenden Gesetze. Frankfurters Landesverweisung sei lebenslänglich ausgesprochen worden, gegenwärtig gelte eine maximale Verweisung für 15 Jahre; Seiler betonte jedoch die Unsicherheit in Bezug auf den derzeitigen rechtlichen Umgang mit diesen Fragen.

Aus den Unterlagen Schmid-Ammanns sind die Pläne Frankfurters für zwei Reisen in die Schweiz ersichtlich: eine kürzere Europareise, die ihm sein Bruder zum 60. Geburtstag geschenkt hatte, mit mehrtägigem Abstecher in die Schweiz (diese Reise sollte im Jahr 1969 stattfinden) sowie ein mehrwöchiger Aufenthalt in der Schweiz, der für die Zeit nach seiner Pensionierung als Beamter angesetzt war, 1971 oder 1972.[248] In einem Brief an den Regisseur Rolf Lyssy unterstreicht Frankfurter die Bedeutung der geplanten Reisen:

> Sie wissen doch[,] wieviel mir ein Besuch in der Schweiz seelisch bedeutet. [...] Ich bin überzeugt[,] auch meine anderen alten Schweizer (Nicht-Juden) Freunde werden sich, nach fasst [sic] einem Vierteljahrhundert gerne mit mir sehen. Für mich ist es ein Wiedersehen mit einem wichtigsten Teil meines Lebensabschnittes. Wieder dort zu sein, wo ich vor so langer Zeit, durch inneren Ruf, auch meinem Leben, auf dramatische Weise anderen Inhalt gab. [...] Also, wenn Gott und die Schweizer Behörden wollen auf freudiges „Wiederluege" in „Helvetia".[249]

Um sich rechtlich vertreten zu lassen, stellte Frankfurter Schmid-Ammann eine Vollmacht aus, die er auf der Schweizer Botschaft in Tel Aviv beglaubigen ließ.[250] Obwohl Schmid-Ammann an Seiler schrieb, dass er seinem Rat gemäß eine Aufhebung der Landesverweisung anstrebe, beziehen sich die ersten

247 Ebd., S. 2.

248 Vgl.: Brief von Paul Schmid-Ammann an Wolf Seiler vom 28. Juli 1969, in: AfZ, NL Paul Schmid-Ammann / 99.36, S. 1.

249 Brief von David Frankfurter an Rolf Lyssy vom 16. September 1969, in: Lyssy, Rolf: Interviews 1969 zur Vorbereitung des Films Konfrontation, Privatbesitz Rolf Lyssy. Auffällig ist, dass Frankfurter auch nach so langer Zeit noch immer schweizerdeutsche Worter verwendet. Das schreibt auch Rolf Lyssy in seiner Zusammenfassung des ersten Gesprächs mit Frankfurter: „Er macht gern einen Witz und zwischendurch fällt auch ein Wort ‚Schwyzerdütsch'". Vgl.: Erstes Gespräch mit David Frankfurter, Tel Aviv, 18. März 1969, in: Lyssy, Rolf: Interviews 1969 zur Vorbereitung des Films Konfrontation, Privatbesitz Rolf Lyssy.

250 Vgl.: Brief von David Frankfurter an Paul Schmid-Ammann vom 18. August 1969, in: AfZ, NL Paul Schmid-Ammann / 99.36, S. 1. Und: Brief von Paul Schmid-Ammann an A. Berther, Chef der Kantonalen Polizeiabteilung Chur, zu Handen des Justizdepartements, vom 20. August 1969, in: AfZ, NL Paul Schmid-Ammann / 99.36, S. 1.

offiziellen Briefe in dieser Sache auf eine „fremdenpolizeiliche Bewilligung für einen kurzfristigen Schweizeraufenthalt des Herrn David Frankfurter“.[251] Dabei ist unklar, wieso Schmid-Ammann sich zunächst für diesen Weg entschieden hatte. Seine Argumentation für das Gesuch bezog sich auf mehrere Punkte: das fortgeschrittene Alter Frankfurters sowie sein guter Leumund seit Freilassung, die lange Zeit, die seit Mord und Begnadigung verflossen waren und die Tatsache, dass „[i]m Lichte der Geschehnisse, die sich in der Zeit von 1934–1945 in Deutschland und in den deutschbesetzten Gebieten Europas ereignet haben und angesichts der grauenvollen Untaten, die das Naziregime überall an den Juden begangen hat, [...] die damalige Tat Frankfurter unter anderen Aspekten [erscheint].“[252] All dies würde eine Aufhebung der Landesverweisung rechtfertigen, doch wolle er sich darauf beschränken, um die Erlaubnis „für einen kurzfristigen Aufenthalt in der Schweiz für die Zeit vom 27. September bis 10. Oktober 1969“[253] zu ersuchen.

Die Antwort des Justiz- und Polizeidepartements des Kantons Graubünden war abschlägig. Die Landesverweisung beruhe auf dem Urteil des Kantonsgerichts vom Dezember 1936. Bei der Begnadigung durch den Großen Rat habe dieser „den noch nicht vollzogenen Teil der [...] Zuchthausstrafe von 18 Jahren erlassen und dabei ausdrücklich festgestellt, dass die Nebenstrafe der Landesverweisung bestehen bleibe“.[254] Entsprechend könne die Landesverweisung ebenfalls ausschließlich „durch den Grossen Rat auf dem Gnadenwege erlassen werden“,[255] und so könne die Fremdenpolizei rein rechtlich gesehen dem Gesuch nicht stattgeben. Es gäbe einen anderen Weg, dessen Erfolg praktisch garantiert werden könne. Der Kleine Rat sei „bereit, ein allfälliges Begnadigungsgesuch in befürwortendem Sinne an den Grossen Rat weiterzuleiten“.[256] Damit dies in der nächsten Session, die im November stattfinden würde, geschehen könne, müsse das Gesuch umgehend eingereicht werden.[257] Dieser Termin wäre für Frankfurter jedoch zu spät gewesen, da er den Besuch in der Schweiz bereits für Ende September plante.

251 Brief von Paul Schmid-Ammann an A. Berther, Chef der Kantonalen Polizeiabteilung Chur vom 20. August 1969, in: AfZ, NL Paul Schmid-Ammann / 99.36.

252 Brief von Paul Schmid-Ammann an A. Berther, Chef der Kantonalen Polizeiabteilung Chur, zu Händen des Justizdepartements, vom 20. August 1969, in: AfZ, NL Paul Schmid-Ammann / 99.36, S. 2.

253 Ebd.

254 Brief des Justiz- und Polizeidepartements des Kantons Graubünden an Paul Schmid-Ammann vom 3. September 1969, in: AfZ, NL Paul Schmid-Ammann / 99.36.

255 Ebd.

256 Ebd.

257 Vgl.: Ebd.

Schmid-Ammann reichte trotzdem umgehend ein neues Gesuch an den Kleinen Rat zu Händen des Großen Rats ein, in dem er auf sein Gesuch an das Justiz- und Polizeidepartement verwies, überdies jedoch einen Hinweis auf die rechtliche Situation anfügte. „Neben den bereits angeführten Gründen gestatte ich mir aber besonders darauf hinzuweisen, dass die 1936 verfügte Strafe der lebenslänglichen Landesverweisung noch unter den alten Gesetzesbestimmungen ausgefällt worden war. Nach dem heute geltenden eidg. Recht könnte eine solche lebenslängliche Landesverweisung gar nicht mehr ausgesprochen werden."[258] Die neuen gesetzlichen Grundlagen beschränkten eine Landesverweisung auf drei bis maximal 15 Jahre; diese würde nur bei Rückfälligkeit ausgesprochen. „Herr Frankfurter ist jedoch kein rückfälliger Rechtsbrecher, sondern ein unbescholtener israelischer Staatsbürger, der in der Schweiz keine Anschläge plant wie arabische Terroristen, die mit ihren mehr oder weniger sauberen Pässen unbehindert in die Schweiz einreisen können."[259] Deswegen müsse hier die mildere Strafe angewendet werden – eine Argumentation, die nicht nur derjenigen im Begnadigungsgesuch 1945 entspricht, sondern auch dem Usus in der Rechtsanwendung.

Das Gesuch wurde schließlich bereits in der Sitzung des Großen Rats vom 1. Oktober 1969 behandelt, und nicht erst in der Novembersession. Am 7. Oktober unterrichtete der Standespräsident des Großen Rats Paul Schmid-Ammann über den Ausgang der Sitzung. Dem Gesuch sei entsprochen worden, und „[d]amit ist die lebenslängliche Ausweisung aus dem Gebiet der Schweizerischen Eidgenossenschaft aufgehoben".[260] Weitere Informationen sind in der Botschaft[261] des Kleinen Rats an den Großen Rat erhalten, die der Präsident Schmid-Ammann in der Beilage zukommen ließ.

258 Gesuch um Aufhebung der lebenslänglichen Landesverweisung gegen David Frankfurter, israelischer Staatsbürger, wohnhaft in Tel Aviv, eingereicht von Paul Schmid-Ammann an den Kleinen Rat zu Handen des Grossen Rates vom 3. September 1969, in: AfZ, NL Paul Schmid-Ammann / 99.36, S. 3.

259 Ebd. Mit dieser Aussage bezog sich Schmid-Ammann auf die Bedrohungslage in der Schweiz durch palästinensische Terroristen, die sich ab 1969 in Terroranschlägen äußerten, so im Februar 1969 ein bewaffneter Überfall auf ein Flugzeug der israelischen Fluggesellschaft El Al sowie im Februar und September 1970 ein Bombenattentat auf eine Swissair-Maschine und eine Entführung einer ebensolchen. Dabei wurden insgesamt 51 Menschen, darunter ein Terrorist, getötet. Vgl.: Gyr, Marcel: Arabischer Terror in der Schweiz (Teil 1 von 4), in: Neue Zürcher Zeitung, 27.12.2014, online unter: http://www.nzz.ch/schweiz/arabischer-terror-in-der-schweiz–1–1.18445672 [zuletzt eingesehen: 14.03.2016]. Oder: Gyr, Marcel: Schweizer Terrorjahre. Das geheime Abkommen mit der PLO, Zürich 2016.

260 Brief des Großen Rats des Kantons Graubünden an Paul Schmid-Ammann vom 7. Oktober 1969, in: AfZ, NL Paul Schmid-Ammann / 99.36.

261 Begnadigungsgesuch des David Frankfurter, in: Botschaften des Kleinen Rates an den Großen Rat, Heft Nr. 8/1969, in: AfZ, NL Paul Schmid-Ammann / 99.36, S. 247–248.

Die Botschaft das Kleinen Rats vom 15. September ist – im Vergleich zu derjenigen zur Begnadigung Frankfurters im Jahr 1945 – knapp gehalten und umfasst vier Punkte. Unter den ersten beiden Punkten wurden die Biographie Frankfurters bis zur Tat und der Mord an Wilhelm Gustloff kurz rekapituliert sowie sein Werdegang seit der Begnadigung umrissen.[262] Diesen Ausführungen folgt die knappe Anmerkung, dass das Kantonsgericht Graubünden „gegen eine Begnadigung nichts einzuwenden“[263] habe. Der vierte Punkt bezieht sich auf die Zuständigkeit und die Erwägungen des Kleinen Rats. Die Zuständigkeit sei bereits beim ersten Begnadigungsgesuch festgestellt worden und zudem durch das Gesetz über die Strafrechtspflege gegeben. Der Sinn einer Begnadigung, heißt es weiter, sei es, „besondere Härten des Gesetzes oder eines Urteils zu beseitigen, besonderen Fällen des Lebens, wo die Strafe eine ungewollte oder ungerechtfertigte Härte bedeuten würde, Rechnung zu tragen oder politische Beruhigung herbeizuführen“.[264] Bei den hier gegebenen Umständen läge ein solcher Härtefall tatsächlich vor. Argumentiert wurde diesbezüglich, wie auch schon Schmid-Ammann erläutert hatte, mit den neuen gesetzlichen Gegebenheiten, die eine Landesverweisung nur noch bei einem Rückfall vorsähen. „Unter diesen Umständen erscheint die Aufrechterhaltung der durch das Urteil des Kantonsgerichtes ausgesprochenen Landesverweisung als besondere Härte. Dazu komme, dass seit der begangenen Straftat mehr als 33 Jahre vergangen seien und dass über D. Frankfurter nichts Nachteiliges bekanntgeworden sei.“[265] Aus diesen Überlegungen empfahl der Kleine Rat, dem Gesuch zu entsprechen und den Landesverweis aufzuheben. Damit folgte der Kleine Rat der Argumentation Schmid-Ammanns, und der Große Rat schloss sich dem an. Die Landesverweisung war nicht mehr in Kraft, und Frankfurter stand es frei, die Schweiz zu besuchen.

Ein Brief von Frankfurters ehemaligem Vormund an den Kleinen Rat des Kantons Graubünden zeigte, dass er dies tatsächlich tat. In seinem Brief dankte Schmid-Ammann „[f]ür die rasche und positive Erledigung“[266] des Gesuchs und schrieb, dass der Entscheid des Kleinen Rats „gerade noch zur rechten Zeit“ gefällt worden sei,

> […] da Herr Frankfurter sich auf einer Reise nach Italien befand und ihm nun möglich wurde, einen Abstecher nach der Schweiz zu unternehmen. Er reiste am 2. Oktober bei Chiasso in die Schweiz ein, und sein erster Besuch galt, was Sie vielleicht überraschen

262 Vgl.: Ebd., S. 247.

263 Ebd., S. 248.

264 Ebd.

265 Ebd.

266 Brief von Paul Schmid-Ammann an den Kleinen Rat des Kantons Graubünden vom 17. Oktober 1969, in: AfZ, NL Paul Schmid-Ammann / 99.36.

> wird, seinem einstigen Gefängnisverwalter im Sennhof Chur, Herrn Tuena und dessen Frau, die in Vira in Pension leben. Herrn und Frau Tuena hielten Herrn Frankfurter als Gast bei sich über Nacht. Es war, was für beide Teile spricht, ein freundliches und angeregtes Wiedersehen. Nach weiteren Besuchen bei alten Freunden in Bern und Zürich reiste Herr Frankfurter am 9. Oktober nach Genua weiter, um per Schiff wieder nach Israel heimzukehren.[267]

Dass die ersten Bekannten, die Frankfurter in der Schweiz getroffen hatte, das Ehepaar Tuena war, mag auf den ersten Blick tatsächlich überraschen. Allerdings hat Frankfurter immer wieder hervorgehoben, welche wichtige Rolle gerade die Frau des Gefängnisverwalters für ihn gespielt habe, und für Tuena selbst hatte er gegen Ende seiner Haftzeit ebenfalls Sympathien entwickelt. Zudem liegt Vira, ein kleiner Ort, der heute zu Gambarogno im Bezirk Locarno gehört, auf dem Weg vom Süden in die Schweiz, und Frankfurter war über Chiasso in die Schweiz eingereist. Da die Quellen aus der damaligen Zeit spärlich sind, ist es schwierig, andere besuchte Personen festzumachen. Die Vermutung liegt nahe, dass er in Bern unter anderem seine ehemalige Vermieterin Lina Steffen besucht hat.

Aus Briefen im Nachlass Schmid-Ammann wird zudem deutlich, dass er sich mit dem Historiker und Schriftsteller Werner Rings in Brissago getroffen hatte, da dieser ein berufliches Interesse an David Frankfurter zeigte. Im Rahmen der Recherchen für sein Buch *Schweiz im Krieg, 1933–1945*[268] hatte Rings unter anderem Paul Schmid-Ammann kontaktiert und ihn um Material über sein ehemaliges Mündel angefragt.[269] Schmid-Ammann hatte ihm daraufhin angeboten, ihm die Dokumentensammlung über die Judenverfolgung, Briefe Frankfurters aus dem Gefängnis sowie Unterlagen zur Begnadigung zur Verfügung zu stellen. Rings interessierte sich insbesondere für die Dokumentensammlung, nach der er schon längere Zeit vergeblich gesucht hatte.[270] Er geht in seinem Buch auf über 30 Seiten auf die Tätigkeiten der Nationalsozialisten in der Schweiz sowie die Bedeutung Gustloffs ein und beschreibt ausführlich die Folgen des Mordes sowie die offizielle Haltung der Schweiz. Leider verwendet er dabei keine Quellenangaben, daher ist es schwierig zu beurteilen, inwieweit er sich dabei auf die Unterlagen Schmid-Ammans oder Informationen, die er von Frankfurter

267 Ebd.

268 Rings, Werner: Schweiz im Krieg, 1933–1945, ein Bericht mit 400 Bilddokumenten, Zürich 1990.

269 Vgl.: Briefe von Werner Rings an Paul Schmid-Ammann vom 26. Mai 1969 und 8. Juni 1969, und: Briefe von Paul Schmid-Ammann an Werner Rings vom 22. Mai 1969, 3. Juni 1969 und 17. Oktober 1969, in: AfZ, NL Paul Schmid-Ammann / 99.36.

270 Vgl.: Brief von Werner Rings an Paul Schmid-Ammann vom 26. Mai 1969 und 8. Juni 1969, in: AfZ, NL Paul Schmid-Ammann / 99.36.

direkt erhalten hatte, bezog.[271] Im Nachlass Werner Rings im Archiv für Zeitgeschichte sind Interviews mit „Zeugen der Zeit" überliefert, darunter eine kurze Abschrift des Gesprächs mit David Frankfurter.[272] Auch Rings hatte offenbar erfahren, dass Frankfurters erster Besuch in der Schweiz dem Ehepaar Tuena gegolten hatte und fragte nach dem Wahrheitsgehalt dieser Information. Frankfurter bestätigte: „Er und seine Frau, ein älteres Ehepaar, das in Pension [...] neben Locarno wohnt, und er war das erste Opfer meines Besuches in der Schweiz."[273] Die Gründe dafür führte er nicht aus. Rings fragte weiter, ob er sich – entsprechend den Fremdzuschreibungen in den 1930er und 1940er Jahren – als Held oder als Mörder fühle, eine Kategorisierung, die Frankfurter nicht vornehmen wollte. Stattdessen überlasse er jedem selbst, sich ein Urteil zu ihm zu bilden.[274] In seinem Buch geht Rings nicht auf diese Informationen ein. Dass er die Gelegenheit nicht wahrgenommen hat, mit dem Zugang zu Frankfurter als Zeitzeugen eine weitere, persönlichere Perspektive in sein Buch aufzunehmen, mag der Art der Geschichtsschreibung geschuldet sein, die zur damaligen Zeit vorherrschte.

7.6 Interesse an Frankfurter in der Schweiz: Zeitungsartikel, Podiumsgespräche und ein Film

Die Reise in die Schweiz im Jahr 1969, zu der es, über die bereits genannten Quellen hinaus, nur wenig Informationen gibt, sollte wie geplant nicht die einzige bleiben. Eine weitere Reise fand sechs Jahre später, im Sommer 1975, statt. Die Person Frankfurter und der Mord an Wilhelm Gustloff stießen in den 1960er und 1970er Jahren weiterhin auf Interesse in der Bevölkerung und den Schweizer Medien. Dass die Rezeption Frankfurters in den Medien an dieser Stelle herbeigezogen wird, obwohl die eigentliche Medienrezeption explizit nicht Teil dieser Arbeit ist, liegt daran, dass die hier verwendeten Zeitungsartikel keinen Außenblick auf David Frankfurter darstellen, sondern einen Teil seines Selbstbildes, da in ihnen Frankfurter selbst zu Wort kommt.

Die Schweizer Wochenzeitung *Die Weltwoche* nahm die Reise Frankfurters im Jahr 1969 zum Anlass, mit ihm ein Interview zu führen und unter dem Titel „‚Auch in der Bibel wird gemordet'. Gespräch mit dem Gustloff-Attentäter David

271 Vgl.: Rings 1990, S. 47–80.

272 Vgl.: Gespräch von Werner Rings mit David Frankfurter, in: AfZ, NL Werner Rings / 329.

273 Ebd., S. 1.

274 Vgl.: Ebd., S. 2. Das Interview ist sehr kurz und beschäftigt sich oberflächlich mit den Motiven für die Tat (es gab keinen Tropfen, der das Fass zum Überlaufen brachte, sondern eine Springflut) sowie dem Tod von Moritz Frankfurter.

Frankfurter" zu veröffentlichen. Der Artikel ist bebildert mit einem aktuellen Bild Frankfurters aus dem Jahr 1969, mit einer Fotografie von Wilhelm Gustloff sowie einer Szene aus dem Churer Mordprozess im Dezember 1936. Nach einer kurzen Einleitung über den Mord an Gustloff, das Leben Frankfurters seitdem („Er lebt heute als Staatsbeamter in Israel") und dem Grund für seinen Besuch in der Schweiz („[Nun] besuchte Frankfurter seine alten Freunde in der Schweiz; er kam aber auch, um mit dem Schweizer Filmregisseur Rolf Lyssy das Projekt eines Filmes über den ‚Fall Frankfurter' zu besprechen[.]") stellte der Journalist verschiedene Fragen an Frankfurter.[275] Die Antworten Frankfurters geben Aufschluss über sein Selbstbild und zeigen insbesondere spannende Veränderungen in seiner Selbstwahrnehmung auf.

Abb. 51: David Frankfurter, 1979. Quelle: AfZ NL Paul Schmid-Amman / 12.

Die erste Frage an Frankfurter bezieht sich auf eine hypothetische Situation. Was würde Frankfurter einem jungen Schwarzen aus Südafrika raten, der in der Schweiz einen Repräsentanten der südafrikanischen Apartheidregierung ermorden will? Frankfurter weicht aus, der Mann müsse dies „mit seinem

275 Beide Zitate: Die Weltwoche: „‚Auch in der Bibel wird gemordet'. Gespräch mit dem Gustloff-Attentäter David Frankfurter", 10.10.1969, S. 13.

Gewissen ausfechten".[276] Auf Nachfrage führt er aus, dass ein Mord in jedem Fall etwas Schlimmes sei, auch ein politischer Mord. „Aber es gibt Fälle, in denen ein Mensch unter einem inneren Zwang steht, in denen Ekel, Angst und Abscheu so gross sind, dass dieser Mensch fast nicht mehr anders kann, als seine Gefühle zu manifestieren – sogar mit einem Mord."[277] Er fügt weiter an, ein solcher Mord sei zwar nachvollziehbar, aber nicht gerechtfertigt. Der Journalist Höltschi geht zu einem konkreten und aktuellen Beispiel über, dem Mord an Robert F. Kennedy durch den Palästinenser Sirhan Sirhan im Juni 1968[278] – für Frankfurter ein völlig anders gelagerter Fall, da Sirhan Sirhan (im Gegensatz zu Frankfurter oder dem fiktiven Südafrikaner) keinen direkten „Repräsentant[en] jener Macht, von der sich Sirhan unterdrückt glaubte",[279] erschossen habe. Die Abschwächung der Tat durch Frankfurter impliziert, dass Sirhan sich lediglich unterdrückt glaubte, also eine Unterdrückung in Wahrheit nicht existierte; in Frankfurters Fall (und im fiktiven Fall des südafrikanischen Schwarzen) handle es sich jedoch um eine tatsächliche Bedrohung oder Unterdrückung. Frankfurter vermutet zudem, Sirhan sei zum Zeitpunkt der Tat „nervenkrank"[280] gewesen. Auf den Einwand Höltschis, dies sei auch Frankfurter nachgesagt worden, unterstreicht dieser, er habe seine Tat aus „logische[r] Konsequenz"[281] begangen.

> [I]ch habe von 1929 bis 1933 in Deutschland studiert, und ich sah die konsequente Entwicklung, die der Nationalsozialismus nahm. Ich sah auch, wie wenig das europäische Judentum zum Widerstand bereit war, und ich wollte demonstrieren, dass die Sprache der Gewalt nur mit Gewalt beantwortet werden kann. Ich war mir bewusst, dass ich etwas Schreckliches tat, und ich war mir bewusst, dass ich zu Recht bestraft würde [...]. Damals, 1936, war der letzte Augenblick, in dem am Lauf der Dinge noch etwas zu ändern gewesen wäre, das habe ich gefühlt, und aus diesem Zwang der Situation habe ich gehandelt – selbst wenn man damals das Ausmass der Nazi-Grauen noch nicht kannte.[282]

---

276 Ebd.

277 Ebd.

278 Senator Robert F. Kennedy, der jüngere Bruder von John F. Kennedy, wurde während des Wahlkampfes in Los Angeles von dem palästinensischen Einwanderer Sirhan Sirhan erschossen. Die Motive dafür sind unklar, aber es wird eine Verbindung zu israelfreundlichen Bemerkungen Kennedys vermutet, obwohl sich auch andere Präsidentschaftskandidaten ähnlich zu Israel geäußert hatten.

279 Die Weltwoche: „‚Auch in der Bibel wird gemordet'. Gespräch mit dem Gustloff-Attentäter David Frankfurter", 10.10.1969, S. 13.

280 Ebd.

281 Ebd.

282 Ebd.

Während der Hinweis darauf, dass Frankfurter zum damaligen Zeitpunkt in Deutschland studierte und so direkt mitverfolgen konnte, wie sich die politische Situation entwickelte, von Frankfurter wie von anderen bereits wiederholt geäußert worden war, sind zwei Elemente dieser Aussage in dieser Deutlichkeit neu.

Zum einen ordnet Frankfurter seine Tat hier in den jüdischen Widerstand ein und bezeichnet sie als Aufruf an die Jüdinnen und Juden seiner Zeit, es ihm gleichzutun. Wenn Frankfurters Motive, wie er sie im Mordprozess und in seinen Memoiren dargelegt hatte, betrachtet werden, fällt eine leichte Verschiebung auf. Bisher hatte er seine Motive als ein Zusammenspielen verschiedener Ursachen beschrieben, als einen Protest gegen die Judenverfolgungen in Deutschland, als einen von Gott geforderten Racheakt an den Nazis, einen Mord mit einem proschweizerischen Teilaspekt und nicht zuletzt seine eigene ausweglose Situation mit gesundheitlichen und psychischen Problemen. Nun jedoch, zurückblickend, ordnet er seine Tat als Aufruf an sein Volk ein, ähnlich wie er sich bereits in seinem Gespräch mit Emil Ludwig geäußert hat. Möglicherweise verkürzt Frankfurter hier seine Motive auf einen Aspekt, der bisher noch nicht zentral in Erscheinung getreten ist. Oder aber Frankfurter hebt tatsächlich ein neues Moment hervor, das seiner Tat eine viel größere Bedeutung zuweist und in gewissem Sinne die Frage nach seiner eigenen Verantwortung verschiebt. Er wollte sein Volk aufrütteln, das sich nicht aufrütteln ließ.

Zum anderen deutet er hier an, ihm sei bewusst gewesen, dass ihn für den Mord an Gustloff eine Strafe erwarten würde. Dies führt Frankfurter zu einem späteren Zeitpunkt in dem Interview genauer aus. „Die Strafe war für mich selbstverständlich. Ich habe mir das von Anfang an so gedacht: Ich erschiesse Gustloff, es gibt einen Prozess, ich werde verurteilt und gehe in eine Zelle.“[283] Hier ist ein deutlicher Widerspruch zu früheren Aussagen zu erkennen. Erstens ist da die immer wieder geäußerte Überzeugung, dass er angesichts der Umstände hätte freigesprochen werden müssen, oder zu einem späteren Zeitpunkt, dass er sich anstelle einer Begnadigung eine Prozessrevision gewünscht hätte. Zweitens hat Frankfurter wiederholt ausgesagt, er habe den Mord in Verbindung mit Selbstmord geplant und durchführen wollen. Nicht nur im Rahmen des Prozesses, sondern ausführlich auch in seinen Memoiren betont Frankfurter, er habe sich in einer ausweglosen Situation befunden, er habe seinen Freitod geplant und Abschiedsbriefe an seine Familie geschrieben. Dass er seinen Suizid nicht habe durchführen können, länge entweder daran, dass er den Mut dazu verloren oder die gesamte Munition verschossen habe. Auch sein auf einer Zigarettenschachtel notierter Aktionsplan und die Ausführungen des Psychiaters und des Gerichts belegen diese frühere Einstellung.

283 Ebd.

Verschiedene Erklärungen sind möglich, weshalb Frankfurter im Interview mit der *Weltwoche* nun behauptet, er habe die Tat mit dem Bewusstsein begangen, er würde dafür bestraft werden. Vielleicht ist er mit dieser Version seiner Lebensgeschichte auf positivere Reaktionen seiner Umgebung gestoßen als mit der Geschichte eines psychisch instabilen Menschen mit Selbstmordgedanken. Gerade in Israel, wo das Holocaustgedenken bis in die 1970er Jahre stark auf die Helden und Widerstandskämpfer fokussierte, mag diese heroischere Version des Mordes an Gustloff stärkeren Anklang gefunden haben. Denkbar ist auch, dass Frankfurter aufgrund einer Stigmatisierung von psychischen Erkrankungen diesen Teil seiner Geschichte entsprechend abgeändert hat, einen Außenblick auf seine Person und damit die Tradierung von Erzählungen über ihn übernommen hat.

Frankfurter reflektiert im Interview realistisch die moralische Tragweite seiner Tat. „Ein Mord bleibt ein Mord, ich will da gar nichts beschönigen.“[284] Trotzdem folgt auf diese Aussage ein Aber, das wahrscheinlich wiederum von einem gewissen israelischen Selbstverständnis geprägt ist. „Aber seit ich in Israel lebe, fühle ich mich frei von allen Komplexen, die ich nach der Tat natürlich hatte. In Israel haben die Juden begriffen, was ich damals ausdrücken wollte: dass man sich wehren muss. Die europäischen Juden scheinen das heute noch nicht gelernt zu haben.“[285] Frankfurter erklärt, er habe sich schon damals gewehrt, eine Maxime, die im Selbstverständnis des israelischen Staates elementar wichtig sei. Dass ein politischer Mord „im Prinzip falsch“[286] sei, gesteht er zwar ein, fügt aber an, dass es in der Bibel schon Beispiele dafür gebe (deswegen der Titel des Artikels) und auch Wilhelm Tell, der Schweizer Nationalheld, nichts „anderes als ein Attentäter, ein politischer Mörder“[287] sei. Höltschi will hier aber differenzieren, Tell habe einen direkten Unterdrücker seines Volkes umgebracht, David habe den Hünen Goliath im Zweikampf getötet, Frankfurter hingegen habe lediglich einen Stellvertreter des Naziregimes erschossen und habe nicht davon ausgehen können, dass dieser Mord den Lauf der Geschichte verändern würde. Frankfurter entgegnet, dass dies aber seit jeher nicht seine Absicht gewesen sei. Er habe nicht die Nazis ändern wollen, „aber ich hoffte, dass meine Tat die Juden ändern würde“, und er betont, Gustloff sei keineswegs ein „harmloser Mann“ gewesen, er habe „eine sehr starke und sehr gefährliche Wühltätigkeit in der Schweiz geleitet“ und auch darauf habe er mit seiner Tat hingewiesen. Dass die Schweiz dies schließlich – nach dem Attentat auf Gustoff – habe erkennen

284 Ebd.
285 Ebd.
286 Ebd.
287 Ebd.

müssen, zeige sich dadurch, dass „die ‚Auslandorganisation' der Nazis in der Schweiz dann auch verboten" worden sei.[288]

Ob Frankfurter heute gleich handeln würde, will Höltschi von Frankfurter wissen. Frankfurter antwortet zunächst, er könne das nicht genau sagen und erklärt, dass ein 27-Jähriger natürlich anders handle als ein 60-Jähriger und sich die Situation seit den 1930er Jahren verändert habe. „Und während der 24 Jahre, die ich jetzt in Israel lebe, habe ich sehr viel Distanz zu dieser ganzen Affäre gewonnen."[289] Trotzdem, so Frankfurter, „wahrscheinlich würde ich noch einmal gleich handeln",[290] trotz der Strafe, die er, wie erwähnt, antizipiert habe. Das Urteil bezeichnet er als hart – es sei auf Druck der beim Prozess anwesenden nationalsozialistischen Presse entstanden. Der Journalist fragt daraufhin nach, ob er „diesen Druck des mächtigen Nachbarn"[291] auch während seiner Haftzeit bemerkt habe. Frankfurter erwähnt diesbezüglich seine Verlegung von Chur nach Orbe, als ein deutscher Einmarsch in die Schweiz absehbar erschien, „[d]enn es war natürlich klar, dass die Deutschen, wenn sie bis Chur gekommen wären, den Gustloff-Attentäter sofort liquidiert hätten."[292] Abgesehen davon habe er aufgrund des Verhaltens der Gefängniswärter sehr genau einschätzen können, wie es um den Erfolg und Misserfolg der Deutschen Wehrmacht stand. Aber „[d]ass ich dann nach dem Krieg entlassen, aber ausgewiesen wurde, wirkte auf mich wie eine Ohrfeige".[293] Vermutlich will Frankfurter damit ausdrücken, dass ihm die Geschichte Recht gegeben habe und dies zum Zeitpunkt seiner Begnadigung in der Schweiz bekannt gewesen sei. Er habe für die Schweiz zum damaligen Zeitpunkt keine Bedrohung dargestellt, dementsprechend hätte die Landesverweisung aufgehoben werden müssen. Diese Aussagen zur Härte des Strafmaßes sowie zu seinem Unverständnis über die späte Aufhebung des Landesverweises stehen in Gegensatz zu Frankfurters Versicherung, dass er durch die 24 Jahre, die seit der Tat vergangen waren und während derer er in Israel gelebt hatte, „Distanz zu dieser ganzen Affäre gewonnen"[294] habe. Es ist stattdessen offensichtlich, dass Frankfurter sich weiterhin mit seiner Tat, dem Prozess und der Haftzeit in der Schweiz beschäftigte und den Umgang mit sich weiterhin – zumindest von offizieller Schweizer Seite – als unfair empfand.

288 Alle Zitate: Ebd. Hier ist Frankfurter ungenau, denn nicht die Auslandorganisation als Ganzes wurde verboten, sondern lediglich die Neubesetzung der Position des Landesleiters der NSDAP.

289 Ebd.

290 Ebd.

291 Ebd.

292 Ebd.

293 Ebd.

294 Ebd.

Der Film *Konfrontation* von Rolf Lyssy aus dem Jahr 1974 soll hier nicht eingehender behandelt werden, da er kaum Elemente zu Frankfurters Selbstbild enthält.[295] Zu erwähnen sind jedoch die Materialien, die der Regisseur zur Vorbereitung seiner Arbeit sammelte. So hatte er unter anderem Interviews mit David Frankfurter geführt und war zu diesem Zwecke mehrere Male nach Israel gefahren. Auch ein Brief von Frankfurter an Lyssy ist überliefert. Des Weiteren hatte Lyssy in die Verteidigung und die Betreuung Frankfurters involvierte Personen getroffen und befragt, so den Vormund Paul Schmid-Ammann, die Frau von Gefängnisverwalter Tuena, David Kin aus Chur sowie den Journalisten Benjamin Sagalowitz.

Das erste Treffen zwischen Lyssy und Frankfurter fand am 18. März 1969 in Tel Aviv statt, in einem Café in der Nähe des Ministeriums, in dem Frankfurter arbeitete. Bei dem Gespräch anwesend war Lyssys Bruder Micha, der in Israel lebte.[296] Rolf Lyssy fasste das Gespräch relativ knapp zusammen. Frankfurter habe mit Micha ein „schnelles Ivrit" gesprochen, mit ihm selbst „ein sehr schnelles Deutsch" und „macht gerne einen Witz und zwischendurch fällt auch ein Wort ‚Schwyzerdütsch'".[297] Frankfurters Erinnerungen an die Schweiz, das geht aus dem Gespräch hervor, seien durchweg positiv, „obwohl er viel negatives berichten könnte".[298] In Israel gehe es ihm gut, ebenso seiner Frau, die als Krankenschwester arbeite. Die Tochter leiste gerade ihren Militärdienst, während sein Sohn noch zur Schule gehe. Aus dem Bericht über das Gespräch wird deutlich, dass Georges Brunschvig angefragt worden war, ob er bei der Finanzierung der Reise in die Schweiz helfen könne; eine Anfrage, die von Brunschvig „kurz und bündig

295 Frankfurter war nicht glücklich über den Film. Dies bestätigten nicht nur seine Kinder im Interview (Moshe sagte, dass sein Vater sich missverstanden gefühlt habe, vgl.: Interview mit Moshe Frankfurter und Miriam Gepner, 17. Januar 2012, Salit, DW_C0047, 58.52), sondern auch Thomas Willi schreibt in seinem Artikel zu Frankfurters Memoiren: „Was Lyssys Film angeht, soll auch Frankfurter damit nicht restlos zufrieden gewesen sein. Das wird verständlich, wenn man den Text der Pressemappe dazu aufmerksam liest und auf das ‚Moment der Katharsis' stösst, dass die Interpretation des Geschehens bestimmt und als Dreh- und Angelpunkt ‚zum zweiten Teil des Films, zum Prozess' überleitet." Vgl.: Willi, 2009, S. 140. Über den Mord an Wilhelm Gustloff als Katharsis vgl. auch: Chotjewitz, Peter O.: Mord als Katharsis. In: Kreuzer, Helmut [Hrsg.]: Der Mord in Davos. Texte zum Attentatsfall David Frankfurter, Wilhelm Gustloff, Herbstein 1986. Oder: Lütkehaus, Ludger: Die Schweiz und der Schatten des Dritten Reiches, in: Die Zeit, 17.10.1986, online unter: http://www.zeit.de/1986/43/die-schweiz-und-der-schatten-des-dritten-reiches [zuletzt eingesehen: 09.06.2016].

296 Rolf Lyssy hat auch über seinen Bruder Micha Lyssy/Bar-Am einen Film gedreht: Ein Trommler in der Wüste, aus dem Jahr 1992.

297 Alle Zitate: Erstes Gespräch mit David Frankfurter, Tel Aviv, 18. März 1969, in: Lyssy, Rolf: Interviews 1969 zur Vorbereitung des Films Konfrontation, Privatbesitz Rolf Lyssy.

298 Ebd.

abgelehnt“[299] worden sei. Interessant ist die Aufzählung von Frankfurters Freundinnen und Freunden in der Schweiz, die ihm in Erinnerung geblieben sind. Als Erste nannte er seine ehemalige Vermieterin Lina Steffen, dann seinen Vormund Schmid-Ammann und den Anwalt Veit Wyler, aber auch Frau Tuena und Herrn Kin.[300] Bemerkenswert ist hier nicht nur, dass er zwar Frau Tuena nennt, nicht aber ihren Mann, den Gefängnisverwalter, sondern auch, dass Georges Brunschvig nicht erwähnt wird. Hier verdeutlicht sich erneut, wie wenig Frankfurter mit seinem ehemaligen Anwalt persönlich verband.

Nach dem Gespräch wurde ein weiteres Treffen vereinbart: Frankfurter erklärte sich bereit, am 22. März in den Kibbuz zu kommen, in dem Lyssys Bruder Micha lebte und in dem Rolf Lyssy für die Dauer seines Besuches untergebracht war. Bei dem Kibbuz handelte es sich um Dovrat in der Nähe von Afula im Norden des Landes. Das dortige Gespräch drehte sich in erster Linie um praktische Angelegenheiten in Bezug auf die rechtlichen Aspekte des Filmes, die hier nicht von Interesse sind.[301]

Die beiden Reisen Frankfurters in die Schweiz stehen in Verbindung mit Lyssys Film. Bei den Anstrengungen um die Aufhebung der Landesverweisung wurde direkt darauf Bezug genommen, dass der Regisseur Lyssy sich gerne im Rahmen seiner Vorbereitungen auf den Film mit David Frankfurter treffen würde. Der zweite Besuch fand dann kurz nach Erscheinen des Filmes im Jahr 1974 statt, was das bereits bestehende Interesse an Frankfurter und seiner Geschichte mutmaßlich noch steigerte.[302] Dies nahmen die jüdischen Gemeinden in der Schweiz zum Anlass, Frankfurter im Jahr 1975 zu Podiumsgesprächen einzuladen. Ein Brief an Willy Guggenheim vom SIG zeigt, welche Anstrengungen für das Podiumsgespräch in Basel, organisiert von der Israelitischen Gemeinde und diversen weiteren Organisationen,[303] unternommen wurden. Heinz Badt, Präsi-

299 Ebd.

300 Ebd. Zudem erwähnte er zwei bisher unbekannte Personen, einen Herrn Engelmayer und einen Herrn Dr. Kimche. Möglicherweise Rabbiner Zwi Engelmayer aus Bern und Dr. Max Kimche aus Zürich. Den Kindern von Frankfurter sind keine konkreten Verstimmungen zwischen Frankfurter und Brunschvig bekannt. Bei ihrem Aufenthalt in der Schweiz haben Miriam Gepner und Moshe Frankfurter Odette Brunschvig besucht.

301 David Frankfurter war in die Erstellung des Drehbuchs involviert und sollte der abschließenden Version sein OK geben. Falls er wirklich so viel Einfluss darauf hatte, mag es überraschen, dass er sich nachträglich im Film falsch repräsentiert gefühlt hatte.

302 Willi schrieb, dass der Erfolg des Filmes mäßig gewesen sei und die Reaktionen in der Schweiz „zurückhaltend bis negativ“, was Lyssy darauf zurückgeführt habe, dass die Schweiz noch nicht bereit für den Film gewesen sei. Vgl.: Willi, 2009, S. 140.

303 Beteiligt waren gemäß Einladungsschreiben neben der Bildungskommission der IGB die Zionistische Vereinigung, die Gesellschaft Schweiz-Israel und die Christlich-Jüdische Arbeitsgemeinschaft. Vgl.: Einladung zum Podiumsgespräch mit David Frankfurter vom 11. Juni 1975, in: AfZ, IB Frankfurter-Prozess / 24. Briefe aus demselben Bestand weisen

dent der Zionistischen Vereinigung Basel, schrieb, dass 1980 Einladungen verschickt worden seien, davon 850 an Mitglieder der jüdischen Gemeinde, 500 an die Gesellschaft Schweiz-Israel, 430 an die Christlich-Jüdische Arbeitsgemeinschaft, 120 an jüdische Studierende und jeweils 40 an die Jugendbünde Emuna und Bne Akiwa. Eingeladen waren zudem die Basler Tageszeitungen, und Heinz Badt äußerte die Hoffnung, dass der Gemeindesaal „bumsvoll“[304] sein werde. Für Frankfurter wurden die erforderliche „eidgenössische Redebewilligung (als Ausländer)“ eingeholt und ein Doppelzimmer im Hotel Jura am Bahnhof reserviert. Der Saal sollte von Polizisten in Zivil bewacht werden, „für alle Fälle, denn wir haben an der Uni eine Anzahl arabischer Studenten“.[305]

Die Ankündigung ist mit einem Bild aus Lyssys Film *Konfrontation* bebildert und gibt nähere Informationen zu den ausnahmslos männlichen Teilnehmenden an dem Podiumsgespräch. Neben David Frankfurter waren dies Willy Guggenheim als Gesprächsleiter, David Kin, Heinz Badt von der Zionistischen Vereinigung Basel, der Basler SP-Politiker Carl Miville, Hans Peter Schreiber, evangelischer Studentenpfarrer, der Regisseur Rolf Lyssy sowie Robert Schweizer, Daniel Olstein und Carlo Strenger als Vertreter der jüdischen Studierenden beziehungsweise der Jugendbünde. Ziel des Podiums war es, jungen Menschen die Möglichkeit zu geben, „David Frankfurter und weitere Zeitgenossen nach Hinter- und Beweggründen des Anschlags auf Wilhelm Gustloff“[306] zu befragen. Leider sind in den Archivmaterialien lediglich die Fragen, die an Frankfurter gestellt werden sollten, erhalten, nicht aber seine Antworten.[307] Eine kurze Medienrecherche der

---

darauf hin, dass auch der SIG in die Vorbereitung involviert war, vgl.: Brief von Heinz Badt an Willy Guggenheim vom 2. Juni 1975, in: AfZ, IB Frankfurter-Prozess / 24.

304 Brief von Heinz Badt an Willy Guggenheim vom 2. Juni 1975, in: AfZ, IB Frankfurter-Prozess / 24.

305 Beide Zitate: Ebd. Heinz Badt schrieb im Brief zudem über private Angelegenheiten: „Ich reise morgen Dienstag für einige Tage nach Paris, wo ich an der Intern. Briefmarken-Ausstellung meine Motiv-Sammlung über ‚Dr. Herzl und der Zionismus‘ ausstelle, für die ich in Jerusalem 1974 eine bronzene Medaille und an der INTERNABA Basel eine silberne erhielt, vielleicht reicht es in Paris zu mehr.“ Ebd.

306 Ankündigung des Podiumsgesprächs mit David Frankfurter, in: AfZ, IB Frankfurter-Prozess / 24.

307 Mit ähnlichem Ziel und vergleichbarer Zusammensetzung des Podiums fand am 4. Juni 1975 ein Gespräch in der Israelitischen Cultusgemeinde Zürich statt, darauf bin ich erst bei einer Medienrecherche in der Schweizerischen Nationalbibliothek in Bern gestoßen. In den Unterlagen des AfZ zu David Frankfurter waren diesbezüglich keinerlei Informationen zu finden. Ein drittes Podiumsgespräch fand in der Israelitischen Gemeinde (heute: Jüdische Gemeinde) Bern statt, organisiert durch die Kulturkommission. Beim Gespräch in Zürich waren Sämi Rom und Ralph Weingarten als Vertreter der jüdischen Studierenden anwesend, zudem Frankfurters Anwalt, Veit Wyler. Das Podiumsgespräch in Bern fand, wie die beiden in Basel und Zürich, unter der Leitung von Willy Guggenheim statt. Die Vertreter der

publizierten Artikel, insbesondere der Basler Tages- sowie der jüdischen Wochenzeitungen, soll daher Einblick in Frankfurters Selbstbild geben.

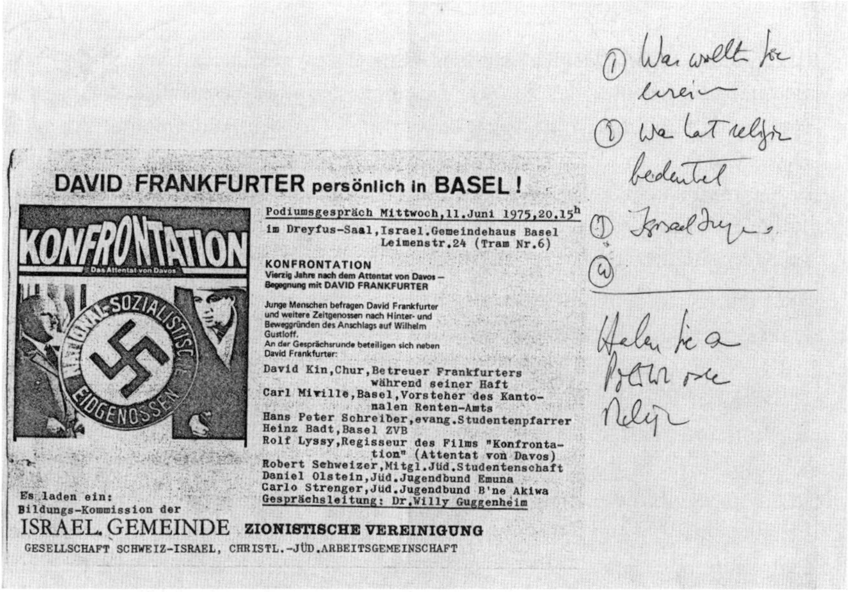

DAVID FRANKFURTER persönlich in BASEL!

KONFRONTATION
Das Attentat von Davos

Podiumsgespräch Mittwoch, 11. Juni 1975, 20.15h
im Dreyfus-Saal, Israel. Gemeindehaus Basel
Leimenstr. 24 (Tram Nr. 6)

KONFRONTATION
Vierzig Jahre nach dem Attentat von Davos – Begegnung mit DAVID FRANKFURTER

Junge Menschen befragen David Frankfurter und weitere Zeitgenossen nach Hinter- und Beweggründen des Anschlags auf Wilhelm Gustloff.
An der Gesprächsrunde beteiligen sich neben David Frankfurter:

David Kin, Chur, Betreuer Frankfurters während seiner Haft
Carl Miville, Basel, Vorsteher des Kantonalen Renten-Amts
Hans Peter Schreiber, evang. Studentenpfarrer
Heinz Badt, Basel ZVB
Rolf Lyssy, Regisseur des Films "Konfrontation" (Attentat von Davos)
Robert Schweizer, Mitgl. Jüd. Studentenschaft
Daniel Olstein, Jüd. Jugendbund Emuna
Carlo Strenger, Jüd. Jugendbund B'ne Akiwa
Gesprächsleitung: Dr. Willy Guggenheim

Es laden ein:
Bildungs-Kommission der
ISRAEL. GEMEINDE ZIONISTISCHE VEREINIGUNG
GESELLSCHAFT SCHWEIZ-ISRAEL, CHRISTL.-JÜD. ARBEITSGEMEINSCHAFT

Abb. 52: Ankündigung des Podiumsgesprächs mit David Frankfurter. Quelle: AfZ IB Frankfurter-Prozess / 24, Unterlagen zum Podiumsgespräch im Israelitischen Gemeindehaus Basel, 11.6.1975.

Die *Basler Nachrichten* wiesen in ihrer Ausgabe vom 12. Juni unter der Rubrik „Gestern abend“ auf die Veranstaltung hin und fassten den Ablauf kurz zusammen. „An der überaus gut besuchten Veranstaltung wurde Frankfurter vom Publikum u.a. darüber befragt, welches sein eigentliches Motiv gewesen sei und wie er den Mord mit seiner Religion habe in Einklang bringen können.“[308] Einen Tag später folgte unter den Nachrichten zu Basel-Stadt eine etwas längere Zusammenfassung unter dem Titel „David Frankfurter war in Basel. Vierzig Jahre danach“. Etwa die Hälfte des Textes besteht aus der Aufzählung der einladenden Organisationen und Nennung der beteiligten Personen. David Kin, Heinz Badt und Carl Miville seien dafür zuständig gewesen, die historischen Rahmenbedingungen des Mordes an Wilhelm Gustloff aufzuzeigen, insbeson-

---

jüdischen Studierenden wurden nicht namentlich erwähnt, dafür aber das Versagen der Technik, da zwar Lautsprecher vorhanden gewesen seien, aber keine Mikrophone.

308 Basler Nachrichten: Basel: David Frankfurter zu Gast, Rubrik „Gestern abend“, in: Basler Nachrichten, 12.06.1975, S. 36.

dere die Tätigkeiten der Nationalsozialisten in der Schweiz. Die Zeitung schrieb weiter, dass Frankfurter im Gespräch „die Motive und Hintergründe seiner Tat“[309] erläutert habe:

> Als „geistig-religiöser Mensch“ wurde er während seiner Studienzeit in Nazi-Deutschland mit dem Judentum konfrontiert. Fassungslos stand er diesem Phänomen gegenüber – und der Tatsache, dass sich keiner seiner Glaubensbrüder wehrte. Als er in Davos Gustloff, der „Verkörperung des NS-Regimes“ begegnete, griff er zur Pistole; im Gewissenkonflikt zwar, aber doch die Tat als „Selbstverteidigung für mein Volk“ ausführend. Für den tief gläubigen Juden Frankfurter („das Alte Testament war der Leitfaden für mein Tun“) war Gustloff „kein Mensch, sondern ein Golem“.[310]

Abb. 53: David Frankfurter mit seinen Kindern Miriam und Moshe, undatiertes Bild. Quelle: AfZ Paul Schmid-Amman / 12.

Überraschend ist hier die wiederholte Bezeichnung Frankfurters als religiöser und tiefgläubiger Mensch. Seine religiöse Entwicklung war, wie im Verlauf der vorliegenden Untersuchung aufgezeigt wurde, keineswegs linear; auch wenn er

309 Basler Nachrichten: David Frankfurter war in Basel. Vierzig Jahre danach, in: Basler Nachrichten, 13.06.1975, S. 22.

310 Ebd.

wiederum biblische Motive zur Rechtfertigung seiner Tat verwendete, hatte er sich zum Zeitpunkt der Tat bereits vom Judentum entfernt – diese Entfernung von seiner Religion fand während seiner Haftzeit noch eine Steigerung.

Die *Basler Nachrichten* erwähnten das „Verbot der Schweizer Nazi-Organisation durch den Bundesrat“[311] und schlossen den Artikel mit der Beurteilung der Tat Frankfurters durch die Podiumsteilnehmenden und das Publikum. Der Mord an Wilhelm Gustloff sei ein „‚Zeichen der neuen Zeit‘, im Zuge derer die Juden, ‚das 2000 Jahre lang wehrlose Volk‘, ihren Staat Israel errichteten und von Behandelten zu Handelnden wurden“.[312] Auch wenn diese Interpretation überspitzt formuliert ist (Frankfurter ist nicht das erste Beispiel jüdischen Widerstandes seit 2000 Jahren), zeigt sie die Bedeutung, die Frankfurter hier zugemessen wird; der Mord an Gustloff als Startschuss für die Gründung des Staates Israel als Heimstätte für die Jüdinnen und Juden, die nicht mehr Opfer sein wollten.[313] In der Basler *National-Zeitung* vom 11. Juni 1975 findet sich ein kurzer Veranstaltungshinweis[314], gefolgt von einem etwas längeren Artikel am 17. Juni, betitelt mit „David Frankfurter sprach in Basel. Ein Attentat wird Legende“.[315] Auch hier wurden Frankfurters Motive erwähnt; die Tat sei „die Erfüllung einer Pflicht gegenüber dem jüdischen Volk“ gewesen, motiviert durch seine Lektüre des Alten Testaments und den „in Deutschland aufwallende[n] Judenhass“.[316] Gustloff als Person sei Frankfurter dabei „gleichgültig“ gewesen, vielmehr ging es ihm um Gustloff als Vertreter des nationalsozialistischen Systems in der Schweiz, er musste „einfach die Rechnung für alle die zahlen, die er repräsentierte“.[317] Die *National-Zeitung* zitierte ebenfalls Frankfurters Vergleich von Gustloff mit einem Golem,

311 Ebd. Wiederum: Lediglich die Landesleitung der NSDAP wurde verboten.

312 Ebd.

313 Dabei ist allerdings zu beachten, dass diese Interpretation weder auf die Zeitung noch auf Frankfurter zurückzuführen ist, sondern schon in der Fragestellung enthalten war. Gemäß Gesprächsleitfaden, der sich in den Unterlagen zum Podiumsgespräch findet, lautete die abschließende Frage an Frankfurter: „Nur noch eine Schlussfrage. In der neueren jüdischen Geschichtsschreibung, oder sagen wir vielleicht besser, Selbstdarstellung, führt ein direkter Weg vom Widerstand während der Nazizeit zum Staate Israel. Sie, David Frankfurter, waren einer der ersten Widerstandskämpfer, nach Ihrer Begnadigung lebten Sie in Palästina resp. Israel. Sehen Sie einen inneren Zusammenhang, einen tieferen Sinn in diesem persönlichen Lebensweg?“ Vgl.: Konfrontation. Gesprachsleitfaden zum Podiumsgespräch mit David Frankfurter, in: AfZ, IB Frankfurter-Prozess / 24.

314 National-Zeitung: Veranstaltungen Basel + Region, Ankündigung des Podiumsgesprächs „Konfrontation: Vierzig Jahre nach dem Attentat von Davos – Begegnung mit David Frankfurter“, in: National-Zeitung Basel, 11.06.1973.

315 National-Zeitung: „David Frankfurter sprach in Basel. Ein Attentat wird Legende“, in: National-Zeitung Basel, 17.06.1975, S. 12.

316 Beide Zitate: Ebd.

317 Ebd.

in diesem Beispiel wurde aber zusätzlich ausgeführt, wie dieser Vergleich gemeint war. Gustloff sei ein Golem, „die seelenlose Verkörperung eines mörderischen Regimes".[318] Frankfurters Absicht sei gewesen, „[d]as jüdische Volk aus dem Schlaf der Duldsamkeit zu rütteln", zudem aber auch „anderen Völkern den Blick für das Unrecht zu schärfen und den Nazis zu demonstrieren, dass sie nicht ungefährdet weiterwüten können".[319] Offensichtlich wurden Frankfurters Aussagen bezüglich seiner Motive in den *Basler Nachrichten* verkürzt wiedergegeben. Die ausführlichere Version der *National-Zeitung* deckt sich eher mit Frankfurters früheren Aussagen, er habe auf die Vorgänge in Deutschland aufmerksam machen wollen. Dieser Dreiklang von Motiven (Aufruf an das jüdische Volk, an alle Völker und an die Nationalsozialisten) sei gemäß Frankfurter erfolglos gewesen, keines dieser Ziele habe er erreichen können. „Er war und ist enttäuscht darüber, dass seine Patrone dem jüdischen Volk letztlich nicht genützt hat."[320]

Während des Podiumsgesprächs wurde zudem die Frage nach der Legitimierung von Frankfurters Tat diskutiert. „Darf Selbstverteidigung, auch wenn sie als noch so unausweichlich empfunden wird, Anlass zur Tötung geben?"[321] Bei der Erörterung dieser Frage wurde – als Gegensatz zu Frankfurters Rechtfertigung, dass auch in der Bibel gemordet wurde – das „alttestamentarische Tötungsverbot"[322] herangezogen. Frankfurters Entgegnung darauf, „die Verpflichtung gegenüber der Gemeinschaft sei letztlich wichtiger als die Verpflichtung gegenüber dem Leben des Feindes",[323] wurde als Lösung für das moralische Dilemma akzeptiert. Dabei wurde jedoch nicht spezifiziert, in welchen Situationen dies tatsächlich anzuwenden sei oder wer als Feind gelte. Der Verfasser des Artikels interpretierte die darauffolgenden Wortmeldungen von Miville (er sprach „vom ‚verdienten Schicksal' Gustloffs") und Lyssy („Es gibt Momente, wo man nur mit Gegengewalt antworten kann") mit: „Demnach heiligt der Zweck die Mittel."[324]

Auch im Artikel der *National-Zeitung* wurde die Diskussion um das Strafmaß erwähnt. Dazu Frankfurters Aussage: „Ich empfand Mitleid mit ihnen

---

318 Ebd.

319 Ebd.

320 Ebd.

321 Ebd. Das Wort „Selbstverteidigung" ist an dieser Stelle schlecht gewählt. Eine Selbstverteidigung bedingt eine unmittelbare persönliche Bedrohung, die es erlaubt, sich angemessen zu wehren. Bei Frankfurter bestand keine akute Bedrohungslage durch Gustloff, seine Funktion war eine rein repräsentative. Entsprechend hatte Frankfurter kein Problem mit Gustloff als Person, sondern mit Gustloff als Vertreter des nationalsozialistischen Systems.

322 Ebd.

323 Ebd.

324 Alle Zitate: Ebd. Es ist hier unklar, ob der Verfasser des Artikels dies zynisch oder zustimmend meinte.

[den Richtern], denn sie mussten ihr eigenes Gewissen unterdrücken."[325] Lyssy hingegen erklärte sich das Urteil dadurch, dass das Bündner Kantonsgericht damals mit der Situation und ihrer Tragweite „einfach überfordert gewesen" sei, und er war überzeugt, dass „[h]eute [...] wohl alle auf Freispruch plädiert" hätten.[326]

Der Verfasser des Artikels schloss mit der Frage: „Da fällt mir ein: War Wilhelm Tell ein Mörder?"[327] Diese Parallele wurde bekanntlich nicht nur von der *National-Zeitung* gezogen, bereits während des Prozesses, sondern auch von Frankfurter selbst – zuletzt im Interview mit der *Weltwoche*. Sowohl in der *Weltwoche* als auch im Rahmen des Podiumsgesprächs wurde das pro-schweizerische Motiv lediglich am Rande erwähnt; im Fokus standen die Umtriebe Gustloffs und das Verbot der Landesleitung der NSDAP. Dass angesichts des wahrscheinlich mehrheitlich jüdischen Podiumspublikums das pro-jüdische Motiv zentral verhandelt wurde, überrascht hingegen nicht.

Sowohl in der *Jüdischen Rundschau* als auch im *Israelitischen Wochenblatt* wurde jeweils im Voraus auf die Podiumsgespräche hingewiesen. Nach deren Durchführung folgten ausführliche Besprechungen, die sich inhaltlich oft stark mit der Berichterstattung in den Basler Zeitungen überschneiden. Die *Jüdische Rundschau* resümierte das Podiumsgespräch im Zürich mit der Feststellung,

> dass Mord als politische Tat fragwürdig bleibt, dass es aber nicht leicht ist, heute sich in eine Situation zurückzuversetzen, die es damals mit sich brachte, dass Millionen Juden wegen ihres Glaubens hingemordet wurden und, was unser Land betrifft, diese Ereignisse eine jüdische Gemeinschaft seelisch trafen, die, um mit Veit Wyler zu sprechen, erst zwei Generationen der Emanzipation hinter sich hatte.[328]

Frankfurter, so weiter, habe seinen „Seelenfrieden" gefunden, dort, „wo es ihn geistig und physisch hinzog, nämlich in Israel und in demjenigen Israel, das den Juden der Welt ein neues Selbstbewusstsein gegeben hat".[329] Zwei Wochen später berichtete die *Jüdische Rundschau* über David Frankfurter in Basel mit dem Fazit: „Frankfurter hinterliess den Eindruck eines Juden, der selbstbewusst für seine Ueberzeugung und sein Recht einsteht und sich niemals mehr ‚kampf-

325 Ebd.

326 Beide Zitate: Ebd. Dabei muss aber differenziert werden: Wenn es darum geht, die Tat mit dem heutigen Wissen (oder dem Wissen in den 1970er Jahren) zu beurteilen, hat Frankfurter natürlich Recht behalten, und das Urteil kann als falsch interpretiert werden. Es ist aber zweifelhaft, ob ein Gericht heute in einer vergleichbaren Situation tatsächlich anders urteilen würde.

327 Ebd.

328 Jüdische Rundschau: „Zürich: Konfrontation", in: Jüdische Rundschau, 05.06.1975, S. 11.

329 Beide Zitate: Ebd.

los wie ein Schaf auf die Schlachtbank führen lassen würde.'[330] Man hätte sich mehr solcher Juden in den dreissiger Jahren gewünscht."[331] Diese Ausführungen stehen in einem gewissen Gegensatz zum Podiumsgespräch in Zürich, wie es im *Israelitischen Wochenblatt* beschrieben wird. Dort hob Rabbiner Posen hervor, dass Frankfurters Auslegung durch den Vergleich mit biblischen Figuren zu weit gehe. „Die Juden Deutschlands und Europas haben, als sie die Gefahr heraufziehen sahen, alle ihre Möglichkeiten auszuschöpfen versucht, mit Ausnahme des Mordes."[332] Rabbiner Posen ordnete hier Frankfurter zwar in den jüdischen Widerstand gegen den Nationalsozialismus ein, indem er eine Parallele zwischen der Tat und dem Umfeld zog, gleichzeitig grenzte er die Tat aber davon ab, da Mord seiner Ansicht nach nicht zu den erlaubten Mittel des Widerstands gehörte.[333] Der Artikel schloss mit einem Blick auf Frankfurter. Dieser habe in seinem Schlussvotum unterstrichen, „wie sehr es für ihn das einzig richtige war, nach *Israel* auszuwandern und wie er sich dort absolut wohl fühlt".[334] Frankfurter habe durch sein ruhiges und überlegtes Auftreten dem „showartigen Verlauf" des Gesprächs einen „würdigen Abschluss" gegeben.[335]

Im nächsten Artikel des *Israelitischen Wochenblatts*, diesmal zum Podiumsgespräch in Bern, gelten die letzten Worten ebenfalls Frankfurter und seiner Zukunft. „Mit viel Beifall und Dankesbezeugungen verabschiedeten wir David Frankfurter, der sich nun wieder in sein, wie er sagt, ‚geregeltes Leben' im Kreise seiner Familie in Israel zurückziehen wird."[336] Diese Aussagen legen nahe, dass Frankfurter in Israel mit seinem ruhigen Familienleben und mit wenig Aufmerksamkeit der Öffentlichkeit glücklich war.

Die Podiumsgespräche, die alle als überaus gut besucht beschrieben und in den Zeitungen positiv besprochen wurden, stießen allerdings nicht nur auf Zustimmung. In den Unterlagen findet sich eine Visitenkarte des Journalisten und Redakteurs Heinz Roschewski[337] mit den Worten: „Man sollte nicht einen

---

330 Damit wird auf den Aufruf von Abba Kovner an die Wilnaer Juden angespielt, sich nicht wie die Schafe zur Schlachtbank führen zu lassen.

331 Schweizer, David: „David Frankfurter in Basel", in: Jüdische Rundschau, 19.06.1975, S. 11.

332 Israelitisches Wochenblatt: „David Frankfurter im ‚Kreuzverhör'", in: Israelitisches Wochenblatt, 20.06.1975, S. 35.

333 Diese Diskussion wurde auch in der Jüdischen Rundschau erwähnt. Vgl.: Jüdische Rundschau: „Zürich: Konfrontation", in: Jüdische Rundschau, 05.06.1975, S. 11.

334 Israelitisches Wochenblatt: „David Frankfurter im ‚Kreuzverhör'", in: Israelitisches Wochenblatt, 20.06.1975, S. 35. [Kursivsetzung aus dem Original übernommen.]

335 Beide Zitate: Ebd.

336 Israelitisches Wochenblatt: „Drittes Podiumsgespräch mit David Frankfurter", in: Israelitisches Wochenblatt, 13.06.1975, S. 26.

337 Heinz Roschewski (1919–2010) war ein Schweizer Journalist, Redakteur, Historiker und Politiker.

2. Prozess Frankfurter hier veranstalten! Es wirkt geschmacklos. Und Peinlich [sic]. Ausgerechnet von jüdischer Seite!"[338] In eine ähnliche Richtung geht ein Leserbrief an die *Jüdische Rundschau*, in dem Samy Lasowski aus Biel die Berichterstattung der Zeitung heftig kritisierte und die Atmosphäre des Podiums in Bern als Tribunal bezeichnete. „Ich hatte nach 45 Minuten den Eindruck, als sitze man in Bern ein zweites Mal über David Frankfurter zu Gericht (lediglich mit dem Unterschied, dass er keinen Verteidiger hatte)."[339] Lasowski habe bei dem Berner Podiumsgespräch den Eindruck erhalten, dass Frankfurter der Vorwurf gemacht wurde, er „hätte die jüdische Gemeinschaft in der Schweiz in Angst und Schrecken versetzt durch seine Tat und gewissermassen in Gefahr gebracht".[340] Diese Art der Behandlung sei absolut ungerechtfertigt, habe Frankfurter doch durch seine Tat einen gefährlichen Nazi beseitigt und die Schweizer Jüdinnen und Juden gewissermaßen vor einem Schicksal „in den deutschen Gasöfen"[341] gerettet. Trotz dieser Kritik verdeutlichen sowohl die Zeitungsartikel als auch der Publikumsandrang das Interesse an diesen Fragen in den 1970er Jahren.

Nach dem Artikel in der *Weltwoche* und den Podiumsgesprächen, die in den Basler und in den schweizerisch-jüdischen Medien auf reges Echo stießen, gab es eine dritte Gelegenheit innerhalb weniger Jahre, um Rückschlüsse auf Frankfurters Selbstbild zu ziehen. Auf Anfrage der *Bündner Zeitung* verfasste David Frankfurter einen Text über seine Tat und sein Leben.[342] Darin äußerte er deutliche Kritik an dem passiven Verhalten der Weltöffentlichkeit und -politik bezüglich des Aufstiegs der Nationalsozialisten. „Unbegreiflich waren mir der Mangel an Mut und Weitblick, dem Drohenden ins Auge zu sehen. [...] Weit und breit niemand, weder Staaten noch Staatsleute, Organisationen, Parteien, niemand machte auch nur den leisesten Versuch, der Lawine etwas entgegenzustellen."[343] Er habe mit seiner Tat ein Signal an die Welt geben wollen, „[l]eider blieb die Reaktion aus. Die Welt und vor allem mein Volk musste es blutig, mit Millionen Menschenopfern zahlen. Gerne hätte ich mit meinen schwarzen Prognosen Unrecht behalten."[344] Hier zeigt sich deutlich, wie sehr Frankfurter die damalige Situation und die Schoah weiterhin beschäftigten. Er gestand ein, dass „die Wun-

---

338 Visitenkarte von Heinz Roschewski mit handschriftlicher Anmerkung, in: AfZ, IB Frankfurter Prozess / 24.

339 Lasowski, Samy: Leserbrief „Konfrontation?", in: Jüdische Rundschau, 26.06.1975, S. 9.

340 Ebd.

341 Ebd. Darüber hinaus kritisierte Lasowski insbesondere die Vertreter der jüdischen Jugend, die kaum Wissen über die Kriegszeit gehabt hätten und geradezu ignorant erschienen seien.

342 Vgl.: Frankfurter, David: „Für seine Überzeugungen mit Taten einstehen", in: Bündner Zeitung, 31.01.1976.

343 Ebd.

344 Ebd.

den [...] nicht geheilt [sind] und [sie] werden auch nie heilen. Wie wäre dies auch möglich? Der grösste Teil meiner Familie wurde getötet, voran mein verehrter patriarchalischer Vater, sechs Millionen Brüder und Schwestern wurden aufs Grausamste ermordet. Und dies soll die Zeit heilen können und vergessen lassen?"[345]

Abb. 54: Bruria und David Frankfurter bei einem Besuch in der Schweiz im Mai 1978 in einheimischer Emmentaler Tracht. Quelle: Privatarchiv von Miriam Gepner, Salit.

Positiver klingt Frankfurters Blick auf die Schweiz. Er erwähnt seine Reisen und schreibt: „1975 war ich mit meiner Frau in der Schweiz. Ich besuchte Orte, die mir in der Vergangenheit viel bedeuteten, Bern, Chur, Davos und viele andere Plätze. Ich traf viele alte, liebe und treue Freunde, Freunde, die mir in den schwersten Zeiten und auch bis heute, Treue und Liebe bewahrten."[346] Die Schweiz der 1970er Jahre beeindruckte ihn stark. „Ich war überrascht, so viel Sympathie, Freundschaft und Verständnis vorzufinden, vor allem bei Leuten, die die damalige Zeit miterlebt hatten."[347] Dass Frankfurter ein positives Bild von der Schweiz hatte, bestätigen seine Kinder. Ihr Vater habe „a soft spot for

345 Ebd.
346 Ebd.
347 Ebd.

Switzerland"[348] gehabt und ihm traten jeweils Tränen in die Augen, wenn er von der Schweiz und ihren Bewohnerinnen und Bewohnern sprach.[349]

7.7 Das Ende der Geschichte?[350]

Abb. 55: Gräber von Bruria (links) und David Frankfurter auf dem Friedhof Holon-Bat Yam, Israel. Quelle: Privatarchiv der Verfasserin.

David Frankfurter verstarb am 19. Juli 1982 im Ichilov-Krankenhaus in Tel Aviv. Er wurde auf dem Friedhof Holon-Bat Yam beerdigt.[351] Kurze Zeit später wurde in Ramat Gan, nur wenige Gehminuten vom Wohnhaus der Familie Frankfurter an der Rechov Tar'ad entfernt, ein kleiner Park nach ihm benannt; die Feierlichkeiten fanden im Beisein seiner Familie statt.

348 Interview mit Moshe Frankfurter und Miriam Gepner, 17. Januar 2012, Salit, DW_C0045, 14.05

349 Vergleiche auch den Artikel der Verfasserin zu diesem Thema: Bossert, Sabina: „Vergnügungsreise" nach Davos – Neue Perspektiven auf den Attentäter David Frankfurter, in: Jüdische Studien. Beilage des Zentrums für Jüdische Studien der Universität Basel, tachles, September 2013, S. 8–9.

350 Frei nach: Fukuyama, Francis: The end of history and the last man, London 1992.

351 Bruria Frankfurter starb im Jahr 2007 im Alter von 80 Jahren. Sie ist neben David Frankfurter beerdigt.

Abb. 56: Gan David Frankfurter in Ramat Gan. Beschriftung: David-Frankfurter-Park, in Erinnerung an den Attentäter eines Nazi-Diplomaten, 1909–1982.
Quelle: Privatarchiv der Verfasserin.

In Petach Tikwa gibt es bereits seit Frankfurters Freilassung aus dem Gefängnis eine Straße in seinem Namen, die Rechov David Frankfurter – eine der wenigen Straßen in Israel, die nach einer noch lebenden Person benannt wurden. Der VSJF wurde per Telegramm darüber unterrichtet und leitete die Information umgehend an Frankfurter weiter, der noch in St. Moritz weilte: „Israels avenger david frankfurter free[,] national jews happy[,] petachtivka [sic] called street his name[,] please remit congratulations[,] inviting immigrate erez jisroel = menachem knoll and others[,] 78 hahmonaimstr [sic].“[352] Moshe Frankfurter erzählte im Interview, David Frankfurter habe sich einen Spaß daraus gemacht, an der nach ihm benannten Straße zu stehen und vorübergehende Menschen zu fragen, wer denn dieser David Frankfurter gewesen sei. Die Vermutungen

352 Brief vom VSJF an David Frankfurter, Hotel Edelweiss, St. Moritz, vom 29. Juni 1945, in: AfZ, VSJF-Archiv / F.443, David Frankfurter.

reichten jeweils von einem berühmten Zionisten bis zu einem Rabbiner.[353] Dies zeigt, dass auch in Israel, obwohl dort immerhin zwei Gedenkorte zu Frankfurter bestehen, Person und Tat relativ unbekannt sind.

Noch deutlicher ist die Situation in der Schweiz, wo es keine Straße, keinen Park in Frankfurters Namen gibt und wo Frankfurter höchstens in Fachkreisen oder einem allgemein an jüdischer Geschichte interessierten Publikum ein Begriff ist. Um an dieser Stelle noch einmal Thomas Willi zu zitieren: „Was den deutschsprachigen Bereich betrifft, so erwecken Rezeption und Umgang mit David Frankfurter und *seinem* Zeugnis von der Tat den Eindruck eines fast völligen Verschweigens und Vergessens."[354] Die Versuche eines anonymen Komitees, Ende der 1990er Jahre in Davos eine Gedenktafel zu errichten, wurden nach erbittertem Widerstand in der Bevölkerung, der in den Leserbriefspalten der Bündner Tageszeitungen Niederschlag fand, aufgegeben.[355] Ende November 1999 erschien ein erster Artikel im *Bündner Tagblatt*, der darauf hinweist, dass am 4. Dezember ein „Komitee für ein Denkmal für David Frankfurter" gegründet werden sollte, das zum Ziel hatte, auf der Davoser Promenade, just an der Stelle, an der früher der Wegweiser zu Wilhelm Gustloff, NSDAP, zu finden war, ein Denkmal für Frankfurter zu erstellen.[356] Während das *Bündner Tagblatt* sowie die im Artikel zitierten Behörden dem Vorschlag gegenüber offen eingestellt waren, fielen die Reaktionen in Davos negativ aus. Die *Davoser Zeitung* titelte reißerisch „Denkmal für einen Mörder?" und kommentierte den Vorgang folgendermaßen: „Frankfurters Tat hat bewirkt, dass Davos in die negativen Schlagzeilen geriet. Die Folge davon war, dass der Bundesrat ein Verbot für NSDAP-Landesleiterstellen aussprach."[357] Ein Leserbriefschreiber war grundsätzlich gegen ein Denkmal für David Frankfurter und schrieb: „Im gleichen Aufwasch könnte auch ein Denkmal für Rasputin-Mörder Yussupow[358] ins Auge gefasst werden, da dieser in [den] Zwanzigerjahren hier zu Kur weilte. Mit meiner Kritik verstosse ich wahrscheinlich gegen unser Antirassimusgesetz [sic], da ich es wage, Frankfurter einen Mörder zu nennen."[359] Im Gegensatz dazu bestehen beispielsweise zu Maurice

353 Vgl.: Interview mit Moshe Frankfurter und Miriam Gepner, 17. Januar 2012, Salit, DW_A0046, 13.20.

354 Willi 2009, S. 139.

355 Vgl. hierzu: Gredig 2008, S. 36.

356 Vgl.: Schmid, Hansmartin: „Ein Denkmal für David Frankfurter in Davos?", in: Bündner Tagblatt vom 25. November 1999, S. 5.

357 Davoser Zeitung, zitiert nach: Cavelty, Gieri: „David Frankfurter gibt den Davosern wieder zu denken", in: Bündner Tagblatt vom 31. Dezember 1999, S. 7.

358 Felix Felixowitsch Jussupow (1887–1967) war ein Freund Rasputins und gilt als Drahtzieher bei der Ermordung desselben im Jahr 1916.

359 Davoser Zeitung, zitiert nach: Cavelty, Gieri: „David Frankfurter gibt den Davosern wieder zu denken", in: Bündner Tagblatt vom 31. Dezember 1999, S. 7.

Bavaud, dem jungen Westschweizer, der 1938 plante, Adolf Hitler zu erschießen und daraufhin gefangen genommen, in einem Geheimprozess zum Tode verurteilt und hingerichtet wurde, in der Schweiz drei Gedenkorte: eine Gedenktafel vor seinem Geburtshaus in Neuchâtel, ein Gedenkstein vor einer Schule im waadtländischen Bottens sowie eine Stele in Hauterive.[360]

Lediglich zum 80. Jahrestag seiner Tat im Februar 2016 errichtete ein Unbekannter in Davos, sehr zentral unmittelbar neben der Bibliothek und in Fußnähe zum früheren Tatort, ein temporäres Banner mit der Aufschrift: „Danke David Frankfurter!"

Abb. 57: Bild des Banners für David Frankfurter in der Davoser Zeitung, eingeschickt von Walter Reiss, abgedruckt in: Davoser Zeitung, 9. Februar 2016, S. 9.
Quelle: Dokumentationsbibliothek Davos.

360 Vgl.: International Holocaust Remembrance Alliance: Country Report of Switzerland (2015), Appendix 3: Verzeichnis der Shoah-Denkmäler in der Schweiz. Online unter: https://www.holocaustremembrance.com/sites/default/files/ihra-crch-final.pdf [zuletzt eingesehen: 20.07.2016]. Die Auflistung der Denkmäler beruht auf einer unveröffentlichten Masterarbeit von Fabienne Meyer. Vgl.: Meyer, Fabienne, Monumentales Gedächtnis – Denkmale der Shoah in der Schweiz, Zürich 2015. Auch hat sich der Bundesrat wiederholt dafür entschuldigt, sich nicht genug für Bavaud eingesetzt zu haben. Das mag zumindest teilweise daran liegen, dass Bavaud – im Gegensatz zu Frankfurter – Schweizer war.

8 Abschließende Betrachtungen zum jüdischen Widerstand

Wenn Frankfurters Tat im Vergleich zu anderen Widerstandskämpfern untersucht wird, ist auffällig, dass die Tat trotz der klar pro-jüdischen Motive nicht ohne Weiteres in den jüdischen Widerstand gegen den Nationalsozialismus eingeordnet werden kann. Da sich, wie aufgezeigt worden ist, etablierte Definitionen von jüdischem Widerstand mehrheitlich auf Aktivitäten gegen die nationalsozialistische Vernichtungspolitik ab 1941/42 beschränken, musste zuerst eine eigene passende und erweiterte Definition ausgearbeitet werden, die Akte des Widerstands gegen den Nationalsozialismus als Unrechtsregime, das, im Gegensatz zur Vernichtungspolitik, 1936 bereits bestand, umfasst. Die im Kapitel zu den begrifflich-theoretischen Überlegungen zum Widerstandsbegriff erarbeitete Definition lautet folgendermaßen:

> Jüdischer Widerstand gegen den Nationalsozialismus bezeichnet aktive oder passive Verhaltensweisen, Aktionen oder Taten von jüdischen Einzelpersonen oder Gruppierungen, die sich gegen das nationalsozialistische Unrechtsregime im Allgemeinen oder die Vernichtung der europäischen Jüdinnen und Juden im Speziellen richteten. Ziele solcher Aktionen können eine Schädigung des Systems, Rettung fremden Lebens, Aufmerksam machen auf die Situation der Jüdinnen und Juden oder das eigene Überleben sein.[1]

Dass das Attentat auf Gustloff einer erweiterten Definition von jüdischem Widerstand bedarf, zeigt einerseits die Unvollständigkeit der bestehenden Definitionen. Andererseits bedeutet dies, dass sich Frankfurter von den bekannteren Exponentinnen und Exponenten des jüdischen Widerstands unterscheidet: Die Kämpferinnen und Kämpfer des Warschauer Ghettoaufstands oder die Partisaninnen und Partisanen in den osteuropäischen Wäldern waren direkt an Leib und Leben gefährdet; Herschel Grynszpans Familie war durch die bevorstehende Zwangsdeportation ihrer Lebensgrundlagen beraubt; die jüdischen Brigaden aus Palästina kämpften gegen die Nationalsozialisten und für die Alliierten, als die Schoah längst einer breiten Öffentlichkeit bekannt war.

Frankfurter hingegen weilte 1936 in der sicheren Schweiz, seine Familie im zu jenem Zeitpunkt nicht bedrohten Jugoslawien; er und seine Familie waren zum damaligen Zeitpunkt entsprechend nicht unmittelbar bedroht. Frankfurter hatte sich jedoch ausführlich mit dem Aufstieg des Nationalsozialismus auseinandergesetzt, hatte zeitgenössische Zeitungen und Bücher gelesen und wusste

1 Vgl.: Kapitel 2.3.2 Jüdischer Widerstand gegen den Nationalsozialismus, S. 39 ff.

um die diskriminierende Politik in Deutschland, die die deutschen Jüdinnen und Juden aus der Gesellschaft ausschloss und sie ihrer wirtschaftlichen Existenz beraubte. Durch seine Lektüre regimekritischer Literatur war ihm die Existenz der ersten Konzentrationslager bekannt, aber auch Berichte von in Deutschland lebenden Familienangehörigen und Bekannten sowie seine eigenen Erfahrungen verdeutlichten ihm, wie sich diese Politik auf das jüdische Alltagsleben in Deutschland auswirkte. Frankfurter hatte, wie er es sagte, eine Vorahnung von der bevorstehenden Eskalation der Judenverfolgung in Deutschland und Europa, die jedoch von seiner Umwelt nicht ernst genommen wurde. Unter anderem damit begründete er den Mord an Wilhelm Gustloff, und insofern lassen sich Frankfurter und seine Tat deutlich in den jüdischen Widerstand gegen den Nationalsozialismus einordnen. Die Tat Frankfurters war nicht das erste Beispiel von jüdischem Widerstand, aber sie war früh und deutlich.[2]

Wenn nun eingewendet wird, dass Frankfurter zum Mord als erstes und einziges Mittel gegriffen und nicht versucht habe, politische oder andere gewaltlose Mittel auszuschöpfen, möchte ich zwei Punkte zu seiner Verteidigung anführen: Einerseits wurden die politischen Mittel von anderen Personen ergriffen (insbesondere in Form der verschiedenen Interpellationen zu den Umtrieben der Nationalsozialisten in der Schweiz im Allgemeinen und Gustloffs im Speziellen) und blieben erfolglos – ein Faktum, das Frankfurter aufgrund seiner Zeitungslektüre bekannt gewesen sein muss. Auch im nationalsozialistischen Deutschland gab es gewaltlose Aktionen gegen die diskriminierende Gesetzgebung und Versuche, Einfluss auf die antisemitische Politik zu nehmen. Andererseits möchte ich an dieser Stelle Fritz Bauers Argumentation folgen, der das Widerstandsrecht gegen den Unrechtsstaat dargelegt und verteidigt hat.[3] Gegen den Unrechtsstaat, dessen fortschreitende Radikalisierung Frankfurter beobachtet hat, ist Widerstand erlaubt, und Frankfurter hat einen direkten Repräsentanten dieses Regimes, Wilhelm Gustloff, getötet.

Der ausgearbeiteten Definition folgend, hat Frankfurter – teilweise wahrscheinlich unbeabsichtigt – alle vier Ziele erreicht: Er hat bewusst dem nationalsozialistischen System Schaden zugefügt, indem er den Landesleiter der NSDAP Schweiz ermordet hatte, und er hat dadurch auf die Verfolgung der deutschen Jüdinnen und Juden aufmerksam gemacht. Er hat mutmaßlich, wenn auch unbewusst, sein eigenes Leben gerettet, da ihm als erfolglosem Studenten die Ausweisung aus der sicheren Schweiz gedroht hätte. Und er hat, je nach Bedeutungs-

2 Als frühere Widerstandstat gegen den Nationalsozialismus ist beispielsweise der deutsche Kaufmann Erich Leyens zu nennen, der beim „Judenboykott“ vom 1. April 1933 Flugblätter verteilte, in denen er die deutsche Bevölkerung dazu aufrief, sich der Boykottaktion zu widersetzen. Vgl.: Benz, Wolfgang: Deutsche Juden im 20. Jahrhundert. Eine Geschichte in Porträts, München 2011. Kapitel 2. Protest gegen den Boykott 1933: Erich Leyens, S. 36–43.

3 Vgl.: Bauer 1998, S. 208.

zuweisung, auch fremde Leben gerettet. So hat sich Meier Schwarz bei einem Gespräch in Jerusalem dahingehend geäußert, dass Frankfurter durch das Attentat die Schweiz gerettet habe. Ähnlich stellt er Frankfurters Bedeutung auf der Website des „Bet Ashkenaz“ dar: „The murder he committed had saved 20.000 Swiss Jews from their death in Auschwitz and approximately 10.000 Swiss soldiers who would have died in war with Germany.“[4] Gleichzeitig musste Frankfurter nach der Freilassung aus dem Gefängnis erkennen, dass seine Familie mehrheitlich von den Nationalsozialisten ermordet worden war; sein Vater war als Rabbiner sowie Vater eines Mörders zudem öffentlich gedemütigt und geschlagen worden.

Durch diese Einordnung ist die vorliegende Untersuchung Teil der Forschung zum jüdischen Widerstand gegen den Nationalsozialismus und eröffnet den Aspekt einer weiteren Einzelbiographie sowie neue Erkenntnisse zum Selbstbild eines Widerstandskämpfers. Nur wenige Widerstandskämpferinnen und Widerstandskämpfer haben die Schoah überlebt, nur wenige Überlebende haben ihre Lebenserinnerungen niedergeschrieben.[5] David Frankfurters Memoiren bieten eine seltene Perspektive auf eine frühe Widerstandstat. Darüber hinaus ergänzt diese Dissertation die bestehende Forschung durch eine erweiterte Definition, die sich gegen die bis anhin geschehene Reduktion des Widerstandes auf Akte gegen die Massenvernichtung richtet und diese Einschränkung auflöst.

---

4 Schwarz, Meier: David Frankfurter, in: Bet Ashkenaz: Jüdisches Kulturerbe in Deutschland, online unter: http://www.ashkenazhouse.org/frankfurtereng.html [zuletzt eingesehen: 03.02.2014]. (Die Seite wurde in der Zwischenzeit deaktiviert.) Diese Aussage ist äußerst spekulativ. Bereits die Existenz tatsächlicher Anschlusspläne für die Schweiz ist umstritten, zudem ist zweifelhaft, dass die Realisierung eines solchen Anschlusses mit einer Person – Wilhelm Gustloff – gestanden und gefallen wäre.

5 Beispiele für Autobiographien von Widerstandskämpfern: Bornstein-Bielicka, Chasia: Mein Weg als Widerstandskämpferin, München 2008. Edelmann, Marek und Sawicka, Paula: Die Liebe im Ghetto, Frankfurt am Main 2013. Grossman, Chaika: Die Untergrundarmee. Der jüdische Widerstand in Bialystok. Ein autobiographischer Bericht, Frankfurt am Main 1993. Jonas, Hans: Erinnerungen, Frankfurt am Main 2003. Kast, Jochen et al.: Das Tagebuch der Partisanin Justyna. Jüdischer Widerstand in Krakau, Berlin 1999. Margolis, Rachel: Als Partisanin in Wilna. Erinnerungen an den jüdischen Widerstand in Litauen, Frankfurt am Main 2008. Rajchman, Chil: Ich bin der letzte Jude. Treblinka 1942/43, München 2009.

9 Schlusswort

David Frankfurter, geboren am 9. Juli 1909 in Daruvar, Österreich-Ungarn, wuchs in einer deutschsprachigen, orthodoxen Rabbinerfamilie auf, die – aufgrund des Rabbinerberufs des Vaters und der damit einhergehenden Mobilität – in verschiedenen Orten der Donaumonarchie lebte. Seine Kindheit und Jugend waren einerseits geprägt vom Judentum, insbesondere von der Thora und den biblischen Helden, andererseits zeichneten sich schon früh gesundheitliche Probleme ab. Beides beeinflusste sein weiteres Leben in hohem Maße und zeigte sich zumindest teilweise mitverantwortlich für den Mord an Wilhelm Gustloff.

Das bisher noch offene Forschungsdesiderat zum Selbstbild David Frankfurters wurde durch die vorliegende Forschung, die sich in erster Linie an Frankfurters Memoiren orientierte, ergänzt durch weitere Quellen, geschlossen. Die Memoiren, zehn Jahre nach dem Attentat auf Wilhelm Gustloff verfasst, werfen dabei die Frage auf, inwieweit Frankfurters Sicht auf sein eigenes Leben durch die zwischen dem Attentat und dem Verfassen der Memoiren liegenden Ereignisse des Zweiten Weltkriegs und der Schoah beeinflusst wurden – eine Frage, die nicht abschließend geklärt werden kann, jedoch bei der Analyse und Interpretation von Frankfurters Selbstbild miteinbezogen werden muss. Aber auch die weiteren verwendeten Quellen, die Aufschluss über Frankfurters Selbstbild geben, haben ihre Besonderheiten, die bei der Interpretation beachtet werden mussten. Gerade der Einbezug dieser zusätzlichen Quellen hat zur Folge, dass die vorliegende Arbeit über die reine Beschreibung des Selbstbildes von Frankfurter hinausgeht und einen ganzheitlichen lebensweltlichen Blick auf David Frankfurter erlaubt.

Abschließend sollen die wichtigsten Befunde und Erkenntnisse zum Menschen David Frankfurter und zu seinem Selbstbild zusammengefasst werden.

David Frankfurter konstruiert durch das gemeinschaftliche Verfassen seiner Memoiren – zusammen mit Schalom Ben-Chorin, dessen Rolle für diese Forschung von keiner großen Relevanz war – einen umfassenden Abriss seines Lebens bis zu seiner Einwanderung ins damalige Palästina. Er erweckt dabei den Eindruck, dass ihm mehrheitlich an einer ungeschönten Version seiner Geschichte gelegen war, was sich damit belegen lässt, dass er auch ihm unangenehme Episoden erwähnt oder Ereignisse, die ihn in einem seiner Meinung nach nicht genehmen Licht erscheinen lassen. Das offensichtlichste Beispiel dafür ist das psychiatrische Gutachten, in dem Frankfurter sich nicht repräsentiert gefühlt hat, dessen Befunde er aber trotzdem erwähnt. Frankfurter diskutiert in seinen Memoiren aber auch offen seine psychischen Probleme und Selbstmordgedanken. Dennoch zeigen sich beim Abgleich der Memoiren mit kontrastierenden Quellen auch Diskrepanzen, beispielsweise bei Frankfurters Reaktion auf die Beschreibung seiner Person durch Amtskläger Brügger, die in seiner Schilderung wesentlich emotionaler und vehementer ausfällt, als in den Gerichtsprotokollen beschrieben. Ähnlich auch in Zusammenhang mit der Auseinandersetzung zwischen Frankfurter und Webermeister Bruderer: In Frankfurters Beschreibung führten seine Arbeitsniederlegung und sein Hungerstreik zu einem Besuch des Regierungsrats und zur Vermittlung in dem Streit; aus den Quellen wird hingegen deutlich, dass Frankfurter nach Maßregelung durch den Regierungsrat seine Arbeitsverweigerung beendete und daraufhin dessen Besuch stattfand. Diese Diskrepanzen deuten auf eine nachträgliche Selbstkonstruktion im Sinne einer Heroisierung der eigenen Handlungen hin, was überrascht, da Frankfurter gleichzeitig – so hat die vorliegende Untersuchung gezeigt – ein bescheidener Mann war, der sich nicht mit seiner Widerstandstat brüstete und sich nicht in die Kategorie „Held" einordnen lassen wollte.

Nur selten sprach er über das Attentat auf Wilhelm Gustloff; auch gegenüber seiner Familie zeigte er sich diesbezüglich verschlossen. Geradezu spielerisch wirkt sein Umgang mit seiner Vergangenheit und seinem Ruhm, wenn beispielsweise die von seinen Kindern überlieferte Episode betrachtet wird, dass David Frankfurter an der nach ihm benannten Straße in Petach Tikwa Passanten danach befragte, wer denn dieser berühmte Frankfurter gewesen sei.

Bescheidenheit zeigt sich auch bei der Einschätzung seiner Tat. Gegenüber Emil Ludwig hatte Frankfurter den Mord an Gustloff als „moralische Geste ohne Folge"[1] bezeichnet. Außenansichten auf David Frankfurter sind da weitaus optimistischer, so die oben erwähnte Aussage von Meier Schwarz über Frankfurter als Retter der Schweiz. Die tatsächlichen Auswirkungen der Tat auf die Weltpolitik oder auch nur die Schweiz lassen sich schwer abschätzen. Vielleicht lässt sich eine gewisse Sensibilisierung in Bezug auf die nationalsozialistischen Tätigkeiten in der Schweiz beobachten, die sich daran festmachen lässt, dass die früheren Interpellationen an den Bundesrat erfolglos geblieben waren, nach dem Mord an Gustloff hingegen die Neubesetzung der Stelle des Landesleiters der NSDAP-Landesgruppe Schweiz von höchster Stelle verboten und verhindert wurde.

Neben der beschriebenen Bescheidenheit lässt sich bei David Frankfurter die Beschreibung seines Gerechtigkeitsempfindens beobachten, das sich wie ein roter Faden durch sein Leben zieht. Schon während der Schulzeit wehrte er sich gegen Ungerechtigkeiten, beispielsweise gegen einen sich antisemitisch äußernden Lehrer. Während seiner Haftzeit im Churer Sennhof trat er dem Gefängnisaufseher Bruderer entgegen, und auch wenn es in den Quellen zu diesem Vorfall lange danach aussah, als ob Frankfurter an der Eskalation genauso schuldig war wie Bruderer, zeigte sich schließlich, dass der Wärter (wie Gefängnisverwalter

1 Ludwig 1986, S. 116.

Tuena bestätigte) für seine Position ungeeignet war. Aber auch Frankfurters wiederholt geäußerte Überzeugung, dass er durch die Möglichkeit, seine Tat frei – ohne unterbrochen oder von juristischen Überlegungen eingeschränkt zu werden – erklären zu können, auf umfassendes Verständnis stoßen und in letzter Konsequenz freigesprochen würde, zeigt, dass Frankfurter sich im Recht sah. Im Gegensatz zu den anderen Vorfällen während seiner Schul- und Haftzeit hat Frankfurter in Bezug auf sein Attentat an Gustloff in der Schweiz nie offiziell Recht bekommen; er wurde nicht rehabilitiert, sondern lediglich gnadenhalber freigelassen, zudem gibt es bis heute in der Schweiz keinen Gedenkort in seinem Namen. Nach der Schweizer Rechtsprechung ist David Frankfurter weiterhin ein verurteilter Mörder.

Dieses beschriebene Gerechtigkeitsempfinden kann trotz seiner Konstanz als widersprüchlich gesehen werden. Vor allem im Rahmen der Podiumsgespräche in der Schweiz wurde darauf hingewiesen, dass die humanistische sowie religiöse Bildung und Geisteshaltung Frankfurters einen Mord eigentlich ausschließen müssten. Frankfurter löst dies einerseits mit dem Hinweis auf die Bibel auf, in der ebenfalls gemordet wurde, zudem verweist er auf die Erfahrung des Nationalsozialismus, die ihn dazu genötigt habe, sich von seinen Idealen zu entfernen. Biblische Bilder spielten bei der Rechtfertigung seiner Tat eine große Rolle: In seinen Memoiren beschreibt Frankfurter rückblickend wiederholt, welche elementare Bedeutung die Helden und Propheten der Thora für sein Leben hatten. Er stellt sich in eine Reihe mit diesen Figuren und bezeichnet sich als Werkzeug Gottes, das aber, wie die Propheten, mit seinem Schicksal hadert und zweifelt. Hierzu wurde aufgezeigt, dass diese Elemente weniger für Frankfurters Religiosität (die sich während seines Lebens wiederholt gewandelt hat) stehen, sondern wahrscheinlich als zionistische Bilder gelesen werden müssen.

Mit kleineren Kämpfen in der Schule, mit dem Attentat auf Gustloff und mit den Auseinandersetzungen im Gefängnis setzte sich Frankfurter für das jüdische Volk und seine Ehre ein, obwohl sich seine eigene Religiosität im Verlaufe seines Lebens stark veränderte. Aus einem orthodoxen Elternhaus kommend, begann Frankfurter sich von seiner Religion zu entfernen, als er in das ungebundene Studierendenleben in Deutschland eintrat. Nach einer kurzen praktizierenden Phase zu Beginn seines Gefängnisaufenthalts, als er das Bedürfnis hatte, ein Gegengewicht zur nichtjüdischen Umgebung zu setzen, verlor er – wahrscheinlich unter dem Eindruck der Schoah – seinen Bezug zur Religion gänzlich. Er sah sich jedoch weiterhin als Zionisten und Juden, der seine Zukunft in der nationalen Heimstätte des jüdischen Volkes im heutigen Israel sah. Dort fand er gegen Ende seines Lebens zurück zu einer gemäßigten Art des Praktizierens im Rahmen seiner Familie.

Frankfurter verortete seine Motive nicht nur im jüdischen Widerstand – er beanspruchte für sich zudem ein pro-schweizerisches Motiv, das vom Kantonsgericht des Kantons Graubünden aber vehement abgelehnt wurde. Frankfurter wollte die Schweiz retten, ein Zeichen setzen und die Welt aufwecken, gestand rückblickend aber ein, dass ihm das nicht gelungen war. Die Verbindung zur Schweiz blieb auch nach seiner Auswanderung nach Palästina bestehen; nicht nur im Sinne einer ideellen Verbundenheit, sondern in Form freundschaftlicher Beziehungen, die bis über seinen Tod hinaus weiterbestehen – Kontakte zu Schweizerinnen und Schweizern, die von David Frankfurters Kindern aufrechterhalten werden. Die Gründe für seine Tat sind also sowohl im pro-jüdischen als auch im pro-schweizerischen Motiv zu sehen, zudem spielte aber auch Frankfurters psychische und physische Verfassung eine erhebliche Rolle. Wegen seines schlechten gesundheitlichen Zustands und des unerwarteten Todes seiner geliebten Mutter entwickelte Frankfurter eine reaktive Depression. Ohne diese reaktive Depression wäre bei Frankfurter mutmaßlich nicht im gleichen Ausmaß eine „Fixierung" auf die Judenverfolgungen aufgetreten, die sich kausal für den Mord verantwortlich zeigte. Verkürzt und salopp ausgedrückt: Ohne die Depression hätte es kein Attentat auf Gustloff geben. Mit dieser Aussage folge ich gewissermaßen der Argumentation des Kantonsgerichts, möchte aber dennoch hervorheben, dass dies der Annahme, dass Frankfurter ein Widerstandskämpfer war, nicht widerspricht. Nicht nur Frankfurters Erörterung seiner Motive positioniert ihn deutlich im jüdischen Widerstand, auch die Wahl des Opfers sowie die missglückten Erwägungen von Attentaten auf andere „Nazigrößen" und der in seinen Memoiren wiederholt geäußerte Vorsatz (den Frankfurter vor Gericht aus taktischen Gründen verneint hatte) beweisen deutlich, dass Frankfurter seine Tat gegen den Nationalsozialismus und seine Politik gerichtet hatte. Die Ursprünge des Attentats auf Wilhelm Gustloff lagen in Frankfurters Depression und dem daraus resultierenden Selbstmordwunsch; es ist jedoch nicht maßgebend, wie er dazu gekommen ist, sich mit der „Judenfrage" zu beschäftigen, sondern welche Schlüsse er daraus gezogen hat. Frankfurter sah die vom Nationalsozialismus ausgehende Gefahr und handelte dementsprechend.

Auch wenn sowohl in Frankfurters Erklärungen vor dem Kantonsgericht als auch in seinen Memoiren immer wieder der geplante Suizid erwähnt wurde, ist bei seinen späteren Aussagen – insbesondere gegenüber der *Weltwoche* – eine deutliche Diskontinuität festzustellen. Wahrscheinlich durch Beeinflussung seiner Umwelt zeigt sich eine überraschende Neuinterpretation seiner Absichten: Die Suizidabsicht wurde nicht mehr erwähnt, an ihre Stelle trat die Antizipation einer Gefängnisstrafe, die Frankfurter als Folge seiner Tat akzeptierte. Bei seinen Motiven für den Mord ist ebenfalls eine geringfügige Verschiebung festzustellen, die wahrscheinlich (wie der Umgang mit der ursprünglich geplanten Selbsttötung) in Frankfurters Umfeld begründet ist: Während im Rahmen des Mordprozesses noch ein Zusammenspielen mehrerer Motive als ursächlich beschrieben wurden, fokussierte Frankfurter später – so im analysierten Interview in der *Weltwoche*, bei den Podiumsgesprächen in den schweizerisch-jüdischen Gemeinden, aber auch im Gespräch mit Emil Ludwig – hauptsächlich auf das pro-jüdische Element. Dass er in seinen Memoiren überhaupt auf das Selbstmordmotiv sowie das psychiatrische Gutachten, in dem er sich kaum wiederfand, eingeht, deutet aber darauf hin, dass ihm tatsächlich an einer wahrheitsgetreuen Wiedergabe gelegen, und er nicht in erster Linie an einer gezielten Selbststilisierung interessiert war.

Um abschließend noch einmal auf David Frankfurters Bedauern einzugehen, dass er sich im Rahmen des Prozesses in Chur „das ersehnte Wort“[2] so einfach hatte abschneiden lassen, möchte ich an dieser Stelle in der Hoffnung schließen, dass es mir gelungen ist, David Frankfurter und seiner Sicht auf sein Leben in der vorliegenden Forschung posthum doch noch den ihm gebührenden Raum zu geben.

2 Memoiren (Version Jabotinsky), S. 60.

Literatur- und Quellenverzeichnis

Literatur

Abelin, Peter: Messinger, Josef, in: Historisches Lexikon der Schweiz, online unter: http://www.hls-dhs-dss.ch/textes/d/D14936.php [zuletzt eingesehen: 07.02.2014].

Abraham, Max: Juda verrecke – Ein Rabbiner im Konzentrationslager, [ohne Ortsangabe] 1934.

Adunka, Evelyn: Stricker, Robert, in: Österreichisches Biographisches Lexikon 1815–1950, online unter: http://www.biographien.ac.at/oebl/oebl_S/Stricker_Robert_1879_1944.xml [zuletzt eingesehen: 07.11.2014].

Aegerter, Roland [Hrsg.]: Politische Attentate des 20. Jahrhunderts, Zürich 1999.

Aerne, Peter: Gerber, Max, in: Historisches Lexikon der Schweiz, online unter: http://www.hls-dhs-dss.ch/textes/d/D48336.php [zuletzt eingesehen: 21.01.2016].

Ainsztein, Reuben: Jüdischer Widerstand im deutschbesetzten Osteuropa während des Zweiten Weltkrieges, Oldenburg 1993.

Alemannia Judaica: Davos (Kanton Graubünden, Schweiz), Jüdische Geschichte vom Ende des 19. Jahrhunderts bis um 1920, Jüdische Kureinrichtungen / Gründung einer jüdischen Gemeinde: Der „Hilfsverein für jüdische Lungenkranke in der Schweiz" und die Heilstätte „Ethania" („Etania"), online unter: http://www.alemannia-judaica.de/davos_juedgeschichte.htm [zuletzt eingesehen: 12.08.2014].

Angst, Doris; Weingarten, Ralph [Hrsg.]: Juden in der Schweiz. Glauben – Geschichte – Gegenwart, Zürich 1982.

Arber, Catherine: Frontismus und Nationalsozialismus in der Stadt Bern. Viel Lärm, wenig Erfolg, in: Berner Zeitschrift für Geschichte und Heimatkunde, 65, 01/03 (2003)., S. 3–62.

Archiv für Zeitgeschichte der ETH Zürich: Nachlass Veit Wyler, online unter: https://www.afz.ethz.ch/archivierung/erschliessen/nachlass-veit-wyler/ [zuletzt eingesehen: 08.04.2015].

Archiv für Zeitgeschichte der ETH Zürich: Geschichte und Biografie von Wyler, Veit, online unter: https://www.afz.ethz.ch/bestaende/6006bd5e0ab847218d2e0b477c2d1fef.pdf [zuletzt eingesehen: 08.04.2015].

Archiv für Zeitgeschichte: Nachlass Pierre Bigar, online unter: https://www.afz.ethz.ch/.../151a6296cd55422a981a720e5e55bf0b.pdf [zuletzt eingesehen: 10.11.2014].

Arend, Jan: Jüdische Lebensgeschichten aus der Sowjetunion. Erzählungen von Entfremdung und Rückbesinnung, Köln, Weimar, Wien 2011.

Arendt, Hannah: The Gustloff Trial, in: Kohn, Jerome und Feldmann, Ron H. [Hrsg.]: Hanna Arendt, The Jewish Writings, New York 2007, S. 38–41.

Avi-Yonah, Michael [et al.]: Athlit, in: Berenbaum, Michael und Skolnik, Fred [Hrsg.]: Encyclopaedia Judaica, 2nd ed. Vol. 2, Detroit 2007, S. 633–634.

Bareiß, Andreas Friedrich: Herschel Feibel Grynszpan. Der Attentäter und die „Reichskristallnacht", Gießen 2005.

Basler Nachrichten: Basel: David Frankfurter zu Gast, Rubrik „Gestern abend", in: Basler Nachrichten, 12.06.1975, S. 36.

Basler Nachrichten: David Frankfurter war in Basel. Vierzig Jahre danach, in: Basler Nachrichten, 13.06.1975, S. 22.

Bauer, Elvira: „Trau keinem Fuchs auf grüner Heid und keinem Jud bei seinem Eid!" Ein Bilderbuch für Groß und Klein, Nürnberg 1936.

Bauer, Fritz: Das Widerstandsrecht des kleinen Mannes, in: Perels, Joachim [Hrsg.]: Die Humanität der Rechtsordnung: Ausgewählte Schriften, Frankfurt am Main 1998, S. 207–214.

Beirach, Moshe: Aus dem Ghetto in die Wälder. Bericht eines jüdischen Partisanen 1939–1945, Frankfurt am Main 2009.

Behnken, Imbke et al. [Hrsg.]: Sozialisation, Biografie und Lebenslauf. Eine Einführung, Weinheim, München 2009.

Ben-Chorin, Schalom: David Frankfurter, in: Begegnungen, Porträts bekannter und verkannter Zeitgenossen, herausgegeben von Verena Lenzen, Gerlingen 1991, S. 140–143.

Ben-Chorin, Schalom: Erinnerungen an Max Brod aus drei Jahrzehnten, in: Zeitschrift für die Geschichte der Juden, 1 (1969), S. 1–10.

Ben-Chorin, Schalom: Nachwort, in: Frankfurter, David (erzählt und bearbeitet von Schalom Ben-Chorin): „Ich tötete einen Nazi …", unveröffentlichtes Manuskript, niedergeschrieben Jerusalem März–Juni 1946. Archiv des Jabotinsky Institute in Israel, Tel Aviv, Referenzcode: A 4-14/11.

Ben-Sasson, Haim Hillel: Geschichte des jüdischen Volkes. Von den Anfängen bis zur Gegenwart, München 2007.

Benz, Wolfgang: Deutsche Juden im 20. Jahrhundert. Eine Geschichte in Porträts, München 2011.

Benz, Wolfgang: Der Holocaust, München 2008.

Benz, Wolfgang: Die Geschichte des Dritten Reiches, München 2003.

Benz, Wolfgang: Jüdischer Widerstand gegen den Nationalsozialismus, in: Lernen aus der Geschichte, 20.01.2010, S. 5, online unter: http://lernen-aus-der-geschichte.de/sites/default/files/attach/juedischer_widerstand_0.pdf [zuletzt eingesehen: 08.10.2018].

Benz, Wolfgang [Hrsg.]: Überleben im Dritten Reich. Juden im Untergrund und ihre Helfer, München 2003.

Berger, Hans Peter: Argumente gegen den Antisemitismus. Die Ausstellung „Schweizer Juden“ in Chur versucht Vorurteile abzubauen, in: Bündner Zeitung, 01.10.1998, S. 2.

Bertaux, Daniel; Bertaux-Wiame, Isabelle: Autobiographische Erinnerung und kollektives Gedächtnis, in: Niethammer, Lutz [Hrsg.]: Lebenserfahrung und kollektives Gedächtnis. Die Praxis der „Oral History“, Frankfurt am Main 1980. S. 108–122.

Bethke, Carl: (K)eine gemeinsame Sprache? Aspekte deutsch-jüdischer Beziehungsgeschichte in Slawonien, 1900–1945, Münster 2013.

Bezirksvereinigung Zürich für den Völkerbund: Stellungnahme gegen Rassenverfolgung. Öffentliche Kundgebung, veranstaltet von der Bezirksvereinigung Zürich für den Völkerbund, 1936.

Blecher, Jens: Vom Promotionsprivileg zum Promotionsrecht: Das Leipziger Promotionsrecht zwischen 1409 und 1945 als konstitutives und prägendes Element der akademischen Selbstverwaltung, Dissertation, Halle 2006, online unter: https://www.archiv.uni-leipzig.de/wp-content/uploads/2011/03/t6.pdf [zuletzt eingesehen: 13.10.2014].

Bloch, Jean-Pierre; Meran, Didier: L'Affaire Frankfurter, Paris 1937. [Via Wiener Library, Tel Aviv]

Bloch, René; Picard, Jacques [Hrsg.]: Wie über Wolken. Jüdische Lebens- und Denkwelten in Stadt und Region Bern, 1200–2000, Zürich 2014.

Bödeker, Hans Erich [Hrsg.]: Biographie schreiben, Göttingen 2003.

Bohn, Rainer: Ich bin ein Prolet und du ein Prolet. Julius Zerfass im Traditionswandel der deutschen Arbeiterdichtung um 1910, Echternach/Luxemburg 1982

Bollag, Peter: Davos – die jüdische Sommerhauptstadt Europas, in: Audiatur-Online, online unter: http://www.audiatur-online.ch/2012/07/30/davos-die-juedische-sommerhauptstadt-europas/ [zuletzt eingesehen: 12.08.2014].

Bollier, Peter: 4. August 1936: Das Attentat auf Wilhelm Gustloff, in: Aegerter, Roland [Hrsg.]: Politische Attentate des 20. Jahrhunderts, Zürich 1999.

Bollier, Peter: Die NSDAP unter dem Alpenfirn. Geschichte einer existenziellen Herausforderung für Davos, Graubünden und die Schweiz, Chur 2016.

Bollinger, Ernst: Freie Rätier, Der, in: Historisches Lexikon der Schweiz, online unter: http://www.hls-dhs-dss.ch/textes/d/D43063.php [zuletzt eingesehen: 18.08.2014].

Bonjour, Edgar: Die Geschichte der schweizerischen Neutralität, Vier Jahrhunderte eidgenössischer Aussenpolitik, Band III, 1930–1939, Basel/Stuttgart 1970.

Bornstein, Heini: Insel Schweiz. Hilfs- und Rettungsaktionen sozialistisch-zionistischer Jugendorganisationen 1939–1946, Zürich 2000.

Bornstein-Bielicka, Chasia: Mein Weg als Widerstandskämpferin, München 2008.

Bossert, Sabina: Religion und Widerstand bei David Frankfurter. „Ein geringes Werkzeug in der Hand Gottes“, in: Jaworski, Sylvia; Bodenheimer, Alfred: Religion im Widerstand, prospektiv, Beilage zum Magazin bref, 30 (2016), S. 3–4.

Bossert, Sabina: „Vergnügungsreise“ nach Davos – Neue Perspektiven auf den Attentäter David Frankfurter, in: Jüdische Studien. Beilage des Zentrums für Jüdische Studien der Universität Basel, tachles, September 2013, S. 8–9.

Bourgeois, Daniel: Le Troisième Reich et la Suisse 1933–1941, Neuchâtel 1974.

Brand, Gregor: Moselländische Ortsnamen als jüdische Familiennamen, online unter: http://www.angelfire.com/art/gregorbrand/Namen.html [zuletzt eingesehen: 21.09.2014].

Brassel-Moser, Ruedi: Nation, Die, in: Historisches Lexikon der Schweiz, online unter: http://www.hls-dhs-dss.ch/textes/d/D43037.php [zuletzt eingesehen: 05.06.2014].

Braunschweig, Pierre-Theodor: Ein politischer Mord. Das Attentat von Davos und seine Beurteilung durch schweizerische Zeitungen, Bern 1980.

Braunschweig, Saly: Ansprache, abgedruckt in: Stellungnahme gegen Rassenverfolgung. Öffentliche Kundgebung, veranstaltet von der Bezirksvereinigung Zürich für den Völkerbund, S. 37–41. [Via Staatsarchiv Graubünden.]

Brenner, Michael: Kleine jüdische Geschichte, München 2008.

Brenner, Michael: Geschichte des Zionismus, München 2002.

Brocke, Michael et al.: Biographisches Handbuch der Rabbiner, Band 2, Berlin 2004.

Brod, Max: Heidentum Christentum Judentum. Ein Bekenntnisbuch, München 1921.

Brumlik, Micha; Sauerland, Karol [Hrsg.]: Umdeuten, verschweigen, erinnern. Die späte Aufarbeitung des Holocaust in Osteuropa, Frankfurt am Main 2010.

Bundesamt für Statistik: Eidgenössische Volkszählung (1850-2000), Bevölkerungsentwicklung 1850–2000, Die Bevölkerung der Gemeinden, Bern 2016, S. 162. Online unter:
https://www.bfs.admin.ch/bfs/de/home/statistiken/bevoelkerung/erhebungen/vz.assetdetail.6781.html [zuletzt eingesehen: 26.10.2018].

Bundesamt für Statistik: Katalog der Justizvollzugseinrichtungen 2017, Etablissements de la plaine de l'Orbe (VD), online unter:
https://www.bfs.admin.ch/bfs/de/home/statistiken/kriminalitaet-strafrecht/justizvollzug/justizvollzugseinrichtungen.assetdetail.4422879.html [zuletzt eingesehen: 26.10.2018].

Bundeszentrale für politische Bildung: Quellen: Britisches Weißbuch, online unter: http://www.bpb.de/internationales/asien/israel/45184/quellen?p=2 [zuletzt eingesehen: 29.02.2016].

Bundi, Martin: Bedrohung, Anpassung und Widerstand. Die Grenzregion Graubünden 1933–1946, Chur 1996.

Bündnerisches Monatsblatt: Zeitschrift für bündnerische Geschichte, Landes- und Volkskunde, Chronik für den Monat Januar (1929), S. 64.

Cattani, Alfred: Zum Tod von Veit Wyler, in: Neue Zürcher Zeitung, 22.10.2002, online unter: http://www.nzz.ch/aktuell/startseite/article8H4WK-1.433473 [zuletzt eingesehen: 08.04.2015].

Cavelty, Gieri: David Frankfurter gibt den Davosern wieder zu denken, in: Bündner Tagblatt, 31.12.1999, S. 7.

Cavelty, Gieri: „J'accuse" der Schweizer Geschichte, in: Südostschweiz, Ausgabe Graubünden, 7. Mai 2005, S. 19.

Cerutti, Mauro: Motta, Giuseppe, in: Historisches Lexikon der Schweiz, online unter: http://www.hls-dhs-dss.ch/textes/d/D3524.php [zuletzt eingesehen: 05.06.2014].

Chmelevskaja, Julija Ju.: Über die Memorisierung der Geschichte und die Historisierung des Gedächtnisses, in: Haumann, Heiko [Hrsg.]: Das Jahrhundert des Gedächtnisses. Erinnern und Vergessen in der russischen und sowjetischen Geschichte im 20. Jahrhundert, Traben-Trarbach 2010. S. 8–24.

Christen, Andrea Martin; Leuenberger, Debora: Der „Fall Gustloff" – Themenkarriere eines politischen Mordes. Eine Untersuchung von sechs Schweizer Tageszeitungen vor dem theoretischen Hintergrund des Framing-Ansatzes, Bern 2008. [Facharbeit am Institut für Kommunikations- und Medienwissenschaft der Universität Bern]

Chronik der jüdischen Gemeinde Vinkovci [ohne nähere Angaben], zitiert nach: Bethke, Carl: (K)eine gemeinsame Sprache? Aspekte deutsch-jüdischer Beziehungsgeschichte in Slawonien, 1900–1945, Münster 2013, S. 215.

Chotjewitz, Peter O.: Mord als Katharsis, in: Kreuzer, Helmut [Hrsg.]: Der Mord in Davos. Texte zum Attentatsfall David Frankfurter, Wilhelm Gustloff, Herbstein 1986.

Claparède, Edouard: Morale et politique, ou Les vacances de la probité. Les classiques des Sciences Sociales, Bibliothèque Paul-Emile Boulet de l'Université de Quebéc à Chicoutimi, online unter:
http://classiques.uqac.ca/classiques/claparede_edouard/morale_et_politique/morale_et_politique.html [zuletzt eingesehen: 19.11.2015].

Claparède, Edouard: Morale et politique, ou Les vacances de la probité, Neuchâtel 1940.

Conzemius, Victor: Vincenz, Laurenz Matthias, in: Historisches Lexikon der Schweiz, online unter: http://www.hls-dhs-dss.ch/textes/d/D3028.php [zuletzt eingesehen: 28.10.2015].

Curtet, J.-C.: Stefan Lux, protomartyr à Genève de l'antisémitisme nazi, in: notrehistoire.ch, Genf 2006, online unter: http://www.notrehistoire.ch/article/view/47/ [zuletzt eingesehen: 04.03.2015].

Curti, Eugen: Ansprache, abgedruckt in: Stellungnahme gegen Rassenverfolgung. Öffentliche Kundgebung, veranstaltet von der Bezirksvereinigung Zürich für den Völkerbund, S. 31–36. [Via Staatsarchiv Graubünden.]

Damjanovic, Dragan: Druga vinkovacka sinagoga, in: Ha-kol, Glasilo zidovske zajednice u Hrvatskoj, 97 (2006), S. 34–39, online unter: www.zoz.hr/files/HAKOL%2097.pdf [zuletzt eingesehen: 26.10.2018].

Darowska, Lucyna: Widerstand und Biografie, die widerständige Praxis der Prager Journalistin Milena Jasenská gegen den Nationalsozialismus, Bielefeld 2012.

Daruvar, in: Spector, Shmuel und Wigoder, Geoffrey [Hrsg.]: The Encyclopedia of Jewish Life before and during the Holocaust, New York 2001, S. 296.

Dedijer, Vladimir: Jasenovac – das jugoslawische Auschwitz und der Vatikan, Freiburg 1988.

Degen, Bernard: Conradi-Affäre, in: Historisches Lexikon der Schweiz, online unter: http://www.hls-dhs-dss.ch/textes/d/D17335.php [zuletzt eingesehen: 17.09.2015].

Depkat, Volker: Autobiographie und die soziale Konstruktion von Wirklichkeit, in: Geschichte und Gesellschaft 29 (2003), S. 441–476.

Depkat, Volker: Nicht die Materialien sind das Problem, sondern die Fragen, die man stellt. Zum Quellenwert von Autobiographien für die historische Forschung, in: Rathman, Thomas und Wegmann, Nikolaus [Hrsg.]: Quelle. Zwischen Ursprung und Konstrukt. Ein Leitbegriff in der Diskussion, Berlin 2004. S. 102–117.

Der Bund: Wie Grete Adler mit 85 Jahren zum Film kam, in: Der Bund, 25.04.1997, S. 29.

Dermont, Gieri: Politischer Mord hat Bünden 1936 in Atem gehalten, in: Bündner Tagblatt, 04.02.2002, S. 13.

Der Spiegel: „Mission in Danzig“, 16/1960, online unter: http://www.spiegel.de/spiegel/print/d-43065386.html [zuletzt eingesehen: 18.03.2014].

Die Neue Welt: Die Schüsse von Davos – eine fürchterliche Mahnung, in: Die Neue Welt, 07.02.1936, S. 1, online unter: Compact Memory: http://sammlungen.ub.uni-frankfurt.de/cm/periodical/zoom/2719231 [zuletzt eingesehen: 07.11.2014].

Die Weltwoche: „Auch in der Bibel wird gemordet“, Gespräch mit dem Gustloff-Attentäter David Frankfurter, in: Die Weltwoche, 10.10.1969.

Diehl, Katrin: Die jüdische Presse im Dritten Reich, Tübingen 1997.

Diewerge, Wolfgang: Anschlag gegen den Frieden, München 1939.

Diewerge, Wolfgang: Der Fall Gustloff. Vorgeschichte und Hintergründe der Bluttat von Davos, München 1936.

Diewerge, Wolfgang: Ein Jude hat geschossen ... Augenzeugenbericht vom Mordprozess David Frankfurter, München 1937.

Diner, Dan: Gedächtniszeiten. Über jüdische und andere Geschichten, München 2003.

Dobson, Christopher; Miller, John; Payne, Ronald: Die Versenkung der „Wilhelm Gustloff“. Ein Tatsachenbericht, Berlin 1995.

Dodd, William Edward: Ambassador Dodd's Diary, 1933–1938, London 1941.

Dörr, Margret et al.: Einleitung, in: Dies. [Hrsg.]: Erinnerung – Reflexion – Geschichte, Erinnerung aus psychoanalytischer und biographietheoretischer Perspektive, Wiesbaden 2008, S. 7–17.

Dörr, Margret et al. [Hrsg.]: Erinnerung – Reflexion – Geschichte, Erinnerung aus psychoanalytischer und biographietheoretischer Perspektive, Wiesbaden 2008.

E. E.: Jüdische Wohlfahrtsanstalten in Wien, in: Ost und West 8 (1913), S. 632–644, online unter: http://sammlungen.ub.uni-frankfurt.de/cm/periodical/titleinfo/2604963 [zuletzt eingesehen: 28.10.2018].

Edelmann, Marek und Sawicka, Paula: Die Liebe im Ghetto, Frankfurt am Main 2013.

Egg, Heinrich: Wird David Frankfurter frei?, in: Freies Volk, Wochenzeitung für das Schweizervolk 4/47 (1944), S. 5.

Ehmann, Annegret et al. [Hrsg.]: Praxis der Gedenkstättenpädagogik. Erfahrungen und Perspektiven, Opladen 1995.

Ehmann, Annegret: Über Sprache, Begriffe und Deutungen des nationalsozialistischen Massen- und Völkermords – Aspekte des Erinnerns, in: Dies. [Hrsg.]: Praxis der Gedenkstättenpädagogik. Erfahrungen und Perspektiven, Opladen 1995. S. 75–100.

Ehrlich, Ernst Ludwig: Einleitung: Die Idee des Widerstands im Judentum, in: Erler, Hans et al. [Hrsg.]: „Gegen alle Vergeblichkeit". Jüdischer Widerstand gegen den Nationalsozialismus, Frankfurt am Main 2003, S. 30–37.

Einhaus, Hannah: Für Recht und Würde. Georges Brunschvig: Jüdischer Demokrat, Berner Anwalt, Schweizer Patriot (1908–1973), Zürich 2016.

Elberfelder Bibel 1905, online unter: www.bibel-online.net [zuletzt eingesehen: 18.03.2014].

Engelbrecht, Jörg: Autobiographien, Memoiren, in: Rusinek, Bernd-A. und Ackermann, Volker [Hrgs.]: Einführung in die Interpretation historischer Quellen. Schwerpunkt Neuzeit, Paderborn u.a. 1992, S. 61–79.

Engelsing, Tobias: Das Hitlerbad, in DIE ZEIT, 18.01.2007, S. 84. Auch online unter: http://www.zeit.de/2007/04/Das_Hitlerbad [zuletzt eingesehen: 05.06.2014].

Erlanger, Simon: „Nur ein Durchgangsland". Arbeitslager und Internierungsheime für Flüchtlinge und Emigranten in der Schweiz 1940–1949, Zürich 2006.

Erler, Hans et al. [Hrsg.]: „Gegen alle Vergeblichkeit". Jüdischer Widerstand gegen den Nationalsozialismus, Frankfurt am Main 2003,

Ernst, Petra: (Kulturelle) Übersetzung – Anmerkungen zum Thema, in: transversal. Zeitschrift des Centrums für Jüdische Studien 10 (2009), S. 3–8.

Faulenbach, Bernd; Schütte, Helmuth [Hrsg.]: Deutschland, Israel und der Holocaust. Zur Gegenwartsbedeutung der Vergangenheit, Essen 1998.

Favre, Christian: La Suisse face aux Jeux Olympiques de Berlin 1936, Fribourg 2004.

Felz, Sebastian: Frankfurter, David, in: Groenewold, Kurt et. al. [Hrsg.]: Lexikon der Politischen Strafprozesse, online unter: http://www.lexikon-der-politischen-strafprozesse.de/glossar/frankfurter-david-2/ [zuletzt eingesehen: 04.07.2018].

Fetz, Bernhard; Hemecker, Wilhelm [Hrsg.]: Theorie der Biographie. Grundlagentexte und Kommentar, Berlin/New York 2011.

Feuille d'avis de Neuchâtel: Le drame de Grono, 190/76 (1928), S. 6.

Frankfurter, Arnold: Andachtsbüchlein für jüdische Krieger im Felde, Wien 1915.

Frankfurter, Arnold: Ansprache des Feldrabbiners Dr. Arnold Frankfurter an jüdische Soldaten aus Wien, 1917, in: Schmidl, Erwin A.: Juden in der k. (u.) k. Armee 1788–1918, Eisenstadt 1989, S. 179-180.

Frankfurter, David: „Für seine Überzeugungen mit Taten einstehen", in: Bündner Zeitung, 31.01.1976.

Frankfurter, David: I kill a Nazi Gauleiter. Memoir of a Jewish Assassin, in: Commentary 9 (1950), S. 133–141. Auch online unter: https://www.commentarymagazine.com/articles/i-kill-a-nazi-gauleitermemoir-of-a-jewish-assassin/ [zuletzt eingesehen: 08.10.2018].

Frankfurter, David;Ben-Chorin, Schalom: Nakam. Paraschat HaHitnakschut BeSochen-haNazim Gustloff, Tel Aviv 1947/48.

Frankfurter, David: Rischon HaLochamim BeNazim, Tel Aviv 1984.

Frankfurter, Moritz: Mose ben Maimuni's Mischna-Kommentar zum Traktat Kethuboth (Abschnitt III, IV und V), arabischer Urtext auf Grund von zwei Handschriften zum ersten Male herausgegeben mit verbesserter hebräischer Übersetzung des Jacob ibn Abbasi, Einleitung, deutscher Übersetzung, nebst kritischen und erläuternden Anmerkungen, Bern 1903.

Frankfurter, Salomon: Mose ben Maimuni's Mischna-Kommentar zum Traktat Kethuboth (Abschnitt I und II), arabischer Urtext auf Grund von zwei Handschriften zum ersten Male herausgegeben mit verbesserter hebräischer Übersetzung des Jacob ibn Abbasi, Einleitung, deutscher Übersetzung, nebst kritischen und erläuternden Anmerkungen, Bern 1903.

Friedländer, Saul: Das Dritte Reich und die Juden. Die Jahre der Verfolgung 1933–1939, München 1998.

Friedman, Murray: Commentary, in: Berenbaum, Michael und Skolnik, Fred [Hrsg.]: Encyclopaedia Judaica, 2nd ed. Vol. 5, Detroit 2007, S. 90/91.

Fuchs, Thomas: Baumann, Johannes, in: Historisches Lexikon der Schweiz, online unter: http://www.hls-dhs-dss.ch/textes/d/D4139.php [zuletzt eingesehen: 05.06.2014].

Fuchs-Heinritz, Werner: Biographische Forschung. Eine Einführung in Praxis und Methoden, Wiesbaden 2009.

Fuhrer, Armin: Die Todesfahrt der „Gustloff", Porträts von Überlebenden der größten Schiffskatastrophe aller Zeiten, München 2007.

Fuhrer, Armin: Herschel. Das Attentat des Herschel Grynszpan am 7. November 1938 und der Beginn des Holocaust, Berlin 2013.

Fuhrer, Armin: Herschel Grynszpan und David Frankfurter. Zwei jüdische Attentäter im Kampf gegen Hitler, in: Zehnpfennig, Barbara [Hrsg.]: Politischer Widerstand. Allgemeine theoretische Grundlagen und praktische Erscheinungsformen in Nationalsozialismus und Kommunismus, Baden-Baden 2017, S. 243–264.

Fuhrer, Armin: Hitlers Spiele. Olympia 1936 in Berlin, Berlin 2011.

Fuhrer, Armin: Propaganda-Spiele nach dem Gustloff-Mord, in: FOCUS Magazin, 04.02.2011, online unter: http://www.focus.de/wissen/bildung/Geschichte/nationalsozialismus/tid-21219/nationalsozialismus-propaganda-spiele-nach-dem-gustloff-mord_aid_596597.html [zuletzt aufgerufen: 08.02.2011].

Fuhrer, Armin: Tod in Davos. David Frankfurter und das Attentat auf Wilhelm Gustloff, Berlin 2012.

Fukuyama, Francis: The end of history and the last man, London 1992.

Gastpar, Huldrych: Ludwig, Emil, in: Historisches Lexikon der Schweiz, online unter: http://www.hls-dhs-dss.ch/textes/d/D28238.php [zuletzt eingesehen: 17.07.2014].

Geschichte des JVA Sennhof, online unter: https://www.gr.ch/DE/institutionen/verwaltung/djsg/ajv/JVASennhof/geschichte/Seiten/geschichte.aspx [zuletzt eingesehen: 09.10.2018].

Gestrich, Andreas et al. [Hrsg.]: Biographie – sozialgeschichtlich, Göttingen 1988.

Gestrich, Andreas: Einleitung: Sozialhistorische Biographieforschung, in: Ders. [Hrsg.]: Biographie – sozialgeschichtlich, Göttingen 1988, S. 5–28.

Geulen, Dieter: Subjektorientierte Sozialisationstheorie, in: Behnken, Imbke et al. [Hrsg.]: Sozialisation, Biografie und Lebenslauf. Eine Einführung, Weinheim, München 2009, S. 11–32.

Gilbert, Martin: The Holocaust. The Jewish Tragedy, London 1986.

Gillabert, Matthieu: La propagande nazie en Suisse. L'affaire Gustloff, 1936, Lausanne 2008.

Grass, Günter: Im Krebsgang, Göttingen 2002.

Gredig, Urs: Gastfeindschaft, Zürich 2008.

Gross, Raphael: November 1938. Die Katastrophe vor der Katastrophe, München 2013.

Grossman, Chaika: Die Untergrundarmee. Der jüdische Widerstand in Bialystok. Ein autobiographischer Bericht, Frankfurt am Main 1993.

Grüttner, Michael: Studenten im Dritten Reich, Paderborn 1995.

Gschwend, Lukas: Strafrecht, in: Historisches Lexikon der Schweiz, online unter: http://www.hls-dhs-dss.ch/textes/d/D9616.php [zuletzt eingesehen: 25.02.2016].

Gstöhl, Theo: David Frankfurter tötete den Nazi Gustloff mit vier Schüssen, in: Die Südostschweiz am Sonntag, 27.08.2006, S. 4.

Guggisberg, Philippe [Hrsg.]: 75 Jahre Swiss Football League – National-Liga SFV, Bern 2009.

Günther, Dagmar: „And now for something completely different“: Prolegomena zur Autobiographie als Quelle der Geschichtswissenschaft, in: Historische Zeitschrift, 272/1 (Februar 2011), S. 25–61.

Gutman, Israel [Hrsg.]: Encyclopedia of the Holocaust. Volume 3, New York 1990.

Gyr, Marcel: Arabischer Terror in der Schweiz (Teil 1 von 4), in: Neue Zürcher Zeitung, 27.12.2014, online unter: http://www.nzz.ch/schweiz/arabischer-terror-in-der-schweiz-1-1.18445672 [zuletzt eingesehen: 14.03.2016].

Gyr, Marcel: Schweizer Terrorjahre. Das geheime Abkommen mit der PLO, Zürich 2016.

Haas, Gaston: „Wenn man gewusst hätte, was sich drüben im Reich abspielt ...“ 1941–1943. Was man in der Schweiz von der Judenvernichtung wusste, Basel, Frankfurt am Main 1997.

HaBait haMischpat haMachuzi beTel Aviv, Ha-Tzofeh, 4. November 1947, S. 3. [via: Historical Jewish Press].

Haber, Peter et al. [Hrsg.]: Jüdische Identität und Nation, Fallbeispiele aus Mitteleuropa, Köln, Weimar, Wien 2006.

Habermas, Jürgen: Theorie des kommunikativen Handelns. Zur Kritik der funktionalistischen Vernunft, 2 Bände, Frankfurt am Main 1981.

HaGalil: Chadaschoth Israel: Aus für die deutschsprachige Zeitung Israels? haGalil.com, Jüdisches Leben online, 19. Januar 2011, online unter: http://www.hagalil.com/2011/01/israelnachrichten/ [zuletzt eingesehen: 02.05.2016].

Hagemann, Karen: „Ich glaub' nicht, dass ich Wichtiges zu erzählen hab' ...“ Oral History und historische Frauenforschung, in: Vorländer, Herwart [Hrsg.]: Oral History. Mündlich erfragte Geschichte, Göttingen 1990. S. 29–48.

Halbrook, Stephen P.: The Swiss and the Nazis, Casemate 2006.

Haumann, Heiko [Hrsg.]: Das Jahrhundert des Gedächtnisses. Erinnern und Vergessen in der russischen und sowjetischen Geschichte im 20. Jahrhundert, Traben-Trarbach 2010.

Haumann, Heiko [Hrsg.]: Der Erste Zionistenkongress von 1897. Ursachen, Bedeutung, Aktualität. „In Basel habe ich den Judenstaat gegründet“, Basel 1997.

Haumann, Heiko: Die Verarbeitung von Gewalt im Stalinismus am Beispiel ausgewählter Selbstzeugnisse. Methodische Bemerkungen und ein Werkstattbericht, in: Ders. [Hrsg.]: Das Jahrhundert des Gedächtnisses. Erinnern und Vergessen in der russischen und sowjetischen Geschichte im 20. Jahrhundert, Traben-Trarbach 2010, S. 58–76.

Haumann, Heiko: Geschichte, Lebenswelt, Sinn. Über die Interpretation von Selbstzeugnissen, in: Hilmer, Brigitte et al. [Hrsg.]: Anfang und Grenzen des Sinns, Weilerswist 2006, S. 42–54.

Haumann, Heiko: Hermann Diamanski: Überleben in der Katastrophe. Eine deutsche Geschichte zwischen Auschwitz und Staatssicherheitsdienst, Köln, Weimar, Wien 2011.

Haumann, Heiko: Lebenswelten und Geschichte. Zur Theorie und Praxis der Forschung, Wien, Köln, Weimar 2012.

Haumann, Heiko: Lebensweltlich orientierte Geschichtsschreibung in den Jüdischen Studien. Das Basler Beispiel, in: Hödl, Klaus [Hrsg.]: Jüdische Studien, Reflexionen und Praxis eines wissenschaftlichen Feldes, Innsbruck 2003. S. 105–122.

Haumann, Heiko: Samuel Scheps, in: Ders. [Hrsg.]: Der Erste Zionistenkongress von 1897. Ursachen, Bedeutung, Aktualität. „In Basel habe ich den Judenstaat gegründet", Basel 1997, S. 216–217.

Haumann, Heiko: Schicksale. Menschen in der Geschichte. Ein Lesebuch, Wien, Köln, Weimar 2012.

Hayes, Peter: Die Degussa im Dritten Reich. Von der Zusammenarbeit zur Mittäterschaft, München 2004.

Heiber, Helmut: Der Fall Grünspan, in: Vierteljahrshefte für Zeitgeschichte, 5 (1957), S. 134–172.

Heinritz, Charlotte: Autobiographien als Medien lebensgeschichtlicher Erinnerungen. Zentrale Lebensthemen und autobiographische Schreibformen in Frauenautobiographien um 1900, in: Bios 21/1 (2008), S. 114–123.

Herzl, Theodor: Tagebücher, 1895–1904, 3 Bde., Berlin 1923.

Hilberg, Raul: The Destruction of the European Jews, Chicago 1961.

Hilberg, Raul: Die Quellen des Holocaust. Entschlüsseln und Interpretieren, Frankfurt am Main 1997.

Hiller, Kurt: Schutzhäftling 231, Prag, Paris 1933–1939.

Hilmer, Brigitte et al. [Hrsg.]: Anfang und Grenzen des Sinns, Weilerswist 2006.

Hirsch, Samson Raphael: Hirsch Siddur, Basel 1992/1998.

Hofer, Sibylle: Richter zwischen den Fronten. Die Urteile des Berner Prozesses um die „Protokolle der Weisen von Zion" 1933–1937, Basel 2011.

Holl, Waltraud: Geschichtsbewusstsein und Oral History. Geschichtsdidaktische Überlegungen, in: Vorländer, Herwart [Hrsg.]: Oral History. Mündlich erfragte Geschichte, Göttingen 1990. S. 63–82.

Homepage des Ghetto Fighters' House: About the Ghetto Fighters' House, online unter: http://www.gfh.org.il/Eng/?CategoryID=229 [zuletzt aufgerufen: 12.10.2010].

Hornung, Walter: Dachau – Eine Chronik, Zürich 1936.

Humm, Richard [Redaktion]: 20 Jahre Eidgenössischer Wehrbund, Zürich 1962.

Imonti, Felix; Imonti, Miyoko: Violent Justice. How three Assassins Fought to Free Europe's Jews, New York 1994.

Infobank Judengasse Frankfurt am Main: Schotten, Samuel. Jüdisches Museum Frankfurt 1992–2002, online unter: http://www.judengasse.de/dhtml/P131.htm [zuletzt eingesehen: 27.01.2014]

Israelitisches Wochenblatt: David Frankfurter im „Kreuzverhör“, in: Israelitisches Wochenblatt, 20.06.1975, S. 35.

Israelitisches Wochenblatt: Drittes Podiumsgespräch mit David Frankfurter, in: Israelitisches Wochenblatt, 13.06.1975, S. 26.

Jancke, Gabriele: Jüdische Selbstzeugnisse und Ego-Dokumente der Frühen Neuzeit in Aschkenas, eine Einleitung, in: Klein, Birgit E. und Ries, Rotraud [Hrsg.]: Selbstzeugnisse und Ego-Dokumente frühneuzeitlicher Juden in Aschkenas, Beispiele, Methoden und Konzepte, Berlin 2011, S. 9–26.

Jonas, Hans: Erinnerungen, Frankfurt am Main 2003.

Jüdische allgemeine Zeitung: Zum Mord in Davos, in: Jüdische allgemeine Zeitung, 12.02.1936, S. 2, online unter: Compact Memory: http://sammlungen.ub.uni-frankfurt.de/cm/periodical/pageview/2615514 [zuletzt eingesehen: 07.11.2014].

Jüdische Presse: Du sollst nicht töten!, in: Jüdische Presse, 14.02.1936, S. 1 f., online unter: Compact Memory: http://sammlungen.ub.uni-frankfurt.de/cm/periodical/pageview/2637496 [zuletzt eingesehen: 07.11.2014].

Jüdische Rundschau: Zum Mord in Davos, in: Jüdische Rundschau, 07.02.1936, S. 1, online unter: Compact Memory: http://sammlungen.ub.uni-frankfurt.de/cm/periodical/pageview/2689676 [zuletzt eingesehen: 07.11.2014].

Jüdische Rundschau: Zürich: Konfrontation, in: Jüdische Rundschau, 05.06.1975, S. 11.

Juker, Arnold: Der Fall Gustloff. Eine Dokumentation zum Attentat von Davos vom 4. Februar 1936. Herausgegeben von Walter Dürig, Dezember 2010, online unter: https://www.yumpu.com/de/document/view/21629778/der-fall-gustloff-gliquech [zuletzt eingesehen: 08.10.2018].

Jung, Walter: Deutschvölkischer Schutz- und Trutzbund (DVSTB), 1919–1924/35, in: Historisches Lexikon Bayerns, online unter: http://www.historisches-lexikon-bayerns.de/artikel/artikel_44476 [zuletzt eingesehen: 02.06.2014].

Kast, Jochen [et al.]: Das Tagebuch der Partisanin Justyna. Jüdischer Widerstand in Krakau, Berlin 1999.

Keller, Erich: Bürger und Juden. Die Familie Wyler-Bloch in Zürich 1880–1954, Biographie als Erinnerungsraum, Zürich 2015.

Keller, Gottfried: Die öffentlichen Verleumder, Projekt Gutenberg, online unter: http://gutenberg.spiegel.de/buch/gottfried-keller-gedichte-3376/168 [zuletzt eingesehen: 27.08.2015].

Keller, Zsolt: Abwehr und Aufklärung. Antisemitismus in der Nachkriegszeit und der Schweizerische Israelitische Gemeindebund, Zürich 2011.

Kellerhof, Sven Felix: Wie ein Jude Hitlers Statthalter erschoss, in: Die Welt, 29.04.2013, online unter: http://www.welt.de/geschichte/zweiter-weltkrieg/article115696919/Wie-ein-Jude-Hitlers-Statthalter-erschoss.html [zuletzt eingesehen: 02.04.2015].

Kershaw, Ian: Der NS-Staat. Geschichtsinterpretationen und Kontroversen im Überblick, Reinbek bei Hamburg 2002.

Kershaw, Ian: Hitler, 1889–1936, Stuttgart 1998.

Killian, Hans: Der politische Mord. Zu seiner Soziologie, Zürich 1936.

Klein, Birgit E.; Ries, Rotraud [Hrsg.]: Selbstzeugnisse und Ego-Dokumente frühneuzeitlicher Juden in Aschkenas, Beispiele, Methoden und Konzepte, Berlin 2011.

Klieber, Rupert: Jüdische, christliche, muslimische Lebenswelten der Donaumonarchie 1848–1918, Wien, Köln, Weimar 2010.

Klika, Dorle: Das Generationenverhältnis – ein pädagogisches Grundproblem, in: Behnken, Imbke et al. [Hrsg.]: Sozialisation, Biografie und Lebenslauf. Eine Einführung, Weinheim, München 2009, S. 140–153.

Knopp, Guido: Der Untergang der „Gustloff". Wie es wirklich war, München 2002

Korzec, Pawel: Boycott, Anti-Jewish, in: Berenbaum, Michael und Skolnik, Fred [Hrsg.]: Encyclopaedia Judaica, 2nd ed. Vol. 4, Detroit 2007, 109–110.

Kosta, Jiri: Tschechische und Slowakische Juden im Widerstand 1938–1945, Berlin 2008.

Kremers, Heinz [Hrsg.]: Die Juden und Martin Luther. Martin Luther und die Juden. Geschichte, Wirkungsgeschichte, Herausforderung, Neukirchen-Vluyn 1985.

Kreuzer, Helmut [Hrsg.]: Der Mord in Davos. Texte zum Attentatsfall David Frankfurter, Wilhelm Gustloff, Herbstein 1986.

Krüger, Arnd; Murray, William [Hrsg.]: The Nazi Olympics. Sport, Politics, and Appeasement in the 1930s, Urbana IL 2003.

Krüger, Arnd: Germany: The Propaganda Machine, in: Krüger, Arnd; Murray, William [Hrsg.]: The Nazi Olympics. Sport, Politics, and Appeasement in the 1930s, Urbana IL 2003. S. 17–43.

Kupfer, Claude; Weingarten, Ralph: Zwischen Ausgrenzung und Integration. Geschichte und Gegenwart der Jüdinnen und Juden in der Schweiz, Zürich 1999.

Kurths, Anja: Shoahgedenken im israelischen Alltag. Der Umgang mit der Shoah in Israel seit 1948 am Beispiel der Gedenkstätten Beit Lohamei HaGetaot, Yad Vashem und Beit Terezin, Berlin 2008.

Kury, Patrick: Veit Wyler, in: Haumann, Heiko [Hrsg.]: Der Erste Zionistenkongress von 1897. Ursachen, Bedeutung, Aktualität. „In Basel habe ich den Judenstaat gegründet", Basel 1997, S. 211–212.

Langhoff, Wolfgang: Die Moorsoldaten. 13 Monate Konzentrationslager, unpolitischer Tatsachenbericht, Zürich 1935.

Lasowski, Samy: Leserbrief „Konfrontation?", in: Jüdische Rundschau, 26.06.1975, S. 9.

Lengyel, Gabor: Moderne Rabbinerausbildung in Deutschland und Ungarn. Ungarische Hörer an Bildungsinstitutionen des deutschen Judentums (1854–1938), Münster 2012.

Licra: Histoire de la Licra, online unter: https://www.licra.ch/fr/la-licra/histoire-de-la-licra-12-0-13 [zuletzt eingesehen: 09.10.2018].

Liebeskind Sauthier, Ingrid: Maus, in: Historisches Lexikon der Schweiz, online unter: http://www.hls-dhs-dss.ch/textes/d/D27802.php [zuletzt eingesehen: 16.02.2016].

Likhtenberg, Shloime: Chesed L'Umim. Der shos in Davos un zayn opklang in Zsheneve, Lodz 1937. [Via: YIVO Institute for Jewish Research, New York.]

Loewy, Hanno; Milchram, Gerhard: „Hast du meine Alpen gesehen?“ Eine jüdische Beziehungsgeschichte, Hohenems 2009.

Loker, Zvi: Vinkovci, in: Berenbaum, Michael und Skolnik, Fred [Hrsg.]: Encyclopaedia Judaica, 2nd ed. Vol. 20, Detroit 2007, S. 538.

Longhi, Silvano: Die Juden und der Widerstand gegen den Faschismus in Italien (1943–1945), Berlin 2010.

Loosli, Carl Albert: Die schlimmen Juden!, Bern 1927.

Lörchner, Jasmin: Gustloff-Affäre 1936: Drei Kugeln gegen den Nazi-Terror, in: Spiegel Online, Einestages, online unter: http://www.spiegel.de/fotostrecke/gustloff-affaere-1936-attentat-auf-schweizer-nazi-gauleiter-fotostrecke-134167-7.html [zuletzt eingesehen: 04.03.2016].

Ludwig, Emil: David und Goliath, Zürich 1945.

Ludwig, Emil: David und Goliath, in: Kreuzer, Helmut [Hrsg.]: Der Mord in Davos. Texte zum Attentatsfall David Frankfurter, Wilhelm Gustloff, Herbstein 1986.

Lustiger, Arno: Einige Aspekte des jüdischen Widerstandes in Europa: Die Juden hatten mehr Gründe zum Widerstand als die nichtjüdischen Menschen, in: Erler, Hans et al. [Hrsg.]: „Gegen alle Vergeblichkeit”. Jüdischer Widerstand gegen den Nationalsozialismus, Frankfurt am Main 2003, S. 253–260.

Lustiger, Arno: Zum Kampf auf Leben und Tod! Das Buch vom Widerstand der Juden in Europa 1933–1945, Erftstadt 2004.

Lüthi, Urs: Der Mythos von der Weltverschwörung. Die Hetze der Schweizer Frontisten gegen Juden und Freimaurer, am Beispiel des Berner Prozesses um die „Protokolle der Weisen von Zion“, Basel 1992.

Lütkehaus, Ludger: Die Schweiz und der Schatten des Dritten Reiches, in: Die Zeit, 17.10.1986, online unter: http://www.zeit.de/1986/43/die-schweiz-und-der-schatten-des-dritten-reiches [zuletzt eingesehen: 09.06.2016].

Mächler, Stefan: Hilfe und Ohnmacht. Der Schweizerische Israelitische Gemeindebund und die nationalsozialistische Verfolgung 1933–1945, Zürich 2005.

Machtans, Karolin: Zwischen Wissenschaft und autobiographischem Projekt: Saul Friedländer und Ruth Klüger, Tübingen 2009.

Magyar Elektronikus Könyvtar: Frankfurter Moritz, Budapest 1929/2013, online unter: http://mek.oszk.hu/04000/04093/html/szocikk/11568.htm [zuletzt eingesehen: 29.01.2014, Übersetzung durch Till Wallrabenstein].

Mahrer, Stefanie: Handwerk der Moderne. Jüdische Uhrmacher und Uhrenunternehmer im Neuenburger Jura 1800–1914, Wien, Köln, Weimar 2012.

Manz, Wolfgang: Das Stereotyp. Zur Operationalisierung eines sozialwissenschaftlichen Begriffs, Meisenheim am Glan 1968.

Margolis, Rachel: Als Partisanin in Wilna. Erinnerungen an den jüdischen Widerstand in Litauen, Frankfurt am Main 2008.

Mayer, Marcel: Mayer, Saly, in: Historisches Lexikon der Schweiz, online unter: http://www.hls-dhs-dss.ch/textes/d/D18273.php [zuletzt eingesehen: 10.11.2014].

Meyer, Alice: Anpassung oder Widerstand, Frauenfeld 1965.

Meyer, Urte: Review of Autobiographie und Zeitgeschichte. H-Soz-u-Kult, H-Net Reviews, August 2010, online unter: http://www.h-net.org/reviews/showrev.php?id=30998 [zuletzt aufgerufen: 11.03.2011].

Middendorff, Wolf: Der Fall David Frankfurter, eine historisch-kriminologische Untersuchung zum politischen Mord, in: Zeitschrift für die gesamte Strafrechtswissenschaft 89 (1977), S. 570–638.

Milo, Zeev: Im Satellitenstaat Kroatien. Eine Odyssee des Überlebens 1941–1945, Konstanz 2002.

Mojzes, Paul: Balkan genocides. Holocaust and ethnic cleansing in the twentieth century, Lanham 2011.

Moosburg Online: Das Kriegsgefangenenlager Stalag VII A, online unter: http://www.moosburg.org/info/stalag/ [zuletzt eingesehen: 14.12.2015].

Mooser, Josef: Die „Geistige Landesverteidigung" in den 1930er Jahren. Profile und Kontexte eines vielschichtigen Phänomens der schweizerischen politischen Kultur in der Zwischenkriegszeit, in: Schweizerische Zeitschrift für Geschichte 47 (1997), S. 685–708.

Morris-Reich, Amos: Palästina-Amt, in: Diner, Dan [Hrsg.]: Enzyklopädie jüdischer Geschichte und Kultur, Stuttgart, Weimar 2013, Band 4, S. 478–482.

Müller, Reto Patrick: Innere Sicherheit Schweiz. Rechtliche und tatsächliche Entwicklungen im Bund seit 1848, Egg bei Einsiedeln 2009.

Nagel, Michael: Zwischen Selbstbehauptung und Verfolgung. Deutsch-jüdische Zeitungen und Zeitschriften von der Aufklärung bis zum Nationalsozialismus, Hildesheim 2002.

Naor, Mordecai: Eretz Israel. Das 20. Jahrhundert, Tel Aviv 1996.

Naselja i stanovnistvo Republike Hrvatske 1857–2001, DZS, Zagreb, 2005, online unter: www.dzs.hr [zuletzt eingesehen: 30.01.2014].

National-Zeitung: Veranstaltungen Basel + Region, Ankündigung des Podiumsgesprächs „Konfrontation: Vierzig Jahre nach dem Attentat von Davos – Begegnung mit David Frankfurter", in: National-Zeitung Basel, 11.06.1973.

National-Zeitung: David Frankfurter sprach in Basel. Ein Attentat wird Legende, in: National-Zeitung Basel, 17.06.1975, S. 12.

Nelskamp, Martin: Sprache als Heimat. Unveröffentlichte Magisterarbeit, Leipzig 2005.

Nevins, Allan: Oral History: How and Why it was born, in: Dunaway, David K. und Baum, Willa K. [Hrsg.]: Oral History: An Interdisciplinary Anthology, Walnut Creek 1996, S. 29–38.

Nicault, Catherine: Le Procès des Protocoles des Sages de Sion. Une Tentative de Riposte Juive à l'antisémitisme dans les Années 1930, in: Vingtième Siècle. Revue d'histoire, 53, (1997), S. 68–84.

Niethammer, Lutz [Hrsg.]: Lebenserfahrung und kollektives Gedächtnis. Die Praxis der „Oral History", Frankfurt am Main 1980.

Niv, David: Irgun Zeva'i Le'ummi, in: Berenbaum, Michael und Skolnik, Fred [Hrsg.]: Encyclopaedia Judaica, 2nd ed. Vol. 10, Detroit 2007, S. 27/28.

Niv, David: Lohamei Herut Israel, in: Berenbaum, Michael und Skolnik, Fred [Hrsg.]: Encyclopaedia Judaica, 2nd ed. Vol. 13, Detroit 2007, S. 175/176.

Niven, Bill [Hrsg.]: Die „Wilhelm Gustloff". Geschichte und Erinnerung eines Untergangs, Halle 2011.

Obertreis, Julia [Hrsg.]: Oral History, Stuttgart 2012.

Obertreis, Julia: Oral History – Geschichte und Konzeptionen, in: Dies. [Hrsg.]: Oral History, Stuttgart 2012, S. 7–28.

Osten-Sacken, Peter von der: Martin Luther und die Juden, Stuttgart 2002.

Paucker, Arnold: Deutsche Juden im Widerstand 1933–1945. Tatsachen und Probleme, Berlin 2003.

Patzel-Mattern, Katja: Jenseits des Wissens – Geschichtswissenschaft zwischen Erinnerung und Erleben, in: Wischermann, Clemens [Hrsg.]: Vom kollektiven Gedächtnis zur Individualisierung der Erinnerung, Stuttgart 2002, S. 119–158.

Peck, Clemens: Im Labor der Utopie. Theodor Herzl und das „Altneuland"-Projekt, Berlin 2012.

Peider Arquint, Jon: Jörimann, Paul, in: Historisches Lexikon der Schweiz, online unter: http://www.hls-dhs-dss.ch/textes/d/D15856.php [zuletzt eingesehen: 21.02.2016].

Peterhans, Thomas James: Das Attentat am Zauberberg, in: Die Südostschweiz, 04.02.2006, S. 7.

Petry, Erik: Gedächtnis und Erinnerung. Das „Pack" in Zürich, Köln, Weimar, Wien 2014.

Petry, Erik: Teilnehmende Beobachtung oder Oral History? Zur Quellenkritik von Interviews, in: Haber, Petry et al. [Hrsg.]: Jüdische Identität und Nation, Fallbeispiele aus Mitteleuropa, Köln Weimar Wien 2006, S. 140–154.

Picard, Jacques: Brunschvig, Georges, in: Historisches Lexikon der Schweiz, online unter: http://www.hls-dhs-dss.ch/textes/d/D21250.php [zuletzt eingesehen: 07.02.2014].

Picard, Jacques: Die Schweiz und die Juden. 1933–1945. Schweizerischer Antisemitismus, jüdische Abwehr und internationale Migrations- und Flüchtlingspolitik, Zürich 1997.

Poljak, Abram: Das Kreuz im Davidstern, Thun 1941.

Popkin, Jeremy D.: History, Historians, & Autobiography, Chicago, London 2005.

Preuss, Monika: Das Unsagbare sagen, Aussagen über Sexualität von Jüdinnen und Juden in amtlichen Verhörprotokollen, in: Klein, Birgit E. und Ries, Rotraud [Hrsg.]: Selbstzeugnisse und Ego-Dokumente frühneuzeitlicher Juden in Aschkenas, Beispiele, Methoden und Konzepte, Berlin 2011, S. 167–184.

Rajchman, Chil: Ich bin der letzte Jude. Treblinka 1942/43, München 2009.

Ramet, Sabrina P.: The Independent State of Croatia 1941–1945, London 2007.

Rieber, Christof: Politischer Widerstand in der NS-Diktatur, in: Politik und Unterricht, 2/1994, S. 3f. Auch online unter: http://www.politikundunterricht.de/2_94/widerstand.pdf [zuletzt eingesehen: 01.07.2015].

Rings, Werner: Schweiz im Krieg, 1933–1945, Ein Bericht mit 400 Bilddokumenten, Zürich 1990.

Röckelein, Hedwig [Hrsg.]: Biographie als Geschichte, Tübingen 1993.

Röckelein, Hedwig: Der Beitrag der psychohistorischen Methode zur ‚neuen historischen Biographie', in: Dies. [Hrsg.]: Biographie als Geschichte, Tübingen 1993, S. 17–38.

Rogger, Franziska: Jüdisches Universitätsleben in Bern: Zwischen Sozialismus und Zionismus, Antisemitismus und Nationalsozialismus, in: Eisner Georg und Moser, Rupert [Hrsg.]: Reiz und Fremde jüdischer Kultur. 150 Jahre jüdische Gemeinden im Kanton Bern, Bern 2000, S. 143–180.

Rogger, Franziska: Jüdische Lernende und Lehrende an der Berner Hochschule, 1848–1945, in: Bloch, René und Picard, Jacques [Hrsg.]: Wie über Wolken. Jüdische Lebens- und Denkwelten in Stadt und Region Bern, 1200–2000, Zürich 2014, S. 295–335.

Rosenthal, Gabriele: Erlebte und erzählte Lebensgeschichte. Gestalt und Struktur biographischer Selbstbeschreibungen, Frankfurt am Main 1995.

Rovnyj, Boris I.: Instrumente zur Erforschung des kollektiven Gedächtnisses: Möglichkeiten und Versuchungen, in: Haumann, Heiko [Hrsg.]: Das Jahrhundert des Gedächtnisses. Erinnern und Vergessen in der russischen und sowjetischen Geschichte im 20. Jahrhundert, Traben-Trarbach 2010, S. 25–38.

Rusinek, Bernd-A. und Ackermann, Volker [Hrgs.]: Einführung in die Interpretation historischer Quellen. Schwerpunkt Neuzeit, Paderborn u.a. 1992.

Rusinek, Bernd-A.: Vernehmungsprotokolle, in: Rusinek, Bernd-A. und Ackermann, Volker [Hrgs.]: Einführung in die Interpretation historischer Quellen. Schwerpunkt Neuzeit, Paderborn u.a. 1992, S. 111–132.

Sack, John: Auge um Auge. Die Geschichte von Juden, die Rache für den Holocaust suchten, Hamburg 1995.

Sargent, Betty: The Desperate Mission of Stefan Lux, in: The Georgia Review 55/4, 56/1 (2001/2002), S. 187–201.

Saurer, Andreas: David Frankfurter, in: Berner Zeitung online, 04.02.2011, online unter: http://www.bernerzeitung.ch/region/David-Frankfurter/story/29910872?g=ostermundigen [zuletzt eingesehen: 20.05.2014].

Saurer, Andreas: Gustloff-Attentäter David Frankfurter: Mord in Davos – Prozess in Chur, in: Bündner Monatsblatt, Zeitschrift für bündnerische Geschichte und Landeskunde 1 (1996), S. 25–34 [Via: Staatsarchiv Graubünden].

Schiller, Friedrich: Wilhelm Tell, Vierter Aufzug, dritte Szene, über Projekt Gutenberg, online unter: http://gutenberg.spiegel.de/buch/3332/15 [zuletzt eingesehen: 07.02.2014].

Schlegel, Johann Ulrich: Ein Mord in Davos liess die Welt erzittern, in: Davos Zeitung, 04.02.2011, S. 11.

Schmid-Ammann, Paul: Das Rätsel Deutschland (wie es ein Schweizer sieht), Zürich 1936.

Schmid, Hansmartin: Attentat von Davos 70 Jahre danach neu aufgerollt, in: Bündner Tagblat, 09.02.2006, S. 4.

Schmid, Hansmartin: Ein Denkmal für David Frankfurter in Davos?, in: Bündner Tagblatt, 25.11.1999, S. 5.

Schmidl, Erwin A.: Juden in der k. (u.) k. Armee 1788–1918, Eisenstadt 1989.

Schneider, Claudia: Die NS-Gemeinschaft „Kraft durch Freude", 02.11.2004, online unter: http://www.zukunft-braucht-erinnerung.de/die-ns-gemeinschaft-kraft-durch-freude/ [zuletzt eingesehen: 07.04.2015].

Schön, Heinz: Untergang der Wilhelm Gustloff. Das „Schiff der Freude" wird zum „Schiff des Todes", Rastatt 1960.

Schönauer, Franziska: Schwarz, Hans, in: Historisches Lexikon der Schweiz, online unter: http://www.hls-dhs-dss.ch/textes/d/D46165.php [zuletzt eingesehen: 05.06.2014].

Schörle, Eckart: Internationale der Antisemiten. Ulrich Fleischhauer und der „Welt-Dienst", in: Werkstatt Geschichte 51 (2009), S. 57–72.

Schostak, Désirée; Ries, Rotraud: Jüdische Migration und Mobilität in der Frühen Neuzeit, Bericht vom Interdisziplinären Forum „Jüdische Geschichte und Kultur in der Frühen Neuzeit", Düsseldorf 2008, online unter: www.forum-juedische-geschichte.de/ForumBericht08.pdf [zuletzt eingesehen: 29.01.2014].

Schubert, Klaus; Klein, Martina: Das Politiklexikon, Bonn 2016, zitiert nach: Bundeszentrale für politische Bildung: Widerstand, online unter: http://www.bpb.de/nachschlagen/lexika/politiklexikon/18481/widerstand [zuletzt eingesehen: 29.04.2016].

Schuld, Bernhard: Sie kämpften ums Überleben, in: Der Tagesspiegel, 11.04.2013, online unter: http://www.tagesspiegel.de/wissen/juedischer-widerstand-im-ns-sie-kaempften-ums-ueberleben/8047022.html [zuletzt eingesehen: 06.07.2015].

Schulze, Winfried: Ego-Dokumente: Annäherung an den Menschen in der Geschichte? Vorüberlegungen für die Tagung „Ego-Dokumente", in: Ders.

[Hrsg.]: Ego-Dokumente. Annäherung an den Menschen in der Geschichte, Berlin 1996, S. 11–30.
Schütz, Alfred; Luckmann, Thomas: Strukturen der Lebenswelt, Frankfurt am Main 1988.
Schwab, Gerald: The Day the Holocaust Began. The Odyssey of Herschel Grynszpan, New York 1990.
Schwarz, Hans: An den Schweizerischen Bundesrat, in: Die Nation, 25.10.1944, S. 11.
Schwarz, Hans: Gustloff, der „Diktator von Davos" – Notwendige Abrechnungen, in: Die Nation, 04.10.1944, S. 5.
Schwarz, Meier: David Frankfurter, in Bet Ashkenaz: Jüdisches Kulturerbe in Deutschland, online unter: http://www.ashkenazhouse.org/frankfurterger.html [zuletzt eingesehen: 03.02.2014]. Die Seite wurde in der Zwischenzeit deaktiviert.
Schwarz, Stephan: Ernst Freiherr von Weizsäckers Beziehung zur Schweiz (1933–1945): Ein Beitrag zur Geschichte der Diplomatie, Bern 2007.
Schwarzbard, Sholem, in: Berenbaum, Michael und Skolnik, Fred [Hrsg.]: Encyclopaedia Judaica, 2nd ed. Vol. 18, Detroit 2007, S. 191.
Schweizer, David: David Frankfurter in Basel, in: Jüdische Rundschau, 19.06.1975, S. 11.
Schweizer Gesetzestexte: Schweizerisches Strafgesetzbuch vom 21. Dezember 1937, Stand 1. Januar 2015, online unter: http://www.gesetze.ch/sr/311.0/311.0_000.htm [zuletzt eingesehen: 19.05.2015].
Schweizer Gesetzestexte: Schweizerisches Obligationenrecht §41, Absatz 1, online unter:
http://www.gesetze.ch/sr/220/220_002.htm [zuletzt eingesehen: 28.08.2015].
Segev, Tom: Die siebte Million, Reinbek bei Hamburg1995.
Seifert, Manfred; Friedreich, Sönke [Hrsg.]: Alltagsleben biografisch erfassen. Zur Konzeption lebensgeschichtlich orientierter Forschung, Dresden 2009.
Seifert, Manfred: Ego-Dokumente im Spannungsfeld von Forschungsperspektiven und Sammlungspraxis. Zum Stellenwert lebensgeschichtlicher Forschung im aktuellen Wissenschaftsdiskurs und ihre Konzeption am Institut für Sächsische Geschichte und Volkskunde, in: Ders. und Friedreich, Sönke [Hrsg.]: Alltagsleben biografisch erfassen. Zur Konzeption lebensgeschichtlich orientierter Forschung, Dresden 2009, S. 11–36.
Senn, Alfred Erich: Assassinations in Switzerland, Madison, WI 1981.
Siano-Wyler, Rafi: Für Juden, Israel und den Humanismus, in: tachles, 25.10.2002, online unter: http://www.tachles.ch/news/print/fuer-juden-israel-und-den-humanismus [zuletzt eingesehen: 08.04.2015].
Simonett, Jürg: Bärtsch, Konrad, in: Historisches Lexikon der Schweiz, online unter: http://www.hls-dhs-dss.ch/textes/d/D5327.php?topdf=1 [zuletzt eingesehen: 26.02.2016].

Simonett, Jürg: Canova, Gaudenz, in: Historisches Lexikon der Schweiz, online unter: http://www.hls-dhs-dss.ch/textes/d/D6241.php [zuletzt eingesehen: 20.05.2014].

Slutsky, Yehuda: „Illegal" Immigration, in: Berenbaum, Michael und Skolnik, Fred [Hrsg.]: Encyclopaedia Judaica, 2nd ed. Vol. 9, Detroit 2007, S. 722–724.

Sohn, Sigrid: David Frankfurter, 1936. Gli albori del nazismo in Svizzera. Naqam, in: Rassenga Mensile di Israel 58,3 (1992), S. 67–88.

Sohn, Sigrid: Naqam. L'autobiografia di David Frankfurter (1909–1982), Venedig 1991.

Spector, Shmuel; Wigoder, Geoffrey [Hrsg.]: The Encyclopedia of Jewish Life before and during the Holocaust, New York 2001.

Spuhler, Gregor: Oral History in der Schweiz, in: Ders. [Hrsg.]: Vielstimmiges Gedächtnis. Beiträge zur Oral History, Zürich 1994, S. 7–20.

Starr, Louis: Oral History, in: Dunaway, David K. und Baum, Willa K. [Hrsg.]: Oral History: An Interdisciplinary Anthology, Walnut Creek 1996, S. 39–61.

Stauber, Roni: The Holocaust in Israel Public Debate in the 1950s, London, Portland 2007.

Steckel, Charles W.: Destruction and Survival, Los Angeles 1973.

Steinweis, Alan E.: The Trials of Herschel Grynszpan. Anti-Jewish Policy and German Propaganda, 1938–1942, In: German Studies Review 31,3 (2008), S. 471–488.

Stephan, Anke: Erinnertes Leben: Autobiographien, Memoiren und Oral-History-Interviews als historische Quellen, in: Digitales Handbuch zur Geschichte und Kultur Russlands und Osteuropas, 2004, online unter: http://epub.ub.uni-muenchen.de/627/1/Stephan-Selbstzeugnisse.pdf [zuletzt eingesehen: 03.04.2016].

Stiftung für Kirche und Judentum, 1830–2002 (Fonds), in: Staatsarchiv Basel-Stadt, Online Archivkatalog, online unter: http://query.staatsarchiv.bs.ch/query/detail.aspx?ID=137911 [zuletzt eingesehen: 27.10.2015].

Strafgesetzbuch für den Kanton Graubünden vom 8. Juli 1851, Ausgabe für das Jahr 1934, Chur 1934.

Straub, Jürgen: Zeit, Erzählung, Interpretation. Zur Konstruktion und Analyse von Erzähltexten in der narrativen Biographieforschung, in: Röckelein, Hedwig [Hrsg.]: Biographie als Geschichte, Tübingen 1993, S. 143–183.

Thönen, Simon: Vor 75 Jahren: Student aus Bern erschiesst Nazi, in: Der Bund. 04.02.2011, online unter: http://www.derbund.ch/bern/Vor-75-Jahren-Student-aus-Bern-erschiesst-Nazi/story/20437857 [zuletzt aufgerufen: 08.02.2011].

Tobias, Jim G.; Zinke, Peter: Nakam, Jüdische Rache an NS-Tätern, Hamburg 2000.

Ueberschär, Gerd R. [Hrsg.]: Handbuch zum Widerstand gegen Nationalsozialismus und Faschismus in Europa 1933/39 bis 1945, Berlin 2011.

Unabhängige Expertenkommission Schweiz – Zweiter Weltkrieg: Die Schweiz, der Nationalsozialismus und der Zweite Weltkrieg. Schlussbericht, Zürich 2002.

Unabhängige Expertenkommission Schweiz – Zweiter Weltkrieg: Die Schweiz, der Nationalsozialismus und das Recht, Band I: Öffentliches Recht, Veröffentlichungen der Unabhängigen Expertenkommission Schweiz – Zweiter Weltkrieg, Bd. 18, Zürich 2002.

Universität Basel: Stahelin, John Eugen, Unigeschichte zu 550 Jahre Universität Basel, online unter: https://unigeschichte.unibas.ch/materialien/rektoren/john-eugen-staehelin.html [zuletzt eingesehen: 21.01.2016].

Universität Leipzig: Der wachsende Einfluss des NS-Studentenbundes, in: Zur Geschichte der Universität Leipzig, online unter: http://www.uni-leipzig.de/~agintern/uni600/ug216.htm [zuletzt eingesehen: 04.02.2014].

Universität Leipzig: Zur Geschichte der Universität Leipzig, online unter: http://www.uni-leipzig.de/~agintern/uni600/ug216.htm [zuletzt eingesehen: 04.02.2014].

Urabe, Masahi: Funktion und Geschichte des deutschen Schulzeugnisses, Bad Heilbrunn 2009.

Urner, Klaus: Der Schweizer Hitler-Attentäter. Drei Studien zum Widerstand und seinen Grenzbereichen. Systemgebundener Widerstand, Einzeltäter und ihr Umfeld, Stuttgart 1980.

Vidal, Fernando: Claparède, Eduard, in: Historisches Lexikon der Schweiz, online unter: http://www.hls-dhs-dss.ch/textes/d/D9013.php [zuletzt eingesehen: 19.11.2015].

Vierhaus, Rudolf: Die Rekonstruktion historischer Lebenswelten, in: Vierhaus, Rudolf und Chartier, Roger [Hrgs.]: Wege zu einer neuen Kulturgeschichte, Göttingen 1995, S. 7–28.

Vincent Xavier Etienne Eugène de Moro-Giafferri, 1878–1956, in: Assemblée Nationale de France, online unter: http://www.assemblee-nationale.fr/sycomore/fiche.asp?num_dept=5431 [zuletzt eingesehen: 10.11.2014].

Vorlänger, Herwart: Mündliches Erfragen von Geschichte, in: Ders. [Hrsg.]: Oral History. Mündlich erfragte Geschichte, Göttingen 1990, S. 7–28.

von Lüpke, Ute: Identität und Lebenswelt. Praxis der historischen Biographieforschung, in: H-Soz-u-Kult. Kommunikation und Fachinformation für die Geschichtswissenschaften, 29.06.2009, online unter: http://hsozkult.geschichte.hu-berlin.de/termine/id=11820 [zuletzt abgerufen: 03.09.2010].

von Krusenstjern, Benigna: Was sind Selbstzeugnisse? Begriffskritische und quellenkundliche Überlegungen anhand von Beispielen aus dem 17. Jahrhundert, in: Historische Anthropologie 2 (1994), S. 462–471.

Vorländer, Herwart [Hrsg.]: Oral History. Mündlich erfragte Geschichte, Göttingen 1990.

Wagner-Egelhaaf, Martina: Autobiographie, Stuttgart 2005.

Warneken, Bernd Jürgen: Zur Schichtspezifik autobiographischer Darstellungsmuster, in: Gestrich, Andreas et al. [Hrsg.]: Biographie – sozialgeschichtlich, Göttingen 1988, S. 141–162.

Website der „Ligue internationale contre le racisme et l'antisémitisme", online unter: http://www.licra.org/fr/histoire-licra [zuletzt eingesehen: 03.02.2014].

Weldler-Steinberg, Augusta: Geschichte der Juden in der Schweiz, Goldach 1970.

Weibel, Walter: In Begegnung lernen: Der jüdisch-christliche Dialog in der Erziehung, Münster 2013.

Weingarten, Ralph: Braunschweig, Saly, in: Historisches Lexikon der Schweiz, online unter: http://www.hls-dhs-dss.ch/textes/d/D21248.php [zuletzt eingesehen: 18.01.2016].

Weiß, Stefan: Briefe, in: Rusinek, Bernd-A. und Ackermann, Volker [Hrgs.]: Einführung in die Interpretation historischer Quellen. Schwerpunkt Neuzeit, Paderborn u.a. 1992, S. 45–60.

Werfel Franz: Die vierzig Tage des Musa Dagh. Erstausgabe in zwei Bänden, Berlin 1933.

Welzer, Harald: Das kommunikative Gedächtnis. Eine Theorie der Erinnerung, München 2002.

Welzer, Harald: Was ist das autobiographische Gedächtnis, und wie entsteht es?, in: BIOS 15 (2002), S. 169–186.

Welzer, Harald et al.: „Opa war kein Nazi". Nationalsozialismus und Holocaust im Familiengedächtnis, Frankfurt am Main 2002.

Wichers, Hermann: David Frankfurter, in: Historisches Lexikon der Schweiz. 09.02.2005, online unter: http://www.hls-dhs-dss.ch/textes/d/D27979.php [zuletzt aufgerufen: 03.09.2010]

Wiener Library: Our History, in: http://www.wienerlibrary.co.uk/Our-History [zuletzt eingesehen: 10.11.2014].

Wierling, Dorothee: Oral History, in: Maurer, Michael [Hrsg.]: Neue Themen und Methoden der Geschichtswissenschaft. Reihe: Aufriß der Historischen Wissenschaften 7 (2003), S. 81–151.

Willi, Thomas: Widerstand: David Frankfurter (1909–1982). Die deutsche Urfassung seines Selbstzeugnisses zum Attentat auf Wilhelm Gustloff, in: Garbe, Irmfried [Hrsg]: Kirche im Profanen. Studien zum Verhältnis von Profanität und Kirche im 20. Jahrhundert. Festschrift für Martin Onnasch zum 65. Geburtstag. Greifswalder theologische Forschungen, Bd. 18, Frankfurt am Main 2009, S. 135–154.

Wischermann, Clemens: Kollektive, Generationen oder das Individuum als Grundlage von Sinnkonstruktionen durch Geschichte: Einleitende Überlegungen, in: Wischermann, Clemens [Hrsg.]: Vom kollektiven Gedächtnis zur Individualisierung der Erinnerung, Stuttgart 2002. S. 9–24.

Wischermann, Clemens [Hrsg.]: Vom kollektiven Gedächtnis zur Individualisierung der Erinnerung, Stuttgart 2002.

Wolf, Walter: Adolf Hitler, Historisches Lexikon der Schweiz, online unter: http://www.hls-dhs-dss.ch/textes/d/D48732.php [zuletzt eingesehen: 03.06.2014].
Wolf, Walter: Faschismus in der Schweiz. Die Geschichte der Frontenbewegung in der deutschen Schweiz, 1930–1945, Zürich 1969.
Zentralvorstand des Eidgenössischen Wehrbundes, Zürich [Hrsg.]: 10 Jahre Eidgenössischer Wehrbund. Eine Dokumentationsschrift, Zürich 1953.
Zertal, Idith: Nation und Tod. Der Holocaust in der israelischen Öffentlichkeit, Göttingen 2003.
Zimmermann, Moshe: Vom Jischuw zum Staat – Die Bedeutung des Holocaust für das kollektive Bewusstsein und die Politik in Israel, in: Faulenbach, Bernd; Schütte, Helmuth [Hrsg.]: Deutschland, Israel und der Holocaust. Zur Gegenwartsbedeutung der Vergangenheit, Essen 1998, S. 45–54.
Zogg, Andrea: Der Fall Frankfurter und die Berichterstattung der Neuen Bündner Zeitung. Unveröffentlichte Semesterarbeit, 1978. [Via Staatsarchiv Graubünden.]
Zweig-Strauss, Hanna: Saly Mayer 1882–1950. Ein Retter jüdischen Lebens während des Holocaust, Köln 2007.
Zweig-Strauss, Hanna: Zum Verhältnis von Juden zu „Judenrettern" unmittelbar nach Kriegsende. Loyalität um jeden Preis oder Rückkehr zur „gewöhnlichen" Ethik? In: Schweizerische Zeitschrift für Geschichte, 54/3 (2004), S. 306–313.

Quellen

Archiv des Jabotinsky Institute Israel, Tel Aviv:
Frankfurter, David (erzählt und bearbeitet von Schalom Ben-Chorin): „Ich tötete einen Nazi …", unveröffentlichtes Manuskript, niedergeschrieben Jerusalem März–Juni 1946. Referenzcode: A 4-14/11.

Archiv der Universität Leipzig: Studentenkartei der Quästurbehörde, online unter: www.archiv.uni-leipzig.de (Für den Zugang ist teilweise eine Anmeldung nötig.)

Archiv für Zeitgeschichte, ETH Zürich (AfZ):
IB JUNA-Archiv
IB Frankfurter-Prozess
IB VSJF-Archiv
NL Georges Brunschvig
NL Paul Schmid-Ammann
NL Pierre Bigar
NL Eugen Curti
NL Samuel Teitler

NL Veit Wyler
NL Werner Rings

Central Database of Shoah Victims' Names der israelischen Gedenkstätte Yad Vashem, online unter: http://db.yadvashem.org/names/search.html?language=en [zuletzt eingesehen: 26.06.2014].

Chevra Kadisha Tel Aviv: www.kadisha.biz

Datenbank der österreichischen Schoah-Opfer, via Jüdisches Museum Wien.

Deutsches Literaturarchiv Marbach: A: Ben-Chorin, Ben-Chorin, Schalom, Prosa/Herausgegebenes.

Flickr: Album Holesov (Holleschau), Moravia – Jewish cemetery and a partial reconstruction of this ancient Jewish community, 25. November 2009, online unter: http://www.flickr.com/photos/cam37/sets/72157602214476547/ [zuletzt eingesehen: 27.01.2014]

Historical Jewish Press: http://web.nli.org.il/sites/jpress/english/Pages/default.aspx

Holocaust.cz: Databáze obětí, online unter: http://www.holocaust.cz/databaze-obeti/Opferdatenbank der Seite holocaust.cz: Samuel Frankfurter, online unter: http://www2.holocaust.cz/de/victims/PERSON.ITI.1347750 [zuletzt eingesehen: 11.08.2014]

Interview mit Elvira Kohn durch Lea Iljak im Mai 2003, centropa, Where Jewish history has a name, a face, a story, online unter: http://www.centropa.org/biography/elvira-kohn [zuletzt eingesehen: 30.01.2014].

Interview mit Grete Adler: „Zu irgend etwas muss ich gehören", Interview durchgeführt von Ueli Basliger im April 2002, online unter: http://www.jgb.ch/index.php/de/publikationen [zuletzt eingesehen: 18.07.2014].

Interview mit Rudolph Haas, 13. Juni 1995, United States Holocaust Memorial Museum (USHMM), online unter: https://collections.ushmm.org/search/catalog/irn512627 [zuletzt eingesehen: 26.10.2018].

Jasenovac Memorial Site: Survey and Search of the List of Individual Victims of Jasenovac Concentration Camp, Mavro Frankfurter, online unter: http://www.jusp-jasenovac.hr/Default.aspx?sid=7620 [zuletzt eingesehen: 15.12.2015].

Jüdisches Museum Wien: Ausstellung: Weltuntergang. Jüdisches Leben und Sterben im Ersten Weltkrieg, Wien 2014.

Privatarchiv von Miriam Gepner, Salit.

Privatarchiv vom Moshe Frankfurter, Jerusalem.

Schweizerisches Bundesarchiv Bern, BAR:
Archiv des schweizerischen Bundesstaates/Unabhängige Expertenkommission Schweiz-Zweiter Weltkrieg/Zentrale Ablage: Gerichtsurteile im Bereich des öffentlichen Rechts: Fall David Frankfurter. E9500.239A#2003/53#786*
Archiv des schweizerischen Bundesstaates/Unabhängige Expertenkommission Schweiz – Zweiter Weltkrieg/Zentrale Ablage: Spezialfälle von A-H (1941–1959), Archivnotizen David Frankfurter. E9500.239#2003/49#158*
Bundesanwaltschaft/Antifaschistische Bewegungen: Frankfurter, David, 1909. E4320B#1974/47#138
Bundesanwaltschaft/Polizeidienst: Deutsche Feiern 1938 (Gustloff-Gedenkfeier, 30. Januar 1938). E4320B#1991/134#46*
Eidgenössische Polizeiabteilung/Niederlassungsangelegenheiten von Ausländern: Frankfurter, David 09.07.1909. E4264#1985/196#59763*
Eidgenössische Polizeiabteilung/Ausweisschriften für Ausländer: Gustloff, Wilhem, 18xx. E4264#1988/2#5666*
Eidgenössisches Justiz- und Polizeidepartement/Bundesanwaltschaft: Audienz von E. [sic] Gustloff, Davos, Leiter der Landesgruppe Schweiz der NSDAP bei Bundesrat Baumann, 1935. E4001B#1970/187#61*
Eidgenössisches Justiz- und Polizeidepartement/Bundesanwaltschaft: Interpellation Canova vom 4. April 1935 betr. Gustloff und NSDAP Organisationen in der Schweiz, 1935. E4001B#1970/187#62*

Staatsarchiv Graubünden, Chur: Kantonsgericht / Erstinstanzliche Straffälle 1903–1941. StAGR III23d2 Frankfurter.

Universitätsarchiv Leipzig: Studienakte von David Frankfurter, Personenakten, Studentenkartei der Quästurbehörde, online unter: https://www.archiv.uni-leipzig.de/recherche/Dokument/anzeigen/574084 [zuletzt eingesehen: 04.02.2014].

Statistische Daten Kroatien: Naselja i stanovnistvo Republike Hrvatske 1857–2001, DZS, Zagreb, 2005, online unter: www.dzs.hr [zuletzt eingesehen: 30.01.2014]

Wiener-Archiv, Tel Aviv
Bloch, Pierre und Meran, Didier: L'Affaire Frankfurter, Paris 1937. WIE K27.36FRA_L (PIE) 001198340 C. 1.

Yad Vashem Archives, Jerusalem:
Benjamin Sagalowitz Archive, P.13.
Collection on Switzerland, O.86.

Mündliche Quellen

Gespräche mit Prof. Meier Schwarz, 13.09.2010 und 04.01.2011, Jerusalem. [Gesprächsprotokoll.]

Telefongespräch mit Prof. Thomas Willi, 21.02.2011. [Gesprächsprotokoll.]

Gespräche mit Miriam Gepner und Moshe Frankfurter, 17. Januar 2012 und 3. Juli 2013, Salit [aufgenommene und transkribierte Gespräche] sowie 6. Januar 2016, Jerusalem.

Personenregister

Nicht im Glossar aufgeführt, da über 200 Suchergebnisse:
Georges Brunschvig, David Frankfurter, Wilhelm Gustloff.